陈兴良刑法学
CHEN XINGLIANG CRIMINAL LAW

● 陈兴良 /著

刑事法治论 （第二版）

Rule of Law in Criminal Justice

中国人民大学出版社
·北 京·

总　序

　　一个人开始对自己的学术生涯进行总结的时候，也就是学术创造力衰竭的时候。"陈兴良刑法学"这一作品集就是对我的刑法学研究生涯的一个总结，因此也是我的学术创造力衰竭的明证。

　　刑法学研究是我毕生从事的事业。与刑法学的结缘，始于1978年，这年2月我以77级学生的身份入读北京大学法律学系。1978年被称为中国改革开放的元年，这一年12月召开的中国共产党第十一届三中全会确定了改革开放的方针。至于说到法制的恢复重建，是以1979年7月1日刑法等7部法律通过为标志的。从1949年到1979年，在这30年的时间里我国是没有刑法，也没有民法的，更不要说行政法。1979年刑法是社会主义中国的第一部刑法，从1950年开始起草，共计33稿，至1979年仓促颁布。这部刑法的起草经历了我国与苏联的政治蜜月期，虽然此后我国与苏联在政治上决裂，但刑法仍然保留了明显的苏俄痕迹。同时，从1950年代成长起来的我国刑法学家，基本上都是接受苏俄刑法学的学术训练，他们在荒废了20年以后回到大学重新执教，恢复的是苏俄刑法学的学术传统，我们是他们的第一批正规学生。1979年7月1日通过的刑法，生效日期是 1980 年 1 月 1 日。而根据课程安排，我们这个年级从 1979 年 9 月开始学习刑法这门课程。也就是说，我们是在刑法尚未生效的时候开始学习刑法的，课程一直延续到 1980 年 7 月。一年时间，学完了刑法的总则与分则。对于刑法，我们只是粗略地掌握了法条，对其中的法理则不知其然，更不用说知其所以然。至于司法实务，更是因为刑法刚开始实施，许多罪名还没有实际案例的发生，所以不甚了然。大学期间，我国学术百废待兴，刚从"文化大革命"中走出来，受到摧残最为严重的法学学科几乎是一片废墟，我们经历了这个过程。现在很难想象，我们在整个大学四年时间里，每一门课程都没有正式的教科书，我们是在没有教科书的情况下完成学业的。也正是如此，我们阅读了大量非法学的书籍，基于本人的兴趣，我更是阅读了当时在图书馆所能借阅的大量哲学著作，主要是西方 17 世纪以来的，包括英国、法国、德国的哲学著作，对康德、黑格尔的德国古典哲学尤其着迷。因为原来就有一定的马克思主义哲学的基础，所以我对于马克思主义来源之一的德国古典哲学理解起来较为容易。这段阅读经历，在一定程度上培养了我的哲学气质，也对我此后的刑法研究产生了重大影响，我在 1980 年代后期至 1990 年代初期的刑法哲学研究，就是这段读书经历的衍生物。我在 1981 年年底完成的学士论文题目是《论犯罪的本质》，这就是一个具有本体论性质的题目。从这个题目也可以看出当时我的学术偏好。但这篇论文很不成功，只是重复了马克思主义关于犯罪的阶级性等政治话语，缺乏应有的学术性。因此，论文的成绩是良好而没有达到优秀。我的本科刑法考试成绩也只是良好，当时我的兴趣并不在刑法，后来只是因为一个偶然的原因才走上刑法的学术道路。

在我 1982 年 2 月大学毕业的时候，正是社会需要人才的时候，我们班级的大部分同学被分配到最高人民法院、最高人民检察院和中央机关，也有部分同学回到各省的高级法院和检察院，还有部分同学到各个高校担任教师，从事学术研究。而我们这些较为年轻的同学则考上了硕士研究生，继续在大学学习。我考上了中国人民大学法律系（从 1988 年开始改称法学院）研究生，师从我国著名的刑法学家高铭暄教授和王作富教授，开始了我的刑法学习生涯。

1982 年 2 月，我从北京大学来到中国人民大学。中国人民大学成为我接受法学教育的第二所大学。正是在这里，我接受了最为经典的带有明显苏俄痕迹的刑法学的学术训练。我的硕士论文是王作富教授指导的，题目是《论我国刑法中的正当防卫》，这是一篇贴近司法实务的论文，也是我最初的论文写作。该文答辩时是 4 万字，后来扩充到 20 余万字，于 1987 年以《正当防卫论》为书名在中国人民大学出版社出版，成为我的第一部个人专著。到 1988 年 3 月获得法学博士学位的时候，我娴熟地掌握了已经在中国本土化的苏俄刑法学，这成为我的刑法学的学术底色。

1984 年 12 月，我在硕士毕业的时候就已经办理了在中国人民大学法律系留校任教的手续，因此博士学位相当于是在职攻读。当然，当时课时量较少，没有影响博士阶段的学习。1988 年 3 月博士论文答辩获得通过，论文是高铭暄教授指导的，题目是《共同犯罪论》，有 28 万字。这是我第一次完成篇幅较大的论文。博士论文虽然以我国刑法关于共同犯罪的规定为基本线索，但汲取了民国时期所著、所译的作品，例如较多的是日本 20 世纪 30、40 年代的作品，试图将这些学术观点嫁接到我国刑法关于共同犯罪的理论当中。其中，以正犯与共犯二元区分为中心的理论模型就被我用来塑造我国刑法中的共同犯罪的理论形象。后来，我的博士论文被扩充到 50 余万字，于 1992 年在中国社会科学出版社出版。以上在硕士论文和博士论文基础上修改而成的两部著作，是我早期学习以苏俄刑法学为基础的刑法知识的产物，由此奠定了我的学术根基。

从 1984 年开始，我在中国人民大学法学院任教，从事刑法的学术研究。在中国人民大学法学院，我完成了从助教到教授的教职晋升：1984 年 12 月任助教、1987 年 12 月任讲师、1989 年 9 月任副教授、1993 年 6 月任教授、1994 年任博士生导师。及至 1998 年 1 月，我回到母校——北京大学法学院任教。在大学担任教职，培养学生当然是主业。但对于研究型大学的教师来说，学术研究也是其使命之所在、声誉之所系。因此，我将相当的精力投入刑法的学术研究，见证了我国刑事法治的演进过程，也参与了我国刑法学术的发展进程。在我自己看来，我在提升我国刑法研究的学术水平与拓展我国刑法研究的理论疆域这两方面作出了努力，有所贡献。我的研究领域主要在以下五个面向：

（一）刑法哲学

1992 年由中国政法大学出版社出版的《刑法哲学》一书，可以说是当时篇幅最大的一部刑法著作，也是我的成名作，这一年我 35 岁，距离大学本科毕业正好 10 年。《刑法哲学》一书可以说是我对过去 10 年学习与研究刑法的总结之作，完成了我对以苏俄刑法学为源头的我国刑法学的理论提升与反思，并且确定了我进一步研究的学术方向。这是我国整个法学界第一部采用哲学方法研究部门法的著作，因而受到瞩目。在《刑法哲学》的基础上，我于 1996 年在中国方正出版社出版了《刑法的人性基础》一书，并于 1998 年在中国人民大学出版社出版了《刑法的价值构造》一书。以上三部著作构成了我的刑法哲学研究三部曲，成为我的刑法学术研究的一个独特面向。

我的刑法哲学研究是在一种十分独特的学术生态环境下进行的，也是我在极度贫乏的我国刑法学中试图突破，寻求前途的一种学术能力。如前所述，当我在 1980 年代中期进入刑法学术界的时候，我国刑法理论还是苏俄刑法学的"拷贝"，当然也结合刚刚颁布的我国刑法进行了一些阐述。但从总体上来说，我国当时的刑法理论是十分肤浅的，这对于正处于知识饥渴阶段的我来说，是很不解渴的。1988 年当我获得博士学位的时候，现有的刑法知识我已经完全掌握了。当时我国学术尚未对外开放，在一个自闭的学术环境中，我基于对拘泥于法条的低水平解释的刑法理论现状的不满，以为刑法理论的出路在于从刑法解释学提升为刑法哲学。因此，在刑法哲学的名义下，我对现有的刑法知识进行了体系化的整理，并试图探索我国刑法学的出路。在刑法哲学的三部曲中，《刑法哲学》一书是在对苏俄刑法知识的系统化叙述的基础上，以罪刑关系为中心建构了一个刑法学的理论体系，可以看作是对苏俄刑法知识的哲理化改造。如果说，《刑法哲学》一书还是以叙述刑法本身的知识为主的，那么，《刑法的人性基础》与《刑法的价值构造》两书则是对刑法的形而上的研究，实际上可以归属于法理学著作而非刑法学著作。这是在学术境况晦暗不明的情况下，从哲学以及其他学科汲取知识，寻求刑法学的突破的一种努力。刑法哲学的研究从 1990 年持续到 1996 年，这是我从 33 岁到 38 岁这样一段生命中的黄金季节。尽管刑法哲学的研究给我带来了较高的声誉，但这只是我进入真正的刑法学研究的学术训练期。正是刑法哲学的研究使我能够把握刑法的精神与哲理，从思想的高度鸟瞰刑法学术。

（二）刑法教义学

1997 年我国完成了一次大规模的刑法修订，从这时起，我将学术目光转向刑法条文本身。1997 年 3 月，我在 40 岁的时候于中国人民公安大学出版社出版了《刑法疏议》一书，这是一部以法条为中心的注释性的刑法著作，是我从刑法哲学向刑法解释学的回归。《刑法疏议》一书中的"疏议"一词，是一个特定的用语，不仅仅具有解释的意思，而且具有疏通的含义。我国唐代有一部著名的著作，称为《唐律疏议》，流传千古，被认为是我国古代最为重要的律学著作。《刑法疏议》这个书名就带有明显的模仿《唐律疏议》的色彩，这也表明我试图从我国古代律学中汲取有益的知识。我国古代的律学，是一门专门的学问。律学与现在的法学还是有所不同的，法学是清末从国外移植的学术，主要是从日本，以及通过日本而吸收德国的刑法知识。因为该书是对刑法条文的逐条注释，随着时间的推移，该书的内容很快就过时了。该书成为我的著作中唯一一部没有修订再版的著作，这次也同样没有收入"陈兴良刑法学"作品集。

2001 年我在商务印书馆出版了《本体刑法学》一书，这是继《刑法疏议》之后又一部关注刑法本身的著作。但《本体刑法学》完全不同于《刑法疏议》：后者是逐条逐句地注释刑法条文的著作；前者则是没有一个刑法条文，而以刑法法理为阐述客体的著作。《本体刑法学》是《刑法疏议》的后续之作，力图完成从法条到法理的提炼与升华。《本体刑法学》这个书名中的"本体"一词来自康德哲学，具有物自体之义。我将法条视为物之表象，把法理看作是隐藏在法条背后的物自体。因此，《本体刑法学》是纯粹的刑法之法理的叙述之作。这里应该指出，在整个 1980 年代我国刑法学还是在一种与世隔绝的状态下进行学术研究的。只是从 1990 年代初开始，随着我国对外开放，与国外的学术交流也随之展开。尤其是英美、德日的刑法学译著在我国的出版，为我国刑法学者打开了一扇学术之窗。从刑法的对外学术交流来看，最初是与日本的交流，后来是与德国的交流，这些都在相当程度上为我国的刑法学研究提供了学术资源。刑法学界开始对我国传统的刑法学进行反思，由此开启了我国当代的刑法知识的转型之路。

2003 年我在中国政法大学出版社出版了《规范刑法学》一书，这是我的第一本刑法教科书，或者也可以称为刑法体系书。该书以我国的刑法条文为中心线索，完整地展开对刑法总论和刑法各论的知识铺陈，以适应课堂教学的需要。该书到目前已经出版了第三版，篇幅也做了较大规模的扩充。《规范刑法学》对于刑法总则的法理阐述是较为简单的，其重点是对刑法分则的分析。我国刑法是一部所谓统一的刑法典，所有罪名都规定在一部刑法之中，有近 500 个罪名，其他法律中都不能设立罪名。《规范刑法学》对这些罪名逐个进行了构成要件的分析。对于重点罪名分析得尤为详细，这对于正确把握这些犯罪的法律特征，具有一定的参考价值。除了刑法规定以外，我国还存在司法解释制度，即最高人民法院和最高人民检察院可以就审判与检察中涉及的法律适用问题作出解释。这种解释本身就有法律效力，可以在判决书中援引。自从刑法实施以来，最高人民法院和最高人民检察院作出了大量的司法解释，这种解释实际上成为一种准法律规范。《规范刑法学》一书中所称的"规范"，不仅包括刑法规定，而且包括司法解释。因此，《规范刑法学》尽可能地将司法解释融合到法理叙述当中，并且随着司法解释的不断颁布该书也不断进行修订。

2010 年我在中国人民大学出版社出版了《教义刑法学》一书，这是一部以三阶层的犯罪论体系为中心线索，并对比四要件的犯罪论体系，系统地叙述德日刑法知识的著作。该书所称的教义刑法学，是指教义学的刑法学。该书以教义或曰信条（Dogma）为核心意念，以三阶层的犯罪论体系为逻辑框架，在相当的深度与广度上，体系性地叙述了刑法教义的基本原理，充分展示了以教义学为内容的刑法学的学术魅力。该书对三阶层的犯罪论体系和四要件的犯罪构成理论进行了比较研究，是对三阶层的犯罪论体系的本土化的知识转换，为引入三阶层的犯罪论体系清理地基创造条件。该书是我为推动我国当代刑法知识的转型，以德日刑法知识取代以苏俄刑法学为底色的刑法知识所做的一种学术努力。

（三）刑事法治

1998年对于我来说又是人生道路上的一个转折点，这一年1月我回到了母校——北京大学法学院任教。与此同时，从1997年到1999年我在北京市海淀区人民检察院兼职担任副检察长，这段挂职经历使我进一步了解司法实务工作，尤其是对于我国刑事诉讼程序的实际运作情况有了切身的了解，这对于我此后进行的刑事法治研究具有重要助益。这也在一定程度上使我的学术视野超出刑法学，建立了刑事一体化，即整体刑法学的观念，从而开阔了理论视域。2007年我在中国人民大学出版社出版的《刑事法治论》一书，就是这一方向的努力成果。这是一部面向法治现实之作，而且是以刑事司法实际运作为结构，贯穿了刑事司法体制改革的中心线索。该书讨论了刑事法治的一般性原理，基于刑事法治的理念，我对警察权、检察权、辩护权和审判权都进行了法理探究：寻求这些权力（利）的理性基础，描述这些权力（利）的运作机理，探讨这些权力（利）的科学设置。同时，我还对劳动教养和社区矫正这两种制度进行了研究。尤其是劳动教养，它是中国独特的一种带有一定的保安处分性质的制度。但由于保安处分的决定权被公安机关所独占，其被滥用日甚一日。我在该部分内容中明确提出了分解劳动教养，使其司法化的改革设想。

刑事法治，是我在过去20多年时间里始终关注的一个现实问题，也是基于对我国的社会现状所进行的刑事法的理论思考，为推进这个领域的法治建设所做的一份学术贡献。尽管现实与理想之间存在巨大的差距，这种差距难免使我们失望，但学术努力仍然是值得的。我国目前正处在一个法治国家建设的关键时刻，

既需要改革的勇气，也需要改革的思想。

（四）刑法知识论

2000 年我在《法学研究》第 1 期发表了《社会危害性理论：一个反思性检讨》一文，这是我对深受苏俄影响的我国刑法学反思的开始。社会危害性是苏俄刑法学中的一个核心概念，被认为是犯罪的本质特征。正是在社会危害性的基础之上，建构了苏俄刑法学的理论体系。我国刑法学也承继了社会危害性理论，以及在此基础上的四要件的犯罪构成体系，由此形成我国刑法学的基本理论框架。对社会危害性理论的批判，成为我对苏俄刑法学的学术清算的切入口。2006 年我在《政法论坛》第 5 期发表《刑法知识的去苏俄化》一文，明确地提出了去除苏俄刑法知识的命题，从知识社会学的角度展开对苏俄刑法学的批判，并对我国刑法知识的走向进行了探讨。其结论反映在我发表在《法学研究》2011 年第 6 期的《刑法知识的教义学化》一文当中，这就是吸收德日刑法知识，建构我国的刑法教义学知识体系。在这当中，完成从苏俄的四要件到德日的三阶层的转变，可以说是当务之急。当然，我国的知识转型并没有完成，四要件的犯罪构成体系仍然占据着通说的地位，但三阶层的犯罪论体系已经开始普及，走向课堂，走向司法。围绕着以上问题的思考，我于 2012 年在中国人民大学出版社出版了《刑法的知识转型（学术史）》和《刑法的知识转型（方法论）》两书，为 10 年来我对我国刑法知识的研究画上了一个句号。刑法知识论的研究，使我从具体的刑法规范与刑法法理中抽身而出，反躬面向刑法学的方法论与学术史。这是一个刑法学的元科学问题，也是我的刑法学研究的最终归宿。

（五）判例刑法学

在我的刑法研究中还有一个独特的领域，这就是判例刑法学。我国传统的刑法学研究都是以刑法的法条为中心的，这与我国存在司法解释制度但没有判例制度具有一定的关联性。然而，判例对于法律适用的重要性是不言而喻的。因此，深入的刑法学研究必然会把理论的触须伸向判例。前些年，我国虽然没有判例制度，但最高人民法院公报以及最高人民法院刑事审判庭出版的案例选编等司法实际素材，为刑法的判例研究提供了可能性。我在法学院一直为刑法专业的硕士生开设案例刑法研究的课程，作为刑法总论与刑法各论学习的补充，受到学生的欢迎。在这种情况下，我以最高人民法院刑事审判庭出版的有关案例为素材，进行判例刑法学的研究，于 2009 年在中国人民大学出版社出版了《判例刑法学》（上下卷）一书。该书从案例切入，展开法理叙述，将案例分析与法理研究融为一体，成为刑法学研究的一个新面向。

2010 年中国正式建立了判例制度，这是一种具有中国特色的判例制度，称为案例指导制度。这种判例制度完全不同于德日国家的判例制度，它是以最高人民法院不定期颁布指导性案例的方式运行的。最高人民法院颁布的指导性案例在下级法院审判过程中具有参照的效力。这里的参照，既非具有完全的拘束力，又不是完全没有拘束力，而是具有较弱的拘束力。这些指导性案例虽不能在判决书中援引，但判决与指导性案例存在冲突的，可以作为上诉的理由。尽管这一案例指导制度仍然具有较强的行政性，它是以颁布的方式呈现的，而不是在审判过程中自发形成的规则秩序；但它毕竟是一种新的规则提供方式，对于我国司法实践具有重要的意义。判例制度的关键功用在于通过具体判例形成具有可操作性的司法裁判规则，因此，对于裁判规则的提炼是一项重要的工作。我作为首席专家，从 2010 年开始承担了《中国案例指导制度》的国家社科重大项目，并于 2013 年年初在北京大学出版社出版了《人民法院刑事指导案例裁判要旨通纂》（上下卷）一书。该书在对既有的刑事指导案例进行遴选的基础上，提炼出对于刑事审判具有指导意义的裁判要旨，并对裁判要旨进行了法理阐述，以此为司法机关提供参考。

刑法学属于部门法学，它与公民权利具有密切的联系。因此，刑法学者不仅是一个法条主义者，更应该是一个社会思想家；既要有对于国家法治的理想，又要有对于公民社会的憧憬；既要有对于被害人的关爱之情，又要有对于被告人的悲悯之心。

罪刑法定主义是我所认知的刑法学的核心命题：它是刑法的出发点，同时也是刑法的归宿。在我的刑法理论研究中，罪刑法定主义占据着极为重要的位置。中国 1979 年刑法并没有规定罪刑法定原则，反而在刑法中规定了类推制度。及至 1997 年刑法修订，废弃了类推制度，规定了罪刑法定原则，由此而使中国刑法走上了罪刑法定之路。在我国刑法规定罪刑法定原则的前后，我先后撰文对罪刑法定主义进行了法理上的深入探讨。这些论文编入《罪刑法定主义》一书，由中国法制出版社于 2010 年出版。在该书的封底，我写了这样一句题记，表达了我对罪刑法定主义的认知："罪刑法定主义：正义之所归，法理之所至。"罪刑法定主义应当成为刑法的一种思维方式，并且贯穿于整个刑法体系。我国刑法虽然规定了罪刑法定原则，但这只是一个开端，还会经历一段罪刑法定司法化的艰难进程。在相当一个时期，我国刑法学者还要为实现罪刑法定原则而奋斗。

整体刑法学的研究也是值得提倡的。李斯特提出了整体刑法学的命题，这对于今天我国的刑法学研究仍然具有指导意义。北京大学法学院教授、我的前辈学者储槐植教授提出了刑事一体化的思想，追求刑法的内在结构合理（横向协调）与刑法运行前后制约（纵向协调）。作为一种方法论，刑事一体化强调各种刑法关系的深度融合。应该说，整体刑法学与刑事一体化都是从系统论的角度看待刑法，反对孤立地研究刑法，提倡把刑法置于整个法律体系与社会关系中进行分析。对于这样一种刑法研究的方法论，我是十分赞同的。因为刑法本身的研究领域是较为狭窄的，必须拓宽刑法的研究领域，并且加深刑法的研究层次。对于刑法，应当以教义学为中心而展开。如果说，刑法教义学是在刑法之中研究刑法，那么，还需要在刑法之上研究刑法的刑法哲学、在刑法之外研究刑法的刑法社会学、在刑法之下研究刑法的判例刑法学，等等。除了对刑法的学理研究以外，刑法学者还应当关注社会现实，关注国家法治建设。只有这样，才能使刑法学不仅是一种法教义学，而且具有经世致用的功效。

刑法是具有国别的，刑法效力是具有国界的；然而，刑法知识与刑法理论是具有普世性的，是可以跨越国界的。因此，我始终认为我国刑法学应当融入世界刑法学的知识体系中去，而不是游离于世界刑法学之外。在这种情况下，我国应当向德、日、英、美等法治发达国家学习先进的刑法理论。相对而言，由于历史的原因，我国借鉴的是大陆法系的法律制度，包括法律技术与思维方法。因此，吸收与汲取德日刑法知识是更为便利的。从 1980 年代以来中国刑法学演进的路径来看，其也是在学术上的对外开放当中发展起来的。最初是引进日本的刑法知识，后来是引进德国的刑法知识；开始是以引进刑法总论知识为主，后来逐渐引进刑法各论知识；从翻译出版刑法体系书（教科书），到后来翻译出版刑法学专著，经历了一个发展过程。这些来自德日的刑法知识对于中国刑法学的发展起到了重要的促进作用，推动了我国刑法学的发展。我国学者将这些舶来的刑法知识用于解决中国刑事立法与刑事司法中的问题，其实践功能也是十分明显的。可以说，我国刑法学正在融入德日刑法知识的体系之中。

"陈兴良刑法学"作品集将对已经出版的个人著作进行修订整理，陆续出版。我的著作初期散落在各个出版社，首先要对各个出版社的编辑在我的著作出版过程中付出的辛勤劳动，表示衷心感谢。自 2006 年起，我的著作列入中国人民大学出版社的"中国当代法学家文库"，出版了 20 余种。现在，我的个人专著以"陈兴良刑法学"的名义修订出版，作为本人学术生涯的一个总结。对于中国人民大学出版社的编辑在我的著作出版过程中的敬业、细致和认真的职业精神，表示敬意。30 年来以学术为旨归，以写作为志业，虽劳人筋骨，伤人心志，亦执着以求，守职不废。这对于一个学者来说，当然是本分。然此盈彼亏，心思用于学问多，则亏欠家人亦多。因此，对于夫人蒋莺女士长久以来对我的理解与襄助，深表谢意。

自从 1987 年我在中国人民大学出版社出版第一本个人专著《正当防卫论》以来，正好 30 年过去了。这 30 年是我学术研究的黄金时节，在此期间，出版了数十种个人专著，主编了数十种著作以及两种连续出版物，即《刑事法评论》（40 卷）和《刑事法判解》（9 卷），发表了数百篇论文。收入"陈兴良刑法学"的，是我在这 30 年间出版的个人专著，共计以下 14 种，分为 18 卷（册），计一千余万字：

1. 《刑法哲学》
2. 《刑法的人性基础》
3. 《刑法的价值构造》
4. 《刑法的知识转型（方法论）》
5. 《刑法的知识转型（学术史）》
6. 《刑事法治论》
7. 《正当防卫论》
8. 《共同犯罪论》
9. 《刑法适用总论》（上卷）
10. 《刑法适用总论》（下卷）
11. 《规范刑法学》（上册）
12. 《规范刑法学》（下册）
13. 《判例刑法学》（上卷）
14. 《判例刑法学》（下卷）
15. 《本体刑法学》
16. 《教义刑法学》
17. 《口授刑法学》（上册）
18. 《口授刑法学》（下册）

学术是一个逐渐累积的过程，每个人都只是一门学科所形成的知识链中的一个节点。我作为从 20 世纪 80 年代开始登上我国刑法学术舞台的学者，学术生命能够延续到 21 世纪 20 年代，正好伴随着我国刑事法治的恢复重建和刑法学科的起死回生，以及刑法知识的整合转型，何其幸也。"陈兴良刑法学"所收入的这些作品在刑法学术史上，都只不过是"匆匆过客"。这些作品的当下学术意义日渐消解，而其学术史的意义日渐增加，总有一天，它们会成为刑法学术博物馆中的古董摆设，这就是历史的宿命。

在"陈兴良刑法学"作品集的编辑过程中，总有一种"人书俱老"的感叹。

我知道，这里的"书"并不是一般意义上的书，而是指书法的"书"。但在与"人"的对应意义上，无论对这里的"书"作何种理解都不重要，而对"俱老"的意识和体悟才是最为真实和深刻的。对于一个写作者来说，还有什么比亲笔所写的书，伴随着自己一天天老去，更令人激动的呢？

最后，我还要感谢中国人民大学出版社对我的厚爱。如前所述，我的第一本专著《正当防卫论》就是 1987 年在中国人民大学出版社出版的。从 2006 年开始人大出版社将"陈兴良刑法研究系列"纳入"中国当代法学家文库"，这次又专门为我出版"陈兴良刑法学"作品集。我还要感谢北京冠衡刑辩研究院院长刘卫东律师为作品集的出版慷慨解囊，提供资助。作为我指导的法律硕士，刘卫东在律师从业生涯中践行法治，成为业界翘楚。为师者，我感到十分荣幸。

是为序。

陈兴良

谨识于北京海淀锦秋知春寓所

2017 年 9 月 1 日

第二版出版说明

《刑事法治论》第一版是在 2007 年出版的，至今正好十年。值此十年之际，对本书进行了增补，由此形成第二版，纳入"陈兴良刑法学"丛书，由中国人民大学出版社出版，这是值得纪念的。

《刑事法治论》的第二版是一个严格意义上的增补版，增添了大约三分之一的内容。如果说，本书第一版主要反映的是 20 世纪 90 年代至 21 世纪初我对法治问题的思考；那么，本书增补的内容则反映了晚近十年我对法治问题的思考。这十年间，我国刑事法治还是有了较大的进展。例如，本书第一版中论及的劳动教养制度已经被取消，社区矫正制度正在建构之中，以审判为中心的刑事司法体制改革也正在逐步推进，而职务犯罪和渎职犯罪侦查权从检察权中剥离对检察权带来重大影响，如此等等，都是值得我们关注的。本书第二版对这些改革作了一定程度的回应，对本书第一版已经过时的内容进行了修订。

除了对已有的内容进行修订以外，本书第二版增补了五章内容，这些内容涉及刑事法治的相关领域。例如，案例指导制度是我国的一项制度创新，对于完善刑法的适用具有重要意义。我在 2010 年承担了案例指导制度研究的国家社科基金重大招标项目，组织团队对案例指导制度进行了系统研究，主编出版了《中国案例指导制度研究》（北京大学出版社 2014 年版）一书。随着案例指导制度的建立，最高人民法院和最高人民检察院分批颁布了各自的指导性案例，对于审判业务和检察业务都发挥了重要的指导作用。收入本书的"案例指导的制度建构"一章，是我对案例指导制度的最新研究成果。我认为，案例指导制度的建立，牵动着司法解释制度的运行，它补充了司法规则的来源。我们应当从创制规则的角度对案例指导制度的意义进行解读。不仅如此，我们还应当从古今和中外两个不同的视角对我国案例指导制度的功能进行法理解读。只有这样，才能深刻地洞察建立案例指导制度给我国法治格局带来的重大影响。此外，在"刑法立法的发展方向"一章，我以《刑法修正案（九）》为视角，对晚近不断颁布的《刑法修正案》对我国刑法进行较大幅度修订的立法发展趋势，作了前瞻性的探讨。这对于推动我国刑事法治的规范演进具有重要意义。尽管这些年来，我国刑事法治取得了令人瞩目的进步，但还是存在各种不能尽如人意之处，对此需要学者大胆建言，由此起到促进作用。

《刑事法治论》在我的著作中属于面对法治实践的入世之作，尽管如此，我还是想尽可能地从学术与法理的角度进行解读和思考，为形成中国的法治话语体系贡献绵薄之力。这次修订和增补，使本书内容更为充实，观点能够与时俱进，资料得以及时更新，这是令人欣慰的。

陈兴良

谨识于北京海淀锦秋知春寓所

2017 年 6 月 4 日

第一版出版说明

　　刑事法治是我从 1999 年以来一直在关注并思考的一个现实法治问题。其背景是 1999 年通过宪法修正案的方式,将依法治国,建设社会主义法治国家载入宪法,这是令我辈法律人振奋的。从人治到法治,这是在治国方略上的重大转变,标志着我国在法治化的道路上迈出了重要的一步。现代化,是中国人的百年梦想,从五四运动开始我国就进入了一个缓慢但持久的现代化进程。尤其是四个现代化的建设目标的提出,使现代化的追求更加具有明确的方向。但是,在相当长的一个时间里,我们往往把现代化看作是一个经济问题,因而四个现代化涉及的也大多是工农业生产以及与此相关的科学技术的现代化。但是,我认为,现代化并不仅仅是经济的现代化,而且是社会的现代化。现代化过程就是一个社会转型的过程,如果不在社会转型的框架内考虑现代化,那么这种以经济为主的现代化是无法实现的。正是在这个意义上讨论现代化,我认为它与以下三个要素相关:一是市场化,二是民主化,三是法治化。其中,市场化是基础,无论是民主化还是法治化都离不开市场化。民主化是目的,也是现代社会的标志。而法治化是保障,无论是市场化还是民主化,都离不开法治的保障。一个社会,只有实现了市场化、民主化与法治化，才能说这是一个现代社会。因此，我们可以把市场化、民主化与法治化视为现代化的基本内容，这才是对现代化的科学理解。在现代化的上述要素中，法治化占有重要地位。随着我国从上个世纪 80 年代初开始进行改革开放，市场化在我国得以启动，并逐渐地取代计划经济成为经济的主导力量。正是随着市场化程度的不断提高，我国社会提出了法治化的要求，法治成为一种时代的呼唤。

刑事法治这个概念是从法治中引申出来的，是指刑事法领域的法治状态。在我看来，法治不是一个空泛的概念，必然有其具体内容，法治应当落实到各个具体的法律领域，因而才有行政法治、刑事法治与民事法治之称。1999 年 9 月 27 日在北京大学法学院刑事法理论研究所举办的第一次刑事法论坛上，我作了"刑事司法制度改革"的演讲。在这个演讲中，我首次提出了刑事法治的概念，指出：

> 法治的概念需要从法理上来进行研究，但法治本身并不是抽象的、空洞的，它需要落实到具体的部门法之中。从刑事司法的角度来看，应当从法治的概念中引申出刑事法治这样一个基本范畴。刑事司法制度改革的目标模式应当是建立刑事法治，应当围绕着刑事法治来考察刑事司法制度的改革问题。①

在这次演讲中，我提出了刑事法治的三个基本内容：人权保障、形式理性和程序正义，并作了具体阐述。此后，我又发表了《刑事法治的理念建构》一文②，对刑事法治的内容作了更为理论化的论述，形成了我对刑事法治的基本思路。在此之后，刑事法治的概念逐渐为我国学者所接受，例如蔡道通教授的《刑事法治：理论诠释与实践求证》（法律出版社 2004 年版）一书，就是以刑事法治为中心词的第一部专著。该书从理论与实践两个方面对刑事法治的基本原理予以

---

① 陈兴良主编：《法治的使命》，2 版，4 页，北京，法律出版社，2003。

② 参见陈兴良：《刑事法治的理念建构》，载陈兴良主编：《刑事法评论》，第 6 卷，北京，中国政法大学出版社，2000。

在一定深度与广度上的展开，对我们正确理解刑事法治具有重要意义。我对刑事法治的研究，也是在一个持续的过程中，并且成为在我的学术研究中十分独特的一个内容。促使我从事刑事法治研究的主要有以下三个因素：

第一个因素是从上个世纪 90 年代末开始的司法改革。刑事法治涉及刑事立法与刑事司法两个层面，但我对刑事法治的关注却主要是从刑事司法引发的。我国的司法体制，包括刑事司法体制，是建立在计划经济基础之上的。而刑事司法制度更是按照专政模式建立起来的，更多体现的是国家意志，对被告人的权利缺乏应有的法律保护。在建设法治国家的方略确立以后，为适应法治建设的需要，整个司法制度，包括刑事司法制度都要作出重大调整。正是在这样一个背景下，司法改革的问题被提出来了。学者们对司法改革都抱有极大的热情，积极地投入司法改革的研究中来，并为司法改革鼓与呼。我也正是在这种情况下开始关注刑事司法改革，并由此提出刑事法治的概念，将其作为刑事司法改革的价值目标。尽管由于种种原因，司法改革并没有取得学者们所期望的预期效果，但我国司法制度的发展完善也是有目共睹的。也许，司法改革是一个随着法治建设的发展而不断推进的漫长过程，我们以往对司法改革的预期或多或少有些理想化，因而失望与失落也就是不可避免的。理论与实践、理想与现实，这两者之间总是有距离的，作为理论研究者，有些理想色彩的思考也是必然的。关于刑事法治，就是一个需要数十年时间去努力奋斗才能实现的目标。尽管刑事法治现在还是一个遥远的目标，但我们对它的思考却是现实的，这种思考有助于我们接近刑事法治这个目标。

第二个因素是从 1997 年 6 月到 1999 年 6 月，我在北京市海淀区人民检察院挂职担任副检察长，有机会直接参与司法实践，对刑事司法的运作过程有了更为真切的感受。在这种情况下，我的学术视野有所开阔。在此之前，我主要对刑法问题感兴趣，对刑事诉讼法则存在相当的隔膜。但在检察机关任职期间，刑事程序与刑事证据问题引起了我的兴趣。此外，结合检察机关的办案制度改革，例如主诉检察官制度的创立，我对刑事司法体制产生了一些个人见解。这种见解并不受到任职部门立场的限制，而是纯粹地从一个学者的立场出发，对刑事司法体制问题进行探讨。因此，刑事法治这个概念，其内容包括刑法和刑事诉讼法两个领域。这样，就使我的思想触须伸向刑事诉讼法，体现了一种刑事一体化的学术理念，使我的思想境界大为拓展。尽管在检察机关任职时间只有短短的两年，但这段经历对于我的学术研究的影响却是十分深远的，刑事法治的思想源头也可以追溯到这段在检察机关的任职经历。

第三个因素是近年来发生的一些引起社会轰动的重大案件，例如董伟案，以及影响更大的刘涌案，还有后来发生的佘祥林案。按照时间排列，董伟案发生在2002年，刘涌案发生在2003年，佘祥林案发生在2005年。董伟案涉及的是死刑制度，刘涌案涉及的是非法证据排除规则，佘祥林案涉及的也是证据采信问题。当然，这三起案件都触及了我国刑事司法体制的敏感神经。对这三起案件，我都参与了讨论乃至于争论，尤其是在刘涌案中，我不经意间成为某种意义上的"当事人"，受到舆论的尖锐抨击。这段历史，对于我来说是刻骨铭心的。通过这三起案件，我看到了我国刑事司法改革的艰难性和刑事法治建设的艰巨性。不能说没有些许的失望，但希望总是在支撑着我的信念。

正是在以上三个因素的影响下，我将学术目光投向刑事法治建设的现实。本书是这一研究的最终成果。它不同于纯学术的研究成果，因为这些文字当中包含了本人通过亲身践行而获得的感受、感悟与感知，也是我所更为珍惜的。

本书的内容可以分为三个部分：第一部分是刑事法治的一般原理，这部分内容具有较强的理论性，是对刑事法治的理论阐述。在刑事司法改革中，我有一个切身的感受，就是如果没有确立改革的价值目标并以此作为改革的引领，那么这种刑事司法改革就是盲目的，也是难以成功的。在刑事法治的理念中，我最为强调的还是人权保障，这是刑事司法改革的一条红线，刑事司法改革应当围绕人权保障而展开。这里涉及对法及法治的理解。我们通常都在有法可依、有法必依的意义上理解法治，但这仅仅是法治的形式标准，关键在于如何认识法治的内在价值。我认为，法治的要旨在于对国家权力的限制以保障公民个人的权利与自由。

同样，刑事法治的要旨在于对国家刑罚权的限制以保障被告人的权利与自由。只有将这一刑事法治的价值贯穿整个刑事司法改革的始终，才能保证刑事司法改革在正确的方向上向前推进。当然，在刑事法治的一般原理中，还涉及形式理性与实质理性、程序正义与实体正义等一系列重大的理论问题，这都需要从理论的高度予以阐述。除了刑事法治的理念以外，在刑事法治的一般原理中，还包含对刑事政策、刑法机能等基本问题的探讨。尤其是刑事政策与刑事法治的关系是值得我们充分重视的。刑事政策强调的是对犯罪惩治的及时性与有效性，它对于整个刑事立法与刑事司法都具有指导作用。而刑事法治则更强调对被告人权利的保障，体现对国家刑罚权限制的功能。在这种情况下，刑事法治与刑事政策这两者之间存在着某种紧张关系。在刑事法治的建设中，更应当注重的是刑事政策不应超越罪刑法定原则的樊篱，因而应当通过刑事法治对刑事政策加以某种限制。我向来主张理性思维，任何事物只有在理论高度才能把握其本质，对刑事法治也是如此。尽管我的这些理论分析可能存在偏颇，但作为一名我国刑事司法改革的亲历者，这种理性思考还是具有价值的。

本书的第二部分是刑事司法权的法理分析，包括对警察权、检察权、辩护权和审判权的分析。这也是我从刑事诉讼法角度对这些问题的探讨，具有独特意义。虽然储槐植教授在上个世纪80年代末就提出了刑事一体化的思想，但在法学研究当中，专业的隔阂还是十分严重的，在刑法与刑事诉讼法之间也是如此。我本人一直是从事刑法理论研究的，对于刑事诉讼法是陌生的。在检察机关任职期间，由于亲身经历了刑事司法活动，因而产生了对刑事诉讼法的兴趣，其中从刑事司法改革角度对刑事诉讼结构的切入，使我进入到刑事诉讼法的学术前沿。尽管受学术精力与能力所限，我目前仍然以研究刑法为主，但那段学术经历仍然给我留下深刻记忆。我认为，刑事司法改革的核心是刑事司法权的配置问题。这里的刑事司法权，是从广义上来说的，包括警察权、检察权、辩护权和审判权，包括控辩审三方。在这一诉讼结构中，我以为最为重要的是审判权，也就是狭义上的司法权，只有使审判权中立而独立地得以行使，才能保证司法的公正性。刑事法治作为刑事法领域的一种法治状态，它本身并不是空洞的，除理念以外，体制是刑事法治的物质层面，对刑事法治起着某种支撑的作用。我国刑事法治建设的重点与难点，就在于刑事司法体制的结构性调整，使司法资源合理地分配，从而形成一种制度性合力。在这方面，我们还有很长的路要走。本书第二部分对各种刑事司法权的法理分析，都是基于我国的现实，虽然有某种合理性的考量，但更多的还是一种对策性的构建，因而必然存在某种局限性。我想，等到将来我国刑事司法完成了法治化的变革以后，再来看我们现在的这些论述，一定会受到保守乃至于肤浅之讥。无论如何，历史局限性是任何人都无法克服的，我们只能说客观环境所允许的话，这也是一种历史的宿命。

本书的第三部分是关于两种具体刑事制度的考察：一种是劳动教养制度，另一种是社区矫正制度。劳动教养制度在我国形成已经五十多年，是计划经济时代的产物。在刑事法治建设中，劳动教养制度正面临着改革的命运。劳动教养作为刑法制度的补充，在过去相当长的时间内曾经对维护社会稳定发挥过作用。但随着刑事法治理念的普及，劳动教养制度的不合理性愈来愈显现出来。在这种情况下，应该加快对劳动教养制度进行改革，这一改革成果将成为衡量我国刑事法治程度的标志。与具有悠久历史的劳动教养制度相比，社区矫正是我国正在试验的一种刑事制度，我认为它代表着刑事体制中某种具有强大生命力的新生要素。尽管社区矫正制度在西方法治发达国家早已推行，但对于我国来说，社区矫正制度仍然具有某种创新意义，这是值得充分肯定的。我对社区矫正制度一直十分关注，并且受聘担任司法部社区矫正的专家顾问，多次参与咨询。这使我对社区矫正试点情况更加了解，也对社区矫正制度在我国的发展前景充满信心。

除正文以外，本书还有两篇具有实质内容的序跋，也可以说是本书正文的重要补充。代序——"中国刑事司法制度：理念、规范与体制之考察"，从刑法与刑事诉讼法两个方面对我国刑事司法制度进行了一种全景式的描述，它为我们理解刑事法治提供了某种现实背景。代跋——"中国刑事司法改革的考察：以刘涌案和佘祥林案为标本"，从个案的角度对我国刑事司法制度进行了一种特写式的描述。十分凑巧的是，这两篇论文都是我参与对外学术交流活动的产物。前篇是1999年1月参加北京大学法律学系和香港律政司、香港讼辩学会联合举办的内地与香港诉讼制度研讨会的主讲报告。后篇是2006年7月在日本东京大学参加学术活动的讲演稿。由于对外交流的这样一个特殊背景，这两篇论文都具有某种介绍性，并在此基础上进行了某种理论阐述，因而陈述的语气更为客观、更为平缓。

刑事法治是一个永久的话题，我只是这个话题的挑起者以及某个阶段的参谈者。学者在理想与现实之间保持某种平衡、某种张力是十分困难的，从本质上来说学者是趋向于理想化的，学术研究本身要求学者具有某种超越现实的能力。但现实又是像地心引力一样难以摆脱的，人不能抓着自己的头发离开地球。经过了一段对现实法治的观察与思考以后，我愿意将自己的学术注意力仍然转移到理论上来，也许在那里更能激发我的学术创造力。毕竟，现实是更为复杂的，而学者相对来说是较为单纯的。本书是对现实法治关注的一种学术记录，是对我心路历程的一种记录，也是对我理性思考的一种记录。它表明，我观察过，我思考过。只是，这一切对于我来说都已经成为历史。

陈兴良

谨识于合肥稻香楼宾馆

2007 年 7 月 6 日

代　序

中国刑事司法制度：理念、规范与体制之考察

　　中国目前面临着一个社会结构的转型问题，这一社会转型的境况成为中国各种社会现象分析的基本背景。法律制度的考察，包括刑事司法制度的考察，莫不如此。从法律制度来看，中国随着社会转型正在逐渐地完成从人治到法治过渡的法律现代化进程。尤其是建设社会主义法治国家目标的确定，使得中国法制发展的走向更为明确。在刑事司法领域，同样可以感受到社会转型背景下的法律现代化所带来的对传统刑事司法制度的猛烈冲击和对刑事司法制度变革的迫切呐喊。在代序中，我将对中国刑事司法制度从理念、规范、体制三个层面进行考察，力图勾勒出中国刑事司法制度演进的基本线索，总结出在中国刑事司法制度变革中面临的基本问题，并触摸中国刑事司法制度发展的基本脉络。

一、中国刑事司法制度的理念嬗变

　　任何一项制度的改变，都必然是理念先导。只有在正确的司法理念指导下，刑事司法制度的改革才能顺利地进行。中国当前首先面临的是观念转变的问题，

即从传统的以专政为核心的司法理念向法治的以人为本、以法为本的司法理念转变。这一转变可以提供刑事司法制度改革的思想资源。在我看来，司法观念的嬗变主要包括以下三个方面：

（一）从社会保护向人权保障倾斜

刑事司法制度的建构，必有其追求的价值内容，在任何一个社会都不例外。刑事司法制度的价值诉求，无非是社会保护与人权保障这两个基本方面。在不同社会，社会保护与人权保障这两者的偏重有所不同：在一个以社会为本位，注重社会秩序维持的社会里，社会保护被确立为刑事司法制度的首要价值目标。因此难免以牺牲公民个人的自由与权利为代价，甚至不惜践踏公民个人的自由与权利。而在一个以个人为本位，注重个人自由的维护的社会里，人权保障成为刑事司法制度的存在根基。为维护公民个人的自由与权利，即使造成某种程度的社会秩序的混乱也在所不惜。当然，从理论上说，社会保护机能与人权保障机能应当和谐地统一起来，并且在一般情况下也确实能够获得某种程度的统一。但在两者发生冲突的情况下，取舍之间凸显出一个社会刑事司法制度的基本价值诉求。中国古代社会以注重社会秩序轻视个人自由而著称，被称为是一种以家庭为本位的社会，因而法律形态也可以说是一种家族法。对此，中国学者瞿同祖指出：从家法与国法、家族秩序与社会秩序的联系中，我们可以说家族实为政治法律的单位，政治、法律组织只是这些单位的组合而已。这是家族本位政治法律理论的基础，也是齐家治国一套理论的基础，每一家庭能维持其单位内之秩序而对国家负责，整个社会的秩序自可维持。① 在这种法律制度的建构中，个人是微不足道的，而家庭以及由其构成的社会却是至高无上的。所以，刑法注重对社会利益的保护是势所必然。中华人民共和国成立以来，在计划经济的体制下，中国是一个政治国家的一元社会。在这种情况下，刑法作为专政工具必然以保护社会利益为根本使命。在经济体制改革以后，引入了市场机制，中国正在从市民社会与政治

---

① 参见瞿同祖：《瞿同祖法学论著集》，28 页，北京，中国政法大学出版社，1998。

国家合一的、一元的社会结构向市民社会与政治国家分立的、二元的社会结构转型。因此，个人的命运，包括个人的自由与权利，越来越受到关注。这种从社会保护向人权保障的倾斜，在刑事立法上得以体现。在刑法中，权利保障的刑法价值被突出到一个极其显要的位置上，尤其是1997年《刑法》第3条确立的罪刑法定原则，体现了刑法作为犯罪人的大宪章，同时也是善良公民的大宪章对刑罚权的限制功能。在刑事诉讼法中，当事人，包括被害人与被告人的诉讼权利都得以加强，注重调动有关诉讼当事人与参与人在刑事诉讼活动中的积极性。刑事诉讼的职权因素有所减弱，对当事人权利的保障有所加强。凡此种种，都说明在法治社会的刑事司法制度中，个人的自由与权利应当并且正在成为其重要的价值诉求。

（二）从实质合理性向形式合理性转变

合理性（rationality）是德国著名学者韦伯在分析社会结构时提出的一个重要观念。韦伯把合理性的概念应用于社会结构分析时，作出了形式合理性和实质合理性的区分。形式合理性具有事实的性质，它是关于不同事实之间的因果关系判断；实质合理性具有价值的性质，它是关于不同价值之间的逻辑关系判断。形式合理性主要被归结为手段和程序的可计算性，是一种客观合理性；实质合理性则基于属于目的和后果的价值，是一种主观合理性。在韦伯看来，形式合理性和实质合理性处于一种永远无法消解的紧张对立关系之中。在对待法的态度上，也存在着韦伯所说的"法逻辑的抽象的形式主义和通过法来满足实质要求的需要之间无法避免的矛盾"①。法是用来满足社会正义的，但法又有自身的形式特征。例如，法的对象是一般的，当一般正义得以满足的时候，个别正义可能难以兼顾。在这种情况下，是牺牲个别正义以保全法的形式，还是相反？这也正是人治与法治的分野：人治不是说没有法，甚至也可能存在完备的法制，而在于是否以法为终极的判断标准，即法治的实现，在某些情况下会牺牲社会的实质正义。法

---

① ［德］韦伯：《经济与社会》，下卷，401页，北京，商务印书馆，1997。

治意味着一套形式化的法律规范体系，对形式合理性具有强烈的冲动。而在以人治为特征的中国古代社会，虽然也有较为完备的法典，但由于在儒家思想的主导下，对伦理道德的实质正义的追求的结果必然将形式的法予以弃置，因而在更大程度上是韦伯所说的"卡迪司法"（Kadi-Justiz，Kadi 系伊斯兰教国家的审判官）。韦伯指出：儒家主导的中国法文化缺乏自然法与形式法的逻辑（Rechtslogik），儒家司法是根据被审者的实际身份以及实际情况，或者根据实际结果的公正与适当来判决的一种"所罗门式的"卡迪司法。[①]

中华人民共和国成立以来，基于对某种政治理想的追求，法治的观念在中国始终没有建立起来，甚至社会长期处在"无法"的状态。随着走向法治，法律纷纷出台，但这种法如何能够得以切实贯彻而不至于成为虚置的文本，仍然是一个大问题。在刑事法领域，法律施行是得到国家权力保证的，因而贯彻得好一些。但这里也始终存在一个实质合理性与形式合理性的冲突。可以说，形式合理性的理念正在逐渐生成，实质合理性的冲动正在受到抑制。在刑法领域，长期以来坚守的是社会危害性理论。根据这种理论，社会危害性是犯罪的本质特征，甚至是刑法的基石。凡是具有严重的社会危害性的行为，法律有规定的，应当依照法律规定认定为犯罪；法律没有规定的，应当依照类推定罪。在某种意义上说，类推制度在刑法中的设立，就是实质合理性的冲动压倒形式合理性的结果。随着罪刑法定原则的确立、类推制度的废止，在刑法中形式合理性的诉求战胜了实质合理性。罪刑法定原则意味着对国家刑罚权的限制，这种限制是以形式的法来实现的，因而对于保障公民个人的自由与权利来说，具有实质的价值内容。尽管实行罪刑法定会使个别或者少数严重的危害社会行为因法无明文规定而逃脱法律制裁，似乎在实质合理性上有所丧失，但这是一种必要的代价。非此不能实现法治的价值，以破坏法治而实现的实质合理性是得不偿失的。在刑事诉讼法上，长期以来坚守的是实事求是的原则，追求实体正义，忽视程序正义。由于犯罪案件是

---

① 参见［德］韦伯：《儒教与道教》，王蓉芬译，174 页，南京，江苏人民出版社，1993。

一种已逝的存在，在刑事诉讼中对于犯罪事实的复原只具有相对意义，而不能原样复原。① 在这种情况下，为了保证最大限度的实质正义，只能通过一套严密设计的司法程序与法律规则进行法律推导，包括推定，如无罪推定等原则的适用。因此，程序正义虽然是形式的合理性，但都是为了保证更大程度的实体正义。如果摆脱司法程序，以追求所谓实体正义为名践踏司法程序、违背法律规则，法治必然被破坏殆尽。由于在刑事诉讼法中确立了无罪推定原则，程序的价值受到重视，一种形式合理性的思维正在形成。

（三）从实体正义向程序正义偏重

实体与程序是保证司法公正的两种法律制度设计：前者解决案件处理的公正标准问题，后者解决案件处理的正当程序问题，两者不可偏废。但在中国刑事司法活动中，长期以来存在着重实体轻程序的倾向，严重地妨碍了司法公正的实现。对于程序法的轻视，除了在学理上没有正确地认识实体与程序的关系②以外，根本原因还在于没有正确地处理在刑事诉讼活动中国家的司法权力与个人的诉讼权利之间的关系。质言之，轻视程序实际上是忽视对被告人合法权益的保障。正如我国学者指出：刑法属于授权性规范，刑事诉讼法则属于限权性规范。刑法设定了国家的刑罚权，刑事诉讼法则为国家刑罚权的正确、适度行使设置规

---

① 我国学者提出了客观事实与法律事实的问题，实事求是之事，是客观事实还是法律事实？客观事实如何转化为法律事实？客观事实与法律事实何以具有同一性？凡此种种，都需探讨。由于人的思维的非至上性，案件事实的完全复原几乎是不可能的，而且代价太大。正如我国学者指出的：实事求是原则引申出来的判决要建立在弄清案件事实真相的基础之上的以事实为根据的原则，只是一种司法理想。这一原则把司法理想与司法操作相混淆，在司法实践中是很难实现的。参见贺卫方：《司法的理念与制度》，153页，北京，中国政法大学出版社，1998。

② 关于实体法与程序法的关系，在理论上存在主从论、同等论与阶位论等各种观点。主从论为传统观点，被有些学者认为是重实体轻程序思想的理论基础；同等论即实体法和程序法为同等关系；阶位论，即实体法和程序法为逻辑上的阶位关系的观点正在取代主从论而受到中国诉讼法学界的重视。参见李佑标：《试论实体法和程序法的关系》，载陈光中、江伟主编：《诉讼法理论与实践》（1997年卷），28页以下，北京，中国法学会诉讼法学研究会，1998。

则和界限。① 因此，根据刑法获取的国家刑罚权，只有在刑事诉讼活动中，经过一定的司法程序才能得以行使。在诉讼活动中，国家的司法权力与个人的诉讼权利相对抗。在这一对抗中，司法权力强大，而个人权利弱小。为保证司法公正，必须通过诉讼程序严格规范司法机关的活动。保护被告人的合法权益，重视程序的重要意义也正在于此。随着刑事诉讼法的修正，程序的独立价值越来越被学界所认可，并逐渐地为司法人员所认同。我认为，程序理念的形成并深入人心，是法治的一个重要标志。没有严格的程序，也就谈不上真正的法治。在程序正义的理念中，不仅对司法机关的诉讼活动应当遵循法定程序提出了严格要求，更为重要的是应当保障被告人的诉讼权利。因此，程序并不仅仅是一种法律程式，而是具有实体内容的一种法律制度。

以上三个方面的观念嬗变表明，在刑事司法中，人权保障的观念、形式合理性的观念、程序正义的观念正在中国形成，构成刑事法治的基本观念。

二、中国刑事司法制度的规范设置

司法，司法，所司法者法也。因此，法，即规范，是司法之本。在刑事司法活动中，司法之法为刑事实体法与刑事程序法。随着 1996 年刑事诉讼法的修正和 1997 年刑法的修订，中国刑事法律规范在法治的轨道上大有进步。但在这些法律规范的设置及适用上，仍然存在一些问题。对此加以深入的考察，必将有益于刑事法治的建设。

（一）刑法的修订及实施中的问题

1979 年刑法是建立在计划经济体制之上的，它所反映的是以中央集权、高度垄断集中为特征的社会现状。从 20 世纪 80 年代初开始，中国启动了以经济体

---

① 参见汪建成：《刑法和刑事诉讼法关系新解》，载陈光中、江伟主编：《诉讼法理论与实践》（1997年卷），25 页，北京，中国法学会诉讼法学研究会，1998。

制改革为先导的深刻的历史变革，社会进入了一个现代化的急剧变动过程当中，社会结构发生了重大的变化。在这种社会背景下，1979 年刑法从它的实施开始，就滞后于日益发展的社会生活。为此，立法机关从 1981 年就开始以单行刑法与附属刑法两种方式，对 1979 年刑法进行修改补充，包括对刑法总则与刑法分则的修改补充。这次刑法修订是在建立社会主义市场经济法律体系这样一个立法框架下进行的，因此，对于刑法修订的指导思想也应当由此分析。市场经济是法治经济，尽管人们对其含义还有不同理解，但这一命题大体上已为学界所认同。市场经济是法治经济，首先在于市场经济对法治具有内在需求。市场经济内在地需要规则和程序，包括刑事规则以及由此维护的社会秩序。在市场经济条件下，刑法调整不仅是必要的，甚至比计划经济体制下，其调整的广度与深度有过之而无不及。因为在市场经济体制下，随着经济关系的多元化，刑法调整的广度有所扩张；随着经济关系的复杂化，刑法调整的深度有所提高。概言之，刑法可以从市场经济中汲取生命力，在市场经济中大显身手。因为刑法植根于市场经济运行机制的内在要求，同样，市场经济也只有在刑法的切实保护下，才能有条不紊地正常运行。基于对刑法与市场经济的相关性的这样一种认识，刑法修订可以看作建立市场经济法律体系的努力的一个重要组成部分。市场经济的发展在客观上提出了刑法修订的要求。因此，这次刑法修订的指导思想是通过修订刑法，使之适应社会主义市场经济的客观需要。这种需要，不仅表现在增设经济犯罪，强化经济刑事立法，维护市场经济秩序；而且表现在推进民主政治，加强刑法的人权保障机能。

通过刑法修订，在内容与形式两个方面刑法规范都有所改善。这种改善首先表现在罪刑法定原则的立法确认上。1979 年刑法未规定刑法基本原则，在刑法理论上一般都把罪刑法定作为刑法基本原则加以确认。当然，由于 1979 年刑法存在类推制度，因而对于当时的刑法是否实行罪刑法定原则在理论上存在争论。但在中国刑法学界，绝大多数学者倾向于将罪刑法定确认为刑法基本原则。在我看来，这与其说是一种实然的描述，不如说是一种应然的期待。1997 年刑法修订首次以法律的形式确认罪刑法定原则。《刑法》第 3 条规定："法律明文规定为犯罪行为的，依照法律定罪处刑；法律没有明文规定为犯罪行为的，不得定罪处刑。"这一原则的精神实质是在刑法中确立法治精神：犯罪以法有明文规定者为限，法无明文规定不为罪，法无明文规定不处刑。这样，就在公民自由与国家刑罚权之间划出了一条明确的界限，它有利于对公民的个人权利的保障，是社会主义法治原则在刑法中的直接体现。罪刑法定原则的立法化，废除了 1979 年刑法中规定的类推制度。从此，中国刑法不再是一个开放性的规范体系，而是一个相对封闭的规范体系。罪刑法定原则的确立，一方面是对立法权本身的限制，否认国家有对公民行为进行事后的刑事追溯的权力，这就是从罪刑法定原则中派生出来的刑法不溯及既往的原则。另一方面，也是更重要的意义，在于对司法权的限制，防止司法机关滥用刑罚权，避免对法无明文规定行为的刑事追究。

应当指出，罪刑法定原则的确立，使刑法调整范围相对确定，同时也会带来一些消极效应，即对法无明文规定的严重危害社会的行为不能定罪处刑。在这种情况下，中国的司法制度面临的一种考验，甚至可以说是一种挑战，即在司法操作中能否贯彻罪刑法定原则？在中国刑法学研究会举办的"'98 全国新刑法施行研讨会"上，与会代表对过去一年来罪刑法定原则贯彻实施中存在的问题进行分析后认为，这一原则已受到司法实践的严重挑战，表现在对法无明文规定的严重危害社会的行为如何处理以及刑法规范中的模糊用语如何理解等问题所选择的解决方式上。① 例如，关于已满 14 周岁的人承担刑事责任的范围，《刑法》第 17 条第 2 款作出了明确规定，只对故意杀人、故意伤害致人重伤或者死亡、强奸、抢劫、贩卖毒品、放火、爆炸、投毒罪应当负刑事责任。但在刑法规定的其他犯罪，包含了上述列举之罪的内容时，能否以犯罪论处？中国学者张明楷以故意决水为例加以说明：已满 14 周岁不满 16 周岁的人故意决水，造成他人死亡、重伤

---

① 参见沈海平、张安平：《群贤毕至，疑义共析——'98 全国新刑法施行研讨会综述》，载《检察日报》，1998-12-08。

及重大财产的损失。刑法显然没有规定已满 14 周岁不满 16 周岁的人对决水罪承担刑事责任，但上述决水行为事实上包含了故意杀人的行为，如果行为人明知自己的决水行为会发生他人死亡的结果，并且希望或者放任这种结果发生时，能否认定为故意杀人罪，从而追究刑事责任？如果得出否定结论，或许维护了罪刑法定原则，但不利于保护合法权益；如果得出肯定结论，则存在以下疑问：对于同样的决水行为，为什么已满 16 周岁的人实施时构成决水罪，而已满 14 周岁不满 16 周岁的人实施时构成故意杀人罪？这是需要进一步探讨的问题。[①] 这一问题更为突出地反映在绑架罪上。根据中国《刑法》第 239 条之规定，犯绑架罪，杀害被绑架人的，或者故意伤害被绑架人、致人重伤、死亡的，处无期徒刑或者死刑，并处没收财产。这里的杀害被绑架人，是指在劫持被害人后，由于勒索财物或者其他目的没有实现以及其他原因，故意将被绑架人杀害的行为。[②] 因此，这是一种典型的故意杀人行为，但被立法者作为绑架罪予以涵括，因而形成刑法理论上的包容竞合，即整体法与部分法之间的法条竞合。那么，已满 14 周岁不满 16 周岁的人实施绑架行为而杀害被绑架人的，是否承担刑事责任呢？对此，中国学者之间存在截然相反的两种观点：一是肯定说，认为由于这种犯罪行为危害性特别大；凡是年满 14 周岁并具有责任能力的人，均可构成。[③] 二是否定说，认为按照罪刑法定原则和《刑法》第 17 条第 2 款的规定，已满 14 周岁不满 16 周岁的人对这种行为不负刑事责任，但应当责令其家长或者监护人加以管教；在必要的时候，也可以由政府收容教养。[④] 以上两种观点实际上是形式合理性与实质合理性之间的冲突。关于这个问题，在刑法理论上一度存在混乱，司法机关力图通过司法解释解决这个问题，例如：取消奸淫幼女罪名而将奸淫幼女行为包含在强奸罪中，对已满 14 周岁不满 16 周岁的人奸淫幼女的行为按照强奸罪追究刑

[①]　参见张明楷：《刑法学》（上），168 页，北京，法律出版社，1997。

[②]　参见周道鸾等主编：《刑法罪名精释》，472 页，北京，人民法院出版社，1998。

[③]　参见王作富主编：《中国刑法的修改与补充》，176 页，北京，中国检察出版社，1997。

[④]　参见祝铭山主编：《中国刑法教程》，471 页，北京，中国政法大学出版社，1998。

事责任；对已满 14 周岁不满 16 周岁的人参与绑架杀害被绑架人的，按照故意杀人罪追究刑事责任。但最终还是在 2002 年 7 月 24 日全国人大常委会法制工作委员会颁布的《关于已满十四周岁不满十六周岁的人承担刑事责任范围问题的答复意见》解决了这个问题。根据这一答复意见的规定，《刑法》第 17 条第 2 款规定的是 8 种行为而非 8 个罪名。由此可见，在如何理解法律规定上，仍然是存在争议的。因此，在法律解释中如何坚持罪刑法定原则，就是一个值得高度重视的问题。罪刑法定原则体现的是形式合理性，但这种形式合理性的理念在司法人员，甚至学者心目中远未达到根深蒂固的程度，不时受到实质合理性的挑战。

应该说，虽然刑法明文确认了罪刑法定原则，但由于以下两个方面的原因，该原则在司法活动中得以切实贯彻还存在相当难度：第一个原因是法律规范的不完善性。罪刑法定原则的实行，以具有一部相对完善的刑法典为前提。只有在绝大部分严重危害社会的行为都在刑法典中有明文规定，并且这种规定十分严谨、严密、严格的情况下，罪刑法定原则的实行才是可能的。但从目前的情况来看，1997 年刑法虽然存在重大进步，但远非尽如人意。[①] 在这种情况下，增加了实行罪刑法定原则的难度。第二个原因是司法水平的有限性。罪刑法定原则的实行，对司法能力提出了更高的要求，例如，对刑法的理解与解释，要既不超越法律规定的界限，又能够穷尽法律规定的内容，实属不易。但目前中国司法人员的理论素养与业务能力都远远不能适应在严格的罪刑法定原则下司法操作的要求。因此，在司法活动中贯彻罪刑法定原则，绝非立法那样简单。要使罪刑法定原则不成为一纸空文或者一条法律标语，而使之成为司法活动的精髓与灵魂，我们还有很长的路要走。

（二）刑事诉讼法的修正及实施中的问题

1979 年刑事诉讼法为从诉讼程序上保障刑法的正确实施，准确及时地查明

---

① 参见范忠信：《刑法典应力求垂范久远——论修订后的〈刑法〉的局限与缺陷》，载《法学》，1997 (10)，19 页。

案件事实，正确适用法律，惩罚犯罪分子，切实有效地保护公民的合法权益，维护国家安宁和社会秩序，保障和促进社会主义现代化建设事业的顺利发展，发挥了重要作用。但在经济体制改革以后，市场经济条件下如何适应惩治犯罪与保护人权的客观需要，对刑事诉讼法提出了重大考验。在这种情况下，1996 年立法机关对刑事诉讼法进行了重要的修改补充，使刑事诉讼制度沿着法治化、科学化和民主化的方向进行了重大改革。刑事诉讼法的修改标志着中国法治建设的加强，受到普遍的好评。刑事诉讼法的修改内容十分广泛，其修改的基本思想是坚持惩罚犯罪与保障人权相结合。因为在当代法治国家里，宪法和法律都赋予司法机关必要的权力，通过刑事诉讼程序，应用法律手段，依法准确及时地惩罚犯罪，以维护国家安定和社会秩序。同时，宪法和法律对司法机关的权力，又加以严格的分工、制约和监督，以权力制约权力，防止其在刑事诉讼过程中徇私枉法、滥用权力、侵犯公民的合法权益。因此，如何保障司法机关正确行使国家权力，使惩罚犯罪与保障诉讼参与人的合法权益相结合，就是修改刑事诉讼法过程中始终考虑的重大问题。[①] 应该说，修正后的刑事诉讼法确立无罪推定原则等一系列重大修改推进了中国刑事诉讼制度向民主法治方向发展。

在刑事诉讼法的修改中，最引人注目的是无罪推定原则的立法进展。在 1979 年刑事诉讼法中，并未规定无罪推定原则，在理论上一般认为无罪推定与实事求是之间是相矛盾的，因而予以否认。当然，对于无罪推定原则的否定，还有更深层次的原因，就是对于犯罪嫌疑人和被告人在法律上的正当权利缺乏思想上的认同，认为无罪推定不利于惩治犯罪。2012 年《刑事诉讼法》第 12 条规定："未经人民法院依法判决，对任何人都不得确定有罪。"对于这一规定体现了无罪推定原则，在我国刑事诉讼法学界受到一致认同，但对于这一规定是否就可称为无罪推定原则，在理论上争议较大。一般认为，该规定确立的是人民法院的统一定罪权原则。根据这一原则，人民法院是唯一有权确定某人有罪的机关，其

① 参见程荣斌主编：《中国刑事诉讼法教程》，61 页，北京，中国人民大学出版社，1997。

他任何机关、团体、个人都无权作出有罪认定。① 因此，除少数学者以外，大部分学者并不认为这一规定就是在我国刑事诉讼法中确立了无罪推定原则。但在价值取向上，又可以分为以下两种观点：第一种观点认为，无罪推定虽然有其合理因素和进步意义，但由于它把犯罪嫌疑人、被告人硬性推定为无罪的人，在刑事诉讼中又要对犯罪嫌疑人、被告人采取强制措施，这种冲突和矛盾的事实是无法解释的。我国刑事诉讼法规定，未经法院依法判决，不得确定任何人有罪的原则，既最大限度地吸收了无罪推定理论的合理因素和进步意义，又避免了它本身存在的不可克服的局限性，是一种实事求是的哲学观。② 根据这一观点，现行中国《刑事诉讼法》第 12 条之规定已经十分完善，没有必要也不应当在中国刑事诉讼法中确立无罪推定原则。第二种观点认为，由于未赋予犯罪嫌疑人、被告人沉默权，并且法律明确规定犯罪嫌疑人有如实回答侦查人员讯问的义务，在侦查、起诉、审判各阶段均有关于讯问犯罪嫌疑人、被告人的程序设置，所以，很难说在中国刑事诉讼法中已经完全确立了无罪推定原则。对此应当有一个清醒的认识。这反映出法律界和理论界尚未就无罪推定问题完全达成共识，并从一定意义上说明改变立法和执法上的传统观念、摆脱原有司法习惯的不良影响，是何等的艰难和曲折。今后仍需要继续加强对无罪推定原则的研究和宣传，为在我国刑事诉讼中真正确立无罪推定原则、贯彻联合国刑事司法准则而努力。③ 根据这一观点，现行中国《刑事诉讼法》第 12 条之规定仍有不足，将来应当确立真正意义上的无罪推定。显然，上述两种观点虽然都否认现行中国刑事诉讼法已经确立了无罪推定原则，但其对于无罪推定原则的态度是完全不同的。我个人赞同第二种观点，即尽管现行中国刑事诉讼法在无罪推定的立法上有所进展，但尚未完全确立无罪推定原则。从立法发展方向来看，应当积极推进无罪推定原则的立法，使之在中国刑事诉讼法中完全确立。

---

① 参见陈光中、严端主编：《中华人民共和国刑事诉讼法释义与应用》，19 页，长春，吉林人民出版社，1996。

② 参见程荣斌主编：《中国刑事诉讼法教程》，151 页，北京，中国人民大学出版社，1997。

③ 参见陈光中等主编：《联合国刑事司法准则与中国刑事法制》，115 页，北京，法律出版社，1998。

从目前中国刑事诉讼法的规定来看，在以下两个问题上存在着无罪推定立法化的障碍：一是《刑事诉讼法》第 6 条规定的以事实为根据的原则；二是《刑事诉讼法》第 118 条第 1 款规定的犯罪嫌疑人如实回答义务。以事实为根据，在理论上是指人民法院应当以查证属实的事实真相作为定罪量刑的基础。在这一解释中存在一个理论预设，即一切案件真相都能大白于天下。事实上，这只是一种司法理想。在实践操作中，由于人类认识能力的局限性，并非每一个案件事实都能查清，这也正是在司法实践中存在各种疑案的原因所在。无罪推定正是考虑到并非一切案件事实都能查清这样一种司法操作上的困难，在犯罪事实得到确凿证明之前假定被告人无罪。这种无罪是法律上的无罪，并不一定等于事实上的无罪。无罪推定原则在认识论上是承认了人类认识能力的相对性，它与以人类认识能力的绝对性为基础的实事求是的思想方法存在重大差异。因此，如果没有在刑事诉讼认识论上的重大突破，无罪推定原则被中国刑事诉讼法接纳就存在重大的思想障碍。从无罪推定原则还可合乎逻辑地引申出被告人的沉默权规则。沉默权规则的含义是：犯罪嫌疑人、被告人依法可以对有关官员的提问保持沉默或拒绝回答，不因此而受到追究，有关官员则有义务在提问之前告知犯罪嫌疑人、被告人享有此项权利。该项权利只意味着犯罪嫌疑人、被告人不得被强迫提供揭发控告材料，但犯罪嫌疑人、被告人仍可能被强迫接受对他的人身或者衣物的合理检查。① 可以说，沉默权是无罪推定原则的应有之义。沉默权规则的确立，排除了犯罪嫌疑人、被告人自证其罪的可能性，使得口供定罪成为不可能。但在实行"坦白从宽，抗拒从严"政策的中国，沉默本身意味着一种抗拒，尽管是一种消极的抗拒，因而沉默权是不被承认的。因此，中国刑事诉讼法规定了犯罪嫌疑人、被告人如实陈述的义务。当然，刑事诉讼法也并未规定违反这一义务的法律后果。换言之，违反这一义务的后果并非法定的而是酌定的，例如，作为认罪态度而在量刑时予以考虑。刑事诉讼制度虽然是一种程序性规范，但它对于保障被

---

① 参见宋英辉：《不必自我归罪原则与如实陈述义务》，载《法学研究》，1998（5），142 页。

告人的合法权益具有重要意义。尤其像无罪推定原则等内容，包含着深刻的价值内容，它的确立与实施必将引起一场诉讼程序的革命。我们应当意识到，庭审的实质意义正在得到强化，刑事诉讼程序正在走向法治。因此，以无罪推定为内核的刑事诉讼规范的全面确立是可以期待的。

三、中国刑事司法制度的体制安排

刑事司法活动的法治化，最重要的是要有一套合乎正义与效率的体制安排。刑事纠纷的解决从两造当事人的个别行为，上升为一种国家行为，实现了对犯罪的制度性报应。这里的制度，是建构在理性基础之上的。中国刑事司法制度虽然是在进入新时期（始于 1978 年）后重建的，但仍然存在明显的人治痕迹。为使刑事司法制度适应法治的需要，存在一个体制性转轨。

刑事司法制度是以诉讼结构为核心安排的，因此，司法体制的改革必然涉及诉讼结构的安排。我国学者指出了两种诉讼结构：一是三角结构，原告和被告形成一定的诉讼对抗，法官则是居于其中、居于其上的仲裁者，由此形成一个等腰的正三角结构。二是线形结构，为在保障公正性的同时有效实现对社会的犯罪控制，需要建立专门的侦查、检控和审判机关并赋予其相应的国家权力，不同法律机关在刑事司法权力分工的基础上权力互涉，并经过法律的程序化处理，形成一种平行的、以权力互动为特点的结构，即线形结构。论者认为，在这两种诉讼结构中，三角结构体现了公正，线形结构体现了效率，不应取其一而舍其一，因此提出两重结构理论，即以三角结构为最基本的诉讼关系，线形结构在不损害三角结构基本功能的前提下起辅助作用。[①] 应当说，这种刑事诉讼的两重结构理论具有一定的独创性。但它的实现是以存在或者建构诉讼的三角结构为前提的。而

---

① 参见龙宗智：《返回刑事诉讼理论研究的始点——刑事诉讼两重结构重述》，载陈兴良主编：《刑事法评论》，第 2 卷，406 页，北京，中国政法大学出版社，1998。

且，在三角结构中，法官已经从线形结构中分离出来，成为超脱于诉讼双方的居中裁判者，原先的线形结构实际上已经不复存在。在这个意义上，我主张从线形结构向三角结构转变，在此基础上重构刑事司法体制。

我国传统的诉讼结构是由公、检、法三机关的互相配合、相互制约而构成的，这是一种线形结构，被形象地比喻为三道工序。俗话说，任何比喻都是蹩脚的。但公、检、法三道工序的比喻不能只是以蹩脚论之，这个比喻蕴含着丰富的司法理论内容。三道工序，就其设计的主观意愿而言，有防止错案发生之堵截功能。但由于在这三道工序的结构中，被告人只是消极的司法客体，是司法流水线上的"物件"，在诉讼中没有其应有的权利与地位，所以，这种诉讼结构被深深地打上了专政的司法理念。在这种司法理念的指导下，惩治犯罪、保护社会是首要任务，因而公安是与犯罪做斗争的最前线，公安往往把惩治犯罪作为维护社会治安秩序的主要的（如果不是唯一的话）手段。公安为第一道工序，其入口的大小在很大程度上不是取决于法律规定，而是取决于维护社会治安的需要。检察机关作为第二道工序，虽然在批捕环节上有不捕权，在起诉环节上有不诉权，但受到惩治犯罪的专政职能的压力，很难严格依法把关。尤其是批捕与起诉脱节，随着批捕条件的放宽和起诉条件的把严，两者形成强烈反差。公安在批捕以后移送起诉以前这个阶段基本不受制约，甚至把批捕当成侦查的终结而不是侦查的开始或延续。在审查起诉阶段，检察官只有两次退补机会，而补充侦查的质量普遍不高。在这种情况下，很难指望在审查起诉阶段提高案件质量。因而，强行起诉在所难免。这样，检察机关将刑事案件向最后一道工序——法院移送。在法院审理中，虽有律师介入，但律师作用有限，法院在很大程度上受到公安、检察方面司法惯性的挤压作用，因而定罪率相当之高，在严格依照法律定罪量刑上，就难免大打折扣。由此可见，在这种诉讼程序中，罪刑法定原则难以得到有力的贯彻，被告人的合法权益难以得到切实的保护。在这种诉讼程序中，就公、检、法三机关的地位而言，公安的老大地位难以动摇，而检察的力度、审判的独立难以保证。这种线形结构之不适应刑事法治建设的需要是显而易见的。为此，需要建立刑事诉讼的三角结构。三角结构并非只是现存各机关之间关系的简单变化，而且涉及对各机关的性质的重新界定，这就涉及刑事司法体制的改革问题。

在三角结构中，公安与检察成为控方，应当按照控诉职能的要求重构警检（在某种意义上也是侦诉）关系。这里，首先涉及对公安机关的性质考察。在我国现行司法体制中，公安机关具有行政机关与司法机关的双重性质：就行政职能而言，主要是社会的治安管理；就司法职能而言，主要是刑事案件（除少量经济犯罪案件和某些职务犯罪案件由检察机关自侦以外）的侦查。在这两种职能中，治安管理是目的，刑事侦查成为手段，因而公安机关内部的治安管理职能对刑事侦查职能形成强大的压力与牵制。在这种体制下，综合治理难以落实到位，"严打"成为法宝。我认为，公安机关的行政职能与司法职能应当分离，这就是治安警察与刑事司法警察的分立，将刑事司法警察从公安机关中剥离出来，按照检警一体化的原则，受检察机关限制。

检警一体是指有利于检察官行使控诉职能，检察官有权指挥刑事警察进行案件侦查，警察机关在理论上只被看作检察机关的辅助机关，无权对案件作出实体性处理。这种检警一体化的侦查体制赋予检察官主导侦查的权力，为其履行控诉职能打下了良好的基础。这种检警一体化原则中的警检关系，完全不同于公检法三道工序的结构中的公检关系。在三道工序中，公检之间是互相配合、互相制约的关系，导致检察机关对公安的侦查在理论上有监督权，但实际上除了批捕这样的职能活动以外，其他监督根本就谈不上。而且，法律还赋予公安机关对检察机关的制约权，这实际上是一种反监督权，如对不捕、不诉案件的复议等。在检警一体的制度中，检察官对于刑事司法警察的活动具有主导权，这种主导权实际上是指挥支配权，警察处于受支配的地位。检察官根据庭审控诉犯罪的需要，指导警察搜集证据，对于没有证据或者证据不足的案件及时予以撤销。在这种情况下，刑事司法警察的侦查活动不再受公安机关治安管理职能的主导，惩治犯罪不再是治安管理的主要手段。检警一体化打破了以往公检是两道工序的关系，使之成为一个强有力的控方整体。那么，检警一体削弱了公检两机关之间的制约，使之一体化，是否会对被告人形成更为强大的压力，使被告人的合法权利得不到有效保障呢？我的回答是否定的，关键在于还需要有控辩平衡、法官独立这样一些制度的配合，将公检法三道工序的线形结构发展成为控辩双方对等、法官居中裁判这样一个三角形结构。

检警一体加强了控诉犯罪的力度，但与此同时还要处理好检察机关内部的职能部门之间的关系。对于自侦部门（反贪局）与起诉部门的关系，应当比照检警一体的做法。对于批捕与起诉的关系，也要很好地协调。我认为，批捕应当达到最低限度的起诉条件，否则不应逮捕。在检警一体化的体制下，批捕不是办一个手续，而是直接介入案件侦查，是对案件进行审查判断的结果。为了有效地指控犯罪，我认为应当实行检控分离制度。检控分离，是指将现在起诉部门的工作人员分为主控检察官、检察事务官和检察书记官，由此建立刑事检控制度，设置一种以庭审公诉为中心（或曰龙头）、以起诉制约侦查的合理系统，从而理顺诉侦关系，使之与控辩对抗庭审协同。检控检察官分离制度是检警一体原则在检察机关内部的反映。主控检察官与检察事务官具有不同的分工：检察事务官主要面对侦查，对侦查起到强有力的制约作用。主控检察官主要面对法庭，在庭审中形成与辩方的强有力的对抗。

在三角结构中，辩方是十分重要的，没有与控方势均力敌的辩方，就难以成立三角结构。而恰恰是辩方的法律构造，在中国刑事法制中是最为薄弱的环节。检察官和辩护人，也就是控辩双方，在诉讼上具有天然的对立性。律师制度之设立，是要为被告人提供法律上的援助，使其能够对抗国家对他的犯罪指控，以维护本人的合法权益。因此，律师辩护的必要性与合理性都是不言而喻的。那么，控辩之间应当是一种什么关系呢？我认为在法律上，主要是指在诉讼地位上控辩之间是一种平等的关系。由于以往在我国三道工序的诉讼结构中，控辩的平等是不存在的，控审的分离也是不彻底的，因而，现在出现一种提法，叫作"检察官当事人化"。我认为，这种提法并不意味着矮化检察官或贬低检察官，而只是呼吁控辩双方在诉讼法律地位上平等的另外一种表述。尽管检察官是代表国家出庭支持公诉，但这并不意味着检察官具有高于辩护人的法律特权。为了平衡控辩关系，有些国家甚至强化律师的权利，使之能够与强大的控方抗衡。没有真正意义上的控辩均衡，律师辩护就只能是法律上的摆设，被告人的合法权益就得不到有效保障。在诉讼法理论上，辩方参与刑事诉讼包括两方面：一是消极的防御，即对检察官提出的证据、主张进行证伪，使法官对指控所赖以成立的事实和法律根据产生怀疑，从而削弱乃至破坏检察官指控的可信性。二是积极的防御，即向法庭提出有利于被告人的证据，积极主动地向法庭证明有利于被告人的事实，从而促使法庭作出对被告人有利的判决。① 以上两个方面，对于辩护人来说前者是形式辩护，后者是实质辩护。实质辩护是以辩护人享有充分的调查取证权为前提的，否则，实质辩护无法实现。调查取证是指通过一定手段，向证人或者其他知道案情的人员进行调查，从而获取一定的证据材料的一种活动。中国《刑事诉讼法》第52条对公、检、法三机关的调查取证权作了明文规定，并且赋予这种调查取证权一定的强制性。但对辩护律师的调查取证权作了严格限制，中国《刑事诉讼法》第41条第1款规定："辩护律师经证人或者其他有关单位和个人同意，可以向他们收集与本案有关的材料，也可以申请人民检察院、人民法院收集、调取证据，或者申请人民法院通知证人出庭作证。"从这一规定来看，辩护律师只是在检察院审查起诉和法院审判期间具有调查取证权，而在侦查阶段没有调查取证权。而且调查取证须经证人或者其他单位和个人同意，若不同意，则不能直接调查取证；在这种情况下，可以申请人民检察院、人民法院调查取证；但这种申请如果未获同意，则仍然无法获取证据。由此可见，辩护律师的调查取证权受到严格限制，这不利于调动辩护律师的积极性，并且也使刑事辩护流于形式。我认为，没有控辩之间的平等权利，尤其是使控辩之间的力量过于悬殊，就不可能形成稳定的三角诉讼结构，不利于保障被告人的合法权益。因此，扩大辩护律师的调查取证权是十分必要的。辩护律师不仅在法律地位上而且在各种诉讼权利上都

---

① 参见陈瑞华：《刑事审判原理论》，271页，北京，北京大学出版社，1997。

与控方保持一种均衡的态势，才能使刑事诉讼更加符合法治的要求。

在三角结构中，法官的地位是最为重要的，构成诉讼的中心。控辩均衡必然带来检法两家关系的重大变化。在现行的司法体制下，检察院有审判监督权，尽管在法庭上不能直接监督，尽管这种监督实际上只停留在法律上，很难真正落实，但检法同属司法机关，是刑事诉讼中的两道工序，双方是线性关系，即法律上的平等关系，只是分工不同而已。随着检察官的当事人化，必然打破检察院与法院之间原有的平等关系，检察院的地位似乎降格为当事人，因而无法履行其对法院的监督职能。检察院是否应对审判进行监督以及如何监督，这不是在此所要探讨的问题。我只是想说明：检察官的当事人化，即控辩平等的形成，将使法官真正能够获得独立与超脱，成为刑事案件的裁判者。在这种情况下，某些传统的观念需要打破。我认为，法院并非是与检察院同一性质的机构。犯罪，就其实质意义而言，是个人与国家（由检警代表）之间的一场纠纷。这里的国家，在很大程度上是指政府，因而在大陆法系国家的司法体制中检察机关大多附属于行政机关，虽然有很强的独立性，但并无司法机关之属性。因此，法院的超然地位是其居中裁判的性质所决定的。法院的独立，不仅是指控审的分立，而且也是指法院对于国家或曰政府的超然。这种审判权的行使，不屈从于任何权力，只服从法律。在这种情况下，罪刑法定和无罪推定才成为可能。也只有在这种情况下，法院的裁断，主要是指通过庭审的确认，才具有了终极的意义。尽管控辩双方各有抗诉权与上诉权，但法院的判决一经生效，其法律拘束力就自然产生，任何人不得挑战。由于法官是严格根据法律规定认定犯罪，并依照法律规定裁量刑罚的，因而控辩双方也只能依照法律与事实履行各自的控诉职能与辩护职能。在这种情况下，庭审成为龙头，检察、侦查都是为庭审胜诉服务的，庭审具有实质意义。庭审的实质化，对法官的素质提出了更高的要求，同时也带来法院体制的改变。中国目前倡导的是法院独立而非法官独立。法院独立强调的是对行政干预以及其他法律以外的干扰的排斥，使法院独立行使审判职能。受法官素质的制约，完全的法官独立尚难以实现。必须通过制度化的措施，使审判水平得以保持。因此，审判委员会对于案件具有最终决定权，院长、庭长瓜分了合议庭的权力，使合议庭形同虚设。结果出现了"审者不判，判者不审"的现象，严重违背司法活动的一般规律。正如我国学者指出，司法是一种讲求亲历性的活动，对当事人言词的判断，对证人所作证词可信性的判断，都离不开判断者对于被判断者的近距离观察。现代诉讼程序的言词原则和直接原则都是基于诉讼活动的这种内在要求而确定的。① 但审判分离的情形却使得司法这种亲历性无从实现，同时也使得庭审的意义大为降低。法治的发展，必然要求从法院独立向法官独立过渡，尤其要注重发挥合议庭的作用，使合议庭对更多的案件具有实质上的裁量权。

以诉讼结构为中心的司法体制改革关系到我国社会主义法治的实现，并且是这种法治的制度构造。法治不仅是指制定一些法律，而且包括设计一些合理的制度。这里观念转变是十分重要的，我国的民主与法治发展到今天这个水平，以往那种把公、检、法三机关简单地看成是专政机关，把惩治犯罪片面地看成是专政职能的思维定式确乎要改变。唯有如此，司法体制的改革才能提到议事日程上来。也只有在司法体制改革的大背景下，公检法的职能定位与诉讼结构的重塑才能成为现实。

---

① 参见贺卫方：《司法的理念与制度》，122 页，北京，中国政法大学出版社，1998。

目　　录

第一章
刑事法治的理念建构

　　法治成为治国方略，对于我国社会发展来说具有里程碑的意义。对于法治的价值追求，成为我们这一代法律理论工作者责无旁贷的使命。法治不是一个空洞的与抽象的理念，而是具有实体内容的命题。[①] 从法治这个命题中，可以合乎逻辑地引申出刑事法治的概念。刑事法治是刑事领域中的法治，是刑事法的价值内容。本章拟对刑事法治的内在精神加以阐述，从而为刑事法治的建构提供价值导向。

一、形式理性与实质理性

　　刑事法治首先意味着在刑事领域具有一套体现正义的规范体系的存在，这种

---

　　① 我国学者刘军宁认为，法治与法治国应当有所区分，法治思想起源于古典自由主义的法律学说，并为法国的《人权宣言》、英国的《权利法案》以及美国的《独立宣言》和美国宪法提供了理论基础。随着现代自由民主政治思想的形成，法治可以被恰当地理解为是专制与无政府的对应物。而法治国纯粹是个德国的概念，其法律不是来自"法治"中的自然化，而是来自人民的联合意志（或者说公意）。法律是作为主权者的立法者的产物，而不是自然正义的产物。换言之，法律服从于立法者的权力意志，而非自然正义。参见刘军宁：《共和·民主·宪政——自由主义思想研究》，140～141页，上海，上海三联书店，1998。以上关于法治与法治国之间的区分的学理分析对于我们理解法治的精神具有一定的意义。

刑事法规范不仅在于约束公民，更重要的还在于约束国家，从而防止司法权的滥用。因此，刑事法治的首要之义就在于实质理性的建构与形式理性的坚守。

意大利著名学者维柯通过对古罗马社会的历史考察，指出理性有三种：神的理性、国家政权的理性和自然理性。① 神的理性实际上是神意，存在于宗教神学之中，随着政教分离、世俗权力在社会统治中地位的确立，神的理性已经不复存在。国家政权的理性，根据维柯的论述，是指罗马社会的 civilis aequitas（民政的公道），即贵族所主导的理性，是一种精英理性。这种理性存在于贵族与平民相对立、平民服从于贵族的社会之中。自然理性是以利益平等（aequnm borum）为内容的，它是建立在民主制之上的理性。因此，自然理性不仅是一种世俗的理性，而且是一种平民的理性。② 尽管维柯三种理性之说源自对古罗马社会的考察，但自然理性是超越神的理性与国家政权的理性的一种具有普适性的理性，这一点是毋庸置疑的。自然理性正是古典自然法所倡导与追求的，被认为是合理社会的基础。对于自然与理性的这种同一性，德国学者曾经作过以下评论：从自然法的观点看，"自然"和"理性"是合法的实体性标准。两者是同一的，由此产生的规则也是同一的，因此，有关调整实际关系的一般命题和普遍的行为规则均被认为是一致的。③ 正如同宇宙万物的存在是一种自然，具有天然的合理性；社会的存在同样具有其内在的规律，这就是理性。在这个意义上说，理性是指社会的合理性。由此可见，自然法中的理性不是一个哲学的概念④，而是一个政治学、社会学与法学的概念，其实质在于合理性、正义、平等、自由、人道这类体

---

① 参见［意］维柯：《新科学》，下册，朱光潜译，506 页以下，北京，商务印书馆，1997。

② 维柯在历史叙述中，论述了三种法学、三种权威、三种理性与三种裁判，三种法学指神的法学、英雄的法学和人道的法学。三种权威指神的权威、英雄的权威和人的权威。三种裁判指神的裁判、常规裁判和人道的裁判。上述这些范畴之间具有明显的对应关系。

③ 参见［德］韦伯：《论经济与社会中的法律》，张乃根译，290 页，北京，中国大百科全书出版社，1998。

④ 哲学上的理性，是指进行逻辑推理的能力和过程。确切地说，理性是指与感性、知觉、情感和欲望相对的能力，凭借这种能力，基本的表现被直觉地加以把握。因此，韦伯的理性，即合理性（rationality）是一个社会学范畴，与哲学的理性（reason）既有区别又有联系。参见苏国勋：《理性化及其限制——韦伯思想引论》，218 页，上海，上海人民出版社，1988。

现人类对社会美好的价值追求的内容都可以在理性的概念中栖居。

从理性中可以自然地得出合理性的概念。韦伯将合理性（rationality）作为分析社会结构的一个基本范畴。[①] 韦伯把合理性的概念应用于社会结构分析时，作出了形式合理性和实质合理性的区分。形式合理性具有事实的性质，它是关于不同事实之间的因果关系判断；实质合理性具有价值的性质，它是关于不同价值之间的逻辑关系判断。形式合理性主要被归结为手段和程序的可计算性，是一种客观合理性；实质合理性则基本属于目的和后果的价值，是一种主观的合理性。从纯粹形式的、客观的行动最大可计算的角度上看，韦伯认为，科学、技术、资本主义、现代法律体系和行政管理（官僚制）是高度合理性的。但是这种合理性是纯粹形式的，它与实质合理性即从某种特殊的实质目的上看的意义合理性、信仰或价值承诺之间处于一种永远无法消解的紧张对立关系之中。在对待法的态度上，也存在着韦伯所说的"法逻辑的抽象的形式主义和通过法来满足实质要求的需要之间无法避免的矛盾"[②]。韦伯所说的形式合理性就是指形式理性，而韦伯所说的实质合理性就是指实质理性。在此，韦伯凸显出形式理性与实质理性的冲突。正是在这种形式理性与实质理性的冲突及对其的选择中，体现出法治的价值。

古希腊哲学家亚里士多德对于法治的含义曾经有过一个经典性的论述，指出："法治应包含两重意义：已成立的法律获得普遍的服从，而大家所服从的法律又应该本身是制订得良好的法律。"[③] 亚氏所揭示的法治的这两重含义在逻辑关系上拟应加以调整：首先是制订良好的法律，然后是这一良好的法律获得普遍

---

① 韦伯在对形式法律具体特征的解释中阐明了"合理性"的以下四种含义：（1）在一般情况下，"合理性"一词表示由法律或法规所支配的事物，在这个意义中，事物的实质内容和程序状态是合理的。（2）合理性的第二种含义是指法律关系的体系化特征。这种法律体系的概念是一种特殊的法律思想模式，它特指受到罗马法的形式法律原则影响而发展出的现代西方的法律体系。（3）合理性的第三种含义是用来说明基于抽象阐释意义的法律分析方法。（4）合理性的第四种含义是在分析原始的法律制度时，以对比的方式描述由理智控制的清除分歧的手段是有合理性的。参见苏国勋：《理性化及其限度——韦伯思想引论》，220页，上海，上海人民出版社，1988。

② ［德］韦伯：《经济与社会》，下卷，林荣远译，401页，北京，商务印书馆，1997。

③ ［古希腊］亚里士多德：《政治学》，吴寿彭译，199页，北京，商务印书馆，1965。

的服从。就制订良好的法律而言，是一个立法的问题，即在立法中如何体现实质理性；就良好的法律获得普遍的服从而言，是一个守法，尤其是司法的问题①，即在司法活动中如何实现形式理性。实质理性是一种先在于、自在于法律的价值内容，立法应当在法律规范中贯彻这种实质理性。当法律规范确认了这种实质理性的时候，它就转化为形式理性。因此，司法所实现的是一种形式理性。

　　对于价值理性的追求，是人作为一种理性动物的永恒冲动。在人类历史上，对于这种价值理性的认识是不断变化的，从神的理性到自然理性就展示了这种变化的轨迹。在一个社会中，对于这种价值理性以何种方式实现，这其实也是一个社会如何加以治理的问题。在这个问题上，曾经存在过人治与法治的争论。人治论者是以人性善为正面立论根据，并且以法律规则的局限性为反面立论根据而展开其逻辑的。例如，柏拉图首先设想一种理性地、无私地行使权力的人——哲学王的存在，他能够恪守本分、各司其职地实现正义。在柏拉图看来，最好的状况不是法律当权，而是一个明智而赋有国王本性的人作为统治者。因为法律从来不能用来确切地判定什么对所有的人说来是最高尚和最公正的从而施予他们最好的东西；同时由于人与人的差异、人的行为的差异，还由于可以说人类生活中的一切都不是静止不变的，所以任何专门的技艺都拒斥针对所有时间和所有事物所颁布的简单规则。② 在柏拉图那里，正义的实现不是通过法律，而是通过人的有效治理。法治论者则是以人性恶为正面立论根据，并且以人的统治的局限性为反面立论根据而展开其逻辑的。例如，亚里士多德认为人性中有恶的成分，这就是兽性。让一个人来统治，这就在政治中混入了兽性的因素，因为人的欲望中就有这样的特性。只有法律的统治，方如同神祇和理性的统治。由此得出结论：法治优于一人之治。③ 同时，亚里士多德也看到了法律规则的抽象性与普遍性所带来的不周延性和僵硬性，但亚氏认为这可以通过一定的司法技术加以弥补。例如，亚

---

① 司法实际上是司法机关守法的问题。因此，对于法治来说，司法机关的守法比普通公民的守法更为重要。
② 参见〔古希腊〕柏拉图：《政治家》，黄克剑译，92～93 页，北京，北京广播学院出版社，1994。
③ 参见〔古希腊〕亚里士多德：《政治学》，吴寿彭译，167～168 页，北京，商务印书馆，1965。

里士多德指出：对若干事例，法律可能规定得并不周详，无法作判，但遇到这些事例，个人的智慧是否一定能够作出判断，也是未能肯定的。法律训练（教导）执法者根据法意解释并应用一切条例，对于法律所没有周详的地方，让他们遵从法律原来的精神，公正地加以处理和裁决。法律也允许人们根据积累的经验，修订或补充现行各种规章，以求日臻完备。① 上述柏拉图与亚里士多德关于人治与法治的争论是具有经典意义的，至今为止的讨论都是在此基础上发展起来的。我在这里不可能全面地评价这一争论，仅从形式理性与实质理性的视角来说，毫无疑问柏拉图与亚里士多德都是要追求一种社会正义，这种社会正义其实是一种实质理性。人治与法治的分歧在于：通过何种手段实现这种社会正义。人治论者主张通过人的治理，即政治家的专门技艺实现社会正义。② 而法治论者主张通过法律实现社会正义，因为只有法律才能使实质价值规范化，具有可遵循性。我想，如果仅从规则的意义上讨论人治与法治的分歧当然是肤浅的。更为重要的是，一个社会的人们如何形成对于社会正义的共识？问题在于：存在相互冲突的正义概念和合理性标准。因此，正如美国学者麦金太尔所追问的那样：谁之正义？何种合理性？③ 这种正义价值的共识，需要通过法律加以确认。因此，法治是以民主为基础的。如果个人凌驾于法律之上，或者以个人所信奉的正义强加给社会、强加给人类，都不是真正的法治。法治的意义就在于：确认一种民主的价值。在这个意义上说，法治确实优于一人之治。

　　法律的特点在于规范性④，没有规范就无所谓法律。法的这种规范性使实质

---

① 参见［古希腊］亚里士多德：《政治学》，吴寿彭译，167～168 页，北京，商务印书馆，1965。

② 柏拉图十分重视人的这种专门技艺，指出：正如一艘船的船长在任何时候都为船和水手们的利益而操心，不是通过判定书面规则，而是依靠专门技艺保护他的航海伙伴，那些依同样的序列进行统治的人，把专门技艺的权威置于法律之上，这样，一个正确的政府不就可以建立起来了吗？就其可能而论，无论睿智的统治者们做什么，他们都不能不犯错误——只要他们坚持一个大的原则，并总是尽可能凭借才智和技艺施予公民以绝对的公正，从而保护他们，使他们境况更好。参见［古希腊］柏拉图：《政治家》，黄克剑译，97～98 页，北京，北京广播学院出版社，1994。

③ 参见［美］麦金太尔：《谁之正义？何种合理性》，万俊人等译，1 页，北京，当代中国出版社，1996。

④ 参见胡康生、李福成主编：《中华人民共和国刑法释义》，552 页，北京，法律出版社，1997。

价值物化为一种制度，可以为社会正义的客观提供更为稳定的制度保障。因此，法治的第一个环节就是立法，立法是要把一种社会公认的实质价值予以规范的确认。这种实质价值就是存在于这个社会的基本结构之中的社会正义。① 因此，法律只不过是对这种根植于社会结构之中的社会正义的一种确认而已。从刑法上来说，它不涉及对权利与义务的分配，而是规定犯罪与刑罚，尤其是在法律上确认什么行为是犯罪。这种行为的犯罪性当然是由立法者所规定的，但立法者并不能发明犯罪，更不能制造犯罪。犯罪本身是由一定的社会生活条件所决定的，立法只不过是对此的确认而已。当然，刑法对于犯罪的规定并不是一种镜式的消极反映，而是要把社会上的犯罪现象经过分析归纳，纳入刑法的逻辑体系之中。在此，存在一个在立法上如何反映的问题。如果说，如何反映尚属一个立法技术问题。那么，对于犯罪与刑罚如果在刑法中不是加以明文确认，而是任由法官根据实质理性确定，这就潜存着侵犯人权的危险。显然，这里存在一个中国古人所说的"法有限，情无穷"的矛盾。所谓"法有限"，是指法律条文有限、立法的理性认识能力有限，不可能在一部刑法典中将社会中存在的各种犯罪行为都在刑法条文中加以规定。更何况，社会生活是向前发展的，犯罪现象是不断更新的，这就是所谓"情无穷"。因此，有限的"法"难以规范无穷的"情"，这就是韦伯所说的"法逻辑"与"通过法来满足实质需求的需要"之间的矛盾。② 而对这种矛盾，还要不要选择法？法的形式主义本身意味着对满足实质理性的手段的限制与约束。我认为，法治的选择是必要的，而且也是唯一的正确选择。因此，尽管在

---

① 罗尔斯指出：对我们来说，正义的主要问题是社会的基本结构，或更准确地说，是社会主要制度分配基本权利和义务，决定由社会合作产生的利益之划分的方式。参见［美］罗尔斯：《正义论》，何怀宏等译，5页，北京，中国社会科学出版社，1998。

② 韦伯指出了逻辑合理与实体合理之间的紧张关系。逻辑合理是指通过逻辑分析来披露各种事实的法律意义，从而形成和适用高度抽象的法律概念。这一逻辑合理过程削弱了外部要素的意义，并缓冲了具体的形式主义的僵硬性。但是，与"实体合理性"的对应突出了，因为实体合理性意味着法律问题是在规范的影响下解决的，而不是通过将抽象的意义解释加以逻辑上的一般化来解决。实体合理化所依据的规范包括道德命令、功利的和其他实用的规则以及政治信条。所有这些都不同于外部性的形式主义及其所利用的逻辑抽象。参见［德］韦伯：《论经济与社会中的法律》，张乃根译，62页，北京，中国大百科全书出版社，1998。

实质理性通过法律的确认转化为形式理性的时候，由形式主义的法逻辑的特性所决定，实质理性必然有所丧失。但这种丧失是应当付出的，是实行法治的代价。

实质理性一旦转化为形式理性，就应当坚守这种形式理性，这是一个司法的问题。实质理性在立法中加以确认，这仅仅是法律规范的形成。如果这种法律规范不在现实生活中发挥作用，那么它只能是一纸具文。司法是法律适用的过程。这里存在一个司法的逻辑。显然，司法逻辑与立法逻辑是不同的。司法将抽象的法律规范适用于具体的案件事实，存在一个从一般向个别的演绎过程。这也是从法律所确认的一般正义向个案处理的个别正义的转化过程，因而是正义的实现过程。这个过程，韦伯称为法律决疑论。① 在司法活动中，是否坚守形式理性，是法治与人治的分水岭。在人治社会里也有法，甚至存在相当完备的法律体系。因此，有法与无法不能区分法治与人治。法之存在，只是法治的必要条件，但不是充分条件。关键问题在于：这种法是否在司法活动中得到了切实地贯彻。中国古代社会，在儒家伦理化的主导下，以礼入法，出礼入刑，在礼法之间存在表里关系。因此，法官的使命不是实现法的价值，或者说，法没有自身的独立价值。只有礼所内含的伦理内容才是法官所追求的价值，为追求这种伦理价值，往往牺牲法律的形式。② 韦伯在论述中国古代的法律制度时，将中国古代法律描述为一种

---

① 韦伯指出：最基本的法律思维过程，即普遍化的思维过程。在此，这是指如何将一项或多项"原则"适用于具体案件的理性演绎。这一演绎过程一般地依赖于先前或同时进行的对直接维系判决的事实所作的分析。相反，对"法律命题"的进一步阐述，将影响到对潜在的相关事实所作的限定。这一过程既依赖于又促进了法律决疑论。然而，并非任何决疑论的良好方法都会产生"高度逻辑的理想化法律命题"，或者与其发展并论。在各种外部要素的并列组合基础上，已经产生了非常全面的法律决疑论。参见［德］韦伯：《论经济与社会中的法律》，张乃根译，60 页，北京，中国大百科全书出版社，1998。

② 我国学者指出：儒家伦理法的内容包括以下三个层面：第一，儒家伦理法是把宗法家族伦理作为大经大法的法文化体系。第二，在这个体系中，宗法家族伦理被视为法的渊源、法的最高价值，伦理凌驾于法律之上，伦理价值代替法律价值，伦理评价统率法律评价，立法、司法悉以伦理为转移，由伦理决定其弃取。第三，在现实的社会生活和政治生活中，以伦理代替法律，伦理与法律之间没有明确的界限，宗法伦理道德被直接赋予法的性质，具有法的效力，从而形成法律伦理化和伦理法律化的双向强化运动。参见俞荣根：《道统与法统》，200 页，北京，法律出版社，1999。

世袭结构，这是与世袭制的国家形态相联系的。在这种世袭制的国家中，缺乏理性的立法与理性的审判，因而存在这样一个命题："专横破坏着国法。"法官对任何大逆不道的生活变迁都严惩不贷，不管有无明文规定。最重要的则是法律适用的内在性质：有伦理倾向的世袭制追求的并非形式的法律，而是实质的公正。[①]因此，这是一种韦伯所说的卡迪司法（Kadi-Justiz，Kadi 系伊斯兰教国家的审判官）。在这种卡迪司法中，法官承担的不是护法使命，而是沉重的伦理使命。法官往往无视法律条文，径直根据伦理道德观念，尤其是儒家教义，对案件作出判决。[②]在这种法律制度中，法的形式理性是得不到遵守的，更强调的是伦理意义上的实质理性。可以说，我国古代从来就不曾存在过形式理性。因此，法治强调的是法的独立价值，这种价值的内容虽然是由社会正义、伦理道德甚至风俗习惯和人情世故所决定的，但法一旦成为法，就具有法的规范品性，按照其自身的法逻辑演绎，并规范社会生活。

作为刑事法治的首要之义的形式理性与实质理性，在刑法中表现得极为明显。显然，刑法需要强调实质理性，这就是坚持犯罪的社会危害性命题，对于没有社会危害性的行为不应在刑法中被规定为犯罪。但刑法更需要关注形式理性，这就是坚守罪刑法定主义原则，法无明文规定不为罪，法无明文规定不处罚。罪刑法定原则是刑法法治的基本蕴涵，也是法治刑法与专制刑法的根本区分。美国

---

① 参见［德］韦伯：《儒教与道教》，王容芬译，154～155 页，北京，商务印书馆，1997。

② 著名学者冯友兰描述了作为清末县官的父亲的判案情形：在一件案子结束的时候，父亲就用朱笔写了"堂谕"。"堂谕"就等于判决书，但是其中并不引用法律条文，只是按照情理就判决了。有一件案子，情节是三角恋爱或多角恋爱的事，父亲于审讯之后，写了一个堂谕，这个堂谕是一篇四文骈体文章。文章叙述了事情的经过，然后作出判决说：呜呼！玷白璧以多瑕，厉实阶离魂倩女；梦朱丝而不治，罪应坐月下老人。所有两造不合之处，俱各免议。此谕。这样的判决书，现在我们看起来，简直是个笑话。可是当时，据说是一县传诵。参见冯友兰：《三松堂自序》，20 页，北京，人民出版社，1998。上述情形绝非个例。我国学者贺卫方对宋代的司法判决作了研究，指出：这类撇开法律而径直依据情理或其他非成文法渊源判决案件的情况不仅仅存在于有宋一代，实际上，它的历史至少可以追溯到汉代的春秋决狱，晚至清代仍然如此。不独如此，那些受到称道、传至后世以为楷模者往往正是这种参酌情理而非仅仅依据法律条文的司法判决。参见贺卫方：《司法的理念与制度》，193 页，北京，中国政法大学出版社，1998。

学者罗尔斯在论述法治时，明确地将罪刑法定视为法治的重要原则之一，指出：法无明文不为罪的准则（Nalls Crimen sine Lege）及其暗含的种种要求也产生于一个法律体系的观念中。这个准则要求法律为人所知并被公平地宣传，而且它们的含义得到清楚的规定；法令在陈述和意向两方面都是普遍的，不能被当成损害某些可能被明确点名的个人（褫夺公民权利法案）的一种手段；至少对较严重的犯法行为应有严格的解释；在量刑时不追溯被治罪者的既往过错。上述要求潜含在由公开规则调节行为的概念中。① 罪刑法定虽然是形式理性的体现，表明了刑法法治所要求的形式主义特征，但在罪刑法定原则中包含着重大的实质内容，这就是对立法权和司法权的限制，在国家刑罚权与个人的自由之间划出一条明确的界限。因此，罪刑法定原则具有自由的价值取向。对此，罗尔斯指出：如果法无明文规定不为罪的准则，比方说，由于模糊的、不精确的法规而受到侵犯的话，那么我们能够自由地去做的事情就同样是模糊的、不精确的。我们的自由的界限便是不确定的。在这种情况下，人们对行使自由就会产生一种合理的担心，从而导致对自由的限制。② 在我国刑法理论中，由于长期以来受到社会危害性理论的影响，实质合理性的冲动十分强烈，形式合理性的理念十分脆弱。根据社会危害性理论，一切行为凡是具有社会危害性或者社会危害性达到严重程度的，就应当作为犯罪处罚，社会危害性是犯罪的本质特征，它决定着刑事违法性。这样，社会危害性就被视为犯罪的第一性特征，而刑事违法性则是犯罪的第二性特征。社会危害性理论可能导致超越规范的解释，其潜藏着破坏罪刑法定原则的危险性。正如我国学者所批评的那样：社会危害性并不具有基本的规范质量，更不具有规范性。它只是对于犯罪的政治的或者社会道义的否定评价，不具有实体的刑法意义。如果要处罚一个行为，社会危害性说就可以在任何时候为此提供超越法律规范的根据。因为，它是犯罪的本质，在需要的情况下是可以决定规范形

---

① 参见［美］罗尔斯：《正义论》，何怀宏等译，228页，北京，中国社会科学出版社，1988。
② 参见［美］罗尔斯：《正义论》，何怀宏等译，229～230页，北京，中国社会科学出版社，1988。

式的。社会危害说不仅通过其"犯罪本质"的外衣为突破罪刑法定原则的刑罚处罚提供一种貌似具有刑法色彩的理论根据,而且也在实践中对于国家法治起着反作用。① 由此可见,在实行罪刑法定原则的刑法制度中,我们应当通过完善的立法,将具有社会危害性的行为确认为犯罪。在司法活动中,只能以是否符合刑法规定,即行为是否具有刑事违法性作为区分罪与非罪的唯一标准。因此,在司法活动中,当实质合理性与形式合理性发生冲突的时候,我认为应当选择形式合理性而放弃实质合理性。唯此,才能坚守法的独立价值,才能通过法律实现社会正义。在这种情况下,虽然牺牲了个案公正,使个别犯罪人逍遥法外;但法律本身的独立价值得以确认,法治的原则得以坚持,有可能实现更大程度的社会正义。

二、法律真实与客观真实

法律是处理纠纷的,因而具有决疑论的性质。那么,法律的这种决疑又是以什么为根据以及达到何种目的的呢?这里涉及法律真实与客观真实的问题。这个问题的解决,对于刑事法治的实现具有重要意义。

真实是指人的主观认识与客观情况相一致,即主观与客观的统一。② 查明案件真相是法律判决的前提与基础。对于真的追求,是人的一种永恒冲动。真是最古老的哲学范畴之一,大多数哲学家和哲学派别都把真看作主体认识的最高理想和哲学追求的最高境界。在法律中也求真,求的是案件事实之真实。可以说,整个法律裁判就是围绕着发现案件真相而展开的。就此而言,从古至今的诉讼活动所追求的目标是共同的。在法律中,真实表现为案件事实的真实。真实是事实的

---

① 参见李海东:《刑法原理入门(犯罪论基础)》,8页,北京,法律出版社,1998。

② 在哲学上,主观和客观的统一是真。主观与客观的统一过程,就是求真的过程。参见齐振海、袁贵仁主编:《哲学中的主体和客体问题》,276页,北京,中国人民大学出版社,1992。

属性。实事求是从哲学上说，这里的"事"指"事实"①，这里的"是"指"真实"。因此，实事求是就是一个从事实出发求得真实的过程。如果说，在哲学上可以作出如上解说，那么，在法律中是否有所不同呢？回答是肯定的。法律中的案件事实是一种规范性事实。例如，刑法设定了每一种犯罪的构成要件，因此，刑事案件中的事实是构成事实。对此，日本学者小野清一郎指出：刑事追诉的直接目的，在于确认被告人是否犯有一定的犯罪事实。这里所说的犯罪事实，是符合犯罪构成要件的事实。刑事程序一开始就以某种构成要件为指导去辨明案件，并且就其实体逐步形成心证，最终以对某种符合构成要件的事实达到确实的认识为目标。这就是刑事诉讼中的实体形成过程。如果从证据法的观点来讲，刑事诉讼中的主要证明事项就是构成案件事实。② 由此可见，这里的构成事实，即案件事实是证明对象，有待证据证明的客体。因此，案件事实不等于客观真实，客观真实是须经过证明而达到的结论。案件事实不仅是实体法上有待证据证明的事实，而且也是程序法上可以用作证据使用的事实，这同样是一种法律事实。例如，日本学者谷口安平指出：辩论原则里所讲的"事实"其实已经不是现实生活中本来形态的事实，而是经过了法的加工的所谓"法的事实"。当然，事实本身是一种存在于法律之上现实生活之内的现象。把这种现象和法联系起来的则是称为"演绎"的法律技术性操作。经过这样的操作，事实才具有了法的含义，但是，这时的"事实"就不再是本来形态的事实，而是作为一种失去了许多细节并经过点染润色的思维产物存在于法的世界里。辩论原则中的所谓"事实"必然是这样的"法的事实"。因为起诉时所请求的救济必须立足于一定的法律规范，只是在能够对这个救济请求提供根据或进行反驳的限度内才有必要进行有关"事

---

① "事"既可理解为"事情"，也可理解为"事实"。我国学者认为，事情和事实是有区别的：事情既可以就（事情的）发生、演变、结束来指一件事情，也可以就事情已经完成来指一件事情。事实只能就（事情）的确发生了、现成摆在那里来指一件事情。参见陈嘉映：《事物，事实，论证》，载赵汀阳主编：《论证》，1999 年卷，6 页，沈阳，辽海出版社，1999。

② 参见 ［日］小野清一郎：《犯罪构成要件理论》，王泰译，137 页，北京，中国人民公安大学出版社，1991。

实"的主张。如果与在这里起作用的法律框架没有内在的关联，提出或主张的事实对于该案件的处理来说也就失去了意义。① 因此，我们不能笼统地理解案件事实，而是应当区分两种事实，一种是作为证明对象的事实，另一种是作为证明手段的事实。前者为案件事实，即实体法上的事实；后者为证据事实，即证据法上的事实。② 在英美关系中，构成证据的事实称为证据性事实（evidential fact），作为证据对象的事实称为主要事实（Principal，main fact）。③ 那么，作为我国法律原则之一的"以事实为根据，以法律为准绳"中的事实，又究竟是案件事实还是证据事实呢？对此，一般理解为案件事实，即主要是从实体法的角度来理解这里的事实的。当然，作出法律的实体处置，例如刑法中定罪量刑所依据的事实也是这种案件事实。但这种案件事实又是以有证据证明为前提的。没有证据证明，这种案件事实在法律上就不能成立。④ 在这个意义上说，证据事实是证明案件事实的事实，即所谓事实之根据。⑤ 因此，"以事实为根据"，同样应当从证据法的角度加以理解，它是实体法上的事实与证据法上的事实的统一。

在诉讼发展史上，对于案件真实的认识，经历了一个漫长的演变过程。意大

---

① 参见［日］谷口安平：《程序的正义与诉讼》，王亚新、刘荣军译，82 页，北京，中国政法大学出版社，1996。

② 我国学者指出：事实是为论证服务的。事实是就能够作证、能够依以推论来说的，我们根据事实得出结论，推论出曾发生另一件事情，等等。事实是从推理的证据方面来说的，至于这些证据如何应用以及这些证据之间的关系，则不称作"事实"。他两次受贿，一次 67 万元，另一次 58 万元，法庭要确定的是这两次受贿的事实。参见陈嘉映：《事物，事实，论证》，载赵汀阳主编：《论证》，1999 年卷，7、9、10 页，沈阳，辽海出版社，1999。上述论述似有把案件事实与证据事实混同起来之嫌。受贿只是案件事实，这一事实没有证据证明。因此，证据事实才有论证性或曰证明性。

③ 参见沈达明：《英美证据法》，23 页，北京，中信出版社，1996。

④ 案件事实可以分为有证据证明的与无证据证明的两种情形。例如，一个人被杀。这是一个事实，这一事实的存在当然也需证据证明，如有尸体、有凶器，并且排除自杀等。在对一个嫌疑人犯杀人罪的指控中，关键在于有无证据证明其为凶手。若无证据，则该嫌疑人为凶手这一事实在法律上不能成立，但这不否定被害人死亡这一事实的存在。

⑤ 参见北京市京都律师事务所主任田文昌律师 1999 年 10 月 21 日在北京大学刑事法理论研究所举办的关于程序正义的学术沙龙活动上的发言，载陈兴良主编：《法治的使命》，70 页，北京，法律出版社，2001。

利著名学者维柯区分了三种裁判①：第一种是神的裁判，祈神们为自己的案件的公道作见证。第二种是常规裁判。这种裁判极端拘泥于文字程式。第三种是人道的裁判，这种裁判主要考虑的是事实的真相，根据良心的指使，法律在需要时对每件事给予帮助，只要它是各方事业的利益平等所要求的。与上述三种裁判相适应，大体上存在以下三种证据制度②：第一种是神示证据制度，通过神灵宣誓的方式证明其所提供的事实或者提出的主张是真实的。第二种是法定证据制度，法律预先规定了各种证据的证明力及判断和运用证据的规则，法官据此作出裁判。第三种是自由心证证据制度，证据的取舍及其证明力，由法官或陪审团根据自己的理性和良心自由判断，形成确信并依此认定案情。③ 在以上三种证据制度中，神示证据制度实际上尚未将案件事实与证据事实加以区分，由神灵直接决定案件真实。其中水审、火审、决斗以及卜卦、抽签等神示形式都反映了在案件审理中宗教迷信的色彩。当然，由于当时的神灵崇拜，经过神示也可能迫使当事人道出真情。因此，神示证据是获取证据以证明案件事实的一种原始形态。在法定证据制度中，案件事实与证据事实已经加以明确区分，并且证据的证明力及其收集与判断规则由法律加以确立，具有明显的形式主义特征。由于法定证据制度是与刑讯相联系的，刑讯成为获取证据的合法形式。因此，贝卡里亚将刑讯称为合法的暴行。其结果是使强壮的罪犯获得释放，并使软弱的无辜者被定罪处罚。④ 自由

① 参见［意］维柯：《新科学》，下册，朱光潜译，512 页，北京，商务印书馆，1989。
② 参见江伟主编：《证据法学》，10 页，北京，法律出版社，1999。
③ 我国学者认为，自由心证制度经历了一个从传统自由心证到现代自由心证的演变过程。传统自由心证主张，判断证据属于法官职责范围的事，他人无权干涉。法官有权用自己的方式和逻辑，来决定证据的取舍。现代自由心证则包含两方面的内容：一方面法官具有自由判断证据的职权和职责，其他人无权随意干涉；另一方面法官自由裁量证据的行为受到法律规则尤其是证据规则的制约，其行为必须符合基本的证据法则。参见叶自强：《从传统自由心证到现代自由心证》，载陈光中主编：《诉讼法论丛》，第 3 卷，383~384 页，北京，法律出版社，1999。这种现代自由心证由于受一定的证据规则限制，因而也被称为"半自由心证制度"。参见樊崇义主编：《刑事诉讼法学研究综述与评价》，201 页，北京，中国政法大学出版社，1987。
④ 参见江伟主编：《证据法学》，10 页，北京，法律出版社，1999。

心证证据制度，是在否定法定证据制度基础上发展起来的，因此也是在明确区分案件事实与证据事实基础上，按照理性对证据事实加以判断，从而形成内心确信。[①] 上述裁判制度与证据制度尽管在外在形态上有所差别，但都是为了追求案件真实，这是毫无疑问的。当然，由各种证据制度的特点所决定，其所达到的证明程度是有所不同的。即便是在当今世界，大陆法系与英美法系同样存在证明程度上的不同要求。

大陆法系国家由其职权主义的诉讼模式所决定，职权机关在诉讼证明活动中起主导作用。因此，在诉讼目的上实行实体真实主义，在诉讼活动中追求实体真实，即法官认定的案件事实必须与实际上发生的案件事实一致。为此，法官为查明案件事实直接行使职权调查。英美法系国家由其当事人主义的诉讼模式所决定，当事人在诉讼证明活动中起主导作用，法官是一个消极的裁判者。因此，英美法系国家在诉讼目的上实行形式真实主义，在诉讼活动中追求法律真实，即当事人主张并符合证明标准的程序上的真实。[②] 显然，大陆法系国家对证明程度的实体真实标准与英美法系国家对证明程度的法律真实标准是存在理念上的差别的。[③] 由此决定了两大法系在诉讼制度上的各自特色。

我国诉讼活动历来追求的是客观真实。之所以如此，主要是由以下三个原因决定的：(1) 诉讼模式。我国实行大陆法系国家的职权主义，司法机关在诉讼活动中占绝对的主导地位。尤其是在刑事诉讼中，公、检、法三机关的设置建构了一条司法流水线，被告人只不过是这条司法流水线上的"物件"——消极的司法客体。因此，对于案件真实的证明活动主要通过司法机关的职权活动得以完成。

[①] 自由心证在很大程度上是建立在科学证据理论之上的。德国学者拉德布鲁赫指出：科学证据理论的现状是：一方面从心理学上对各式各样的轻信误解进行深入分析，从而降低了人证的证明价值；另一方面对指纹、血迹等勘查对象用改进技术进行分析，相应提高了物证的证明价值。参见［德］拉德布鲁赫：《法学导论》，米健、朱林译，124 页，北京，中国大百科全书出版社，1997。

[②] 参见江伟主编：《证据法学》，34 页，北京，法律出版社，1999。

[③] 我国学者对职权主义和当事人主义诉讼模式与实体真实和形式真实的关系及其利弊进行了法理分析，参见左卫民：《刑事程序问题研究》，1 页，北京，中国政法大学出版社，1999。

（2）司法理念。我国长期以来认同的是专政的司法理念，在这种司法理念的指导下，注重实体真实，轻视程序正义。因此，对于客观真实的追求就成为司法机关的主要职责。（3）哲学基础。我国诉讼活动坚持实事求是的思想路线，这种思想路线是建立在对于客观事物的可知论的基础之上的，因而强调案件事实的客观性以及主观认识的能动性，反映了一种认识论的乐观主义。[①] 随着我国诉讼制度的改革，庭审活动引入了当事人主义的因素，适当限制了职权主义，形成了一定程度的对抗性。因而，对于我国诉讼活动所追求的客观真实这一要求提出了越来越多的质疑，法律真实的理念日益为学者所认同。

就法律真实与客观真实的关系而言[②]，客观真实是诉讼活动所追求的终极目标，是一种司法理想，这一点大致是不会错的。但是，能否将客观真实当作司法操作的具体标准，对此不无疑问。司法机关处理案件，尤其是刑事案件，其特殊性在于：案件事实发生在前，司法审理在后，通过诉讼中的证明活动力图再现或者复原案件事实，这是一种对案件事实的重构。在一般情况下，参与诉讼活动的专业法律人士（包括法官、检察官和律师）都没有亲眼目睹案件事实发生的经过，因此，只有通过一定的证据事实（已知）才能推断出案件事实（未知），从而产生对案件事实确已发生的内心确信。由客观原因与主观原因所决定，这种对案件事实的重构不可能完全再现案件的原貌，只是接近于案件真相。这里的客观原因是指案件事实对于司法者来说呈现出一种"过去时"，具有已然性。随着时间的消逝，大量的证据材料会湮灭，从而给案件真相的证明带来困难。这里的主

[①] 我国学者指出，认识论的乐观主义认为，由确实充分的证据所达到的案件真实应当是一种完全排除盖然性因素的绝对确定的客观事实。应当说，这种认识论上的乐观主义，不免带有理想化的色彩。参见龙宗智：《相对合理主义》，427 页，北京，中国政法大学出版社，1999。

[②] 在论及客观真实与法律真实的关系时，我国学者指出：从理想状态而言判决所依据的事实，必须是客观真实的事实即事实真相。然而，受认识能力、认识手段等主观条件的限制，司法裁判绝对地以客观真实的事实作为根据有时是根本不可能的。法院裁判依据的事实是通过法庭调查、法庭辩论等环节而被认定的事实——有证据支持的事实即"法律事实"。这种"法律事实"以客观事实为基础，经过严格的法定程序所确定，就本质而言，它是客观事实的模拟。参见公丕祥、刘敏：《论司法公正的价值内涵及制度保障》，载《依法治国与司法改革》，203～204 页，北京，中国法制出版社，1999。

观原因是指人的思维能力的非至上性，会产生认识上的偏差。即使是亲眼目睹案件发生经过的直接证人，由认识水平、客观环境、复述能力以及利害关系所决定，其证言也具有一定的或然性，不能完全地确信。因此，我国学者对客观真实的观点提出了质疑，认为客观真实只是一个理想的目标。由于刑事诉讼证明的特殊性，即案件一旦发生就无法再现，对刑事案件事实的查明是根据已知证据进行逆向推理的过程，这种推理并不可能与客观事实完全相符，只是对发生过的事实进行一种近似于确定的证明，绝不是查明了客观真实。① 因此，作为司法操作的证明标准，客观真实是脱离实际的，而法律真实才是可欲的。法律真实建立在认识的相对性的基础之上，否定认识论上的绝对主义。根据法律真实的理念，案件事实的发生是一种客观情况，不以人的主观意志为转移。但在对该案件事实是否为某一行为人所实施进行判断的时候，这种判断是建立在有关证据之上的，是一种从已知到未知的司法认知活动，因而不能认为这种主观认识与客观事实能够完全一致，不能否认这种主观判断具有一定的盖然性。正因为如此，才要求法官将判断更大程度上建立在证据之上，并且需要建立证据规则。

通过证据确定案件事实，这是法律真实的应有之义。法律真实不同于客观真实之处在于：客观真实是一种绝对的、自在的真实，而法律真实是一种相对的、自为的真实。法律真实是建立在证据事实基础之上的，因而是可以通过证据事实推知与获得的真实。在法律真实模式中，证据具有举足轻重的地位；法官的内心确信来自证据，没有证据就无从确定案件事实。在这种情况下，实体法上的案件事实的查明当然具有重要意义，但在以证明过程为核心的诉讼活动中，案件事实是有待证明的客体，证明活动主要围绕证据而展开。正如我国学者指出："事实"并不能自动成为审判的依据，而只有当事实依法作为"证据"进入审判程序时方能成为审判的依据。② 这当然是对以对抗制为基础的美国审判程序的描述，但它

---

① 参见关旭：《刑事诉讼中的证明标准》，载樊崇义主编：《刑事诉讼法专论》，219 页，北京，中国方正出版社，1998。
② 参见李文冠：《美国刑事审判制度》，29 页，北京，法律出版社，1999。

所昭示的证据中心论的理念是应当肯定的。因此，法律真实是建立在证据之上的，在现有证据情况下是最大限度的真实，是一种可证明的真实。法官判决的既判力是建立在这种法律真实基础之上的，从根本上来说是一种法律拟制或者推定的真实。这种真实虽然可能接近于客观真实，但永远也不可能等同于客观事实。在这种情况下，法官只对证据负责，从证据中求真实。对于超出证据的客观真实，法官是不可能负责的。因此，有错必究与错案追究的制度，也只能建立在法律真实的理念之上。换言之，这里的错与对不能以客观真实为标准而只能以法律真实为标准。① 也就是说，在现有证据情况下作出了的判决，即使不符合客观真实，也不能认为是错案。例如，我国《刑事诉讼法》确认了"证据不足、指控的犯罪不能成立的无罪判决"，这是疑罪从无的表现，也是无罪推定原则的体现。在司法活动中，疑罪②是存在的，甚至为数不少。疑罪的存在本身就是对客观真实论的一种否定，表明并非每一个案件事实都能够获得这种客观真实。对于疑罪的态度充分反映出一个国家的刑事诉讼制度的法治程度。我国封建社会长期以来实行的是疑罪从轻的原则，这实际上是有罪推定的逻辑结论。而在实行无罪推定原则的情况下，疑罪从无是必然结论。证据不足的疑罪从无表明：在客观真实不能通过证据获得的情况下，只能在法律上推定为无罪。这种无罪是根据现有证据作出的判断，尽管可能与客观真实不相符合，但这种判决具有既判力。

---

① 我国学者认为，在对抗制的情况下，由于举证责任是由当事人承担的，因此某些错误是诉讼当事人自身造成的。这样，从逻辑上说，当事人应当对自己行为的后果承担责任。但是，有错必纠的原则也势必受到根本性的动摇，同时演化出司法机关反对对由于自身错误造成的错案承担责任的原则。参见贺卫方：《司法的理念与制度》，157 页，北京，中国政法大学出版社，1998。我认为，错案追究制应对司法机关自身错误承担责任，这是正确的，因为法官只对法律真实负责。而有错必究原则则应有一定的限制，例如一事不再理、二审终审等，应当维护司法判决的稳定性，不得随意以客观真实否定既判力。当然，在法律规定范围内，仍然存在有错应究的问题。

② 疑罪有刑事诉讼法上的疑罪与刑法上的疑罪之分：前者是证据不足的疑罪，后者是定性的疑罪。《唐律》中将疑罪之疑分为事之疑与理之疑，亦即上述区分。参见陈兴良主编：《刑事疑案研究》，2 页，北京，中国检察出版社，1992。我们这里讨论的疑罪是指证据不足的疑罪。

通过证据规则确定证据的合法有效性，这也是法律真实的应有之义。对案件事实的认识，当然具有认识的一般特征，但它毕竟是一种特殊的司法认知活动。[①] 在长期的司法活动中，总结出一些证据规则，反映了司法认知活动的规律性，因而是应当遵循的。在中世纪的法定证据制度中，对证据的审查判断规定了大量的规则，由此限制与约束法官的自由裁量权，使法官像演算数学公式一样被动而机械地根据证据规则计算证据的证明力，并据此认定案情。虽然法定证据制度具有僵硬性与机械性，限制了法官在证据审查中的主观能动性，因而导致形式真实与实质真实的脱离。但对证据的审查判断活动予以规范，这一点仍然是值得肯定的。传统的自由心证制度完全否定证据规则，直接诉诸法官的理性与良心，由此形成内心确信，在很大程度上使法官从烦琐的证据规则中解脱出来，有助于查明案件真相。但这种没有任何证据规则的绝对的自由心证是难以实现的。为此，在立法上许多国家设定了防范法官或事实审理者随意判断的规则，如自白排除规则、非法取得证据的排除规则、证据释明规则、证人拒绝权规则等[②]，因此，证据规则在诉讼活动中起着重要作用。它不仅规范当事人，而且规范司法机关，成为诉讼参与者共同的法律准则。只有在遵循这种证据规则情况下的证据才具有法律上的证明力，否则就将归于无效，而不论这种证据是否能够证明案件真相。例如，美国联邦最高法院依据美国宪法修正案第 4 条，通过发布案例的方式，逐渐确立了一套较为完整的法律体系，规定任何通过非法逮捕、搜查、扣留所得的证据，一律不得进入司法程序，这一规定叫作"排除规定"。所谓排除，

---

① 这种特殊性表现在证明的相对性，这种相对性表现为：诉讼审判乃以多元化的价值为其内在追求，对事件事实的真理性认识只是价值之一，而非全部，尚需顾及其他诉讼价值。而且，诉讼中证明所指向的对象或客体不是自在的事实，而是自为的事实。如果说，这种作为认识客体的主体意识在其发展历程上是转瞬即逝、一去不复返的。那么，对案件事实的证明注定便是残缺不全的。诉讼审判要得以进行，必须正视并依赖这种残缺不全的证明。其结果，证明的相对性原理被赋予了合理性和现实性。参见江伟主编：《证据法学》，50~51 页，北京，法律出版社，1999。

② 参见江伟主编：《证据法学》，17 页，北京，法律出版社，1999。

指的是排除非法得来的证据。例如,"布鲁尔诉威廉姆斯"一案①,就是因为警察在没有向嫌疑犯宣读"米兰达警告"②的情况下进行了审讯,因而犯人所做的供词,以及根据供词所发现的女孩的尸体这些事实都不得作为证据进入司法程序。在证据排除规则的情况下,就会出现法律真实与客观真实的矛盾:就非法证据能够证明案件真相而言,它具有客观真实性;就非法证据由于其获得的非法性,应当予以排除,则维持了法律真实。因为法律真实本身具有拟制性,是遵守法律规则、建立在合法证据之上的真实。在这种情况下,为了实现法律真实就应当牺牲客观真实。尽管其结果是使个别有罪的人逍遥法外,但能够在更大程度上实现法律真实,因而是一种必要的损失。由此可见,法律真实不仅是建立在证据之上的,而且是在遵循证据规则的情况下获得的。除此,便无法律真实可言。

通过对合法有效证据的判断形成内心确信,这同样是法律真实的应有之义。

---

① 1986年12月24日,一个叫帕米拉的10岁小女孩随父母去艾奥瓦州的德茂恩市看摔跤比赛。比赛中帕米拉一个人去厕所,之后再也没有回来。警察接到报告后立即进行调查,发现一个叫威廉姆斯的人可能是劫持者。威廉姆斯刚从一所精神病院逃走不久,有人曾见他在体育馆外将一捆东西装进一辆汽车。12月26日,德茂恩市警察接到邻近达芬堡市警察局的电话,说威廉姆斯已向他们自首,并让德茂恩市的警察前去把他押回。德茂恩市派了两名警察开车前去。当时达芬堡的法庭已为威廉姆斯指定了辩护律师,该律师同前来押解的两名警察商定,在押解途中不得对威廉姆斯做任何审讯。在赶回德茂恩市的途中,一名警察对威廉姆斯这样说:希望你看看天气,天在下雨,气象台说还要下大雪,我想你是唯一知道小帕米拉埋在什么地方的人,如果雪一盖,你自己就找不着了。我们何不去把她找到了,她的父母也好用基督教的丧礼把她埋了。听了这一番话,威廉姆斯果然带着警察,来到他杀死并埋葬小帕米拉的地点,并在那里挖出了孩子的尸体。在后来的审判中,警察出庭作证,将如何找到帕米拉尸体的前后过程告诉了法庭,审判结果是威廉姆斯被判有罪。但被告在上诉中提出,警察当时在车里对威廉姆斯说的一番话,实际上是审讯,而审讯前警察并没有给威廉姆斯"米兰达警告",因此审讯是违法的,而由此所得的证据也都是违法的,不应被允许进入审判程序。也就是说,法庭在审判时,不应允许警察就那天押解过程中所发生的事情作证,因而审判结果必须推翻。联邦最高法院同意被告这一观点,因此推翻了审判结果。参见李文冠:《美国刑事审判制度》,10~11页,北京,法律出版社,1999。

② 米兰达警告的内容是:在审讯之前,警察必须明确告诉被捕者:(1)他有权保持沉默;(2)他如果选择回答,那么他所说的一切都可能会被用作对他不利的证据;(3)他有权在审讯时由律师在场陪同;(4)如果他没有钱请律师,法庭有义务为他指定律师。参见李文冠:《美国刑事审判制度》,52页,北京,法律出版社,1999。

在证据证明的程度上，我国历来规定为事实清楚、证据确实充分。① 这一证明程度体现的是对客观真实的追求，是一种客观标准。而无论是英美法系国家的排除合理怀疑还是大陆法系国家的自由心证，都以主观认识作为证明程度的标准，是一种主观标准。英美法系国家的排除合理怀疑又称为超越合理怀疑（beyond reasonable doubt），这里的合理怀疑，显然是法官的一种主观认识状况，指那种能够使一个谨慎的人在做某件重要的事情之前产生迟疑的怀疑。在刑事诉讼中，检察官的证据，必须是能够证明到"超越合理怀疑"的程度。也就是说，在听完了检察官所有的证据，并把被告的反驳证据考虑在内，如果你觉得自己对被告就是罪犯这一点还有"合理的怀疑"，那么被告就不能被判有罪，就应该无罪释放。② 因此，是否存在合理怀疑，是法官的一种主观判断。自由心证制度之所谓心证，就是指内心确信。这种内心确信是指法官斟酌口头辩论的全部旨意及调查取证的结果，并依据理性和良心进行自由判断，在内心对案情达到确信。这种确信是一种高度盖然性，即达到排除一切怀疑，接近必然发生的程度。③ 因此，自由心证同样是诉讼主观标准。那么，证据证明程度到底是应采客观标准还是主观标准呢？我认为，这个问题归根到底还是与证据证明所要达到的是客观真实还是法律真实有关。事实清楚、证据确实充分所达到的是一种客观真实，但这一客观真实的状态只是努力接近的目标而难以完全实现。况且，这种客观真实是通过法官的主观认识反映出来的，因此，证据证明所要达到的程度是对主观认知状态的一种要求。在这个意义上说，主观标准是可取的。主观标准所追求的是法律真实，是法官通过证据事实的审查判断形成的内心确信，排除了合理怀疑。在这种情况下

----

① 我国学者指出：长期以来，我国许多诉讼法学者强烈批判自由心证理论和制度，强调判断证据应当遵循客观标准，作为定案的证据要确实和充分。但是这种理论上的努力似乎并没有对司法实践造成多大的影响力。这种观点认为，我国目前实行的是秘密的自由心证，主张自由心证制度有其客观必要性，但同时有其弊端，这些弊端是需要克服的，应当建立现代自由心证制度。参见叶自强：《从传统自由心证到现代自由心证》，载陈光中、江伟主编：《诉讼法论丛》，第 3 卷，398～399 页，北京，法律出版社，1999。

② 参见李文冠：《美国刑事审判制度》，15 页，北京，法律出版社，1999。

③ 参见上海社会科学院法学研究所编译：《诉讼法》，213 页，北京，知识出版社，1981。

所达到的是一种法律真实，是法律所认可的真实。

客观真实还是法律真实，实际上是一个刑事法治在证据法上的选择问题。刑事法治是以法律真实为其价值诉求的，要求证据的合法性，违法取证将导致证据力的消灭。因此，应在查明案件事实与保障人权两者之间取得某种平衡，追求形式真实。而客观真实则体现了对实质真实的追求，为达到这种客观真实，往往可以不择手段，甚至将刑讯合法化。现在虽然刑讯已为法律所明令禁止，但追求客观真实的冲动，往往忽视证据获取的合法性，甚至不惜投入大量司法资源，牺牲诉讼经济原则。即便如此，实际上这种超法律的客观真实也是可望而不可即的。因此，在刑事法治的制度建构中，证据证明活动应当以法律真实为核心，建构有关证据规则与证据标准，通过法官的自由心证达到内心确信，从而实现刑事法治的实体价值。

三、程序正义与实体正义

法是以维持一种正义的秩序为使命的，这种正义的秩序可以视为法所追求的实体正义。刑法在维护社会秩序中发挥着重要的作用，因而实体正义更是刑法的归依。从实体正义上来说，刑法具有社会保护与人权保障两大机能，由此而协调社会与个人的关系，最终实现刑法的实体正义。但是，实体正义的实现不能离开一定的程序。因为实体与程序是实现法的正义的两种法律制度设计：前者解决案件处理的公正标准问题，后者解决案件处理的正当程序问题，两者不可偏废。长期以来，我国司法活动存在重实体轻程序的倾向，严重地妨碍了程序法的适用。因此，程序正义的理念乃是刑事法治的重要内容。

这里引起我们思考的问题是：程序是否具有独立于实体的价值？这涉及程序与实体的关系问题。程序是相对于实体而言的。如果说，实体法是权利的设定与义务的分配；那么，程序法就是权利实现与义务履行的过程与步骤。从终极意义上说，程序的设置是为实现实体价值。那么，程序是否具有自身的独立价值呢？

美国学者罗尔斯曾经将程序的正义分为以下三种：第一种是纯粹的程序正义（pure procedural justice），指的是关于什么才是合乎正义的结果并不存在任何标准，存在的只是一定程序规则的情况。例如，不需要任何技术的赌博，只要严格遵守其程序规则，无论得到什么样的结果都被视为是合乎正义的。第二种是完善的程序正义（perfect procedural justice），指的是在程序之外存在决定结果是否合乎正义的某种标准，且同时也存在使满足这个标准的结果得以实现的程序的情况。例如，在把蛋糕完全均等地分给数人的场合，达到均分的结果才合乎正义，且应存在实现均分的程序。这就是动手切蛋糕的人最后领取自己的一份。他为了使剩给自己的蛋糕尽可能多一些会尽最大努力来均切蛋糕，其结果则是均分结果的实现，所以这样的程序合乎于正义。第三种是不完善的程序正义（imperfect procedural justice），指的是在程序之外当然存在衡量什么是正义的客观标准，但是百分之百地使满足这个标准的结果得以实现的程序却不存在。罗尔斯认为，刑事审判就是不完善的程序正义的适例。刑事审判期望的结果是：只要被告犯有被控告的罪行，他就应当被宣判为有罪。审判程序是为探求和确定这方面的真实情况设计的，但不可能把法规设计得使它们总是达到正确的结果。即使法律被仔细地遵循，过程被公正恰当地引导，还是有可能达到错误的结果。一个无罪的人可能被判作有罪，一个有罪的人却可能逍遥法外。在这类案件中我们看到了这样一种误判：不正义并非来自人的过错，而是因为某些情况的偶然结合挫败了法律规范的目的。不完善的程序正义的基本标志是：当有一种判断正确结果的独立标准时，却没有可能保证达到它的程序。①

从上述三种程序正义来看，前两种程序正义都可以包摄实体正义。因此，只要严格地遵循正当程序，就会理所当然地实现实体正义，即使实体不正义，人们也会安分地接受。而在第三种程序正义中，存在程序正义与实体正义两个互相独立的正义标准。程序正义不见得一定能够获得实体正义，实体正义也不见得一定

---

① 参见［美］罗尔斯：《正义论》，何怀宏等译，80页，北京，中国社会科学出版社，1988。

要通过程序正义来实现。在这种情况下，程序正义是否具有独立价值的问题实际上涉及对实体正义与程序正义这两种正义结果的比较。

我认为，实体正义与程序正义相比，前者具有相对性，后者具有绝对性。程序正义的绝对性是较易理解的，因为程序是通过一系列法律规则加以建构的，遵守这些规则谓之合法，违反这些规则谓之非法。合法为正义，违法为非正义，两者界限明确，它不取决于人的主观感受，而在很大程度上取决于法律规则之准绳作用。实体正义的相对性，似乎不易理解，需要专门论证。实体正义的相对性，我认为表现在以下几个方面：首先，绝对的实体正义是不可得的。在刑事诉讼中客观真实当然是人所苦苦追求的最高诉讼境界，但由客观与主观的限制所决定，实际上无法达到。在客观真实不可得的情况下，人们退而求其次，追求法律真实。从这个意义上来说，实体正义具有相对性。其次，实体正义没有一个绝对确定的衡量尺度。即便是罪与非罪的界限，也不像数学公式所表示的那样精确。至于量刑，对某一犯罪事实在法定刑内到底是判 3 年还是判 5 年，很难说有一个精确的标准。最后，实体正义具有一定的主观感受性。即便是实体处理不那么尽如人意，但经过正当程序的审查，也能够使人接受。正如日本学者谷口安平指出：程序具有使蒙受了不利结果的当事者不得不接受该结果的作用。例如，进行诉讼而招致败诉的当事者经常对判决感到不满，但因为自己已经被给予了充分的机会表达自己的观点和提出证据，并且由相信是公正无私的法官进行了慎重的审理，所以对结果的不满也就丧失了客观的依据而只能接受。这种效果并不是来自于判决内容的"正确"或"没有错误"等实体性的理由，而是从程序过程本身的公正性、合理性产生出来的。由程序本身产生的正当性还具有超越个人意思和具体案件的处理，在制度层次上得到结构化、一般化的性质。① 程序的这种功能，我国学者称为吸收不满的功能。② 因此，程序正义能够强化当事人对实体正义的认

---

① 参见［日］谷口安平：《程序的正义与诉讼》，王亚新、刘荣军译，11 页，北京，中国政法大学出版社，1996。
② 参见清华大学张程教授 1999 年 10 月 21 日在北京大学刑事法理论研究所举办的关于程序正义的学术沙龙活动上的发言，载陈兴良主编：《法治的使命》，71 页，北京，法律出版社，2001。

同。反之，即或实体处理是公正的，由于违反了正当程序，当事人也同样难以对实体正义产生认同。因为在这种情况下，他受到了一种不公正的待遇，因而销蚀了其在实体上的正义的满足感。因此，程序正义的独立价值应当得到充分强调。美国学者萨默斯首次提出了法律程序的独立价值标准问题，并对这种与程序的工具性相对的价值标准——即所谓的"程序价值"，在理念、标准及其对法律程序的作用等方面的独立性问题进行了较为系统的分析和论证。① 程序的独立价值观念的确立，使我们突破了程序工具主义的思想桎梏，以一种全新的观念来认识程序的意义。在刑事审判，其实包括所有的诉讼活动中，尽管是一种所谓不完善的程序正义，但这种程序正义的不完善性，是可以通过规则设置与制度建构加以弥补的。正如我国学者指出："为了弥补不完善的程序公正的场合有能确保正当结果的问题，便需要借助于程序公正的正当化作用，普遍的做法是采用法律拟制，即通过追加一种所谓半纯粹的程序公正使结果正当化，常见的有陪审制度、当事人主义的参与保障等措施。具体说来，当事人自认的事实，法院可直接予以认定；当事人诉讼上和解，可以直接产生诉讼法上的效果，以及刑事诉讼中无罪推定原则和民事诉讼中的宣告失踪、宣告死亡程序，都是在'客观真实'不易达到时所采取的拟制规定。在这里，理论上是不完善的程序公正，在制度上却作为完善的或纯粹的程序公正而发挥了作用。"②

尽管采取了上述补救措施，仍然不能保证通过程序正义一定能够实现实体正义。再者，也可能违反程序正义而获得了实体正义，如通过刑讯获取案件真相。在这种情况下，程序正义与实体正义存在着冲突，对此如何进行价值选择呢？换言之，实体正义为什么只能通过程序正义而获得，为什么不能通过程序违法而获得？我认为，这个问题实际上是在刑事法治的建构中如何限制司法权、从而保障被告人的正当权利的问题。如果说，迟到的正义是非正义，那么，违反程序获得

---

① 参见陈瑞华：《通过法律实现程序正义——萨默斯"程序价值"理论评析》，载《北大法律评论》，1998 年第 1 辑，81 页，北京，法律出版社，1998。

② 肖建国：《程序公正的理念及其实现》，载《法学研究》，1999（3）。

的正义同样也是非正义。实体正义之所以必须通过正当程序获得，这是由刑事法治的性质所决定的。美国著名大法官道格拉斯指出：正是程序决定了法治与恣意的人治之间的基本区别。① 如果将上述引言中的程序一词加上正当两字，也许更为确切。正当程序是法治，尤其是刑事法治的题中之义。可以说，没有正当程序，也就没有刑事法治。因为程序是人权保障机能的载体。在刑事诉讼中，存在着如何处理国家的司法权力与个人的诉讼权利之间的关系问题。我国学者指出：刑法属于授权性规范，刑事诉讼法则属于限权性规范。刑法设定了国家的刑罚权，刑事诉讼法则为国家刑罚权的正确、适度行使设置规则和界限。② 在以上论述中，刑事诉讼法属于限权性规范这是没有问题的，即或是刑法实际上也同样具有限权性。罪刑法定原则所昭示的"法无明文规定不为罪，法无明文规定不处罚"的内容就具有对司法权的限制机能。因此，刑法对于司法权是一种实体性限制，刑事诉讼法对于司法权是一种程序性限制。刑事法治中的司法权，同时受到上述实体与程序的双重限制。这表明，司法权只有在刑事诉讼活动中，按照一定的司法程序才能得以行使。刑事诉讼活动之所以要通过程序对司法权加以严格限制，是因为在诉讼活动中，司法机关代表国家行使司法权（包括侦查权、检察权和审判权）。由于国家垄断着司法资源，因而司法权十分强大。如果不加以程序的限制，就会变成法律的利维坦。而被指控为犯罪的被告人，作为个人在庞大的国家司法机器面前，是显得十分渺小的。正是正当的法律程序，赋予被告人以各种诉讼权利，使之得以在刑事诉讼中与作为国家公诉人的控方形成法律上的控辩平等关系。因此，重视程序的独立价值的真谛在于保障被告人的合法权益，真正使法律不仅成为自由公民的大宪章，还成为被告人的大宪章。因此，程序并不仅仅是一种法律程式，更不能简单地视为形式主义，它包含着实体内容，是刑事法治中为保障被告人权利而设置的一种法律制度。由此出发，我们在面对程序正义

---

① 参见季卫东：《法治程序的建构》，1 页，北京，中国政法大学出版社，1999。
② 参见汪建成：《刑法和刑事诉讼法关系新解》，载陈光中、江伟主编：《诉讼法论丛》，第 3 卷，47～48 页，北京，法律出版社，1999。

与实体正义冲突的情况下，应当选择前者而非后者。也就是说，要真正实现程序的独立价值，注重程序对于被告人合法权益的保障，我们应当重构程序与实体的关系，使程序对于实体的从属地位改变成为程序对于实体的优先地位。

在刑事法中，实体是指某一行为是否构成犯罪以及处以何种刑罚，也就是通常所说的定罪量刑。实体正义是指保证定罪准确、量刑均衡，从而实现司法公正。因此，对实体正义的追求始终是法律的强烈冲动。程序是指司法机关在追究刑事责任时所遵循的方法、手段以及其他规制。就程序法与实体法的关系而言，程序设置的目的是为实现实体法所追求的公正价值。在这个意义上，程序法具有辅助性，被称为从法、助法，而实体法则是主法。① 但实体法与程序法这种逻辑上的主辅关系，丝毫也不能贬低程序法上的意义。实际上，实体权利是通过一定的程序加以确认，并实现的。在这个意义上说，没有程序就没有权利。正如日本学者谷口安平指出：无法为所主张的权利举证，该权利实际上就会变得毫无意义。② 因此，应当强调程序对于实体的优先地位。所谓程序对于实体的优先地位，表现在以下三个方面：（1）程序先行。程序先行是指一定的实体问题的处理必须在程序框架内进行，无程序则无实体之处理。在这个意义上，程序优先体现为一种程序先行，即无程序则无实体。正如没有铁轨，就不可能有飞驰的列车，列车只能行驶在铁轨上，列车行驶止于铁轨的尽头，否则将颠覆。以往，我们往往认为实体法所构造的是一个"法的空间"。实际上，程序与法的空间的形成同样具有密切联系。诉讼过程就是一个法的空间的形成过程，程序规制同样是这一

① 关于实体法与程序法的关系，在理论上存在主从论、同等论与阶位论等各种观点。主从论认为，实体法和程序法之间的关系是主从关系。实体法是内容和目的，程序法是形式和手段，实体法决定程序法，没有实体法，程序法也就失去了存在的价值和意义，程序法依附于实体法而存在。同等论认为，实体法和程序法之间的关系是同等关系。为解决社会冲突而言，二者具有同等的重要性。阶位论认为，实体法和程序法之间的关系是一种逻辑上的阶位关系，实体就是下阶位的法，程序法是上阶位的法，程序法先于、优于实体法。参见李佑标：《试论实体法与程序法的关系》，载陈光中、江伟主编：《诉讼法论丛》，第2卷，84页，北京，法律出版社，1998。

② 参见［日］谷口安平：《程序的正义与诉讼》，王亚新、刘荣军译，64页，北京，中国政法大学出版社，1996。

法的空间的支撑力量。① 因此，立法是这个法的空间的构造，司法则只能在这一法的空间内进行。（2）程序优越。程序是法的内在生命，只有程序才能最大限度地保证实体正义，从而实现法律的公正价值。在实体正义与程序正义的相抵触的情况下，应当选择程序正义，这是刑事法治的必然要求。（3）程序对实体的否定。程序先行与程序优越尽管都表达了程序优先的意蕴，但仅此还不够。程序优先于实体地位的根本内容还意味着程序对实体的否定。这里所谓程序对实体的否定，是指违反程序将导致实体（无论是否正义）无效的法律后果。例如，刑讯逼供所获得的证据无效，未经庭审质证的证据无效，违反程序的判决无效，且不得再作不利于被告人的裁决，等等。唯此，才能完全彻底地实现程序的独立价值。

德国著名法学家拉德布鲁赫指出：如果将法律理解为社会生活的形式，那么作为"形式的法律"的程序法，则是这种形式的形式。② 它如同桅杆顶尖，对船身最轻微的运动也会作出强烈的摆动。因此，程序法对社会生活变化的反映是最敏感的。根据拉德布鲁赫的看法，程序法的发展以极其清晰的对比反衬出社会生活的逐渐变化。尤其是刑事程序的历史，清楚地反映出国家观念从封建国家经过专制国家，直到宪政国家的发展转变过程。③ 可以说，对程序的重视程度，标志着一个国家的法治文明程度。刑事法关系公民的生杀予夺，更须加以严格的程序限制。

---

① 我国学者论述了程序在法的空间形成过程中的重要意义，指出：作为法的空间形成过程的程序结构与诉讼、审判的终局以及司法本身在社会、政治体系中发挥的正统性再生产功能有密切的联系。或者说，具有这种特性的程序结构在每一个案件处理中得到的具体实现汇积起来，就构成了审判程序和司法本身发挥上述功能的微观基础。参见王亚新：《民事诉讼的程序、实体和程序保障》（代译序），载［日］谷口安平：《程序的正义与诉讼》，王亚新、刘荣军译，14 页，北京，中国政法大学出版社，1996。

② 我国学者指出：实质正义的反对概念是形式主义，而程序并不等同于形式。程序的基础是过程和互动关系，其实质是反思理性。程序是相对于实体结果而言的，但程序合成物也包含实体的内容。程序在使实体内容兼备实质正义和形式正义的层次上获得一种新的内涵。这就是新程序主义的观点。参见季卫东：《法治程序的建构》，76 页，北京，中国政法大学出版社，1999。

③ 参见［德］拉德布鲁赫：《法学导论》，米健、朱林译，120 页，北京，中国大百科全书出版社，1997。

第二章

刑事法治的宪政基础

法治，在一定意义上说是宪治，是一种建立在宪法确认之上的宪政秩序。宪法在一个国家的法律体系中处于至高无上的地位，是法上之法，是一切其他法律的渊源。因此，宪政同样是刑法的基础。本章拟在对宪政进行一般性考察的基础上，探讨宪政之于刑法与刑事诉讼法的意义。

一、宪政基本内涵考察

宪政，从字面上来看，是一种受宪法支配的政治。我国学者指出：宪政是国家依据一部充分体现现代文明的宪法进行治理，以实现一系列民主原则与制度为内容，以厉行法治为基本保证，以充分实现最广泛的人权为目的的一种政治制度。[①] 由此可见，宪政的内容是十分丰富的。宪政可以从以下几个方面来理解：

---

① 参见李步云：《宪政与中国》，载《宪法比较研究文集》（2），2页，北京，中国民主法制出版社，1993。

（一）宪法：宪政的前提

宪政之宪，乃宪法也，没有宪法当然也就无所谓宪治。我国学者曾经提出"前宪政"的概念[1]，这种"前宪政"的政治，由于政治与政府没有受到制约，因此往往导致专制。宪政正是在同专制的斗争中成长起来的，是近代资产阶级革命的产物。

关于宪法的起源，在学理上存在以下三种观点[2]：第一种观点认为，宪法产生于古希腊时期，古希腊城邦共和国关于政体的法律就是宪法。第二种观点认为，宪法产生于中世纪的英国，其标志是1215年《自由大宪章》和1295年"模范议会"。第三种观点认为，宪法产生于资产阶级革命之后，是资产阶级革命的产物。我认为，关于宪法起源的分歧，并不是一个历史事实问题，而是一个宪法观念问题，即对宪法的不同理解导致对宪法起源的不同认识。从宪法史来看，宪法起源于对国家权力的限制，在这个意义上说，我同意宪法起源于中世纪英国的观点，正是1215年《自由大宪章》对英王的权力加以限制，使其具有现代宪法的基本特征。当然，宪法成为各国普遍采用的法制形式，是在资产阶级革命胜利以后。

宪法是宪政的前提，没有宪法就没有宪政。因此，宪政只能出现在宪法产生以后，从时间上来说迟于宪法的产生。当然，宪法只是宪政产生的前提，没有宪法固然没有宪政。有宪法并不见得必然有宪政。[3] 因此，对于宪政的理解，决不能停留在宪法的形式上，而是要进一步透过宪法形式，关注宪法的实质内容。

（二）民主：宪政的基础

宪政是以民主为诉求的，它必然建立在民主基础之上。从这个意义上说，宪

---

① 参见刘军宁：《共和·民主·宪政——自由主义思想研究》，122页，上海，上海三联书店，1998。

② 参见朱福惠：《宪法与制度创新》，17页以下，北京，法律出版社，2000。

③ 我国学者对宪法与宪政的关系做了研究，认为宪法是宪政的前提，然而，从近代民主宪政的发展理解来看，有宪法不一定能形成宪政，它们并不存在必然的对应关系。参见朱福惠：《宪法与制度创新》，142页，北京，法律出版社，2000。

政与独裁是对立的。民主与宪政的关系是极为复杂的。我国学者认为，民主在历史时序上先于宪政，但宪政在逻辑上先于民主。[①] 我理解，民主在历史时序上先于宪政，是一个事实判断。确实，古希腊就已经存在民主——一种存在于城邦的直接民主，但这个时候很难说存在宪政。宪政在逻辑上先于民主，是一个价值判断。民主并不能直接导致宪政。民主是解决权力的归属问题，要求主权在民，而宪政是解决权力的限制问题。对于专制的权力要加以限制，那么，对于民主的权力是否也要加以限制呢？这个问题直接关系到对宪政与民主的理解。在历史上，民主曾经一再地受到推崇，似乎来自民主的权力是不应受到限制的。但托克维尔提出了多数人的暴政的著名命题，认为民主制也会产生专制。在托克维尔看来，无限权威是一个坏而危险的东西：当任何一个权威被授予决定一切的权利和能力时，不管人们把这个权威称作人民还是国王，或称作民主政府还是贵族政府，或者这个权威是在君主国行使还是在共和国行使，都可以说，这是给暴政播下了种子。[②] 正是在这个意义上，民主产生的国家权力同样应当受到限制，这才是宪政的真谛。因此，民主是宪政的基础，但宪政同时也意味着对民主产生的权力的限制，使民主制度化。

（三）法治：宪政的条件

法治，从字面上来看，是法律之治，而且是良法之治。对于法治的理解，也是各不相同的。古希腊哲学家亚里士多德对于法治的含义曾经有过一个经典性的论述，指出法治应包括两重意义：已订立的法律获得普遍的服从，而大家所服从的法律又应该是本身制订得良好的法律。[③] 这一论断从立法与司法两个方面指出了法治的要义。美国著名法理学家朗·L. 富勒认为，一种真正的法治应包含 8

---

① 参见刘军宁：《共和·民主·宪政——自由主义思想研究》，125 页，上海，上海三联书店，1998。
② 参见［法］托克维尔：《论美国的民主》，上卷，董果良译，289 页，北京，商务印书馆，1991。哈耶克表达了同样的观点：民主的理想，其最初的目的是要阻止一切专断的权力（arbitrary power），但却因其自身不可限制及没有限制而变成了一种证明新的专断权力为正当的理由。参见［英］哈耶克：《自由秩序原理》（上），邓正来译，130 页，北京，三联书店，1999。
③ 参见［古希腊］亚里士多德：《政治学》，吴寿彭译，199 页，北京，商务印书馆，1965。

项原则：法律具有一般性；法律必须公布；法律不能溯及既往；法律具有明确性；避免法律中的矛盾；法律不应要求不可能实现的事情；法律是稳定的；官方行动应忠实地运用法律。① 我国学者刘军宁指出了以下 14 项法治的基本要素：（1）法律必须是公开的、普遍的；（2）法律必须是善意的、合乎情理的；（3）法律具有最高性；（4）法律必须是可预知的、可信赖的；（5）法律面前人人平等；（6）法律的目的只能是正义本身；（7）一切法律都不得违背宪法，不得侵犯宪法所保障的权利与自由；（8）司法必须独立；（9）依法行政和越权无效原则；（10）国家责任原则；（11）不溯及既往原则；（12）罪刑法定主义、无罪推定原则和法律的正当程序原则；（13）法律必须由主权者（人民选举产生的立法机关）制订；（14）法律必须是公正的、不偏不倚的规则。② 以上对法治的描述，都或多或少地提示了法治的性质与特征。我认为，法治的精神在于以法律限制权力。宪法作为国家的根本大法，它对于国家权力与公民权利具有勘界功能。因此，法治离不开宪法。同样，通过宪法确认宪政秩序又必然以法治为条件。因此，法治与宪政是相互依存的。

（四）人权：宪政的目标

宪政以保障人权为使命，它通过限制国家权力，确保公民的自由与权利的实现。正如美国学者指出：一个称作"宪法"的法律文件的基本目的就是保护人权。③ 宪政意味着限政，宪政制度下的政府，是一个有限政府，这种政治制度的设计就是为了有效地保障人权。因此，宪政政治必然追求对公民的自由与权利的保障。

基于上述对宪政的理解，考察刑法的宪政基础，我认为是对刑法的合宪性审

---

① 参见程燎原：《从法制到法治》，286 页，北京，法律出版社，1999。

② 参见刘军宁：《共和·民主·宪政——自由主义思想研究》，158 页以下，上海，上海三联书店，1998。

③ 参见［美］弗莱彻：《宪法理论中的权利和义务》，王翘译，载《宪法比较研究》（3），54 页，济南，山东人民出版社，1994。

视。这种合宪性审视，必然表现为对刑法的一种价值判断，即刑法只有具备了何种性质才具有合宪性。

刑法的合宪性，是一个被忽视的问题。合宪是与违宪相对应的概念，没有合宪性当然也就无所谓违宪性。刑法的合宪与违宪问题，以往之所以没有受到重视，一方面是由于我们的宪法观念没有真正树立起来，宪法规范被虚置，只是有谕示功能，而不能在社会生活中得到真正落实。另一方面是由于在我们的刑法观念中缺乏受宪法制约的意识，即简单地把刑法视为惩治犯罪、打击敌人的工具，而没有提到刑法的人权保障功能。在这种情况下，刑法是否应当具有合宪性，这本来是一个不言自明的问题，却变成了一个需要论证的问题。

刑法的合宪性，决定着刑法的性质。如前所述，宪法本身，尤其是建立在宪法基础之上的宪政，是以制约国家权力为宗旨的。在国家权力中，刑罚权直接涉及对公民的生杀予夺，因而更应当受到宪法的制约。可以说，是否受到宪法制约，是专制社会的刑法与法治社会的刑法的根本区别之所在。

这里应当指出，对于宪政的含义存在各种不同的理解，而这种不同理解反映了不同的政治立场和价值观念。本章将宪政区分为政体意义上的宪政与法治意义上的宪政，这两种宪政的含义是有所不同的。政体意义上的宪政，也可以说是政治学意义上的宪政，它是建立在三权分立的理念基础之上的，具有其特定的内容。而法治意义上的宪政，也可以说是法学意义上的宪政，是指在一个国家法律秩序中，宪法所具有的至高无上的地位，以及宪法的实施、适用和治理等具体内容。例如，本章所讨论的刑事法治的宪政基础，就是要探讨在刑事法治建设中，如何以宪法为根据、宪法对于刑罚权具有何种限制等重大理论问题。

二、刑法的宪政基础

刑法在整个刑事法中占据着核心地位，它是刑事实体法。由于刑法直接以刑罚的方式限制或者剥夺公民个人的自由与权利，因此刑法的合宪性问题更是引人关注。

　　对刑法的宪政基础的考察，可以从罪刑法定原则出发。在某种意义上说，罪刑法定原则体现了宪法对刑法的限制。我国学者李海东提出了国权主义刑法与民权主义刑法的命题，认为国权主义刑法是以国家权力为本位的刑法，而民权主义刑法是以公民权利为本位的刑法。[①] 我认为，根据马克斯·韦伯的理想类型的方法，这种划分是可以成立的。这种国权主义刑法以维护国家权力为使命，为达此目的可以不择手段从而使刑法沦为专制的工具。而民权主义刑法以维护公民权利为己任，从而表现为对国家权力的限制，使刑法成为自由的保障。国权主义刑法与民权主义刑法之间最根本的区分就在于：前者是国家单方面的意志，是不受限制的，具有绝对主义的特征。后者是政治国家与市民社会的双方合意，是受到限制的，具有相对主义的特征。罪刑法定原则就体现了对国家刑罚权的限制，因而成为国权主义刑法与民权主义刑法的根本分野，也是刑法的宪政基础。

　　罪刑法定原则强调罪刑的法定化，因此，成文刑法的存在是实行罪刑法定原则的前提。当然，成文刑法的存在只是罪刑法定原则的必要条件而不是充分条件。某一刑法是否真正实行罪刑法定原则，关键是要看这种刑法是否建立在宪政基础之上。中国古代具有成文法的传统，成文刑法的历史源远流长。那么，是否可以据此得出中国古代刑法就实行罪刑法定原则的结论呢？显然不能。因为中国古代社会实行专制制度，其刑法也只能是专制工具，而不具有宪政基础。我国学者张晋藩曾经对中国古代极端专制下的引律与比附的关系作了深刻的分析，指出：中国古代的援法定罪，其出发点是维护法律的统一适用和对官吏司法权的约束。它与西方为反对侵害个人权利与自由而提出的罪刑法定主义虽有不同，但在依法审判与定罪量刑的基本原则上显然是一致的，只是中国是在公元 3 世纪封建前期提出的，而且贯穿于整个封建社会。正是由于中国提出援法定罪是在封建时代，因而它必然受到专制制度的影响，以致皇帝擅权和广泛的类推比附，成为不

---

　　① 参见李海东：《刑法原理入门（犯罪论基础）》，4 页以下，北京，法律出版社，1998。

可避免，它是与援法定罪矛盾的，但又极不协调地统一在一起，其基础是统治阶级利益的需要，这就是为什么有时皇权也受到法律的制约。① 上述论述，看到了罪刑法定原则与援法定罪形式上的相似性，也指出了两者在性质上的区别，这是极为正确的。当然，在我看来，两者的区别强调得还是不够的。中国古代刑法虽然也重视引律，这种援法定罪只是保证了法律统一实施，当然也在一定程度上具有对司法权的限制功能，但同时又允许比附援引类推定罪，使这种本来就有限的限制消失在无形之中。至于皇权本身，在极端专制制度下，是不受限制也不可能受限制的。因此，援法定罪只是刑法适用的一种方式，根本上不具有宪政意义。罪刑法定原则与此不同，它是为保障公民个人的权利与自由而对国家刑罚权（包括立法权与司法权）加以限制，因而具有宪政意义。

　　罪刑法定原则之宪政意义，首先体现在刑法的契约性上。刑法的契约性是以法的契约性和国家的契约性为前提的。在专制社会，基于君权神授的理念，国家权力来自天意神授，因而是一种不受限制的权力。在这种情况下，法也只是一种驭民术而已，刑法则是镇压犯罪、维护统治的工具。因此，国家刑罚权是不可能受到限制的。近代自然法学派倡导契约论，使人们对国家、社会与法获得了一种全新的认识。在契约论的视界里，人的至上性取代了神的权威，平等的个体之间的关系取代了不平等的隶属关系，人与人之间的合意成为国家与社会的权力来源，这种权力终究受制于个人的权利，因而最终确立了主权在民的宪政原则。在这种情况下，法律就成为基于社会契约而产生的行为规范，它不仅约束个人，而且限制国家。最早将这种契约的思想用于解释政治并由此阐述法律与自由的关系的，是英国著名哲学家约翰·洛克。洛克提出了法律的目的不是废除或限制自由，而是保护和扩大自由的命题。② 法律对自由的保障，主要是通过限制国家权力而实现的。国家权力之所以应当受到个人权利的限制，就是因为这种权力不是

① 参见张晋藩：《中国法律的传统与近代转型》，276 页，北京，法律出版社，1998。
② 参见［英］洛克：《政府论》，下篇，叶启芳、瞿菊农译，36 页，北京，商务印书馆，1961。

从天而降的、不是上帝授予的（反对权力神授论），而是一个世俗的根源，它也不是像父权那样来自血缘和亲族关系，或者是像专制权力那样来自武力胁迫，而是来自合意，来自契约。① 这种契约就成为国家权力的来源。规范国家权力的根本大法——宪法，无疑具有这种契约性。我国学者指出：就宪政的产生、任务及其手段和方法来看，其特征就在于它的契约性。只不过它与经济契约不同，是专门适用于政治生活领域的，是一种社会契约或政治契约、宪政契约。也有学者认为，宪政实际上就是民主政治的契约化的法治化，因此可以把宪政理解为契约宪政。② 我认为，这种理解是完全正确的，以契约性阐释宪法的性质，也已经成为现代宪法理念的应有之义。

在论证了宪法的契约性的基础上，引申出刑法的契约性，似乎是逻辑之必然。其实不然，刑法的契约性仍然是一个有待证明的命题，这主要是由刑法的特殊性所决定的。刑法是最古老的法律形式之一，在中国古代社会，法就是从刑法中发展而来的，因而刑法就成为其他法律的源头。显然，刑法早于宪法。可以说，古代社会的刑法是专制的工具，不具有契约性。我国学者李海东称这种刑法为国权主义刑法，刑法是国家单方面对犯罪的镇压，是最具有暴力性的法律。从这种国权主义刑法到民权主义刑法的转变，是在近代启蒙运动中完成的，也是刑法观念上的一场深刻革命。民权主义刑法是建立在二元社会结构之上的，表现为市民社会对政治国家的权力（包括刑罚权）的某种限制。③ 意大利著名刑法学家贝卡里亚将契约论思想引入刑法，用来阐述刑罚权的来源，认为法律就是把这些人联合成社会的条件，国家权力来自公民个人自由的转让，君主只不过是这一份份自由的合法保存者和管理者。贝卡里亚指出：这一份最少自由的结晶形成惩罚

---

① 参见何怀宏：《契约伦理与社会正义——罗尔斯正义论中的历史与理性》，67 页，北京，中国人民大学出版社，1993。

② 参见蒋选福：《契约文明：法治文明的源与流》，138、139 页，上海，上海人民出版社，1999。关于宪政与契约的内在联系，详见该书 139 页以下。

③ 关于国权主义刑法与民权主义刑法的划分及其特征，参见李海东：《刑法原理入门（犯罪论基础）》，4、5 页，北京，法律出版社，1998。

权。一切额外的东西都是擅权，而不是公正，是杜撰而不是权利。如果刑罚超过了保护集体和公共利益这一需要，它本质上就是不公正的。[①] 由此，贝卡里亚将刑罚权限制在保护公共利益这一限度之内，应该指出，在贝卡里亚的思想中，公共利益并不是凌驾于个人利益之上的另一种利益，而只是个人利益与个人自由的集合而已。因此，保护公共利益也就是保护个人利益与个人自由。基于社会契约论基础之上产生的分权原则，贝卡里亚将立法权与司法权严加区分，由不同的个人或机关行使。只有法律才能为犯罪规定刑罚，而法官只能根据法律规定认定犯罪并且处罚犯罪。在贝卡里亚看来，犯罪是对社会契约的侵犯。在这种观念的指导下，刑法的暴力性与野蛮性经过理性的过滤，获得了合理性、正当性与人道性。其中，罪刑法定原则贯穿于刑法之中，使刑法完成了从国权主义刑法到民权主义刑法的转型。

罪刑法定原则，其含义是"法无明文规定不为罪，法无明文规定不处罚"。这种罪刑以法律规定为限的思想，表现的就是刑法的契约性。罪刑法定原则意味着在国家的刑罚权和公民个人的自由与权利之间划出了一条明确的界限，公民行为只有在触犯刑律构成犯罪的情况下，才应受到刑罚处罚。否则，就与刑法无涉。我认为，罪刑法定原则的精髓在于限制机能，即对于国家刑罚权的限制，包括对于立法权与司法权的限制，尤其是防止司法权的滥用。罪刑法定主义所倡导的形式合理性，也主要是用来限制刑罚权的，即某一行为即使具有严重的社会危害性，只要刑法没有明文规定就不应以犯罪论处。在这个意义上，形式合理性优位于实质合理性，这是罪刑法定原则的重要蕴涵。正如儒攀基奇指出：即使没有刑法，惩罚也是照样可行的，但是，抑制刑罚擅专却是不可能的，因而法律形式主义便成为符合刑法要旨的唯一理论。刑罚作为一种最严厉的制裁措施，也许有

---

① 参见［意］贝卡里亚：《论犯罪与刑罚》，黄风译，8、9页，北京，中国大百科全书出版社，1993。

助于说明：刑法对形式更加强调。① 可以说，罪刑法定原则就体现了对刑法的形式主义的要求。但是，罪刑法定原则并不排除在有利于被告的情况下，实质合理性可以优位于形式合理性。例如，根据罪刑法定原则，不利于被告的类推是绝对禁止的，但有利于被告的类推却是允许的，并不认为违反罪刑法定。同样，构成犯罪必须具有形式违法性，但排除犯罪性却可以依据实质违法性的观念。凡此种种，都说明罪刑法定原则使刑法具有合理性。

罪刑法定原则一经提出，就被上升到宪法高度，在宪法中得到确认，成为刑法的宪法根据，并对刑法直接发生作用。正如我国学者指出：多数民主国家的宪法往往规定一些基本的原则——宪法原则，直接指导刑法的制定与适用。例如，英美法系国家的宪法当中直接规定禁止事后法、禁止剥夺公权、正当程序、禁止强迫认罪、一事不再理等原则；大陆法系国家在宪法中直接规定罪刑法定原则及其派生原则（特别是禁止事后法的原则）、个人刑事责任原则，等等。这些宪法性刑法原则，成为宪法对刑法的直接限制。② 正是这些规定，成为刑法的宪治基础。在法国，罪刑法定原则在法国大革命后于 1789 年颁布的《人权宣言》中第一次被确认。《人权宣言》第 5 条规定："法律仅有权禁止有害于社会的行为。凡未经法律禁止的行为即不得受到妨碍，而且任何人都不得受强制为法律并未规定的行为。"该宣言第 8 条还规定："除非依据在犯罪之前已经制定并予公布且合法执行的法律之外，任何人均不得受到处罚。"上述规定，被认为是罪刑法定原则在宪法性文件中的首次确认。在这个意义上，罪刑法定原则不仅是刑法基本原则，而且上升为宪法原则。此后，法国 1958 年宪法进一步确认"具有宪法价值（效力）的规范"③。法国刑法典，从 1810 年刑法典到 1994 年刑法典，都规定了

---

① 参见〔斯洛文尼亚〕卜思天・M・儒攀基奇：《刑法——刑罚理念批判》，丁后盾等译，176 页，北京，中国政法大学出版社，2002。
② 参见曲新久：《刑法的精神与范畴》，361 页，北京，中国政法大学出版社，2000。
③ 〔法〕卡斯东・斯特法尼等：《法国刑法总论精义》（上），罗结珍译，115 页，北京，中国政法大学出版社，1998。

罪刑法定原则。1994 年法国刑法典第 111～3 条规定："构成要件未经法律明文规定之"重罪或轻罪，不得以其处罚任何人，或者构成要件未经条例明文规定之违警罪，不得以其处罚任何人。该条还规定："如犯罪系重罪或轻罪，法律无规定之刑，不得以其处罚任何人。如犯罪系违警罪，条例无规定之刑不得以其处罚任何人。"对于刑法典来说，罪刑法定原则是其内在精神，它不仅是对司法权的限制，同样是对立法权的限制。例如，法国宪法委员会有权对议会通过的某些法律进行审议，并就这些法律是否符合宪法作出裁决，这就是所谓违宪审查。在违宪审查中，同样包括对刑法规范的合宪性的审查，刑法规范合宪性的审查，其最终根据就是罪刑法定原则。例如，法国宪法委员会以其 1981 年 1 月 19 日～20 日的裁决认定，立法者不得违反（相对于行政法）规定了较轻刑罚的新刑事法律具有溯及力的原则；同样宪法委员会以其 1984 年 10 月 10 日～11 日的裁决承认，新的刑法法律不得对已经依法取得的"现有地位"进行惩处；同时，委员会又以其 1985 年 1 月 18 日的裁决承认，立法应当使用准确清楚的语言，具体地对犯罪的构成要件作出解释。①

在意大利，罪刑法定原则包括三个方面的内容：（1）法律专属性原则，主要是为了避免行政机关（通过制定行政法规）擅立刑事法规，保障公民的自由免受政府专横的侵犯。（2）明确性与确定性原则，主要目的在于防止法官专横。如果法律规定不清楚、内容不确定，要求法官在审理具体案件时必须服从法律就是一句空话；如果允许将刑法规范类推适用于法律没有明确规定的行为，实际上就是承认议会之外还有其他的立法存在。（3）不得溯及既往原则，是防止立法者滥用立法权的有力保障。如果允许"现在为过去规定犯罪"，公民的自由权就受到了威胁（因为任何人都不敢担保，一个当时完全合法的行为，不会被事后的法律规定为非法）。意大利学者指出：由于罪刑法定原则的三个从属性原则是一个统一

---

① 参见［法］卡斯东·斯特法尼等：《法国刑法总论精义》（上），罗结珍译，115 页，北京，中国政法大学出版社，1998。

的不可分的整体，在我们的共和国宪法中，它们无疑都具有宪法性意义。^① 意大利刑法中上述罪刑法定原则的三个派生原则，分别体现了对行政权、司法权和立法权的限制。其中，法律专属性原则是对行政权的限制，明确性与确定性原则是对司法权的限制，不得溯及既往原则是对立法权的限制。尽管法律专属性原则和明确性与确定性原则主要是对行政权和司法权的限制，但同时也具有对立法权限制的意蕴。例如，明确性与确定性原则的主要目的在于限制司法权，禁止法官在适用法律的过程中解释法律。因为一旦承认法官具有对法律的解释权，法律的适用过程就不可避免地会掺入法官个人的因素，使法律在执行过程中偏离法律规定的精神，而让司法机关具有滥用司法权的可能。当然，要求刑法规定的明确性和确定性同时也是对立法机关的限制，它要求立法机关不得制定不必要或含义模糊、不明确的法律，以便从根本上杜绝法官解释法律的可能性。^② 由此可见，这种对立法权的限制，是罪刑法定原则的首要之义。由于罪刑法定原则具有对刑事立法的限制性，因而当制定的刑法规范不符合罪刑法定原则的时候，就存在一个违宪的问题。尽管意大利宪法在具体认定某一规范是否违反犯罪构成明确性时持极端谨慎的态度，但还是有一个被宪法法院宣布为违宪的犯罪规范，即意大利刑法典第 603 条。宪法法院（1981 年 96 号判决）明确认为，该条规定的内容（"用使人完全服从自己的方式"，将"他人"置于"自己权力之下"）不符合宪法规定的明确性原则，因为"不论从行为还是结果的角度看，都既无法确定也无法区分什么样的行为可能使他人处于完全服从的状态，不可能为完全服从制定一个客观的标准，立法上规定的'完全'，在司法审判中从未得到实证；除此以外，还必须考虑到另有规定专门处罚'陷人为奴隶或使人得于奴隶状态'的行为"。在实践中，宪法法院认为，只有上述这种根本不可能确定犯罪构成实际内容的特

① 参见［意］杜里奥·帕多瓦尼：《意大利刑法学原理》，陈忠林译，15 页，北京，法律出版社，1998。

② 参见陈忠林：《意大利刑法纲要》，13 页，北京，中国人民大学出版社，1999。

殊情况，才算违反了刑法规范明确性要求。① 正是这种对刑法规范的违宪审查制度，保证了罪刑法定原则在刑事立法中的有效贯彻。

在英美法系国家，由于其独特的宪法制度，使刑法在更大程度上受到宪法的限制。例如，在美国，存在着宪法对刑法的广泛限制。这种限制可以归纳为以下三类：一是刑事立法的特殊宪法限制，包括禁止剥夺公权法案和禁止追溯既往法律。二是行使宪法保护的权利不得定为犯罪，这种宪法保护的权利包括个人的言论、结社、宗教信仰自由的权利以及佩带武器的权利；不得强迫被告人认罪；禁止残酷和非常的刑罚，禁止奴隶和强迫劳役。三是正当程序条款限制，包括实质性限制，即限制立法机关制定刑事法律的权力；程序性限制，即对刑事法律的形式和语言的限制。② 上述美国刑法的宪法限制，就使刑法的正当性获得了宪法的保障。一切违反宪法的刑法规范以及刑事判决，都被认为是违宪的而宣告无效。例如，美国宪法禁止残酷的和非常的刑罚（cruel and unusual punishment），在死刑存废之争中就引起了死刑是否属于残酷的和非常的刑罚的争论，也就是死刑是否违宪之争。③ 早期，人们并未因美国宪法修正案第 8 条所规定的禁止残酷与非常的刑罚而对死刑的合宪性产生怀疑。自 20 世纪 60 年代开始，随着民权运动的蓬勃兴起，死刑的合宪性受到挑战。在弗曼诉佐治亚州案（Fruman v. Georgia）中，大法官马歇尔（Marshall）指出：在分析"残酷而非常的刑罚"这一问题的过程中，最主要的原则是，"残酷而非常"的用语"必须从不断发展着的衡量体面的标准引申出该用语的含义，这种尊严和体面标志着一个成熟社会的进步"。因此，历史上曾被允许的刑罚，在今天则不一定被允许。最高法院或者法官个人过去可能表达过一种意见，即死刑符合宪法，这一事实现在不应束缚

---

① 参见［意］杜里奥·帕多瓦尼：《意大利刑法学原理》，陈忠林译，29、30 页，北京，法律出版社，1998。

② 参见储槐植：《美国刑法》，32 页以下，北京，北京大学出版社，1996。

③ 关于死刑违宪问题的论述，参见胡云腾：《存与废——死刑理论研究》，81 页以下，北京，中国检察出版社，1999。

我们。马歇尔法官通过检视死刑设立的目的得出结论：死刑是一种过分的不必要的惩罚。现在到了这样的地步：如果屈从于立法机关，就等于是放弃了我们作为裁决事实者、法律和宪法的最终裁决人的司法地位；没有任何合理的基础支持死刑并不过分这一结论。弗曼诉佐治亚州案是美国最高法院反对死刑的重要判例，9 名大法官都是反对死刑的，但在死刑是否违宪问题上，赞成和反对的人数是 5比 4，最终确认死刑是残酷而非常的刑罚，是违宪的，并由此对美国死刑制度的存废产生了深远的影响。

刑法的宪法限制，并对刑法规范的违宪性加以审查，构成刑法的宪政基础。建立在宪政基础之上的刑法，是实现国家宪法目的的手段。德国学者洪堡提出了"国家通过刑法体现法律对安全的关心"这样一个命题，指出：关心公民安全最后的和也许是最重要的手段是惩罚对国家法律的违反行为。这里产生的第一个问题是：国家应处罚哪些行为，也就是说，可以把哪些行为作为罪行提出来。国家追求的终极目标无非是公民的安全，因此，除了那些违反这个终极目标的行为外，国家也不允许限制其他行为。① 在此，洪堡实际上提出了刑法的界限，也就是刑罚惩罚的限度问题。刑法的使命与作用和国家的使命与作用是一致的，前者受到后者的制约。宪法是国家的根本大法，因此它必须对刑法具有限制作用。这就是刑法的合宪性问题，并由此产生对刑法的宪政基础的关注与探讨。

在我国刑法理论中，对于刑法的宪政基础问题并未引起足够的重视。我国刑法明文规定，刑法是以宪法为根据制定的，换言之，宪法是刑法制定的法律根据，从而使两者体现出母法与子法之间的派生关系。在对于刑法与宪法关系的理解上，我国学者指出：我国刑法以宪法为其立法根据，必须在自己的领域内具体贯彻宪法的规定，刑法的规定及其解释不能与宪法相抵触，否则便没有效力。刑法用刑罚这种特殊的法律斗争手段，来制裁严重危害国家和人民利益的犯罪行

---

① 参见［德］威廉·冯·洪堡：《论国家的作用》，林荣远、冯兴元译，143 页，北京，中国社会科学出版社，1998。

为，以保障和实施宪法的基本内容和基本原则。例如，我国宪法规定，禁止任何组织和个人扰乱社会经济秩序；社会主义的公共财产和公民合法的私有财产不可侵犯；国家保护公民的人身权利、民主权利和其他合法权利。根据宪法，刑法（指 1979 年刑法，引者注）则规定了"破坏社会主义市场经济秩序罪""侵犯财产罪"和"侵犯公民人身权利、民主权利罪"等，通过处罚这些犯罪行为，来保障宪法有关内容的实施。[①] 在上述关于刑法与宪法关系的论述中，虽然论及刑法的规定及其解释不能与宪法相抵触，否则便没有效力，但由于我国并不存在具有可操作性的违宪审查制度，因而凡与宪法相抵触便无效等规范并无落实的任何可能性。而且，刑法保障是宪法内容的实现，也只限于通过惩治侵犯人身权利的犯罪实现宪法对人身权利的保护，在通过惩治侵犯财产权利的犯罪实现宪法对财产权利的保护这样一个层面上，根本就没有涉及宪法对国家刑罚权的限制。在这种情况下，也就不可能从宪政意义上理解刑法和宪法的关系。

上述情况，我认为是由我国的宪法观念与刑法观念的局限性所造成的。就宪法观念而言，我国传统的宪法理论将宪法视为阶级力量对比的表现，认为宪法是阶级斗争的产物，由在阶级斗争中取得胜利、掌握国家权力的阶级所制定，用以维护和巩固本阶级的政权，是这一阶级的胜利成果。[②] 基于这种对宪法的理解，宪法成为在阶级斗争中获取的国家权力的确认书，在某种意义上接近于授权（力）法。在这种情况下，宪法的规范性被淡化，而其政治性被强化。宪法成为治国的总章程，其本应具有的国家权力的限制机能则无形中消弭。在这种宪法观念指导下，刑法作为实现宪法任务的部门法，被认为是专政工具。例如，我国学者指出：当社会上出现了国家之后，掌握国家权力的统治阶级，为了维护其政治上的统治，总要按照自己的意志，通过一定的立法程序，把某些行为规定为犯罪，并予以刑罚处罚，以维护其统治秩序，镇压被统治阶级的反抗，这种规定犯

---

① 参见王作富主编：《中国刑法适用》，14 页，北京，中国人民公安大学出版社，1987。

② 参见张友渔主编：《中国大百科全书·法学卷》，638 页，北京，中国大百科全书出版社，1984。

罪和刑罚的法律规范的总和，就是刑法。① 因此，刑法就成为掌握国家权力的统治阶级镇压被统治阶级反抗的工具。这个意义上的刑法，正是李海东博士所称的国权主义刑法，它要限制的是国民的行为，而保护的是国家的利益。② 这种国家本位的宪法观念与刑法观念，都是由当时我国社会现状所决定的。因此，只有社会基础的改变才能引起宪法观念与刑法观念的转变。

我国封建专制社会具有悠久的历史传统，在这样的专制社会，皇权是至高无上的，不受任何限制。中国古代就存在"天宪""宪条"等词汇，但这里的"宪"只是对法的尊称而已，是皇权的象征与体现。可以说，在封建专制社会，是不可能出现现代宪法观念的。对于中国来说，宪法是舶来品，是从西方引进的一种法律形式。但自清末到1949年中华人民共和国成立，中国虽有立宪之名，而无行宪之实。中华人民共和国成立以后，我国实行计划经济，这种计划经济以集中统一为特点，使国家权力渗透到社会各个角落。在计划经济的基础上，我国在政治上以阶级斗争的思想为指导，国家权力以阶级专政的形式出现，它是不受宪法限制的，宪法只不过使它获得一件合法的外衣而已。只有在经济体制改革以后，从计划经济向市场经济转轨，我国社会出现了从政治国家的一元结构向政治国家与市民社会分立的二元结构的转型，宪法的观点才出现转变。例如，在宪法功能的认识上，不再把宪法简单地看作治国的总章程，而是认识到了宪法的限制作用，认为宪法实际上是"限法"。当然，对于宪法的限制作用，是在双重意义上理解的，即对国家权力的限制和对公民权利的限制。③ 我认为，在宪法中，这两种限制并不是等量齐观的。实际上，对国家权力的限制是根本。无论是对国家权力的限制还是对公民权利的限制，最终目的都是保障公民个人的自由与权利。我国学者还提出宪法是控权法的命题，认为控权法是指宪法以控制权力的运行来达到民

---

① 参见杨春洗等：《刑法总论》，8页，北京，北京大学出版社，1981。

② 参见李海东：《刑法原理入门（犯罪论基础）》，5页，北京，法律出版社，1998。

③ 参见徐秀义、韩大元主编：《现代宪法学基本原理》，230页，北京，中国人民公安大学出版社，2001。

主与法治制度的稳定为主要目标。① 控权是一种更为积极主动的限制，从限权到控权，是对宪法的功能认识的升华。

只有基于控权这样一种宪法理念，对刑法的限制机能才会有正确的认识。其实，罪刑法定原则在清末已经引入我国，1907 年编成、1911 年 2 月颁布实行的《大清新刑律》规定："凡律无正条者不论何种行为不得为罪。"此后，国民党 1928 年刑法和 1935 年刑法均有罪刑法定原则之规定，但罪刑法定主义的限制机能并未发挥作用，法外制裁从未断绝，遂使罪刑法定原则成为具文。新中国成立以后，在阶级斗争思想的影响下，法律虚无，政策盛行，近三十年都没有制定出一部刑法典，罪刑法定更是无从谈起。1979 年我国制定了第一部刑法典，但规定了类推制度。类推在刑法中的规定反映了当时对刑法机能的认识，即强调刑法通过惩治犯罪实现其社会保护机能。例如，当论述 1979 年刑法规定类推的必要性时，我国学者指出：为了及时地、有效地同各种各样的犯罪行为做斗争，以保卫国家和人民的利益不受侵犯，规定允许法律类推是必要的，如果不允许有严格控制的类推，势必使那些法无明文规定的犯罪行为受不到应得的处罚，即显然不利于打击敌人，惩罚犯罪，不符合国家和人民的利益。② 基于这种法律工具主义的理解，类推的存在获得了当时语境中的某种正当性。③ 从逻辑上来说，类推与罪刑法定是矛盾的：类推是法外有罪，罪刑法定是法外无罪。然而，在充分肯定类推存在的正当性的同时，我国学者又认为 1979 年刑法实行罪刑法定原则，是以类推为补充的罪刑法定原则。我所感兴趣的不是学者对类推与罪刑法定原则之间明显的逻辑矛盾视而不见，而是关注这种以类推为补充的罪刑法定原则的内容到底是什么，以及罪刑法定原则的正当性是如何获得的，由此可以洞察当时我国

---

① 参见朱福惠：《宪法至上——法治之本》，110 页，北京，法律出版社，2000。
② 参见陈宝树等：《刑法中的若干理论问题》，232 页，沈阳，辽宁大学出版社，1986。
③ 我国学者对我国类推制度存在的原因作了分析，指出：（1）类推的存在是当时计划经济条件下社会结构的必然产物。（2）类推的存在是立法者以刑法社会保护为本位的价值取向的必然结果。（3）类推的存在是立法者对刑法的社会保护功能过分迷信的必然伴生物。参见蔡道通：《类推制度的当代命运》，载陈兴良主编：《刑事法评论》，第 1 卷，227 页以下，北京，中国政法大学出版社，1997。

主流的刑法观念。关于罪刑法定原则的含义，我国学者一般理解为犯罪和刑罚均由法律明文规定。例如，我国学者指出：我国刑法明确规定了什么是犯罪，各种犯罪的构成条件是什么，有哪些刑法，各个刑种如何适用，以及各种罪的具体量刑幅度如何等，因此可以认为，我国刑法是实行罪刑法定原则的。[①] 至于类推，是在不把罪刑法定原则绝对化的名义下予以规定的，并且以类推制度适用的条件极其严格为理由，得出类推制度无伤乎罪刑法定原则的结论。[②] 在我看来，一种能够容纳类推的罪刑法定，已经丧失罪刑法定的本来意义。因为类推体现的是刑法的扩张机能，使刑法规定扩大适用于刑法没有规定并与刑法规定最相类似的行为，最终以此作为定罪判刑的根据。而罪刑法定体现的是刑法的限制机能，将司法机关的定罪判刑活动严格限制在法律规定的范围之内，不得超越法律规定。而在这种以类推为补充的罪刑法定中，罪刑法定原则对于立法权的限制是根本谈不上的，即使是最低限度的司法权的限制也无从谈起。在这种情况下，刑法对犯罪惩治的有效性受到高度重视，对国家刑罚权的制约性以及其人权保障机能则未予足够的关注。

随着市场经济的发展，我国社会生活发生了重大变化，刑法的人权保障机能逐渐受到重视。在这种情况下，尽管仍有个别学者反对废除类推，但在刑法中明文确认罪刑法定原则却已成为我国刑法学界的共识。人们似乎突然发现了罪刑法定与类推的对立，指出：罪刑法定原则的立法化，必然要求废止类推制度。类推是对刑法无明文规定的行为定罪判刑的制度，它在本质上与罪刑法定原则背道而驰，因而必然为后者所排斥。[③] 从容纳类推的罪刑法定原则到排斥类推的罪刑法定原则，表明我国学者对罪刑法定原则认识上的升华。这种排斥类推的罪刑法定原则在 1997 年刑法中得以确立，这是我国刑法价值观念的重大转变。当然，在这种情况下，对于罪刑法定的实质内容的认识也并非完全一致。应该说，罪刑法

---

① 参见高铭暄主编：《刑法学》，38 页，北京，法律出版社，1984。

② 参见高铭暄、王作富主编：《刑法总论》，38 页，北京，中国人民大学出版社，1990。

③ 参见王作富主编：《刑法完善专题研究》，108 页，北京，中央广播电视大学出版社，1996。

定原则对于司法权的限制意义，是其题中应有之义，对此并无疑问，但罪刑法定原则是否包含对立法权的限制，则在我国刑法理论上不无歧见。例如，我国学者在论述罪刑法定原则的意义时指出：罪刑法定原则既不妨碍统治阶级根据自己的利益制定法律，规定"罪"和"刑"，同时对于公民的权利来说也是一种切实有效的保障。因为法律要求公民的是遵守法律的规定：明文授权做的他就有权做；明令要求做的他就有义务做；明令禁止做的他就有义务不做。特别是禁止事项，包括一切构成犯罪的行为，如果不是法律明文规定，公民将无所适从，因为他不知道这样做是法律所不容许的。① 在这一对罪刑法定原则的理解中，虽然看到了罪刑法定原则通过限制司法权保障公民权利的意义，但没有看到罪刑法定原则对于立法权的限制机能。实际上，统治者并不能随心所欲地制定法律，规定"罪"与"刑"，国家立法权是受公民个人权利限制的，同样也是受宪法限制的，公民行使宪法规定的权利的行为不能规定为犯罪，立法者只能禁止那些危害社会的行为。由此可见，对于罪刑法定原则的意义，只有上升到宪法高度才能正确地认识。

从宪政意义上理解罪刑法定原则，应当从国家与个人的关系中去认识犯罪与刑罚的关系，使刑法不仅成为普通公民的大宪章，而且成为被告人的大宪章。在这种情况下，刑法应当得到社会认同，而不是成为国家强制地推行某种价值观念的工具。基于对刑法的这种认识，我国学者提出了刑法制度是"选择"还是"契约"的问题，即刑法是国家按照最有利于统治阶级本身和公众的原则进行的自由选择，还是在相互冲突、相互制约的国家、多元社会集团、个人之间最后达成的一项"交易契约"？我国学者指出：我们过去潜意识里可能接受的是一种刑法选择观，尤其是把刑法与国家主义等同时，更是如此。不过，刑法是一种契约这种观点可能更为可取。② 这种对刑法契约性的认识，实际上就是透过刑法的以暴力

---

① 参见高铭暄：《略论我国刑法对罪刑法定原则的确立》，载《中国法学》，1995（5）。
② 参见周光权：《刑法诸问题的新表达》，19、20页，北京，中国法制出版社，1999。

为后盾的强制性，看到了刑法的宪政意义。基于刑法的契约性，立法者应当自觉地将刑法置于宪法的限制之下，并由此重新认识宪法和刑法的关系。我国学者从刑法渊源的角度考察了罪刑法定原则，指出：宪法是刑法的最根本的渊源，刑法来源于宪法，进而受宪法的限制。更进一步地讲，刑法是根据宪法制定的，不以宪法为根据的刑法规范，违反宪法的刑法规范，是不应该存在的，是无效的。[①]当然，现实情况并不尽如人意，由于宪法的高度抽象性，并且专门的刑法原则在宪法中并无规定，因而宪法难对刑事立法与刑事司法产生实际的限制作用。由此可见，在刑法领域，宪政仍然还只是一种期待。

任何一个国家的法律都是一个有机的整体，由此形成一定的法律体系。在这种法律体系中，宪法高居于上，对其他部门法具有制约性。在这个意义上说，刑法作为一个部门法并不是自足的，它同样受到宪法的约束。从宪政角度考察刑法与宪法的关系，以下三个问题值得研究：

（一）罪刑法定原则的入宪问题

罪刑法定原则是刑法基本原则，这是各国之通例。我认为，罪刑法定原则不仅是刑法基本原则，而且也应当是宪法原则，由此提出了罪刑法定原则的入宪问题。

我国刑法确立了三个基本原则，这就是罪刑法定原则、罪刑均衡原则和罪刑平等原则。在这三个原则中，只有罪刑平等原则是宪法原则的具体化。我国《宪法》第 5 条第 5 款规定："任何组织或者个人都不得有超越宪法和法律的特权。"第 33 条第 2 款规定："中华人民共和国公民在法律面前一律平等。"上述原则，我国宪法学界一般表述为法律面前人人平等原则。为贯彻这一原则，我国《刑法》第 4 条规定了罪刑平等原则，即刑法面前人人平等原则。对任何人犯罪，在适用法律上一律平等，不允许任何人有超越法律的特权。可以说，宪法规定的法律面前人人平等原则是法律适用的一般原则，因而也是各个部门法必须共同遵守的原则，罪刑平等原则只是法律面前人人平等原则的具体化。因此，这并不是刑

---

① 参见曲新久：《刑法的精神与范畴》，361 页，北京，中国政法大学出版社，2000。

法基本原则的入宪，恰恰相反，是宪法在刑法中的确认。

在刑法上述三个基本原则中，我认为罪刑法定原则是刑法最重要的原则，是法治社会刑法的内在生命。它的入宪，可以为刑法提供更加明确的宪政基础。从世界各国规定来看，关于罪刑法定原则的法律确认方式主要有以下三种情形：一是在宪法中明确规定罪刑法定原则，刑法不再另作规定，如日本。二是在刑法中明确规定罪刑法定原则，宪法不再另作规定，如德国。三是罪刑法定原则既规定在宪法中，又规定在刑法中，如法国、意大利。在宪法中规定罪刑法定原则，表明罪刑法定原则不仅具有刑法价值，而且具有宪法价值。正如法国学者指出：由于 1958 年宪法确认了 1789 年《人权宣言》中所包含的各项原则，刑事“法定原则”已经成为“具有宪法价值效力的规范”①。我认为，罪刑法定原则在宪法与刑法中的双重确认，并不是简单的重复，而是对罪刑法定原则重大价值的立法肯定。同时，宪法与刑法对罪刑法定原则的规定，在内容上也会有不同侧重。例如，意大利宪法第 25 条第 2 款规定：“如果不是根据行为实施前生效的法律，不得对任何人进行处罚。”该规定从形式上看，强调的是法律专属性原则和不得溯及既往原则。意大利刑法典第 2 条规定：“任何人不得因法律没有明确地规定为犯罪的行为而受罚，也不得受非法律规定的刑罚的处罚。”该规定的重点显然是强调有关犯罪与刑罚的法律规范的确定性（同时刑法典第 2 条重申了不得溯及既往的原则）；这本是宪法第 25 条第 2 款的应有之义，因此也与法律专属性原则和不得溯及既往原则具有同等的重要性。② 虽然我国刑法规定了罪刑法定原则，但这并不能否认罪刑法定原则入宪的必要性。我认为，罪刑法定原则入宪具有以下意义：

1. 谕示社会的意义

罪刑法定原则载入宪法，首先具有对社会的谕示意义。罪刑法定原则一经宪

---

① ［法］卡斯东·斯特法尼等：《法国刑法总论精义》（上），罗结珍译，115 页，北京，中国政法大学出版社，1998。

② 参见 ［意］杜里奥·帕多瓦尼：《意大利刑法学原理》，陈忠林译，15 页，北京，法律出版社，1998。

法确认，就成为宪法规范。在所有法律规范中，宪法规范是最高规范，具有至上性。我国宪法学者指出，宪法规范的最高性具有以下内容：第一，宪法规范是社会生活中具有最高价值的原则，它构成一切政治社会的基础。在各种政治势力的相互斗争中，最后达成的妥协或利益的一致性构成一定的规范。宪法规范所确定的宪法秩序的基础，标志着一个国家法制统一。第二，宪法规范的最高性体现在法律效力的最高性，即一切法律、行政法规等规范性文件不得同宪法规范相抵触，否则会失去效力。第三，宪法规范的最高性意味着宪法是调整社会生活的最高的依据，是政治行为是否合法、合理的判断标准，是民意的最高体现。第四，在有关法律的规范体系中，违宪审查制度、宪法诉讼制度等建立与运作的根据也源于宪法规范的最高性。[①] 正是这种宪法规范的最高性，决定了载入宪法的事项对于国家和个人来说极其重要。而罪刑法定原则作为确认国家和个人在刑事上的界限的根本规则，完全具备入宪资格。罪刑法定原则在宪法中的确认，必将借助宪法规范的最高性，谕示社会，使国家和个人共同遵循。

2. 限制司法的意义

罪刑法定原则具有对于司法权的限制机能，这是不言而喻的。在刑法中规定罪刑法定原则，使司法机关的定罪处刑活动限制在法有明文规定的范围之内，这当然是十分重要的。但是，仅此还不够，还需要从司法职权上对司法机关的定罪处刑活动作出限制。而宪法作为根本大法，涉及对国家机关包括司法机关的职权规定。例如，我国《宪法》第135条规定："人民法院、人民检察院和公安机关办理刑事案件，应当分工负责，互相配合，互相制约，以保证准确地执行法律。"这一规定赋予人民法院、人民检察院和公安机关以刑事司法权，具有一定的授权性。但这种刑事司法权应当受到罪刑法定原则的限制，即只能在法律范围内行使刑事司法权。如果罪刑法定原则未经宪法确认，势必会降低它对司法权的限制意义。

---

① 参见徐秀义、韩大元主编：《现代宪法学基本原理》，141页，北京，中国人民公安大学出版社，2001。

3. 限制立法的意义

在宪法中确认罪刑法定原则，更为重要的价值在于对立法权的限制。我认为，罪刑法定原则并不只是用刑法去限制司法机关定罪处罚的刑事司法活动，而且包含着对刑法规范的正当性的考察。申言之，不仅司法机关的刑事司法活动存在一个合宪性问题，而且立法机关的刑事立法活动同样存在一个合宪性问题。我国刑法规定，刑法是根据宪法制定的，表明刑事立法权是受宪法限制并以宪法为依据的。就作为刑事立法依据的宪法规范而言，主要表现在通过惩治犯罪，保护宪法确认的人身权、财产权以及其他各种权利，尤其保护国家和社会的权力。但在对公民个人自由与权利的保护上，宪法的根据是缺乏的，因而难以形成对刑事立法的有效限制。只有在宪法中确立了罪刑法定原则，立法机关不得制定事后法，不得剥夺公民的基本权利，不得制定极其残酷的刑罚，这些内容才有所本。我认为，罪刑法定原则如果不能体现对立法权的限制，它就是残缺不全的。而如果要发挥罪刑法定原则对立法权的限制，只有入宪才有可能。

（二）刑法领域的违宪审查问题

有宪不行，等于无宪。因此，行宪是关键。行宪意味着宪法的实施，由此提出了违宪审查的问题。违宪审查在美国称为司法审查，美国联邦最高法院的司法审查权来自马伯里诉麦迪逊案，马歇尔法官通过该案首创了美国司法审查制度。① 在欧洲大陆国家，同样存在这种违宪审查制度，违宪审查权通常由宪法法院行使。例如，意大利宪法法院就具有对法律，包括刑法的违宪审查权。在意大利涉及代理立法是否符合罪刑法定原则所要求的法律专属性原则的问题，得到宪法法院支持的通说认为，即使在刑法领域代理立法也是实际需要的反映，只要这种立法属于宪法（第76条）规定的范围，没有超出代理立法的权限，就理应接受宪法法院的合法监督。总而言之，只要符合议会明示的意志，法律性法规就可

---

① 参见张千帆：《西方宪政体系（上册·美国宪法）》，37页以下，北京，中国政法大学出版社，2000。

以合法地作为刑法的渊源，而不至于在实质上妨害法律专属性原则发挥作用。[①]
这种违宪审查制度可以确保宪法的实施，因而具有重大意义。在刑事领域进行的
违宪审查，可以使刑法规范与宪法规范保持一致，防止刑事立法权与刑事司法权
的滥用，从而有效地保障公民个人的权利。

我国不存在违宪的司法审查制度，但同样存在违宪审查制度，尽管这种违宪
审查制度尚不完善。我国学者指出，违宪审查制度的价值就在于通过宪法的最高
法律地位来体现法治原则，因此，各国对它的建立及运作特别重视。我国的违宪
审查制度也是以此为指导思想来建立的。[②] 我国宪法规定的违宪审查制度是对法
律、法规以及具有普遍约束力的决定和命令的合宪性审查。当然，我国没有专门
的违宪审查机构，违宪审查也无专门的运作程序，因此违宪现象还时有发生，在
刑法领域也是如此。

在我国刑法中，存在对刑法的违宪审查与对刑法司法解释的违宪审查问题。
根据我国宪法规定，我国人民代表大会有权制定刑法，我国人大常委会有权对刑
法进行修改补充，但修改补充的内容不得与刑法的基本精神相抵触。然而在我国
刑事立法中，就存在这种抵触。例如：根据 1979 年《刑法》第 9 条的规定，我
国刑法对溯及力问题采取的是从旧兼从轻原则，这是罪刑法定原则的体现。但
1982 年全国人大常委会《关于严惩严重破坏经济的罪犯的决定》和 1983 年全国
人大常委会《关于严惩严重危害社会治安的犯罪分子的决定》对此作了例外规
定，即采取从新原则，使新法具有溯及力，这明显地违反了罪刑法定原则。由于
缺乏违宪审查机制，使得这种违宪的法律得以实施，直到 1997 年刑法修订，才
使其自然失效。除上述刑法的违宪审查以外，刑法司法解释的违宪审查也是十分
必要的。由于我国刑事立法的粗疏与滞后，司法解释大量出台，对于我国的刑事
司法活动起到了重要作用。在某种意义上，其甚至可以说是一种司法法，成为司

---

① 参见［意］杜里奥·帕多瓦尼：《意大利刑法学原理》，陈忠林译，16 页，北京，法律出版社，1998.
② 参见朱福惠：《宪法至上——法治之本》，187 页，北京，法律出版社，2000.

法机关定罪处刑的重要法律根据。[①] 但在司法解释中，越权解释屡有发生，在很大程度上演变成为法的创制。最为明显的是在 1979 年刑法并未设立挪用公款罪的情况下，通过司法解释规定对挪用公款归个人使用，数额较大，超过 6 个月不还的；或者数额巨大的或者进行非法活动，数额较大的，以贪污罪论处。这一司法解释实际上创了新罪，从而违反罪刑法定原则。直至 1988 年全国人大常委会《关于惩治贪污罪贿赂罪的补充规定》正式设立挪用公款罪，上述司法解释才废止。应当说，上述情况的出现是不正常的，这说明我国刑法还不能纳入宪政的轨道。我国学者已经逐渐地认识到这个问题，指出：如何审查并保证全国人民代表大会制定的刑法——基本法律，不与宪法相抵触，以及如何确保全国人民代表大会常务委员会对刑法所进行的部分补充和修改，不与刑法的基本原则相抵触，既是一个理论问题也是一个实践问题，既是一个宪法问题也是一个刑法问题，既是一个法律问题也是一个政策问题，需要进行深入、细致的研究。[②] 由此可见，在刑法领域建立违宪审查制度是十分重要的，否则，刑法的宪政基础就会遇到破坏。

（三）刑法领域的宪法司法化问题

以往，我国宪法理论往往把宪法视为一种政治宣言，忽视其法的特征。现在，随着宪政思想的发展，我国学者越来越关注宪法的司法化问题。在论及宪法司法化时，我国学者指出：为什么在世界上有越来越多的国家能够将宪法司法化呢？最重要的原因是因为这些国家在宪法观念上已真正将宪法（constitutional law）作为一个法（law）来看待，从而将宪法作为裁判的准则由某一特定机构反复适用。在成文宪法国家，宪法首先是法，其次才是法律之上的法律；在不成文宪法国家，如英国，宪法更是法。宪法司法化是宪法之所以为法的要求，它是宪

---

① 参见陈兴良：《当代中国刑法新视界》，871 页以下，北京，中国政法大学出版社，1999。
② 参见曲新久：《刑法的精神与范畴》，364 页，北京，中国政法大学出版社，2000。

法得以直接实施的途径。① 宪法司法化命题的提出，对于我国宪政的发展具有极为重要的意义。这里涉及宪法与刑法、民法等部门法之间的关系，通常认为，宪法是一种间接适用模式，即通过刑法、民法等部门法而实施的。在这个意义上说，刑法、民法等部门法都是宪法的实施细则。尤其是刑法，是宪法的制裁力量，保证了宪法的有效性。这种理解，一般来说是正确的。例如，宪法只能原则地规定什么行为给予禁止，但它不能代替刑法规定具体的犯罪和刑罚，否则，宪法就混同于刑法。但宪法是否具有独立于部门法的适用价值呢？这也正是宪法司法化的根据。我认为，宪法具有独立适用性，这主要表现为：宪法规定的公民权利是通过部门法实现的，当部门法违反宪法精神，不是实现宪法权利而是剥夺或者限制宪法权利的时候，可以对这种法律提出宪法诉讼。此外，当宪法规定的公民权利没有通过部门法落实的时候，应当直接引用宪法规定作为落实这种权利的依据。② 宪法的司法化赋予了宪法可诉讼性，只有通过诉讼，宪法才能成为真正的法。

在我国刑法领域，目前还不存在宪法司法化问题。例如，我国司法解释明文规定，不能以宪法作为论罪科刑的依据，1955 年 7 月 30 日最高人民法院研字第11298 号《关于在刑事判决中不宜援引宪法作论罪科刑的依据的复函》（已失效）中指出：对刑事方面，宪法并不规定如何论罪科刑的问题。据此，在刑事判决中，宪法不宜引为论罪科刑的依据。最高人民法院法研复（1986）31 号《关于人民法院制作法律文书应如何引用法律规范性文件的批复》（已失效）同样将宪

---

① 参见王磊：《宪法的司法化》，148 页，北京，中国政法大学出版社，2000。我国学者还对宪法司法化与违宪审查的关系作了论述，指出：违宪审查制度有三种模式，即美国普通法院模式、法国宪法委员会制和奥地利宪法法院制，其各自的内容和范围不尽一致。违宪审查制度是宪法司法化的具体体现，宪法司法化是各国司法审查制度的共同点和提炼。违宪审查可以有事先审查和事后审查，而宪法司法化却只是事后审查，它适用不告不理原则，将宪法视为如同刑法、民法等法的适用一样，也由特定机关针对个别案件反复适用。参见上书，148 页。

② 我国学者指出：宪法存在两种意义上的司法适用性：（1）将宪法规范作为判断当事人之间权利义务纠纷的直接法规范依据；（2）将宪法作为判断当事人之间权利义务纠纷的直接法规范依据的依据。参见徐秀义、韩大元主编：《现代宪法学基本原理》，325 页，北京，中国人民公安大学出版社，2001。

法排除在可以引用的法律规范性文件的范围之外。由此可见，在我国司法实践中，宪法虽然是国家根本大法，具有最高的法律效力，但是它不能成为司法机关进行检察和审判的依据，尤其不能作为定罪量刑的依据。在刑法当中，宪法规范确实不能直接援引为定罪量刑的依据，宪法规范只能通过刑法的适用而得以实施。因此，不能认为宪法的司法化就是将宪法规范作为定罪量刑的依据。当然，当发现某一刑法规定或者司法解释违宪时，能否提起宪法诉讼，是可以考虑的，这也是保证刑法的合宪性的救济途径。随着刑事法治的发展，对于刑法违宪的救济将会促进宪法司法化。

三、刑事程序的宪政基础

刑事程序直接关系到司法公正，因而在刑事程序中如何有效地保障被告人的正当权益，关系到一个国家的法治文明程度。笔者拟从宪政的角度对刑事程序的价值进行研究，以期推进我国的刑事法治。

在论及程序法的时候，德国著名法学家拉德布鲁赫曾经指出：如果将法律理解为社会生活的形式，那么作为"形式的法律"的程序法，则是这种形式的形式，它如同桅杆顶尖，对船身最轻微的运动也会作出强烈的摆动。在程序法的发展过程中，以极其清晰的对比反衬出社会生活的逐渐变化，其次序令人联想到黑格尔精神发展过程的正反合三段论。刑事程序的历史，清楚地反映出国家观念从封建国家经过专制国家，直到宪政国家的发展转变过程。[①] 拉德布鲁赫的这段话，充分阐明了刑事程序的意义，尤其是把刑事程序的演变与国家性质的演变相关联，将刑事程序上升到了宪政的高度。

刑事程序是为处理犯罪而设置的，因而对于犯罪的不同理解导致刑事程序性质上的重大差别。犯罪概念本身经历了一个漫长的演变过程，刑事程序与此相应

---

① 参见［德］拉德布鲁赫：《法学导论》，米健、朱林译，120 页，北京，中国大百科全书出版社，1997。

地经过了复杂的演变。在古罗马，最初的犯罪是指危害国家安全的行为。英国学者梅因指出，在古罗马共和国的幼年时代，对于严重妨害国家安全或国家利害的每一种罪行，都由立法机关制定一个单独法令来加以处罚。这就是对于一个犯罪（crimen）的最古老概念——犯罪是一种涉及重要结果的行为，对于这种行为，国家不交给民事法院或宗教法院审判，而专对犯罪者制定一个特别法律（privilegium）加以处理。因此，每一个起诉都用一种痛苦和刑罚状（a bill of pains and penalties）的形式，而审判一个犯人（criminal）所用的一种诉讼程序是完全非常的、完全非正规的、完全脱离既定的规则和固定条件而独立的。① 这里所谓独立于既定的规则和固定条件的诉讼程序，就是指不同于民事诉讼程序的刑事诉讼程序，这是最初始意义上的刑事程序。当然，这种诉讼程序是非常的，并且是以特别法律的形式因案而设的，表明这种诉讼程序尚未程式化，而具有了个案处置的特征。

在古罗马社会，犯罪概念是逐渐演变的，当时除危害国家安全的犯罪以外，其他大部分我们今天法律上规定为犯罪的行为都被视为对公民个人利益的侵害，是一种不法行为，因而犯罪行为与民事侵权行为之间并不存在严格的界限。正如英国学者梅因指出：根据《十二铜表法》对刑事法律学所作的讨论，可以看到，在罗马法所承认的民事不法行为的开头有窃盗罪（fartum）。我们习惯上认为专属于犯罪的罪行被完全认为是不法行为，并且不仅是窃盗，甚至凌辱和强盗，也被法学专家与扰害、文学诽谤及口头诽谤联系在一起。所有这一切都产生了"债"或是法锁，并都可以用金钱支付以为补偿。② 在这种情况下，犯罪行为与侵权行为没有分别，刑事责任与民事责任没有分离，因而刑事程序与民事程序也没有分立。当时的诉讼，无论是刑事诉讼还是民事诉讼，都由被害人或其代理人作原告向法院直接提出控诉。只有当原告起诉后，法院才受理并进行审判。没有

---

① 参见［英］梅因：《古代法》，沈景一译，210 页，北京，商务印书馆，1959。
② 参见［英］梅因：《古代法》，沈景一译，208 页，北京，商务印书馆，1959。

原告，法院不主动追究，即古罗马法谚所表述的："没有原告，就没有法官。"这种诉讼形式，就是弹劾主义诉讼。我国学者指出，弹劾主义诉讼是一种早期的带有原始性的诉讼形式。这种诉讼的出发点是把犯罪人对被害人的侵犯，看成像民事诉讼那样的双方当事人之间的纠纷和讼争。因此，刑事诉讼程序和民事诉讼程序一样，法院平等地对待双方当事人，并把起诉和审判建立在双方当事人的积极性的基础上。这种诉讼还保留有氏族公社原始民主平等的痕迹，因为氏族公社成员之间的纠纷，是通过双方在氏族大会面前平等争诉来解决的。[①] 这种弹劾主义诉讼，是在刑事诉讼和民事诉讼合一情况下的诉讼形式，学说上往往将其视为刑事诉讼的最初形式，其实此时严格意义上的刑事诉讼尚未出现。更何况，当时还明显地保留着原始社会复仇习俗的残余，法律允许在许多情况下对侵犯私人利益的违法行为进行复仇。

专门的刑事程序几乎是和犯罪同时在法律上出现的。梅因描述了古罗马社会把"不法行为"改变为"犯罪"的过程，指出：在一个不能确定的时期，当法律开始注意到一种在"法学汇纂"中称为非常犯罪（criminal extraordinaia）的新的罪行时，它们才成为刑事上可以处罚的罪行。无疑的，有一类行为，罗马法学理论是单纯地把它们看作不法行为的；但是随着社会尊严的日益提高，人们反对对这些行为的犯罪者在给付金钱赔偿损失以外不加其他较重的处罚，因此，当被害人愿意时，允许把它们作为非常（extraordinem）犯罪而起诉，即通过一种在某些方面和普通程序不同的救济方式而起诉。[②] 由此可见，当犯罪从不法行为中分离出来以后，就对其设置了专门的诉讼程序，这就是刑事程序的产生。在某种意义上可以说，犯罪概念在法律上的确认恰恰是以专门的刑事诉讼程序的出现为标志的。

犯罪概念的确立就是从私犯向公犯的转变过程，是犯罪的私法性质得以祛

---

① 参见陈光中主编：《外国刑事诉讼程序比较研究》，7 页，北京，法律出版社，1988。

② 参见［英］梅因：《古代法》，沈景一译，222 页，北京，商务印书馆，1959。

除、公法性质得以确认的过程。当犯罪不再是被看作是公民个人之间的纠纷、是单纯地对公民个人的侵害，而是公民个人与国家之间的纠纷、是对国家和社会的侵害的时候，犯罪的观念才算真正成熟。正是这种对犯罪的公法性的认识，导致纠问式刑事程序的产生。正如拉德布鲁赫指出：在今天看来，纠问程序的功绩在于使人们认识到追究犯罪非受害人的私事，而是国家的职责。[1] 纠问程序是以国王权力逐渐加强为前提的，普遍通行于中世纪欧洲的君主专制时代。纠问程序具有以下特征：首先，没有被害人或其他人的控告，法院也可主动追究犯罪。具体说，就是没有侦查和起诉机关，审判机关将控诉职能与审判职能集于一身，不待被害人或其他人控告，即可主动进行侦查和传讯；如通过侦查和审讯，认为被告有罪，即可直接判处刑罚。其次，被告人在诉讼中，不是诉讼主体，而是诉讼客体，没有诉讼权利，只是被拷问的对象，唯有法院才是诉讼主体。再次，采取法定证据制度。由于在纠问程序中被告人的口供是证据之王，而同时又奉行有罪推定原则，因此在被告人不供认有罪时，法官便对其进行刑讯逼供，极力获得据以定案的口供。[2] 在这种纠问程序中，法官由裁判者变为追究者，被告人只是消极的被追究者，被害人不再享有提起诉讼的权力，法院也不再实行"不告不理"的原则。显然，这是违背诉讼公正原则的。对此，拉德布鲁赫指出：纠问程序的严重错误在于将追究犯罪的任务交给法官，从而使法官与当事人合为一体。如果说此前的控告程序依循的是"没有原告，就没有法官"，此时根据纠问程序的本质，则允许在没有控告的情况下，由法官"依职权"干预。如果说过去的控告程序是在原告、被告和法官三个主体之间进行，则在纠问程序中就只有法官和被控人两方。被控人面对具备法官绝对权力的追诉人，束手无策。[3] 因此，纠问式程序必

---

① 参见〔德〕拉德布鲁赫：《法学导论》，米健、朱林译，121页，北京，中国大百科全书出版社，1997。

② 参见李心鉴：《刑事诉讼构造论》，84～85页，北京，中国政法大学出版社，1992。关于纠问式诉讼的特点，还可参见陈光中主编：《外国刑事诉讼程序比较研究》，7～8页，北京，法律出版社，1988。

③ 参见〔德〕拉德布鲁赫：《法学导论》，米健、朱林译，121页，北京，中国大百科全书出版社，1997。

然确立了国家在犯罪追究中的绝对地位，有利于提高刑事诉讼效率，有效地惩治犯罪。但这种纠问式程序导致司法专横，被告人的诉讼权利得不到应有的保障，成为封建专制的工具。

刑事程序的演变，促使现代刑事程序的建立。现代刑事程序是以人权保障为使命的，体现了人道主义精神。拉德布鲁赫在论述大陆法系职权主义刑事程序的产生时指出：在刑事程序发展过程中，曾有两个因素起着作用：针对犯罪分子而增强的保护国家的要求，促使中世纪刑事程序向纠问程序转变；针对国家而增强的保护无辜人的要求，促使纠问程序大约从 1848 年开始向现代刑事程序转变。中世纪的刑事程序建立在受害人自诉的基础上，纠问程序以由法官体现的国家追究犯罪为基础。现代的刑事程序吸收了纠问程序中国家对犯罪追诉的原则（职权原则），同时又保留了中世纪的无告诉即无法官原则（自诉原则），并将这两者相联结，产生了公诉人的职位：检察官。[①] 在此，拉德布鲁赫指出了现代刑事程序与纠问式程序在产生动因上的重大区别：前者是基于对无辜者的保护，后者是基于对国家的保护。当然，在法院判决确定以前，无辜者是不确定的，因而这种对无辜者的保护实际体现为对被告人的保护。即使是犯罪人，其正当的诉讼权利也应受到法律的保护。而控审分立，直接导致纠问程序的瓦解，确立了现代刑事程序。

在刑事程序的演进史中，可以清楚地看到国家与个人的关系的变化，也就是国家权力与个人权利互相之间的消长。法国学者在对刑事诉讼程序的演变与刑法的演变进行比较后指出：刑事诉讼程序的演变要比刑法本身的演变更加复杂，因为刑事诉讼程序规则更紧密地触及一个国家的政治组织。制度上的改变，尤其是文明发生重大变动，对刑事裁判形式所产生的影响，要比对具体规定哪些行为是

---

① 参见［德］拉德布鲁赫：《法学导论》，米健、朱林译，122～123 页，北京，中国大百科全书出版社，1997。

危害社会利益的行为以及如何惩罚这些行为的影响，更加迅速、更加深刻。① 由此可见，刑事程序的变化更能反映出一个社会法治文明的进步。在古代社会弹劾程序中，原告与被告的地位是平等的，国家是居中裁判者，实行"不告不理"原则。在这种弹劾程序中，证明犯罪的控告任务由被害人承担，由于个人能力的局限性，致使许多犯罪得不到证明。而犯罪不仅是对个人的侵害，而且也是对社会的侵害，基于这种对社会利益的保护，为有效惩治犯罪，出现了纠问程序。在这种纠问程序中，国家行使追究犯罪的绝对权力，而被告人则成为消极的被追究者。为使犯罪得以追究，刑讯变得合法化，并由此获取口供证实犯罪。这种纠问程序虽然有利于惩治犯罪，但却容易刑及无辜，尤其是法官掌握着惩治犯罪的绝对权力，一旦滥用，会对公民造成严重侵害。正是基于对无辜者和被告人的保护，实际上也就是对公民个人的人权保障，纠问程序又演化为现代刑事程序。在现代刑事程序中，恢复了早期的弹劾程序的特征，如控审分立、不告不理、被告人与公诉人的地位平等。但它又不是古代社会弹劾程序的简单复原，而是吸取了弹劾程序的某些特征形成现代刑事程序。在某种意义上可以说，现代刑事程序是对古代弹劾程序的否定之否定，这也就是拉德布鲁赫所说刑事程序的演变次序似乎符合黑格尔的正反合三段论。透过刑事程序形式上的变动，我们看到的是社会生活的变化和国家制度的变化。在现代宪政国家，被告人的刑事诉讼权利上升为宪法权利，刑事程序成为限制刑事司法权的法律规则，这是一种根本性的变化。

现代刑事程序基于人权保障的理念，赋予被告人广泛的诉讼权利，从而纳入了正当程序的轨迹。正当程序成为法治的核心概念，刑事诉讼权利也上升为宪法权利。

刑事程序由于其对于被告人的权利保障具有重要意义，因而往往在宪法中予以确认。宪法具有确认公民权利之功能，在宪法所确认的公民权利中，相当一部

---

① 参见 ［法］卡斯东·斯特法尼等：《法国刑事诉讼法精义》（上），罗结珍译，66 页，北京，中国政法大学出版社，1998。

分是刑事被告人的权利。我国学者指出，如果仔细研究宪法，就会发现一个有趣的现象，即各国宪法中规定了大量的与刑事诉讼有关的条款，而其中大部分条款又是有关刑事诉讼中的人权保护问题的。美国宪法修正案，即《权利法案》（the Bill of Right）中规定的公民的 23 项基本权利中，有 12 项权利与刑事诉讼密切相关。德国宪法在保障公民在刑事诉讼中的人权方面具有指导和矫正双重功能，构成了公民权利抵御国家权力的天然屏障。德国宪法第 1 条至第 19 条，第 101 条（1）、第 102 条、第 103 条都是有关这方面的规定。在德国，由于刑事诉讼不管在理论上还是在实践中都必须遵守宪法的这些规定，因此有人称刑事诉讼法为"宪法适用法"[1]（applied constitutional law）。被告人的权利之所以受到宪法的格外关注，主要是为了防止国家滥用司法权侵犯公民的个人权利。在这个意义上说：宪法保障被告人的权利，就是保障每一个公民的权利，两者具有性质上的同一性。因此，在各个部门法中，宪法与刑事诉讼法的关系是甚为密切的，刑事诉讼法的适用过程其实也就是宪法的适用过程。日本学者在论及宪法与刑事诉讼法的关系时指出：刑事诉讼法必须根据最高法规的宪法规范解释、运用。这是刑事诉讼法被称为"应用宪法"的原因。在这个意义上说，宪法与刑事诉讼法同为一体。刑事诉讼法重视宪法所要求的人权保障，所以也称刑事诉讼法是"宪法性质的刑事诉讼法"。这个说法具有的含义是：在解释刑事诉讼法时，其大前提是宪法规范。因为宪法与刑事诉讼法同为一体，可以认为这种说法理所当然。它表示这样一种价值判断，即在保障人权与必罚主义相互冲突时，宪法要求的保障人权应该优先。[2] 正是这种人权保障优先的观念，使得现代刑事程序获得了宪治的意蕴。

应当指出，通过刑事程序保障人权，由于刑事程序的构造不同，其方式也是各有差别的。从刑事程序的构造上来说，一般认为可以分成职权主义、当事人主

---

[1]　汪建成：《论犯罪控制和人权保护》，载陈兴良主编：《刑事法评论》，第 6 卷，208～209 页，北京，中国政法大学出版社，2000。

[2]　参见［日］田口守一：《刑事诉讼法》，刘迪等译，3 页，北京，法律出版社，2000。

义与混合主义。职权主义是大陆法系国家的刑事程序的构造模式，它注重发挥侦查机关、检察机关、法院在刑事诉讼中的职权作用，特别是法官在审判中的主动作用，而不强调当事人在诉讼中的积极性。当事人主义是英美法系国家的刑事程序的构造模式，它强调双方当事人在诉讼中的主体地位，使他们在诉讼中积极主动、互相对抗争辩，而审判机关在形式上只起着居中公断的作用。混合主义则主要是指职权主义与当事人主义结合起来的日本刑事诉讼构造。以上各种诉讼构造尽管在形式上存在差别，但人权保障却是共同的使命。我国学者将强调限制国家权力以维护个人权利的英美法系刑事诉讼中的人权称为"对抗式人权"范型；将加强国家的权力以保证个人在法律面前的平等权利的大陆法系刑事诉讼中的人权称为"协和式人权"范型。① 对抗式人权范型是建立在对政府的防范基础之上的，将政府视为对人权的最大威胁者，基于对国家刑事追诉权扩张和膨胀的担心而赋予被告人以充分的诉讼权，以抵制国家司法权。正是在这种紧张的对立关系中，被告人的人权得以保障。而协和式人权范型是建立在对政府的一定程度的信任的基础之上的，基于对犯罪的担心，社会赋予政府更大的权力以有效地惩治犯罪，通过积极行使国家职权，实现个人权利，包括刑事被告人权利。这两种刑事诉讼的构造范型相比较而言，当事人主义更注意人权保障，并且通过正当程序实现人权保障；而职权主义更注重控制犯罪，通过实体真实实现人权保障。至于日本的混合主义，是以当事人主义为主而以职权主义为辅。当然，当事人主义与职权主义的区分也不是绝对的，两者有互相接近、互相渗透的趋势。尤其是在人权保障呼声日益高涨的今天，职权主义积极吸收当事人主义的因素，逐渐淡化国家职权的作用。可以说，刑事诉讼的人权保障正在受到高度重视，因而上升为宪法的权利。

刑事诉讼中被告人的诉讼权利，其主体是不言自明的，只有受到司法机关刑

---

① 参见周长军：《人权向度上的刑事诉讼》，载陈兴良主编：《刑事法评论》，第 6 卷，227 页，北京，中国政法大学出版社，2000。

事追诉的人才享有这种权利。由于这些诉讼权利的基本性与重要性，可以称为刑事诉讼中的人权。目前我国刑事诉讼学界越来越普遍地将刑事诉讼中被告人的诉讼权利称为刑事诉讼中的人权，认为刑事诉讼中的人权是程序权（procedural rights）而不是实体权（substantial rights）；是基本权（fundamental rights）而不是通常权（ordinary rights）。① 这里的程序权是相对于实体权而言的，还不能以此作为刑事诉讼中诉讼权利是人权的论证根据。而基本权是不可剥夺、不可转让的权利，这正是人权的基本特征。正如美国学者指出：在美国人的理论中，美国人的权利是先于宪法而存在并高居于政府之上的，这显然给予人权以至高的地位与意义。权利不是官方赐予，也不是官方慈善的产物。它们不仅是对政府的限制，还是个人的基本权利。未经人民的同意，权利不得被剥夺或中止，某些权利甚至是"不可转让的"，因此即使人们希望放弃这些权利，他们也不可以这样做。② 刑事诉讼中被告人具有的诉讼权利，具有这种基本权的性质，因而属于人权。这种权利是被告人所应当享有的，国家法律只是对此加以确认而已。而被告人所享有的这种权利的范围与程度，恰恰反映出一个国家的刑事法治的水平。刑事诉讼中的人权主要是由各国的国内法，包括宪法与刑事诉讼法所规定的，然而，随着国际人权运动的兴起与国际人权法的发展，刑事诉讼中的人权在有关国际人权法中得以确认，由此超越国内法，成为国际法上所规定的人权。当然，国际人权法中规定的刑事诉讼权利并不能成为某国公民享有这种权利的法律依据。但它所确认的这种权利对于各国的刑事诉讼立法具有指导意义与约束作用，是刑事诉讼人权的最低标准。根据我国学者的归纳，从各国宪法、刑事诉讼法以及《世界人权宣言》（1948 年）和《联合国人权公约》（1966 年）等联合国有关文件来看，刑事诉讼中人权的基本内容包括：（1）任何人在未经判罪前均应假定其无罪。（2）不被强迫作不利于他自己的证言或强迫承认犯罪。（3）除非依照法律所

---

① 参见汪建成：《论犯罪控制和人权保护》，载陈兴良主编：《刑事法评论》，第 6 卷，213 页，北京，中国政法大学出版社，2000。

② 参见［美］L. 亨金：《权利的时代》，信春鹰等译，189 页，北京，知识出版社，1997。

确定的根据和程序，任何人不得被任意控告、逮捕或拘禁，其身体、住所、文件与财产不受无理搜查、扣押。等候审判的人受监禁不应作为一般原则，但可以规定释放时其应保证在司法程序的任何其他阶段出席审判。任何因逮捕或拘禁被剥夺自由的人，有资格向法庭提起诉讼。（4）接收关于告发事件的性质与理由的通知的权利。（5）任何人受到刑事控告后，均有受到独立与公正的陪审团或法令以迅速的公开审判的权利。（6）自行辩护及随时获得律师帮助的权利。（7）准予与对方证人对质的权利。讯问或业已讯问对他不利的证人，应使对他有利的证人与对他不利的证人在相同的条件下出庭和受讯问。（8）任何人依同一法律及刑事程序被最后定罪或宣告无罪者，不得就同一罪名再予审判或惩罚。（9）经判定犯罪者，有权申请上级法院依法复判其有罪判决及所科处的刑罚。（10）任何人受非法逮捕或拘禁者，有权要求执行损害赔偿。被错误定罪而受到刑罚的人，除经证明有关证据之未能及时披露，应由其本人全部或局部负责者外，享有依法得到赔偿的权利。（11）自由被剥夺之人，应受合于人道及尊重其天赋人格尊严之处遇。① 上述刑事诉讼中的人权涉及整个刑事程序，保障这些权利的实现，就成为刑事程序设置的价值追求之所在。

在上述诉讼权利中，最能体现对被告人人权保障的宪政意义的是以下几项权利：

（一）无罪推定

无罪推定是法治社会刑事诉讼法的基本原则，对于被告人来说，是指在未经审判前应被假定为无罪的权利。无罪推定是对刑事被告人的人权加以法律保障的逻辑前提。无罪推定思想的最初倡导者是贝卡里亚。贝卡里亚指出：在法官判决之前，一个人是不能被称为罪犯的。只要还不能断定他已经侵犯了给予他公共保护的契约，社会就不能取消对他的公共保护。② 当然贝卡里亚是在反对刑讯这一

---

① 参见宋英辉：《刑事诉讼目的论》，105 页，北京，中国人民公安大学出版社，1995。

② 参见［意］贝卡里亚：《论犯罪与刑罚》，黄风译，31 页，北京，中国大百科全书出版社，1993。

特定语境中发表上述观点的，因为在未经审判确认其有罪之前，对被告人加以刑讯折磨，显然是把被告人当作罪犯来对待了，这是不合理的。但上述观点一经发表，就被引申为刑事诉讼的基本原则，使被告人在刑事诉讼中的地位获得了重新确认，从而以司法的逻辑取代了力量的逻辑。[①]　这里所谓力量的逻辑，是指在有罪推定的情况下，被告人处于受折磨的地位，他与国家的关系在法律上是不平等的，是被国家力量支配的。这里所谓司法的逻辑，是指在平等的条件下构造诉讼关系，在这种诉讼构造中，国家与被告人在诉讼地位上处于平等的关系。如儒攀基奇指出：在刑事诉讼程序中，国家本身成为原告方。国家，这一社会上所有力量的化身，突然之间必须屈尊作为与国家刑事责难的对象处于平等地位的诉讼主体参与诉讼；最强大的权力主体与最弱小的刑事被告（在法律面前）平起平坐。[②]　以司法的逻辑取代力量的逻辑，是现代刑事诉讼的起点。也只有从这个意义上，才能正确地理解无罪推定对于被告人人权保障的重大价值。因此，无罪推定原则普遍地被确认为是一项宪法原则。例如，1789 年法国《人权宣言》第 9条规定："任何人在未经判罪前均应假定无罪，即使认为必须予以逮捕，但为扣留其人身所不需要的各种残酷行为都应受到法律的严厉制裁。"此后，各国宪法中均有类似规定。例如，意大利 1947 年《宪法》第 27 条规定："被告人在最终定罪之前，不得被认为有罪。"无罪推定原则还被联合国法律文件所确认。1948年联合国《世界人权宣言》第 11 条第 1 项规定："凡受刑事控告者，在未经依法公开审判证实有罪前，应视为无罪，审判时并须予以答辩上所需之一切保障。"1976 年生效的联合国《公民权利和政治权利国际公约》第 14 条第 2 项规定："受刑事控告之人，未经依法确定有罪以前，应假定其无罪。"凡此种种，都表明无罪推定之于刑事诉讼的人权保障的重要性。可以说，正是无罪推定原则使被告

---

①　参见［斯洛文尼亚］卜思天·M·儒攀基奇：《刑法——刑罚理念批判》，丁后盾等译，243 页，北京，中国政法大学出版社，2002。

②　参见［斯洛文尼亚］卜思天·M·儒攀基奇：《刑法——刑罚理念批判》，丁后盾等译，243 页，北京，中国政法大学出版社，2002。

人从封建专制刑事司法中主要作为纠问客体的地位变为享有辩护权的诉讼主体，从而为被告人享有广泛的诉讼权利提供了有力的依据。①

（二）不得自证其罪

基于无罪推定的原则，犯罪的举证责任在控告方，被告人没有自证其罪的义务。不得自证其罪，也称为反对自我归罪的特权（privilege against self incrimination），它是美国联邦宪法第 5 修正案的内容。不得自证其罪似乎是在刑事诉讼中对于犯罪的证明责任的一种确认，但对于被告人自证其罪义务的免除，意味着赋予被告人一种沉默权。因此，沉默权是从不得自证其罪原则中自然地引申出来的。② 沉默权使被告人享有一种消极防御的权利，从而平衡了国家权力与个人权利。在纠问式的刑事诉讼中，国家为了发现犯罪真相可以采取一切手段，被告人处于被刑讯纠问的地位，当然是不享有诉讼权利的。而为了保障被告人的人权，就必须限制国家的侦查权、起诉权和审判权，强化被告人的诉讼地位。沉默权就是赋予被告人对抗国家权力的一种权利，对于被告人是至关重要的。因此，各国刑事诉讼法都对沉默权作了规定。例如，德国《刑事诉讼法》第 136 条第 1 款规定，嫌疑人（不论是否受到拘留或逮捕）和被告人在整个诉讼过程中都享有"不受限制的沉默权"。日本《刑事诉讼法》第 311 条第 1 项也规定，被告人可以始终沉默或对于每个质问拒绝供述。有些国家甚至将沉默权作为宪法权利加以确认，如加拿大 1982 年《宪法》第 7 条就被认为包含沉默权的内容。加拿大《宪法》第 7 条规定：每个人都拥有生命、自由和安全的个人权利，除非根据基本公

---

① 参见宋英辉：《刑事诉讼目的论》，108 页，北京，中国人民公安大学出版社，1995。

② 关于反对自我归罪的特权与沉默权的关系，我国学者孙长勇认为既有密切联系，又有一定的区别。联系在于：沉默权与反对自我归罪的特权是基于相同的根据而产生的，而且经历了同一历史发展过程，反对自我归罪的特权必然要求在个人成为政府追究的犯罪嫌疑人和被告人时有权保持沉默。广义上的沉默权与反对自我归罪的特权在外延上是基本重合的。二者的区别在于：沉默权是以否定一切陈述义务为前提的，它意味着知情人、犯罪嫌疑人和被告人可以拒绝回答一切提问，也可以决定不为自己作证或辩解，而且无须说明理由；而反对自我归罪的特权则是以有评述或作证义务为前提的，只有对于可能使自己受到刑事追究的问题才能拒绝回答，因而必须针对具体问题分别主张权利，并且要附具理由予以释明，参见孙长勇：《侦查程序与人权——比较法考察》，280 页，北京，中国方正出版社，2000。

正的原则，否则该权利不允许被剥夺。加拿大学者指出：第 7 条促使了沉默权的产生，当警察试图通过用计策来诱使被告说出本不想告诉他们的话时，被告有权保持沉默，并且根据该权利，还禁止运用秘密记录疑犯与第三人的对话的调查手段。① 沉默权不仅在国内法中得以确认，而且也被载入国际人权法，成为最低限度的国际刑事司法准则之一。例如，1986 年联合国《公民权利和政治权利国际公约》第 14 条第 3 款规定：在就对于其提出的任何刑事指控作出决定时，每个人都平等地享有"不得被强制自证其罪或者供认罪行"的最低限度的保障，即在整个诉讼过程中享有沉默权。此外，1985 年联合国《少年司法最低限度标准规则》重申：根据法的正当过程，保持沉默的权利是"公正合理的审判"所应包括的基本保障之一。

（三）正当程序

刑事诉讼活动的结果涉及对公民的生杀予夺，必须受到严格的程序限制。为此，刑事诉讼法设置了正当程序保障被告人的权利。这种正当程序是对司法机关刑事追诉活动的一种法律限制，同时也就意味着赋予被告人某种权利，使他能够根据正当程序接受法律的审判。关于正当程序的观点，一般认为源自美国宪法。美国宪法第 5 修正案规定：不得不经由法律正当程序（due process of law），即被剥夺生命、自由与财产。第 14 修正案规定：各州不得不经由法律正当程序，即剥夺任何人的生命、自由或财产。这些规定创设了法律正当程序的思想，体现了对被告人人权的宪法保护。此后，这种正当程序的规定被各国宪法吸收，成为宪法不可或缺的内容之一。例如，加拿大《宪法》第 8 条就有关于刑事程序的内容，规定：任何被控诉的人有权：（1）被毫不迟疑地告知其特定的罪行。（2）在合理的时间内受审。（3）非强迫性地作为诉讼程序中的证人来对抗与该罪有关的人。（4）在未被根据公正的法律和一个公正独立的公开听证证实有罪之前，就被

---

① 参见［加］阿老·W. 麦威特：《宪法保障》，载江礼华、杨诚主编：《外国刑事诉讼制度探微》，302 页，北京，法律出版社，2000。

推定为无罪。（5）没有正当理由，不能拒绝合理的解释。（6）除非根据军事法进行的军事审判案件，由陪审团审理的案件最高刑为 5 年或 5 年以上有期徒刑。（7）某一项作为或不作为不被认定有罪，除非在作为或不作为之时，根据加拿大法或国际法或根据公认的一般法律原则构成犯罪。（8）如果最终被宣判无罪，就不能再次进行审判；如果最终被宣判有罪并受到惩罚，就不应再次受到审判或惩罚。（9）如果被判有罪并且对该罪的处罚在发生和宣判时有所不同，那么采取从轻的处罚。上述规定赋予了被告人在刑事诉讼过程中广泛的权利，从而形成对被告人人权保障的正当程序。生命、自由与财产均是公民的基本人权，是受宪法保护的，非经正当法律程序不得剥夺公民的生命、自由与财产的权利。正是在这个意义上，对于被告人的诉讼权利的保障具有了直接的宪政意义。

（四）辩护权

被告人有权获得辩护，这种辩护既可以是自我辩护，也可以是他人为自己辩护。因此，辩护权是宪法赋予被告人的诉讼权利之一。辩护权是被告人的基本权利，也是保证不被错误定罪的一项积极权利。从刑事诉讼的历史演变来看，被告人的辩护权有一个逐渐扩大的过程，以至于刑事诉讼的历史被认为就是扩大辩护权的历史，此言不谬。在刑事诉讼理论上，一般把被告人的自我辩护称为辩解，而将被告人委托辩护人的辩护，即律师辩护，称为辩护。因此，辩护在一般情况下都是指他人为自己辩护。在这个意义上，被告人委托辩护人，从辩护人处获得有效辩护的权利称为辩护权。[①] 辩护权是被告人的一项宪法权利，并且在刑事诉讼法中得到广泛的确认。

刑事诉讼中的人权，之所以成为宪法性权利，我认为主要是由被告人的特殊地位所决定的。宪法的功能在于确认公民权利并限制国家权力，划清权利与权力的界限。宪法确认的公民权利，大多指普通公民所应当享有的权利，包括政治权利、经济权利和社会权利等。这些权利对于公民来说是十分重要的，它也体现公

---

① 参见［日］田口守一：《刑事诉讼法》，刘迪等译，90 页，北京，法律出版社，2000。

民在一个国家中的社会地位。但是，宪法权确认与保障这些普通公民的权利是远远不够的，还应确认与保障刑事被告人（这些被国家追诉机关或者个人指控实施了犯罪并处在诉讼程序中的当事人）的权利。由于刑事被告人处于被追究的这样一种不利的法律地位，对他们的诉讼权利的确认与保障，使他们受到公正的司法审判，显得尤为重要。因为这些被告人是被指控为罪犯的公民，国家与被告人的关系是国家与个人关系的一个缩影。我认为，每一个公民都是一个潜在的被告人。这并不是在每一个公民都有可能实施犯罪这个意义上说的，而是指每一个公民都有可能受到国家追诉机关的指控。在这个意义上说，保障刑事被告人的权利，实际上是在保障每一个公民的权利。李斯特曾经说，刑法不仅是善良公民的大宪章，而且应当是犯罪人的大宪章。就此引申，刑事诉讼法更应当是被告人的大宪章。那么，宪法呢？毫无疑问，宪法是犯罪人大宪章的大宪章。由此可见，只有从宪法意义上确认并保障刑事被告人的诉讼权利，才能使这些权利更为有效地得以实现。

我国是一个具有封建专制传统的国家，在传统刑事诉讼活动中，被告人根本没有任何权利可言，只是刑讯的客体。司法官通过对被告人的合法刑讯获取口供，以此作为定罪的根据。这种刑事诉讼活动的特征，我国学者称为司法官员活动的纠问化，并指出：传统社会的一个基本特点在于国家权力极其强大而且缺乏外在监督，这体现到司法活动中，就必然导致司法的独断专横，使司法权力无限扩张且缺乏有力的监督。刑事诉讼事实上表现为司法机关与被告人之间的行政垂直关系。司法官员在诉讼中处于主导地位，具有极大的自由裁量权。他自始至终控制着诉讼活动，决定着对案件情况的曲直判断及证据的取舍等，完全处于单方面的司法进攻的地位。[1] 在这种情况下，被告人处于消极的被动地位，是刑事诉讼的客体。司法官员与被告人之间是一种隶属关系，或者说是主体与客体之间的关系。可以说，在中国封建专制社会，司法官员与被告人之间的这种隶属关系，

---

① 参见左卫民：《刑事程序问题研究》，18页，北京，中国政法大学出版社，1999。

正是当时社会里国家与个人之间关系的一种反映。在专制的国家里，正如孟德斯鸠指出：绝无所谓调节、限制、和解、条件、等值、商谈、谏诤这些东西；完全没有相等的或更好的东西可以向人建议；人就是一个生物服从另一个发生意志的生物罢了。在那里，人们不得把坏的遭遇归咎于命运之无常，也不得表示对将来厄运的畏惧。在那里，人的命运和牲畜一样，就是本能、服从与惩罚。① 这是一个绝对服从的关系，在刑事诉讼中是没有任何权利可言的。

中华人民共和国成立以后，我国在相当长的一个时期内，实行的是计划经济体制。在这种体制下，国家对社会采取的是严密的控制，公民个人缺乏应有的权利和自由。至于被告人，则被认为是专政对象，当然就更没有权利可言。直至20世纪80年代以后，我国进入一个社会历史发展的新时期，开始从计划经济向市场经济转变，我国由此进入了一个走向权利的时代。当然，由于权利主体的特殊性，被告人的权利在权利发展中是滞后于其他权利的。在某种意义上，我们也可以将被告人权利的实现程度视为一个社会的权利保障程度的标志。

我国《刑事诉讼法》第 1 条就明文规定，刑事诉讼法是根据宪法制定的。在论及刑事诉讼法与宪法的关系时，我国学者指出：刑事诉讼法的所有规定，从指导思想、任务、基本原则到诉讼制度程序，所有的具体规定，都必须符合宪法的有关规定，而不能同宪法规定的精神相抵触。否则，就要失去法律效力。刑事诉讼法是根据宪法制定的，刑事诉讼法的全部内容都体现了宪法的基本精神。② 从宪法与刑事诉讼法相关规定的内容来看，主要涉及两个方面：一是对司法机关职权的规定，二是对于被告人权利的规定。在上述两者中，我们更为关注的是被告人权利的规定。从宪法规定来看，被告人的权利包括以下几项：（1）正当程序。《宪法》第 37 条规定，中华人民共和国公民的人身自由不受侵犯。任何公民，非经人民检察院批准或者决定或者人民法院决定，并由公安机关执行，不受逮捕。禁

---

① 参见［法］孟德斯鸠：《论法的精神》，上册，张雁深译，27 页，北京，商务印书馆，1961。
② 参见程荣斌主编：《中国刑事诉讼法教程》，23 页，北京，中国人民大学出版社，1993。

止非法拘禁和以其他方法非法剥夺或者限制公民的人身自由，禁止非法搜查公民的身体。《宪法》第 39 条规定，中华人民共和国公民的住宅不受侵犯。禁止非法搜查或者非法侵入公民的住宅。上述规定涉及不受非法逮捕的权利、不受非法拘禁的权利、不受非法搜查的权利等。这些规定设置了某种程序，以保证公民不受非法逮捕、非法拘禁、非法搜查。这实际上也就是赋予被告人只有经过合法程序才能被逮捕、被拘禁、被搜查的权利。（2）辩护权。《宪法》第 125 条规定，被告人有权获得辩护。这是宪法赋予被告人的重要的诉讼权利，也是宪法中唯一直接针对刑事诉讼被告人的授权性条款。但我国宪法并不是将辩护权规定在公民权利当中，而是规定在国家机构当中。因此，立法者更为注重的是辩护权对于保障司法机关正确地审理刑事案件的重要性，而不是着眼于对被告人权益的保障。

从以上对宪法内容的规范分析可以看出，我国宪法对于被告人诉讼权利的规定是存在重大缺陷的，甚至可以说是残缺不全的，没有在宪法上完整地确认被告人的权利。为克服这种缺陷，我国宪法应当从以下几个方面对宪法关于被告人权利的规定加以完善：

（一）无罪推定原则的入宪问题

在刑事诉讼法中，从古代专制社会的有罪推定到现代法治社会的无罪推定，这是一个历史性的进步。有罪推定是不能证明无罪就是有罪，这种原则成为刑讯制度的理论基础。而无罪推定是不能证明有罪就是无罪，它为保护被告人的合法权益提供了逻辑起点。在相当长的一个时间里，我国刑事诉讼法学界基于实事求是的理念，在理论上对无罪推定持否定态度，同时，基于意识形态上的原因，在实践上将无罪推定视为禁忌。随着改革开放的发展，无罪推定在理论上的价值得到肯定，在意识形态上也被解禁。1996 年修改刑事诉讼法时，我国学者明确提出应当在刑事诉讼法中确认无罪推定原则，认为无罪推定是现代文明国家以司法程序处理刑事案件时共同实行的一项重要原则，是各国公民依法享有的基本权利的一个重要方面。此次修改刑事诉讼法，应当将其明确写进新法典中，确认为我国刑事诉讼的一项基本原则。① 修正后的《刑事诉讼法》第 12 条作出了以下规定："未经人民法院依法判决，对任何人都不得确定有罪。"对于这一规定，我国刑事诉讼法学界一般称为未经法院依法判决不得确定有罪的原则，认为它只是解决了定罪权由法院依法行使的问题，从诉讼构造上来说，具有使侦查本位向审判本位转移的功能，但并不认为它就是无罪推定原则。例如，我国学者指出：无罪推定虽然有其合理因素和进步意义，但由于它把犯罪嫌疑人、被告人硬性推定为无罪，有其局限性，难以为司法实践所接受。既然推定是无罪的人，在刑事诉讼中又要对犯罪嫌疑人、被告人采取强制措施，这种冲突和矛盾的事实是无法解释的。我国规定"未经人民法院依法判决，对任何人都不得确定有罪"的原则，既最大限度地吸收了无罪推定理论的合理因素和进步意义，又避免了它本身存在的不可克服的局限性，是一种实事求是的哲学观。② 以上论述表明，我国学者对于无罪推定的认识还远远没有达到理性的程度，意识形态的祛魅也远远没有完成。其实，对被告人推定为无罪和对被告人采取强制措施并不矛盾。推定无罪恰恰是为指控有罪提供了逻辑起点，采取强制措施只不过是指控有罪的步骤而已。从某种意义上来说，无罪推定与实事求是也不是矛盾的，无罪推定是实现实事求是的方法。从法律本文上来分析，我国《刑事诉讼法》第 12 条的规定与法治国家关于无罪推定的规定差别不大。对于无罪推定的规定，一般有正反两种模式。正面规定的典型是法国《人权宣言》："任何人在其未被宣告为犯罪之前，应当被假定无罪。"反面规定的是意大利《宪法》："被告人在最终定罪之前，不得被认为有罪。"从我国《刑事诉讼法》第 12 条规定来看，类似于意大利宪法关于无罪推定的规定。当然，由于我国《刑事诉讼法》第 118 条规定犯罪嫌疑人对侦查人员的提问有如实回答的义务，这与无罪推定所包含的沉默权是相悖的。因此，从客观上来说，我国《刑事诉讼法》第 12 条不能认为已经完全确立了无罪推定原则。关键

① 参见陈光中、严端主编：《中华人民共和国刑事诉讼法修改建议稿与论证》，2 版，108 页，北京，中国方正出版社，1999。

② 参见程荣斌：《中国刑事诉讼法教程》，15 页，北京，中国人民大学出版社，1997。

在于，对此我们是感到遗憾还是认为适当。在我看来，无罪推定是刑事司法的最低准则，也是法治社会刑事诉讼法的内在生命。不仅在刑事诉讼法中应当完全确认无罪推定原则，而且应当将其入宪，上升为宪法原则。没有宪法对无罪推定原则的确认，对被告人诉讼权利的保障就是缺乏宪政基础的。当然，无罪推定原则入宪是一个极为艰难的过程，需要司法观念的进一步突破。尽管无罪推定原则入宪尚有待时日，我认为这一目标还是可以期待的。

（二）刑事被告人诉讼权利的宪法确认

我国刑事诉讼法对被告人的诉讼权利作了规定，我国学者按照刑事被告人的诉讼权利的功能，将我国刑事被告人享有的法定诉讼权利分为以下三种：一是以维护刑事被告人的人身健康、自由等实体权益为宗旨的各项诉讼权利；二是以辩护权为核心的各种诉讼权利；三是有关的救济诉讼权利。[1] 在宪法中，只有对辩护权的规定，而没有对其他诉讼权利的规定。我国学者指出：在宪法中无刑事诉讼中被告人权利的专门规定。被告人在诉讼中的各种权利是公民基本权利与人身自由的重要组成部分，大部分国家的宪法都将被告人享有的权利一一列举，我国宪法亦应有所规定。[2] 我认为，这一见解是极为正确的。宪法是根本大法，只有在宪法中确认了刑事被告人的诉讼权利，刑事诉讼法中规定的刑事被告人的诉讼权利才有所本。我认为，宪法对刑事被告人的诉讼权利的确认，并不是一个形式问题，而是具有实质意义的。这种实质意义在于：将对刑事被告人诉讼权利的保护上升到宪政的高度，表明国家对刑事被告人诉讼权利的重视程度。更为重要的是，它为在刑事诉讼法中确认刑事被告人的诉讼权利提供了宪法根据，据此可以对刑事诉讼立法与刑事诉讼活动进行违宪审查。

（三）司法机关职权的宪法性限制

司法机关在刑事诉讼活动中行使各种职权，这种职权的滥用就会侵犯刑事被

---

① 参见夏勇主编：《走向权利的时代——中国公民权利发展研究》，464 页，北京，中国政法大学出版社，2000。

② 参见左卫民：《刑事程序问题研究》，56 页，北京，中国政法大学出版社，1999。

告人的人权。为此，在宪法上应当对司法机关在刑事诉讼中的职权加以有效的限制。我国《宪法》在国家机构一章中对人民法院和人民检察院作了规定，确认了人民法院的审判权和人民检察院的检察权，并且在第 135 条规定："人民法院、人民检察院和公安机关办理刑事案件，应当分工负责，互相配合，互相制约，以保证准确有效地执行法律。"这一规定，主要涉及公、检、法机关在刑事诉讼活动中互相制约的内容，具有一定的限权性，但仅此还是不够的。由于公、检、法三机关的职权主要规定在刑事诉讼法中，而在宪法中又未对此规定限制性的一般规定，因此我国司法机关在刑事诉讼中的职权是缺乏应有限制的。以判决前羁押为例，判决前羁押，又称为审前羁押，是指刑事诉讼中的专门机关对涉嫌犯罪者在法定审判前予以关押的一种暂时剥夺其人身自由的法制措施，包括审前拘留、逮捕等。由于判决前羁押涉及对犯罪嫌疑人人身权利的剥夺，这种羁押权一旦滥用将会侵犯人权。因此，各国宪法一般都对这种羁押权作了限制性的规定。例如，英国 1679 年的《人身保护法》规定了被羁押者可以向法官申请人身保护令，可以要求被保释。对于依人身保护令而被释放者以及被保释者不得以同一原因再次被羁押，故意违反者，将被科处罚金。《人身保护法》除建立了人身保护令状制度和保释制度外，还规定了司法救济，对于遭受错误羁押的人给予经济补偿。在有关的国际公约中也确认了对羁押提出异议的权利。所有被羁押者，无论他们是受到刑事指控被拘禁，还是受到某种形式的行政拘留，都有权启动法律程序，向司法机关对羁押的合法性提出异议，如果这种羁押被发现是非法的，被羁押者应被释放。这个权利被规定在《公民权利和政治权利国际公约》第 10 条第 4 款，并且在《保护羁押或监禁人的原则》第 32 条中得以再次重申。这一程序的典型范例是人身保护令状（habeas corpus）和人身保护程序（amparo proceedings）。我国宪法虽然规定了任何公民非经人民法院决定或者人民检察院批准，不受逮捕，但司法机关享有几乎不受限制的判决前羁押权。尤其是没有授予刑事被告人对羁押的合法性和合理性提出异议的权利。作为控方的公安机关可以自行决定对犯罪嫌疑人刑事拘留达 30 天之久；检察机关可以自行决定或者批准逮捕犯罪嫌疑人。可以说，在判决前羁押上，是缺乏司法审查程序的，因而难以对羁押权实行有效的控制。在这种情况下，超期羁押极为普遍，刑讯逼供屡禁不止。为此，我国学者指出，在进一步的司法改革中应逐步探讨在侦查和起诉机关，或者说在拘留和逮捕的执行机关以外建立监督机制。例如，由人民法院对拘留和逮捕的合法性进行最后审查，并由其决定对犯罪嫌疑人是否继续羁押，或采取其他的强制措施。[①] 我认为，这一构想是可取的，应当在宪法中规定对审判前羁押的司法审查程序。只有这样，才能确定刑事被告人的人身权利不受非法侵犯。

---

① 参见陈光中等主编：《联合国刑事司法准则与中国刑事法制》，205 页，北京，法律出版社，1998。

第三章
刑事政策的理性反思

刑事政策是刑事立法与刑事司法的指导，刑法理论的发展在很大程度上也取决于科学的刑事政策观的确立。本章以刑事法治为视角，对我国的刑事政策进行检讨，并进而探讨刑事政策的基本问题。

一、刑事政策的历史嬗变

回顾历史是认识当下的最好途径，对刑事政策的理解也是如此。一个国家的刑事政策不是一成不变的，而是在与犯罪做斗争的历史过程中逐渐形成并且不断演变的。

（一）惩办与宽大相结合刑事政策的确立

我国的刑事政策起源于革命战争时期的对敌斗争策略。现在被奉为我国基本刑事政策的惩办与宽大相结合政策，就是从抗日战争的对敌斗争经验中总结出来的，具有明显的斗争策略的色彩。中共中央在 1942 年 11 月 6 日专门发布了《关于宽大政策的解释》，指出：对敌人、汉奸及其他一切破坏分子等，在被俘被捕后，除绝对坚决不愿改悔者外，一律实行宽大政策，予以自新之路。这里提示了镇压与宽大两大政策，并非片面地只有一个宽大政策，对于绝对坚决不愿改悔者，是除外于宽大政策的，这就是镇压政策。这里同时提示的两个政策，是完全正确的，必须坚决实行。在此，镇压与宽大还是两个政策，分别对不同的人实行：镇压政策主要适用于那些首要分子，宽大政策主要适用于那些胁从分子。中华人民共和国成立初期，在人民民主专政的国家政体下，镇压反革命成为首要的政治任务，也是刑法的任务。在镇压反革命运动中承续并发展了镇压与宽大的政策，并且明确提出了镇压与宽大相结合的政策。1950 年 6 月 6 日毛泽东在党的七届三中全会的报告中提出：必须坚决地肃清一切危害人民的土匪、特务、恶霸及其他反革命分子。在这个问题上，必须实行镇压与宽大相结合的政策，即首恶者必办，胁从者不问，立功者受奖的政策，不可偏废。在此，毛泽东提出的是镇压与宽大相结合的刑事政策，具有明显的政治斗争色彩，这一政策在镇压反革命运动中得以贯彻。政务院、最高人民法院经呈请中央人民政府主席批准，于1950 年 7 月 23 日联合发布《关于镇压反革命活动的指示》，明确指出镇压反革命的基本方针是："各级人民政府必须遵照共同纲领的规定，对一切反革命活动采取严厉的及时的镇压，而在实行镇压和处理一切反革命案件中，又必须贯彻实行镇压与宽大相结合的政策，即首恶者必办、胁从者不问、立功者受奖的政策，不可偏废，以期团结人民、孤立反革命分子而达到逐步肃清反革命分子的目的。"总结镇反运动中在贯彻镇压与宽大相结合的政策方面的经验，主要是采取以下具体对策：(1) 对于那些历史上罪恶严重，民愤很大，拒不坦白交代，或者在新中国成立后特别是经过宽大处理后仍继续进行破坏的反革命分子，必须依法惩办。(2) 在必须依法惩办的反革命分子中，除了对于极少数罪大恶极、非杀不可的分子，依法判处死刑外，对于其余绝大多数的反革命分子，都判处徒刑，实行劳动改造的政策。(3) 在罪该处死的反革命分子中，对于那些没有血债、民愤不大，或者虽然严重侵害了国家利益，但是尚未达到最严重程度的反革命分子，实行"判处死刑，缓期执行，强迫劳动，以观后效"的政策，给他们以最后的悔改机会。

（4）对于那些仅有一般罪行，不是坚决与人民为敌的反革命分子，就一律不予逮捕，分别具体情节，给予管制或不予管制。（5）对于一切坦白交代、投案自首的反革命分子，即或是反革命分子中的骨干分子，一律给予宽大处置，罪该处死的可以不判死刑，立有功劳的，可以折罪，立了大功的，给予奖励。正如我国学者指出：实行镇压与宽大相结合的政策，主要目的就是要把一切可以改造的反革命分子，都改造成为自食其力的劳动者，从根本上肃清反革命活动。因此，对于判处徒刑的反革命罪犯，依照政治教育与劳动改造相结合的原则，实行改造。对于罪行轻微不需要关押的分子，以及刑满释放的分子，也对他们进行教育，并尽可能地帮助他们就业。[①] 由此可见，镇压与宽大相结合作为一项对敌斗争的策略，在镇反的政治活动中曾经发挥过重要作用，是毛泽东的政治智慧的集中体现。

从镇压与宽大相结合到惩办与宽大相结合，经历了一个从政治斗争策略向刑事政策的转变过程。这既表明我国的刑法具有明显的对敌斗争的政治性，又说明惩办与宽大相结合的刑事政策脱胎于政治斗争策略，两者之间具有某种相关性。从历史资料来看，直到1956年，镇压与宽大相结合的政治策略才正式定型化为惩办与宽大相结合的刑事政策，并适于各种类型的犯罪。1956年9月公安部部长罗瑞卿在党的八大第一次会议上的发言中，介绍肃反经验时指出："党在肃反斗争中的严肃与谨慎相结合的方针，体现在对待反革命分子的政策上，就是惩办与宽大相结合的政策，它的具体内容就是：首恶必办，胁从不问，坦白从宽，抗拒从严，立功折罪，立大功受奖。惩办与宽大，两者是密切结合不可偏废的。"[②] 这里概括的惩办与宽大相结合的刑事政策的具体内容，在1979年我国第一部刑法颁布以前相当长的一个时期内，在没有刑法的情况下，在与各种犯罪做斗争中发挥了重要作用。像坦白从宽、抗拒从严这样一些口号式的流行话语，几乎家喻户晓，人人皆知。

---

① 参见张希坡：《中华人民共和国刑法史》，145页，北京，中国人民公安大学出版社，1998。
② 《人民日报》，1956-09-20。

尽管惩办与宽大相结合的刑事政策，强调的是惩办与宽大两个方面，体现的是中国传统儒家文化中所具有的宽严相济的精神；但不可否认的是，当我们论及惩办与宽大相结合的时候，更为强调的是宽大的一面。从惩办与宽大相结合刑事政策中引申出来的少杀政策和给出路政策均反映了这一点，因此在对敌斗争中"体现政策"往往意味着予以宽大处理。例如，少杀政策是指对犯罪分子适用刑罚时，处以死刑的要少。少杀是相对于多杀、滥杀而言的，是惩办与宽大相结合刑事政策在死刑适用上的具体化。少杀政策包括以下五项内容：（1）严格控制杀人数字；（2）严格捕人、捕杀人的批准权；（3）规定"两可"政策，即可捕可不捕者不捕，可杀可不杀者不杀，如果捕了、杀了，就是犯错误，这也就是后来长期贯彻的"两可"政策；（4）提出"十六字政策"，即"判处死刑，缓期执行，劳动改造，以观后效"的死缓政策；（5）对内部清查出的反革命，应该杀的，只杀其中极少数，其余均判死缓。[①] 由此可见，惩办与宽大相结合的刑事政策在严酷的对敌斗争中不乏宽容精神。

　　惩办与宽大相结合的刑事政策在中华人民共和国成立以后的法律中得到了体现。尤其是 1979 年刑法，明文将惩办与宽大相结合作为刑法制定的根据载入《刑法》第 1 条。高铭暄教授在论及 1979 年刑法中的惩办与宽大相结合政策时指出：惩办与宽大相结合是我们党和国家同犯罪做斗争的基本政策。这项政策是从无产阶级改造世界、改造人类的历史使命出发，根据反革命分子和其他刑事犯罪分子中存在着不同情况而制定的。它对于争取改造多数，孤立打击少数，分化瓦解敌人，有着重大的作用。根据这项政策精神和实践经验，我国刑法针对犯罪的不同情况作了一系列区别对待的规定。例如，对主犯从重处罚，对从犯比照主犯从轻、减轻处罚或者免除处罚，对胁从犯比照从犯减轻处罚或者免除处罚；累犯和惯犯从严，偶犯从宽；抗拒从严，自首的、立功的从宽；历史从宽，现行从严；未成年人犯罪从宽，教唆未成年人犯罪从严；等等。这些规定，使惩办与宽

---

　　① 参见杨春洗主编：《刑事政策论》，240 页，北京，北京大学出版社，1994。

大相结合的政策具体化、条文化，有利于继续发挥这项政策的巨大威力。① 1979
年刑法不仅记载了惩办与宽大相结合的政策，而且确实体现了这一政策。尤其是
1979 年刑法在死刑问题上坚持了"不可不杀、坚持少杀、防止错杀"的政策。
在坚持少杀上，1979 年刑法除在刑法总则中对死刑的适用对象、适用情节以及
核准程序加以限制以外，在刑法分则中规定了 28 个死刑罪名。从总体上看，
1979 年刑法是一部较为轻缓的刑法。

（二）"严打"刑事政策的实施

在 1979 年刑法实施以后，随着 20 世纪 80 年代初期我国经济体制改革的启
动，社会面貌发生了巨大变化，犯罪高潮随之而来。在这种情况下，我国进入了
一个"严打"时代。"严打"始自 1983 年，以 1983 年 8 月全国政法工作会议召
开和同年 9 月 2 日全国人大常委会通过的两个决定为标志，"严打"正式启动。
"严打"是"依法从重从快严厉打击严重刑事犯罪活动"的简称。它已经约定俗
成，广为人知。"严打"可以从以下三个层面来理解：

1. 刑事政策层面

"严打"已经成为 1980 年以来我国奉行的一项重要刑事政策，对于刑事立法
与刑事司法都具有重要指导意义。至于"严打"刑事政策与惩办和宽大相结合的
刑事政策之关系，在我国刑法学界一般都是在惩办与宽大相结合的框架下理解
"严打"政策的，认为两者之间是基本刑事政策与具体刑事政策的关系。例如，
我国学者指出：依法从重从快是在我国基本刑事政策指导下的具体政策。我国的
基本刑事政策是惩办与宽大相结合，依法从重从快与基本刑事政策是一致的。在
社会治安形势严峻的情况下，就要对那些严重刑事犯罪分子严加惩办，打击其嚣
张气焰，扭转社会治安局面。与此同时，在任何时候，都要贯彻我国的基本刑事
政策，要根据犯罪分子的不同情况，区别对待，该宽则宽，该严则严，宽严相
济。我们在提出依法从重从快打击的同时，又提出了分化瓦解和教育改造，并非

---

① 参见高铭暄：《中华人民共和国刑法的孕育和诞生》，21 页，北京，法律出版社，1981。

只有从重的一面。从重从快打击的对象是有范围限制的，而且对于他们中投案自首、坦白交代的，同其他种类的犯罪分子一样，要依法从轻，以利于分化瓦解。至于一般的轻微犯罪，特别是其中的未成年人犯罪，则坚持教育、感化和挽救的方针。这种在基本刑事政策指导下的从重从快方针，与所谓的"重刑主义"不可同日而语。① 上述观点力图证明惩办与宽大相结合的刑事政策与"严打"刑事政策之间的一致性，并且强调在"严打"运动中同样应当贯彻惩办与宽大相结合的刑事政策。其用心当然是好的。但是，如果不是从应然的意义上说，而是从实然的层面上分析，我认为在一定程度上，"严打"刑事政策其实已经取代了惩办与宽大相结合的刑事政策。最为明显的标志是 1997 年刑法修订时，在《刑法》第1 条中删除了惩办与宽大相结合的内容。在解释删除理由时，立法者指出：惩办与宽大相结合是我们党和国家同犯罪做斗争的基本刑事政策。这项政策对于争取改造多数、孤立打击少数，有着重要的作用。由于刑法已经根据犯罪的不同情况作了一系列的区别对待的规定，如对累犯、教唆未成年人犯罪规定了从重处罚；对从犯、胁从犯、未遂犯、中止犯和自首立功的犯罪分子，规定可以从轻、减轻或者免除处罚；根据罪犯在执行刑罚中的表现还规定了减刑和假释；等等。这些都是惩办与宽大相结合的政策的具体体现。因为这一政策已体现在具体规定中，因此，刑法中不再单独专门规定惩办与宽大相结合的政策。② 这一说明并不能彻底消除人们对在 1997 年刑法修订时删除惩办与宽大相结合政策的疑虑。因为在刑法中已有体现并不能成为删除的充分理由。正如罪刑法定原则也并不以它已经在刑法中得到体现而没有必要加以规定一样，这种规定本身所具有的宣示意义是不可替代的。尽管惩办与宽大相结合政策在我国刑法中确实有所体现，但其在刑法中被确认的意义仍然是不可否认的。因此，我认为 1997 年刑法修订时删除惩办与宽大相结合政策的规定是意味深长的，如果不是对这一刑事政策的直接否

---

① 参见张穹主编：《"严打"政策的理论与实务》，84 页，北京，中国检察出版社，2002。
② 参见胡康生、李福成主编：《中华人民共和国刑法释义》，1～2 页，北京，法律出版社，1997。

定，至少在"严打"的氛围下它是有些显得不合时宜，不明不白地删除倒不失为处置之道。

2. 刑事立法层面

"严打"的号令一出，随之而来的是大规模地修改刑法，其基本方向是改轻为重。1983年9月，全国人大常委会通过了《关于严惩严重危害社会治安的犯罪分子的决定》（以下简称《从重决定》）和《关于迅速审判严重危害社会治安的犯罪分子的程序的决定》（以下简称《从快决定》）。《从重决定》规定对流氓罪，伤害罪，拐卖人口罪，非法制造、买卖、运输或者盗窃、抢夺枪支、弹药、爆炸物罪，组织反动会道门，利用封建迷信进行反革命活动，严重危害社会治安的，引诱、容留、强迫妇女卖淫的犯罪分子，可以在刑法规定的最高刑以上处刑，直至判处死刑。此外，还新增传授犯罪方法罪，最高可判处死刑。《从重决定》新增7种死刑罪名，且这些死刑是常见罪的死刑，可以说是"大开杀戒"。《从快决定》规定对杀人、强奸、抢劫、爆炸和其他严重危害公共安全的犯罪分子，主要犯罪事实清楚，证据确凿，民愤极大的，可以不受《刑事诉讼法》（1979年）第110条规定的关于起诉书副本送达被告人的期限以及各种传票、通知书送达期限的限制；被告人的上诉期限和人民检察院的抗诉期限，由《刑事诉讼法》（1979年）第131条规定的10日改为3日。在"严打"中，某地曾经创造了从故意杀人案件发生到对杀人犯执行死刑只有6天时间的最短纪录，充分体现了从快惩处的精神。在1983年"严打"以后，一直到1997年刑法修订之时，全国人大常委会通过了24个决定和补充规定，增设罪名数十种，死刑罪名也大为增加：从1979年刑法的28个死刑罪名增至74个死刑罪名。

3. 刑事司法层面

"严打"是一项重要的刑事措施，它几乎成为一个持续的运动。从1983年9月开始，我国始终处于"严打"之中，前后开展过三次大规模的"严打"运动：第一次从1983年9月至1987年1月。这次"严打"将杀人、强奸、抢劫、爆炸、流氓、致人重伤或者死亡、拐卖人口，非法制造、买卖、运输或者盗窃、抢夺枪支、弹药、爆炸物，组织反动会道门，引诱、容留、强迫妇女卖淫，传授犯罪方法等危害社会治安的犯罪确定为打击重点。第二次从 1996 年 4 月至 1997 年 2 月，打击重点为杀人、抢劫、强奸等严重暴力犯罪、流氓犯罪、涉枪犯罪、毒品犯罪、流氓恶势力犯罪以及黑社会性质的犯罪等严重刑事犯罪。第三次从 2001 年 4 月开始，为期两年，将带黑社会性质的团伙犯罪和流氓恶势力犯罪、爆炸、杀人、抢劫、绑架等严重暴力犯罪，盗窃等严重影响群众安全的多发性犯罪确定为重点打击对象。每次"严打"运动，又分为若干"战役"或者"行动"。例如，1983 年"严打"部署了三次战役，1996 年"严打"则有 1996 年 4 月至 6 月为期三个月的"专项斗争"和 1996 年 12 月至次年 2 月的"冬季整治行动"，因而使"严打"带有明显的军事色彩。

（三）我国刑事政策的特征

回顾我国刑事政策从惩办与宽大相结合到"严打"的历史性转变，可以对我国的刑事政策进行一种反思性检讨，而这恰恰是我国目前刑事政策研究中所缺乏的。刑事政策研究不应成为对现存刑事政策的合理性的简单论证，而应当是对刑事政策的科学探索。通过对我国刑事政策演变过程的考察，我认为刑事政策具有以下三个特征：

1. 刑事政策的意识形态化

惩办与宽大相结合的刑事政策，是从战争时期对敌斗争策略演变而来，在中华人民共和国成立初期镇压反革命的政治运动中确立的。因此，惩办与宽大相结合的政策具有明显的政治话语特征。镇压反革命运动发生在 1950 年，当时正值中华人民共和国成立初期，敌对势力尚十分强大，反革命活动十分猖狂。据有关部门统计，仅西南地区就有政治土匪百万、特务八万，还有一批坚持反动立场的反动党团青年、恶霸分子以及反动会道门头子。为了保卫革命胜利成果，巩固人民民主专政，维护社会秩序，在全国范围内掀起了一场轰轰烈烈的镇压反革命运动，这场运动一直延续到 1953 年。应该说，镇压反革命运动是一场政治运动，反革命首先是一种政治上的敌对势力与敌对行为，它并不是一个单纯的法律问题。惩办与宽大相结合是作为对反革命分子处理的政策提出来的，在1951年《惩治反革命条例》中得到体现。《惩治反革命条例》虽然是在没有刑法的情况下的刑事特别法，但它无疑是政治运动的产物。因此，惩办与宽大相结合与其说是刑事政策，不如说是政治政策。在这种情况下，惩办与宽大相结合政策的意识形态化是在所难免的。在政治意义上对惩办与宽大相结合的刑事政策的解读，在以下这段论述中充分得到表露："我国刑法是对敌斗争的工具，它必须从阶级斗争的实际情况出发，为阶级斗争服务。犯罪是阶级斗争的反映，任何一个犯罪分子都不是脱离阶级斗争、脱离社会而孤立存在的，阶级斗争的发展和变化对犯罪的变化有着直接的影响。犯罪情况变了，我们同犯罪做斗争的策略、方法就要有所变化。实践经验表明，国内外的阶级斗争都是长期的、复杂的、曲折的，时而紧张，时而缓和。随着国内外阶级斗争形势的变化，犯罪活动也有起有伏，因而我们在运用惩办与宽大相结合的政策的时候，就应当有紧有松，宽严相济。当敌人疯狂进行破坏活动的时候，就应当着重从严的一面，否则就不能打垮敌人的凶焰，当敌人已经收敛、低头的时候，就要着重从宽的一面，以促使敌人更加分化瓦解。在强调从严的时候，对于其中动摇的敌人，仍然要实行宽大政策；在强调从宽的时候，对于坚决的敌人仍然要严厉惩办。无论从严或从宽，都是为了更有利于消灭敌人；不是对敌人有利，而是对人民有利。如果不能随着阶级斗争形势的变化而灵活地运用惩办与宽大相结合的政策，只紧不松，或只松不紧，都不能有效地打击敌人。"① 在这样一种政治话语的支配下，刑事政策之意识形态化是势所必然。即使是20世纪80年代初的"严打"政策，也充满政治意味。

1983年的"严打"是20世纪70年代末至80年代初，我国刚刚结束十年动乱，开始将工作重点转移到经济建设上来的大背景下，针对当时社会治安混乱的形势而开展的一项斗争。十年动乱所滋生的一大批打砸抢分子、流氓团伙犯罪分

---

① 中国人民大学法律系刑法教研室：《中华人民共和国刑法是无产阶级专政的工具》，7～8页，北京，中国人民大学出版社，1958。

子和其他破坏社会治安的犯罪分子的犯罪活动，破坏了社会治安，危害了人民的生命和财产安全，对全党和全国人民集中精力开始经济建设是一个严重的危害。正是在搞好社会治安，巩固和发展安定团结的政治局面，保障改革开放和经济建设的顺利进行的政治需要下，开展了"严打"斗争。当然，"严打"政策强调"依法"从重从快，但只要是运动，必然会突破法律的限制。我国刑事政策制定与运作的这种政治性，是和我国的政治体制与政治生活紧密联系的。也正是这种刑事政策的意识形态化给予刑事政策以一种强大的生命力。它不仅仅局限在法律领域，而且对整个社会生活产生巨大的影响。因此，我国刑事政策的推行不是完全以司法权为驱动的，而是直接以国家政治权力为其后盾的，这对于实现刑事政策的目的具有保证作用。当然，刑事政策的意识形态化也使它的实施游离于法律之外，成为一种赤裸裸的政治而不是通过法律推行的政治。如果说，在非常状态下，通过政治运动的方式实现某种刑事政策尚有其合理性，那么，在强调刑事法治的今天，刑事政策的法治化已经是一种必然的选择。

2. 刑事政策的实用化

尽管刑事政策是一种决策、一种选择，是以权力为后盾的[1]，但正如经典作家所指出，权力的行使永远不能脱离社会结构的制约。刑事政策的制定与运作也是如此，它并不完全取决于权力主体的主观愿望，在相当程度上取决于社会形势。从这个意义上说，在20世纪50年代初确立惩办与宽大相结合的刑事政策不是偶然的，而在20世纪80年代初惩办与宽大相结合的刑事政策被"严打"刑事政策所取代同样也不是偶然的，它恰恰是中国社会变迁在刑事政策上的生动反映，同时也折射出我国刑事政策的实用化特征。

20世纪50年代初期，中华人民共和国成立，这时敌对势力还存在，因此政治斗争是第一位的。法律，尤其是刑法只不过是政治斗争的手段而已。当时开展

---

[1] 曲新久教授认为刑事政策是一种作为权力知识的公共政策，并对刑事政策进行了权力分析。参见曲新久：《刑事政策的权力分析》，68页以下，北京，中国政法大学出版社，2002。

的镇压反革命运动就是一场中国共产党领导下巩固新生政权的政治斗争，它以急风暴雨式的鲜明形象出现。在这场斗争中，讲的是政治策略而非刑事政策。当然，这场政治斗争是在中国共产党已经掌握了国家政权的背景下开展的，因此在运动后期进入处理阶段的时候，开始引入法律，遂有《镇压反革命条例》等刑事法律的出台，并在这一法律中将政治斗争的策略转化为刑事政策。惩办与宽大相结合的刑事政策就是在这种历史条件下由政治斗争政策转化而来的。也正因为如此，我国刑事政策从一开始就服从于政治斗争的需要，是为政治斗争服务的。经过 20 世纪 50 年代"镇反"——"三反""五反"——"反右"——社会主义改造等一系列政治运动，我国形成以计划经济为基础的一元的社会结构，国家对社会实行集权式的高度垄断集中的统治。在这种情况下，政治—政策成为控制社会的根本方法，而法律则被弃置。从 1949 年到 1979 年，在 30 年间我国没有制定一部刑法典，这是极为罕见的。当然，由于对社会的集权式控制，各种社会基层组织健全，个人的权利与自由受到严格限制，在这种情况下，我国的社会治安是平稳的，犯罪率是低下的。在这个时期，我国不存在严格意义上的刑法，因而主要是刑事政策在起作用，这就是某些学者所说的政策法。

在这种政策与法不分、政治与法不分的历史条件下，惩办与宽大相结合的刑事政策在相当长的一个历史时期内发挥着重要作用。在"文化大革命"阶级斗争、无产阶级专政的政治话语下，惩办与宽大相结合的政策当然被极大地意识形态化，但仍然是政治疯狂中所仅剩的一点可怜的理性。例如，在"文化大革命"末期一本论述刑事政策的著作中，对惩办与宽大相结合的政策作了如下论述："在对敌斗争中，毛主席为我们制定了'惩办与宽大相结合'的政策。这一政策，符合无产阶级和广大劳动人民的利益和要求，符合对敌斗争的客观规律，具有战胜敌人的无比强大的威力。正确执行这一政策，我们就能团结广大群众，最有力地打击敌人，分化瓦解敌人，逐步消灭敌人。我们在多年对敌斗争中所取得的伟大胜利，就是正确执行这个政策的结果。'惩办与宽大相结合'的政策，是毛主席为我们制定的一项重要的对敌斗争政策，是在长期对敌斗争过程中，在党内两条路线的激烈斗争中，丰富和完备起来的，是毛主席一贯坚持的坚定的无产阶级政策。"[1] 根据这一论述，惩办与宽大相结合被认为是对敌斗争的政策，这是一种明显的泛政治化话语，但只要考虑到当时的犯罪被认为是阶级斗争的表现，刑法是阶级专政的工具，这种刑事政策的泛政治化倾向也就不难理解了。

20世纪70年代后期，"文化大革命"结束，大规模的政治运动告一段落，阶级斗争学说被弃置，我国开始进入一个经济发展的历史新时期。民主与法制开始被提上议事日程，在这种情况下，惩办与宽大相结合的刑事政策作为刑法制定的根据被载入刑法。但是，伴随着社会转型的是一个犯罪高峰，因此"严打"的刑事政策随之出台，并在相当长的一个历史时期内主导着我国的刑事立法与刑事司法。这一刑事政策的转变是与犯罪变动密切相关的，也是我国社会转型的必然结果。由此可见，刑事政策并不是一成不变的。并且，刑事政策的变动性应当到犯罪变动与社会变迁中去寻找其原因。

从惩办与宽大相结合到"严打"，我国刑事政策的这种替代虽然是与社会发展相关的，但也在一定程度上反映了我国刑事政策的实用化特征。中国古代就有"刑罚世轻世重"的思想，尤其是治乱世用重典的观点深入人心。此观点当然有其可取之处，正如我国学者指出的，"刑罚世轻世重"的刑事政策，是从社会发展不平衡出发，看到不同时代政治、经济、文化各异，应根据当时的形势执行轻重不同的刑事政策，才能适应同犯罪做斗争的客观需要，使社会得到有效的治理。它是说，犯罪形势严峻时，就应重刑惩办，否则，社会秩序、国家安宁都会受到威胁、影响，社会蒙受犯罪行为的危害，出于不得已而用重刑。但在社会治安秩序相对安定，犯罪现象得到某种控制时，那就应改变策略，不能一味地重刑惩办，否则就可能刑及无辜，同样不利于社会的治理。在这样的社会形势下，就应轻刑简政，给人们以休养生息的条件，当会使社会更好地发展，使人们安居乐

---

① 北京大学法律系刑法教研室：《刑事政策讲义（讨论稿）》，57页，北京，北京大学法律系印行，1976。

业。① 这种"刑罚世轻世重"的刑事政策当然是与犯罪做斗争经验的总结，是一种治理社会的策略。但它也反映出自古以来我国刑事政策上的实用化特征，表明这种刑事政策思想更多的是站在国家主义的立场上，以治理者的身份去观察与分析刑事政策，使刑事政策为我所用，具有明显的功利性。在这种情况下，我们看不出这种刑事政策思想的人文关怀，也看不到人道性与公正性等理念对刑事政策的影响。因此，刑事政策十分容易沦为达到某种目的的工具。

3. 刑事政策的策略化

刑事政策的首倡者费尔巴哈将刑事政策界定为"国家据以与犯罪做斗争的惩罚措施的总和"②。在这一概念中，刑事政策的目的在于与犯罪做斗争，而其内容是各种惩罚措施的总和。在费尔巴哈的这一定义中，过于强调刑事政策内容的惩罚性，此后学者将刑事政策的内容扩展到对犯罪现象的各种反应方法的总和，从而大大拓展了刑事政策的视野。③ 但我国对刑事政策的理解，则完全局限在对犯罪斗争的策略上，刑事政策的策略化是我国在理解刑事政策上的一个重要特色。

刑事政策的策略化观念直接来源于革命战争时期对敌斗争策略的总结。在刑事政策的策略化方面，有两点是值得我们注意的：一是将犯罪与敌人相类比，因而刑法就成为对敌斗争的工具，从军事斗争与阶级斗争的立场出发确定刑事政策的任务，这就是刑法的军事化。二是将刑事政策的重点放在分化瓦解敌人（犯罪分子）的策略上。基于军事斗争的经验，犯罪就不再是马克思所说的"孤立个人"的行为，而是在两军对峙的意念中，假设存在一个敌对的犯罪阵营。为取得对敌斗争的胜利，就需要采取一定的斗争策略。这在惩办与宽大相结合的刑事政策上体现得较为明显。这和毛泽东关于政策与策略的思想是有关的，毛泽东虽然在一定程度上将政策与策略相分离，但在更多的场合将政策与策略相等同。例

---

① 参见杨春洗主编：《刑事政策论》，81 页，北京，北京大学出版社，1994。
② [法]米海依尔·戴尔玛斯-马蒂：《刑事政策的主要体系》，卢建平译，1 页，北京，法律出版社，2000。
③ 参见 [法] 米海依尔·戴尔玛斯-马蒂：《刑事政策的主要体系》，卢建平译，1 页，北京，法律出版社，2000。

如，在《论政策》一文中，毛泽东强调区别对待的政策，在区别上建立我们的政策。在论及区别对待的政策时又说："我们的策略原则，仍然是利用矛盾，争取多数，反对少数，各个击破。"因此，策略成为政策的主要内容。我认为，政策与策略还是有所不同的。政策并不等同于政治策略。政策，又称公共政策，可以从狭义和广义两个方面加以理解。狭义地理解，政策可被想成权威性的宣布或者规定——一条法规，一组法条，一些行政命令，或者司法判决。按照此种意义，政策是在政治过程中用来采取某种行动或者迫使社会产生某种行动所作出的决定。广义地讲，我们可以把政策设想为执政的权威者决定与行动的一种基本形式，这些决定与行动是由其所趋向的共同目标结合成一体的。后一种定义也许更符合习惯用法。广义的政策似乎包括以下某种含义：其一，欲达到的目的或者目标；其二，表达达到目标拟采用的行动途径或者计划的文字声明或者一系列声明；其三，政策声明引发的权威者之真正的行动或者行为。[①] 由此可见，政策总是一定的政治主体（通常是国家、政党、政府或者社会组织）为达致一定的政治目的而制定的行动准则。在政策的概念中，主体——目的——行动准则是不可或缺的内容。政策不是行动本身，但它是指导、支配或者制约着将来的行动的准则。显然，策略这一概念远远没有政策这样丰富的内容。策略是一种对策，是一种带有谋略性的对策。在某种意义上说，策略是可以包含在政策之中的，但政策又绝不能简单地等同于或者混淆于策略。在刑事政策上也同样应当区别于策略。刑事政策是国家为达到控制犯罪的目的而制定的犯罪治理措施的总和。在这些治理措施当中，包括防范性措施、惩罚性措施和矫正性措施，都是刑事政策不可或缺的内容。但是，在刑事政策策略化倾向的掩盖下，刑事政策的内容局限于分化、瓦解和打击犯罪分子的对策，使刑事政策的视野大为遮蔽。

---

① 参见［美］F. I. 格林斯坦、N. W. 波尔斯彼主编：《政策与政策规定》，584 页，台北，幼狮文化事业公司，1983。

二、刑事政策的内容界定

我国目前的刑事政策偏重于惩罚性措施，对于刑事政策在理解上存在片面之处。为此，需要对刑事政策从制定到实施的整个过程加以分析。我认为，刑事政策是一个体系，这个体系包含防范性措施、惩罚性措施和矫正性措施这三个有机联系的内容，从而在实施中形成一个动态的过程。

（一）刑事政策的措施

1. 防范性措施

刑事政策的根本目的在于预防犯罪，这种预防首先表现在犯罪发生前的防范。关于犯罪的防范性措施，我国提出了社会治安综合治理的方针，即打击违法犯罪，搞好社会治安，需要在党和政府统一领导下，充分发挥司法机关的职能作用，同时，动员全社会的力量，依靠广大人民群众，各部门齐抓共管，各条战线通力合作，综合使用政治、经济、行政、法律、文化教育等各种手段，整治社会治安，保障社会稳定。其实质含义在于，对付违法犯罪，要打击与防范并举，治本治标兼顾，重在治本。[①] 在综合治理方针中，违法犯罪的防范被放到了一个重要位置上，并且强调标本兼治。为贯彻综合治理方针，1991 年 3 月 22 日中央政法委员会专门成立了"中央社会治安综合治理委员会"。中央社会治安综合治理委员会的任务是：贯彻执行党的基本路线、方针、政策和国家法律，根据国民经济和社会发展的总体规划和社会治安形势，指导和协调全国社会治安综合治理工作。中央社会治安综合治理委员会的职责是：（1）根据全国社会治安状况，研究提出社会治安综合治理的方针、政策和重大措施，供党中央、国务院决策；（2）制定一个时期内全国社会治安综合治理的各项重大措施；（3）总结和推广实践经验，表彰先进，组织有关部门加强社会治安综合治理的理论研究，探索和逐

---

① 参见杨春洗主编：《刑事政策论》，198 页，北京，北京大学出版社，1994。

步完善具有中国特色的维护社会治安的新路子；（4）办理党中央、国务院交办的有关事项。中央社会治安综合治理委员会以及各省、直辖市、自治区和各市、县、区社会治安综合治理领导机构的建立，为落实社会治安综合治理方针提供了组织保证，因而具有重大意义。社会治安综合治理机构成立以后，在综合治理工作的组织、协调和检查、宣传方面发挥了重要作用，尤其是实行社会治安综合治理的一票否决制，对于促使党政领导狠抓社会治安具有某种警示的功能。当然，社会治安综合治理委员会只是一个党内协调机构，其工作重点在社会治安综合治理的宣传上，因而其作用又是有限的。社会治安的综合治理涉及各个部门，这些部门各有其本职工作。除专门机关以外，不可能专注于社会治安的治理。在这种情况下，通过社会治安综合治理机构加以协调，以落实社会治安综合治理的各项措施，这一出发点无疑是正确的。但社会治安综合治理机构毕竟不是工作机构而只是协调机构，社会治安的综合治理还是有赖于专门机构。因此，在犯罪防范方面，也就是在社会治安的综合治理上，社会治安综合治理机构应当向咨询性机构发展，例如像美国犯罪问题委员会（the president's Crime Commission）那样，每年搜集并公布犯罪统计数据，分析社会治安的走向，进行犯罪预测，提出立法建议，并对刑事司法活动进行考察，指出改进措施等。

而公安机关作为专门机关，在社会治安的治理上应当通过调整组织机构来发挥更好的作用。目前，在公安机关内部治安部门与刑侦部门虽然是两个分立的部门，治安部门负责处理治安案件，而刑侦部门负责处理犯罪案件，但在实际工作中重刑侦轻治安的现象是客观存在的，并且往往通过刑事措施来减轻治安压力。当然，治安案件与犯罪案件是紧密联系的，在我国公安机关治安部门对违反治安管理行为行使治安处罚权。这种违反治安管理行为在西方国家属于违警罪范畴，其处罚权一般由治安法官行使。因此，治安案件是一些轻微的犯罪案件，从这个意义上说，公安机关治安部门实际上是一个处罚机构，它通过行使对违反治安管理行为的处罚权维护社会治安。这种治安处罚职能的行使虽然在一定程度上有利于社会稳定，因而有利于犯罪防范，但它与专门的犯罪防范机构在性质上是完全不同的。至于公安机关派出所，除负责一些社区警务和民政事务，如户籍管理、身份证申请以外，也承担一定的刑侦任务。只有社区警察（片警，在大城市才有，小城镇与农村一般没有）以及巡警等才真正承担犯罪防范职责。但由于警力不足以及工作重点向治安部门和刑侦部门倾斜，犯罪防范在公安机关工作中未能得到应有的重视与强调。在这种情况下，有必要限制与缩小公安机关的治安处罚权以及程序性裁判权，并将刑事侦查机构相对独立，使公安机关的工作重心从打击犯罪向防范犯罪转移。只有这样，刑事政策的防范措施才能通过专门机构得以落实。

2. 惩罚性措施

对犯罪的惩罚本身就具有预防犯罪的功能，这是不言而喻的。但何种惩罚措施才能够收到最佳的预防效果，这是一个值得研究的问题。我国目前主要通过从重从快打击犯罪来追求犯罪预防效果。那么，在刑事惩罚环节上，"严打"是刑事政策的唯一选择吗？我的回答是否定的。我认为，在刑事惩罚环节，刑事政策的确定表现在以下两个方面：

（1）刑事惩罚范围的选择

刑事惩罚范围的选择实际上是定罪的刑事政策的确定。当然，这里的定罪，并非仅仅是指司法机关的犯罪认定，而是指在刑事政策上如何确定犯罪范围。犯罪范围，也可以形象地称为犯罪圈，或者称为刑事法网。因而，刑事惩罚范围的选择，也就是刑事法网的扩张与收缩的问题。法国学者曾经研究了"扩张与收缩的战略：刑事政策范围的改变"这一论题，指出这里的变化意味着某种基本关系的出现或消失，也意味着某种偏离规范的行为进入或退出刑事政策的领域，简言之，是从某种模式向零模式（失范）的过渡；或相反，是从零模式（失范）向某种模式的过渡。在此，研究主要围绕刑事网络，探讨犯罪化（启用刑事网）和非犯罪化（抛弃刑事网）。[①] 因此，犯罪化与非犯罪化是刑事政策的重要内容。

---

① 参见［法］米海依尔·戴尔玛斯-马蒂：《刑事政策的主要体系》，卢建平译，243 页，北京，法律出版社，2000。

犯罪化是指将不是犯罪的行为在法律上作为犯罪，使其成为刑事制裁的对象。日本学者指出：实质的犯罪经过犯罪化之后，方始成为刑事司法的对象，因此，犯罪化是犯罪对策的出发点。实质的犯罪，不论该行为如何对社会有害，都不能成为刑事司法的取缔对象。为取缔某种行为、防止其发生，一定得将该行为犯罪化。① 犯罪化意味着刑事法网的扩张，它是随着社会发展与犯罪变动而在刑事政策上作出的某种积极回应。法国学者曾经对犯罪化问题作过精辟的论述，认为犯罪化可以源于两个不同的思路。一个思路是保持社会免受新型犯罪的侵害，这些犯罪通常是与新技术联系在一起的，这种政策可以称为现代化的政策。另一个思路是指确认新的权利并加以保护，这种犯罪化的刑事政策可以称为保护的政策。② 这两种犯罪化的思路是有所不同的，前者是随着社会现代化，社会经济技术进一步发展，出现了一些新型犯罪，需要予以犯罪化。后者是随着社会生活演进，人权的内容扩张，出现了各种新型的权利，为此在法律上确认这种新型权利的同时，需要将侵犯这种权利的行为犯罪化。因此，无论是现代化的政策，还是保护的政策，都是刑事政策随着社会发展而作出的必要调整。

非犯罪化是指刑法上的犯罪通过立法方法加以排除，或者在司法上不再作为犯罪来进行惩罚。日本学者指出：非犯罪化的刑事政策上的意义在于，纠正基于国家的强烈处罚要求的过剩犯罪化倾向，立足于谦抑主义的立场，设置适当的犯罪。③ 非犯罪化是刑法谦抑的必然结果，它可以分为法律上的非犯罪化与事实上的非犯罪化。法律上的非犯罪化是通过立法实现的，因而是一种立法上的非犯罪化，它必然导致司法上的非犯罪化，这是不言而喻的。事实上的非犯罪化，也称为审判上的非犯罪化，是以通过变更判例，变更刑罚法规的解释和适用，将从来均被处罚的行为今后不再处罚为内容。在这种场合，法院认可刑罚法规在习惯上

---

① 参见［日］大谷实：《刑事政策学》，黎宏译，85 页，北京，法律出版社，2000。

② 参见［法］米海依尔·戴尔玛斯-马蒂：《刑事政策的主要体系》，卢建平译，243 页，北京，法律出版社，2000。

③ 参见［日］大谷实：《刑事政策学》，黎宏译，89 页，北京，法律出版社，2000。

已被废止，并对由于该刑罚法规而被起诉的事实判处免诉。[①] 当然，这种事实上的非犯罪化在我国刑法中有违法之嫌，因为我国刑法中的罪刑法定原则包含"刑法规定为犯罪的应当依法定罪量刑"的内容。但在刑法规定数额较大、情节严重才构成犯罪的情况下，司法上的非犯罪化仍然可以通过司法解释而实现。法国学者指出：不论非犯罪化的起因是官方的选择或是不干预主义的一般实践，非犯罪化总是基于两种不同的战略。如果非犯罪化是社会真正企盼的，就是容忍的政策；如果非犯罪化是一种需要加以承受的失败，表明干预的无能为力，那么就是放弃的政策。[②] 在此，法国学者阐述了非犯罪化的两种动因：一种是因容忍而非犯罪化，另一种是因放弃而非犯罪化。在法国学者看来，这两种非犯罪化都是刑事政策选择的结果。

从西方国家的情况来看，就犯罪化与非犯罪化这两者而言，非犯罪化是主要趋势。在非犯罪化当中，除通奸罪、同性恋等无被害人的犯罪，因伦理观念变化而非犯罪化以外，主要是将某些违警罪予以非犯罪化，从而收缩犯罪的范围。我国的情况有所不同，我认为我国目前面临的不是非犯罪化，而恰恰相反，是犯罪化。这里的犯罪化，除法国学者所说的新型犯罪的犯罪化以外，更为重要的是应当对我国刑法中的犯罪概念加以重构，进一步扩大犯罪范围。我国刑法中的犯罪存在数量因素，同一性质的行为，情节严重或者数额较大的是犯罪，其余的不是犯罪，不是犯罪又并非不受任何处罚，而是应受治安处罚或者劳动教养。在劳动教养制度废除之前，那些情节轻微不构成犯罪的违法行为，往往被适用劳动教养，由此形成刑罚—劳动教养—治安处罚的三级制裁体制。此外，还有大量的行政违法行为，虽然不构成犯罪，但受到行政处罚。因此，我国刑法中的犯罪范围十分狭窄，只相当于西方国家刑法中的重罪和一部分轻罪。行政违法行为范围十分宽泛，因而行政处罚权所涉范围庞大。这种情形，正好与我国的司法权小而行

---

① 参见［日］大谷实：《刑事政策学》，黎宏译，93 页，北京，法律出版社，2000。

② 参见［法］米海依尔·戴尔玛斯-马蒂：《刑事政策的主要体系》，卢建平译，255 页，北京，法律出版社，2000。

政权大的现状是相吻合的。行政处罚虽然效率高，但处罚涉及对公民重大权益的处分，尤其是像劳动教养这样的处罚甚至重于某些轻刑，但却未经司法程序，显然不符合法治的要求。在这种情况下，为限制行政权，尤其是限制警察权，应当将部分行政处罚的行为纳入犯罪范畴，引入司法审查。在废除劳动教养制度的同时，对某些轻微的犯罪应当纳入刑事制裁体系。为此，我认为为保持与现行刑法的协调，应当制定一部"违警罪法"，取消公安机关的治安处罚权，将应受治安处罚的行为犯罪化，经过诉讼程序进行定罪处罚。这一意义上的犯罪化，实际上是对警察权与司法权的重新配置，它有利于保障被处罚者的人权。

（2）刑事惩罚程度上的选择

刑事惩罚程度的选择实际上是量刑的刑事政策的确定。同样，这里的量刑，也并非仅仅是指司法机关的刑罚裁量，而是指在刑事政策上如何考虑刑罚轻重。刑罚轻重，也可以形象地称为刑罚网，它也表现为宽缓与严厉两个方面。美国刑事政策表现出轻轻重重的两极化趋势，这里的轻轻重重，是指轻者更轻、重者更重。因此，轻轻就是对轻微犯罪，包括偶犯、初犯、过失犯等主观恶性较轻的犯罪，处罚更轻。重重就是对严重的犯罪处罚较以往更重。轻轻，包括非刑罚化措施的大量采用。这里的非刑罚化，是指用刑罚以外的比较轻的制裁替代刑罚，或减轻、缓和刑罚，以处罚犯罪。关于非刑罚化的意义，以下有两种见解：一是指用刑罚之外的制裁代替刑罚，进行科处的见解；二是以缓和刑罚为前提，用其他的非刑罚制裁的手段代替原来的刑罚，或缓和刑罚的见解。这两种见解之间存在相互对立。日本学者大谷实认为，非刑罚化是建立在和非犯罪化的理念相共通的基础之上，为回避自由刑的弊端而提出来的。另外，它又是基于谦抑主义的立场，回避或缓和刑事制裁的政策。因此，上述第二种见解比较妥当。[1] 尽管在非刑罚化的理解上存在一定争议，但在尽量回避刑罚适用这一点上是共同的，由此行为人获得了更轻的处罚。重重的刑事政策，是更多地、更长期限地适用监禁

---

① 参见［日］大谷实：《刑事政策学》，黎宏译，107页，北京，法律出版社，2000。

刑。在犯罪成倍增长，严重的犯罪日益突出，严重影响社会的安定，没有别的有效措施的情况下，国家只有通过加重刑事处罚对此作出反应。可以说，重重倾向反映了一种无奈、一种困惑、一种现实与理想的冲突。① 当然，轻与重是相对的，在过重的情况下适当地向轻调整，或者在过轻的情况下适当地向重调整，都是十分正常的。并且，轻轻与重重也不是对等的，或轻轻为主、重重为辅，或者重重为主、轻轻为辅，均要以犯罪态势为转移，不应拘泥于教条。例如，相对于美国的轻轻重重的两极刑事政策，法国等欧洲国家更强调轻刑化。法国从 1810 年的旧刑法到 1992 年的新刑法，刑事政策思想在刑罚上的变化就是刑罚重点逐渐从威慑功能转向犯罪人的社会再适应功能，与之相适应，在刑罚的结构和适用上形成了宽缓局面。② 当然，轻重是否适当，还是要由其实际效果来检验，此外还有一个公众认同问题。

我国在刑事惩罚程度上，近年来一直是以"严打"为主。当然，对于未成年犯罪的处理上有轻的一面，这是值得充分肯定的。但我国目前的刑罚结构是一种偏重的刑罚结构，在我国刑罚结构中，死刑与长期徒刑还占有重大比例。因此，改造与调整我国的刑罚结构，使之轻重搭配、轻中有重、重中有轻，是一个值得研究的问题。

在惩罚性措施的刑事政策选择上，我赞同"严而不厉"的原则。这里的"严"为严肃、严格、严密之意，"厉"为厉害、猛烈、苛厉之意。因此，"严"指刑事法网严密，刑事责任严格；"厉"主要指刑罚苛厉，刑罚过重。储槐植教授认为，存在"又严又厉""严而不厉"与"厉而不严"三种情形。我国目前的情况是"厉而不严"，正确的选择应当是"严而不厉"③。"厉而不严"的主要表现是犯罪圈过小，起刑点过高，刑罚量过重。当然，这里的"厉而不严"是就刑罚而言的，考虑到刑罚之外大量的治安处罚和劳动教养，那么就可能是"又严又

---

① 参见杨春洗主编：《刑事政策论》，398 页，北京，北京大学出版社，1994。
② 参见何秉松主编：《刑事政策学》，484 页，北京，群众出版社，2002。
③ 储槐植：《刑事一体化与关系刑法论》，305 页以下，北京，北京大学出版社，1997。

厉"。"严而不厉"要求扩大犯罪范围，将治安违法行为等都纳入犯罪范畴，同时严格限制死刑，减轻刑事惩罚的烈度，使刑罚在一定程度上轻缓化。

3. 矫正性措施

矫正性措施主要是通过监禁性的行刑活动或者非监禁性的行刑活动，实现刑事惩罚，并且在惩罚过程中对犯罪人进行矫正。矫正强调的是对罪犯的再教育，重新培训和再社会化。在英语中，矫正一词的词根是"取得资格"，它意味着适应，装备或者配备，训练或者教育。[①] 但在中文中，矫正往往被称为改造，具有转变、重新塑造之意。尽管在文字上存在某些差别，但在理念上是相同的：通过矫正，达到个别预防的效果。应当说，矫正观念引入行刑活动是具有重要意义的，它使行刑从单纯的刑罚实现中摆脱出来，注入了个别预防的目的，使行刑变成一种能动性的活动。矫正性措施的确定及矫正效果，是刑事政策不可或缺的内容。

(1) 监禁性矫正措施

监禁性矫正措施，是指在一定的行刑设施，通常是指监狱内对罪犯进行改造。改造的目的是通过对受刑人实施系统和强制手段，转换其犯罪观念和矫正恶习，最大可能地预防再犯罪；改造的标准是社会共同生活的准则；改造的依据是绝大多数受刑人最终都要重返社会的现实；改造的内容可以分为思想改造、心理和行为矫治等；改造的方式则可以是强制性改造和扶助性改造等具体形式。[②] 监禁具有将罪犯与社会相隔离，避免其危害社会，并在监禁状态下对罪犯进行矫正的机能，因而是惩罚形式现代化的表现之一。以监禁为内容的自由刑正是在这个意义上被称为近代刑罚之花。当然，监禁本身也存在一个悖论：一方面，监禁使罪犯与社会相疏远，在长期监禁的情况下会逐渐丧失社会生活能力。另一方面，只要不是终身监禁，罪犯必将重返社会，因而要求其具有一定的社会生活能力。

---

① 参见［美］理查德·霍金斯、杰弗里·P. 阿尔珀特：《美国监狱制度——刑罚与正义》，孙晓雳等译，217 页，北京，中国人民公安大学出版社，1991。

② 参见王利荣：《行刑法律机能研究》，162 页，北京，法律出版社，2001。

这个悖论是监禁刑所面临的。只有正确地解决了这个悖论，才能获得良好的监禁效果。因此，监禁性矫正措施应当尽量减弱监禁刑的消极作用，对罪犯出狱以后的回归社会有所裨益。

我国在行刑活动中坚持教育与改造相结合的原则，在改造当中又强调劳动改造。教育与改造相结合的原则在历史上曾经发挥了重要作用，取得了重大成果。但在改革开放以后，监狱行刑面临新的挑战，尤其是在经济体制从计划经济向市场经济转变以后，监狱生产难以适应日益市场化的经济竞争局面。在这种情况下，监企分离就是十分必要的。监狱按照行刑活动的要求对罪犯依法监管，监狱企业逐步走向市场，并且按照市场规律办企业，监狱与企业之间形成平等主体之间的关系，监狱向企业提供劳务。通过这种形式，使监狱劳动适应市场经济的发展。在这种新形势下，监狱矫正的内容与形式都会发生重大变化，刑事政策也应随之进行适当的调整。

（2）非监禁性矫正措施

非监禁性矫正措施，是指在监狱之外对罪犯进行矫正的措施。监禁性矫正措施主要适用于犯罪较重、需要予以监禁的罪犯。而对于那些犯罪较轻、不需要予以监禁的罪犯，往往判处非监禁刑，对这些犯罪人实行非监禁性矫正。非监禁刑是在监狱之外对犯罪人适用的刑事制裁方法的总和。[1] 随着刑罚轻缓化的发展，西方国家的刑罚出现了非监禁化趋势，因而非监禁刑在刑罚体系中占据着越来越重要的位置。非监禁刑对犯罪人不予关押，但并不意味着放任不管，在服刑期间对犯罪人实行非监禁性矫正，如英国广泛采用的社区矫正刑。英国的社区矫正刑，包含社区服务令，就是地方法院以刑事解决的方式，判处罪行较轻的犯罪分子，在一定时间内，必须为社区提供一定的义务劳动。通过此方式，达到服务社会、矫正犯罪心理、改过自新之目的，完成罪犯改造之任务。[2] 这种社区矫正刑

---

① 参见吴宗宪等：《非监禁刑研究》，24 页，北京，中国人民公安大学出版社，2003。
② 参见王运生、严军兴：《英国刑事司法与禁刑制度》，108 页，北京，法律出版社，1999。

是传统的监禁刑的一种替代措施，因此又称为替刑，实际上是非监禁刑。

我国目前已借鉴外国的经验，确立了社区矫正法律制度。2003 年 7 月，最高人民法院、最高人民检察院、公安部、司法部联合下发了《关于开展社区矫正试点工作的通知》，号召在全国范围内开展社区矫正的试点工作。从试点工作来看，这种社区矫正主要对于被依法判处管制、宣告缓刑、裁定假释、暂予监外执行的罪犯和刑满释放后继续被剥夺政治权利的人员，通过社区矫正机构对其进行统一管理，规定他们参加一定时间的社区劳动，对犯罪人进行教育改造。这种社区矫正制度的确立使得非监禁性矫正逐渐取代某些轻罪的监禁性矫正，从而使刑罚向轻缓方向发展，减少监禁率，这对我国刑罚改革具有重要意义。值得注意的是，我国目前正在制定《社区矫正法》。该法虽然没有出台，但《刑法修正案（八）》已经将社区矫正引入刑法对管制、缓刑、假释的执行明确规定依法实行社区矫正。

我国以往刑事政策的制定，主要是基于治安形势和犯罪率，因而在犯罪率上升的情况下强调"严打"，但"严打"导致监狱人口急剧增加，监狱设施难以承受。在这种情况下，监狱难以有效地对罪犯进行教育改造，出狱以后的再犯率高，由此形成恶性循环。因此，在刑事政策的制定当中，必须坚持刑事一体化的思想。只有这样，才能通过卓有成效的刑事法律活动达到预防犯罪的目的。

（二）刑事政策的价值

刑事政策是以预防犯罪为根本目的的，这是刑事政策作为一种公共政策的根本特征。我国学者在论及刑事政策的理论基础时，往往涉及刑事政策的价值目标这样一个命题，认为刑事政策的价值目标包括自由、正义和秩序等。[1] 还有学者进一步对古典主义刑事政策思想、实证主义刑事政策思想、新社会防卫刑事政策思想的价值目标分别作了论述。例如，论者认为古典主义刑事政策的价值目标以保护自由、平等等个人权利为基本出发点，但在正义与程序的价值选择上却存在

---

[1]　参见何秉松主编：《刑事政策学》，211 页以下，北京，群众出版社，2002。

不同的观点，功利主义强调一般预防，注重对社会秩序的保护，只要以预防犯罪、保护社会秩序为目的，服务于这一目的便是正当的，不需要考虑其他因素。这样，功利主义必然忽视或轻视法律的重要价值之一的正义。报应论者虽然也主张对社会秩序的保护，但他们始终把正义摆在第一位，对社会秩序的保护自然就放在了次要的价值地位。[①] 上述对古典主义刑事政策的价值目标的论述，基本上是指其法律或者刑法价值思想的内容。那么，刑事政策与刑法是等同的吗？我的回答是否定的。实际上，报应论者强调的是刑法的正当性，因而在报应论者看来，刑罚是对犯罪的机械反应，不能成为追求某种价值目标的工具。正是在这个意义上，报应论者是不具有刑事政策思想的，因而也就不存在刑事政策的价值目标。刑事政策思想在功利主义者贝卡里亚那里出现思想萌芽，正如我国学者指出："贝卡里亚认为刑罚的本质是痛苦，它只是为遏止可能对社会造成的更大痛苦才被施加于犯罪人的，刑罚应当严格地控制在必要限度以内，超越这一限度，它就转化成对社会的新侵害。贝卡里亚对刑罚本质的这种带有一定辩证性的认识，致使他非常注重运用刑罚的策略，即刑事政策问题。"[②] 贝卡里亚虽然能够自觉地运用刑事政策方法，但贝氏并没有发明刑事政策一词。一般认为，刑事政策（Kriminalpolitik）一词系在 1980 年，由刑法学者费尔巴哈（Feuerbach）在其所著刑法教科书中首先使用。继后更由亨克（Henke）及李斯特（Franz v. Liszt）等学者普遍推广，逐渐由其他欧陆法系国家所陆续使用而成为一门学问。[③] 因此，功利主义刑法学所强调的是刑法的合目的性，只有在这合目的性的刑法观念之下，才有刑事政策思想存在的余地。从这个意义上来说，刑事政策与刑法是有所不同的，刑法作为一种法律，它可以成为追求自由、正义和秩序等各种价值目标的工具。但刑事政策必然是以追求预防犯罪为己任的。因此，正如希伯鲁（Hippel）指出："刑事政策者，乃将刑法之有效性，由合目的与否之立场

---

① 参见严励：《刑事政策价值目标的追问》，载《政法论坛》，2003（5），74 页。
② 黄风：《贝卡里亚及其刑法思想》，111 页，北京，中国政法大学出版社，1987。
③ 参见张甘妹：《刑事政策》，1 页，台北，三民书局，1979。

加以考察者之谓也。"① 我认为，刑事政策追求的是刑罚对于预防犯罪的有效性，它不可能具有自由、正义等价值。问题在于，在刑事政策对于预防犯罪价值目标的追求当中，是否应当受到自由、正义等价值的限制，而这恰恰是刑事法治所关注的。

法国学者提出了刑事政策的模式这一概念②，认为刑事政策可以分为国家模式与社会模式两种类型，国家模式又可以分为自由社会国家模式、专制国家模式和极权国家模式。自由社会国家模式受自由思想影响。根据这一模式的结构，自由作为首要的价值有着双重保障：一是对犯罪和越轨进行区分的保障——社会团体对个人的压力有中断；二是对国家干预的范围进行限制的保障，将国家干预仅限在犯罪领域——压力强度的限制。专制国家模式与极权国家模式的区别是，在专制国家模式的基本结构中存在着对越轨行为（只要越轨行为有或似乎有危险）进行国家反应的安全网。而极权国家模式将所有的偏离规范的行为用一个圆圈圈起来，对犯罪行为与越轨行为不加区分地进行围追堵截，将一种思维方式与行为方式强加给所有的人，一切的人都被同化、混合在一个完全一致的统一体中。一旦国家拥有了这样的手段或确立了这样的目标，不论其刑事政策的思想基础是什么，其政策模式就变成了极权的模式。国家模式的共同之处在于它们都以国家为核心，都以国家性反应来对付全部或部分犯罪现象。与此不同，社会模式排斥了一切国家反应，因而社会模式也更加复杂。刑事政策的社会模式可以分为自主社会模式与自由社会模式。自主社会模式的首要特征是对犯罪行为的社会反应。这里仍然能看到犯罪与越轨的区别。面临着国家的衰微，市民社会对犯罪现象承担起了责任，但在方式上仍然仿效国家。这种模式代表了赞同自主管理的思想，称为自主社会模式。而自由社会模式对犯罪与越轨不加区分，因而是在没有国家的社会中对犯罪的反应。

---

① 张甘妹：《刑事政策》，4 页，台北，三民书局，1979。

② 参见 ［法］米海依尔·戴尔玛斯-马蒂：《刑事政策的主要体系》，卢建平译，51 页以下，北京，法律出版社，2000。

法国学者对刑事政策模式的论述，采用了韦伯类型学的分析方法，是刑事政策的一个理想类型。在论述当中，法国学者首先区分国家与社会，然后根据对犯罪的国家反应与社会反应的特征建构起各种刑事政策模式。我国学者将法国学者的这种分析方法称为"戴氏模式分析"，认为这种模式分析具有创新性，同时也指出了其不足。在此基础上，我国学者提出了刑事政策模式的国家本位型、国家·社会双本位型和社会本位型三种模型。① 我认为，我国学者对上述三种刑事政策模式的分类是较为可取的。刑事政策模式的分类告诉我们：刑事政策在一个社会的实施不是自足的，而是受到这个社会的客观环境制约的。尤其是刑事政策作为一种对犯罪的反应，是与权力紧密联系在一起的。因此在考察刑事政策的时候，必须将刑事政策与政治制度结合起来。正是在这个意义上说，尽管刑事政策的目的都是预防犯罪，但达到这一目的的方式是有所不同的，因而刑事政策的模式也是有所不同的。

　　在极权主义制度下，刑事政策是通过重刑来达到的。例如，中国古代的法家就曾经指出"刑期于无刑"的目的刑主义，期望通过惩罚犯罪来达到无刑的境界。可以说，"刑期于无刑"包含了丰富的刑事政策思想。但在当时封建专制制度下，从这种目的刑思想恰恰引申出重刑主义。例如，商鞅主张："以杀去杀，虽杀可也；以刑去刑，虽重刑可也。"② 在解释"以刑去刑"时商鞅指出："行罚，重其轻者，轻其重者—轻者不至，重者不来。此谓以刑去刑，刑去事成。"③ 正如我国学者指出：商鞅的重刑思想与封建专制是紧密相连的。④ 由此可见，在专制社会，为维护专制制度，统治者在追求刑事政策目的时可以不择手段，不受任何限制，因而陷入重刑主义的泥潭。同样是追求预防犯罪的效果，贝卡里亚作

---

　　① 参见严励：《刑事政策的模式建构》，载陈兴良主编：《刑事法诉讼》，第13卷，254页以下，北京，中国政法大学出版社，1993。

　　② 《商鞅书·画策》。

　　③ 《商鞅书·靳令》。

　　④ 参见周密：《商鞅刑法思想及变法实践》，41页，北京，北京大学出版社，2002。

为一个自由主义者与人道主义者，以自由与人道去限制对刑罚功利的追求。因此，从刑事政策发展来看，这是一个人道主义阶段。贝卡里亚是一个功利主义者，但同时更是一个人道主义者。贝氏从人道主义出发，坚定地主张刑罚的宽和。当然，刑罚宽和的理由仍然是功利的。例如，贝卡里亚反对酷刑，并非简单地陈述其反人道性，而是论证残酷的刑罚将会使刑罚的效果发生贬值，因而将功利主义与人道主义巧妙地结合起来。例如，贝卡里亚指出："刑罚的残酷性还造成两个同预防犯罪的宗旨相违背的有害结果。第一，不容易使犯罪与刑罚之间保持实质的对应关系。因为，无论暴政多么殚精竭虑地翻新刑罚的花样，刑罚终究都超越不了人类器官和感觉的限度。一旦达到这个极点，对于更有害和更凶残的犯罪，人们就找不出更重的刑罚以作为相应的预防手段。第二，严酷的刑罚会造成犯罪不受处罚的情况。人们无论是享受好处还是忍受恶果，都超越不了一定的限度。一种对于人性来说是过分凶残的场面，只能是一种暂时的狂暴，绝不会成为稳定的法律体系。如果法律真的很残酷，那么它或者必须改变，或者导致犯罪不受处罚。"[①] 从人道主义出发，贝卡里亚的刑事政策思想充满人性，其对刑罚功利效果的追求受到自由和正义等更高价值的限制。

（三）刑事政策的限制

专制社会与法治社会，在刑事政策的追求上是截然有别的。在法治社会，刑事政策受到以下限制：

1. 罪刑法定原则的限制

刑事政策是以追求预防犯罪为目的的，但在法治社会，这一目的的追求受到罪刑法定原则的限制。德国刑法学家李斯特是刑事政策的倡导者之一，但他竭力主张罪刑法定是刑事政策不可逾越的樊篱，认为目的刑思想受到的重要限制包括：（1）不得为了公共利益而无原则地牺牲个人自由。尽管保护个人自由因不同历史时期人们对国家和法的任务的认识不同而有所不同，但是，有一点是一致

---

① ［意］贝卡里亚：《论犯罪与刑罚》，黄风译，44 页，北京，中国大百科全书出版社，1993。

的，即在法治国家，只有当行为人的敌对思想以明文规定的行为表现出来，始可科处行为人刑罚。犯罪行为的界限应尽可能地从客观方面来划定，该原则也适用于未遂犯罪和共同犯罪。只有这样，才能保证准确无误地区别应受处罚的行为和不受处罚的行为。（2）立法应将存在于人民中间的法律观，作为有影响的和有价值的因素加以考虑，不得突然与这种法律观相决裂。（3）在谈到刑罚对犯罪人的效果时，我们不可忽视其对社会的反作用，即对整个社会的影响。过分强调矫正思想对于全民的法律意识及国家的生存，都会造成灾难性的后果，如同对偶犯处罚过于严厉，对不可矫正的罪犯处罚过于残酷会带来灾难一样，目的刑思想有其界限。不考虑所要达到的目的，而一味地强调自我保护方法，永远也不会收到满意的效果。（4）无论对个人还是对社会，预防犯罪行为的发生要比处罚已经发生的犯罪行为更有价值，更为重要。① 李斯特看到了目的刑主义被绝对化以后可能带来的消极后果，主张刑事政策对预防犯罪的追求应以罪刑法定为限制，这表明李斯特的目的刑主义是一种罪刑法定范围内的目的刑主义，李斯特的刑事政策是法治国的刑事政策。

罪刑法定原则意味着法无明文规定不为罪，对国家刑罚权加以严格限制，因而具有限制机能，它是以保障公民个人的权利与自由为己任的，是法治社会刑法的内在精神。在法治社会，刑事政策之所以不得逾越罪刑法定的界限，是因为刑事政策是以国家权力作用——强制手段为中心的政策，如果不加以限制，就有侵犯人权之虞。正如日本学者指出：对惯犯实施预防性的监禁措施，对防止其犯罪来说是明显有效的，但是，在不能确认其具有反复犯罪的现实危险性的情况下所采取的预防性监禁措施，则是不能允许的侵犯人权的行为。因为，采取侵犯人权的犯罪防止手段，会导致国民对刑事司法的不信任，招致同刑事政策所具有的维持社会秩序的目的相反的结果。② 因此，在当今世界各国，尽管刑事政策一再受

① 参见［德］李斯特：《德国刑法教科书》，修订译本，徐久生译，20～21页，北京，法律出版社，2000。
② 参见［日］大谷实：《刑事政策学》，黎宏译，6页，北京，法律出版社，2000。

到强调，但罪刑法定作为刑法的铁则，仍然发挥着重要的作用。

在论及罪刑法定原则对刑事政策限制的时候，涉及一个重大的问题，这就是刑法的刑事政策化或者刑事政策的刑法化问题。随着刑事政策思想的传播，出现了刑法的刑事政策化或者刑事政策的刑法化的趋势。在这里，我们讨论的并不仅仅是刑事政策的法律化问题。关于刑事政策的法律化，我国学者认为是指国家将刑事政策转化为法律，或者说刑事政策通过法律的形式表达和实现。①刑事政策的法律化虽然也涉及刑法如何体现刑事政策的问题，但它更多的是从政策与法律的关系这一点上泛泛而言的。刑事政策对于刑事立法具有直接指导意义，刑事政策的变化必然导致刑法的修改，并且在刑法中反映或者体现刑事政策的精神，这都是毫无疑问的。但我们这里所说的刑法的刑事政策化或者刑事政策的刑法化是具有特定内涵的，它是指在刑法中更多地引入刑事政策思想，使刑法更多地追求对犯罪惩治的有效性。因此，刑法的刑事政策化使刑事政策的旨趣在刑法中得到更为彻底的贯彻。将保安处分制度在刑法中加以确立，可以说是刑法的刑事政策化的最直接的体现。我认为，相对于将刑法视为对犯罪的机械反应的报应论来说，刑法的刑事政策化试图在刑法中增加能动性，使刑法发挥预防犯罪、防卫社会的功效，这无疑是正确的。因此，适度的刑法的刑事政策化是值得肯定的。但过于强调刑法的刑事政策化，使刑法沦为实现刑事政策工具的倾向是危险的，也是应当警惕的。即使是将保安处分引入刑法，仍然应受法定主义的限制。日本学者曾经对保安处分的法定主义作过论述，指出：为保护对象者的人权，在法律中规定保安处分，以调和其同实现防卫社会的目的的关系，确有必要。这便是所谓保安处分法定主义。在规定保安处分时，有必要规定同被处分者有关的社会危害性和保安处分的种类、内容、期间等。特别是为使社会危险性的要件尽可能地客观化，应以现实地实施了一定的犯罪行为为要件，因此，对保安处分的宣告，不应该由行政机关，而应由法院进行。这样，保安处分是由刑事法院所宣告的，以

---

① 参见何秉松主编：《刑事政策学》，344 页，北京，群众出版社，2002。

隔离、治疗、改造为目的的处分的定义便成为通说。另外，在有关被处分者人权的事项上，禁止类推解释及不溯及既往等罪刑法定主义的派生原则也应适用。①由此可见，保安处分的法定主义对人权保障具有重要意义。否则，刑法在追求惩治犯罪的有效性的同时有可能丧失其手段的正当性，这与法治社会的刑法精神是背道而驰的。

2. 罪刑均衡原则的限制

罪刑均衡追求的是犯罪与刑罚之间的对称性、比例性，因而体现刑法的公正性。罪刑均衡是报应主义的题中应有之义，当然，个别功利主义者如贝卡里亚，其主张的罪刑阶梯，尽管在内在逻辑上不同于报应主义的罪刑均衡，但在外观上是十分类似于罪刑均衡的。罪刑均衡与刑事政策是否具有相容性，是一个值得研究的问题。在报应论者看来，罪刑均衡与刑事政策是不具有相容性的，并且以罪刑均衡排斥任何刑事政策的追求。例如，康德主张等量报应的观点，把这种等量报应称为支配公共法庭的唯一原则，根据这一原则可以明确地决定在质和量两方面都公正的刑罚。美国学者在评论康德的等量报应论时指出："根据康德式古典报应论观点，这完全是个正义问题，而不是什么威慑效果问题。公正的量刑就是由于侵害行为的性质而应当的、值得的量，在康德看来公正的刑罚手段是相等：刑罚的严重性应当相等于侵害行为的道德严重性〔表面上它是非法行为和侵害人当罚性程度两者的作用，这符合于 Lex tationis（'以牙还牙'）的'精神'〕。重要的是要注意到，尽管刑罚的正确性问题和刑罚的公正量刑问题是不同的，但是许多学者并没有分别给予论述。康德看来就是其中之一。大致看来，如果有一种对所有罪犯都施以与其行为等量的刑罚的责任，那么也就有一种惩罚所有罪犯的责任了。这种等量化观点的一个权威性论据，是诉诸关于普遍正义和世界的道德统治的古老观念。"② 由此可见，康德的等量报应的观点虽然有过于绝对化与机

---

① 参见［日］大谷实：《刑事政策学》，黎宏译，152 页，北京，法律出版社，2000。
② ［美］戈尔丁：《法律哲学》，齐海滨译，189 页，北京，生活·读书·新知三联书店，1987。

械化之嫌，但他引入道德观念，使刑法道义化，体现了刑法对古老的公正观念的追求。当然，康德绝对排斥刑法对于任何功利效果的追求，认为刑法不能成为追求另一种善的手段，从而将罪刑均衡与刑事政策对立起来。而贝卡里亚从使用多重的刑罚足以遏制犯罪这一功利主义的角度出发提出了罪刑均衡问题，指出："公众所关心的不仅是不要发生犯罪，而且还关心犯罪对社会造成的危害尽量少些。因而，犯罪对公共利益的危害越大，促使人们犯罪的力量越强，制止人们犯罪的手段就应该越强有力。这就需要刑罚与犯罪相对称。"① 显然，贝卡里亚认为只有罪刑均衡的刑法才能达致预防犯罪的效果，过轻的刑罚不足以制止犯罪，而过重的刑罚不仅是浪费的而且是专制的。在这样一种过程当中，罪刑均衡与刑事政策就不再是排斥的，而是可以相容的。我认为，罪刑均衡与刑事政策的相容性是应当承认的，在罪刑均衡的范围内我们可以追求刑事政策预防犯罪的目的。但是，罪刑均衡又并非是刑事政策的题中之义，对于刑事政策的过分追求必然导致对罪刑均衡原则的违反。正如同我国古代的法家，从追求刑法的功利效果出发，得出重刑主义的结论。为此，应当以罪刑均衡限制刑事政策。质言之，刑事政策不应违反公正观念。

我国长期实行"严打"刑事政策，在此同样存在一个如何不违反罪刑均衡原则的问题。我国《刑法》第5条规定了罪刑均衡原则："刑罚的轻重，应当与犯罪分子所犯罪行和承担的刑事责任相适应。"作为刑法基本原则，罪刑均衡应当在刑事立法与刑事司法两个方面得到切实的贯彻，"严打"刑事政策也同样应当受到罪刑均衡原则的限制。为使"严打"与罪刑均衡原则相吻合，必须强调依法从重，从而避免走向重刑主义。

3. 刑罚谦抑原则的限制

刑罚谦抑，是指对刑罚加以严格限制，使之存在于必要的限度之内。因此，刑罚谦抑原则也可以表达为刑罚必要性原则。贝卡里亚曾经将刑罚的必要性与刑

---

① ［意］贝卡里亚：《论犯罪与刑罚》，黄风译，65页，北京，中国大百科全书出版社，1993。

罚的正当性相等同,在贝卡里亚看来,只有必要的刑罚才是公正的,超过必要限度的刑罚,即使有利于预防犯罪,也是不正当的。这种刑罚谦抑的思想,是法治社会刑法的应有理念。我国台湾地区学者在论及刑事政策的刑罚谦抑主义原则时指出:刑罚谦抑主义之原则,即排除刑罚万能的思想。刑罚虽在今日仍不失为对付犯罪之主要手段,但并非唯一的手段。刑事学研究之发达,更证实仅盲目地科以严刑峻罚,并不足以达到预防犯罪之效果。因此,论者指出:刑事政策本身即根据此刑罚谦抑思想而发达。① 这里同样也涉及刑事政策与刑罚谦抑的关系问题。应当说,刑事政策观念本身也存在一个历史演变过程。在专制社会,为达到预防犯罪的目的不惜严刑苛罚。只是在启蒙运动以后,随着理性主义的勃兴、刑事政策的科学化与人道化,刑罚谦抑思想才开始主导刑事政策。对于这一刑事政策的演变,日本学者曾经指出:犯罪防止对于社会共同生活来说是必不可少的,因此,可以说,刑事政策在人类社会生活的起始之初便已存在。但是,探讨防止犯罪的合适、有效的手段,并将其作为国家的系统性的政策——刑事政策而加以推进的自发性认识,则是在欧洲启蒙运动时期才出现的。在此之前,仅是强调以死刑为中心的量刑手段进行威慑来达到防止犯罪的目的。特别是近代社会的初期,由于正处于从封建专制向近代国家过渡时期,社会局势动荡不安,滥用暴刑的倾向极为明显。例如,1532 年,查理五世制定的加洛林纳刑法典因给这种残暴的刑事政策赋予了正当性而在刑事政策史上恶名远扬。② 因此,刑事政策并非必然具有刑罚谦抑性的,在专制社会里,刑事政策的追求,可能导致刑罚过度与刑罚泛滥。只有在现代法治社会,刑事政策才在刑罚谦抑主义的基础上得以展开。

刑罚谦抑原则对刑事政策的限制,首先表现在刑罚在犯罪防范体系中的作用的降低,刑罚万能观念的破除,各种刑罚替代措施的出台。刑罚对于预防犯罪,

---

① 参见张甘妹:《刑事政策》,18 页,台北,三民书局,1979。
② 参见〔日〕大谷实:《刑事政策学》,黎宏译,7 页,北京,法律出版社,2000。

无论是一般预防还是个别预防，都是具有一定作用的，但这种作用以往常常被夸大，因而陷入刑罚迷信当中难以自拔。实际上，刑罚的作用是有限的，尤其刑罚对于犯罪是一种治标不治本的方法。正是基于这样一种认识，在西方社会出现了非犯罪化与非刑罚化的趋势。例如，日本学者对非刑罚化作了分析，认为存在两种形态的非刑罚化：第一种形态的非刑罚化是指虽然把某种行为类型作为犯罪（如盗窃）科处刑罚，但是对照犯罪人处遇的理念而考察刑罚介入的妥当性和待遇效果的结果，以非刑罚的处分（如对少年的保护处分）来代替刑罚。第二种形态的非刑罚化是指不把相当于违警罪的轻微违法行为作为犯罪，而规定对其科处行政制裁的立法动向。无论上述何种形态的非刑罚化，非刑罚化在其理论基础上与表现为自由刑宣告的回避、自由刑执行的回避、犯罪人的社会处遇化、刑罚与保安处分的一元化等一系列制度的刑事思潮，即刑法的谦抑主义、刑事制裁的合理性和人道化的思想具有联系。① 由此可见，在刑罚谦抑原则的指导下，刑罚得以进一步收缩，尤其是英美国家目前正在兴起的恢复性司法，对于传统的刑法制度无疑是一场革命。恢复性司法是一种通过恢复性程序实现恢复性后果的非正式犯罪处理方法。所谓恢复性程序，是指通过犯罪人与被害人之间面对面的协商，并经过以专业人员或社区志愿者充当的中立的第三方的调解，促进当事方的沟通与交流，并确定犯罪发生后的解决方案。所谓恢复性结果，是指通过道歉、赔偿、社区服务、生活帮助等使被害人因犯罪所遭受的物质、精神损失得到补偿，使被害人受犯罪影响的生活恢复常态；同时，也使犯罪人通过积极的负责任的行为重新取得被害人及其家庭和社区成员的谅解，并使犯罪人重新融入社区。② 恢复性司法改变了传统刑罚模式，对于刑事政策也具有重要影响。我国学者认为，恢复性司法是从国家本位的刑事政策向国家—社会双本位的刑事政策转变的标志。恢复性司法运动主张在唤起犯罪人的责任感，包括其赔偿犯罪的损害、恢复

---

① 参见［日］森下忠：《犯罪者处遇》，白绿铉等译，175 页以下，北京，中国纺织出版社，1994。

② 参见张庆方：《恢复性司法——一种全新的刑事法治模式》，载陈兴良主编：《刑事法评论》，第 12 卷，433 页，北京，中国政法大学出版社，2003。

社会安宁的义务感的基础上，用预防性的、恢复性的刑事政策取代惩罚性的、报应性的刑事政策，认为有效的刑事政策有助于恢复犯罪被害人被侵犯的权利，恢复公众的社会和道德意识，加强法律秩序。这种恢复性刑事政策不仅主张最低限度的压制，而且主张通过对大量犯罪的非犯罪化和创设替代刑事司法的社会性机构，限制刑事司法的活动范围。① 尽管恢复性司法的成效还有待检验，并且它也还存在适用范围上的局限性，但恢复性司法所带来的刑事政策的变化值得我们充分注意。

刑罚谦抑原则对刑事政策的限制，其次表现在刑罚的轻缓化，即刑罚量的降低。在传统的刑事政策模式下，重刑是被推崇的，尤其是死刑大量被适用。随着刑罚谦抑思想的流传，重刑观念逐渐被抛弃，死刑也由限制向废除的方向发展。死刑，又称极刑，是刑罚之最重者。死刑在刑罚体系中地位的变化，尤其是死刑从存到废的历史演变，是刑罚谦抑的最重要标志。在论及死刑的刑事政策方面的意义时，日本学者指出：即使从犯罪对策的观点来看，也很难看出存置死刑的积极意义，但是，因此便可以说死刑是不具有刑事政策意义的不合理的刑罚吗？刑罚正当化的理由虽然是实现抑制犯罪的目的，但其终极目的却存在于维持社会秩序。因此，为维护社会秩序，满足社会的报复感情，维持国民对法律的信赖便显得极为重要。在国民的一般法律信念中，只要对于一定的穷凶极恶的犯人应当处死刑的观念还存在，在刑事政策上便必须对其予以重视。现代死刑的刑事政策上的意义，恰好就在于此，因为有关死刑存废的问题，应根据该社会中的国民的一般感觉或法律信念来论。② 我认为，不仅死刑，而且所有刑罚的轻重都存在一个社会认同的问题。刑罚的轻缓化是逐渐被社会所接受的，因而是一个缓慢的过程。尽管如此，我们仍应对刑罚轻缓的发展趋势抱有期望。

① 参见梁根林：《解读刑事政策》，载陈兴良主编：《刑事法评论》，第 11 卷，26 页，北京，中国政法大学出版社，2002。

② 参见［日］大谷实：《刑事政策学》，黎宏译，112～113 页，北京，法律出版社，2000。

三、刑事政策的科学调整

刑事政策是刑事立法与刑事司法的灵魂，它对于一个国家的刑事法治建设具有重要意义。在刑事法治的建设中，对刑事政策进行科学调整，将宽严相济确定为我国的刑事政策是十分必要的。在此拟从打击犯罪与人权保障的双重刑法价值出发，基于刑事法治的一般原理，对宽严相济的刑事政策进行学理上的论证。

（一）宽严相济刑事政策的形成

刑事政策是一定社会对犯罪反应的集中体现。因此，对刑事政策的正确解读，一是离不开犯罪，它是刑事政策得以确立的客观前提；二是离不开社会，尤其是作为公共权力行使者的国家，它是刑事政策的制定者与实施者。从这个意义上说，刑事政策并非只是单纯的刑法问题，而是一个社会公共政策的问题。对刑事政策的研究，也不能局限在法规范的视阈内，而是应当进行超法规的考察。在对宽严相济的刑事政策进行分析的时候，我们应当首先将它置于我国刑事政策的体系之中，使其获得正确的定位。

长期以来，我国的基本刑事政策是惩办与宽大相结合，我国 1979 年《刑法》第 1 条将惩办与宽大相结合刑事政策确认为刑法的制定根据。我国著名刑法学家高铭暄教授指出：惩办与宽大相结合是我们党和国家同犯罪做斗争的基本政策。这项政策是从无产阶级改造世界、改造人类的使命出发，根据反革命分子和其他刑事犯罪分子中存在的不同情况而制定的。它对于争取改造多数、孤立打击少数、分化瓦解敌人，有着重大的作用。[①] 尽管高铭暄教授对惩办与宽大相结合的刑事政策内容的阐述，受到了当时流行的政治话语的影响，但其强调对犯罪分子区别对待，既包括惩办的一面，同时又兼顾宽大的一面，从而取得与犯罪做斗争的积极效果，这完全符合立法精神。因此，宽严相济是惩办与宽大相结合刑事政

---

① 参见汪明亮：《"严打"的理性评价》，33 页，北京，北京大学出版社，2004。

策的题中之义。

当然，我国对惩办与宽大相结合刑事政策在认识上经过了一个复杂的转变过程。因为从 20 世纪 80 年代初期开始，我国进入了一个社会转型时期，犯罪浪潮汹涌而来。在这种情况下，我国进入了一个"严打"时期。我国学者曾经将"严打"的内涵界定为：党和国家在社会治安形势严峻时为打击某几类严重刑事犯罪而制定的，由司法机关为主要执行主体的，以从重从快为基本要求的一种具体刑事政策，其以运动、战役的形式存在。[①] 从 1983 年到 2001 年将近二十年的时间里，我国先后发动了三次全国性的"严打"战役。在这种"严打"的背景下，如何看待它和惩办与宽大相结合刑事政策之间的关系，就成为一个无法回避的问题。对此，我国传统观点认为依法从重从快这一具体政策，同惩办与宽大相结合基本刑事政策的精神是完全一致的，不是对立相悖的。那种认为我国基本刑事政策已经改变的观点，是没有根据的错误认识。[②] 这种观点将惩办与宽大相结合理解为基本刑事政策，而"严打"是具体刑事政策。因此，在一个时期强调依法从重从快，并不会导致对惩办与宽大相结合的基本刑事政策的根本否定。以基本刑事政策与具体刑事政策来阐明惩办与宽大相结合刑事政策和"严打"刑事政策之间的关系，其逻辑当然是可以成立的。按照一般理解，基本刑事政策是全局性的、根本性的和长期性的刑事政策，而具体刑事政策是局部性的、个别性的和阶段性的刑事政策。在一个国家的刑事法律领域，存在着各种各样的刑事政策，并且这些刑事政策是随着犯罪态势的变化而不断地进行调整的，绝不能认为刑事政策是一成不变的教条。刑事政策的变动性与刑事法律的稳定性之间形成一种互动关系，恰恰是刑事政策发挥作用的一个基本前提。当然，在一个国家的刑事政策体系中，各种刑事政策的地位并不等同。在这种情况下，基本刑事政策与具体刑事政策之分具有其合理性。但是，基本刑事政策与具体刑事政策之间具有内在性

---

① 参见汪明亮：《"严打"的理性评价》，33 页，北京，北京大学出版社，2004。

② 参见杨春洗主编：《刑事政策论》，245～251 页，北京，北京大学出版社，1994。

质上的符合性：具体刑事政策应当而且必须体现基本刑事政策，基本刑事政策在相当程度上制约着具体刑事政策。

基于这种对基本刑事政策与具体刑事政策关系的界定，我认为惩办与宽大相结合刑事政策和"严打"刑事政策之间已经很难纳入基本刑事政策与具体刑事政策的分析框架。尽管惩办与宽大相结合刑事政策包括了惩办与宽大两个方面，但它并不是惩办政策与宽大政策的简单相加，而是惩办政策与宽大政策的有机结合，这种结合才是它的本质之所在。虽然"严打"可以从逻辑上包含在惩办的范畴之内，但它过分强调了从重从快，将惩办政策的一面张扬到了一个极端，这势必会影响到宽大政策的落实。正如我国学者所言："严打"政策体现的只是惩办与宽大相结合政策中惩办的一面，或称为"重重"的一面，而远非犯罪控制策略的全部内容。对严重犯罪的严惩必须与对轻微犯罪的轻处辩证结合。唯有"轻轻"，方能"重重"，方能真正有效地实现对犯罪的控制。[1] 因此，"严打"刑事政策在其内容上和惩办与宽大相结合刑事政策是存在抵触的，采用"严打"刑事政策意味着在一定时期内对惩办与宽大相结合刑事政策的搁置。事实上也是如此，可捕可不捕的不捕、可杀可不杀的不杀这些体现惩办与宽大相结合刑事政策的具体政策，在"严打"当中都不再适用。根据以上论述，我认为以基本刑事政策和具体刑事政策的关系难以解释惩办与宽大相结合刑事政策和"严打"刑事政策之间的关系。

随着 1997 年《刑法》删除了 1979 年《刑法》第 1 条中关于惩办与宽大相结合刑事政策的规定，我国刑法学界对于惩办与宽大相结合刑事政策到底还是不是我国奉行的基本刑事政策产生了质疑。对此，立法机关明确表示，我国刑法仍然坚持惩办与宽大相结合的刑事政策，而且这一政策已体现在具体规定之中。因此，刑法中不再单独专门规定惩办与宽大相结合的政策。[2] 这一解释维护了惩办与宽大相结合的基本刑事政策的这样一种说法，但 1997 年刑法修改的原则是

---

① 参见侯宏林：《刑事政策的价值分析》，325 页，北京，中国政法大学出版社，2005。

② 参见胡康生、李福成主编：《中华人民共和国刑法释义》，2 页，北京，法律出版社，1997。

"可改可不改的，不改"。刑法总则改动的只是个别不能不改的内容，而惩办与宽大相结合作为基本刑事政策既然是立法根据，那么这种删除就是没有实质必要性的。对此，我国学者作了以下解读：我国刑法不再规定惩办与宽大相结合刑事政策，并不意味着刑法对于这一刑事政策的否定——没有充分的理由否定。但是，我们也不应当忽视立法者在刑法当中删除这一规定的意义。1997年刑法删除这一规定并非毫无意义，不能简单地将这一变化理解为实质上"无变化"。因为"变化"是客观存在的，所以立法者的政策性选择即"删除"本身应当是有意义的。① 我赞同这一观点。在1997年刑法修订过程中之所以删除关于惩办与宽大相结合刑事政策的规定，主要还是为了给"严打"刑事政策让路。对于惩办与宽大相结合刑事政策而言，这是一种不是变化的变化。由此出发，我更为认同采用应然的刑事政策与实然的刑事政策之分析框架，以此解释惩办与宽大相结合刑事政策和"严打"刑事政策的关系。应然的刑事政策与实然的刑事政策的命题，是我国学者梁根林提出来的。根据梁根林教授的界定，应然的刑事政策是应当如此的刑事政策，是人类根据对犯罪现象客观规律的认识和把握而提出的，合目的和合理的预防与控制犯罪的准则、方略或措施。而实然的刑事政策是实际如此、现实应用的刑事政策，即国家与社会针对犯罪问题实际所采用的刑事政策，包括以刑事司法和刑事司法以外的其他措施为手段为达致控制犯罪的目的所进行的国家活动。② 梁根林教授虽然没有将惩办与宽大相结合理解为应然的刑事政策，但明确地把"严打"解释为实然的刑事政策。对于自1983年以来，我国刑事政策实际上是以"严打"为中心这样一种判断，当然是有事实根据的。在我看来，惩办与宽大相结合虽然没有被从法理上否定，但已经逐渐地演变成为应然的刑事政策。在"严打"的氛围之下，惩办与宽大相结合刑事政策对于刑事立法与刑事司法的影响有所减弱，这是一个不争的事实。对于刑事政策的研究，以往我国学者

---

① 参见曲新久：《刑事政策的权力分析》，234页，北京，中国政法大学出版社，2002。
② 参见梁根林：《刑事政策：立场与范畴》，23、42页，北京，法律出版社，2005。

往往是泛泛而论地讨论惩办与宽大相结合刑事政策，而忽略或者回避"严打"刑事政策的实施使其虚置这样一个现实。对于刑事政策研究，我们不能满足于应当以何者为刑事政策，更应当关注实际上以何者为刑事政策，进一步考察这种应然刑事政策与实然刑事政策分离的原因，由此得出正确的结论。

　　应该说，从1983年以来我国实行"严打"刑事政策不是偶然的，它是我国对伴随着社会转型而出现的大规模犯罪浪潮的一种反应。我国学者曾经对社会转型时期的社会控制问题进行了研究，认为在一定意义上，社会转型就是社会秩序的转型，而这一转型也就意味着社会控制机制的转型。① 在改革开放以前，由于实行计划经济，我国不仅在经济领域实行严格的行政控制，而且整个社会生活领域都处于国家权力无所不在的控制之下。由国家权力严格控制所形成的社会秩序，具有绝对性与压制性。在这种强有力的国家控制下，犯罪丧失了其生存的社会土壤。因此，当时我国犯罪率之低是举世闻名的。当然，这种低犯罪率与高安全感的获得，在一定程度上是以牺牲个人的权利与自由，牺牲经济的繁荣与社会的进步为代价的。在改革开放以后，我国开始了从计划经济向市场经济的转轨，同时也进入到一个社会转型时期。在社会转型阶段，出现了社会的失范现象，社会控制力大为减弱。尤其是以往赖以依存的社会控制资源减少，使得在一定程度上出现了社会失控状态。转型时期的犯罪问题就是这种社会失范与社会失控的产物，由此产生了巨大的犯罪控制压力。在这个时期，犯罪问题也就成为一个最为严重的社会问题。犯罪问题的根本解决，当然有赖于社会秩序的重建和社会控制模式的转换。这是一项需要较长时期才能达致的改革目标，难以立即奏效。但又必须对高发的犯罪作出及时应对，以保证经济体制改革的顺利进行和社会生活的正常开展。"严打"就是这种应对方式，通过"严打"在短时间内有效地压制犯罪，为改革争取时间。从这个意义上来说，20世纪80年代开始的"严打"，是在当时历史条件下的一种无奈的选择，也是一种必然的选择。从实际情况来

---

① 参见宫志刚：《社会转型与秩序重建》，364 页，北京，中国人民公安大学出版社，2004。

看，"严打"也确实起到了压制犯罪发展态势的作用。当然，我们也必须看到"严打"作为一种国家对犯罪的控制方式有其局限性。这种局限性可以从手段与效果两个方面来加以说明。

从手段上来说，虽然"严打"强调的是依法从重从快，但在其暴风骤雨式的运作方式下，法治的底线可能会被突破，这里存在一个手段的合法化问题。因而，如何处理"严打"与法治之间的紧张关系始终是我们在反思"严打"刑事政策时不得不面对的一个问题。我国学者指出了"严打"刑事政策本身存在的法治化程度不足的问题。[1] 我国学者还揭示了"严打"与法治之间的紧张关系，指出：刑事政策主要以国家权力为中心展开，因而刑事政策与政治之间必然存在着极为密切的联系，必定受到政治的深刻影响。"严打"政策与政治挂钩并密切联系，意味着这一政策首先是政治的工具，这就必然产生刑事政策与法律的冲突问题，如何处理好"严打"政策与法律的关系就自然地成为一个问题，而且始终是"严打"活动中的一个突出问题。在某种意义上，我国民主与法制的发展是政治决策的结果，法治也是政治进步的表现。所以，在我国目前的权力框架下，在执行"严打"政策的同时，如果法治不能获得同等的推进，就会自然而然地导致国家刑罚权与法治的紧张关系，在刑罚权与法治原本就存在紧张关系的情况下，问题就会更加突出。[2] 由此可见，"严打"与法治的关系应当引起我们重视。现在与1983年发动"严打"时相比，社会的法治化程度大有提高，除依法治国、保障人权入宪这样具有标志性的法治进步以外，在刑事法领域的法治也取得了重大的进展，这主要表现为1996年刑事诉讼法确立了无罪推定原则和1997年刑法确立了罪刑法定原则。无罪推定与罪刑法定都是刑事法治的题中之义，它们在我国刑事法中的确认，都表明法治的实质进展。在这样一个法治背景下，"严打"的手段合法化就是一个有待解决的问题。

---

[1] 参见汪明亮：《"严打"的理性评价》，44～45页，北京，北京大学出版社，2004。
[2] 参见曲新久：《刑事政策的权力分析》，268～269页，北京，中国政法大学出版社，2002。

从目的上来说，"严打"的有效性也是一个值得关注的问题。"严打"具有短时间内压制犯罪的效应，这是不容否认的。但"严打"的效果不能持久地维持，这也是一个客观事实。否则，一次"严打"足以管很长一个时期。但我国"严打"一个战役接一个战役，犯罪态势并没有从根本上得到扼制。"严打"的目标从争取社会治安根本好转到明显进步一再调整，也表明"严打"缺乏长效机制。我国学者对"严打"成效问题作了科学分析，指出：统计数据表明，"严打"这一治理犯罪顽症的"猛药"，在1984年至1987年间，确实在一定程度上遏制了犯罪的恶性增长态势。但是，"严打"只是暂时刹住了犯罪分子的嚣张气焰，暂时遏制了严重犯罪不断增长的恶性趋势，没有也不可能实现当初提出的三五年内使社会治安恢复到20世纪50年代的水平的目标，没有也不可能解决在改革开放条件下从根本上决定犯罪浪潮出现的社会结构性矛盾，因而"严打"的短期效应在1987年以后立即消失殆尽。自1988年以后，尽管"严打"斗争仍然在如火如荼地进行，但严重犯罪反而以前所未有的速度持续增长，"严打"斗争与严重犯罪形成了旷日持久的拉锯战。特别是影响社会治安的重大恶性刑事案件在1988年以后几乎呈几何级数疯狂增长，与此同时监狱的改造效能却急速下滑，累犯再犯率持续攀高，许多刑满释放人员或者脱逃出来的人员，怀着对社会的疯狂报复心理，肆无忌惮地实施令人发指、惨绝人寰的恶性暴力犯罪。有些地方的犯罪势力甚至勾结在一起，形成了许多带有黑社会性质的犯罪黑恶势力，与合法政权进行公然的对抗，因而迫使中央最高决策部门于1996年春季在全国范围内再次发动一场新的"严打"斗争。但是，这次"严打"斗争实施的效果更不理想，甚至连"扬汤止沸"的短期效应都未能达到，杀人、抢劫、绑架、爆炸、黑社会性质的组织犯罪等重大恶性暴力犯罪仍然层出不穷，甚至愈演愈烈，最终迫使国家最高决策层又于2001年4月召开最高级别的"全国治安工作会议"，部署在全国范围内进行新的声势更为浩大的"严打整治"斗争。[①] 应该说，上述对"严打"效

---

① 参见梁根林：《刑事政策：立场与范畴》，44～45页，北京，法律出版社，2005。

果的评价是客观的。在短时间内，"严打"可收一时之效，尤其是第一次"严打"，即时效果还是明显的，把犯罪气焰给压下去了。但随着时间的推移，犯罪又卷土重来，而且气焰更加嚣张。为此，不得不发动第二次"严打"，而第三次"严打"即使是即时效果也呈递减趋势。由此可见，依靠"严打"无法实现长治久安。因为犯罪是社会深层次原因和转型时期的特殊矛盾造成的，"严打"只是治标之策而不是治本之道。

基于以上对"严打"刑事政策的反思，我认为应当在总结经验教训的基础之上，在一定程度上回归惩办与宽大相结合的刑事政策。当然，惩办与宽大相结合的表述因其约定俗成而定型化，但这一命题蕴含着意识形态的成分。在传统话语中，一般认为惩办与宽大相结合刑事政策的内容是：首恶必办，胁从不问；坦白从宽，抗拒从严；立功折罪，立大功受奖。[①] 但这些内容有些已经过时，如抗拒从严，因其与无罪推定原则存在一定抵触，因而已经受到质疑。[②] 其他也不能完全反映惩办与宽大相结合刑事政策的基本精神。为此，我赞同以宽严相济取代惩办与宽大相结合。

（二）宽严相济刑事政策的阐述

宽严相济刑事政策是我国刑事政策中具有策略性的惩治政策。由于刑事政策是对犯罪采取的各种刑事措施和对策的总和，因此刑事政策的内涵是十分丰富的。而宽严相济刑事政策只是刑事政策中的一种，它主要体现的是对犯罪的惩治政策。

根据犯罪态势确定正确的应对措施，这是各国之通例。例如，我国学者在介绍西方国家的刑事政策趋向时，一般都认为是"轻轻重重"。这里的"轻轻"就是对轻微犯罪，包括偶犯、初犯、过失犯等主观恶性不重的犯罪，处罚更轻；"重重"就是对严重的犯罪，处罚较以往更重。[③] 由此可见，"轻轻"是指轻者更轻，而"重重"是指重者更重。因此，"轻轻重重"也被称为两极化的刑事政策。

---

① 参见马克昌主编：《中国刑事政策学》，98 页以下，武汉，武汉大学出版社，1992。
② 参见侯宏林：《刑事政策的价值分析》，276 页以下，北京，中国政法大学出版社，2005。
③ 参见杨春洗主编：《刑事政策论》，397 页，北京，北京大学出版社，1994。

这种"轻轻重重"的刑事政策，对轻者与重者加以区分，然后对轻者与重者采取不同的刑事措施，既符合预防犯罪的功利要求，又合乎罪刑均衡的刑法原则。在我国古代刑法中，法家存在着"刑期于无刑"这样包含着丰富的刑事政策意蕴的思想，但在专制主义思想的支配下，这种目的刑思想恰恰引申出重刑主义的结论。法家的这种思想，是一种典型的重刑主义。虽然在法家的观念中，"以刑去刑"的目的是正当的，但采用"重其轻者"的手段则是不正当的，其陷入重刑主义恰恰是"只要目的正当，可以不择手段"的逻辑演绎的必然结果。在现代法治社会，人权保障成为一种终极价值，打击犯罪也要受到人权保障的限制。因此，重刑主义是应当绝对禁止的。在西方国家普遍实行的"轻轻重重"的刑事政策有其合理性。

根据"轻轻重重"的刑事政策，在不同犯罪态势下，轻轻与重重又具有不同的侧重。例如，在社会发展较为平稳的时期，更为强调的是"轻轻"刑事政策，即"轻轻重重，以轻为主"。进入 20 世纪特别是第二次世界大战以后，在西方国家刑罚轻缓化成为一种普遍的理想。因此，"轻轻"的刑事政策不再是只包含"轻罪轻刑"这样一种简单的内容，而是包括非犯罪化、非刑罚化、非司法化。一般说来，刑事诉讼程序存在费时费力的弊端。监禁，特别是短期监禁更存在着明显的弊端。所以，从简易、经济、效率出发，符合现实的要求，对于轻微的危害行为，如先前的违警罪，排除其刑事犯罪的性质，不诉诸刑事诉讼程序，只处行政罚款。美国的"转处"，加拿大的"非司法化"，则使"非犯罪化""非刑罚化"更向前迈进一步。通过某些非官方机构和团体的帮助和调停，避免将违法或轻微的犯罪行为诉诸司法程序，进行社会化处理。[①] 这种"轻轻"刑事政策的实行，表明了刑罚人道主义精神，同时也体现了刑事政策从国家本位向社会本位演变的某种征兆。

当然，近三十年来随着犯罪的大幅增长，尤其是出于反恐的需要，西方的刑

---

① 参见杨春洗主编：《刑事政策论》，398 页，北京，北京大学出版社，1994。

事政策也有所调整，开始从"轻轻重重，以轻为主"向"轻轻重重，以重为主"转向。例如，我国学者曾经对美国加利福尼亚州（以下简称"加州"）三次打击法进行了介绍，认为这是具有美国特色的"严打"法。[①] 加州三次打击法，以橄榄球的"三振出局"为喻，提出了"三次打击然后出局"的口号，即三次实施暴力重罪的重罪犯应被处以终身监禁且没有假释，以体现对重新犯重罪者的严厉惩治。在三次打击法下被判决的被告人，将在监狱中度过大幅累加的刑期，他们所服的刑期将远远超过其他的犯罪行为人。因此，三次打击法具有明显的"重其重者"的倾向。当然，由于大多数西方国家已经废除死刑，保留死刑的国家对死刑适用也是严格限制的，因而所谓"重重"，也是相对的，人权保障的法治底线是绝对不能突破的。

我国传统的惩办与宽大相结合刑事政策，本身也包含轻与重这两个方面的内容。因此，我国学者认为"轻轻重重"是惩办与宽大相结合政策的基本精神，指出：惩办与宽大相结合政策的基本精神（或称精神实质）就是对严重的罪犯施以更严重的处罚，对轻微的罪犯给予更轻微的处罚，即轻其轻者，重其重者。换言之，也即"轻轻重重"[②]。其实，在惩办与宽大相结合政策的原始含义中，并无"轻轻重重"的内容，而是强调轻重的区别对待，即轻者该轻，重者该重。当然，以"轻轻重重"解读惩办与宽大相结合政策的基本精神，不失为一种创新。

为正确理解我国刑法中宽严相济的刑事政策，我们需要对宽严相济刑事政策中的三个关键字——"宽""严"和"济"加以科学界定。

宽严相济之"宽"，当然来自惩办与宽大相结合的"宽大"，其确切含义应当是轻缓。刑罚的轻缓，可以分为两种情形：一是该轻而轻，二是该重而轻。该轻而轻，是罪刑均衡的应有之义，也合乎刑法公正的要求。对于那些较为轻微的犯罪，就应当处以较轻之刑。至于轻罪及其轻刑如何界定，则应根据犯罪的具体情

---

① 参见王亚凯、付立庆：《美国特色的严打法——加州三次打击法初论》，载陈兴良主编：《中国刑事政策检讨——以"严打"刑事政策为视角》，351 页，北京，中国检察出版社，2004。

② 侯宏林主编：《刑事政策的价值分析》，270 页，北京，中国政法大学出版社，2005。

况加以判断。该重而轻，是指所犯罪行较重，但行为人具有坦白、自首或者立功等法定或者酌定情节的，法律上予以宽宥，在本应判处较重之刑的情况下判处较轻之刑。该重而轻，体现了刑法对于犯罪人的感化，对于鼓励犯罪分子悔过自新具有重要意义。在刑法中，轻缓的表现方式也是多种多样的，包括司法上的非犯罪化与非刑罚化以及法律上各种从宽处理措施。

宽严相济之"严"，是指严格或者严厉，它和惩办与宽大相结合中的惩办一词相比，词义更为确切。我国学者储槐植教授曾经提出"严而不厉"的命题，将"严"与"厉"分而论之，指出："严"与"厉"二字含义有相同的一面，常常一起连用；它们也有不同的一面，"严"为严肃、严格、严密之意，"厉"为厉害、猛烈、苛厉之意。储槐植教授之所谓"严而不厉"是在不同含义上使用这两个字，"严"指刑事法网严密，刑事责任严格；"厉"主要指刑罚苛厉，刑罚过重。[①] 宽严相济中的"严"，当然包括严格之意，即该作为犯罪处理的一定要作为犯罪处罚，该受到刑罚处罚的一定要受到刑罚处罚，这也就是司法上的犯罪化与刑罚化。与此同时，宽严相济之严还含有严厉之意。这里的严厉主要是指判处较重刑罚，当然是指该重而重，而不是指不该重而重，当然也不是指刑罚过重。

在宽严相济刑事政策中，该宽则宽，该严则严，对于"宽"与"严"加以区分，这是基本前提。因此，宽严相济是以区别对待或者差别待遇为根本内容的。区别对待是任何政策的基础，没有区别就没有政策。刑事政策也是如此，它是建立在对犯罪严重性程度的区别基础之上的。当然，宽严的区别本身不是目的，区别的目的在于对严重性程度不同的犯罪予以严厉性程度不等的刑罚处罚，由此而使刑罚产生预防犯罪的作用。刑事古典学派的经典作家们已经深刻地揭示了罪刑之间保持适当比例能够防止更大犯罪发生这一重要的刑法原理。例如，孟德斯鸠指出："在我们国家里，如果对一个在大道上行劫的人和一个行劫而又杀人的人，判处同样的刑罚的话，那便是很大的错误。为着公共安全起见，刑罚一定要有一

---

① 参见储槐植：《刑事一体化与关系刑法论》，305～306 页，北京，北京大学出版社，1997。

些区别，这是显而易见的。在中国，抢劫又杀人的处凌迟，对其他抢劫就不这样。因为有这个区别，所以在中国抢劫的人不常杀人。在俄罗斯，抢劫和杀人的刑罚是一样的，所以抢劫者经常杀人。他们说：'死人是什么也不说的'。"① 在此，孟德斯鸠阐述了对犯罪是应该有区别的，没有区别就会导致犯罪人犯较重之罪，有区别则能够引导犯罪人犯较轻之罪。对此，贝卡里亚也作了论述，指出："如果对两种不同程度的侵犯社会的犯罪处以同等的刑罚，那么人们就找不到更有力的手段去制止实施能带来较大好处的较大犯罪了。"② 由此可见，这些经典作家所倡导的罪刑均衡原则本身蕴含着刑事政策的精神。

宽严相济，最为重要的还是在于"济"。这里的"济"，是救济、协调与结合之意。因此，宽严相济刑事政策不仅是指对于犯罪应当有宽有严，而且在宽与严之间还应当具有一定的平衡，互相衔接，形成良性互动，以避免宽严皆误结果的发生。换言之，在宽严相济刑事政策的语境中，既不能宽大无边，不能严厉过苛；也不能时宽时严，宽严失当。在此，如何正确地把握宽和严的度以及如何使宽严形成互补，从而发挥刑罚最佳的预防犯罪的效果，确实是一门刑罚的艺术。

宽严相济刑事政策首先意味着应当形成一种合理的刑罚结构，这是实现宽严相济刑事政策的基础。关于刑罚结构，我国学者储槐植作了专门研究，认为刑罚结构是刑罚方法的组合（配置）形式。所谓组合（配置）形式，是指排列顺序和比例份额。排列次序是比重关系的表现，比重是量的关系，但量变会引起质变，比例不同，即结构不同，则性质不同。刑罚结构决定刑罚运行的内部环境，构成整体刑罚功能的基础。③ 刑罚结构概念的提出，表明我们对刑罚发生作用机制在理解上的深化。事实已经表明，刑罚是作为一个体系而存在的，正是刑罚的这种体系性构成特征，使各种刑罚方法形成一个具有内在逻辑结构的整体而发生作用。我国刑罚体系由主刑与附加刑构成，主刑包括管制、拘役、有期徒刑、无期

① ［法］孟德斯鸠：《论法的精神》，上册，张雁深译，92页，北京，商务印书馆，1961。
② ［意］贝卡里亚：《论犯罪与刑罚》，黄风译，65页，北京，中国大百科全书出版社，1993。
③ 参见储槐植：《刑事一体化与关系刑法论》，403页，北京，北京大学出版社，1997。

徒刑和死刑，附加刑包括剥夺政治权利、罚金和没收财产。从这些刑罚方法的性质来划分，资格刑、财产刑、自由刑（包括剥夺自由刑和限制自由刑）均齐全，而且主刑与附加刑之间的关系也较为协调。对于这样一个刑罚体系，我国刑法学界以往一般都持肯定的态度，认为我国刑罚体系是科学合理的，具有宽严相济的特征，指出：构成我国刑罚体系的刑种，无论是主刑还是附加刑，都是有轻有重，如主刑既有轻刑——管制和拘役，也有较重的有期徒刑，还有重刑——无期徒刑，更有最重的死刑；附加刑的各个刑种也是轻重有别。这表明，我国刑罚体系具有宽严相济的特点。[1] 这一评价从表面上看似乎言之成理，但从实质上分析则言之失当。我认为，从我国刑罚实际运作的状况来看，我国刑罚体系存在着结构性缺陷，这就是死刑过重，生刑过轻：一死一生，轻重悬殊，极大地妨碍了刑罚功能的正常发挥。

所谓死刑过重，是指我国在刑法上规定的死刑罪名过多，在司法中适用死刑过滥，从而使我国刑法成为一部重刑法典。为了说明我国刑法中的死刑过重，有必要对世界各国的死刑立法与司法的现状作一个描述。国际上存在着一种限制死刑，乃至于废除死刑的趋势，这已是不争的事实。这主要表现在国际上已经有相当一部分国家完全废除了死刑，还有一部分国家虽然在法律上没有废除死刑，但在事实上废除了死刑。根据英国学者罗吉尔·胡德的统计，截至 2001 年，在全世界 194 个国家中，完全废除死刑的国家是 75 个，占 39％；废除普通犯罪死刑的国家是 14 个，占 7％；保留死刑的国家是 105 个，占 54％。在保留死刑的国家中，又有 34 个国家在过去 10 年中没有执行过死刑，属于事实上废除死刑的国家。如果将废除普通犯罪死刑的国家和事实上废除死刑的国家都归入废除死刑的国家，那么废除死刑的国家就有 123 个，保留死刑的国家只有 71 个，即废除死刑的国家占国家总数的 63％，而保留死刑的国家只占国家总数的 37％。[2] 在保

---

① 参见高铭暄、马克昌主编：《刑法学》，240 页，北京，北京大学出版社、高等教育出版社，2000。

② 参见［英］罗吉尔·胡德：《死刑的全球考察》，刘仁文、周振杰译，11 页，北京，中国人民公安大学出版社，2005。

留死刑的国家中，死刑的适用也受到严格限制。例如，日本从 1979 年至 1994 年共执行死刑 28 人。① 韩国从 1987 年至 1997 年共执行死刑 101 人。② 而我国在刑法中保留了 68 个死刑罪名，尤其是大量非暴力犯罪保留死刑。不仅如此，我国在司法中适用死刑的数量十分惊人，而且我国死刑执行人数的信息并不公开，属于国家机密。美国学者大卫·特德·约翰逊在有关死刑论文中指出，他所得到的关于中国死刑执行数量的数字有三个版本。第一个版本的数据来自于大赦国际，中国每年死刑执行的数量是 1 500 人到 2 500 人。大赦国际是通过阅读中国的报纸得到这个数字的，它认为实际执行死刑的数量可能会是这个数字的 2 倍至 4 倍。第二个版本来自一本书，根据这本书的推测，在 1998 年到 2001 年里，中国每年执行死刑的数量估计有 15 000 人。第三个版本来自他与中国一位检察官的交谈，最近几年中国每年执行死刑的数量大概为 1 万人。③ 在上述三个版本的数字中，最低为 8 000 人，中间为 1 万人，最高为 1.5 万人。实际数量也许就是这三个数量的平均数，当然这只是一种推测。因此，尽管我国死刑执行人数的信息保密，但执行死刑人数为全世界之最这是人所共知的事实。死刑过重，由此可见一斑。

所谓生刑过轻，是指我国刑罚体系中除死刑立即执行以外的刑罚方法过于轻缓。根据我的分析，我国的死缓相当于有期徒刑 24 年（不包括判决前羁押）。死缓是指死刑缓期执行，本来是我国死刑的一种执行方法，但在司法实践中它往往被作为一种独立的刑种适用，而且被判处死缓的犯罪分子，除极个别的在死缓考验期间故意犯罪以外，基本上不再执行死刑。因此，死缓可以归入生刑的范畴。我国死缓制度设置的初衷是限制死刑，如高铭暄教授指出：死刑缓期执行制度是我国刑事政策上的一个重大创造，是贯彻"少杀"政策的重要方法。死缓制度有

---

① 参见［日］团藤重光：《死刑废止论》，林辰彦译，267 页，台北，商鼎文化出版社，1997。

② 参见［韩］金仁善：《关于韩国执行死刑的现状与死刑制度的改善方向的再思考》，载赵秉志主编：《中韩刑法基本问题研讨——"首届中韩刑法学术研讨会"学术文集》，168 页，北京，中国人民公安大学出版社，2005。

③ 参见［美］大卫·特德·约翰逊：《美国与日本的死刑悖论》，载陈兴良主编：《刑事法评论》，第 15 卷，43 页，北京，中国政法大学出版社，2004。

力地说明，我们国家对那些犯有死罪，但还不是非杀不可的犯罪分子，没有放弃对他们进行改造的一线希望。这就可以把死刑的适用实际上缩小到最小的范围。[①] 但是，随着"严打"活动的开展，通过死缓限制死刑适用的立法初衷并未实现。而且，死缓相对于死刑而言，显得过轻。根据我国 1997 年《刑法》第 50 条的规定，"判处死刑缓期执行的，在死刑缓期执行期间，如果没有故意犯罪，二年期满以后，减为无期徒刑；如果确有重大立功表现，二年期满以后，减为十五年以上二十年以下有期徒刑"。因此，死缓的上限是"2 年＋无期徒刑"，死缓的下限是"2 年＋15 年＝17 年"。那么，无期徒刑又相当于多少年有期徒刑呢？在我国刑法中，无期徒刑相当于有期徒刑 22 年。1997 年最高人民法院《关于办理减刑、假释案件具体应用法律若干问题的规定》第 6 条规定："无期徒刑罪犯在执行期间，如果确有悔改表现的，或者有立功表现的，服刑二年以后，可以减刑。减刑幅度为：对确有悔改表现的，或者有立功表现的，一般可以减为十八年以上二十年以下有期徒刑；对有重大立功表现的，可以减为十三年以上十八年以下有期徒刑。"因此，无期徒刑的上限是"2 年＋20 年＝22 年"；无期徒刑的下限是"2 年＋13 年＝15 年"。由于无期徒刑的上限为 22 年，因此死缓的上限为 24 年。我国的有期徒刑上限为 15 年，数罪并罚最高为 20 年。从实际情况观察，在我国司法实践中，被判处死缓的，一般服刑 18 年左右可以重获自由；被判处无期徒刑的，一般服刑 15 年左右可以重获自由；被判处有期徒刑 15 年的，一般服刑 12 年左右可重获自由。以犯罪时犯罪人的平均年龄为 30 岁计算，一个人即使被判处死缓，在 50 岁以前即可出狱。

相比之下，外国刑法中的生刑比我国要重得多。由于外国刑法中没有死缓，死缓也就无从比较。以无期徒刑而论，其严厉性程度因各国刑罚现状的不同而有所差异。一般来说，各国被判处无期徒刑的犯罪人均不再被实际地关押终身，而是经过一段时间的监禁以后最终都能复归社会。因为无期徒刑存在着剥夺罪犯的

---

① 参见高铭暄：《中华人民共和国刑法的孕育和诞生》，75 页，北京，法律出版社，1981。

犯罪能力和复归、改造罪犯这两个刑罚目标的互相冲突。① 除个别国家存在不可假释的终身监禁以外，大多数国家被判处无期徒刑的犯罪分子关押 10 年以上即可获得假释。例如在美国，被判处终身监禁的犯罪人，如果服刑中表现良好，一般执行 10 年（或 15 年）后可以获得假释。② 就此而言，外国的无期徒刑与我国的无期徒刑在严厉性上似乎差别并不大，但考虑到外国刑法中的刑罚轻缓程度，其刑罚之间的轻重是协调的。但在我国刑法中，大量犯罪分子被判处死刑立即执行，而死缓与无期徒刑实际上平均只被关押 15 年左右，确有过轻之嫌。因此，于刑罚轻重各国之间的横向比较是必要的，但更应当将其置于本国的刑罚体系之中，考察其与其他刑罚的衔接和协调。至于有期徒刑的上限，既有为 15 年的（日本、德国等），也有 24 年的（意大利），更有 30 年的（法国），如此等等。在英美国家，当一个人犯有数罪时，因为在数罪并罚上经常采用并科原则，有时刑期长达数十年，甚至数百年，实际上相当于无期徒刑。相比较之下，我国有期徒刑上限为 15 年，数罪并罚时不超过 20 年，是较为轻缓的。

如上所述，我国刑罚体系存在着死刑过重、生刑过轻的结构性缺陷，其不合理性显而易见。如果将我国刑罚的威慑力用 100 分来衡量，在现在的刑罚体系中，80 分是依靠大量适用死刑获得的，生刑只获 20 分。在这种情况下，在保持刑罚威慑力不变的情况下，应当进行刑罚的结构性调整，大量限制死刑适用，减少对死刑的依赖，使死刑获得的刑罚威慑力从现在的 80 分下降为 20 分。相应地，加重生刑的严厉性，使生刑获得的刑罚威慑力从现在的 20 分上升为 80 分。我国学者曾经形象地指出"抓大放小"的刑事政策，指出：对于严重的有组织犯罪、暴力犯罪、国家工作人员的职务犯罪等严重危及社会生存与发展、民众安宁与秩序的犯罪，即不能矫治或矫治有困难的犯罪/犯罪人实行严格的刑事政策，即"抓大"。对于情节较轻的刑事犯罪、偶发犯罪、无被害人犯罪、与被害人

---

① 参见李贵方：《自由刑比较研究》，95 页，长春，吉林人民出版社，1992。
② 参见储槐植：《美国刑法》，311 页，北京，北京大学出版社，1987。

"和解"的犯罪等，也就是不需矫治或者矫治有可能的犯罪/犯罪人实行宽松的刑事政策，即"放小"。"抓大放小"的本真含义是："严"其应当严的、必须严的；"宽"其可以宽的、应当宽的。易言之，在刑事政策层面上，应当实行两极化的刑事政策。[①] 我认为，这一观点是具有科学根据的。基于两极化的刑事政策，我们应当在严格限制死刑适用的前提下，按照重者更重、轻者更轻的思路对刑罚结构进行合理调整。

严格限制死刑，是当前我国刑罚结构调整的当务之急。在立法上死刑罪名未减的情况下，如何通过司法减少死刑适用是势所必然的限制死刑之路。对于死刑的限制与废除，我们过去存在着一种过分依赖立法的心理，在很大程度上忽视了司法对死刑的限制甚至于实际上废除的作用。从世界各国死刑废除历程来看，除个别国家出于某种特定的目的，如加入欧盟以废除死刑为前提，为实现加入欧盟的目的而无条件地从法律上废除死刑。大多数国家都是先从事实上废除死刑，在条件成熟的情况下再从法律上废除死刑。因此，事实上废除死刑是死刑废止的第一步。事实上废除死刑又不是一天之内实现的，有一个从死刑被大量适用到减少适用，最后过渡到不适用这样依次渐进的废止过程。因此，司法机关作为死刑的适用者，在实际废除死刑方面是大有可为的。我国应当在司法中逐渐减少死刑适用，非暴力犯罪的死刑更是在首先严格限制乃至于废止之列。对于暴力犯罪，尤其是杀人罪，应当制定一些死刑适用规则。例如，我国《刑法》第48条规定：死刑只适用于罪行极其严重的犯罪分子。这是对死刑适用条件的严格限制。但《刑法》第232条关于故意杀人罪法定刑的规定与其他刑法条文均有所不同：不是由轻至重排列，而是由重至轻排列，表述为"故意杀人的，处死刑、无期徒刑或者十年以上有期徒刑；情节较轻的，处三年以上十年以下有期徒刑。"因此，在我国司法实践中，犯故意杀人罪，只要没有法定从轻处罚事由的，一般均处死

---

① 参见蔡道通：《中国刑事政策的理性定位》，载陈兴良主编：《刑事法评论》，第11卷，51页，北京，中国政法大学出版社，2002。

刑，而且是死刑立即执行。例如陕西的董伟案，陕西省高级人民法院在本案的裁定书中指出："……其行为，已构成故意杀人罪，又无法定或酌定从轻处罚之情节，故应依法严惩。"[①] 这里的严惩，就是判处死刑立即执行。根据这种对《刑法》第 232 条的理解，只要犯故意杀人罪而无法定或酌定从轻处罚的情节，就属于《刑法》第 48 条规定的 "罪行极其严重的犯罪分子"，由此导致杀人罪成为死刑适用最多之罪。在这种情况下，应当对杀人罪适用死刑立即执行的条件加以明确。其实，1999 年最高人民法院在《全国法院维护农村稳定刑事审判工作座谈会纪要》对于故意杀人犯罪适用死刑的标准曾经作出过规定："对故意杀人犯罪是否判处死刑，不仅要看是否造成了被害人死亡结果，还要综合考虑案件的全部情况。"这一规定表明，犯故意杀人罪并非只要没有法定或酌定从轻处罚的情节就应当判处死刑立即执行。但由于这一规定并非严格意义上的司法解释而只是一种会议纪要，其法律效力稍弱，而且它是对农村杀人犯罪所作的规定，具有适用范围上的局限性，因此并没有成为杀人罪适用死刑的一般规则。

我认为，在死刑复核权收归最高人民法院行使以后，最高人民法院应当对杀人罪等死刑适用量占前五位的罪名进行调查研究，制定死刑适用的细则。例如，目前杀一人而判处数人死刑的案件在司法实践中时有发生，甚至杀一人而判处四人死刑的案例也见诸媒体。河南省原副省长吕德彬伙同新乡市副市长尚玉和雇凶杀人，一审法院除对吕德彬、尚玉和判处死刑以外，两名杀手张松雷、徐小桐亦被判处死刑。之所以出现这种情况，主要是因为互相之间主犯与从犯难以区分。在主犯与从犯可以区分的情况下，一般对主犯判处死刑，对从犯至多判处死缓或者无期徒刑。在共同杀人，尤其是雇凶杀人而主犯与从犯无法区分的情况下，通行的做法是各被告人均判处死刑。为此，我认为应当确立一个规则，在共同杀人案件中，杀一人的只能判处一人死刑，不能判处二人以上死刑。至于谁应当判处

---

① 转引自陈兴良主编：《中国死刑检讨——以 "枪下留人案" 为视角》，329 页，北京，中国检察出版社，2003。

死刑，属于法院裁量的问题。像这种雇凶杀人的案件，原则上雇凶者是主犯，应处死刑。像吕德彬案中，有两个雇凶者的，应以利益相关者为主犯，其他协助者为从犯。通过制定这样一些规则，为严格限制死刑适用提供法律根据。经过严格限制，争取将死刑适用数降低到目前的十分之一，即便如此，其绝对数与世界各国死刑适用数相比仍是一个天文数字。

在严格限制死刑适用的前提下，首先应当做到重者更重。这里所谓重者更重，是指那些严重犯罪，包括暴力犯罪与非暴力犯罪，由过去判处死刑立即执行改为判处死缓和无期徒刑以后，应当加重死缓和无期徒刑的处罚力度。被判处死缓的，原则上关押终身。个别减刑或者假释的，最低应关押 30 年以上。被判处无期徒刑的，多数应关押终身。少数减刑或者假释的，最低应关押 20 年以上。有期徒刑的上限提高到 25 年，数罪并罚不超过 30 年。通过加重生刑，为死刑的减少适用创造条件。现在社会公众之所以要求对严重的犯罪分子判处死刑，是因为生刑过轻。而加重生刑以后，虽未被执行死刑，但被判处了死缓，将会关押 30 年以上，甚至关押终身。这就会降低社会公众对死刑的依赖，认识到生刑的严厉性，从而在情感上能够接受死刑的大幅减少，也使刑罚结构变得更为合理。随着生刑的加重，我国的监禁成本将会大幅增加。过去大量适用死刑，对犯罪分子一杀了之，就经济成本而言是最为节省的。现在改为死缓或者无期徒刑以后，每个犯罪分子的监禁期限在 30 年以上。而以往被判处死缓或者无期徒刑的犯罪分子，执行 18 年或者 15 年后获得自由，现在监禁的期间延长为 30 年以上，每个犯罪分子增加的监禁期限在 12 年以上。我国社会能否承受随着生刑加重而增加的监禁成本？这是一个我们不能不正视的问题。[①] 因为我国毕竟是一个经济并不富裕的国家，

---

① 我国学者指出：按照财政部与司法部联合下达的监狱经费支出标准测算，全国监狱系统实际需要高达 210 亿元经费才能正常运转。若仅以纯国家财政拨款 127.3 亿元日常经费和 30 亿元基本建设经费与 154 万罪犯来计算，关押改造一个罪犯的年费用也已超过万元。这可能已经高于一个大学生一年的开销。这 157 亿多元的经费还不包括从军费渠道支出的武装警察看押的经费。参见郭建安：《社区矫正制度：改革与完善》，载陈兴良主编：《刑事法评论》，第 14 卷，320 页，北京，中国政法大学出版社，2004。由此可见，监禁成本是一个天文数字。

监禁成本会不会成为社会不能承受的经济包袱？对于这个问题，也只能通过调整刑罚结构加以解决。

在加重生刑方面，我国立法机关做了某些调整，在一定程度上加重了生刑。立法机关加重生刑的举措主要有以下三个：第一，提高了数罪并罚的最高期限。对于数罪并罚总和刑期在35年以上的，实际执行的最高刑期从20年提高到25年。第二，规定了限制减刑制度。对被判处死刑缓期执行的罪犯以及因故意杀人、强奸、抢劫、绑架、放火、爆炸、投放危险物质或者有组织的暴力性犯罪被判处死刑缓期执行的犯罪分子，人民法院根据犯罪情节等情况可以同时决定对其限制减刑。对限制减刑的死刑缓期执行的犯罪分子，缓期执行期满后依法减为无期徒刑的，不能少于25年，缓期执行期满后依法减为25年有期徒刑的，不得少于20年。第三，对贪污罪、受贿罪规定了终身监禁。贪污、受贿数额特别巨大或者有其他特别严重情节被判处死刑缓期执行的，人民法院根据犯罪情节等情况可以同时决定在其死刑缓期执行两年期满依法减为无期徒刑后终身监禁，不得减刑、假释。此外，还通过修改司法解释提高了无期徒刑的实际执行期限。2016年最高人民法院《关于办理减刑、假释案件具体应用法律的规定》第8条规定："被判处无期徒刑的罪犯在刑罚执行期间，符合减刑条件的，执行二年以上，可以减刑。减刑幅度为：确有悔改表现或者有立功表现的，可以减为二十二年有期徒刑；确有悔改表现并有立功表现的，可以减为二十一年以上二十二年以下有期徒刑；有重大立功表现的，可以减为二十年以上二十一年以下有期徒刑；确有悔改表现并有重大立功表现的，可以减为十九年以上二十年以下有期徒刑。无期徒刑罪犯减为有期徒刑后再减刑时，减刑幅度依照本规定第六条的规定执行。两次减刑间隔时间不得少于二年。"

在严格限制死刑适用的前提下，在重者更重的同时，还应做到轻者更轻。所谓轻者更轻，是指对较轻的犯罪，通常是指应处5年以下有期徒刑的犯罪，尽量减少关押，实行非监禁化。这就是要对轻罪从广泛适用监禁刑转变为尽量适用非监禁刑。以往，我国司法机关较为重视与强调监禁刑的适用。在传统思想与"严打"政策的影响下，忽视了非监禁刑的适用。这里所谓传统思想的影响，是指中国人将刑罚与监狱相联系，将被判处刑罚诠释为牢狱之灾。因此，非监禁刑往往被排斥在刑罚的概念之外。此外，在"严打"的重压之下，非监禁刑存在放纵之虞，因而往往适用率极低。当然，我国对非监禁刑缺乏行之有效的管理措施，也使得司法机关对非监禁刑的适用心有顾忌。在当前社区矫正试点取得初步成果并全面推广以后，将会使非监禁刑的管理走上正轨，从而为非监禁刑的扩大适用创造条件。通过适用非监禁刑，可以节省大量的监禁成本。虽然每个犯罪分子的关押期限只减少 3 年左右，但在全部刑事犯罪案件中，轻罪的绝对量是更大的，其节省的监禁成本也是可观的。将这些监禁成本转移支付给重罪，以弥补随着生刑加重而带来的监禁成本的缺口，我认为将不会使整个监禁成本大幅增加。

刑罚的结构性调整，正如同经济结构调整一样，是一个系统工程，不能顾此失彼，而应有全盘打算和统筹规划。事实上，随着犯罪态势的变化而不断地调整刑罚结构，以取得最佳的刑罚效果，这已经成为各国之通例。例如中英量刑制度比较研究课题组通过对英国的量刑制度考察，得出如下结论：受刑罚理论的影响，英国刑罚近二十年来的发展，有两个显著特点：一是监禁刑的立法和适用有"重刑化"的倾向，二是非监禁措施的大量采用。这里的非监禁措施，包括罚款、缓刑、保护观察令、社区服务等。[①] 英国以及其他国家的经验是值得我国借鉴的。当然，在刑罚结构经过调整实现合理化以后，还应当进一步使我国的刑罚趋于轻缓化。刑罚结构调整，为宽严相济刑事政策的实现提供了法律制度上的保障。

（三）宽严相济刑事政策的实现

宽严相济的思想在我国可谓源远流长，包含宽严相济思想的惩办与宽大相结合的刑事政策也曾经在我国长期实行。那么，在新的历史背景下，如何重新阐述宽严相济刑事政策的理论基础，这是一个需要深入研究的问题。

---

① 参见中国政法大学刑事法律研究中心、英国大使馆文化教育处主编：《中英量刑问题比较研究》，259 页，北京，中国政法大学出版社，2001。

刑罚是一种社会治理方式。因此，刑罚并不仅仅是一个法律问题，刑罚轻重之选择，与一个社会的政治理念具有密切关系。从政治理念上来说，宽严相济刑事政策之提倡是从专政的政治理念到治理的政治理念转变的结果。在专政的政治理念主导之下，法律，尤其是刑法往往沦为专政工具，这样的社会是采用压制型法律控制的压制型社会。压制型法律，是美国学者诺内特、塞尔兹尼克在《转变中的法律与社会》一书中提出来的一个概念，与之相对应的是自治型法律和回应型法律。诺内特、塞尔兹尼克将法律区分为三种类型：（1）压制型的法律：作为压制性权力的工具的法律；（2）自治型的法律：作为能够控制压制并维护自己的完整性的一种特别制度的法律；（3）回应型的法律：作为回应各种社会需要和愿望的一种便利工具的法律。① 实际上，一定的法律形态总是与一定的社会形态以及一定的政治形态相联系的。诺内特、塞尔兹尼克也是从法律与社会的相关性上进行考察的。因此，压制型的法律、自治型的法律和回应型的法律总是与压制型的社会、自治型的社会和回应型的社会相对应的。这三种法律形态以及与之相对应的三种社会形态，处于一种层递关系，这也正是诺内特、塞尔兹尼克以"迈向回应型法"作为该书副标题的原因之一。

我国社会目前也正处于转型之中，这种社会转型的一个重要标志就是逐渐减少压制性，从而增加自治性与回应性。在压制型社会，占据主导地位的是专政的政治理念。专政是以存在一个单一统治者为特征的一种统治模式。② 因此，专政往往是与暴力相联系的，合法的暴力或者非法的暴力。专政对社会实行的是统治，它是以统治者与被统治者的隶属关系为政治基础的。为了维护这种专政的统治秩序，往往需要对社会进行单方面的压制。这种社会是一个刚性的社会，各种社会矛盾都被暴力所掩盖和遮蔽，一旦社会矛盾爆发，社会就会处于一种崩溃状

---

① 参见［美］诺内特、塞尔兹尼克：《转变中的法律与社会》，张志铭译，16 页，北京，中国政法大学出版社，1994。

② 参见［英］戴维·米勒、韦农·波格丹诺：《布莱克维尔政治学百科全书》，邓正来等译，201 页，北京，中国政法大学出版社，1992。

态。而摆脱了压制的社会，是一个自治型的或者回应型的社会，这种社会的最大特点是社会控制手段由单纯的暴力压制转变为协调和治理。尤其是治理的政治理念的提出具有重要意义。治理是与统治相对立的概念，它表明不再存在一种超越社会的至高无上的权力，不再存在建立在不平等之上的统治与被统治的政治关系，社会的治理应当由社会本身来完成。在这种治理的政治理念下，追求社会的协调发展，才能真正成为善治之道。在这种情况下，法律的功能也发生了重大的变化。法律，尤其是刑法不再是单纯的暴力强制。尽管刑法仍然具有强制性，但这种强制是具有节制性的，不能超过一定的界限。在这个意义上说，自治型社会或者回应型社会相对于压制型社会而言，就是一个和谐社会。当前，建设和谐社会已经成为某种政治目标。和谐社会要求通过各种方法，包括法律手段，化解各种社会矛盾，疏通各种社会怨愤，由此而获得社会的长治久安。目的决定手段，当我们确立了以和谐社会为建设目标以后，法律就不再是专政的工具，而是各种社会关系的调节器，各种社会矛盾的化解器。在这种情况下，刑罚的轻缓化就是势所必然。而宽严相济刑事政策虽然强调轻轻与重重相结合，但就其根本而言，更应当关注的是刑罚的轻缓化。

　　刑罚轻重不仅受到政治理念的影响，同时还受到刑法理念的制约。因此，我们还必须从刑法理念上揭示宽严相济刑事政策的理论根据。从刑法理念上来说，虽然宽严相济刑事政策具有一定的策略内容，但其刑法的理念基础应当是刑法谦抑。刑法谦抑是与刑法滥用相对立的，刑法的演进经历了一个从野蛮到人道的发展过程。我国学者储槐植在探讨西方刑法规律时曾经揭示了刑罚趋轻规律，认为这是一个不可抗拒的客观规律。储槐植教授认为刑罚趋轻规律的根据主要是以下三点：（1）刑罚目的认识进化，报应成分减少，教育成分增加。（2）犯罪原因认识深化，控制犯罪对惩罚犯罪的信息反馈。（3）刑罚在国家管理系统中的作用结构的变化。[①] 我认为，在上述三个根据中，第三个根据是决定性的，只有将刑罚

---

① 参见储槐植：《刑事一体化与关系刑法论》，219 页以下，北京，北京大学出版社，1997。

纳入社会治理系统考察，才能深刻地揭示刑罚演变规律。法国学者涂尔干认为，刑罚演化存在两个规律：量变规律和质变规律。量变的规律可以阐述如下："当社会属于更落后的类型（untye moins élevé）时，当集权具有更绝对的特点时，惩罚的强度就越大。"质变的规律可以阐述如下："惩罚就是剥夺自由（仅仅是自由），其时间的长短要根据罪行的轻重而定，这种惩罚逐渐变成了正常的压制类型。"① 在这两个刑罚演化规律中，所谓量变规律是指刑罚轻重与社会类型具有相关性，所谓质变规律是指刑罚具体种类演变的规律。因此，从整体上认识刑罚演变规律，更应关注的是涂尔干所谓的量变规律。根据涂尔干的量变规律，刑罚轻重的决定性因素是社会类型的性质，但同时又与政府机构的性质相关，这里的政府机构的性质，主要是指专制的特征。由此可见，刑罚轻重并非是一个单纯的法律问题，而是一个社会政治问题。刑罚的效益之高低既取决于刑罚运行机制，又取决于社会控制能力。在一个发展程度较高的社会，政府权力受到限制，并且又能有效地对社会进行治理，因而就会降低对刑罚的依赖，尤其是降低对重刑的依赖，其刑罚轻缓也就是必然趋势。

刑罚轻缓是刑罚谦抑的题中之义。一般认为，非犯罪化与非刑罚化是实现刑罚谦抑的两个基本途径。非犯罪化（decriminalization）是指将迄今为止作为犯罪加以处罚的行为不作为犯罪，停止对其处罚，因此，它包括变更从来都是作为犯罪科处刑罚的现状，而代之以罚款等行政措施加以处罚的情况。② 非犯罪化是相对于犯罪化而言的，是对过度犯罪化的反动。我曾经认为，中国不宜提倡非犯罪化，因为中国不存在过度犯罪化。恰恰相反，中国的主要问题是犯罪化。③ 这个观点，从立法论上说是正确的，我现在仍然坚持。但从司法论上说则仍然存在一个非犯罪化的问题，因此需要加以补充说明。实际上，非犯罪化可以分为立法上的非犯罪化与司法上的非犯罪化。立法上的非犯罪化，是指通过变更或废止法

---

① ［法］涂尔干：《乱伦禁忌及其起源》，汲喆等译，425、437 页，上海，上海人民出版社，2003。
② 参见［日］大谷实：《刑事政策学》，黎宏译，88 页，北京，法律出版社，2000。
③ 参见陈兴良：《刑法的价值构造》，405 页，北京，中国人民大学出版社，1998。

律而使过去被作为犯罪的情况不再作为犯罪。而司法上的非犯罪化，就狭义而言，是指审判上的非犯罪化，即指通过刑事审判而进行的非犯罪化，它以通过变更判例，变更刑罚法规的解释和适用，以从来均被处罚的行为今后不再处罚为内容。至于广义的司法上的非犯罪化，还应当包括侦查上的非犯罪化与起诉上的非犯罪化，日本学者将其称为取缔上的非犯罪化，即指刑罚法规虽然存在，但因调查以及取缔机关不适用该刑罚法规，事实上几乎不作为犯罪处理的情况，又称为事实上的非犯罪化。① 就立法上的非犯罪化而言，由于我国刑法中的犯罪化程度不足，根本不存在过度犯罪化问题，因此不应提倡非犯罪化。从近年刑事立法发展来看，均是以增补新罪为内容的。但就司法上的非犯罪化而言，现在看来确有提倡的必要。对于那些虽然符合刑法规定，但情节轻微、没有较为严重社会危害性的行为，能不作犯罪处理的，就不应作为犯罪处罚。在侦查期间，能作为治安处罚的就不作为犯罪追究。在起诉阶段，能不起诉的就不起诉。在审判阶段，能不定罪的就不定罪。只有这样，才能在司法活动中切实地贯彻刑法谦抑原则，体现对轻微犯罪人的宽大处理。

至于非刑罚化，其内涵在学理上是存在争议的。日本学者认为，所谓非刑罚化（depenalization），是指用刑罚以外的比较轻的制裁替代刑罚，或减轻、缓和刑罚，以处罚犯罪。② 按照这一定义，非刑罚化的含义过于宽泛，包括了刑罚轻缓化，甚至包括了非犯罪化。非犯罪化的后果当然是非刑罚化，但非刑罚化却是以犯罪化为前提的。就此而言，我赞同德国学者耶赛克的界定，非刑罚化是指采取将被宣判有罪的人置于附有监视的自由状态之中进行考验的方法。③ 由此可见，非刑罚化的本质是非监禁化，即对于已经构成犯罪的人，尽量地采用非监禁刑或者适用缓刑。在论及非刑罚化时，我曾经提出中国当前不宜实行以非监禁化为主要特征的非刑罚化的观点，认为中国当前尚不具备实行非刑罚化的条件，包

---

① 参见［日］大谷实：《刑事政策学》，黎宏译，93页，北京，法律出版社，2000。
② 参见［日］大谷实：《刑事政策学》，黎宏译，107页，北京，法律出版社，2000。
③ 参见［德］耶赛克：《世界性刑法改革运动》，载《法学译丛》，1981（1）。

括社会条件、法律条件和思想条件。① 现在看来，这一观点过于现实与保守，有必要加以修正。也就是说，非监禁化应当是我国刑罚改革的一个方向。在我国目前死刑过多、刑罚过重的情况下，减少死刑，刑罚逐渐轻缓是十分重要的。按照宽严相济的刑事政策，非监禁化也是应当实行的。因为对于那些犯罪较轻的人而言，判处短期自由刑，改造效果并不理想，甚至还会促使其形成犯罪人格。短期自由刑久为人所诟病，因此减少短期自由刑的适用是势所必然。减少短期自由刑适用的方式之一就是扩大缓刑和非监禁刑的适用，有些国家甚至实行自由刑易科罚金的换刑处分，将短期自由刑视为不得已而用之的最后手段。因此，所谓非监禁化，主要是针对犯罪较轻的人而言的。通过非监禁化，可以节省监禁成本，又可以体现对犯罪人的宽宥。当然，非监禁化并不等于放任不管，而是采取非监禁性的矫正措施。用耶赛克的话来说，就是使犯罪人置于附有监视的自由状态。

在我国较为浓厚的重刑社会氛围下引入刑罚谦抑理念，并将其作为宽严相济刑事政策的理论基础，并不是那么容易获得社会认同的。事实证明，某种社会氛围一旦形成，改变起来将是十分困难的。当然，随着社会文明程度的提高，刑法谦抑的理念必然会被社会所接受。作为官方的刑事政策，应当理性地引导民众。

在对宽严相济刑事政策进行理论论证的基础上，我们面临在刑事立法与刑事司法中如何贯彻宽严相济刑事政策这样一个十分现实并且也是十分重大的问题。我认为，宽严相济刑事政策不仅是一个刑法问题，而且也是一个刑事诉讼法问题。它涉及整个刑事法，是刑事法治建设的重要指导思想，对于刑事立法与刑事司法都具有重大意义。我认为，宽严相济刑事政策的立法与司法的贯彻，涉及以下问题，现按照刑事诉讼程序逐一加以论述：

1. 刑事和解

刑事和解是指采用调解方式对刑事案件进行结案。相对于采用判刑的方式结案，刑事和解是一种处理轻微犯罪案件的较好的结案方式。在 2005 年诉讼法学

---

① 参见陈兴良：《刑法的价值构造》，422 页以下，北京，中国人民大学出版社，1998。

年会上，我国学者提出应当倡导刑事和解，认为这一制度的核心内容是促进犯罪人与被害人之间进行和解，犯罪人的和解努力和对损害的赔偿可以作为法院减轻其刑的情节，若为轻罪，甚至可以免予刑罚。[①] 应该说，刑事和解是司法上的非犯罪化的一种有效措施，它所体现的是恢复性司法的理念。恢复性司法是西方新兴的一种刑事处理方式，它不是简单地将犯罪人视为异类，而是在司法工作者的主持下，在犯罪人与被害人之间进行沟通和交流，求得被害人的谅解，从而确定犯罪发生后的解决方案。根据我国学者的介绍，恢复性司法具有以下三种形式：一是调解程序（mediation），二是和解会商（conference），三是愈合小组（Peacemaking Circle）。其中，调解程序是世界上最早出现的恢复性司法程序，它的原型是：将被害人和犯罪人聚在一起，利用一名调解人主持和推动双方会谈的进行，在会谈中被害人讲述他们的受害体验和犯罪人对自己的生活造成的影响，犯罪人解释他们究竟做了什么、为什么这样做，回答被害人提出的问题，当双方讲述完毕后，调解人会帮助他们共同确定使事情有好转的措施。[②] 由此可见，调解是恢复性司法中的一种重要方式。恢复性司法将调解引入刑事司法活动之中，在一定程度上改变了刑事司法模式。过去的刑事司法，表现为国家惩治犯罪的模式，反映的是国家与犯罪人之间惩罚与被惩罚的关系。在这一刑事司法关系中，被害人被忽略了。被害人的缺位，表明这种惩罚模式本身的异化。而恢复性司法则将犯罪人与被害人视为中心，国家只是一种调解人的角色，在犯罪人获得被害人谅解，被害人获得犯罪人的精神上的补偿与经济上的赔偿的条件下，双方达成和解，从而化解矛盾。当然，恢复性司法本身也是存在局限性的，并且只有对那些较为轻微的犯罪才能适用。对此，应当有所认识。在这个意义上说，恢复性司法只能作为正式司法模式的补充。

我国在民事诉讼中历来强调调解，调解被认为是解决社会纠纷的一种重要方

---

① 参见晏向华：《刑事和解：体现和谐社会理念》，载《检察日报》，2005-10-21，第 3 版。
② 参见张庆方：《恢复性司法》，载陈兴良主编：《刑事法评论》，第 12 卷，442 页，北京，中国政法大学出版社，2003。

式。但在刑事诉讼中，如何更好地发挥调解的作用却是一个值得研究的问题。根据我国刑事诉讼法的规定，在刑事自诉案件中，法院可以对被告人与被害人进行调解，只有在调解不成的情况下方可判决。这种对刑事自诉案件的调解，是我国目前刑事调解的重要形式。除此以外，在公安机关对轻微刑事案件的处理中，也应当引入调解方式，凡是通过调解而双方能够和解的，都尽量不要进入司法程序。这样的做法，既可化解矛盾，又能节省司法资源。应当指出，我国目前在公安机关的日常管理中还通行简单化的数字化管理，即以抓人多少（拘留数、逮捕数）作为考核指标，因而有些公安机关盲目地追求多拘多捕，个别地还下达办案指标。为完成办案指标，个别公安民警甚至导演"抢劫案"①。为此，必须改变执法观念。在社会治安基本稳定的情况下，对于公安机关的工作评价来说，应当是抓人越少越好，而不是抓人越多越好。在这种情况下，对较轻的刑事案件处理才能积极采用刑事和解方式，而不是将犯罪人一抓了之。由此可见，宽严相济刑事政策的贯彻必然会带来执法思路的重大转换。

2. 起诉便宜

起诉是提起审判的一个重要程序，进入审判以后，法院就会依法对被告人的行为是否构成犯罪作出判决。关于起诉，存在起诉法定主义与起诉便宜主义之分。起诉法定主义强调的是有罪必诉，因而与有罪必罚的报应主义观念具有密切联系。而起诉便宜主义则授予检察官一定的起诉裁量权。在检察官认为虽然存在犯罪事实，具备起诉条件，但斟酌各种情形，认为不需要起诉时，可以裁量决定不起诉。目前世界各国，既没有采取绝对的起诉法定主义，也没有采取绝对的起诉便宜主义，而是同时受到起诉法定主义和起诉便宜主义的共同调整。只不过在英美法系国家，基于当事人主义的诉讼理念，检察官对案件享有广泛的不起诉裁量权，并殊少受到限制；而在大陆法系国家，检察官对案件享有的不起诉裁量权

---

① 褚朝新：《为完成办案指标，荆州一民警导演"抢劫案"》，载《深圳特区报》，2004-02-13。

受到较多限制。① 我国刑事诉讼法规定，检察机关在行使起诉权的同时，也享有不起诉权。《刑事诉讼法》第 172 条规定："人民检察院认为犯罪嫌疑人的犯罪事实已经查清，证据确实、充分，依法应当追究刑事责任的，应当作出起诉决定，按照审判管辖的规定，向人民法院提起公诉，并将案卷材料、证据移送人民法院。"这一规定体现了起诉法定主义精神，强调检察机关追诉犯罪的职责。同时我国《刑事诉讼法》第 173 条第 2 款又规定："对于犯罪情节轻微，依照刑法规定不需要判处刑罚或者免除刑罚的，人民检察院可以作出不起诉决定。"这就是裁量不起诉，体现了起诉便宜主义精神。

在西方国家，无论是大陆法系还是英美法系，其犯罪概念没有数量因素的限制，因而犯罪范围较为宽泛，如果都进入审判程序，势必增加司法负担。为此，广泛地实行起诉便宜主义，只是在不同国家存在不同做法而已。例如日本实行起诉犹豫制度，指检察机关及其检察官，对于触犯刑法的犯罪嫌疑人，根据其犯罪性质、年龄、处境、犯罪危害程度及犯罪情节、犯罪后的表现等情况，依法认为没有必要立即追究其刑事责任而作出的暂时不予提起公诉的制度。美国则广泛采用辩诉交易（plea bargaining），指检察官与被告人或其辩护律师经过谈判和讨价还价来达成由被告人认罪换取较轻的定罪或量刑的协议。辩诉交易也被认为是美国检察官在刑事审判中行使公诉职能的一种方式，或者说是处理刑事案件的一种特殊途径。② 正是通过各种起诉便宜措施，限制了犯罪范围。我国刑法中的犯罪概念是有数量界限的，凡是犯罪情节显著轻微、危害不大的，不认为是犯罪。因此，在实体法上就对犯罪范围作出了某种限制。在程序法上，同样也可以加以限制，并且这种限制更有充足的刑法根据。但在实际运行中，检察机关的裁量不起诉权是受到严格制约的，尤其是在追求起诉率的"严打"态势下，裁量不起诉制度未能发挥其应有的作用。在宽严相济刑事政策下，裁量不起诉正是体现对轻微

① 参见宋英辉、吴宏耀：《刑事审判前程序研究》，50 页，北京，中国政法大学出版社，2002。
② 参见杨诚、单民主编：《中外刑事公诉制度》，116、222 页，北京，法律出版社，2000。

犯罪宽大处理的有效途径，应当实行"可诉可不诉的，不诉"的原则。因此，检察机关不应片面地追求起诉率，而是应当对裁量不起诉的质量加以监控，避免其滥用。至于我国有些学者提出引入辩诉交易制度、起诉犹豫制度等，关键要看这些制度在中国是否存在生存基础。尤其是在中国现有的裁量不起诉制度尚且虚置的情况下，引入外国制度是缺乏现实根据的。因此，充分发挥我国现行的裁量不起诉制度的功能才是当务之急。

3. 裁量减轻

1979 年《刑法》第 59 条第 2 款规定："犯罪分子虽然不具有本法规定的减轻处罚情节，如果根据案件的具体情况，判处法定刑的最低刑还是过重的，经人民法院审判委员会决定，也可以在法定刑以下判处刑罚。"这一规定授权人民法院审判委员会对于那些判处法定最低刑仍然过重的案件可以决定在法定刑以下判刑，这就是我国刑法中的裁量减轻，它是相对于法定减轻而言的。裁量减轻对于缓解法与情的紧张关系、协调一般公正与个别公正具有一定意义。但在 1997 年刑法修订过程中，将上述规定作了重大修改。1997 年《刑法》第 63 条第 2 款规定："犯罪分子虽然不具有本法规定的减轻处罚情节，但是根据案件的特殊情况，经最高人民法院核准，也可以在法定刑以下判处刑罚。"这一规定将裁量减轻的权力从基层人民法院行使上收至最高人民法院行使，而与曾经本来由最高人民法院行使的死刑复核权下放至高级人民法院行使形成了鲜明的对照，实际上都是取消了这两种制度，至少是名存实亡。问题不在于此，而在于两相对比本身表现出来的荒唐性：本来关涉人之生死的死刑复核权最高人民法院不行使，而却让最高人民法院决定在法定刑以下判刑这样一个较为微小的个案问题。其结果必然是：最高人民法院不审理重大的死刑案件，却审理判处轻刑的案件，此非本末倒置乎？这种规定既不公正，也浪费了司法资源。这绝不是一个立法技术问题，而是一个立法的指导思想问题。最高人民法院曾将死刑复核权下放，是为了"严打"，这是十分明显的。至于将裁量减轻的权力收至最高人民法院行使，其理由主要有二：一是一些法院滥用裁量减轻权，二是裁量减轻与罪刑法定原则相冲突。①

裁量减轻权是否滥用，这是一个实践的问题，应当通过严格执法来解决。裁量减轻是否与罪刑法定相冲突，则是一个理论问题，应当从学理上加以探讨。罪刑法定包括罪之法定与刑之法定，但罪刑法定原则的基本含义是法无明文规定不为罪，法无明文规定不处罚。申言之，罪刑法定原则所具有的限制机能，是对法外入罪与法外加刑的限制，但罪刑法定原则从来不对出罪和减刑加以限制。论者将1979年刑法中的类推与裁量减轻并论，认为1979年刑法与罪刑法定原则相违背的内容有二：一是《刑法》第79条规定的类推制度，二是《刑法》第59条第2款关于裁量减轻的规定。相比之下，后者与罪刑法定原则冲突的程度更甚，从实践中适用案件的数量看，后者对罪刑法定原则的破坏也更大。因此，如果废除了类推制度，却保留了在司法中裁量减轻刑罚的规定，这不但在理论上站不住脚，而且在立法选择上也是没有充足理由的。② 类推与罪刑法定之间存在逻辑上的矛盾，罪刑法定原则在我国刑法中确立以后必然导致类推制度的取消，这是不言而喻的。因为我国1979年刑法中规定的入罪的类推，这是一种不利于被告的类推，但罪刑法定原则是容许有利于被告的类推的。而就裁量减轻判刑而言，虽然突破了法定刑的限制，一方面在立法上授权，另一方面又是一种有利于被告的规定，这完全符合罪刑法定原则。这种观念之存在，表明我们对罪刑法定原则在认识上还存在误区。

裁量减轻权上收到最高人民法院以后，在司法实践中出现一些问题难以解决，较为突出的是《刑法》第263条关于抢劫罪的八种加重处罚事由的规定，以单一的情节决定在10年以上处刑，带来量刑过重问题。例如，冒充军警人员抢劫的应处10年以上有期徒刑、无期徒刑或者死刑，并处罚金或者没收财产。因此，在现实生活中有人冒充派出所民警，以威胁方法劫得200元人民币的案件，

---

① 参见敬大力主编：《刑法修订要论》，113～114页，北京，法律出版社，1997。
② 参见敬大力主编：《刑法修订要论》，114页，北京，法律出版社，1997。

因为符合上述规定，至少要判处 10 年有期徒刑，其量刑过重是显而易见的。像这样的案件都要层报最高人民法院决定在法定刑以下判处也不现实。因此，我认为除对刑法分则中量刑幅度的规定进行合理调整以外，还应当对刑法总则的减轻权重新设置。至于滥用裁量减轻权的问题，可以通过抗诉等诉讼手段加以解决。只有这样，才能真正为实现宽严相济刑事政策提供法律根据。

4. 社区矫正

宽严相济的刑事政策要求对于那些犯罪较轻的犯罪人尽可能地采用非监禁化措施。这里的非监禁化措施主要有三：一是非监禁刑。非监禁刑，顾名思义就是不在监狱中执行的刑罚。这意味着，执行这类刑罚方法，不采取监禁的方式。尽管在执行非监禁刑的过程中，可能对犯罪人的人身进行一定的限制，但是这种限制的时间是很短的，人身限制的严重性远远低于传统的监禁刑；同时，限制犯罪人人身的场所也不是通常所说的监狱。这是非监禁刑与传统的、以剥夺犯罪人自由为主的监禁刑或自由刑的主要区别之一。[①] 这一对非监禁刑的理解大体上是正确的。我国刑法中的非监禁刑包括：管制、罚金、剥夺政治权利、没收财产和驱逐出境。管制是一种限制自由刑，不放在监狱里执行而是放在社会中进行改造，因而具有非监禁性。至于罚金等附加刑，也都属于非监禁刑。由于我国刑法中的附加刑，是可以独立适用的，因而其作为非监禁刑的特征更为明显。二是缓刑与假释。缓刑与假释都是自由刑的执行变更措施，缓刑是附条件地不执行原判刑罚，而假释是附条件地提前释放，因而都具有非监禁性。正是通过缓刑与假释，使剥夺自由刑的监禁性在一定程度上得以消解。三是非刑处置。我国刑法中有定罪免刑的特殊判决方式，但虽然免刑，仍然应予一定的非刑处置。我国《刑法》第 37 条规定："对于犯罪情节轻微不需要判处刑罚的，可以免予刑事处罚，但是可以根据案件的不同情况，予以训诫或者责令具结悔过、赔礼道歉、赔偿损失，或者由主管部门予以行政处罚或者行政处分。"这些非刑处置措施成为我国刑法

---

① 参见吴宗宪等：《非监禁刑研究》，24 页，北京，中国人民公安大学出版社，2003。

中刑事责任的承担方式，同样是对于犯罪的非监禁化措施。在上述三种非监禁化措施中，有些是即时性的处置，例如罚金，只要收缴即无其他法律后果。但有五种措施存在非监禁刑的执行问题或者非监禁化处遇的考察问题，这就是管制、剥夺政治权利、缓刑、假释，此外还有保外就医。以往，非监禁刑的执行和非监禁化处遇的考察都流于形式，因而极大制约了刑罚的非监禁化。以管制为例，它是我国刑法中唯一的限制自由刑。但在 1997 年刑法修订过程中对于管制刑却出现了存废之争，主废的理由是管制刑难以执行。因为管制的执行离不开广大群众的支持、配合。在改革开放的新形势下，公民的生产、生活和人员流动等都发生了很大的变化。特别是在范围广大的农村地区，基层组织在群众生产、生活中所起的作用，与过去相比较，被极大地削弱了。在这种情况下，如果不谋求管制行刑方式的变革，最终不可避免地会导致"不管不制"的现象。[①] 在这种情况下，如何解决非监禁刑的执行和非监禁化措施的考察问题，就成为实现非监禁化的一个重要前提。

我国从 2003 年开始试行的社区矫正试点，就是解决上述问题的有益探索。2003 年 7 月 10 日最高人民法院、最高人民检察院、公安部、司法部发出《关于开展社区矫正试点工作的通知》，该通知明确规定："社区矫正是与监禁矫正相对的行刑方式，是指将符合社区矫正条件的罪犯置于社区内，由专门的国家机关在相关社会团体和民间组织以及社会志愿者的协助下，在判决、裁定或决定确定的期限内，矫正其犯罪心理和行为恶习，并促进其顺利回归社会的非监禁刑罚执行活动。"根据这一规定，社区矫正具有以下特征：（1）社区矫正的对象是以下五种罪犯：1）被判处管制的；2）被宣告缓刑的；3）被暂予监外执行的；4）被裁定假释的；5）被剥夺政治权利，并在社会上服刑的。这五种人都因犯罪而受到刑罚处罚，但或者被适用非监禁刑，或者受非监禁化处遇，将其纳入社区矫正的对象范围，有利于对这些犯罪人进行矫正。（2）社区矫正的主体是国家专门的社

---

① 参见周道鸾等主编：《刑法的修改与适用》，136 页，北京，人民法院出版社，1997。

区矫正机构以及相关社会团体和民间组织、社会志愿者。根据 2004 年 5 月 9 日颁发的《司法行政机关社区矫正工作暂行办法》第 9 条的规定，乡镇、街道司法所具体负责实施社区矫正，并履行相应的职责。除此以外，社区矫正还充分利用社会力量，包括社会团体、民间组织和社区矫正工作志愿者，对社区服刑人员开展各种形式的教育，帮助其解决遇到的困难和问题。（3）社区矫正的性质是非监禁刑的执行以及非监禁化处遇的考察。就目前我国的社区矫正而言，主要是在社区实施的非监禁刑的执行活动。但缓刑和假释则是非监禁化处遇的考察，它与刑罚执行还是有所不同的。通过社区矫正，可以矫正服刑人员的犯罪心理和行为恶习，促进其顺利回归社会。社区矫正是我国在借鉴外国经验基础上形成的具有中国特色的非监禁化措施。刑罚执行模式是刑罚变革的必然结果，因为刑罚本体与行刑活动具有密切相关性。一般认为，刑罚史上的刑罚执行模式经历了从野蛮到文明的三个发展阶段：第一阶段是以死刑、肉刑等身体刑为主，几乎没有监禁刑。第二阶段是以监禁刑为主。第三阶段是以非监禁刑为主。个别学者甚至认为，目前世界的刑罚执行模式已经进入第四个阶段，即恢复性司法阶段。① 社区矫正对于我国来说，还是新生事物，同时也是一种刑罚观念的更新。在宽严相济刑事政策中，社区矫正主要体现的是刑罚轻缓的一面，它有利于对罪行较轻的犯罪人的教育矫正，在试点取得成功的基础上，应当在全国推广。目前我国正在制定《社区矫正法》，在试点中成熟的经验和做法将被立法所确认。同时，《刑法修正案（八）》对管制、缓刑和假释依法实行社区矫正做了明文规定。这对于建立社区矫正的法律制度具有十分重要的意义。

---

① 参见刘强：《社区矫正：借鉴与创新》，载陈兴良主编：《刑事法评论》，第 14 卷，328～329 页，北京，中国政法大学出版社，2004。

第四章

刑法机能的话语转换

刑法机能关涉刑法存在的正当性与合理性，因而是考察刑法的基本出发点之一。任何一种刑法必有其存在的理由，因而有其功能定位，但正是机能上的差异使得专制社会的刑法与法治社会的刑法在性质上得以区分。我国社会目前正面临着从人治到法治的治理方式上的转型，刑法机能也发生着某种转换。在刑事法治的背景下，如何认识我国刑法的机能，是一个需要深入研究的重大课题。本章拟在对刑法机能的概念进行一般性的法理分析的基础上，着重论述在刑法机能问题上如何完成从强调惩治犯罪到追求人权保障的理念转变。

一、刑法机能的概念分析

在对刑法机能进行探讨之前，有必要进行某种语词的界定。在刑法理论上，刑法机能是一个通用的概念，大多数日本学者都是在刑法机能的名目下对刑法的规范机能、保护机能和保障机能加以讨论的。例如日本学者大塚仁指出：作为刑法的机能，特别可以考虑的是规制的机能、秩序维持机能及自由保障机能。[①] 日本学者大谷实则称之为刑法的社会机能，指出：所谓刑法的社会机能，是指刑法在社会上应当具有的机能和固有的作用，分为规制机能和维持社会秩序机能两种。[②] 在此，刑法的社会机能就是指刑法的机能，而大谷实教授在维持社会秩序机能中论及保护法益机能与保障人格机能。大塚仁则是将自由保障机能与秩序维持机能并列。两者内容大体一致，只不过是表述上存在差别而已。我个人是赞同将社会保护机能与人权保障机能相对应的，后者不能包含在前者之中。刑法机能也有学者称为刑法功能的，例如我国台湾地区学者陈子平教授把刑法功能分为规制功能、保护功能与保障功能这三项功能。[③] 这里的功能与机能两词，实际上是完全通用的。此外，刑法机能也被有些学者称为刑法目的，例如我国台湾地区学者黄荣坚教授专门论及刑法的目的，并将刑法目的区分为先于刑法的刑法目的和后于刑法的刑法目的。先于刑法的刑法目的是指罪刑法定，刑法提供人民自由开展其生活的保证。后于刑法的刑法目的是指刑法应有的积极意义，主要是指法益的保护以及社会规范的维护。黄荣坚教授指出：刑法目的的概念在先天上内含理想性质，但是实然世界还是有异于应然的世界。刑法保护人与人间最低限度利益衡平的目的，在现实中的情形必然有落差。[④] 因此，黄荣坚教授对刑法目的的理解更着眼于刑法应有的积极意义。

刑法目的之说似乎较之刑法机能更具主观色彩，但实际上刑法目的与刑法机能并无实质上的区分。有些学者在行文中，都是将刑法的机能、目的并用的。例如日本学者西田典之从"刑法是为何而制定"这一问题出发思考刑法的机能，对于是把保护法益理解为刑法的第一机能、目的，还是把保护成为国家社会秩序之

① 参见［日］大塚仁：《刑法概说（总论）》，3 版，冯军译，22～23 页，北京，中国人民大学出版社，2003。
② 参见［日］大谷实：《刑法总论》，黎宏译，3 页，北京，法律出版社，2003。
③ 参见陈子平：《刑法总论》（上），8～9 页，台北，元照出版社，2005。
④ 参见黄荣坚：《基础刑法学》（上），2 版，10 页以下，台北，元照出版社，2004。

基础的社会伦理或刑法规范作为刑法的机能、目的这一问题进行了探讨。[①] 在上述论述中，机能与目的是等同的，完全可以互换。值得注意的是，刑法机能在某些著作中也称为刑法的任务。例如，德国学者耶赛克、魏根特的《德国刑法教科书（总论）》一书开宗明义就是关于刑法任务的论述，提出了刑法的任务是保护人类社会的共同生活秩序的命题。[②] 当然，这里的任务一词在德文中是否与机能一词不同，存在一个翻译上的问题。无论采用何种措施，刑法的机能（功能、目的、任务）都是对刑法存在的实际功用的考察，这也是刑法的正当性问题，它在很大程度上决定着刑法的性质。

我国《刑法》第 2 条对刑法的任务作了专门规定，全文如下：

> 中华人民共和国刑法的任务，是用刑罚同一切犯罪行为作斗争，以保卫国家安全，保卫人民民主专政的政权和社会主义制度，保护国有财产和劳动群众集体所有的财产，保护公民私人所有的财产，保护公民的人身权利、民主权利和其他权利，维护社会秩序、经济秩序，保障社会主义建设事业的顺利进行。

在刑法中规定刑法的任务，并非我国独创而是源自苏俄刑法的体例。在大陆法系刑法中，均无关于刑法任务的规定，作为一种刑法理论问题，刑法的任务在有关刑法著作中加以讨论。但在苏联十月革命以后，随着政治话语对法律领域的垄断，刑法的阶级性得以强调。苏俄学者指出：对刑法和犯罪的阶级性质的看法是同马克思列宁主义关于国家阶级性质的学说相联系的。苏维埃刑事法律从伟大的十月社会主义革命胜利的最初几天起就公开宣布了自己的阶级性质。[③] 在这种情况下，刑法任务被视为最能体现刑法阶级性的内容而在刑法中加以规定，并成

---

① 参见［日］西田典之：《日本刑法总论》，刘明祥、王昭武译，22～23 页，北京，中国人民大学出版社，2007。

② 参见［德］汉斯·海因里希·耶赛克、托马斯·魏根特：《德国刑法教科书（总论）》，徐久生译，1 页，北京，中国法制出版社，2001。

③ 参见［苏］A. A. 皮昂特科夫斯基等：《苏联刑法科学史》，曹子丹等译，16 页，北京，法律出版社，1984。

为社会主义刑法与资本主义刑法在内容上的重大区别之一，在某种程度上成为社会主义刑法的政治标签之一。1958 年《苏联和各加盟共和国刑事立法纲要》第 1 条第 1 款规定：

> 苏联和各加盟共和国刑事立法的任务，是维护苏维埃社会制度和国家制度，保护社会主义所有制，保护公民的人身和权利，维护社会主义法律秩序，以防犯罪行为的侵害。

这里规定的是"刑事立法的任务"，它和刑法的任务还是有所不同的。根据上述规定，1960 年《苏俄刑法典》第 1 条第 1 款规定了苏俄刑法典的任务：

> 苏俄刑法典的任务是保护苏联的社会制度及其政治体系和经济体系，保护社会主义所有制，保护公民的人身、权利和自由以及整个社会主义法律秩序不受犯罪行为的侵害。

这一规定与《苏联和各加盟共和国刑事立法纲要》第 1 条的规定可以说是大同小异。在刑法中规定刑法的任务这种立法例，为其他社会主义国家所仿效。除《苏俄刑法典》以外，《罗马尼亚刑法典》第 1 条规定了刑法的目的，其内容与《苏俄刑法典》第 1 条大体相同。《蒙古刑法典》第 1 条规定了刑事立法的任务、《朝鲜刑法典》第 1 条规定了刑法的任务。① 我国刑法历次草案中都有刑法的任务这一条文，只不过根据政治话语的变化而有所调整而已，这一规定可以说是刑法中的政治风向标。正如高铭暄教授所言：这是一个具有重大政治意义和法律意义的条文。② 1979 年《刑法》第 2 条当时的表述是：

> 中华人民共和国刑法的任务，是用刑罚同一切反革命和其他刑事犯罪作斗争，以保卫无产阶级专政制度，保护社会主义的全民所有的财产和劳动群众集体所有的财产，保护公民的人身权利、民主权利和其他权利，维护社会秩序、工作秩序、教学科研秩序和人民群众生活秩序，保

---

① 参见方蕾等编译：《外国刑法分解汇编（总则部分）》，1~2 页，北京，国际文化出版公司，1988。
② 参见高铭暄：《中华人民共和国刑法的孕育和诞生》，22 页，北京，法律出版社，1981。

障社会主义革命和社会主义建设事业的顺利进行。

在这一条文的表述中，还存在较为浓厚的政治色彩，例如反革命、无产阶级专政、社会主义革命等都是当时流行的政治话语。在 1997 年刑法修订过程中，对这些已经过时的政治术语进行了调换，但该条文的基本内容并未改动。

如何解读我国《刑法》第 2 条关于刑法任务的规定，始终是一个存在争议的问题。如果我们不是满足于对这一条文的字面解读，而是力图将它纳入大陆法系刑法学的规范话语体系，那么就会提出这样一个问题：我国《刑法》第 2 条规定的刑法的任务，能否等同于刑法机能和刑法的目的？肯定的观点认为，刑法的机能就是指刑法的作用，也就是刑法所要实现的任务。[①] 根据这一论述，刑法的机能和刑法的任务是可以等同的概念。而否定的观点则认为，刑法的任务是指立法者所赋予刑法的职能或者责任，因而刑法的任务不同于刑法的机能和目的。[②] 虽然在上述两种观点中，前者以作用定义刑法的任务，后者以职责定义刑法的任务，似乎有所不同；但从本质上来说，无论是刑法的作用还是刑法的职能，都是刑法对社会发挥的实际功效，在这一点上并无根本区别。至于刑法机能与刑法目的，大多不加严格区分。但也有学者认为两者不能等同：刑法的机能是刑法在社会生活中能够发生作用的功能，刑法的目的是刑法价值所在的标志，它回答的是社会组成人员为什么要通过国家制定刑法的问题，因而刑法的目的与刑法的机能不能等同，刑法的目的必须从宪法的角度来认识。[③] 我认为，如果从文字本身来理解，刑法的任务、机能与目的这些概念之间确实存在一定的区别。例如刑法的机能主要是从客观上揭示刑法所应当具有的功能，具有较为明显的客观性。而刑法的目的主要是从主观上确立刑法所追求的价值，具有较为明显的主观性。刑法的任务则介乎于两者之间，是客观上的手段与主观上的目的的统一。就实现任务的方法而言，离不开刑法的机能；而就确定任务的目的而言，又离不开刑法的目

① 参见赵秉志、吴振兴主编：《刑法学通论》，14 页，北京，高等教育出版社，1993。
② 参见张小虎：《刑法的基本观念》，56～57 页，北京，北京大学出版社，2004。
③ 参见许道敏：《民权刑法论》，64 页，北京，中国法制出版社，2003。

的。因此，刑法的任务、机能与目的，都属于同一层次的概念，可以在互相联系中理解。有学者认为我们不能因我国《刑法》第 2 条表述的刑法的任务只涉及保护法益，没有涉及刑法机能中的规范机能、保障机能，而得出刑法的任务不能等同于刑法的机能的结论①，我认为这是难以成立的。在我看来，我国《刑法》第 2 条规定的刑法任务，实际上就是刑法的机能，只不过是对刑法机能的片面而非全面的表述而已。只有将刑法的任务纳入到刑法的机能这一命题下，才能对其作出正确的诠释。

二、刑法机能的全面理解

对于我国《刑法》第 2 条规定的刑法任务的内容，以往我国刑法学都习惯地概括为"惩罚犯罪，保护人民"。例如我国学者指出：刑法的任务，实际上是我国刑法"惩罚犯罪，保护人民"这一根本价值目标的具体化。简单讲来，它应该包括"用刑罚同一切犯罪做斗争"和"保障社会主义建设事业的顺利进行"两个方面的内容。并且，在"保护人民"和"惩罚犯罪"这两种刑法的基本功能中，前者是我国刑法的根本目的，"惩罚犯罪"只是实现刑法这一根本价值的手段。②在以上论述中，惩罚犯罪是从"打击敌人"这一政治话语中转换而来的，因此，刑法只不过是打击敌人的一种工具，通过打击敌人而达到保护人民的根本目的。在这种"敌人""人民"二元对立的话语框架中，刑法的功能定位得以确立，刑法被纳入政治体系之中。当然，这种状况也有所改变。我国也有学者开始采用大陆法系刑法话语来解读我国《刑法》第 2 条关于刑法任务的规定。例如张明楷教授将我国刑法确认的刑法任务归纳为保护法益，保护的方法是禁止和惩罚侵犯法益的犯罪行为。张明楷教授阐述了惩罚犯罪与保护法益之间的密切联系：不使用惩罚

---

① 参见张明楷：《刑法学》，2 版，32 页，北京，法律出版社，2003。
② 参见高铭暄、马克昌主编：《中国刑法解释》，上卷，32 页，北京，中国社会科学出版社，2005。

手段抑制犯罪行为，就不可能保护法益；为了保护法益，必须有效地惩罚各种犯罪；惩罚是手段，保护是目的。同时，张明楷教授又从刑法任务中引申出刑法目的的概念，认为刑法的目的也是保护法益。[①] 当然，在这种情况下，刑法的任务与刑法的目的之间如何区别就成为一个值得研究的问题。刑法的任务无论是界定为保护人民还是界定为保护法益，都是片面的。当然，这种片面性来自刑法规定本身。只有将刑法的任务纳入刑法的机能这一法理概念中，我们才能对刑法的任务作出全面阐述。

关于刑法的机能，大陆法系刑法理论存在不同的表述，但一般认为刑法具有规制机能与社会机能这两个方面的内容。我国学者认为，刑法的规制机能是指把刑法作为手段看它本身有什么作用、能力；而刑法的社会机能是指刑法在社会生活中实现的职能、作用，即从刑法调整目的方面，从刑法对社会生活的影响后果所观察的机能。因此，刑法的规制机能与社会机能之间存在手段与目的的关系：刑法的规制机能是刑法的社会机能的手段，而刑法的社会机能则是刑法的规制机能的目的。[②] 当然，也有学者把刑法的规制机能和刑法的保护机能、保障机能都称为刑法的社会机能，认为刑法的社会机能是指刑法在社会上应当具有的机能和固有的作用，分为规制机能和维持社会秩序机能两种。其中，所谓维持社会秩序机能，是指使构成社会的元素（个人和团体）之间的相互关系处于安定状态，以利于社会发展的机能，它可分为保护法益机能和保障人权机能。[③] 我认为，把刑法的保护机能与保障机能称为维护社会秩序机能是不妥当的。社会秩序与个人自由是相对应的范畴，只有刑法的保护机能才具有维持社会秩序的内容；刑法的保障机能主要是指对个人自由的保障。此外，刑法的规制机能与刑法的保护机能、保障机能也是有所区分的，规制机能是就刑法的规范作用本身而言的，刑法的保护机能和保障机能则是就刑法的社会作用而言的，它只有通过刑法规范的适用才

---

① 参见张明楷：《刑法学》，2 版，30～31 页，北京，法律出版社，2003。
② 参见刘志远：《二重性视角下的刑法规范》，123 页，北京，中国方正出版社，2003。
③ 参见［日］大谷实：《刑法总论》，黎宏译，3 页，北京，法律出版社，2003。

能最终实现。在这个意义上，刑法的规制机能相对于刑法的保护机能和保障机能而言，是一种手段，后者才是刑法的目的。只有从刑法的规制机能和刑法的社会机能这两个方面，才能全面地对刑法的机能作出解读。

我国《刑法》第2条关于刑法任务的规定，实际上只包含了刑法的保护机能。关于《刑法》第2条规定的刑法任务，我国高铭暄教授认为这一条主要讲了刑法打击什么、保护什么，也就是打击的锋芒和保护的对象。我国刑法的任务是要打击敌人，惩罚犯罪的。我国刑法在打击敌人、惩罚犯罪的同时，保护着国家和人民的利益，保护着社会主义的社会关系。① 当然，在惩罚犯罪和保护人民之间存在手段与目的的关系。在我国刑法关于刑法任务的规定中，惩罚犯罪实际上是指刑法的规制机能，也就是刑法规范本身所具有的作用。惩罚犯罪是否为刑法规范的唯一作用，刑法规范是否还具有对惩罚犯罪活动本身的限制机能，这个问题在《刑法》第2条关于刑法任务的规定中并没有得到体现。我国刑法一直强调刑法对犯罪的惩罚功能，强化刑法的工具性价值。例如我国学者指出：在阶级社会里，刑法永远是为统治阶级的利益服务的，是统治阶级的专政工具。一切剥削阶级国家的刑法，不论是奴隶制国家的刑法、封建国家的刑法、资本主义国家的刑法，或者是旧中国半封建半殖民地社会的国民党政府的刑法，都是代表剥削阶级意志，保护生产资料私有制，维护少数剥削者对广大劳动人民的统治，都是少数人对多数人实行专政的工具。我国是社会主义国家，我国刑法是社会主义刑法。与一切剥削阶级刑法根本不同，我国刑法是建立在社会主义生产资料公有制基础上的上层建筑的一部分，它体现着无产阶级和广大劳动人民的意志和利益，是保护人民和惩罚、改造极少数犯罪分子的锐利武器，是人民民主专政的重要工具。② 在这种工具主义刑法观的指导下，刑法的惩罚功能被贴上了政治标签。实际上，刑法的惩罚犯罪功能只是刑法的规制机能的一部分，刑法的规制对象不仅

① 参见高铭暄：《中华人民共和国刑法的孕育和诞生》，22、24页，北京，法律出版社，1981。
② 参见高铭暄主编：《刑法学》（修订本），22页，北京，法律出版社，1984。

仅是犯罪的人，而且包括裁判者本身。对此，我国学者李海东认为，刑法不仅可以按照阶级属性进行划分，而且可以从国家与公民在刑法中地位的角度在整体上分为两大类：国权主义刑法和民权主义刑法。历史上的许多刑法，是以国家为出发点而以国民为对象的，这类刑法，我们称为国权主义刑法。国权主义刑法的基本特点是，刑法所要限制的是国民的行为，而保护国家的利益。基于这一出发点和功利目的，国权主义刑法可以存在于任何法律发展阶段、任何立法形式中甚至可以无须法律的形式。与此相反，民权主义刑法是以保护国民的利益为出发点，而限制国家行为的刑法。也就是说，民权主义刑法的对象是国家。李斯特一语中的："刑法是犯罪人的人权宣言。"民权主义刑法的这一基本特点是当代刑法罪刑法定原则的核心所在。① 根据国权主义刑法与民权主义刑法这一分析框架，刑法的性质主要取决于它的规制对象。惩罚犯罪只是对公民行为的规制，只有对惩罚犯罪的活动加以限制，才是对国家行为的规制。就此而言，我国传统的刑法理论仍然是以国权主义刑法为基础的。对此，我国学者指出：我国是一个具有漫长的封建专制传统的国家，刑法工具主义思想根深蒂固。这种将刑法视为以镇压犯罪为内容的刑法工具主义思想之所以流行，主要还是与我国长期以来的社会结构有关。中华人民共和国建立以后，虽然我国的社会性质发生了根本性的变化，但在计划经济体制下，刑法长期作为政治的婢女，成为阶级斗争的工具。随着市场经济体制的建立和完善，随着依法治国进程的不断向前推进，刑法不再是国家镇压犯罪的一种工具，而是规制镇压犯罪之工具——刑法是准绳，是保障人权、促进民权的重要武器。② 当然，从国权主义刑法向民权主义刑法的转变是一个漫长的过程。我国《刑法》第 2 条关于刑法任务的规定中，惩罚犯罪不再作为刑法的基本职能，而这恰恰就是国权主义刑法的标志性话语。对于这一点，也许只有在刑事法治思想逐渐普及的今天，我们才能深切地认识到。

---

① 参见李海东：《刑法原理入门（犯罪论基础）》，4～5 页，北京，法律出版社，1998。

② 参见许道敏：《民权刑法论》，55～56 页，北京，中国法制出版社，2003。

如果说，惩罚犯罪被我国《刑法》第 2 条确认为实现刑法任务的手段，那么刑法任务，实际上也就是通过惩罚犯罪这一手段所要达致的刑法目的则是以下四个方面：（1）保卫国家安全，保卫人民民主专政的政权和社会主义制度。（2）保护国有财产和劳动群众集体所有的财产，保护公民私人所有的财产。（3）保护公民的人身权利、民主权利和其他权利。（4）维护社会秩序、经济秩序。[①] 我国学者将这些任务概括为法益保护是完全正确的。对法益的保护就是指对社会利益的保护，它主要是通过对惩罚犯罪这一手段达到的。但是，刑法存在的根据并不仅仅在于对法益的保护，还在于对人权的保障，也就是对个人自由的保障。而这一目的主要是通过对国家刑罚权的限制而实现的，这也就是刑法的限制机能。刑法不仅限制个人，而且限制国家，这种双重限制的机能是法治社会刑法的根本标志之一。对此，德国著名刑法学家李斯特指出：在从 15 世纪末开始的近代国家，由于一个统治所有人的国家权力（如指挥权力和强制权力）的产生，法律发展成为一个强制性规范体系。这些强制性规范不仅对个人有约束力，而且（在现代立宪国家）对国家权力本身也有约束力。只有这样才能保证共同目的的实现。[②]

我国《刑法》第 2 条关于刑法任务的规定，只确认了社会保护的刑法任务，却并未将人权保障的刑法任务加以确认。这一规范内容在 1979 年刑法中是合乎当时的立法逻辑的，因为 1979 年《刑法》第 79 条规定了类推制度。在阐述类推存在的理由时，高铭暄教授指出，这是因为我国地大人多，情况复杂，加之政治经济形势发展变化较快，刑法，特别是第一部刑法，不可能把一切复杂多样的犯罪形式包罗无遗，而且也不可能把将来可能出现又必须处理的新的犯罪形式完全预见，予以规定；有的犯罪虽然现在已经存在，但我们与它做斗争的经验还不成熟，也不宜匆忙规定到刑法中去。因此，为了使我们的司法机关能及时有效地同刑法虽无明文规定，但实际上确属危害社会的犯罪行为做斗争，以保卫国家和人

---

① 参见胡康生、郎胜主编：《中华人民共和国刑法释义》，3 版，3 页，北京，法律出版社，2006。
② 参见［德］李斯特：《德国刑法教科书》（修订译本），徐久生译，5 页，北京，法律出版社，2006。

民的利益，就必须允许类推。① 这一类推存在理由就完全是以惩罚犯罪、保护社会为根据的，显然没有意识到类推本身具有对人权保障不利的消极方面。在1997年刑法中，我国废除了类推制度，确立了罪刑法定原则，立法者指出：罪刑法定原则是相对于封建社会罪刑擅断而言的。确立这个原则，是现代刑事法律制度的一大进步，实行这个原则需要做到：一是不溯及既往；二是不搞类推；三是对各种犯罪及其处罚必须明确、具体；四是防止法官滥用自由裁量权；五是司法解释不能超越法律。罪刑法定原则，既是立法原则，刑法修订遵循了这个原则，同时也是执法原则。刑法取消类推，明确规定这个原则，是我国司法制度的重大改革，是我国社会主义民主与法制的重大进步，对内更有利于保护公民的合法权益，对外也更能体现我国保护人权的形象。② 由此可见，罪刑法定原则是以保障人权作为其价值取向的，它赋予刑法以人权保障的机能。但在1997年刑法修订过程中，在废除类推制度，确立罪刑法定原则的同时，都只对《刑法》第2条关于刑法任务的规定作了个别文字调整，而没有对刑法任务的内容进行补充，使刑法任务仍然维持通过惩罚犯罪来保护社会这一内容，没有体现通过限制刑罚权来保障人权这一内容。因此，我国《刑法》第2条关于刑法任务的规定是片面的，也是与罪刑法定原则相悖的。在刑事法治的背景之下，我们应当重新审视我国《刑法》第2条对刑法任务的规定，按照刑法机能的法理对刑法任务的规定进行补充，实现法理对法律的纠偏。

三、刑法机能的科学界定

如上所言，我国刑法第2条关于刑法任务的规定是片面的，因此应当将刑法任务纳入刑法机能的理论体系当中来，作出科学界定。基于以上考虑，我从以下

---

① 参见高铭暄：《中华人民共和国刑法的孕育和诞生》，126页，北京，法律出版社，1981。
② 参见胡康生、郎胜主编：《中华人民共和国刑法释义》，3版，4页，北京，法律出版社，2006。

三个方面对刑法机能进行界定:

（一）刑法的规制机能

从"打击敌人"这一纯粹的政治话语到"惩罚犯罪"这一法律话语的改变，当然是一种进步。因为敌人是一个完全政治化的概念，而犯罪是一个法律概念。当然，将刑法的规制机能仅仅归结为惩罚犯罪还是不全面的。

在大陆法系刑法理论中，刑法的规制机能亦称为规范机能或者规律机能，其内容可以分为以下两个方面：一是评价机能，二是意思决定机能。对于这两个方面的内容，日本学者作出了深刻的阐述：刑罚是剥夺生命、自由、财产的国家制裁方法。科处国家的制裁必须有相应的根据。科处刑罚的理由和根据就是犯罪。只要出现了侵害或者威胁国家保护的法益的犯罪行为，就应该予以刑罚制裁。不过，对何种行为处以刑罚，必须事先明确作出规定。刑法在法律上具有明确规定无价值行为应受刑罚处罚的机能，预先规定犯罪与刑罚的关系，可对一定的行为进行价值判断，这就是刑法的评价机能。[1] 从上述刑法的评价机能的内容中可以看出，它是刑法规范作为裁判规范所具有的机能。刑法首先是一种裁判规范，是司法机关定罪量刑的法律准绳。在这个意义上，刑法首先是规范裁判者的，刑法所具有的裁判规范性质表明刑法对国家刑罚权的限制机能。显然，刑法的评价机能，是在裁判规范意义上而言的。正如我国学者指出：刑法规范作为裁判规范所具有的规制机能，是评价机能。刑法规范通过规定犯罪构成和刑罚，为裁判者提供评价的前提条件（犯罪构成）和评价内容（刑事责任的有无以及刑罚的种类和轻重），这就是刑法规范作为裁判规范所具有的、作为一种特定评价标准的作用和能力，简称为评价机能。[2] 定罪量刑活动是对行为的一种法律评价活动，在罪刑擅断的刑法制度下，虽然有刑法规定，但刑法规定本身不完备、不明确、不合理，因此，法官的定罪量刑活动并不完全受刑法规制，往往存在司法裁量权的滥

① 参见［日］木村龟二主编：《刑法学词典》，顾肖荣、郑树周等译，10 页，上海，上海翻译出版公司，1992。

② 参见刘志远：《二重性视角下的刑法规范》，124 页，北京，中国方正出版社，2003。

用，导致出入人罪。而在法治社会，实行罪刑法定原则，法官的司法裁量权严格地受到刑法的限制。在这种情况下，对行为的评价才真正是一种依照法律所作出的评价，刑法才能真正发挥裁判规范的机能。

除评价机能以外，意思决定机能也是刑法的规制机能的重要内容。对此，日本学者指出：国家用法律规定犯罪与刑罚的关系，也是向公民发布保护法益的命令，要求公民的意志不能背离国家保护法益的意志，反映保护法益的需要，不可侵害或者威胁法益，也就是说，不应产生实施违法行为的犯意。要求公民的意志抑制犯罪的决定，就是意志决定机能。刑法便具有这种意思决定机能。[①] 刑法的意思决定机能是针对公民而言的，是刑法对一般公民的规制机能，也是刑法作为行为规范所具有的机能。我国学者认为，刑法的意思决定机能强调刑法规范对人的意志的强迫性。但这是不全面的，因而主张代之以指引机能的概念。刑法的指引机能包括两个方面：一是行为人因为畏惧刑法规范中的惩罚结果而产生的被迫性行为选择，二是行为人仅仅因为知道刑法规范对哪些行为是禁止的而产生的自愿性行为选择。[②] 对于这一观点我是赞同的。刑法作为一种行为规范具有对公民行为的指引机能，行为指引是法律规范的基本作用之一，刑法亦不例外。在法理学上，行为指引是法律通过对权利、义务的规定，提供人们社会活动的行为模式，引导人们在社会活动中作出或不作出一定的行为。根据法律规范内容所提供的行为模式的特点，法律对行为的指引包括以下三类：第一，授权性指引，即允许人们作出什么行为，而实际上是否作出由权利主体自行决定。第二，义务性指引，通常又称为积极义务，即要求人们积极作出法律要求的行为。第三，禁止性指引，即法律规定禁止人们作出一定行为。[③] 刑法对行为的指引主要是禁止性指引，刑法将某些行为规定为犯罪并予以刑罚处罚，表明这些行为是法律所禁止

---

① 参见［日］木村龟二主编：《刑法学词典》，顾肖荣、郑树周等译，10 页，上海，上海翻译出版公司，1992。

② 参见刘志远：《二重性视角下的刑法规范》，130 页，北京，中国方正出版社，2003。

③ 参见公丕祥主编：《法理学》，73 页，上海，复旦大学出版社，2002。

的，公民不能实施。显然，刑法的这种禁止性指引是具有强制性的，但不能认为公民不实施犯罪行为都是刑法强制的结果。实际上，行为指引可以通过两种途径实现：一是威慑，二是鉴别。威慑是对那些已经产生犯罪意念的人而言的，这些人是潜在的犯罪人。但不能把社会上所有的人都视为潜在犯罪人，大多数公民是通过刑法的一般鉴别与个别鉴别而获得刑法的指引，从而自觉地约束自己行为的。在这种情况下，一个人之所以不去犯罪并不是强迫的结果，而是自觉选择的结果。长期以来，刑事古典学派中的贝卡里亚、费尔巴哈等人都倡导刑罚威慑主义，将威慑作为刑罚预防的主要内容。尤其是费尔巴哈基于心理强制说，提出了"用法律进行威吓"的著名命题，导致我们对刑法指引机能的片面认识。在这个意义上，将刑法规制机能中的意思决定机能改为指引机能，是具有理论意义的。

刑法是裁判规范与行为规范的统一，因而刑法的规制机能是评价机能与指引机能的统一。在传统刑法观念中，强调刑法对公民个人的威吓作用，将刑法视为驭民工具，凡此种种都是国权主义刑法思想的反映。在刑事法治建设中，随着罪刑法定原则的确立，我们应当树立起民权主义的刑法思想，强调刑法规范作为裁判规范对国家刑罚权的限制作用，强调刑法规范作为裁判规范的唯一性、明确性和合理性。

（二）刑法的保护机能

刑法的保护机能就是指刑法对法益的保护。因此，法益是刑法保护的客体。日本学者在论述刑法的保护机能时指出：刑法是基于国家维护其所建立的社会秩序的意志制定的，根据国家的意志，刑法专门选择了那些有必要用刑罚制裁加以保护的法益。侵害或者威胁这种法益的行为就是犯罪，是科处刑罚的根据。刑法具有保护国家所关切的重大法益的功能。[①] 刑法的保护机能可以说是刑法最为原始的机能，甚至可以说是刑法的本能。德国著名刑法学家提出了"作出法益保护

---

① 参见［日］木村龟二主编：《刑法学词典》，顾肖荣、郑树周等译，9～10页，上海，上海翻译出版公司，1992。

的刑法"的命题，把法益保护看作是刑法的首要职能。事实上，法益的概念也是首先由李斯特提出来的，李斯特指出：由法律所保护的利益我们称为法益（Rechtsgueter）。法益就是合法的利益。所有的法益，无论是个人的利益，还是集体的利益，都是生活利益，这些利益的存在并非法制的产物，而是社会本身的产物。但是，法律的保护将生活利益上升为法益。在反对国家权力专断的宪法和打击侵犯他人的利益的刑法颁布以前，人身自由、住宅不受侵犯、通信自由（通信秘密权）、著作权、发现权等一直是生活利益，而非法益。生活的需要产生了法律保护，而且由于生活利益的不断变化，法益的数量和种类也随之发生变化。[1]由此可见，法益的内涵、外延本身就是随着社会生活的发展而处在变化之中[2]，法益的变化表明国家关切的变动。

传统刑法理论将法益分为三种类型，这就是国家法益、社会法益和个人法益，并且将国家法益置于社会法益、个人法益之上。这种情形，在第二次世界大战以后有所改观。例如，1810年《法国刑法典》，也就是《拿破仑刑法典》，其分则是按照先超个人法益后个人法益的顺序对犯罪进行排列的，但1994年《法国刑法典》改变了这一排列顺序。法国学者指出：目前新刑法典包括了法律的一般理论、刑事责任与制裁，还包括"侵犯人身之犯罪""侵犯财产之犯罪""危害民族、国家及公共安宁罪"。这一顺序与《拿破仑刑法典》所采取的顺序相反，按照这一顺序，国民大会确立了价值上的某种等级轻重。《拿破仑刑法典》开编首先规定的是"危害公共法益"的犯罪，然后才考虑针对个人实行的犯罪；尽管在新刑法典的制定过程中也有朝这一方向提出的建议，但法典后来的规定是：人的生命优先于财产。[3] 除此以外，1996年《俄罗斯联邦刑法典》在刑法分则排列

---

[1]　参见［德］李斯特：《德国刑法教科书》（修订译本），徐久生译，6页，北京，法律出版社，2006。

[2]　关于法益概念的可变性，请参考［德］克劳斯·罗克辛：《德国刑法学总论》，第1卷，王世洲译，16页，北京，法律出版社，2005。

[3]　参见［法］卡斯东·斯特法尼等：《法国刑法总论精义》（上），罗结珍译，104页，北京，中国政法大学出版社，1998。

顺序上也发生了这种变化。十月革命胜利以后，苏联从集体主义价值观出发，无产阶级的国家利益和取代财产私有制的社会主义所有制历来是刑法优先保护的对象。依照 1960 年《苏俄刑法典》，国事罪和侵犯社会主义所有制的犯罪在分则中居前两位。苏联解体后，俄罗斯的价值观发生了巨大的变化。1993 年通过的《宪法》第 2 条明确规定："人、人的权利与自由是最高价值。承认、遵循和捍卫人与公民的权利和自由是国家的义务。"在构建刑法典分则体系时，立法者以《宪法》第 2 条为根据，本着"先个人，后社会和国家"的原则，重新设定了各结构单位的排列位置：分则第一篇为"侵犯个人的犯罪"，第二篇为"经济领域的犯罪"，第三篇为"危害公共安全和公共秩序的犯罪"，第四篇为"危害国家政权的犯罪"，第五篇为"妨害军务的犯罪"，第六篇为"危害和平和人类安全的犯罪"。分则各结构单位排列次序的推移和变化，反映出当今俄罗斯的当权者倡导与追求的是以个人利益为本位的价值观。[1] 显然，刑法分则犯罪排列顺序不是一个简单的立法技术问题，而是立法价值的反映。

我国《刑法》第 2 条关于刑法任务的表述中的实体内容，也可以归入一定的法益类型。其中，国家安全、人民民主专政和社会主义制度、国有财产属于国家法益。公民私人所有的财产，公民的人身权利、民主权利和其他权利属于个人法益。劳动群众集体所有的财产、社会秩序、经济秩序属于社会法益。从排列顺序来看，我国《刑法》是按照国家法益、个人法益和社会法益的顺序排列的。刑法分则犯罪类型的排列稍微有些变化，但大体上与这一顺序是相同的。无论如何，立法者都把保卫国家安全、保卫人民民主专政的政权和社会主义制度看作是刑法的首要任务。[2] 尽管我国宪法将"国家尊重和保障人权"载入宪法，但在刑法中并没有得到完全体现。

法益保护作为刑法的基本功能，是为刑法理论所公认的。但规范保护的观点

---

① 参见薛瑞麟：《俄罗斯刑法研究》，79～80 页，北京，中国政法大学出版社，2000。
② 参见胡康生、郎胜主编：《中华人民共和国刑法释义》，3 版，3 页，北京，法律出版社，2006。

越来越对法益保护的理论提出挑战。例如德国刑法学家雅科布斯就提出了刑法的机能主义（strafrechtlicher Funktionalismus）的理论，这一理论认为：刑法要达到的效果是对规范同一性的保障、对宪法和社会的保障。① 雅科布斯在此力图用规范保护取代法益保护。因此，犯罪的本质不再是法益侵害而是规范违反，刑罚目的也不再是以威吓为内容的消极的一般预防，而是以忠诚为内容的积极的一般预防，等等。规范保护的理论以及由此引申出来的规范违反说受到我国学者的肯定，例如我国学者周光权教授通过对法益概念的分析指出：刑法并不一般化地保护抽象的利益。利益永远是相对的利益，仅仅处于与另一个人的确定行为的联系之中。在雅科布斯那里，利益已经超脱地体现为规范，并且不会把与利益有关的其他人仅仅看作特定利益的非所有权人，而是根据社会的规范联系，将其描述成一个有责任或者没有责任避免利益侵害的人。社会的秩序不能单独地对利益进行定义，人的角色同时在最早就参加进来了。这样，自然就引出了规范违反说的命题。② 当然，在大陆法系国家，也有刑法学者并不赞同规范保护说，或者毋宁说揭示了法益保护与规范保护之间的同一性。例如日本学者西田典之指出：刑法也是规范，对人的意思也会产生作用，从而控制其行动。然而，刑法的目的是保护值得用规范来保护的法益。而且，伦理规范、刑法规范也都是因社会需要而产生，在此种限度内应当说它们具有同样的理论结构，即伦理规范、刑法规范并非是其本身有价值，而是其所保护的对象有一定的价值，才具有存在的理由。刑法规范即便是纳入伦理规范，也不是为了强加进特定个人的伦理与道德，而是必须充分考察由伦理所维护的价值即法益是否存在，而这种法益是必须达到要用刑罚这样的强力制裁以便在国家的范围内予以保护之程度的共同利益。③ 我认为，法

① 参见［德］格吕恩特·雅科布斯等：《行为·责任·刑法——机能性描述》，冯军译，101页，北京，人民交通出版社，1998。

② 参见周光权：《刑法学的向度》，198、199页，北京，中国政法大学出版社，2004。

③ 参见［日］西田典之：《日本刑法总论》，刘明祥、王昭武译，23页，北京，中国人民大学出版社，2007。

益保护的理论为现代刑法确立了存在根据，因而具有重要意义。规范保护的理论并非是对法益保护理论的否定，而是在法益保护理论的基础上进一步将那些虽然侵犯法益但并非出于理性对抗而是缺乏人格体的行为从犯罪中排除出去，使刑法的机能进一步收缩，维护规范的有效性。雅科布斯指出：自从自然法终结以来，刑罚就不再是针对非理性者而科处的，而是针对对抗者（Unwillige）。制裁就是纠正破坏规范者的世界构想（Weltentwurf des Normbrechers）。破坏规范者主张在现实的事件中规范的无效性，但是制裁则明确这种主张不足为准（Unmaβgeblichkeit）。① 在某种意义上说，规范保护是一种更为精致的刑法理论。当然，规范保护是以确证规范的合理性为前提的，在不具备这一前提条件的情况下，法益保护也许是一种更为有效的理论。就我国而言，目前的当务之急是根据法益保护的理论对刑法规范内容进行清理，只有在条件具备以后才有可能采用规范保护说。

（三）刑法的保障机能

刑法的保障机能是指刑法对人权的保障，这里的人权是指犯罪嫌疑人、被告人和犯罪人的人权。而这样一个内容，恰恰是我国《刑法》第 2 条关于刑法任务的规定中付诸阙如的。如果说，刑法的法益保护机能是任何刑法都具有的，只不过法益范围有所差别而已，那么刑法的人权保障机能则是只有法治社会的刑法才具有的机能，专制社会刑法是不具有的。

刑法的人权保障机能是指通过明确地将一定的行为作为犯罪，对该行为科处一定刑罚，来限制国家行使刑罚权，由此使一般国民和罪犯免受刑罚权任意发动而引起的灾难的机能，也叫保障自由机能。② 刑法的人权保障机能主要是通过罪刑法定原则实现的。可以说，刑法是否实行罪刑法定原则是刑法是否具有人权保障机能的一个标志。

_____

① 参见［德］格吕恩特·雅科布斯等：《行为·责任·刑法——机能性描述》，冯军译，109 页，北京，中国政法大学出版社，1998。

② 参见［日］大谷实：《刑法总论》，黎宏译，4 页，北京，法律出版社，2003。

我国《刑法》第 2 条关于刑法任务的规定，通过惩罚犯罪所要达致的目的是保护人民。这里的人民是一个政治概念，它是与敌人相对应的。更为重要的是，这里的人民是一个整体的概念，而非指构成人民的每一个公民。因此，这里的人民是可以直接转换为国家、社会、制度、专政等概念的。我们完全可以把这里的保护人民解读为保护社会、保卫国家、维护专政等。因此，在我国传统刑法理念中，犯罪人作为敌人是刑法打击、惩罚的对象，怎么可能是保障的对象呢？刑法的人权保障机能是闻所未闻的。只是近些年来，尤其是 1997 年刑法修订以后，随着刑事法治的启蒙，人权保障的观念才在我国开始传播。但相对于打击敌人的观念而言，人权保障的观念还是极为淡薄的。我国《刑法》第 3 条关于罪刑法定原则的规定，是最能体现刑法的人权保障机能的，但我国刑法对罪刑法定原则的表述显然不同于其他国家。世界各国刑法关于罪刑法定原则的表述，无论措辞如何，基本逻辑都是"法无明文规定不为罪，法无明文规定不处罚"。因此，罪刑法定原则所具有的限制机能，是指限制国家刑罚权，不得将法无明文规定的行为作为犯罪加以刑罚惩罚，但并不对出罪加以限制。对此，日本学者指出：在保障国民的自由以及基本的人权方面，对罪刑法定的内容本身提出了更高的要求。也就是说，不能简单地认为，"只要有法律的规定，对什么样的行为都可以科以刑罚，而且可以科以任何刑罚"。根据犯罪的内容，是否有必要用刑罚进行处罚（处罚的必要性和合理性），而且对于该种犯罪所定的刑罚是否与其他犯罪相平衡（犯罪上刑罚的均衡），亦即从所谓实体的正当程序的角度强调罪刑法定的意义。[①] 但我国《刑法》第 3 条是这样规定的：

　　　　法律明文规定为犯罪行为的，依照法律定罪处刑；法律没有明文规
　　定为犯罪行为的，不得定罪处刑。

　　在此，刑法规定的内容可以分为两个方面。立法者认为罪刑法定包括两个方面的内容：一方面是只有法律将某一种行为明文规定为犯罪的，才能对这种行为

---

　　① 参见［日］野村稔：《刑法总论》，全理其、何力译，46 页，北京，法律出版社，2001。

定罪判刑，而且必须依照法律的规定定罪判刑。另一方面，凡是法律对某一种行为没有规定为犯罪的，对这种行为就不能定罪判刑。① 对于我国《刑法》第3条规定的罪刑法定原则的这两个方面内容，我国学者认为，第一个方面可称为积极的罪刑法定原则；第二个方面可称为消极的罪刑法定原则。这里所谓积极，是指从积极方面要求正确运用刑罚权，处罚犯罪，保护人民。因此，我国学者认为，我国《刑法》第3条克服了西方刑法的片面性，在刑法史上第一次把正确运用刑罚权、打击犯罪、保护人民作为罪刑法定原则的重要方面明确规定，而且把它放在第一位。这是罪刑法定原则的新发展。② 对于这一观点，我是不赞同的。所谓积极的罪刑法定并非罪刑法定主义的题中之义，事实上参与立法的同志也并不赞成将《刑法》第3条前半句理解为积极意义上的罪刑法定，因为它强调的是"依法"，它所针对的不是简单的司法机关的不作为，而是司法机关可能存在的不公。③ 但罪刑法定原则只能解决法无明文规定时不为罪这一基本的人权保障问题。至于司法不公问题，包括有罪不罚、轻罪重判或者重罪轻判等，都不是罪刑法定原则所能解决的问题。尽管我国刑法关于罪刑法定原则的表述存在不能令人满意之处，但罪刑法定原则在我国刑法中的确认，在一定程度上弥补了我国《刑法》第2条关于刑法任务规定上的偏颇。

在刑法的规制机能与刑法的社会机能之间存在一种对应关系：刑法的规制机能中的评价机能与刑法的保障机能之间存在手段与目的的关系。刑法的规制机能中的指引机能与刑法的保护机能之间也存在手段与目的的关系。刑法的规制机能的内容，正如日本学者指出：是对一定的犯罪，预告施加一定的刑罚，由此来明确国家对该犯罪的规范性评价。而且，这种评价有这样的内容，即：各种犯罪值得施以各种刑罚这一强劲的强制力。阐明了这种评价，刑法作为一种行为规范，起着命令国民普遍遵守的作用。另外，刑法对有关司法工作人员来说，作为一种

---

① 参见胡康生、郎胜主编：《中华人民共和国刑法释义》，3版，4页，北京，法律出版社，2006。
② 参见何秉松主编：《刑法教科书》，上卷，68页，北京，中国法制出版社，2000。
③ 参见张军等：《刑法纵横谈（总则部分）》，22页，北京，法律出版社，2003。

裁判规范，成为犯罪认定和刑罚适用的指标，这些无非是刑法规制的机能。[1] 由此可见，刑法的规制机能是通过刑法作为行为规范与裁判规范共同实现的。而刑法规制机能又为实现刑法的法益保护和人权保障机能提供了客观基础。关于刑法的法益保护和人权保障机能，两者之间存在一种悖论关系，这种悖论关系也被日本学者称为二律背反关系，认为二者处于重视保障人权的话，就会招致犯罪的增加，不能对法益进行保护，相反地，重视保护法益的话，就不能指望对人权进行保障的矛盾关系之中。日本学者指出：重视保障人权而轻视保护法益，或者相反，轻视保障人权而强化法益保护的话，都会使国民对秩序失去信赖，招致难以维持社会秩序的结果。因此，只有在调和二者，使二者发挥作用的时候，刑法才能充分发挥其维持社会秩序的机能。[2] 将法益保护与人权保障这两种刑法机能加以协调，这一观点当然永远是正确的，但两者之间毕竟存在矛盾，面对这种矛盾就有一个价值上的取舍问题。我认为，在我国当前刑事法治建设的大背景下，更应当强调的是刑法的人权保障机能，只有这样才能实现刑法的最终目的，使之在人权保障方面发挥更大的作用。

从刑法的任务到刑法的机能，这是一个话语转换的过程，也是一个刑法观念上的祛意识形态之魅的过程。本章最终的结论是：我们应当回归对刑法的规范思考而放弃习惯了的政治话语。

---

① 参见 ［日］西原春夫：《刑法的根基与哲学》，顾肖荣等译，44 页，北京，法律出版社，2004。
② 参见 ［日］大谷实：《刑法总论》，黎宏译，5 页，北京，法律出版社，2003。

第五章
刑法立法的发展方向

　　一件衣服，穿的时间长了，就会褪色磨损，出现破绽。如果对这件衣服不想一弃了之，那就需要经常缝补。刑法典也是如此，它就像一件穿破了的衣服，也需要经常缝补。刑法典的修订就是这种缝补方式，《刑法修正案》就是打在刑法典这件衣服上的补丁。通过对刑法条文不断的修改，保持刑法典长久的生命力。自从 1997 年刑法颁布以后，立法机关通过了九个《刑法修正案》，对刑法进行了修订。当然，这种缝补有小修小补，也有大修大补。《刑法修正案（九）》可以说是中等程度的修补，是对刑法典的局部修订。《刑法修正案（九）》对刑法修订所涉及的内容较为广泛，在此，本章在对《刑法修正案》的立法方法进行考察的基础上，以《刑法修正案（九）》为视角，从犯罪范围的扩张与刑罚结构的调整这两个维度，对我国刑法立法的发展方向进行描述与评论。

一、刑法修正案的立法方式

　　法律不是一成不变的，而是随着社会生活的发展而不断演变的。法律的废、改、立，就是使法律保持长久的生命力的必要途径。在法律的废、改、立这三种方法中，"废"对待法律就像丢弃一件穿旧了的衣服。而"立"对待法律就像购买一件新衣。唯有"改"，是一个技术活，对待法律就像缝补一件旧衣服：既要通过补丁遮住破洞，又要补旧如新。因此，对法律修改方法的理性考察具有十分重要的意义。

（一）从单行刑法到刑法修正案

刑法相较于各个部门法，是修订较为频繁的法律。刑法的适用关涉对公民的生杀予夺，刑法对法律的稳定性具有更为强烈的内在需求。然而，我国当前正处在一个社会剧烈变动的转型时期，犯罪情势也经常变化。在这种背景下，我国刑法修订的频次相当之高。由此可见，在一个剧烈变动的社会，刑法想要追求稳定性，这无异于是一种奢望。在这种情况下，尤其彰显刑法修改方式的重要性。

我国第一部刑法是 1979 年 7 月 1 日通过，自 1980 年 1 月 1 日开始施行的。但在 1979 年刑法施行之后不久，随着我国进入一个改革开放的历史时期，社会面貌发生重大变化，各种犯罪，包括刑事犯罪和经济犯罪随之滋生蔓延。在这种情况下，以 1982 年 3 月 8 日全国人大常委会通过的《关于严惩严重破坏经济的罪犯的决定》和 1983 年 9 月 2 日颁布的《关于严惩严重危害社会治安的犯罪分子的决定》为标志，我国开启了一个"严打"的刑事周期。在此期间，全国人大常委会通过并颁布了 24 个单行刑法，并在 107 个非刑事法律中设置了附属刑法规范，对 1979 年刑法典作了一系列的补充和修改。① 这里应当指出的是，修改和补充是两种不同的刑法修正方式：修改是指对原刑法条文的内容进行变更性规定，而补充则是对刑法所没有规定的内容进行补充性规定。如果把与补充相对应意义上的修改称为狭义上的修改，那么包括补充在内的修改就是广义上的修改，也就是所谓修正。因此，24 个单行刑法对刑法典进行的是广义上的修改，包括

---

① 参见高铭暄：《中华人民共和国刑法的孕育诞生和发展完善》，前言，3 页，北京，北京大学出版社，2012。

补充在内。如果对 24 个单行刑法进行仔细分析就会发现，这些单行刑法具有以下三种形式：

第一种形式是条例，这是指 1981 年颁布的《惩治军人违反职责罪暂行条例》。这是我国单行刑法中，唯一一个以条例命名的法律。在中国古代，条例是刑事律条的代称，条是分条列举，例是体例和凡例。例如，《唐律疏议》就有"诸篇罪名，各有体例"之语。我国学者认为，唐代的条例是国家法律的补充法，具有法律实施细则的性质。[①] 在现代中国，条例是指通过一定的立法程序制定的规范性文件，条例的效力位阶低于法律，但高于决定、规定等。作为单行刑法的条例，《惩治军人违反职责罪暂行条例》具有军事刑法的性质，是一种特别刑法，相对独立于刑法典。

第二种形式是决定。决定是我国单行刑法的一种形式，是对某个刑法专门问题的规定。例如，1995 年我国颁布了《关于惩治违反公司法的犯罪的决定》，对公司犯罪做了系统规定。如果采用附属刑法的立法方式，完全可以将公司犯罪规定在《公司法》有关章节之中。但我国立法机关对附属刑法的立法方式采取了一种较为谨慎的态度。当时，虽然也存在着附属刑法这种立法形式，但一般仅限于比照性规定，具有立法类推的性质。如果是设置刑法所没有规定的新罪和设置独立的法定刑，则一般不采取附属刑法的方式，而是采用决定这种立法体例。

第三种形式是补充规定。补充规定也是我国单行刑法的一种形式，是指对刑法的补充性规定。补充规定不同于决定之处在于：决定所规定的内容是原刑法典所没有的，具有较强的独立性。而补充规定所规定的内容是原刑法典所具有的，只不过对此进行了不同程度的补充。因此，补充规定具有对刑法典的一定程度的依附性。例如，1988 年颁布的《关于惩治走私罪的补充规定》，是对刑法典中走私罪的一种立法补充。1979 年刑法只是在第 116 条规定了一个概括性的走私罪罪名，所有走私行为，无论走私何种货物、物品，都以走私罪论处。《关于惩治

---

① 参见杨一凡、刘笃才：《历代例考》，7~8 页，北京，社会科学文献出版社，2012。

走私罪的补充规定》则对走私罪的罪名进行了分解，分别设立了走私国家禁止出口的文物、贵重金属、珍贵动物、珍贵动物制品罪，走私淫秽物品罪，走私货物、物品罪等。上述补充规定具有对 1979 年刑法规定的补充性质。

以上三种单行刑法的立法形式，通过对刑法典的修改，使 1979 年刑法适应了惩治犯罪的实际需要。但不可否认的是，上述三种刑法的修改方式，因为所制定的法律规定属于刑法之外的法律，所以对于刑法典具有某种肢解功能和架空功能。例如，24 个单行刑法的颁布，再加上数十个司法解释，而这些规定都存在于刑法典之外。如果说，司法解释还只是对刑法条文的解释，具有细则性规定的性质，可以形成对刑法规定的体例外补充，那么 24 个单行刑法或者取代刑法原规定，或者补充刑法规定，在大多数情况下，都使某些刑法规定的效力丧失。职是之故，大量失效的"僵尸条款"存在于刑法典之中，而大量有效的刑法条款却存在于刑法典之外。刑法典在某种程度上被架空，出现了中国古代所谓以例破律的现象。中国古代的基本法律是"律"，它具有较强的稳定性，极少修改，即使是不同朝代，"律"的承续度也极高。但为了适应实际司法活动的需要，各个时期的统治者又不得不颁布大量的"例"。随着时间的推移，"例"大量累积，形成对"律"的瓦解与抵消。为此，要求对"例"加以某种限制，尽量发挥"例"的正面功能，即所谓以例补律，以例辅律。在法律形式上，出现以例入律，乃至律例合一的现象。而我国 1979 年刑法颁布以后，在不长的时间内就制定了 24 个单行刑法，因此，亟待将其内容纳入刑法典，这就有了 1997 年的刑法修订。1997年对刑法典进行了大规模的重新整理，将 24 个单行刑法和其他大量附属刑法的内容经过筛选以后，基本上都纳入了修订后的刑法典。

1997 年刑法颁布之后不到一年，适逢 1998 年亚洲金融危机，需要在刑法中增加规定骗购外汇的罪名，以便应对金融危机。在这种情况下，当时立法机关仍然沿袭了此前的做法，即以单行刑法的方式对刑法进行修改补充。1998 年 12 月29 日全国人大常委会颁布了《关于惩治骗购外汇、逃汇和非法买卖外汇犯罪的决定》（以下简称《决定》），这是 1997 年刑法修订以后第一次对刑法典的修改。

该《决定》既有对刑法原条文的修改，又有对刑法的补充性规定。对于原刑法条文的修改，该《决定》第 3 条采取的表述是："将刑法第一百九十条修改为：……"。在这种情况下，在刑法典的编撰时，就可以用《决定》第 3 条的内容替换《刑法》原第 190 条。但《决定》第 1 条增设了骗购外汇罪，采取了直接规定的方式，对此便无法将其纳入刑法典的条文体系中去。例如，李立众在编辑《刑法一本通：中华人民共和国刑法总成》时，将上述《决定》第 1 条关于骗购外汇罪的规定编为《刑法》第 190 条之一，为此，李立众加了以下这样一个必要的注释：

> 作为单行刑法，《关于惩治骗购外汇、逃汇和非法买卖外汇犯罪的决定》不可能指明骗购外汇罪在刑法典中的条文顺序。出于体系化的考虑，编者将骗购外汇罪条文编为刑法第一百九十条之一。因此，司法机关引用本条文序号时，应严格引用"《关于惩治骗购外汇、逃汇和非法买卖外汇犯罪的决定》第一条"的序号，而不能引用本书"第一百九十条之一"的序号。本书之所以如此编排序号，目的在于使刑法典更加顺畅而已。①

由此可见，采用单行刑法的修改方式，增补的条文难以被纳入刑法典，不能与刑法原条文融为一体，这样的条文就会成为流离于刑法典之外的"孤魂野鬼"，无法在刑法典中安顿下来。

针对单行刑法修改方式自身存在的不足，我国学者赵国强较早提出了刑法修正案的立法方式。他在借鉴苏联通过颁布刑事法令的立法途径来修正刑法典的基础上，提出对我国单行刑事法律的名称和内部结构做以下两点调整，由此改为采取刑法修正案的方式：一是将法律名称统称为《关于刑法典第×××条修正案》《关于在刑法典中补入第×××条修正案》，或《关于废除刑法第×××条修正

---

① 李立众：《刑法一本通：中华人民共和国刑法总成》，11 版，239 页，北京，法律出版社，2015。

案》。二是在内部结构上开门见山地点出被修改或补充的条文序号，开首就写明
"刑法典第×××条补充如下"，再接着列出补充的内容。赵国强认为，这样的内
部结构既有助于点明主题，同时也便于在单行刑事法律中将新旧内容合为一体，
从而使修正后的内容变得更加紧凑、更加规范。① 应该说，赵国强以上对刑法修
正案的论述是具有启发意义的，其内容设计与立法机关今天所采用的刑法修正案
的方式已经十分接近。总结归纳我国目前刑法修正案的立法经验，我国学者将刑
法修正案界定为是对刑法典的章节条文直接进行修改、补充（增加）和删除的形
式。② 这里的修改、补充和删除是刑法修正案的基本功能，其直接性则是与采取
单行刑法方式修改刑法的间接性相对应的一个特征。更为重要的是，刑法修正案
这种法律形式还具有一个区别于单行刑法等其他修改刑法方式的特征，这就是刑
法修正案是一种过渡性的法律形式，其颁布以后，内容为刑法典所吸纳，刑法修
正案就完成了其使命，而不具有单独的法律效力。

　　1999 年 12 月 25 日，全国人大常委会第一次颁布了《刑法修正案》，采取刑
法修正案的方式对刑法进行修改，这在我国刑法立法的历史上具有里程碑的意
义。我国在 1988 年的宪法修改中最早采取了修正案的方式，使 1982 年宪法得以
保持长期稳定。刑法采取修正案的方式，对于保持刑法典的长期稳定同样具有重
要意义。时任全国人大法律工作委员会刑法室主任的郎胜同志长期参与刑法立
法，在论及刑法的立法形式时，郎胜指出："我国的刑事立法，除了针对司法实
践中遇到新的情况和问题，及时地增加了一些新的罪名，调整了对某些犯罪的处
罚幅度，以适应同犯罪做斗争的需要外，在立法形式上和立法技术等各方面也进
行了积极探索，有所创新，取得了巨大的进展。在修改刑法的立法形式上，从采
取'决定''补充规定'这种制定单行刑法或者采用附属刑法的形式对刑法进行
修改，过渡到采用刑法修正案修改刑法，从而使刑法更便于引用和今后的编

---

　　① 参见赵国强：《刑事立法导论》，238～239 页，北京，中国政法大学出版社，1993。
　　② 参见张波：《刑法法源研究》，56 页，北京，法律出版社，2011。

纂。"① 这种立法形式上的进步，为保持刑法典的长久稳定奠定了基础。

（二）刑法修正案的立法方式的优越性

刑法修正案的立法方式与单行刑法的立法方式相比，具有较大的优越性。这种优越性主要可以从以下三个方面进行阐述：

1. 法外与法内

从形式上来说，单行刑法处在刑法典之外，这就是所谓法外。而刑法修正案则处于刑法典之内，此谓之法内。这就是法外与法内的差别，这种差别对于刑法典的稳定性具有重大的影响。正如笔者在前文所说，相对于刑法典而言，单行刑法具有独立性，是与刑法典并列的法律形式。因此，单行刑法的内容除非对刑法典进行全面修订，否则不能进入刑法典之中。司法机关在引用条文的时候，都要援引单行刑法的条文。因为在条文序号上，单行刑法与刑法典是两套不同的体系。而刑法修正案则与之不同，刑法修正案的内容具有对刑法典的依附性。若刑法修正案对刑法条文进行修改，则刑法修正案的条文将会替换刑法原条文。刑法修正案新增的刑法条文，其序号被标注为刑法某某条之一，由此插入刑法典的条文序号体系之中。在这种情况下，刑法修正案颁布以后，重新对刑法典进行编撰，将刑法修正案的内容吸纳到刑法典之中，刑法修正案就丧失了其存在的意义。因为司法机关不再引用刑法修正案的条文，而是直接引用修改或者新增的刑法条文。

2. 专门与综合

单行刑法是对刑法每一专门问题的规定，因此，单行刑法往往是有标题的，标题概括了该单行刑法的主要内容。例如，我国 1979 年《刑法》第 171 条规定了制造、贩卖、运输毒品罪，但 1990 年全国人大常委会颁布了《关于禁毒的决定》（以下简称《决定》），该《决定》不仅将制造、贩卖、运输毒品罪的法定最高刑从 15 年有期徒刑提高到死刑，而且另外规定了非法持有毒品罪等其他毒品

---

① 胡康生、郎胜主编：《中华人民共和国刑法释义》，2 版，序，2 页，北京，法律出版社，2004。

犯罪。该《决定》对毒品犯罪的管辖、量刑等总则性问题也一并做了规定。从某种意义上说，上述《决定》相当于一部毒品刑法。值得注意的是，在《决定》中根本就没有提及原《刑法》第 171 条规定的存废。在司法实践中，只能按照新法优于旧法的原则处理。由此可见，单行刑法是对某一刑法专门问题的特别规定，也同时具有特别法的性质。在一般情况下，一部单行刑法只会涉及一个专题，而不会涉及其他问题。只有在极个别单行刑法中，存在着所谓搭车立法的现象，即在一部单行刑法中对某一专题以外的问题做了规定。例如，1991 年全国人大常委会颁布的《关于严惩拐卖、绑架妇女、儿童的犯罪分子的决定》（以下简称《决定》），该《决定》是对拐卖、绑架妇女、儿童的犯罪的专门规定。但在《决定》第 2 条第 3 款顺带规定了绑架勒索罪，这个罪名只有在行为方式——绑架这一点上，与拐卖、绑架妇女、儿童罪相关，在其他方面都没有关联性。可以说，绑架勒索罪本来不属于《决定》所涉及的专题，但立法机关顺带地做了规定，这是典型的搭车立法。而刑法修正案则具有综合性，其内容并没有专门限制。所以，刑法修正案是没有标题的，只有序号。例如《刑法修正案（九）》，表明这是第九个刑法修正案。在这种情况下，刑法修正案在内容上没有限制，具有综合性，即可以规定任何相关问题。例如，《刑法修正案（九）》所涉及的内容就具有广泛性，既有刑法总则问题，又有刑法分则问题。

3. 烦琐与简便

单行刑法具有单行法或者特别法的性质，它是一部具有独立品格的法律。因此，在条文设计上，就要将某一专题的所有问题都面面俱到地加以规定。因此，单行刑法显得较为烦琐。尤其是有些专题内容本来较少，但为了凑数，有些没有太大关联的内容也出现在单行刑法当中。例如，《关于禁毒的决定》第 8 条，其第 1 款是关于吸食、注射毒品行为的治安处罚的规定，第 2 款是关于吸食、注射毒品成瘾的予以强制戒毒的规定。这些规定属于行政处罚或者行政措施，都不属于刑法内容。刑法修正案则只规定刑法的内容，与刑法无关的内容不能出现在刑法修正案条文当中。事实上，在我国立法机关对刑法修改采取修正案方式以后，仍然颁布过若干单行刑法，例如，2000 年颁布的《关于维护互联网安全的决定》（以下简称《决定》）。该《决定》的内容涉及网络犯罪，因此具有刑法的性质。但《决定》既没有增设罪名，也没有直接对原有规定的修改，而是对惩治网络犯罪的有关问题做了规定，其内容具有解释性和引导性。在这个意义上说，《决定》没有采取修正案的方式，而是采取了单行刑法的方式。刑法修正案是针对刑法具体条文所做的修改，或者增加某些刑法条文，在内容上具有简便的特征。刑法修正案不需要过多地考虑体系性，而是根据需要设置条文。因此，刑法修正案的篇幅可长可短，也有长有短。例如，最短的《刑法修正案（二）》只有 1 个条文，因而未设条文序号。而最长的《刑法修正案（九）》则有 52 个条文，几乎是刑法典条文的十分之一，因为刑法典本身的条文数量不到 500 个。

当然，刑法修正案的立法方式也存在着某些缺陷。例如，通过修正案的方式修改刑法，随着对某个条文内容的废除，就会出现"废条"，即没有内容的条文。例如《刑法》第 199 条是金融诈骗罪的死刑条款，但随着金融犯罪死刑的废除，该条文的内容被全部删除。在这种情况下，《刑法》第 199 条就变成了没有内容的空白条款。当然，对于这种条款，以后能否"废物利用"，规定其他相关内容，这还是一个值得研究的问题。

（三）刑法修正案的立法权限

如前所述，《刑法修正案（九）》是截至目前篇幅最大的一个修正案，其对刑法的修改达到了局部修改的程度，对刑法典进行了较大规模的修改。其中，减少9 个死刑罪名，增设 20 个罪名，以及对某些犯罪进行增补和降低入罪门槛，都十分引人注目。当然，《刑法修正案（九）》也存在某些争议之处，例如预备行为的正犯化、共犯行为的正犯化，以及所谓预防性措施和终身监禁的设立等。这里涉及的一个重要问题，就是刑法修正案的立法权限问题。

我国学者曾经讨论过的一个问题是：全国人大常委会是否享有刑法修正案立法权？这个问题的背景在于：原先采取单行刑法对刑法典进行修改，因为单行刑法是独立于刑法典之外的一部刑事法律，而全国人大常委会具有制定单行刑法的权力，所以这是没有争议的。但从 1999 年以后，全国人大常委会采取刑法修正案方式对刑法典进行修改，这是对刑法典的直接修改，其修改权是否应当归属于刑法典的制定机关，即全国人民代表大会，全国人大常务委员会对此是否具有修改权，由此产生了争议。我国刑法学界对于这个问题，存在两种截然相反的观点：第一种观点是彻底否定说，即全国人大常委会不应享有刑法修正案立法权。这种观点认为，刑法修正案的通过程序必须不同于单行刑法，它应该具有更加严格的通过程序。具体说，其通过程序应当与刑法典的通过程序是一样的，即由全国人民代表大会审议和通过。因此，由全国人大常委会通过和颁布刑法修正案的做法，既与刑法修正案在整个刑法体系中的普通法典地位不相称，又与刑法通过程序的严格性、民主性和代表性的要求不符。而且，从由全国人大常委会行使刑法修正案的立法权所产生的后果来看，全国人大常委会行使刑法修正案的立法权，久而久之将使全国人民代表大会的刑事立法权虚置。因此，这种观点认为，应当由全国人民代表大会通过刑法修正案，由全国人大常委会主要负责对刑法规范进行立法解释。第二种观点是部分否定说，即全国人大常委会对刑法修正案创设新罪的情形不应享有立法权。这种观点认为，对于新增罪名的补充部分，不应由全国人大常委会以修改和补充的方式进行立法，其应当属于制定权，是属于全国人大的权力。即使由全国人大常委会修改刑法中已经存在的罪名，也应该慎重对待，不能频繁进行。否则，若赋予其修改和补充基本法律的权力，而不对其修改内容进行限制，全国人大常委会的部分修改权侵蚀全国人大的制定权就成为必然。[①] 以上争议观点虽然发生在《刑法修正案（九）》颁布之前，但由于《刑法修正案（九）》在更大范围和更大规模上对刑法典进行了修改，因而这种争议的意义更加凸显。

这里首先涉及的是宪法所确定的全国人民代表大会和其常务委员会在立法权限上的划分问题。根据我国《宪法》第 58 条的规定，全国人民代表大会和其常

---

① 参见赵秉志主编：《刑法修正案最新理解适用》，245～246 页，北京，中国法制出版社，2009。

务委员会都是国家立法机关，共同享有立法权。但《宪法》第 67 条又对全国人大常委会的具体立法权限进行了规定，根据这一规定，全国人大常委会除了有权制定和修改我国人民代表大会制定和修改的法律以外的其他法律，还有权在全国人民代表大会闭会期间，对全国人民代表大会制定的法律进行部分补充和修改，但不得同该法律的基本原则相抵触。由此可见，全国人大常委会对于全国人民代表大会制定的法律，无论是基本法律还是普通法律，都具有广义上的修改权。这里只是设定了修改的两个限制性条件：一是部分补充和修改，二是不得同法律的基本原则相抵触。据此，可以把全国人民代表大会的法律修改权与其常委会的法律修改权合理地加以区分。

这里所谓部分修改与全部修改的区分，就在于是否对刑法进行大修大改。经过大修大改的法律实际上已经是一部新法，因而具有重新制定法律的性质。刑法是国家的基本法律，因此其制定权应当属于全国人民代表大会。例如，1979 年刑法在 1997 年进行了一次全面修订，经过修订以后的 1997 年刑法实际上是一部新刑法。但从法律继承关系上来说，1997 年刑法是对 1979 年刑法的修改。这个意义上的修改，当然不是全国人大常委会的立法权限。除此以外，对刑法中等程度以下的修改，仍然属于全国人大常委会的立法权限。

至于判断是否同全国人民代表大会制定的法律的基本原则相抵触，关键在于如何理解这里的基本原则。笔者认为，这里的基本原则包括但不限于刑法规定的罪刑法定原则、罪刑平等原则和罪刑均衡原则这三大刑法基本原则，还包括刑法的基本制度。例如，刑法中罪刑法定原则及其派生原则，就属于此类不能抵触的基本原则。在 1979 年刑法中，虽然没有规定罪刑法定原则，而是规定了类推制度，但 1979 年刑法规定了关于刑法溯及力的从旧兼从轻原则，这也是单行刑法所不能抵触的。但全国人大常委会 1982 年《关于严惩严重破坏经济的罪犯的决定》和 1983 年《关于严惩严重危害社会治安的犯罪分子的决定》（以下简称《两个严打决定》），都规定《两个严打决定》公布后审判的犯罪案件，一律适用《两个严打决定》。这实际上在刑法溯及力问题上采用了从新原则，与 1979 年《刑法》第 9 条规定的从旧兼从轻原则是相抵触的。[①] 但对这种相抵触的情况如何加以解决，宪法并没有规定适当的程序。值得注意的是，宪法只是规定了全国人大常委会对刑法的修改不能与刑法的基本原则相抵触，这并不能理解为对于刑法的基本原则或者基本制度，全国人大常委会不能在没有抵触的情况下进行补充性规定。

在《刑法修正案（九）》制定过程中，就存在着这种顾虑。例如从业禁止制度是这次《刑法修正案（九）》所增设的一项重要制度。在草案研拟初期，立法工作机关提出在刑法中增设资格刑，即对于实施与职务相关的犯罪，被判处有期徒刑以上刑罚的犯罪分子，可以根据犯罪情况，同时禁止其在刑罚执行完毕后一定期限内从事相关职业或者担任特定职务。但此后，根据有关方面和专家学者的意见，立法工作机关将从业禁止措施的期限调整为自刑罚执行完毕或者假释之日起计算，从而在属性上定位于根据预防犯罪需要适用的措施（即预防性措施），而非新的刑罚种类（即资格刑）。[②] 立法机关强调预防性措施是刑法从预防再犯罪的角度，针对已被定罪判刑的人规定的一种预防性措施，不是新增加的刑罚种类。[③] 由此可以看到，禁止从业制度从开始时被拟规定为资格刑的设想，到最后确定为预防性措施，存在一个明显的演变过程。导致这种变化的考虑因素，笔者认为还是在于全国人大常委会的立法权限问题。即，对于增设刑罚种类是否属于全国人大常委会的立法权限没有把握，因而变更为所谓预防性措施。

预防性措施当然是相对于惩罚性措施而言的，而惩罚性措施就是刑罚。但刑罚在具有惩罚性的同时，也具有预防性。例如，我国刑法中的资格刑，既具有惩罚性又具有预防性。那么，从业禁止作为预防性措施，其法律性质究竟如何确定呢？我国学者指出："预防性措施以预防为其直接、主要功能。囿于传统的刑罚

---

① 参见陈兴良：《刑法哲学》，5 版，706 页，北京，中国人民大学出版社，2015。
② 参见喻海松：《刑法的扩张——〈刑法修正案（九）〉及新近刑法立法解释司法适用解读》，4～6 页，北京，人民法院出版社，2015。
③ 参见郎胜主编：《中华人民共和国刑法释义》，6 版，37 页，北京，法律出版社，2015。

体系设计，保安处分等预防性措施在我国刑法典中尚付阙如。"① 这种观点实际上把预防性措施定性为保安处分。此外，我国学者还把《刑法修正案（八）》规定的禁止令也视为保安处分，由此认为："《刑法修正案（九）》中的从业禁止与《刑法修正案（八）》中的禁止令，标志着我国刑法中犯罪后果的'双轨制'正式形成，对部分犯罪行为法院既可以判处刑罚，还可以根据犯罪人的具体情况，从预防再犯罪的目的出发决定适用保安处分措施。再结合刑法第十八条确立的针对实施危害社会行为但是不构成犯罪的无责任能力人的'政府强制医疗'措施，我国刑法中既有作为犯罪后果的保安处分措施，也有对不构成犯罪者的保安处分措施，这意味着《刑法修正案（九）》出台后，我国刑法中的保安处分体系已初步构筑起来。保安处分体系的逐步形成，将对我国的刑法学理论及刑法学教科书体系形成巨大冲击，此前的犯罪—刑罚体系将解体，而演变成犯罪—刑罚—保安处分体系"②。如果按照这一理解，增设预防性措施对刑法的影响其实比增设资格刑还要更大。因为，我国刑法中的资格刑在刑罚体系中是极为特殊的，只有剥夺政治权利一种纳入了刑罚体系，而对犯罪的外国人适用的资格刑——驱逐出境（《刑法》第 35 条）并没有被纳入刑罚体系，对犯罪的军人适用的资格刑——剥夺军衔等甚至规定在《中国人民解放军军官军衔条例》之中。由此可见，我国刑法对资格刑采取了一种散在性的立法方式。因此，如果将从业禁止作为资格刑加以规定，并不存在法律体例上的障碍，也没有超越全国人大常委会的立法权限的问题。现在，将从业禁止作为预防性措施加以规定，反而与现有刑法体例存在一定的违和性。尤其是保安处分入刑，涉及刑法重大调整，最好是由我国人民代表大会进行规定。其实，从业禁止并不仅仅具有预防性，而且具有惩罚性。其资格刑的品格是极为明显的，在目前我国刑法体例中，将其规定为资格刑是最为合适

---

① 赵秉志主编：《〈中华人民共和国刑法修正案（九）〉理解与适用》，349 页，北京，中国法制出版社，2015。

② 邓楚开：《刑修九透露出来的刑法发展大趋势》，载 http：//j. news. 163. com/docs/99/2015100813/B5DHTTNO0514861D. html。

的。可惜的是，立法机关在草案审议过程中改变了立法发展方向。这是令人遗憾的，也是《刑法修正案（九）》的缺憾。

综上所述，笔者认为，在从采取单行刑法方式改为采取刑法修正案的立法方式以后，原先通过单行刑法方式对刑法典进行修改，其内容包括增设新罪和扩充旧罪，以及对法定刑与刑罚制度的修改，在采取刑法修正案方式以后，也还是可以采取这些修改方式的。不能认为，因为单行刑法是对刑法的间接修改，没有改变刑法典的条文体系，所以全国人大常委会可以在刑法典之外采取增设新罪等修改方式。而改为采取刑法修正案方式以后，由于是对刑法典条文的直接修改，因而就不能增设新罪。否则，就是超越了全国人大常委会的立法权限。根据我国宪法的规定，全国人大常委会享有对刑法典的修改权，只要不同刑法典的基本原则相抵触即可。因此，通过刑法修正案增设罪名和增加刑罚种类，都完全属于全国人大常委会立法权的正常行使。

二、犯罪范围的扩张

犯罪范围是指一个国家刑法所设定的刑罚处罚的规模，也称为犯罪圈。各个国家刑法所规定的犯罪范围是各不相同的，这主要取决于不同国家的历史传统和规训体制。我国刑法的犯罪范围相对来说是较小的，但近年来处于不断地扩张之中。《刑法修正案（九）》延续了这一犯罪化的趋势，通过增设新罪与扩充旧罪，在一定程度上扩大了犯罪范围。因此，犯罪化是我国刑法立法的主旋律。即使是个别罪名被废除，例如嫖宿幼女罪的废除，也并不是将嫖宿幼女行为非犯罪化，而是将其回归于强奸罪，意在使其受到更为严厉的刑罚处罚。

（一）增设新罪

《刑法修正案（九）》增设罪名共计 20 个，这就是：（1）准备实施恐怖活动罪；（2）宣扬恐怖主义、极端主义、煽动实施恐怖活动罪；（3）利用极端主义破坏法律实施罪；（4）强制穿戴宣扬恐怖主义、极端主义服饰、标志罪；（5）非法持有宣扬恐怖主义、极端主义物品罪；（6）虐待被监护、看护人罪；（7）使用虚假身份证件、盗用身份证件罪；（8）组织考试作弊罪；（9）非法出售、提供试题、答案罪；（10）代替考试罪；（11）拒不履行信息网络安全管理义务罪；（12）非法利用信息网络罪；（13）帮助信息网络犯罪活动罪；（14）扰乱国家机关工作秩序罪；（15）组织、资助非法聚集罪；（16）编造、故意传播虚假信息罪；（17）虚假诉讼罪；（18）泄露不应公开的案件信息罪；（19）披露、报道不应公开的案件信息罪；（20）对有影响力的人行贿罪。以上20个新增的罪名，可以分为以下三个主要罪名集群：

第一个集群是恐怖主义犯罪。恐怖主义是一个较为模糊的概念，即使是在国际范围内，也还没有完全达成共识。我国2015年通过的《反恐怖主义法》第3条明确规定："本法所称恐怖主义，是指通过暴力、破坏、恐吓等手段，制造社会恐慌、危害公共安全、侵犯人身财产，或者胁迫国家机关、国际组织，以实现其政治、意识形态等目的的主张和行为。"该条第2款还列举了以下五种恐怖活动：（1）组织、策划、准备实施、实施造成或者意图造成人员伤亡、重大财产损失、公共设施损坏、社会秩序混乱等严重社会危害的活动的；（2）宣扬恐怖主义、煽动实施恐怖活动，或者非法持有宣扬恐怖主义的物品，强制他人在公共场所穿戴宣扬恐怖主义的服饰、标志的；（3）组织、领导、参加恐怖活动组织的；（4）为恐怖活动组织、恐怖活动人员、实施恐怖活动或者恐怖活动培训提供信息、资金、物资、劳务、技术、场所等支持、协助、便利的；（5）其他恐怖活动。除了上述第五种恐怖活动以外，其他四种恐怖活动都已经被《刑法修正案（九）》规定为犯罪。恐怖主义犯罪具有暴力性和组织性。这里的暴力性表现为恐怖主义分子所实施的具体犯罪，即杀人、放火等。对于恐怖分子所实施的这些常规性的犯罪，当然应该直接以常规性的罪名定罪处罚，而不可能在刑法中另行设立恐怖主义杀人罪和恐怖主义放火罪。而恐怖主义犯罪的组织性就表现为恐怖主义犯罪的共犯行为和预备行为，即组织、资助、指使、鼓励、宣扬、煽动恐怖主义犯罪的各种行为。恐怖主义犯罪的共犯行为和预备行为本来应当按照刑法总则关于共犯和预备犯的规定进行处罚，但为了有效惩治恐怖主义犯罪，立法机关对此作了共犯行为正犯化和预备行为实行化的规定。刑法典所规定的恐怖主义犯罪，主要就是指恐怖主义犯罪的共犯行为和预备行为。1997 年《刑法》第 120 条规定了组织、领导、参加恐怖组织罪。及至《刑法修正案（三）》又增设了资助恐怖活动罪，将恐怖主义犯罪的帮助行为进一步正犯化。《刑法修正案（九）》集中规定了五个恐怖主义犯罪的罪名，将具有预备性质的策划行为犯罪化，并规定了恐怖主义的煽动型犯罪、宣示型犯罪以及持有型犯罪。通过这些罪名的设置，将恐怖主义的共犯行为和预备行为全部犯罪化。针对某一种犯罪，设立如此周全的罪名，设置如此严密的法网，唯恐怖主义犯罪独此一罪而已。由此可见，恐怖主义犯罪已经成为刑法惩治的重中之重。

第二个集群是考试作弊犯罪。考试越来越成为我国选拔人才的一种重要途径，对于具有上千年科举历史的中国来说，这一种古老的制度在当今重新焕发青春。相对于任人唯亲的做法，考试制度具有其合理性。然而，考试可能存在作弊的情况。在中国古代，对于考试作弊，历来实行严刑苛法。即使如此，科场弊案仍然层出不穷。随着我国国家考试在人才选拔中的重要性的凸显，考试作弊沉渣泛起，并且日趋专业化、电子化和集团化。在这种情况下，惩治考试作弊犯罪也就十分必要。《刑法修正案（九）》新增了三个考试作弊犯罪的罪名，将国家考试中作弊的组织行为、帮助行为和替考行为规定为犯罪。

第三个集群是网络犯罪。网络犯罪是在计算机犯罪的基础上发展起来的，我国刑法规定了破坏计算机信息系统的犯罪，主要是针对计算机信息系统的犯罪。如果是利用计算机实施犯罪，《刑法》第 287 条对此作了提示性规定，指出："利用计算机实施金融诈骗、盗窃、贪污、挪用公款、窃取国家秘密或者其他犯罪的，依照本法有关规定定罪处罚。"因此，对于这种以计算机为工具的犯罪，刑法没有必要另行规定罪名，而是以刑法分则已经规定的相关罪名处罚。但随着网络的普及，网络犯罪随之出现。为了有效地惩治网络犯罪，《刑法修正案（九）》新增了三个网络犯罪的罪名。网络犯罪与计算机犯罪这两个概念既相互关联，又存在些微的区分。网络犯罪是指在网络空间实施的犯罪，这个意义上的网络犯罪与计算机犯罪的含义基本重合。例如网络诽谤，是指发生在网络空间的诽谤犯罪，也就是利用计算机实施的诽谤犯罪。对于这种网络犯罪，其实刑法没有必要单独设立罪名，而是应当按照刑法现有罪名处罚。例如，利用网络实施诈骗以及其他犯罪的，完全可以按照诈骗罪或者其他犯罪进行处罚。但在网络空间实施传统犯罪的时候，出现了一些特殊情况。我国学者称之为传统犯罪的网络异化，这里的网络异化是指由于网络因素的介入，传统犯罪内部的构成要件要素、犯罪形态等产生了不同于过去的新的表现形式，并使传统的刑法理论、刑事立法和司法规则处于难以适用的尴尬境地。[①] 这种异化在网络空间中表现为共同犯罪的异化以及预备犯罪的异化等。就网络诈骗（也称为电信诈骗）而言，犯罪分子的主要手段是发布诈骗短信，然后坐等他人上当受骗。这种诈骗信息范围极为广泛，受骗人群分布极为分散。在这种情况下，仍然像传统诈骗罪那样，以骗取的数额作为定罪量刑的根据，显然不利于惩治网络诈骗犯罪。为此，《刑法修正案（九）》设立了非法利用信息网络罪，将设立实施传统犯罪的网站，发布违法犯罪信息等网络犯罪的预备行为单独设置为犯罪。并且，《刑法修正案（九）》还把网络犯罪的帮助行为正犯化，设立了帮助信息网络犯罪活动罪。除了以上网络犯罪以外，为了维护网络安全秩序，《刑法修正案（九）》还规定了专门针对网络服务商的义务犯，即拒不履行信息网络安全管理义务罪，这是一种中立帮助行为的犯罪化。

（二）扩充旧罪

除了通过新设罪名扩大刑法处罚范围以外，《刑法修正案（九）》还通过对原有罪名的修改而扩充内容，同样达到了扩大刑法处罚范围的效果。如果说，通过新设罪名而扩大刑法处罚范围，是一种对旧衣服放大尺寸的做法；那么，通过扩充旧罪而扩大刑法处罚范围，就是一种对旧衣服打补丁的做法。在具体立法方法上，扩充旧罪存在以下三种形式：

[①] 参见于志刚：《传统犯罪的网络异化研究》，1 页，北京，中国检察出版社，2010。

第一种形式是增加行为方式。例如,《刑法》第 133 条之一的危险驾驶罪,原先只有追逐竞驶和醉酒驾驶机动车这两种行为方式,《刑法修正案(九)》增加了从事校车业务或者旅客运输,严重超过额定乘员载客,或者严重超过规定时速行驶的,以及违反危险化学品安全管理规定运输危险化学品,危及公共安全的这两种行为方式,从而扩大了危险驾驶罪的罪体范围。

第二种形式是增加行为对象。例如,《刑法》第 237 条规定的强制猥亵罪是指强制猥亵妇女,《刑法修正案(九)》修改为强制猥亵他人,将强制猥亵对象从妇女扩大到男子,从而扩大了强制猥亵罪的罪体范围。

第三种形式是降低入罪门槛。例如,《刑法修正案(九)》删去了《刑法》第 288 条规定的扰乱无线电通讯管理秩序罪中的“经责令停止使用后拒不停止使用”的条件,并将造成严重后果修改为情节严重,由此降低了扰乱无线电通讯管理秩序罪的入罪门槛,从而扩大了扰乱无线电通讯管理秩序罪的罪体范围。

通过以上分析,我们可以看到,《刑法修正案(九)》主要是通过增设罪名和扩充旧罪这两种立法方式,由此扩张了我国刑法的犯罪范围。我国学者提出了刑法的扩张的概念,认为自 1997 年刑法实施以来,立法机关先后通过了 1 个决定、9 个刑法修正案和 13 个立法解释,这些规定的绝大多数内容是犯罪化,使得刑法在经济社会中的规制领域不断拓展,法网日趋严密。尤其是《刑法修正案(九)》彰显了刑法的扩张属性。[①] 笔者赞同以刑法的扩张来概括《刑法修正案(九)》所彰显的立法倾向。关键问题在于:如何正确对待刑法扩张这一现象?

面对这样一种犯罪范围扩张的趋势,某些人表现出了极大的忧虑,发出了“刑法抬头是因为民法不张”的哀叹,指出:“曾几何时我们宣扬刑法是调整和保护社会关系的最后一道屏障,我们也一直把刑法谦抑性挂在嘴边,但当我们的理想被一年一个《刑法修正案》唤醒后才发现,刑法不再是后置的保障性手段,而

---

① 参见喻海松:《刑法的扩张——〈刑法修正案(九)〉及新近刑法立法解释司法适用解读》,引言,1~2 页,北京,人民法院出版社,2015。

成了很多人优先选择的手段。"① 这段话当然是有一些情绪在内的。现在需要理性思考的是：刑法抬头与民法不张之间存在因果关系吗？当然，在这段话语中，作者还是提出了一个令人深思的问题：究竟如何看待所谓刑法抬头，也就是犯罪范围的扩张这一现象。这一问题的背后，涉及我国刑法立法的走向，即在相当长的一个时期内，我国刑法立法的选择是犯罪化还是非犯罪化？这种选择背后的决定性因素又是什么？这些问题，是我国刑法学者需要直面并且回答的。

"刑法抬头是因为民法不张"这一提法，将刑法与民法之间界定为一种消长关系，它是以这样一个假设为前提的：如果民法对社会关系的调整充分发挥作用，就没有刑法介入的必要。但这个前置性的命题本身就是值得商榷的。其实，刑法与民法的交错并没有那么深入。因为民法的主要规范是任意性法律规范，只有极少数是强制性的法律规范。而刑法作为公法，都是强制性的法律规范。只有民法的强制性法律规范和刑法规范才有交错，而民法绝大多数任意性的法律规范与刑法规范并没有交错。因此，刑法与民法之间并没有那么直接的消长关系，民法不张与刑法抬头之间的因果关系并不存在。这里值得关注的反而是行政法与刑法的关系，这涉及整个国家公权力的配置问题。

对于犯罪范围的扩张，首先要从司法权与行政权的消长出发进行反思。长期以来，我国在立法权、司法权和行政权这三种权力的配置上，明显地表现为立法权虚化，司法权弱化，只有行政权得以强化，这三种国家公权力之间极不匹配、互不协调。行政权和司法权的强弱关系表现在法律处罚上，就是较小的刑事处罚范围和极大的行政处罚范围，两者之间形成了鲜明的对比。我国刑法中的犯罪范围较小，主要表现在罪名较少，而且犯罪概念中存在数量因素，即入罪门槛较高。与之相反，我国行政处罚权膨胀，不仅公安机关行使治安处罚权，而且其他行政机关都依法行使行政处罚权。行政处罚的范围所及，大大超过刑法规定的犯

---

① 蔡正华：《刑法抬头是因为民法不张》，载 http://www.zgxbdlsw.com/html/Hot/dongtai/773.html。

罪范围。更为重要的是，行政处罚涉及对公民个人财产权和人身权的限制，甚至剥夺。随着法治建设的发展，这种司法权弱而行政权强的国家权力配置模式显然不利于对公民合法权利的保护。因此，改变司法权与行政权的关系就成为法治建设的应有之义。

在司法权弱而行政权强这样一种公权力的框架中，我国长期以来采取的是三级制裁体系，这就是治安处罚、劳动教养和刑罚处罚。其中，治安处罚和劳动教养都属于行政处罚权的范畴，而且其行为种类繁多，处罚内容涉及对公民自由的限制与剥夺。尤其是劳动教养，由公安机关独家决定，在程序上缺乏应有的制约，容易被滥用而侵犯公民的合法权益，最为公众所诟病。劳动教养因为与法治标准不符合，因而理所当然被废除。但劳动教养并不能一废了之，那些原先应被劳动教养的行为都是一些较为严重的违法行为，这些违法行为仍然需要在法律上予以处理，如何对此加以承接，这是一个需要解决的问题。

早先的立法设想是制定一部《违法行为矫治法》，将被劳动教养的违法行为纳入其中，予以单独的处理，由此取代劳动教养制度。我国有学者对制定《违法行为矫治法》的过程做了以下描述：2008 年 12 月，第十一届全国人大常委会第六次会议通过《全国人民代表大会法律委员会关于第十一届全国人民代表大会第一次会议主席团交付审议的代表提出的议案审议结果的报告》，其中说明："关于制定劳动教养法的议案 1 件……按照将劳动教养制度改革为违法行为教育矫治制度的要求，拟制定《违法行为矫治法》。法制工作委员会已与中央政法委、最高人民法院、最高人民检察院、公安部、监察部等有关部门多次交换意见，还在进一步研究。"2009 年 3 月，部分第十一届全国人大代表再提关于制定《违法行为矫治法》的议案。《全国人民代表大会法律委员会关于第十一届全国人民代表大会第二次会议主席团交付审议的代表提出的议案审议结果的报告》指出：关于制定《违法行为矫治法》的议案 3 件。一些代表提出关于改革劳动教养制度，制定《违法行为矫治法》，对社区矫治作出法律规定等建议。中央部署进行的司法体制和工作机制改革已明确提出"将劳动教养制度改革为违法行为教育矫治制度"。

制定《违法行为矫治法》已经被列入本届全国人大常委会立法规划。法制工作委员会将继续会同中央政法委、最高人民法院、最高人民检察院、公安部、司法部等有关方面调查研究，听取各方面的意见，做好法律草案的起草工作。在 2010 年的全国人大报告中，吴邦国委员长继续提出，要将"研究制定《违法行为教育矫治法》"列入今后一年的工作任务。是年 3 月 10 日，全国人大常委会法工委副主任李飞也表态，《违法行为矫治法》是对原来中国实行的劳动教养制度进行的改革和规范，已列入当年立法计划，立法速度会加快。由上可见，针对改革劳动教养制度的《违法行为矫治法》已先后被十届、十一届全国人大常委会列入立法规划，有关部门也给予了应有的重视。① 及至 2013 年 12 月 28 日，全国人大常委会通过《关于废止有关劳动教养法律规定的决定》，劳动教养制度被正式废止，但《违法行为矫治法》最终没有完成立法程序而中途夭折。

在这种情况下，立法的设想改变为，通过降低入罪门槛，将原先因为没有达到犯罪的数额标准或者情节标准而按照劳动教养处罚的违法行为予以犯罪化。此外，把其他一些较为严重的违法行为转化为轻微犯罪，纳入刑法典。由此，我国开启了一个犯罪化的立法进程，逐渐形成我国刑法中的轻罪体系。正如我国学者指出："劳动教养制度废除前，我国刑法采用的是刑罚、治安管理处罚和劳动教养的三级制裁体制。刑罚和治安管理处罚主要是针对客观行为及行为的客观危害性；而劳动教养主要是针对行为人的人身危险性。劳动教养就是介于刑罚与治安管理处罚的中间地带，形成轻重有序的有机制裁体制。劳教废除后，刑法结构应由定罪量刑的单轨制模式向双轨制转变，由现有的三级制裁体制向二级制裁体制转换。具体而言，针对部分实施了轻微刑事犯罪行为的人员，可以考虑作为犯罪处理；而对于轻微违法行为，可纳入治安管理处罚范畴。"② 由此可见，我国目前刑法立法的犯罪化进程与劳动教养制度的废除之间具有一定的承接关系。《刑

---

① 参见刘仁文：《劳教改革与违法行为矫治法的制定》，载刘仁文：《法律的灯绳》，285～286 页，北京，中国民主法制出版社，2012。

② 陈超：《劳教制度废除后的刑法结构调整及程序建构》，载《人民法院报》，2014-04-17。

法修正案（九）》对于犯罪范围的扩大，在很大程度上与劳动教养制度的废除具有关联性。正如我国学者指出："劳教制度废除后，对于严重危害社会治安但尚不够罪的行为，只能给予治安管理处罚，难以适应打击和震慑这类行为的现实需要。为填补治安管理处罚与刑罚处罚之间'断档'，适当扩张刑罚的治理范围，对过去应予劳教的行为适度分流入罪，已是必然。《刑罚修正案（九）》将多次抢夺增加规定为犯罪，增加扰乱国家机关工作秩序罪，修改组织、利用会道门、邪教组织、利用迷信破坏法律实施罪等，无疑都是劳教制度后时代刑法适度扩张的体现。"[1] 以上对《刑法修正案（九）》扩张犯罪范围这一立法倾向的解读当然是合理的，对于我们理解《刑法修正案（九）》具有一定的参考价值。

对于这种犯罪门槛下降的立法趋势，我国学者存在不同观点。对此，持谨慎态度的观点认为，应当慎用入罪无门槛限制的立法模式。因为区分行政违法与刑事犯罪是我国法律的一贯传统，犯罪成立通常应当有一定门槛。而新近刑法扩张对不少犯罪未设入罪门槛，这实际上是刑法的过度介入，会使行政处罚虚置。[2]而另外一种观点则对犯罪门槛下降持积极的肯定态度，并且提出了我国从小刑法到大刑法的演变趋势，认为这符合法治的发展方向，指出："犯罪门槛下降会导致犯罪圈扩大，这也就意味着刑事司法权干预范围的扩大，由此蚕食行政刑法（治安管理处罚法、行政处罚法）的适用范围，挤压检察权的适用空间。"[3] 笔者赞同对于犯罪门槛下降的肯定态度，它反映了司法权的扩张和行政权（警察权）的限缩，其对于我国刑法未来的发展具有不可估量的意义。

从近期我国刑法修正案新增的罪名来看，主要是轻罪，而增设重罪的情形则极为少见。笔者以为，这一进程还会进一步发展，因为从法治标准衡量，行政机

---

① 喻海松：《刑法的扩张——〈刑法修正案（九）〉及新近刑法立法解释司法适用解读》，引言，12～13页，北京，人民法院出版社，2015。

② 参见喻海松：《刑法的扩张——〈刑法修正案（九）〉及新近刑法立法解释司法适用解读》，引言，16页，北京，人民法院出版社，2015。

③ 卢建平：《犯罪门槛下降及其对刑法体系的挑战》，载《法学评论》，2014（6）。

关不应当享有对公民的财产权利和人身权利进行限制和剥夺的权力，这些权力都应当交由司法机关通过一定的司法程序来行使。而目前我国公安机关所具有的治安处罚权，可以剥夺公民自由，这种制度设计是与法治原则相背离的。因此，将来这些治安违法行为也应当纳入刑法典，通过司法程序进行处罚，由此限制行政机关的处罚权。当然，是否应当制定一部《轻罪法》，以及与之配套设立简易程序，并且专门设立治安法庭审理这些轻罪，这些问题都是值得研究的。

无论如何，从长远发展来看，我国犯罪范围的扩张将是一个持续的立法过程。对于这种刑法的扩张，不能简单地说，其就是刑法过度侵入社会治理，必然不利于人权保障。事实上，对轻罪采取刑事化处理以后，被告人的合法诉讼权利得到法律的有效保护。相对于劳动教养制度下公安机关一家决定对公民劳动教养，剥夺人身自由达到1年至3年而言，这明显是一种法治的进步。

如上所述，我国长期以来实行的是三级制裁体制，即治安处罚、劳动教养和刑罚。而作为刑罚处罚对象的犯罪，其范围是较小的。但在其他国家，行政机关，包括警察是不具有处罚权的，更不能享有剥夺公民财产权利和人身权利的处罚权。这些处罚权是为司法机关所独享的权力，并且必须通过司法程序才能对公民进行处罚。因此，其他国家的制裁体制都是司法的一元制，所有行为都必须在刑法典中规定为犯罪，才能加以处罚。在这种情况下，其他国家刑法典所规定的犯罪范围是极为宽泛的，一般分为重罪、轻罪和违警罪。相比较之下，我国刑法中的犯罪只相当于其他国家刑法典中的重罪和一部分轻罪，因而犯罪范围是极其狭窄的。不同国家犯罪范围或宽或窄，当然是与这些国家的历史传统相关的，不能断然地说孰优孰劣。但通过对我国的三级制裁体制的反思，可以得出结论：我国目前刑法中的犯罪范围过于狭窄这种现象，在很大程度上是司法管辖范围过小这一国家权力配置所决定的。而随着法治水平的提升，这种现状会得到改变。对此，我国学者指出："从长远看，实现刑法结构的统一化应是我国刑法未来发展的一个方向。也就是说，将治安处罚、劳动教养连同其他保安处罚措施一并纳入刑法，分别组成违警罪、轻罪、重罪和保安处分等几块内容，都由法院来判处，这样就能理顺各块内容之间的关系，防止一行为受多个机关的不同方式的处理。"① 因此，随着限制和剥夺公民人身权利的行政性处罚刑事化，犯罪范围必将逐渐扩张，这是法治发展的必然后果。

犯罪范围扩张虽然有其必然性，但这并不是说，可以任意地将那些没有处罚必要性的行为也规定为犯罪。在此，存在一个入罪的根据与标准问题。从《刑法修正案（九）》所增设的这些罪名来看，恐怖主义犯罪作为一种严重破坏公共安全的犯罪，刑法设置严密的法网予以打击，这是完全必要的。而考试作弊犯罪和网络犯罪都是随着社会生活的犯罪化而出现的新型犯罪，刑法对其加以规定，是对这些新型犯罪的一种立法回应，同样也具有立法的必要性。尤其是我国社会当前正处在一个转型时期，也是一个高科技不断进入人们日常生活的时期，因而会出现各种新型的犯罪形态，即使是一些传统犯罪也会发生变异。在这种情况下，刑法应当及时跟进，以应对犯罪情势的嬗变。就此而言，犯罪范围的逐渐扩张，将是我国刑法立法在未来相当长的一个时期内不可避免的趋势。对此，我们应当冷静面对，没有必要感到紧张。当然，过度犯罪化也是应当警惕的。在此，刑法立法应坚持民主化和公开化，充分听取社会公众的意见，这对于保障刑法立法的合理性具有十分重要的意义。

三、刑罚结构的调整

刑罚结构是指一个国家的刑罚方法的组合形式。任何一个国家的刑罚方法都不是单独发挥作用的，而只能在一定的体系中发挥作用。因此，刑罚体系是一个国家的刑罚结构的基础。刑罚体系是各种刑罚方法的有机组合，表现为各种刑罚方法的一定排列顺序和比例分配。这些刑罚方法按照一定的内在逻辑合理地结

---

① 刘仁文：《剥夺人身自由的处罚都应纳入刑法》，载刘仁文：《法律的灯绳》，113 页，北京，中国民主法制出版社，2012。

合，就形成一定的刑罚结构。

我国现有的刑罚体系中包含五种主刑和三种附加刑，这些刑罚方法的轻重搭配形成了我国的刑罚结构。笔者曾经指出，从我国刑罚实际运作的状况来看，我国刑罚体系存在着结构性缺陷，这就是死刑过重，生刑过轻；一死一生，轻重悬殊，极大地妨碍了刑罚功能的发挥。[①] 这种刑罚结构的缺陷，其根本表现在于死刑与生刑之间的轻重失衡。这里的死刑是指死刑立即执行，而生刑是指管制、拘役、有期徒刑和无期徒刑，同时还包括死刑缓期执行。死刑缓期执行，简称为死缓，本来应该属于死刑的范畴，因为缓期执行只是死刑的一种执行方法。但被判处死缓的犯罪分子，基本上不会被实际执行死刑。从这个意义上说，死缓与其说是死刑，不如说是生刑。而这里所说的轻与重，是指刑罚在立法设置上的轻与重，而不是指司法机关对具体案件在量刑上的轻与重。

这里所说的死刑过重，是指刑法规定的死刑罪名过多。在 1997 年刑法修订以后，我国刑法设立了 68 个死刑罪名。这一死刑罪名的数量，在国际刑法立法的范围内也属于较多的。尤其是在废除死刑的世界性潮流中，我国刑法保留较多的死刑罪名，有损于我国的大国形象。死刑对于我国来说，是负面资产。因此，逐渐减少，乃至于最终废除死刑，已经成为我国刑法的必然选择。

这里所说的生刑过轻，是指死缓和无期徒刑的实际执行期限过短。根据我国刑罚执行的实际状态，死缓的最长执行时间是 24 年左右，无期徒刑的最长执行时间是 22 年左右。而实际执行的时间则更短，死缓的实际执行时间是 20 年左右，无期徒刑的实际执行时间是 18 年左右。与之形成鲜明对比的是死刑立即执行，在最高人民法院核准以后，7 日内应当执行。对于所犯罪行相差不大，都是罪该处死的，由于一个犯罪不是必须立即执行，另一个犯罪则必须立即执行，因而分别被判处死刑立即执行和死刑缓期执行。这两种情形受到的处罚效果却大为不同：死刑立即执行受到的处罚效果是生命被剥夺，而死刑缓期执行的则只要被

---

① 参见陈兴良主编：《宽严相济刑事政策研究》，14 页，北京，中国人民大学出版社，2007。

关押 20 年左右就能回到社会。一生一死之间，差距过大。正如立法机关指出："司法实践中对判处无期徒刑、死刑缓期执行的罪犯，绝大部分都适用了减刑，个别还适用了假释，很少有终身关押的情况。但是，在执行中也出现一些问题，如一些司法机关对减刑条件把握过宽，减刑频率过快、次数过多，假释条件掌握过于宽松，致使一些因严重犯罪被判处死缓或者无期徒刑的罪犯实际执行刑期过短，与被判处死刑立即执行的犯罪分子相比，法律后果相差太大。"① 在这种情况下，因为死缓和无期徒刑的实际执行期限过短，被害人强烈要求判处死刑立即执行，由此形成对死刑立即执行的巨大压力，导致我国大量适用死刑。这也是我国当前死刑立即执行案件数量居高难下的一个内在因素。在这种情况下，我们需要对刑罚结构进行适当的调整，调整的基本方向是：减少死刑，加重生刑。这里的减少死刑，是指减少死刑罪名；而这里的加重生刑，是指延长死缓和无期徒刑的实际执行期限。

我国从《刑法修正案（八）》就开始了减少死刑、加重生刑的立法进程。《刑法修正案（八）》减少了 13 个死刑罪名，首次开启了立法减少死刑之路。从 1979 年刑法到 1997 年刑法，在短短的 19 年时间中，我国死刑罪名从 28 个增加到 68 个，每年平均增加 2 个死刑罪名，这是一个死刑罪名不断增加的立法过程。从 1997 年刑法到 2011 年《刑法修正案（八）》颁布，又过去了 15 年。在此期间，我国刑法中的死刑罪名处于一种维持不变的状态。《刑法修正案（八）》减少 13 个死刑罪名，这是我国死刑立法史上的一个转捩点，标志着我国刑法中的死刑罪名从以往的持续增加开始转变方向，向着死刑罪名减少的趋势发展，这是具有十分重大意义的一个立法事件。

《刑法修正案（八）》在减少死刑的同时，也在加重生刑方面作出了努力。加重生刑的立法举措有以下三种：

---

① 全国人大常委会法制工作委员会刑法室编著：《〈中华人民共和国刑法修正案（九）〉解释与适用》，217 页，北京，人民法院出版社，2015。

第一种举措是延长死缓的实际执行期限。《刑法修正案（八）》颁布前，我国刑法规定，死缓两年期满以后，如果没有故意犯罪的，减为无期徒刑；如果确有立功表现的，减为 15 年以上 20 年以下有期徒刑。《刑法修正案（八）》修改为：如果确有重大立功表现的，两年期满以后，减为 25 年有期徒刑。经过修改以后，死缓考验期间，确有立功表现的，减为有期徒刑的刑期，从最低 15 年提高到 25 年。此外，对于普通的无期徒刑适用减刑的，《刑法修正案（八）》颁布前，刑法规定，经过减刑以后，无期徒刑实际执行的刑期不能少于 10 年。《刑法修正案（八）》修改为：不能少于 13 年。

第二种举措是延长有期徒刑数罪并罚的最高限额。《刑法修正案（八）》颁布前，我国刑法规定，有期徒刑数罪并罚的，决定执行的刑期最高不能超过 20 年。《刑法修正案（八）》修改为：有期徒刑总和刑期不满 35 年的，决定执行的刑期最高不能超过 20 年；总和刑期在 35 年以上的，最高不能超过 25 年。

第三种举措是规定了限制减刑制度。《刑法修正案（八）》规定：对被判处死刑缓期执行的累犯以及因故意杀人、强奸、抢劫、绑架、放火、爆炸、投放危险物质或者有组织的暴力性犯罪被判处死刑缓期执行的犯罪分子，人民法院根据犯罪情节等情况可以同时决定对其限制减刑。限制减刑的具体做法是：死刑缓期执行期满后依法减为无期徒刑的，减刑以后实际执行的刑期不能少于 25 年，死刑缓期执行期满以后依法减为 25 年有期徒刑的，实际执行的刑期不能少于 20 年。通过以上修改，《刑法修正案（八）》在减少死刑罪名的同时，加重了生刑。《刑法修正案（九）》延续了上述减少死刑、加重生刑的立法进程。

（一）减少死刑

继《刑法修正案（八）》减少 13 个死刑罪名以后，《刑法修正案（九）》又减少了 9 个死刑罪名。这 9 个死刑罪名是：（1）走私武器、弹药罪；（2）走私核材料罪；（3）走私假币罪；（4）伪造货币罪；（5）集资诈骗罪；（6）组织卖淫罪；（7）强迫卖淫罪；（8）阻碍执行军事职务罪；（9）战时造谣惑众罪。虽然相比《刑法修正案（八）》减少了 13 个死刑罪名，《刑法修正案（九）》减少了 9 个死刑罪名，在减少死刑罪名的数量上有所下降，但由于减少的死刑罪名对司法活动具有实质性影响，因而更具有价值。在我国刑法中，死刑罪名可以分为三类：备而不用的死刑罪名、偶尔适用的死刑罪名、经常适用的死刑罪名。《刑法修正案（八）》减少的 13 个死刑罪名，基本上属于备而不用的死刑罪名，对于司法活动中减少死刑的实际适用并无实质性的影响。但《刑法修正案（九）》减少的 9 个死刑罪名，除了少数是备而不用的死刑罪名以外，诸如集资诈骗罪、组织卖淫罪、强迫卖淫罪等都属于偶尔适用的死刑罪名，其废除对于司法活动中减少死刑适用具有实质性的影响。

（二）加重生刑

《刑法修正案（九）》的加重生刑的最为重要的立法举措就是对贪污罪和受贿罪设置了终身监禁。《刑法修正案（九）》规定：对犯贪污、受贿罪，判处死刑缓期执行的，人民法院根据犯罪情节等具体情况可以同时决定在其死刑缓期执行二年期满依法减为无期徒刑后，终身监禁，不得减刑、假释。同时，根据我国《刑事诉讼法》第 254 条的规定，可以暂予监外执行的对象是被判处有期徒刑或者拘役的罪犯。因此，终身监禁的罪犯，也不得暂予监外执行。这就真正实现了关押终身，从而使无期徒刑在一定范围内名副其实化，由此加重了对贪污罪和受贿罪的处罚力度。

对减少死刑、加重生刑的立法举措，同样也存在不同见解。其中，既有对减少死刑罪名的不同意见，也有对加重生刑的不同观点。

就减少死刑而言，在《刑法修正案（九）》草案的审议过程中，对于死刑罪名的减少并不是一片赞同，而是存在较为强大的反对声音。例如，全国人大常委会在审议《刑法修正案（九）》草案的时候，对某些死刑罪名的取消提出了不同意见，论及不应该废除死刑的罪名，包括：（1）组织卖淫罪和强迫卖淫罪。认为该罪不应取消死刑，因为其主观恶意性、再犯可能等要素均具备。特别是在现实中，强迫幼女卖淫的现象层出不穷，民愤极大，建议对组织卖淫罪和强迫卖淫罪的死刑取消持慎重态度。（2）走私武器、弹药罪。认为对走私武器、弹药这种行为，我们放松管理，起不到震慑作用，将给国家安全造成极大的安全隐患。（3）走私核材料罪。认为虽然在实践中较少适用，但如果发生，后果不堪设想。比如说走私核材料罪一经发生，将造成巨大的社会危害。（4）走私假币罪。认为该罪的行为和后果都很严重，对社会的损害更大。（5）战时造谣惑众罪。认为虽然现在是和平时期，但并不排除今后可能发生战争，如果不保留战时造谣惑众罪的死刑，不利于战时的执行。（6）集资诈骗罪。认为该罪不应该免除死刑，它最容易引起社会动荡、引发群体性事件，会干扰和危害国家的经济、金融安全。（7）伪造货币罪。认为该罪不应该免除死刑，其理由与集资诈骗罪相同。因此，在《刑法修正案（九）》草案拟减少的 9 个死刑罪名中，除了个别以外，在全国人大常委会讨论过程中，基本上都提出了不同意废除死刑的意见。① 这些意见都是从 9 个死刑罪名废除以后，可能会对社会带来的消极影响的角度提出质疑的，其出发点当然是好的。但这些意见本身缺乏事实的根据与逻辑的支撑。因为这些意见所论及的废除死刑罪名以后可能具有的对社会的消极影响本身是假设性的，并没有实证资料支持。

事实上，对于某些犯罪，不要说被判处死刑的案件没有发生过，即使是未被判处死刑的案件也没有发生过。例如，对走私核材料罪死刑废除的反对意见的逻辑思路是："如果发生，后果不堪设想"。显然，这里是以假设为前提的，如果这种假设不可能转化为现实，则结论就不具有真实性。更何况，在现实生活中走私核材料案件并没有发生。再如，对走私武器、弹药罪死刑的废除，反对意见的论证方法是："对走私武器、弹药这种行为，我们放松管理，起不到震慑作用，将给国家安全造成极大的安全隐患。"事实上，走私枪支行为在现实生活中虽然存在，但所见案件基本上都是走私仿真枪，而没有见到走私军用武器的案件。而且，即使对走私武器、弹药罪废除了死刑，最高仍然可以判处无期徒刑。从逻辑

① 参见陈丽平：《一些常委委员建议认真研究减少死刑罪名原则 走私核材料罪等不应取消死刑》，载《法制日报》，2014-12-17。

上来说，不能把废除走私武器、弹药罪的死刑理解为是对走私武器、弹药行为放松管理。如果这一逻辑能够成立，岂不是所有未设死刑的罪名，都是对这种犯罪行为放松管理的表现？这种意见几乎把废除某罪的死刑误解为取消该罪名，在此基础上的结论显然是难以成立的。从这种意见的背后，我们可以明显地发现在社会治理中对死刑依赖的心理。事实上，因为刑法对走私武器、弹药罪规定了较重的法定刑，所以某些军事爱好者走私仿真枪案件的量刑结果往往引起社会公众的非议。例如，四川省 19 岁青年刘某通过网络向台湾地区卖家购买 20 支仿真枪，该仿真枪被鉴定为具有杀伤力。福建省泉州市中级人民法院经审理认为：被告人刘某违反海关法规，逃避海关监管，走私枪支 20 支入境，行为已构成走私武器罪，属情节特别严重。根据相关法律法规，判处无期徒刑，剥夺政治权利终身，并没收个人全部财产。该案上诉以后，福建省高级人民法院驳回上诉，维持了一审判决。类似这种所谓走私枪支案件，按照现有的司法解释判处如此重刑，已经极大地超出了社会公众所能接受的程度。因此，如果没有实际案例和资料支撑，所谓给国家安全造成极大的安全隐患，只存在于某些人的主观臆想之中。由此可见，对于是否废除死刑，我们不能抽象地谈论，而是要以具体案件或者实证资料为根据展开讨论。

值得注意的是，2015 年 6 月 24 日，全国人民代表大会法律委员会《关于〈中华人民共和国刑法修正案（九）（草案）〉修改情况的汇报》对前述针对废除死刑罪名的反对意见作了以下回应："法律委员会经研究认为，'逐步减少死刑罪名'是党的十八届三中全会提出的改革任务，取消 9 个罪名的死刑，是与中央各政法机关反复研究、论证，并在广泛听取了人大代表、专家和各有关方面意见的基础上提出的，同时，为防止可能产生的负面影响，事先作了慎重评估，对其中一些严重犯罪，取消死刑后，在法律上还留有从严处罚的余地。如：取消了走私武器、弹药罪，走私核材料罪的死刑，仍保留了制造、买卖、运输、储存枪支、弹药、爆炸物罪和非法制造、买卖、运输、储存放射性物质犯罪的死刑；取消了以暴力方法阻碍执行军事职务并造成人身伤亡犯罪的死刑，仍保留了故意杀人罪、故意伤害罪的死刑。司法实践中如有走私武器、弹药、核材料、暴力阻碍执行军事职务的犯罪，情节特别恶劣，确需判处极刑的，还可以根据案件情况，依照刑法现有规定判处。其他取消死刑的罪名也都有相应的范例安排，不会出现轻纵犯罪的情形。"在这段话中，立法机关在论证死刑罪名废除的时候，还是提出尽量防止负面影响，避免轻纵犯罪。其实，死刑罪名的废除，肯定会产生一定的影响。对于那些备而不用的死刑罪名的废除，其所谓影响仅限于一般威慑。而对于那些偶尔适用的死刑罪名的废除，则会发生减少死刑适用的实质性影响。现在的问题在于：我们到底如何看待这种影响？死刑的存在当然能够起到一定的威慑作用，这也就是我们所追求的所谓死刑的正面作用。但是，这种正面作用的取得，也是要付出一定代价的。死刑本身具有不可忽视的消极影响，例如，可能产生的死刑冤案会对社会公众的正义感造成严重的伤害。又如，对于死刑的过度依赖，会使社会治理产生惰性，社会治理能力难以提高，如此等等。至于从人的理性角度对死刑的思考，更是因其抽象而不容易为社会公众所接受。但对于立法机关来说，死刑罪名的废除虽然应该考虑功利性的得失因素，但还是要回归公正性的理性思维。

就加重生刑而言，同样存在不同意见。如果是一般性的加重生刑，当然是与刑罚轻缓化的潮流相背离的。但我们是在作为减少死刑罪名的替代性措施这个意义上提出加重生刑的，因而不同于一般性的加重生刑。而且，这里的加重生刑，也并不是对所有的生刑都加重，而是加重无期徒刑和长期徒刑。至于对于那些较轻犯罪的刑罚不是应该加重，而是应该予以适当地降低。

这里存在一个刑罚资源的配置问题。从总的情况来看，我国目前刑法中的刑罚资源的配置既不合理，也不均衡。这种不合理性主要体现在生刑过轻与死刑过重的矛盾，不均衡性则主要体现在生刑的轻重分布上的轻罪过重与重罪过轻的矛盾。

这里所谓轻罪过重，是指较轻之罪所受到的刑罚处罚太重，刑期动辄 10 年以上。轻罪过重的问题，是应当引起我们重视的一个问题。例如，2014 年引起社会公众关注的掏鸟案，河南某地大一学生闫某被指控非法猎捕国家二级保护动物燕隼 16 只,卖给他人燕隼 10 只。另外向他人购买国家二级保护动物凤头鹰 1 只。新乡市辉县市法院一审判决,以非法收购、猎捕珍贵、濒危野生动物罪,判处闫某有期徒刑 10 年 6 个月。一审判决以后,被告人不服提起上诉,新乡市中级人民法院对此案作出裁决,维持了新乡市辉县市法院一审判决。该案的定罪与量刑,从现有的法律规定和司法解释来看,当然是没有问题的。但从立法上看,猎捕 16 只属于国家二级保护动物的鸟类而被判处 10 年有期徒刑,从刑罚设置上说,是过重的。10 年有期徒刑在我国刑法中属于重刑的范畴,而非法收购、猎捕珍贵、濒危野生动物罪无论怎么说都不应该属于严重犯罪。对于珍贵、濒危野生动物的保护,主要还是依靠相关行政措施而不是刑罚,对于这种犯罪虽然应当处罚,但也不应该予以如此严厉的处罚。尤其是考虑到被告人毕竟不是专门从事珍贵、濒危野生动物的非法猎捕和贩卖的犯罪分子,而且也没有证据表明,这些珍贵、濒危野生动物均已死亡。在这种情况下,简单地根据珍贵、濒危野生动物收购、猎捕的数量,判处 10 年有期徒刑,反映了我国刑法对于此类犯罪设置了过重的刑罚。因此,适当降低某些较轻犯罪的法定刑,使刑罚分布更加合理,确有必要。

为了解决轻罪过重的问题,有必要设立轻刑。尤其是随着轻罪体系的形成,我国应当形成与之配套的轻刑体系。因此,应当考虑在我国刑法中设置适用于轻罪的轻刑。唯有如此,才能使犯罪与刑罚做到轻重相配,实现罪刑之间的均衡。应该说,我国目前重刑较为完整,而轻刑则有所缺失。在这种情况下,设立某些较轻的财产刑和资格刑是十分必要的。至于自由刑,也要扩大非监禁刑的适用范围。《刑法修正案(九)》规定了从业禁止制度,这一制度本来是作为资格刑设置的,但在审议过程中,出于各种因素的考虑,最后被定位为预防性措施。而这种所谓预防性措施,就是某些学者所说的保安处分,他们认为随着从业禁止制度在我国刑法中的设立,表明我国刑法中的保安处分体系已初步构筑起来。① 保安处

---

① 参见邓楚开:《刑修九透露出来的刑法发展大趋势》,载 http://j.news.163.com/docs/99/2015100813/B5DHTTNO0514861D.html。

分制度对于预防犯罪当然能够发挥积极作用，但我国目前当务之急还是要建立轻刑体系。而《刑法修正案（九）》规定的从业禁止本来可以作为轻刑确立的，可惜丧失了一次极好的立法机会。

这里所谓重罪过轻，是指严重之罪所受到的刑罚处罚，除了死刑立即执行以外，如果判处死缓或者无期徒刑，因其实际执行期限较短而显得太轻。加重生刑主要就是要解决重罪过轻的问题，以便与减少死刑的立法举措相衔接。

对于严重犯罪的刑罚应当适当加重，这种加重主要通过提高有期徒刑的上限和增加无期徒刑以及死缓的实际执行期限来达到。因此，我国应当设置长期刑。甚至，对于某些严重犯罪，在尽量少判死刑的前提下，设立终身监禁的刑罚。对于这样一种立法构想，我国学者提出了不同意见。例如，张明楷教授提出"死刑的废止不需要终身刑替代"这一命题，这里所说的终身刑，就是指终身监禁。张明楷教授指出："我国不存在终身刑，死刑的削减与废止，不需要也不应当由终身刑替代。15年左右的关押，已经属于相当严厉的惩罚，并且足以预防犯罪；更长时间的关押基本上属于残酷的、不人道的刑罚，而且不是保护法益与预防犯罪所必需的刑罚。我国刑法规定了死缓制度与无期徒刑，对于已经执行15年左右的犯人，如果其再犯罪可能性已经丧失或者明显减少，就应当依法对之实行减刑或者假释。如果已经执行15年左右的犯人，其再犯罪可能性并未丧失和明显减少，那么，继续合理地执行所判处或者裁定的无期徒刑即可。所以，我国在限制与废止死刑的过程中，不必设置终身刑，也不必提高有期徒刑的最高期限"[1]。在废除死刑而又不需要替代措施的情况下，当然无须考虑终身刑。但在我国当前这种对待死刑还较为迷恋的氛围下，这可能是一厢情愿，难以真正实现。在这种情况下，死刑替代措施的设计就成为不得不面对的一个问题。

我国学者对死刑替代措施作了探讨，提出了各种设想。例如高铭暄教授提出

① 张明楷：《死刑的废止不需要终身刑替代》，载《法学研究》，2008（2）。类似观点参见王志祥：《死刑替代措施：一个值得警惕的刑法概念》，载《中国法学》，2015（1）。

了三种死刑替代措施：一是作严厉化调整后的死刑缓期执行制度，对死缓犯考验期满之后的无期徒刑，设置相对普通无期徒刑更为严格的假释、减刑期限。具体来说，普通的无期徒刑执行 10 年以上即可假释，但对死缓考验期满之后的无期徒刑，则可规定必须实际执行 20 年以上才可假释。而普通的无期徒刑，减刑后实际执行不能少于 10 年，但对死缓考验期满之后的无期徒刑，则可规定减刑后，实际执行的期限不能少于 20 年。这样，通过对被判死缓的犯罪分子设置相对于普通无期徒刑更为严格的假释、减刑期限，死缓犯关押的期限，上限将达到 30 年左右，通常应实际执行时间为 25 年左右，即使有立功等特殊情形，最少也需要执行 20 年才可重获自由。二是严格的无期徒刑。改革无期徒刑，区分出严格的无期徒刑与一般无期徒刑，将严格的无期徒刑作为中止适用死刑的某些犯罪的切实可行的替代措施。作为死刑替代措施的严格无期徒刑的关押期限，上限将达到 25 年左右，通常应实际执行时间为 20 年左右，即使有立功等特殊情形，最少也需要执行 15 年才可重获自由。三是附赔偿的长期自由刑。就死刑替代措施而言，某些犯罪中，在充分尊重被害方意愿的前提下，可以以附赔偿的长期自由刑（例如 15 年以上 20 年以下有期徒刑）替代死刑立即执行。[1] 对于这种死刑替代措施的设想，笔者认为是极为务实的减少死刑的立法举措。因为，对于中国这样一个具有上千年死刑历史传统，并且目前社会心理还在相当程度上支持死刑的国度来说，死刑的废除注定了是一个缓慢而漫长的过程。在目前所有支持死刑适用的因素中，法院面对的主要是来自被害方的要求判处死刑的巨大压力。而通过死刑替代措施，在一定程度上换取被害方对不适用死刑的理解，减轻被害方对法院适用死刑的压力，无疑是具有重要意义的。因此，在减少死刑罪名的前提下，适当地加重生刑，主要是对死缓和无期徒刑进行改造，使之处罚的严厉性得以强化，笔者认为是可行之举。

---

① 参见高铭暄：《略论中国刑法中的死刑替代措施》，载《河北法学》，2008（2）。类似观点，参见赵秉志：《中国死刑替代措施要论》，载《学术交流》，2008（9）。

刑罚结构的调整并不是一蹴而就的，而是需要通过立法活动逐步地向前推进。从《刑法修正案（九）》的规定来看，并没有设立针对所有严重犯罪的终身监禁，而只是对贪污受贿数额特别巨大、情节特别严重的犯罪分子，特别是其中本应当判处死刑的，根据慎用死刑的刑事政策，结合案件的具体情况，对其判处死刑缓期二年执行依法减为无期徒刑后，采取终身监禁的措施，不得减刑、假释。所以，《刑法修正案（九）》关于终身监禁的规定是具有针对性的，也是有节制的立法措施。

一个国家的刑罚体系正常发挥作用的前提是，其内部保持均衡。只有在此基础上，才谈得上对刑罚价值的合理追求。也只有捋顺各种刑罚方法之间的关系，在均衡地配置刑罚资源的基础上，才谈得上刑罚的轻缓化问题。现在我国刑罚改革的主要矛盾还是死刑过重，因此在立法上减少死刑罪名，在司法上减少死刑适用是当务之急。刑罚结构的调整应当围绕这一问题展开，以此观察《刑法修正案（九）》的减少 9 个死刑罪名和设置终身监禁，以及延长死缓依法减为无期徒刑以后的执行期限，可以看到我国刑法的发展方向。

通过刑法修正案的方式对刑法进行修订，虽然类似于给破旧的衣服打补丁，但打补丁只能是补漏式的消极应对，对于修补衣服合适，而对刑法修订，就不能采取这种头痛治头、足痛治足的做法。刑法修订应当受到一定的刑事政策的指导，并且具有全局性和前瞻性。储槐植教授曾经批评厉而不严的立法倾向，倡导严而不厉的立法政策。储槐植教授所说的"厉"是指刑罚严苛，处刑过重。而"严"则是指起刑点低，法网严密。因此，厉而不严是指刑罚严厉但法网疏漏。反之，严而不厉是指法网严密但刑罚轻缓。储槐植教授在论述严而不厉的立法政策时指出："刑法对这些危害甚大的犯罪应当两面夹击，而不是攻一面放一面。一方面适当提高法定刑在一定时期内是必要的，更重要的另一方面是防微杜渐，降低起刑线，扩大刑事法网，不放过小罪，从而减少发展为大罪的概率。"[1] 这

---

① 储槐植：《严而不厉：为刑法修订设计政策思想》，载《北京大学学报》，1989（6）。

些政策思想虽然是二十多年前提出的，但至今对于刑法的修订仍具有指导意义。

从 1980 年 1 月 1 日我国第一部刑法实施以后，我国同时进入了改革开放的时代，犯罪情况发生了极大的变化。我国由此进入一个严打的刑事周期，在立法上通过对刑法的修改补充，增设死刑和提高法定刑，使我国刑法演化为一部重刑刑法。直到我国提出宽严相济的刑事政策，这种立法政策思想自《刑法修正案（八）》开始发生效果，通过减少死刑罪名和适当地加重死缓和无期徒刑的实际执行期限，对我国轻重失衡的重刑结构进行调整，这是完全正确的。目前只是走出了调整的第一步，笔者相信，这种调整的努力还会持续下去。我们有理由期待，刑法修订将会使我国刑法朝着更为科学合理的方向发展。

第六章

罪刑法定主义的逻辑展开

1949 年中华人民共和国成立，以《大清新刑律》为开端的我国近代刑法史戛然而止，罪刑法定主义也随之被废弃。1979 年制定的刑法规定了类推制度，罪刑法定主义不见踪影。当然，这也并非是我国古代比附援引的复活，而是师法苏俄的结果。因为苏联刑法典长期以来一直都有类推规定，直到 1958 年 12 月通过《苏联和各加盟共和国刑事立法纲要》，类推才被取消。[①] 而在我国，罪刑法定主义被列为旧法观念，从一开始就被禁止。在刑法起草过程中，虽然在类推与罪刑法定主义之间曾经存在争论，但类推的主张始终占上风。高铭暄教授对此作了生动的描述，他指出："我国刑法在罪刑法定原则的基础上，应当允许类推，作为罪刑法定原则的一种补充。为什么要允许类推呢？这是因为我国地大人多，情况复杂，加之政治经济形势发展变化较快，刑法，特别是第一部刑法，不可能把一切复杂多样的犯罪形式包罗无遗，而且也不可能把将来可能出现又必须处理

---

① 参见［苏］A. A. 皮昂特科夫斯基等：《苏联刑法科学史》，曹子丹等译，35 页，北京，法律出版社，1984。

的新的犯罪形式完全预见，予以规定；有的犯罪虽然现在已经存在，但我们与它做斗争的经验还不成熟，也不宜匆忙规定到刑法中去。因此，为了使我们的司法机关能及时有效地同刑法虽无明文规定、但实际上确属危害社会的犯罪行为做斗争，以保卫国家和人民的利益，就必须允许类推。有了类推，可以使刑法不必朝令夕改，这对于保持法律在一定时期内的相对稳定性是有好处的。而且，有了类推，可以积累同新的犯罪形式做斗争的经验材料，这就为将来修改、补充刑法提供了实际依据"①。从以上转述的主流观点可以看出，在当时的历史条件下，类推制度在打击犯罪的名义下获得了政治上的正确性。尽管如此，以类推为补充的罪刑法定主义是前所未闻的，因为罪刑法定主义与类推之间是存在逻辑上的矛盾的：一部刑法只要是规定了类推，它就不可能是罪刑法定主义的；一部刑法只要是标榜罪刑法定主义的，就必然是禁止类推的。而在相当长的一个时期内，我国1979年刑法却被称为实行以类推为补充的罪刑法定主义。在1997年刑法修订中，在刑法中明确规定罪刑法定主义原则同时废除类推的呼声高涨，虽然也有个别主张保留类推的观点，但那只是极个别的。② 最终，在1997年《刑法》第3条规定了罪刑法定原则。尽管罪刑法定主义已经为我国刑法所采用，但是，在罪刑法定主义的理解上，仍然存在着模糊之处。近年来，我国刑法学界围绕着罪刑法定主义的含义，以及我国刑法关于罪刑法定原则的规定的理解，展开了具有深度的学术争论，这对于加深我们对罪刑法定主义的正确理解具有重要意义。

一、绝对的罪刑法定与相对的罪刑法定

罪刑法定主义存在一个从绝对的罪刑法定到相对的罪刑法定的嬗变过程，其内容主要表现为从完全取消司法裁量到限制司法裁量；从完全否定类推到容许对

---

① 高铭暄：《中华人民共和国刑法的孕育和诞生》，126页，北京，法律出版社，1981。
② 参见彭凤莲：《中国罪刑法定原则的百年变迁研究》，219页以下，北京，中国人民公安大学出版社，2007。

被告人有利的类推；从完全禁止事后法到从旧兼从轻；从绝对确定的法定刑到相对确定的法定刑。这些变化使罪刑法定主义更加适应保障人权的需要，同时又克服其僵硬性，获得了一定的灵活性。因此，从绝对的罪刑法定到相对的罪刑法定，并不是罪刑法定主义之死亡，而恰恰是罪刑法定主义之再生。

在相对的罪刑法定的语境中，法律专属主义的相对化是一个显著的特征。罪刑法定主义以"法无明文规定不为罪"为其基本内容，那么，这里的"法"并非一般意义上的"法"，而是特指法律。这也就是所谓的法律专属主义。法律专属主义被认为是罪刑法定主义的应有之义，即：只有法律才能规定犯罪。这里的法律，是指刑法，包括形式刑法与实质刑法。在我国目前的法律体系中，全国人大及其常委会制定的规范性文件称为法律，国务院制定的规范性文件称为行政法规。此外，最高人民法院和最高人民检察院制定的规范性文件称为司法解释。在以上规范性文件中，只有法律才能设置罪名与规定法定刑。我国采取统一的刑法典的立法方式，即我国只有形式刑法，而不存在实质刑法。因此，在我国的法律语境中，罪刑法定主义中的"法"是指刑法典。就此而言，我国刑法是坚持法律专属主义的。

法律专属主义可以分为绝对的法律专属主义与相对的法律专属主义。绝对的法律专属主义认为，法律专属性具有绝对的意义，即行政机关无权制定与犯罪和刑罚有关的法规。而相对的法律专属主义则认为，在法律规定了犯罪的基本特征和法定刑的情况下，可以授权其他机关规定具体的犯罪要件。[①] 就此而言，我国刑法显然是采取相对的法律专属主义的。因为我国刑法分则存在大量的空白罪状，它只规定了某一犯罪的基本框架，该犯罪的具体内容有待于行政法规加以填充。例如，我国《刑法》第225条规定的非法经营罪，是指违反国家法律，进行非法经营，扰乱市场秩序，情节严重的行为。刑法分四项列举了非法经营行为，

---

① 参见［意］杜里奥·帕多瓦尼：《意大利刑法学原理（注评版）》，陈忠林译评，23页，北京，中国人民大学出版社，2004。

其中前三项是具体行为，但第四项是空白规定，其内容为："其他严重扰乱市场秩序的非法经营行为。"在认定这里的"其他扰乱市场秩序的非法经营行为"的时候，"违反国家规定"是一个重要的参照依据。因为《刑法》第225条规定了"违反国家规定"这一要素，它同样适用于第225条第4项。也就是说，《刑法》第225条第4项"其他严重扰乱市场秩序的非法经营行为"，必须具备"违反国家规定"这一前提。那么，如何理解这里的"违反国家规定"呢？对此，我国《刑法》第96条专门对违反国家规定的含义作了规定："本法所称违反国家规定，是指违反全国人民代表大会及其常务委员会制定的法律和决定，国务院制定的行政法规、规定的行政措施、发布的决定和命令"。

由此可见，违反国家规定中所称的国家规定，只限于国家立法机关制定的法律和国家行政机关制定的行政法规的规定。这里的国家规定属于认定具体犯罪的参照法规，在刑法对某一构成要件行为规定不明确的情况下，通过参照法规予以明确。因此，参照法规就在某种意义上承担了实质上对构成要件予以明确化的职能。尤其是在空白罪状的情况下，刑法空白完全有赖于参照法规来填补，因而参照法规的层级直接关系到法律专属性原则。在我国刑法采取相对的法律专属主义的情况下，尽管行政性法规和司法解释不能直接规定犯罪，但实际上具有间接地规定犯罪的功能，是认定犯罪的规范根据。在这个意义上，行政性法规对于犯罪成立具有重要影响。

在某些情况下，行政性法规的变更会直接影响犯罪的成立。例如，我国刑法中的非法经营罪，就和行政许可制度有着密切的关联。非法经营行为在很大程度上是以违反行政许可为前提的。因为非法经营罪中的经营并非是指一般性的经营行为，而是指需要经过行政许可的经营行为，因此，非法经营是指未经行政许可的经营活动。2003年8月27日，全国人大常委会发布了《行政许可法》，这一法律的颁布对《刑法》第225条第4项的解释带来重大影响。因为在该法颁布之前，中国的行政许可散见于相关法律、法规之中，《行政许可法》对行政许可作了统一规定，是行政许可领域的基本法律。在1997年制定《刑法》第225条的时候，我国行政许可制度尚不健全，第 225 条第 1 项和第 2 项是根据当时的行政许可状况设置的，第 3 项的其他非法经营行为，究竟如何认定其违反国家法律规定，还是不明确的。在《行政许可法》通过以后，理应将违反行政许可作为确认其非法性的根据。[①] 在现实生活中，行政许可是会发生变动的，这种变动将对非法经营罪的认定产生直接的影响。例如，于润龙非法经营案[②]，就是认定犯罪所依据的行政法规发生变更导致行为无罪的适例。

吉林省吉林市丰满区人民法院经审理认为：被告人于润龙在无黄金许可证的情况下，大肆收购、贩卖黄金的行为，严重扰乱了市场秩序，情节严重，已构成非法经营罪。虽然在 2003 年年初，国务院下发了国发〔2003〕5 号文件，取消黄金收购许可制度，但对于国内黄金市场的发展运行，还有行政法规、政策及相关部门的规章加以规范，不许任其无序经营。《中华人民共和国金银管理条例》在废止前，该条例的其他内容仍然有效。于润龙的行为在目前的情况下也属违法行为。公诉机关的指控事实清楚，证据充分，罪名成立。被告人的辩护人的观点，不予采纳。鉴于本案审判时，国家关于黄金管理的行政法规发生变化及被告人于润龙的犯罪情节轻微，黄金在途中被扣，没有给黄金市场带来不利后果，可从轻处罚。据此，依照《中华人民共和国刑法》第二百二十五条第（一）项、第十二条、第三十七条之规定，判决如下：被告人于润龙犯非法经营罪，免予刑事处罚。

宣判后，被告人于润龙不服，提出上诉。上诉人于润龙诉称，原判决适用法律完全错误，上诉人的行为在审判时不具有违法性，更不是犯罪。于润龙的辩护人辩称：一审法院判决上诉人的行为犯非法经营罪，

---

① 参见王作富、刘树德：《非法经营罪调控范围的再思考——以〈行政许可法〉若干条款为基准》，载《中国法学》，2005（6）。

② 本案引自陈兴良等主编：《人民法院刑事指导案例裁判要旨通纂》，270 页以下，北京，北京大学出版社，2013。

这无论是在行政法上，还是在刑法上都于法无据，应改判上诉人无罪。

吉林省吉林市中级人民法院经过二审审理后，认定了一审判决所认定的事实及证据。另查明，该案被移送起诉期间，2003年2月27日，国务院以国发〔2003〕5号文件发布了国务院《关于取消第二批行政审批项目和改变第一批行政审批项目管理方式的决定》，其中涉及黄金审批项目共四项，即停止执行关于中国人民银行对于黄金管理的黄金收购许可，黄金制品生产、加工、批发业务审批，黄金供应审批，黄金制品零售业务核准四项制度。

吉林省吉林市中级人民法院认为：原审判决认定事实清楚，审批程序合法，但定性不准，适用法律错误。上诉人于润龙收售黄金的行为发生在2002年8月~9月间，即国务院发布国发〔2003〕5号文件前，依照当时的法律，构成非法经营罪。但在一审审理时，国务院发布了国发〔2003〕5号文件，取消了中国人民银行关于黄金管理的收售许可审批，导致《刑法》第二百二十五条第（一）项所依据的行政法规——《中华人民共和国金银管理条例》发生了变化，其行为按照现在的法律，不存在"违反国家规定"或"未经许可经营法律、行政法规规定的专营、专卖物品或其他限制买卖的物品"的性质，不符合非法经营罪的构成要件，其行为不构成非法经营罪。据此，依照《中华人民共和国刑事诉讼法》第一百八十九条第（二）项、第一百六十二条第（二）项及最高人民法院《关于执行〈中华人民共和国刑事诉讼法〉若干问题的解释》（现已失效）第一百七十六条第（三）项和《中华人民共和国刑法》第十二条之规定，判决如下：

上诉人（原审被告人）于润龙无罪。

笔者认为，以上二审判决是完全正确的。在作为有罪判决依据的行政法规发生变更的情况下，理应作出无罪判决。因此，行政法规不仅在入罪时可以作为依据，而且在出罪时也应该作为依据。这才是法律专属主义的应有之义。

事实上，不仅行政法规对于犯罪的认定具有规范根据的功能；而且，司法解释在很大程度上也是认定犯罪的根据。可以说，司法解释对于空白罪状的犯罪要件的明确化与具体化，也具有重要意义。在我国司法实践中，大量的空白罪状都是通过司法解释予以充实的，从而为司法机关适用空白罪状提供了法律根据。例如，对于我国《刑法》第 225 条第 4 项的"其他严重扰乱市场秩序的非法经营行为"。迄今为止，最高人民法院将以下 9 种行为解释为《刑法》第 225 条第 4 项规定的"其他严重扰乱市场秩序的非法经营行为"：（1）非法经营出版物；（2）非法经营电信业务；（3）非法传销或者变相传销；（4）在生产、销售的饲料中添加盐酸克伦特罗等禁止在饲料和动物饮用水中使用的药品或者销售明知是添加有该类药品的饲料，情节严重的行为；（5）非法经营互联网业务；（6）非法经营彩票；（7）非法经营非上市公司股票；（8）违反国家规定，使用销售类终端机具（POS 机）等方法，以虚拟交易、虚开价格、现金退货等方式向信用卡持卡人直接支付现金；（9）擅自发行基金份额募集资金。由此可见，在我国司法实践中，司法解释对于认定犯罪具有第二法源的性质，即间接法源。[①]

这里应该指出，司法解释对于"其他严重扰乱市场秩序的非法经营行为"的规定，也同样应当受到"违反国家法律规定"这一前置性要件的限制。但在 1997 年刑法适用以后，在最高司法机关陆续颁布的关于《刑法》第 225 条第 4 项的司法解释中，有些并不具有与行政许可的相关性，甚至连违反国家规定这一前置性条件也不具备。在上述司法解释对《刑法》第 225 条第 4 项的规定中，存在着不具备"违反国家规定"这一前提的情形。例如，2000 年 4 月 28 日通过的《关于审理扰乱电信市场管理秩序案件具体应用法律若干问题的解释》（法释〔2000〕12 号，以下简称《解释》）第 1 条规定，违反国家规定，采用租用国际专线、私设转接设备或者其他方法，擅自经营国际电信业务或者涉港澳台电信业

---

① 对于司法解释的法源性质，进一步的讨论参见张波：《刑法法源研究》，168 页以下，北京，法律出版社，2011。

务进行营利活动，扰乱电信市场管理秩序，情节严重的，依照《刑法》第 225 条第 4 项的规定，以非法经营罪定罪处罚。但 2000 年 9 月 25 日国务院颁布的《电信条例》第 59 条，才将上述行为规定为禁止性行为，且只对其中三种行为规定可以追究刑事责任，而并未涉及上述非法经营行为。非法经营行为是否只有法律、法规明文规定应当追究刑事责任，才能纳入其他非法经营行为的范围，这当然是可以讨论的。但仅就司法解释和《电信条例》出台的时间来看，司法解释颁布于 2000 年 5 月 12 日，生效于 2000 年 5 月 24 日，早于《电信条例》（2000 年 9 月 25 颁布）出台。对此，我国学者指出：《解释》制定之时，尚没有明确的行政法规作为参照规定，《解释》第 1 条中的"违反国家规定"也就没有相关法规作为依据，《解释》第 1 条严格来说是"无效条款"①。

笔者以为，以上质疑是能够成立的。至少在 2000 年 5 月 24 日至 2000 年 9 月 25 日这一期间，上述司法解释属于内容超前的无效条款。因此，"违反国家规定"是其他非法经营行为构成犯罪的前置性条件。如果这个问题不解决，司法解释虽然试图解决刑法的明确性问题，但却与罪刑法定原则所派生的法律专属性原则相悖。

二、形式的罪刑法定与实质的罪刑法定

形式的罪刑法定又称为罪刑法定的形式侧面，而实质的罪刑法定又称为罪刑法定的实质侧面。形式的罪刑法定与实质的罪刑法定这对范畴，涉及对罪刑法定主义精神的理解，这也是日本学者山口厚教授所说的罪刑法定主义的思考方法问题。②

可以说，形式的罪刑法定与实质的罪刑法定的提法主要来自日本。日本学者曾根威彦教授曾经提出，罪刑法定原则可以分为形式内容与实质内容。其中，罪

① 刘树德、王冕：《非法经营罪罪状"口袋径"的权衡——对法释［2000］12 号第 1 条的质疑》，载《法律适用》，2002（10）。
② 参见［日］山口厚：《刑法总论》，2 版，付立庆译，10 页，北京，中国人民大学出版社，2011。

刑法定原则的形式内容基本上是传统的"法无明文规定不为罪"。而罪刑法定原则的实质内容则是指人权保障。曾根威彦教授指出："罪刑法定原则要成为实质的保障人权原理，除了仅仅要求在行为时存在规定有犯罪和刑罚的法律还不够，而且，该刑罚法规还必须是适当的。"[①] 曾根威彦将刑法用语的明确性和刑法内容的适当视为罪刑法定原则的实质内容。应该说，曾根威彦在罪刑法定原则的形式内容与实质内容之间建立了某种递进关系：罪刑法定原则的形式内容是其基本之义，而罪刑法定原则的实质内容是其补充之义，这是完全正确的，也不容易引起误解。但日本学者前田雅英教授提出了罪刑法定主义的实质化的命题，在这一命题下，除了刑法用语的明确性和刑法内容的适当性以外，还提出了实质的刑法解释的概念，认为解释容许范围与处罚必要性成正比，而与可能语义的边界成反比。[②] 在此，前田雅英教授将处罚必要性当作了实质的刑法解释的核心概念，以此确定刑法解释的标准。可以看出，前田雅英教授以处罚必要性为核心的罪刑法定主义的实质化命题，本身包含着突破罪刑法定主义的危险性。究其原委，是这种所谓处罚必要性没有受到罪刑法定主义的形式内容的限制，由此而使处罚必要性具有了相当程度上的入罪功能。恰恰在这一点上，日本的其他刑法学者是将处罚必要性作为限制处罚的实体根据而确立的。例如，日本学者山口厚教授在论及罪刑法定主义的思考方法时指出："（罪刑法定主义的思考方法）意味着在形式上的'罪和刑的法定'的罪刑法定主义的背后，存在着下面这样的实质的原理或曰基础。正是这样的实质原理，规定着日本的罪刑法定主义的具体内容。也就是说，有必要从这些实质原理出发对于罪刑法定主义的内容（罪刑法定主义所派生的诸原则）加以理解。换言之，罪刑法定主义并不是单纯的形式原理，而有必要作为实质的处罚限定原理加以理解。"[③] 在这个意义上理解罪刑法定主义的实质内容当然是没有问题的，因为在罪刑法定主义的形式要素的限制下，处罚必要性

---

① ［日］曾根威彦：《刑法学基础》，黎宏译，12页，北京，法律出版社，2005。
② 参见［日］前田雅英：《刑法总论讲义》，4版，78～79页，东京，东京大学出版会，2006。
③ ［日］山口厚：《刑法总论》，2版，付立庆译，10页，北京，中国人民大学出版社，2011。

就成为进一步出罪的实质根据。换言之，按照罪刑法定主义的形式内容，只要有法律的明文规定，在具备其他犯罪成立要件的情况下，就可以构成犯罪。而按照罪刑法定主义的实质内容，则即使法律有明文规定，也并不一定具备了犯罪成立的构成要件，还要根据是否具有实质上的处罚必要性加以进一步的排除。因此，罪刑法定主义的形式内容与罪刑法定主义的实质内容之间，存在逻辑上的递进关系。根据罪刑法定主义的实质内容所确定的犯罪范围，明显要小于根据罪刑法定主义的形式内容所确定的犯罪范围。

我国学者张明楷教授较早地从日本引入了罪刑法定主义的形式内容和实质内容的学说，在更多的场合，张明楷教授称之为罪刑法定的形式侧面和实质侧面。但在对罪刑法定的形式侧面与实质侧面的理解上，张明楷教授的观点更加接近于前田雅英教授。在一定程度上，以处罚必要性为核心概念，强化了罪刑法定的实质侧面的功能，并且在此基础上，倡导刑法的实质解释论。张明楷教授指出，罪刑法定原则的具体内容分为形式侧面与实质侧面。法律主义、禁止事后法、禁止类推解释、禁止不定（期）刑，是罪刑法定原则的传统内容，被称为形式侧面。罪刑法定原则的形式侧面的法律主义，要求司法机关只能以法律为根据定罪量刑，而不能以习惯等为理由定罪判刑，以及法官不得溯及既往、不得类推解释法律、不得宣告不定期刑等，都是为了限制司法权力，保障国民自由不受司法权力的侵害。所以，罪刑法定原则的形式侧面，完全体现了形式法治的要求。而罪刑法定原则的实质侧面，包括两个方面的内容：一是刑罚法规的明确性原则；二是刑罚法规内容的适正原则。实质侧面主要在于限制立法权，充满了对立法权的不信任。换言之，实质的侧面反对恶法亦法，这正是实质法治的观点。①

在以上论述中，张明楷教授将罪刑法定原则的形式侧面与形式法治相连接，而又把罪刑法定原则的实质侧面与实质法治相连接，并对罪刑法定原则的形式侧面与实质侧面的功能做了区分：前者限制司法权，后者限制立法权。至此，张明

---

① 参见张明楷：《罪刑法定与刑法解释》，27、46～47 页，北京，北京大学出版社，2009。

楷教授的逻辑推演均没有问题。问题出在罪刑法定原则的形式侧面与实质侧面的
关系上。正是对两者关系的论述，透露了张明楷教授对罪刑法定原则的实质侧面
的推崇，以及以处罚必要性为入罪根据的强势介入，形成对罪刑法定原则的形式
侧面的消解。张明楷教授提出了罪刑法定原则的形式侧面与实质侧面之间具有冲
突性的命题，认为在形式侧面与实质侧面之间，存在以下两个方面的冲突：一是
成文法的局限性决定了刑法不可能对所有犯罪作出毫无遗漏的规定，即存在实质
上值得科处刑罚，但缺乏形式规定的行为；二是成文法的特点决定了刑法条文可
能包含了不值得科处刑罚的行为，即存在符合刑法的文字表述，实质上却不值得
处罚的行为。对于这两个方面的冲突，不可能仅通过强调形式侧面，或者仅通过
强调实质侧面来克服；只有最大限度地同时满足形式侧面与实质侧面的要求，才
能使冲突降到最低限度。① 罪刑法定原则的形式侧面与实质侧面，本来是分别限
制司法权与立法权的，具有各自独立的机能。但关于罪刑法定原则的形式侧面与
实质侧面的冲突的论述，则完全破坏了两者之间的逻辑关系，其所反映的是一种
强烈的贬罪刑法定原则的形式侧面，而褒罪刑法定原则的实质侧面的思想倾向。
例如，我国学者刘艳红教授指出："形式的罪刑法定原则过分钟情于形式法治国
的形式与程序，远离法律的自由与价值，特别是缺乏限制立法者的立法权限的机
制，容易使刑法成为统治者推行自己意志的工具，将不公正的规则制定为强有力
的国家法律，以合法的形式干涉公民正常的生活。"② 以上从罪刑法定原则的实
质侧面对形式侧面的指摘，是十分吊诡的。按照以上学者对罪刑法定原则的形式
侧面与实质侧面的功能分工，形式侧面的功能本来就是限制司法权，限制立法权
的职责是由实质侧面来承担的，缺乏对立法权的限制机能何以成为形式侧面的罪
过？更甚之，罪刑法定原则的形式侧面"远离法律的自由与价值"的缺陷何以存
在？其实，在对罪刑法定原则的内容理解上，"法无明文规定不为罪，法无明文

---

① 参见张明楷：《罪刑法定与刑法解释》，68 页，北京，北京大学出版社，2009。
② 刘艳红：《实质刑法观》，68 页，北京，中国人民大学出版社，2009。

规定不处罚"本身就包含了对司法权与立法权的双重限制。其中,刑法不得溯及既往的派生原则,并不仅仅是对司法权的限制,其同样具有对立法权的限制功能,即立法者不得制定事后法。而刑法的明确性,也完全可以包含在罪刑法定原则的明文规定这一要素之中,即可以通过对刑法规定的明文性的解释而获得。至于刑罚处罚的合理性问题,并不完全是由罪刑法定原则解决的,罪刑法定原则主要是构成要件的原则,它主要解决的是刑法的形式合理性问题。而刑法的实质合理性,还有赖于第二阶层的违法性的判断原则——法益保护原则和第三阶层的有责性的判断原则——责任主义,共同发挥作用。如果认为罪刑法定原则可以解决刑法中的所有问题,这是对罪刑法定原则功能的误解。罪刑法定原则的重要性,并不在于它能够解决刑法中的所有问题,而在于它所解决的是犯罪成立的第一阶层的问题,是为入罪所建构的第一道法律防线。

基于罪刑法定原则的形式侧面与实质侧面的冲突这一虚幻的理论判断,为克服这一冲突,张明楷教授倡导刑法的实质解释论。实质解释论所要解决的问题是:实质上值得科处刑罚,但缺乏形式规定的行为如何入罪?形式上符合刑法的文字表述,实质上却不值得处罚的行为如何出罪?正如笔者前文所言,后一个问题本来并不是罪刑法定原则所要解决和所能解决的问题,它是法益保护原则所要解决的问题,本来就与罪刑法定原则无关。而前一个问题如何解决,才是刑法价值观的分歧之所在。正是在此基础上,在张明楷教授与笔者之间展开了实质解释论与形式解释论之争。[①] 在笔者看来,以上形式解释论与实质解释论的对立,其

---

① 这场争论的缘起是刘艳红教授《实质刑法观》(中国人民大学出版社 2009 年版)与邓子滨研究员同年出版的《中国实质刑法观批判》(法律出版社 2009 年版)的交锋。此后,笔者和张明楷教授同时在《中国法学》2010 年第 4 期分别发表了《形式解释论的再宣示》与《实质解释论的再倡导》两文,由此引起学术围观,并先后有评论性论文问世。例如,周详:《刑法形式解释论与实质解释论之争》,载《法学研究》,2010 (3);刘树德:《学派如何形成——刑法学论争中的形式与实质》,载陈兴良主编:《刑事法评论》,第 28 卷,北京,北京大学出版社,2011;崔家鲲:《实质解释论——一种无法克服的矛盾》,载陈兴良主编:《刑事法评论》,第 28 卷,北京,北京大学出版社,2011;程红:《形式解释论与实质解释论对立的深度解读》,载《法律科学》,2012 (5)等。

实质是对罪刑法定原则的理解之辩。

对于实质上值得科处刑罚，但缺乏形式规定的行为，按照形式解释论的立场当然是不能入罪的。因为这里的"没有形式规定"，就是指没有法律的明文规定。事实上，法律规定本身并不能分为形式规定与实质规定。法律有没有规定，当然在一定程度上取决于对法律的解释。但是，刑法的解释是有限制的，这一限制就是可能语义。凡是超出可能语义的解释的，都是违反罪刑法定原则的，因而就是不被允许的。这是形式解释论的基本立场，这一立场的原理是罪刑法定原则的形式合理性与限制机能。罪刑法定原则的形式合理性，是罪刑法定原则所具有的思维方式，是指：只有法律规定为犯罪行为的，才能定罪处刑；法律没有规定为犯罪行为的，无论该行为具有多么严重的社会危害性，都不能定罪处刑。也就是说，为获得形式合理性，在某些情况下，我们不得不以丧失实质合理性为必要的代价。① 按照这种形式合理性的刑法思维方式，对于法律没有规定的行为，不予定罪处刑是理所当然的。从罪刑法定原则的形式合理性，可以合乎逻辑地引申出罪刑法定原则的限制机能。这里的限制机能，主要是指对司法机关入罪的限制，即那些法律没有规定的行为，即使具有社会危害性，也不能入罪。应当指出，罪刑法定原则的限制机能，是对入罪的限制，但对于出罪并不限制。罪刑法定原则的限制机能体现了其所具有的人权保障价值，是罪刑法定原则的应有之义。

对于实质上值得科处刑罚，但缺乏形式规定的行为，按照实质解释论的立场，应当在不违反民主主义与预测可能性的原理的前提下，对刑法作扩大解释。张明楷教授指出："就一个行为而言，其离刑法用语核心含义的距离越远，被解释为犯罪的可能性就越大。所以，不能只考虑行为与刑法用语核心含义的距离远近，也要考虑行为对法益的侵犯程度；因此，处罚的必要性越高，对与刑法用语核心含义距离的要求就越缓和，作出扩大解释的可能性就越大。"② 对于以上论

---

① 参见陈兴良：《罪刑法定主义》，34页，北京，中国法制出版社，2010。
② 张明楷：《罪刑法定与刑法解释》，68～69页，北京，北京大学出版社，2009。

述，可以从三个方面进行分析。

首先，法律的明文规定是否可以分为实质规定与形式规定？这个问题的引申含义是：缺乏形式规定，是指法律有规定还是没有规定？法律规定是以文本为载体的，法律文本是一种规范性文本。因此，法律规定的文本又是通过语言与逻辑完成的。法律是否有规定的问题，就是一个某一行为是否为法律文本的语言或者逻辑所涵摄的问题。就此而言，法律规定只有显形规定与隐形规定之分。凡是被法律文本的字面所记载的，就可以说是法律有显形规定。凡是法律文本的字面所未能载明，但被其逻辑所包含的，就可以说是法律有隐形规定。无论是显形规定还是隐形规定，都是法律的明文规定，这是没有疑问的。那么，何谓法律的形式规定？显然，形式规定是相对于实质规定而言的。就文义本身而言，形式是指现象，而实质是指现象背后的根据。在形式与实质相对应的情况下，实际上已经预设了贬褒，即：形式是表面的东西，而只有实质才是决定事物性质的东西。以此推理，所谓形式规定就是法律的明文规定。而没有形式规定，就是指没有法律的明文规定。与此相对应，所谓实质规定就是虽然没有法律的明文规定，但根据行为性质应当予以入罪的情形。这里的行为性质，就是指处罚必要性。基于处罚必要性的实质考量，而将法律没有规定的行为予以入罪或者加重罪责，这就是实质解释论的必然结论。

其次，如何确定可能语义的边界？任何用语都存在核心含义与边缘含义，当某一行为处于用语的核心地带的时候，该行为为某一用语所涵摄，这是没有问题的。关键在于，当某一行为处于用语的边缘的时候，该行为是否为某一用语所涵摄，就要看其是否超出可能语义的边界。而该可能语义的边界是先在的、客观的，并且是可以确定的。但是，按照张明楷教授的观点，可能语义的边界并不是先在的、客观的，而是取决于处罚必要性的大小：当处罚必要性较大的时候，可能语义的边界就越远；当处罚必要性较小的时候，可能语义的边界就越近。这种可能语义边界的可伸缩性，也是实质解释论的一个特色。

最后，如何看待扩大解释？扩大解释是相对于缩小解释而言的，其扩大与缩小是以某一用语的核心语义为基准的：将某一用语的语义缩小为比核心语义更小的，就是缩小解释；将某一用语的语义扩大为比核心语义更大的，就是扩大解释。与缩小解释和扩大解释相对应的，是平义解释：以核心语义解释某一用语，既不缩小，也不扩大。因此，扩大解释无论如何扩大，其解释都不能超出可能语义的边界。目前，刑法学界一再讨论扩大解释与类推解释之间的关系，并认为这是罪刑法定原则中的一个重要问题。笔者认为，类推解释可以行扩大解释之名，但超出可能语义边界的所谓扩大解释并不都是类推解释。类推解释是指基于类似关系所作的解释，将与法律规定的内容具有类似关系、但已经超出可能语义边界的行为解释为法律已有的明文规定。这个意义上的类推解释，就已经超出可能语义边界而言，已经不是扩大解释而是类推解释。如果将已经超出可能语义边界的行为解释为法律已有明文规定，但该行为与法律规定的内容之间并没有类似关系，则不仅不是扩大解释，而且也不是类推解释。就此而言，对于扩大解释与类推解释的关系，不能认为是非此即彼的关系：套用"出礼入刑"的句式，就是"出扩大解释入类推解释"。其实不然。对于被告人不利的扩大解释并不违反罪刑法定原则，因为其没有超出可能语义的边界。但是，如何把握可能语义的边界，确实是一个较为困难的问题。过分强调处罚必要性，则可能消解可能语义的边界。

在实质解释论中，处罚必要性始终是一个极为强势的概念，它以一种实质合理性的名义，在很大程度上主导着解释的方向，这也就潜藏着突破可能语义边界的危险。例如，我国《刑法》第263条关于抢劫罪的规定，该条将"冒充军警人员抢劫的"作为法定的加重处罚事由。如何理解这里的冒充军警人员抢劫？一般都认为，非军警人员假冒军警人员抢劫的，就是这里规定的冒充军警人员抢劫。但是，张明楷教授认为，对真正军警人员抢劫的，也应适用《刑法》第263条关于冒充军警人员抢劫的规定。其理由如下："从实质上说，军警人员显示其真实身份抢劫比冒充军警人员抢劫，更具有提升法定刑的理由。因为，刑法将'冒充军警人员抢劫'规定为法定刑提升的条件，主要是基于两个理由：其一，由于军警人员受过特殊训练，其制服他人的能力高于一般人，故冒充军警人员显示军警人员身份抢劫给被害人造成的恐怖心理更为严重，因而易于得逞。其二，冒充军警人员抢劫，会严重损害国家机关的形象。然而，真正的军警人员显示军警人员身份抢劫时，同样具备这两个理由。而且，非军警人员抢劫后，由于被害人及其他人事后得知行为人的真相，可以挽回国家机关的形象；而真正的军警人员抢劫，对国家机关形象的损害更为严重。既然如此，对真正的军警人员显示军警人员身份抢劫的，应当比冒充军警人员抢劫的，受到更为严厉的制裁。由此可见，根据举轻以明重的当然解释原理，对真正的军警人员抢劫适用'冒充军警人员抢劫'的规定，具有实质上的合理性。"① 在此，张明楷教授提到了当然解释。对于当然解释，笔者在前文已经论及。无论是举轻以明重还是举重以明轻，都以实质合理性为依归。关于当然解释与罪刑法定原则的关系，比类推解释与罪刑法定原则的关系更为复杂。首先涉及的一个问题就是，当然解释是否以法律没有明文规定为前提。对此，张明楷教授指出："当然解释（当然推理），也是以刑法没有明文规定为前提的。亦即，在所面临的案件缺乏可以适用的法条时，通过参照各种事项，从既有的法条获得指引，对案件适用既有法条的一种解释。"② 按照以上理解，当然解释是对于法律没有明文规定的行为，依照当然解释而予以入罪。既然是法律没有明文规定，又怎么能够通过法律解释的方法而以犯罪论处呢？这难道不是与罪刑法定原则相矛盾的吗？其实，当然解释可以分为两种情形：一是事理上的当然解释，二是逻辑上的当然解释。就前者而言，是以法律没有明文规定为前提的，因而是违反罪刑法定原则的。但就后者而言，是为法律规定所涵摄的，并非法律没有规定。因此，按照逻辑上的当然解释入罪，并不违反罪刑法定原则。如果对当然解释不加以区分，以事理上的当然解释，亦即所谓事物的本质作为入罪解释的根据，笔者认为显然是不妥的，为罪刑法定原则所禁止。

① 张明楷：《刑法分则的解释原理》（上），2 版，67 页，北京，中国人民大学出版社，2011。

② 张明楷：《刑法学中的当然解释》，载《现代法学》，2012（4），4 页。

对于真正的军警人员显示军警人员身份抢劫，是否应当加重处罚，这是一个立法上应该考虑的问题。至于能否通过解释的方法予以论处，则要看能否为法律规定所涵摄。具体地说，就是要看《刑法》第 263 条所规定的冒充，能否分别解释为假冒与充当。因为张明楷教授认为，非军警人员冒充军警人员抢劫的是所谓假冒，而真正的军警人员显示军警人员身份抢劫的则是充当。[①] 但是，这种解释显然是超出了冒充一词的可能语义边界的。在此，首先需要进行的是以语义分析为内容的文理解释。显然，文理解释只能将冒充解释为假冒而不能包括充当。[②] 在这种情况下，通过衡量非军警人员假冒军警人员抢劫与真正的军警人员显示军警人员身份抢劫的轻重，采用举轻以明重的当然解释方法予以入罪，就涉及是否超出可能语义的边界的问题。就此而言，笔者认为是一种事理上的当然解释，而非逻辑上的当然解释，因此已经超出了可能语义的边界。

三、消极的罪刑法定与积极的罪刑法定

消极的罪刑法定与积极的罪刑法定是一个极具中国特色的命题，是我国学者基于对我国《刑法》第 3 条关于罪刑法定原则规定的解读而得出的结论。

罪刑法定主义的基本含义是"法无明文规定不为罪，法无明文规定不处罚"。我们往往把这一含义中的前半句称为犯罪的法定性，后半句则称为刑罚的法定性。因此，罪刑法定主义是指犯罪的法定性与刑罚的法定性之统一。"法无明文规定不为罪"是罪刑法定主义的基本含义。在狭义上，罪刑法定主义都是指"法无明文规定不为罪"。但"法无明文规定不处罚"是对于"法无明文规定不为罪"的必要补充。因为在某些情况下，即使刑法明文将某一行为规定为犯罪，但这一规定是在行为发生以后，对此，同样不能对该行为加以处罚。不仅如此，而且在

---

① 参见张明楷：《刑法学》，4 版，864 页，北京，法律出版社，2011。
② 参见程红：《形式解释论与实质解释论对立的深度解读》，载《法律科学》，2012（5），86 页。

法律加重既有犯罪的法定刑的情况下，只有根据"法无明文规定不处罚"的原则，才能禁止加重的刑法溯及既往。对于以上两者之间的关系，德国学者罗克辛曾经指出："没有法律就没有犯罪"这个原理通过"没有法律就没有刑罚"（法无明文规定不处罚）这个公式得到补充。在这里指的是：不仅一种确定的举动行为是否应受刑事惩罚的情形，必须在这个行为实施前，在法律中加以规定，而且刑罚的种类和其可能的严厉程度，也必须在行为实施前，在法律中加以规定。[①] 因此，只有结合以上两个方面，才能完整地理解罪刑法定主义。当然，不可否定的是，"法无明文规定不为罪"是罪刑法定主义的基本含义。从世界各国刑法关于罪刑法定原则的立法规定来看，尽管具体表述有所不同，但基本上都是采用"法无明文规定不为罪"这样一种反向的句式来规定罪刑法定原则。然而，我国刑法对罪刑法定原则的规定则采取了一种极为特殊的表达句式。我国《刑法》第 3 条规定："法律明文规定为犯罪行为的，依照法律定罪处刑；法律没有明文规定为犯罪行为的，不得定罪处刑。"我国学者正是根据这一规定，得出了罪刑法定原则可以分为消极的罪刑法定与积极的罪刑法定的命题。

　　我国刑法关于罪刑法定原则的规定可以明显地分为前后两段，我国学者何秉松教授将前段称为积极的罪刑法定原则，将后段称为消极的罪刑法定原则。[②] 应该说，积极规定与消极规定这一概括是恰当的，但对于所谓积极的罪刑法定原则如何理解则是值得商榷的。那么，什么是积极的罪刑法定原则呢？我国学者认为，积极的罪刑法定原则是从扩张刑罚权的方面，积极地运用刑罚，惩罚犯罪，保护社会。[③] 因此，积极的罪刑法定原则是倾向于扩张刑罚权的，它与倾向于限制刑罚权的消极的罪刑法定原则是对应的。积极的罪刑法定与消极的罪刑法定这样一种说法，在我国刑法学界受到一些学者的肯定，认为这是从《刑法》第 3 条的文字表述中引申出来的结论。例如，我国学者曲新久教授指出："罪刑法定的

---

① 参见［德］克劳斯·罗克辛：《德国刑法学总论》，王世洲译，78 页，北京，法律出版社，2005。

② 参见何秉松主编：《刑法教科书》（2004 年修订·上卷），63 页，北京，中国法制出版社，2004。

③ 参见曲新久：《刑法学》，35 页，北京，中国政法大学出版社，2004。

历史以及蕴含于历史之中的防止刑罚权滥用以保障人权的意义告诉我们，罪刑法定原则显然不包括所谓的积极的罪刑法定原则。但是，我国刑法学界一些刑法学教科书借此否定我国《刑法》第 3 条关于罪刑法定的观点，则是不妥当的。从刑法解释学上讲，《刑法》第 3 条明显的是将罪刑法定原则区分为两个基本方面，即积极的罪刑法定和消极的罪刑法定，这是《刑法》第 3 条的实然状况。我们可以说立法者误读历史，错误地表述了罪刑法定原则，可以批评、嘲讽这一规定，可以建议修改这一违反逻辑的规定。但是，无论是作为立法者的原意解释，还是作为法律的文本解释，既不可以混淆应然与实然，是什么就是什么，也不可以闭起眼睛假装没有看到第 3 条前半部分的规定。"① 曲新久教授的这一论述是认同积极的罪刑法定与消极的罪刑法定的命题的。诚然，在积极的罪刑法定与消极的罪刑法定之间的关系上，即使是在主张积极的罪刑法定与消极的罪刑法定命题的学者之间，其观点也并不相同。

对于所谓积极的罪刑法定与消极的罪刑法定之间的关系，我国学者何秉松教授作了以下阐述："从这个意义来说，正确运用刑罚权，惩罚犯罪，保护人民，这是第一位的；而防止刑罚权的滥用，以保障人权，则是第二位的。但是两者都是非常重要的，二者是密切联系，不可分割的。"② 根据何秉松教授的这一论述，对于积极的罪刑法定与消极的罪刑法定这两者而言，积极的罪刑法定是更为重要的，应该放在第一位。尽管曲新久教授承认存在积极的罪刑法定原则与消极的罪刑法定原则之分，但在两者的关系上，曲新久教授认为，积极的罪刑法定原则和消极的罪刑法定原则并非是不可分割的两个基本方面，这两个基本方面是对立统一的关系。尤其注意以下这段话："当罪刑法定原则的积极方面与消极方面发生冲突的时候，也就是刑法的社会保护机能与人权保障机能之间出现对立的时候，应当以罪刑法定的那个的消极方面为优先考虑，在此前提下寻求个人自由与社会

---

① 曲新久：《刑法学》，35 页，北京，中国政法大学出版社，2004。

② 何秉松主编：《刑法教科书》（2004 年修订·上卷），67 页，北京，中国法制出版社，2004。

秩序的统一。"① 显然，在曲新久教授看来，对于积极的罪刑法定原则与消极的法定原则，并非积极的罪刑法定是第一位的而消极的罪刑法定是第二位的；恰恰相反，在两者发生冲突的情况下，消极的罪刑法定原则的价值优先于积极的罪刑法定原则的价值。只有在不发生冲突的情况下，两者的价值才是相同的。

如果按照积极的罪刑法定原则的理解，它是要为司法机关扩张刑罚权提供法律根据的，只要刑法规定为犯罪的，就应当追究，定罪处刑，即所谓有罪必罚，否则就是有法不依，执法不严。那么，如今的刑事和解，难道不正是在一定条件下的有罪不罚吗？这样说来，刑事和解是违反积极的罪刑法定原则的。积极的罪刑法定原则难道真是一条错误的法律？笔者认为，在一定意义上说，法律本身无所谓对错，关键是如何解释。其实，积极的罪刑法定与消极的罪刑法定是一种反向解释。对此，我国学者指出："法无明文规定不为罪"的反向解释是，"只有法律才能规定犯罪"；"法无明文不处罚"的反向解释是，"只有法律才能规定刑罚"。其核心内容在于，禁止没有法律规定的处罚，保障个人不受法外之刑。而如果把"法无明文规定不为罪，法无明文规定不处罚"的反向解释理解成是"必须用法律对犯罪作出规定，必须对犯罪作出处罚"，则是对罪刑法定原则的错误理解，因为这种理解强调了对刑罚权的促进，而不是限制，实际上等于剔除了罪刑法定的内核，而只保留了"罪刑法定"的皮囊。② 应该说，这一解读是合理的。当然，所谓积极的罪刑法定是对一般意义上的罪刑法定，也就是所谓消极罪刑法定的另一种反向解释，这也是不可否认的。关键问题在于，积极的罪刑法定是否符合法律文本的含义。那么对所谓积极的罪刑法定原则究竟应当如何评判呢？我们先来看一下立法机关对此的解释："本条规定的罪刑法定的内容有两个方面：一方面是只有法律将某一种行为明文规定为犯罪的，才能对这种行为定罪处刑，而且必须依照法律规定定罪处刑。另一方面，凡是法律对某一种行为没有

---

① 曲新久：《刑法学》，35～36 页，北京，中国政法大学出版社，2004。

② 参见周少华：《刑法理性与规范技术——刑法功能的发生机理》，266 页，北京，中国法制出版社，2007。

规定为犯罪的，对这种行为就不能定罪判刑。这是一个问题的两个方面。"① 那么，如何理解这里的"一个问题的两个方面"呢？我们再来听一下直接执笔撰写这一条文的郎胜（时任全国人大法工委刑法室副主任）的说法："其实，我前面讲话的时候，并不很赞成将《刑法》第3条前半句理解为积极意义上的罪刑法定原则，为什么呢？因为如果按照积极意义上的罪刑法定和消极意义上的罪刑法定，那么罪刑法定应当这样表述：法律明文规定为犯罪的，应当定罪处刑；法律没有明文规定的，不得定罪处刑。这样，才能说前半句是积极的，后半句是消极的。而我国《刑法》第3条前半句恰恰讲的不是这个，而讲的是法律明文规定为犯罪行为的，依照法律定罪处刑，因此，它强调的是'依法'，而不是所谓的积极意义上的'应当。"② 以上是郎胜对笔者关于《刑法》第3条规定如何正确理解的一个解答。因此，"法律明文规定为犯罪的，依照法律定罪处刑"的含义是指："只有法律明文规定为犯罪行为的，才能依法定罪处刑"。这一含义与后半段相比，是完全相同的，都是为了限制国家的刑罚权。当然，这一条文的表述如果作以下调整，也许更为明确："法律没有规定为犯罪行为的，不得定罪处罚；法律明文规定为犯罪行为的，依照法律定罪处刑。"由此可见，我国刑法关于罪刑法定原则的表述虽然不同于其他国家，但其基本精神是完全一致的，即通过限制国家刑罚权，尤其是司法机关的定罪量刑权，从而保障公民个人的权利与自由。

所谓积极的罪刑法定之所以不能获得认同，笔者认为其最大的问题是其会对罪刑法定原则产生误读。这种误读在我国司法实践中本来就已经存在，这就是"出罪需要法律规定"。罪刑法定原则的"法无明文规定不为罪"也可以解读为"入罪需要法律规定"。这也是所谓消极的罪刑法定的应有之义。那么，能否将与之相对应的"入罪需要法律规定"也视为是罪刑法定原则的内容呢？笔者的回答是否定的。概言之，出罪根本就不需要法律根据。正如我国学者指出："入罪必

---

① 胡康生、郎胜主编：《中华人民共和国刑法释义》，3版，4页，北京，法律出版社，2006。
② 张军等：《刑法纵横谈》，总则部分修订版，19页，北京，北京大学出版社，2008。

须法定，出罪无须法定，这是本书一贯强调的理念，也是世界各国刑法实践所一致赞同的。例如，超法规的违法阻却事由，即是没有法律规定却能出罪的范例。而作为罪刑法定的派生原则的禁止类推，也只是禁止不利于被告人的类推（即入罪类推），而允许有利于被告人的类推（即出罪类推）。因此，法定原则，亦即只有法有明文规定才可作出有效裁判的原则，只是限制入罪判断的原则，而不是限制出罪判断的原则。"① 对于这一观点，笔者是完全赞同的。在此，我国学者论及出罪事由的法定性与非法定性。例如，所谓超法规的正当化事由就是一种非法定性的出罪事由。我国刑法规定了某种出罪事由，这是法定的出罪事由，包括正当防卫、紧急避险等法定的违法阻却事由，这是有法律明文规定的。但除了法定的出罪事由以外，还存在非法定的出罪事由。可以说，出罪事由是一个开放性的体系。

如前所述，罪刑法定原则中"法无明文规定不为罪"，不能反向解读为"法有规定即为罪"。这里涉及对"法"的理解、对"明文规定"的理解以及对"罪"的理解。这里的"法"是指刑法，但刑法可以分为总则与分则。那么，罪刑法定主义的法定是指整个刑法，包括总则与分则的规定呢，还是仅指刑法分则的规定？这里的"明文规定"，是指对犯罪成立的全部要件的规定呢，还是指对于犯罪成立的构成要件的规定？换言之，"法无明文规定不为罪"中的"罪"是指构成要件意义上的犯罪，还是指构成要件、违法、有责意义上的犯罪？当然，以上三个问题存在直接的关联性。对于这个问题，需要从罪刑法定原则的起源说起。

罪刑法定主义的起源一般都追溯到费尔巴哈。费尔巴哈将罪刑法定主义称为刑法的最高原则。这一原则又可以分为三个从属原则，这就是：（1）无法无刑（法无明文规定不处罚）。（2）无法无罪（法无明文规定不为罪）。（3）有罪必罚。② 虽然这一论述还是标语口号式的，但已经具备了罪刑法定主义的雏形。尤其是，费尔巴哈在解释无法无罪时指出："法律规定对特定的行为给予刑罚威慑，

① 方鹏：《出罪事由的体系与理论》，306 页，北京，中国人民公安大学出版社，2011。
② 参见［德］安塞尔姆·里特尔·冯·费尔巴哈：《德国刑法教科书》，14 版，徐久生译，31 页，北京，中国方正出版社，2010。

是法律上的必要的前提条件。"而这一特定行为特征的整体，或者包含在特定种类的违法行为的法定概念中的事实，叫作犯罪的构成要件。费尔巴哈指出："客观的可罚性取决于犯罪构成要件是否存在，而具体法律的适用则取决于拟适用法律已将其作为法律后果的条件加以规定的构成要件的特定事实。"① 在此，费尔巴哈将刑法的明文规定与构成要件相勾连，使我们体会到其所称刑法的明文规定是指刑罚法规，即刑法分则条文，也就是中国古代刑法所称之正条，对特定行为的构成要件的规定。但是，在费尔巴哈时代，构成要件的概念并没有成熟。因此，罪刑法定主义与构成要件之间的关联也处于晦暗不明的状态。及至贝林，其将构成要件确定为犯罪类型的指导形象，构成要件对于罪刑法定主义的保障功能才得以明确。所谓刑法的明文规定，实际上就是对构成要件的规定。而这种规定是通过刑法分则完成的，因为构成要件本身就是一个分则性的概念。贝林的构成要件并非直接等同于犯罪类型，而是犯罪类型的指导形象，它虽然不能直接等同于犯罪，但却是犯罪成立的前置性要件。因此，贝林指出："法定构成要件就被证实为刑法的根源概念，其他刑法概念无一例外地都发源于这一概念，没有它，其他概念根本就不能得出确定的、最终有效的刑法性结论。"② 贝林在这里所说的法定构成要件就是构成要件，其法定是指刑法分则的规定。贝林将构成要件描述为客观的、叙述性的犯罪图景，这是在第一个阶层上的犯罪，也是犯罪的基础。正是构成要件成为罪刑法定主义的明文规定的载体，从而为罪刑法定主义的实现提供了保障。因此，罪刑法定主义之所谓法律的明文规定，是指刑法分则对构成要件的规定，而不是对犯罪成立的全部要件的规定。在这个意义上的犯罪，是指具备构成要件的行为。在这个意义上，罪刑法定主义的"无法，则无罪"也可以表述为"没有构成要件，则没有犯罪"，但不能反过来说"有法，则有罪"。

---

① ［德］安塞尔姆·里特尔·冯·费尔巴哈：《德国刑法教科书》，14 版，徐久生译，83～84 页，北京，中国方正出版社，2010。

② ［德］恩斯特·贝林：《构成要件理论》，王安异译，12 页，北京，中国人民公安大学出版社，2006。

因为具备构成要件的行为是否构成犯罪，还要看是否具备犯罪成立的其他两个阶层的要件，即违法性与有责性。

四、口袋罪的法教义学分析

口袋罪是我国刑法学界对于某些构成要件行为具有一定的开放性的罪名的俗称。在 1979 年刑法中，被认为存在三大口袋罪，这就是投机倒把罪、流氓罪和玩忽职守罪。在 1997 年刑法修订中，基于罪刑法定原则，对三大口袋罪进行了适当地分解，除了保留玩忽职守罪的罪名以外，流氓罪与投机倒把罪这两个罪名都被取消。然而，口袋罪的问题在我国刑法中并没有彻底解决。从目前的情况来看，以危险方法危害公共安全罪成为一个正在崛起的口袋罪，在司法实践中被广泛适用。如何遏制口袋罪司法适用的强烈冲动，成为捍卫我国刑法中的罪刑法定原则的一个重大问题。

(一) 口袋罪的历史演变

传统的三大口袋罪，即投机倒把罪、流氓罪和玩忽职守罪已经成为历史，本书不再花过多的笔墨进行评论。在此，笔者拟就目前我国司法实践中较为突出的口袋罪——以危险方法危害公共安全罪的形成过程略加描述。

在 1979 年《刑法》第 105 条（危险犯）与第 106 条（实害犯）中就有关于以其他危险方法危害公共安全的表述，也许当初立法者并没有考虑将其设立为单独的罪名。否则，很难理解为何在第 105 条的规定中没有出现投毒一词，但第 106 条的规定中却出现了投毒一词，而当时投毒罪是一个独立罪名。那么，如果遇有投毒行为，足以危害公共安全，但尚未造成严重后果的，能否依照第 105 条论罪呢？对此，高铭暄教授认为，回答是肯定的。因为该条所说的其他方法，逻辑上是可以包括投毒的。[①] 由此可见，以其他方法危害公共安全是一个盖然性规

---

① 参见高铭暄：《中华人民共和国刑法的孕育诞生和发展完善》，94 页，北京，北京大学出版社，2012.

定，担负着承接遗漏事项的使命。此后出现的 1982 年的姚锦云案，是第一次适用以其他危险方法危害公共安全的规定定罪的案例。姚锦云系北京汽车司机，为泄私愤，驾驶汽车在天安门广场向人群冲撞，撞死 5 人，撞伤 19 人（其中 11 人为重伤）。对于本罪，北京市中级人民法院以"用驾驶汽车的危险方法致人重伤、死亡罪"的罪名，依照《刑法》第 106 条的规定，判处姚锦云死刑，剥夺政治权利终身。此后，在司法实践中又出现了以工业酒精兑水后冒充白酒进行销售，造成人员伤亡的重大案例，对此，司法机关也是依照以其他危险方法危害公共安全的规定予以定罪。例如，《最高人民法院公报》1985 年第 3 期同时刊登了左成洪等以制造、贩卖有毒酒的危险方法致人死亡案和李荣辉以制造、贩卖有毒酒的危险方法致人死亡案。在李荣辉一案中，最高人民法院认为：被告人李荣辉、邓国劲、王平等，无视国法，不顾人民生命安危，明知工业用酒精加水兑成酒食用对人体有危害，却故意大量兑制出售，造成多人中毒死亡、伤残的严重后果，其行为严重危害了公共安全，实属罪行特别严重，情节特别恶劣的犯罪分子，必须依法严惩。四川省重庆市中级人民法院和四川省高级人民法院将该案认定为以制造、贩卖有毒酒的危险方法致人死亡罪，依照《刑法》第 106 条第 1 款判处，定罪准确。① 最高人民法院的以上意见认可了上述案例的定罪，尤其是对于制造、销售这一明显在手段上不具有对公共安全的危害性，而只在结果上对公共安全有危害性的经济行为，认定为危害公共安全的其他方法。

当然，在当时，以其他危险方法危害公共安全的犯罪还不是一个统一的罪名，而是根据行为人实际使用的危险方法来确定罪名。对此，我国学者也持肯定的见解，认为这样做既反映了这种犯罪的特征，以区别于其他犯罪，符合罪名的内在要求；同时，也有利于积累经验，一旦条件成熟，就可将某种常见的危险方法通过完善立法上升为一种独立罪名。② 由此可见，当时更多的是把以其他危险

---

① 参见刘树德：《刑事指导案例汇览》，38 页以下，北京，中国法制出版社，2010。
② 参见陈兴良、曲新久、顾永忠：《案例刑法教程》，下卷，51 页，北京，中国政法大学出版社，1994。

方法危害公共安全的规定，当作一个补漏性的条款，而不是一个独立罪名。此后，随着立法机关颁布了有关单行刑法，设立相关罪名，使以往按照以其他危险方法危害公共安全的规定定罪的行为转化为其他独立罪名。例如，1993 年全国人大常委会通过了《关于惩治生产、销售伪劣商品犯罪的决定》（以下简称《决定》）设立了生产、销售有毒有害食品罪，该《决定》的内容为 1997 年刑法所吸纳。至此，以工业酒精兑水后冒充白酒进行销售，造成重大人员伤亡的行为不再按照以其他危险方法危害公共安全的规定定罪，而是以生产、销售有毒有害食品罪论处。例如，发生在 1996 年的李荣平等生产、销售有毒有害食品案，云南省曲靖地区中级人民法院认为：被告人李荣平等人，为了牟取暴利，无视国法，置广大消费者的生命健康安全于不顾，用甲醇大量兑制毒酒销售，致使 192 人因饮用毒酒而发生甲醇中毒，其中 35 人死亡，5 人重伤，152 人轻伤、轻微伤，其行为已构成生产、销售有毒有害食品罪。[①] 由此可见，随着刑事立法的发展，以其他危险方法危害公共安全的规定范围也逐渐收缩。

　　1997 年刑法修订后，原《刑法》第 105 条（危险犯）与第 106 条（实害犯）变更为第 114 条与第 115 条，但其基本内容并没有发生重大变化。只是在 2001 年 12 月 29 日《刑法修正案（三）》中对条文表述方式进行了修正，删去了原条文所列举的事关公共安全的具体犯罪对象，使《刑法》第 114 条关于危险犯的表述与第 115 条关于实害犯的表述统一起来，并将投毒修改为投放危险物质，对危险物质进行了列举。值得注意的是，在 1997 年刑法修订以后，最高人民法院、最高人民检察院关于罪名的司法解释就将以其他危险方法危害公共安全的规定概括为以危险方法危害公共安全罪，由此产生了我国刑法中第一个不确定罪名。这里的不确定罪名是相对于确定罪名而言的，确定罪名是指法律对罪名概念的内容作了明白、确切的表述。不确定罪名是指法律并未对该罪名的内容直接作出明

---

　　① 参见国家法官学院、中国人民大学法学院编：《中国审判案例要览》，1998 年刑事审判案例卷，125 页以下，北京，中国人民大学出版社，1999。

白、确切的表述，而需要人们结合有关的规定，进行分析、推理，才能得出该罪名的内容性质与主要特征。关于这种不确定罪名，我国学者指出：不确定罪名，尽管其内容不确定、不明晰，但是它同样是对某一犯罪行为特征的概括，不失为刑法规定的一种方式。不确定罪名是基于社会生活的复杂性的。然而，由于其不确定性，也暗含着在分析、推定其内容时作出错误推定的可能性，因而在刑事立法中应尽可能地避免该方式的采用。① 然而，在此后的司法实践中，以危险方法危害公共安全罪适用的频率却越来越高，罪名的外延越来越宽，由此形成口袋罪。其中，以下三种情况以以危险方法危害公共安全罪论处，引起广泛争议：

一是对投寄虚假炭疽杆菌行为的定性。上海曾经发生过肖永灵投寄虚假炭疽杆菌案。上海市第二中级人民法院对该案审理后认为，被告人肖永灵通过向政府新闻单位投寄装有虚假炭疽杆菌信件的方式，以达到制造恐怖气氛的目的，造成公众心理恐慌，危害公共安全，其行为构成了以危险方法危害公共安全罪，公诉机关指控的罪名成立。上海市第二中级人民法院于 2001 年 12 月 18 日以（2001）沪二中刑初字第 132 号刑事判决书，对肖永灵作出有罪判决，认定其行为触犯了《刑法》第 114 条的规定，构成以危险方法危害公共安全罪，判处有期徒刑 4 年。② 对于本案，我国学者明确指出：法院将"投寄虚假的炭疽杆菌"的行为解释为《刑法》第 114 条中的"危险方法"，这既不符合此种行为的性质，也不符合《刑法》第 114 条的立法旨趣，已经超越了合理解释的界限，而具有明显的类推适用刑法的性质。③ 可以说，肖永灵案是错误适用《刑法》第 114 条关于以危险方法危害公共安全罪的典型案例，其所暴露出来的问题足以引起我们深思。在肖永灵案判决作出的 11 天后，即 2001 年 12 月 29 日，全国人大常委会通过的

---

① 参见陈兴良主编：《刑法各罪的一般理论》，2 版，91 页，北京，中国人民大学出版社，2007。

② 参见游伟、谢锡美：《"罪刑法定"原则如何坚守——全国首例投寄虚假炭疽杆菌恐吓邮件案定性研究》，载游伟主编：《华东刑事司法评论》，第 3 卷，256 页，北京，法律出版社，2003。

③ 参见周少华：《罪刑法定在刑事司法中的命运——由一则案例引出的法律思考》，载《法学研究》，2003（2）。

《刑法修正案（三）》就增设了故意传播虚假恐怖信息罪，肖永灵的行为正是典型的故意传播虚假恐怖信息行为，而非以危险方法危害公共安全的行为。通过肖永灵案，我们可以看到，在以危险方法危害公共安全罪的适用上，第 115 条的实害犯出现重大偏差的可能性较小，而第 114 条的危险犯出现重大偏差的可能性则较大。其实，就肖永灵案而言，不仅其结果不具有对于公共安全的危险性，而且其行为也不具有对于公共安全的危险性。当然，肖永灵案只是个案，随着《刑法修正案（三）》增设了故意传播虚假恐怖信息罪，此类问题随之解决。

二是对盗窃窨井盖行为的定性。在城市管理中，窨井盖丢失是常见的现象，其中大部分窨井盖丢失是因为被他人盗窃。根据我国刑法规定，盗窃罪要达到一定的数额标准才能定罪，如果未能达到这一数额标准，则不能定罪。由于窨井盖本身价值不大，而且一次性盗窃窨井盖的数量也不会太多，因而在这种情况下，就出现了对盗窃窨井盖，如果行为的数额没有达到盗窃罪的定罪标准，则无法定罪的情形。对此，有些地方司法机关就套用以危险方法危害公共安全罪，由此出现了轻罪不能定而定重罪的奇怪现象。例如，孙大庆 2008 年 10 月曾因犯盗窃罪被劳动教养过一年。2010 年 8 月，在郑州打工时，孙大庆结识了一名拾荒者名叫晓丽，在聊天中，孙大庆得知晓丽平时会出去弄点废铁一类的卖钱。于是，他想起了附近的拆迁工地，也想弄点废铁，卖些钱花。20 日凌晨，孙大庆蹬着人力三轮车来到了拆迁工地，找寻了三个小时却一直没有收获，他不想空手而回，就打起了脚下窨井盖的主意。于是，其选择了枝叶较多容易遮挡路灯，因而光线昏暗的路段，趁着月色，在行人、非机动车、机动车都会经过的慢车道上，一连撬起了三个正在使用的窨井盖。孙大庆把窨井盖装载上三轮车，用自带的篷布蒙上，正准备离开，正好经过的公安巡逻车前来对其盘问，民警们发现了篷布下的窨井盖，随即，孙大庆被带到了派出所。河南省郑州市二七区人民法院审理认为，孙大庆窃取正在使用中的公共交通通道上的市政公共设施，足以危害不特定多数人的生命、健康和财产安全，所幸尚未造成严重后果，其行为已构成了危害公共安全罪，依据《刑法》第 114 条之规定，判决被告人孙大庆有期徒刑三年。①
这是一个十分典型的案例，被告人盗窃窨井盖的行为数额没有达到定罪标准，而
被以以危险方法危害公共安全罪定罪。在司法实践中，对于盗窃窨井盖的行为定
罪时，首先考虑排除以危险方法危害公共安全罪，这已经成为一种定罪思维。即
使盗窃窨井盖的犯罪数额达到了数额较大的标准，如果被告人盗窃窨井盖的行为
危害了公共安全，仍应以以危险方法危害公共安全罪论处。这里涉及以危险方法
危害公共安全罪与盗窃罪等财产犯罪和人身犯罪的关系问题，对此将在后文探讨。

　　三是对醉驾行为的定性。在《刑法修正案（八）》设立危险驾驶罪之前，如
何处理醉驾所造成的重大人身伤亡和财产损失的案件，成为司法机关需要面对的
问题。对这些案件，若以交通肇事罪论处，似乎过于轻纵，因此法院开始利用以
危险方法危害公共安全罪处理此类案件。其中最为典型的是孙伟铭醉酒驾车造成
重大人员伤亡、财产损失案。在该案二审期间，围绕着孙伟铭行为的定罪，控辩
双方展开了辩论。检方主张构成以危险方法危害公共安全罪，辩方主张构成交通
肇事罪。四川省高级人民法院经审查认为，以危险方法危害公共安全罪和交通肇
事罪均属于危害公共安全罪，二者的区别在于行为人对危害公共安全的后果所持
的主观心态不同。前者为故意犯罪，行为人对危害后果持积极追求或放任的心
态；后者为过失犯罪，行为人应当预见自己的行为可能造成危害后果，因疏忽大
意没有预见，或者已经预见而轻信能够避免，以致发生危害后果。从本案事实及
证据证明的情况看，上诉人孙伟铭购置汽车后，未经正规驾驶培训，长期无证驾
驶车辆，并多次违章。众所周知，汽车作为现代交通运输工具，其使社会受益的
同时，由于其高速行驶的特性，又易给社会造成危害，因而，国家历来对车辆上
路行驶有严格的管理规定。孙伟铭作为受过一定教育、具有安全刑事责任能力的
人，明知国家的规定，仍漠视社会公众和重大财产安全，藐视法律、法规，长期
持续违章驾车行驶于车辆、人群密集的公共道路，威胁公众安全。尤其是在本次

---

① 参见 http://law.dahe.cn/c/fy/ajkb/2011/0509/3541.html.

醉酒驾车发生追尾交通事故后，孙伟铭不计后果，放任严重后果的发生，以超过限速二倍以上的速度驾车在车辆、人流密集的道路上穿行逃逸，以致又违章跨越道路黄色双实线，冲撞多辆车辆，造成四死一伤、公私财产损失数万元的严重后果。事实表明，孙伟铭对其本次行为可能造成严重危害公共安全的后果完全能够预见，其虽不是积极追求这种结果发生，但其完全放任这种结果的发生，其间未采取任何避免的措施，其行为完全符合刑法关于以危险方法危害公共安全罪的构成规定，应以危险方法危害公共安全罪定罪。辩护人所提孙伟铭在犯罪主观上属于过于自信过失的意见，不能成立。为此，四川省高级人民法院于 2009 年 9 月 8 日作出（2009）川刑终字第 690 号刑事判决，认定被告人孙伟铭犯以危险方法危害公共安全罪，判处无期徒刑，剥夺政治权利终身。最高人民法院于 2009 年 9 月印发了孙伟铭案，并颁布了《关于醉酒驾车犯罪法律适用问题的意见》（以下简称《意见》），《意见》指出："行为人明知酒后驾车违法、醉酒驾车会危害公共安全，却无视法律醉酒驾车，特别是在肇事后继续驾车冲撞，造成重大伤亡，说明行为人主观上对持续发生的危害结果持放任态度，具有危害公共安全的故意。对此类醉酒驾车造成重大伤亡的，应依法以以危险方法危害公共安全罪定罪。"[①]《意见》对于统一全国的定罪标准当然具有重要意义，但它的颁布也使以危险方法危害公共安全罪的适用范围得以拓展。即使在《刑法修正案（八）》设立危险驾驶罪以后，仍然存在着适用以危险方法危害公共安全罪的余地。此外，还出现了吸食毒品后驾驶机动车，因产生幻觉造成重大人身伤亡的行为被认定为以危险方法危害公共安全罪，以及疲劳驾驶，因昏睡造成重大人身伤亡的行为被认定为以危险方法危害公共安全罪，等等，不一而足。

从以上叙述可以看出，以危险方法危害公共安全罪在其适用范围上呈现出越来越宽的趋势，正如我国学者指出，从道路交通秩序领域到市场经济秩序领域、公民个人权利领域、社会管理秩序领域，以危险方法危害公共安全罪的触角已经

[①]　《最高人民法院公报》，2009（11），21 页。

越伸越长。① 与此同时，以危险方法危害公共安全罪的拾遗补缺的功能性特征也越来越明显。它在一定程度上起到了填补刑法漏洞的作用，以便等待立法的跟进。也正是如此，以危险方法危害公共安全罪与罪刑法定原则之间的紧张关系也日益凸显。这在满足为那些具有严重后果，但法律没有明文规定的行为进行严厉处罚提供规范根据的同时，使罪刑法定原则的公信力大为降低。而且，广泛地适用以危险方法危害公共安全罪，还使危害公共安全罪与人身犯罪及财产犯罪之间的界限发生混淆，破坏了我国刑法中的罪名体系的内在逻辑结构。

（二）口袋罪的规范表现

以危险方法危害公共安全罪之所以被称为口袋罪，并不是因为其所包含的犯罪行为广泛，而是因为其缺乏必要的形式限定。从罪名上来看，本罪是以危险方法造成危害公共安全的犯罪，似乎其界限是明确的。但从法条表述上来看，本罪的行为是以"其他危险方法"危害公共安全的犯罪。因此，该罪名中的危险方法实际是放火、决水、爆炸、投放危险物质以外的方法。也正因为如此，以危险方法危害公共安全罪这个罪名并不贴切，容易使人产生其与放火罪、决水罪、爆炸罪、投放危险物质罪之间存在法条竞合的误解。因为放火、决水、爆炸、投放危险物质本身都是危险方法。而实际上以危险方法危害公共安全罪与放火罪、决水罪、爆炸罪、投放危险物质罪之间是并列关系，而不是从属关系。这种以"其他"方法或者行为作为一个独立罪名的行为方式的情形，在我国刑法中可谓绝无仅有。从"其他"方法或者行为的规定来看，在我国刑法中主要存在以下三种情形：

第一种情形是在描述性罪状中，"其他"方法作为行为方式的补充。例如，我国《刑法》第263条规定的抢劫罪，其行为是指以暴力、胁迫或者其他方法抢劫公私财物的行为。这里的其他方法是指对被害人采取暴力、胁迫以外的使被害人处于不知反抗或者不能反抗的状态的方法。例如，用酒灌醉、用药物麻醉等方

---

① 参见孙万怀：《以危险方法危害公共安全罪何以成为口袋罪》，载《现代法学》，2010（5）。

法使被害人处于暂时丧失知觉而不能反抗的状态，将财物当场窃取。这种采取其他方法的抢劫行为，在其他国家刑法中是一种准抢劫罪。例如，《日本刑法典》第 243 条就设立了昏醉强盗罪，是指使用安眠药、麻醉药、酒精而使他人的意识出现暂时性或持续性障碍而窃取其财物的行为。[1] 在这种情况下，被告人所采取的似乎是一种窃取的手段，但是利用其所造成的被害人不知反抗的状态而取得财物，这在性质上与抢劫罪相同。我国刑法没有单独设立此类准抢劫罪，而是在抢劫罪的罪状中以"其他方法"涵括了准抢劫罪的行为类型。在这一规定中，"其他"一词本身虽然具有一定的不确定性，但受到不知反抗或者不能反抗这一抢劫行为的本质特征的限制，并且其行为的类型化程度较高。因此，抢劫罪的其他方法这一盖然性规定并不存在违反罪刑法定原则的困扰。

第二种情形是在列举性的罪状中，将"其他"行为作为专门一项加以规定。例如，我国《刑法》第 225 条非法经营罪，共分 4 项规定了非法经营行为，其中第 4 项规定："其他严重扰乱市场秩序的非法经营行为。"不同于作为自然犯的抢劫罪，非法经营罪是一种法定犯，其行为的内涵并不稳定，而且行为的类型化程度也较低。在这种情况下，虽然存在"严重扰乱市场秩序"这一行为性质对"其他"行为性质的限制，但其他行为的范围仍然难以确定，只有不断通过法律规定或者司法解释的规定进行填补。这在一定程度上使非法经营罪成为一个口袋罪。[2] 应该指出，非法经营罪是从 1979 年的投机倒把罪转化而来的，相对于投机倒把罪而言，非法经营罪的口袋有所限缩。尽管如此，在罪刑法定原则的法律语境中，非法经营罪所具有的口袋罪特征还是受到我国刑法学界的普遍诟病。

第三种情形是本章所要重点讨论的以危险方法危害公共安全罪，这个罪名是以"其他危险方法"作为其行为特征的。这里的"其他危险方法"与抢劫罪中的"其他方法"不完全相同，而与非法经营罪中的"其他严重扰乱市场秩序的非法

---

[1] 参见［日］西田典之：《日本刑法各论》，3 版，143 页，北京，中国人民大学出版社，2007。
[2] 关于非法经营罪的口袋罪性质的深入探讨，参见陈兴良：《中国刑法中的明确性问题——以刑法第 225 条第 4 项为例的分析》，载《中国法学》，2010（5）。

经营行为"的表述较为接近。也就是说，在其他方法或者行为中，添加了用于界定其他方法或者其他行为的内容。这种表述似乎有助于限制其他方法或者其他行为，但实际上的效果却适得其反。因为其所添加的内容并非该罪所特有的，因而更容易造成根据该添加的内容进行更为宽泛的理解的情况。例如，对于以危险方法危害公共安全罪中的"其他危险方法"，放火、决水、爆炸、投放危险物质当然是危险方法，但我国刑法分则第二章所规定的危害公共安全罪中所有的犯罪方法在一定意义上都是危险方法。这样一来，就会混淆以危险方法危害公共安全罪与其他危害公共安全罪之间的界限。这也正是在我国司法实践中屡屡出现将重大的交通肇事犯罪定性为以危险方法危害公共安全罪的深层次原因。非法经营罪的"其他严重扰乱市场秩序的非法经营行为"也是如此。我国刑法分则第三章是破坏社会主义市场经济秩序罪，所有犯罪都具有扰乱市场经济秩序的性质。在这种情况下，对于非法经营罪的"其他严重扰乱市场秩序的非法经营行为"的认定，不是比照前三项规定进行同类解释，而是根据行为是否具有扰乱市场秩序的性质进行实质判断，其结果必然是极大地扩张了非法经营罪的范围，使之沦为口袋罪。

以危险方法危害公共安全罪与抢劫罪和非法经营罪这两种情形还存在着一个重大的区别。上述两个罪名中的"其他方法"或者"其他行为"是以罪名内的行为方式为参照的。例如，抢劫罪的其他方法是相对于暴力、胁迫而言的，非法经营罪的其他行为也是与前三项规定具有性质上的等同性的行为，尽管被归入的其他行为未必完全符合该犯罪的性质。而以危险方法危害公共安全罪的"其他方法"却是以罪名外的行为方式为参照的，因此，在一定意义上说，以危险方法危害公共安全罪是依附于放火罪、决水罪、爆炸罪、投放危险物质罪而存在的，其罪名的独立性都值得质疑。在以危险方法危害公共安全罪的规定中，立法者没有正面描述这种危险方法的具体特征，使其丧失了行为的形式特征，该罪名更多的是依赖于"危害公共安全"这一本质特征而存在的。因此，在以危险方法危害公共安全罪的司法认定中，只有实质判断而无形式判断，这就十分容易扩张其犯罪的边界，成为一个名副其实的口袋罪。所以，以危险方法危害公共安全罪是我国刑法中最为典型的口袋罪。如果要列举一个我国刑法中口袋罪的罪名，那么，非以危险方法危害公共安全罪莫属。

基于罪刑法定原则，罪名的内容应当具有确定性，也就是构成要件的行为具有确定性，这种确定性恰恰是刑法明确性所要求的。其实，罪名的容量与口袋罪之间并无必然联系。在刑事立法中，立法者或者是通过行为方式来界定犯罪，或者是通过结果来界定犯罪：前者为行为犯，后者为结果犯。对于以行为方式界定犯罪的立法例，以盗窃罪为例进行分析。盗窃是一种行为特征，凡是符合这一行为特征的都可以认定为盗窃。在刑法教义学上，盗窃是指违反占有人的意思，将他人所占有的财物转移至自己占有的行为，通常称为窃取。[1] 因此，盗窃的界限是明确的。在一般情况下，不会将盗窃与其他财产犯罪相混淆。对于以结果界定犯罪的立法例，以故意杀人罪为例进行分析。故意杀人罪的客观构成要件表现为非法剥夺他人生命。生命被剥夺的状态也就是通常所说的"死"。因此，一种行为只要是能够引发他人死亡的结果，就被界定为是杀人行为。这样，死亡这个结果就为杀人行为提供了界定根据。因此，符合盗窃罪和故意杀人罪的行为，虽然在整个犯罪行为中占有很大的比例，但我们并不会将盗窃罪和故意杀人罪说成是口袋罪。口袋罪的基本特征乃在于犯罪行为具有开放性，因此其犯罪的边界是模糊的。

其实，口袋罪在古代刑法中已然存在。例如，中国古代《唐律·杂律》规定："诸不应得为而为之者，笞四十。（谓律、令无条，理不可为者。）事理重者，杖八十。"这里的"不应得为"，就是指法律条例没有明文规定，但是，根据伦理及情理，不应该做的事情。《唐律疏议》在解释该规定的立法本意时指出："杂犯轻罪，触类弘多，金科玉条，包罗难尽。其有在律在令，无有正条，若不轻重相明，无文可以比附。临时处断，量情为罪，庶补遗阙，故立此条。"由此可见，

---

① 参见 [日] 西田典之：《日本刑法各论》，3 版，116 页，北京，中国人民大学出版社，2007。

不应得为罪是整个《唐律》的兜底罪名，凡是法无明文，而且比附不能，但违反情理的行为，都可以入不应得为罪。可见，不应得为罪是典型的口袋罪。尽管在《唐律》的特定语境中，不应得为罪具有其特定的意蕴。① 但是，不应得为罪与现代刑法中的罪刑法定原则之间的紧张关系是不言而喻的。在现代法治社会中，基于罪刑法定原则，类似不应得为罪这样的立法是绝对不允许的。甚至条文表述含混、模糊的，都被认为是违反明确性原则而宣告无效。例如，《意大利刑法典》第 603 条将"用使人完全服从自己的方式将他人置于自己权力之下的行为"规定为犯罪。意大利宪法法院在 1981 年第 96 号判决中认为：该条规定的内容不符合宪法规定的明确性原则。因为无论从行为或者结果的角度来看，都既无法确定也无法区分什么样的行为可能使他人处于完全服从的状态，不可能为完全服从制定一个客观的标准，立法中的"完全"在司法中从未得到证实。② 相对于不应得为的规定，"完全服从"这样的表述要明确得多，但居然还被认为是违反明确性原则的。由此可见，在意大利，罪刑法定原则所要求的明确性原则是多么严格。

我国 1979 年刑法存在着类推制度，在这一背景之下，口袋罪或多或少具有其存在的合理性：既然是刑法分则没有明文规定的行为，只要存在着最相类似的条文，都可以入罪；更遑论刑法条文规定得含糊一些。在 1997 年刑法废除类推制度，规定罪刑法定原则以后，口袋罪存在的合理性荡然无存。因此，以危险方法危害公共安全罪在我国刑法中的存在是缺乏正当性的。一种缺乏自身独立的内涵而需要通过与其他犯罪的区分获得其内涵的罪名，其存在无论如何也是说不过去的。也许，笔者所能设想的为该罪辩护的理由是，以危险方法危害公共安全罪虽然缺乏犯罪的形式界限，但该罪具有危害公共安全这一实质要素，可以根据这一实质要素进行判断：只要排除放火、决水、爆炸、投放危险物质等行为而具有

---

① 对于《唐律》中的不应得为罪的详尽分析，参见黄源盛：《唐汉法制与儒家传统》，213～259 页，台北，元照出版有限公司，2009。

② 参见［意］杜里奥·帕多瓦尼：《意大利刑法学原理》，注评版，陈忠林译评，34 页，北京，中国人民大学出版社，2004。

危害公共安全性质的行为，都可以认定为以危险方法危害公共安全罪。就此而言，以危险方法危害公共安全罪的内涵仍然是明确的。这样一种辩解理由，当然是不能成立的。从表面上来看，这一理由似乎具有一定的说服力。例如，抢劫罪中的"其他方法"就是依靠"不知反抗或者不能反抗"这一实质要素加以明确的，不存在界限不清的问题。但是，我们需要注意的是，抢劫罪的手段的"不知反抗或者不能反抗"这一特征是抢劫罪所特有的，据此可以把抢劫罪与其他财产犯罪加以区分。而危害公共安全这一实质要素则并非《刑法》第114条、第115条犯罪所特有。事实上，刑法分则第二章危害公共安全罪都具有危害公共安全的性质。因此，如果根据危害公共安全这一实质特征作为认定以危险方法危害公共安全罪的规范根据，必然会使该罪成为刑法分则第二章危害公共安全罪的兜底罪名。应该指出，以危险方法危害公共安全罪是《刑法》第114条、第115条的兜底罪名，但它并不是刑法分则第二章危害公共安全罪的兜底罪名。关于这一点，张明楷教授曾经指出：刑法将本罪（即以危险方法危害公共安全罪）规定在第114条与第115条之中，根据同类解释原则，它必须与前面所列举的行为相当；根据该罪所处的地位，"以其他危险方法"只是《刑法》第114条、第115条的"兜底"规定，而不是刑法分则第二章的"兜底"规定。换言之，对那些与放火、爆炸等危险方法不相当的行为，即使危害公共安全，也不宜认定为本罪。[①] 此言甚是。因此，不能仅仅根据是否危害公共安全作为认定以危险方法危害公共安全罪的根据，而且要将该行为与放火、决水、爆炸、投放危险物质进行比较，判断两者之间是否具有性质上的等同性。只有行为与放火、决水、爆炸、投放危险物质等行为性质等同的，才能认定为以危险方法危害公共安全罪；否则，就不能认定为以危险方法危害公共安全罪。

这里涉及我国刑法中的危害公共安全罪与其他人身犯罪、财产犯罪之间的关系。应该说，在其他国家的刑法典中，也都设有相当于我国刑法中的危害公共安

---

① 参见张明楷：《刑法学》，4版，610页，北京，法律出版社，2011。

全罪，例如日本称之为公共危险罪。日本学者西田典之指出：所谓公共危险罪是指侵害不特定或者多数人的生命、身体、财产的犯罪。其特征在于，其中多数属于抽象危险犯。[①] 这里的抽象性的危险犯，是相对于具体危险犯而言的，不仅不需要实害结果，而且不需要具体危险。而我国刑法中的危害公共安全罪大多是具体危险犯，甚至是实害犯。那么，对于危害公共安全罪在立法体例上的抽象危险犯与具体危险犯及实害犯的差别，到底会产生何种实质性的影响呢？这种实质性的影响就是：在危害公共安全罪是抽象危险犯的情况下，危害公共安全罪一般不会与人身犯罪和财产犯罪发生重合。例如，日本刑法中的放火罪可以区分为抽象危险犯与具体危险犯，具体罪名又分为对现住建筑物等放火罪、对非现住建筑物等放火罪、对建筑物以外之物放火罪。但无论如何，日本刑法中的放火罪是不包括致人重伤、死亡这一结果的。而根据我国刑法中的放火罪的规定，第114条是具体危险犯，第115条是实害犯。尤其是在放火罪的实害犯中包含了致人重伤、死亡，以及造成重大财产损失的内容。因此，以抽象危险犯以及具体危险犯为特征的日本刑法中的放火罪，只是与毁坏财物罪之间存在竞合关系，与伤害罪、杀人罪等人身犯罪则不存在竞合关系。而以具体危险犯以及实害犯为特征的我国刑法中的放火罪，则不仅与毁坏财物罪存在竞合关系，而且与伤害罪、杀人罪等人身犯罪也存在竞合关系。在这种情况下，无论是人身犯罪还是财产犯罪，只要危害公共安全就应当以危害公共安全罪论处，使危害公共安全犯罪与财产犯罪、人身犯罪都存在竞合关系，由此大大地增加了区分犯罪之间的界限的难度。只要危害公共安全就应当以危害公共安全罪论处，已经成为我国刑法中的一个定罪规则，深入到司法人员的大脑之中。其实，对于危害公共安全的行为，未必一定要认定为危害公共安全罪，关键在于刑法在危害公共安全罪一章有无明文规定。如果危害公共安全的行为，在其他分则章节中已有规定的，就应当按照有关规定认定，而不是一概认定为危害公共安全罪。例如，生产、销售有毒有害食品罪，对

---

① 参见［日］西田典之：《日本刑法各论》，3版，221页，北京，中国人民大学出版社，2007。

此行为，在之前是以危害公共安全罪论处的，在 1997 年刑法设立了生产、销售有毒有害食品罪以后，就按照该罪认定。但生产、销售有毒有害食品罪也会对不特定的多数人造成重大人身伤亡和财产损失，在这个意义上，也完全可以说其具有危害公共安全的性质。但由于刑法将其规定在刑法分则第三章第一节生产、销售伪劣商品罪之中，因而就不能再以危害公共安全罪论处。

（三）口袋罪的司法适用

以危险方法危害公共安全罪作为口袋罪，具有立法上的先天不足，因此在司法适用的过程中，应当严格限制其入罪条件。这就需要对以危险方法危害公共安全罪的"其他危险方法"进行同类解释。同类解释是法解释学上的一种较为特殊的解释规则，在以往关于刑法解释方法的论述中一般都未涉及。同类解释是体系解释的一种具体规则，体系解释强调将解释对象置于整个法律文本体系中进行情境化的理解，对于解读"其他规定"等这样一些盖然性规定尤其具有方法论上的意义。同类解释规则（拉丁语为 Eiusdem Generis）是指如果法律上列举了具体的人或物，然后将其归属于"一般性的类别"，那么，这个一般性的类别，就应当与具体列举的人或物属于同一类型。[①] 若将这一同类解释适用于对《刑法》第114 条、第 115 条的解释，必然得出以下结论：在放火、决水、爆炸、投放危险物质或者其他危险方法的规定中，这里的其他方法应该与放火、决水、爆炸、投放危险物质在性质上具有同一性。其实，在我国刑法教科书中，学者在解释其他危险方法的时候，从来都是这样解释的。例如，较早期的刑法教科书指出："其他危险方法"是指像放火、决水、爆炸、投毒等方法一样，能够造成不特定多人死伤或公私财产重大损失的危险方法。[②] 但在我国司法实践中，在其他危险方法的认定上，却是与放火、决水、爆炸、投毒等方法的同一性渐行渐远，而越来越倾向于根据行为是否具有对于公共安全的危险性来认定以危险方法危害公共安全

---

① 参见王利明：《法律解释学导论：以民法为视角》，262 页，北京，法律出版社，2009。
② 参见高铭暄主编：《中国刑法学》，377 页，北京，中国人民大学出版社，1989。

罪。例如，盗窃窨井盖的行为，其行为就是盗窃，这是毫无疑问的。那么，为什么可以将这种明显与放火、决水、爆炸、投毒等方法完全不具有同一性的行为认定为其他危险方法呢？我国学者指出：盗窃窨井盖的行为可以解释为以危险方法危害公共安全罪中的危险方法。判断某种方法是否为与放火、决水、爆炸、投毒相当的危险方法，就是看这种方法能否造成与放火、决水、爆炸、投毒相当的危害结果。① 由此可见，在其他危险方法的判断中，结果的危害性的判断取代了方法的危险性的判断，由此而使其他危险方法的判断发生了偏失。

这里首先涉及的是对于我国刑法分则第二章危害公共安全罪的罪名体系的理解。危害公共安全罪的罪名排列并不是杂乱无章的，而是具有其内在逻辑的。张明楷教授将危害公共安全罪分为以下五类：一是以危险方法危害公共安全的犯罪，二是破坏公用工具、设施危害公共安全的犯罪，三是实施恐怖、危险活动危害公共安全的犯罪，四是违反枪支、弹药管理规定危害公共安全的犯罪，五是违反安全管理规定危害公共安全的犯罪。② 危害公共安全是以上五类犯罪的共同特征，其区别在于危害公共安全的内容不同。第一类以危险方法危害公共安全的犯罪，其特征是手段本身具有公共安全的危险性，简称为手段危险性。第二类破坏公用工具、设施危害公共安全的犯罪，其特征是公用工具、设施承载着公共安全，对这些对象的破坏具有危害公共安全的危险性，简称为对象危险性。第三类实施恐怖、危险活动危害公共安全的犯罪，是一种恐怖主义的犯罪，其特征是恐怖活动的组织行为具有危害公共安全的危险性，简称组织危险性。第四类违反枪支、弹药管理规定危害公共安全的犯罪，其特征是枪支、弹药作为工具具有危害公共安全的危险性，简称工具危险性。第五类违反安全管理规定危害公共安全的犯罪，其特征是责任事故犯罪，事故的结果具有公共安全的危险性，简称结果危险性。根据以上分析，危害公共安全罪的危险性可以区分为：手段危险性、对象

---

① 参见张亚平：《盗窃窨井盖行为定性之若干思考》，载《黑龙江省政法管理干部学院学报》，2006（3）。

② 参见张明楷：《刑法学》，4 版，605 页，北京，法律出版社，2011。

危险性、组织危险性、工具危险性和结果危险性。显然，这五种危险性是有所不同的。不可否认，各种危害公共安全的犯罪之间存在着竞合关系。例如，当行为人使用放火的方法破坏交通设施的时候，就存在放火罪与破坏交通设施罪的想象竞合。但是，在一般情况下，我们可以将不同的危害公共安全罪加以区分。就以危险方法危害公共安全罪而言，因其属于手段危险性，而这里的手段又是与放火、决水、爆炸、投放危险物质相当的手段，因此，手段是否具有与放火、决水、爆炸、投放危险物质行为的相当性，才是认定以危险方法危害公共安全罪的关键之所在。那些与放火、决水、爆炸、投放危险物质行为不具有相当性的行为，当然不能被认定为以危险方法危害公共安全罪。

这里应该指出，手段的危险性与结果的危险性是有所不同的。那种把盗窃窨井盖的行为认定为以危险方法危害公共安全罪的情况，其错误就在于混淆了手段的危险性与结果的危险性之间的关系。窃取市区主干道上的地下保护设置物窨井盖的行为，确实对于过往车辆、行人的人身安全与财产安全造成了重大的隐患，具有结果的危险性。就盗窃行为本身而言，并不具有对于公共安全的手段危险性，它与放火、决水、爆炸、投放危险物质等危险方法之间的区分是极为明显的。如果过分地以结果危险性考量，则会使许多普通的人身犯罪或者财产犯罪被错误地认定为以危险方法危害公共安全罪。例如徐敏超以危险方法危害公共安全案，就是一个典型的案例。①

云南省丽江市中级人民法院经审理查明：2007 年 4 月 1 日 16 时许，被告人徐敏超受吉林市雾凇旅行社的委派，带领"夕阳红"旅游团一行 40 人经昆明、大理来到丽江古城四方街游玩，途中因不理解昆明导游（地陪）彭丽萍的工作方法而产生隔阂，加之在古城，被告人担忧所带游客走散，便与彭丽萍发生争执。彭丽萍边哭边用手机打电话离开后，被告人徐敏超走进古城四方街东大街食品公司门市专营工艺品商店

---

① 本案载《人民司法》，2008（16）。

内，问是否有刀，当店主寸锡莲拿出一把长约22厘米的匕首时，被告人徐敏超即夺过匕首，将寸锡莲刺伤，后挥动匕首向四方街广场、新华街黄山下段奔跑300余米，并向沿途游客及路人乱刺，造成20人受伤害。经法医鉴定：其中，重伤1人，轻伤3人，轻微伤15人，未达轻微伤1人。经本院委托，同年11月15日中国法医学会鉴定中心就徐敏超在作案时的精神状态及其责任能力，作出了"被鉴定人徐敏超在作案时患有旅行性精神病，评定为限制（部分）刑事责任能力"的结论。法院判决认为：关于控辩双方争执的本案罪名问题，应从三个方面进行判断。其一，被告人徐敏超的行为是否具有危及不特定的多数人的安全之现实可能性，这是判断其能否构成公共安全罪的关键。公共安全在本质上是指多数人的安全，其核心不仅在于对象的不特定性，而且在于对象的多数性。因此，危害公共安全罪的构成，既源于犯罪对象的不特定性，更源于其危害结果已经现实地指向了不特定多数人的安全，这就是此罪与故意伤害罪的最大区别。本案中，被告人徐敏超对其持刀伤人的行为最终会危及哪一具体对象的安全事先没有确定，并在具有众多游客及行人游玩的丽江古城实施了挥刀乱刺的行为，不仅危及不特定多数人的安全，而且已经造成了20名游客及行人受到伤害的后果。其二，对被告人徐敏超持刀伤人的行为方式是否属于"其他危险方法"的界定，应以现已查明的、行为时所存在的各种客观事实为基础，以行为时为标准，从一般人的立场出发来判断。本案中，被告人徐敏超持长约22厘米的匕首，在游人密集的旅游重地对毫无防范意识的无辜游客及行人乱刺，足以构成实施了与放火、决水、爆炸相当的危险方法，危害了公共安全。其三，对所造成的危害结果是否超出行为人的预料和控制，即行为人对其行为造成的后果的具体认识，不能左右危害公共安全罪罪名的成立。本案中，被告人徐敏超是在主观上存在故意与病理性因素混合的动机驱使下，实施了手段残忍的伤人行为。故不论其行为出于直接故意，还是出于间接故意，基于何种个人目的和动机，都不影响本罪的构成。为此，公诉机关指控的罪名成立，应予支持；辩护人提出定故意伤害罪的意见，没有理由，予以驳回。

以上判决书对涉及本案定性的三个问题的辩驳，还是进行了较为充分的说理，这是值得肯定的。但是，其中的逻辑错误与判断失误也是较为明显的。从逻辑上来说，判决书首先认定被告人的行为具有对公共安全的危险性，然后再判断被告人的行为是否具有与放火、决水、爆炸、投放危险物质行为的相当性，这是存在问题的。正确的方法应该是：先判断被告人的行为是否具有与放火、决水、爆炸、投放危险物质行为的相当性，然后才考量是否具有公共安全的危险性。在以上两者之间，存在逻辑上的位阶关系。因为，是否具有与放火、决水、爆炸、投放危险物质行为的相当性，这是一种具有客观上的可比性的判断，具有一定程度的形式判断的特征。之所以说只是一定程度，是因为以危险方法危害公共安全罪的行为本身缺乏形式界定，它是依赖于与放火、决水、爆炸、投放危险物质行为的类比而确定其行为特征的。尽管如此，这种类比毕竟还是具有一定的形式根据的，因而更为可靠。而行为是否具有公共安全的危险性的判断，完全是一个实质判断，缺乏规范标准。在这种情况下，就会使是否具有公共安全的危险性的判断丧失其规范限制。例如，在是否具有公共安全的危险性判断中所强调的危及不特定的多数人的安全，这是所有危害公共安全犯罪的共同特征，除了第一类危害公共安全的犯罪以外，其他四类危害公共安全的犯罪也都具有危及不特定的多数人的安全这一特征，据此并不能将以危险方法危害公共安全罪与其他危害公共安全的犯罪加以区分。不仅如此，危及不特定的多数人的安全甚至也不是为危害公共安全的犯罪所垄断的性质，其他犯罪也可能具有危及不特定的多数人的安全的特征。例如，走私枪支、弹药罪难道不具有危害公共安全的特征？从境外将枪支、弹药走私入境的走私枪支、弹药行为与在境内运输、邮寄、储存枪支、弹药行为，在危害公共安全性质上并不存在区别，但前者被规定为扰乱市场经济秩序的犯罪，后者却被规定为危害公共安全的犯罪。因此，根据行为是否具有危及不特定的多数人的安全这一特征，也不能将以危险方法危害公共安全罪与其他犯罪加以区分。只有在其行为的性质具有与放火、决水、爆炸、投放危险物质的性质相当的前提下，再判断行为是否具有危及不特定的多数人的安全这一特征，才是正确的。

除此以外，判决书对持刀伤人的行为方式是一种与放火、决水、爆炸、投放危险物质相当的危险方法的判断，也是偏颇的。在放火、决水、爆炸、投放危险物质中，火、水、炸药、危险物质本身所具有的危险性是与刀子相提并论的。如果持刀向不特定的多人砍杀这样明显的杀人行为被认定为以危险方法危害公共安全罪，那么，持枪向不特定的多人射击的行为更应该被认定为以危险方法危害公共安全罪。如此一来，以危险方法危害公共安全罪的口袋越来越大，将会吞噬更多的人身犯罪和财产犯罪，成为罪名中的"利维坦"。

对于以危险方法危害公共安全罪的"其他危险方法"的判断，在司法实践中也有正确解释的判例。例如，在吴清等以危险方法危害公共安全案中，该案的裁判理由指出：对以"其他危险方法"的界定必须严格按照文义解释和同类解释规则进行，以社会大众对危害程度的一般理解为其外延，以危害公共安全的现实可能性为其内涵。根据《刑法》第 114 条的语境，依文义解释规则，"危险方法"是指危害公共安全的危险行为，即行为客观上必须对不特定多数人的生命、健康或者重大公私财产安全产生了威胁，具有发生危险后果的现实可能性。没有这种现实可能性，就不是危险行为。这是"危险方法"的内涵。在文义解释的基础上，还是按照同类解释规则来进行限制解释。即"其他危险方法"不是指任何具有危害公共安全可能性的方法，而是在危险程度上与放火、爆炸、投放危险物质等行为相当或超过上述行为危险性的方法。这是对"危险方法"的外延限制。因此，那些虽然对公共安全有一定的危险，但还未危及不特定多数人的生命、健康或重大财产安全的行为，则不宜认定为本罪。[①] 笔者对于这一裁判理由中对行为

---

① 参见刘德权主编：《中国典型案例裁判规则精选》，刑事卷，199～200 页，北京，人民法院出版社，2010。

对于公共安全的危险性和行为与放火、决水、爆炸、投放危险物质的相当性的判断次序并不赞同。但该裁判理由还是对于"其他危险方法"的判断进行了精彩的阐述，这是值得充分肯定的。因此，本章的结论是：在以危险方法危害公共安全罪的"其他危险方法"的判断上，缺乏的并不是知识与经验，而是罪刑法定与刑法谦抑的法治理念。

第七章
风险刑法的法理言说

　　从风险社会中引申出来的风险刑法理论已经成为我国刑法学界关注的理论热点之一。劳东燕教授在 2007 年发表的《公共政策与风险社会的刑法》（载《中国社会科学》，2007 年第 3 期）一文中，开启了我国学者讨论风险刑法的先河。风险刑法的知识增长极大地刺激了学术资源对其的投入；在某种意义上说，风险刑法被议题化了，它是我国刑法理论研究中最为活跃的一个学术领域。风险刑法还是存在重大争议的一个问题，在按照风险刑法的既有径路进行学术言说的同时，对风险刑法理论进行反思与批判的解构性努力，也从来没有停止过。例如，南连伟的《风险刑法理论的批判与反思》（载《法学研究》，2012 年第 4 期）就是一篇系统地质疑风险刑法理论的论文。[①] 此外，张明楷教授也撰写了《"风险社会"若干刑法理论问题反思》（载《法商研究》，2011 年第 5 期）一文，对风险刑法理论进行了否定性的评价。就笔者个人而言，对于风险刑法理论虽然早已关注，

---

　　① 该文的扩展版《风险刑法理论的批判性展开》发表于《刑事法评论》第 30 卷。参见南连伟：《风险刑法理论的批判性展开》，载陈兴良主编：《刑事法评论》，第 30 卷，42～97 页，北京，北京大学出版社，2012。

但未能深入研究。笔者曾经应邀写过一篇笔谈性质的文章，题为《"风险刑法"与刑法风险：双重视角下的考察》（载《法商研究》，2011 年第 4 期），提出了对风险刑法理论所可能带来的刑法风险的担忧。① 当然，笔者在该文中对于风险刑法理论还是持一种较为暧昧的态度，论及风险刑法的功能亦难免语焉不详。本章试图在对风险社会的风险与风险刑法的风险加以对比性考察的基础上，从刑法教义学的面向上，对风险刑法理论进行法理分析。

一、风险刑法的风险界定

无论是风险社会还是风险刑法，风险是其中的关键词。如何界定这里的风险，直接关系到风险刑法理论存在的正当性。尤其应当指出，因为风险刑法是从风险社会引申出来的，因此，风险刑法的风险与风险社会的风险应当具有同一性，至少应当具有类似性。对此，我们应当采取对比的方法，以确定风险刑法的风险概念。

对于风险社会的风险概念，要到发明这一理论的德国著名社会学家乌尔里希·贝克的著作中去寻找。贝克对于风险社会中的风险大多是描述性的，但也存在较为接近定义性的叙述："风险概念是一个很现代的概念，是个指明自然终结和传统终结的概念。或者换句话说：在自然和传统失去它们的无限效力并依赖于人的决定的地方，才谈得上风险。风险概念表明人们创造了一种文明，以便使自己的决定将会造成的不可预见的后果具备可预见性，从而控制不可控制的事情，通过有意采取的预防性行动以及相应的制度化的措施战胜种种副作

---

① 《法商研究》2011 年第 4 期以"社会风险与刑法规制：风险刑法理论之反思"为主题，发表了 5 篇文章：（1）齐文远：《刑法应对社会风险之有所为与有所不为》；（2）陈兴良：《"风险刑法"与刑法风险：双重视角的考察》；（3）刘明祥：《"风险刑法"的风险及其控制》；（4）刘艳红：《"风险刑法"理论不能动摇刑法谦抑主义》；（5）于志刚：《"风险刑法"不可行》。以上 5 篇论文基本上对风险刑法理论持怀疑甚至直接否定的立场。

用。"① 这个风险的概念，是在与传统社会的自然状态对应意义上确立的，它以人的决定为前提。在农耕社会，也存在风险，这种风险主要是指自然风险，这是一种来自自然界的破坏性力量，例如洪水、干旱、雷电、地震等自然灾害。人类进入工业社会以后，风险来源发生了重大变化。尽管来自自然界的风险仍然存在，但已经不是威胁人类生存的主要灾害。人类生存的主要风险来自人类本身，即人类的工业活动成为危险的主要来源。应当指出，贝克所说的风险社会的风险并不是一般意义上的工业社会的风险，而是后工业社会的风险，主要是指技术风险。这个意义上的风险，首先是技术风险，其次是随着科学技术的广泛应用而导致的社会各个领域发生的风险，例如转基因、环境污染、核辐射、生物危机等。贝克不仅将工业社会的风险与农耕社会的自然风险相区分，而且将后工业社会的技术风险与工业社会的事故风险相区分。贝克在论及工业社会的风险与后工业社会的风险时，指出："第一个阶段是工业社会的风险，其风险是以事故概念为前提的，如商船沉没、交通事故、矿难、失业等，事故发生在一定的地点、时间、人群中，因此其风险后果在一定程度上是可以由统计学加以描述和计算的，可以通过保险、保障制度等方式使其受到控制和处理。第二个阶段是后工业社会的风险，这一阶段的风险的后果在时间、地点和人群上都是难以预测和控制的，例如核灾难、化学、生物基因、生态以及金融风险等。"② 除了农耕社会、工业社会与后工业社会这样一种背景叙述以外，贝克还提出了前现代（pre-modernity）、简单性现代（simple-modernity）与反思性现代（reflexive-modernity）的叙述背景，认为反思性现代就是风险社会。应该说，建立在后工业社会的技术风险基础之上的风险社会理论，是 20 世纪 80 年代才出现的一种社会学理论，以风险为中

---

① ［德］乌尔里希·贝克、约翰内斯·威尔姆斯：《自由与资本主义：与著名社会学家乌尔里希·贝克对话》，路国林译，118 页，杭州，浙江人民出版社，2001。

② 程新英、柴淑芹：《风险社会及现代发展中的风险：乌尔里希·贝克风险社会思想述评》，载《学术论坛》，2006（2）；参见［德］乌尔里希·贝克：《世界风险社会》，吴英姿、孙淑敏译，67～77 页，南京，南京大学出版社，2004。

心对社会进行描述，具有盛世危言的意味。我们必须认识到，风险社会理论只是对后工业社会解释的一种理论，而非全部。在笔者看来，即使是风险社会理论，也不无危言耸听的成分在内。当然，风险社会理论对人类的警觉意义是不可否定的。

如上所述，贝克的风险社会理论是以后工业社会的技术风险为叙述原型，并以此为前提展开其观点的。因此，风险社会的风险是以技术风险为基础的，其他都只是技术风险的外在表现。而在目前我国学者的论述中，风险社会的风险存在着严重的泛化的现象。这种泛化的表现，首先是将风险扩展到制度风险，甚至犯罪风险。例如，劳东燕教授在关于风险刑法的论述中，除了技术风险以外，还论及政治社会风险与经济风险等制度风险，认为这也是风险结构的组成部分。劳东燕教授甚至还将犯罪率攀升也视为风险社会的风险。[①] 还有些学者甚至把经济犯罪也纳入风险刑法的范畴，指出："随着各国市场经济的快速发展和全球经济一体化的加剧，当今各国的经济发展都不可避免地面临着各种各样的犯罪风险，因而不可不提防。其中，犯罪危害的加剧和犯罪类型的翻新就是这种犯罪风险的直观体现，这必将带来刑法解释学中的些许变化。"[②] 在以上论述中，风险刑法的风险被表述为犯罪风险，在此基础上的论证，实际上已经与风险社会理论无关。

风险社会的风险的泛化，还表现为将后工业社会的风险混同于工业社会的风险。风险刑法的大多数论证都是以工业社会的风险为根据的，例如，事故型风险就是一个较为瞩目的问题。在工业社会中，事故与犯罪是具有较为紧密的联系的，因为事故除了技术事故和自然事故以外，还包括责任事故，责任事故就涉及刑事责任的追究。而我国目前确实处在一个重大事故多发的社会发展阶段，因此，在风险刑法的论述中，责任事故犯罪是一个绝佳的例证。近年来，各种事故时有发生，造成了重大的人员伤亡和财产损失。因此，在有关风险刑法的论述

---

①　参见劳东燕：《公共政策与风险社会的刑法》，载《中国社会科学》，2007 (3)。

②　姜涛：《风险社会之下经济刑法的基本转型》，载《现代法学》，2010 (4)。

中，事故型犯罪被认为是重要的风险源。例如，我国学者指出："但在风险社会中，恶性交通事故频发、环境污染愈演愈烈、药品与食品安全事故大量涌现……社会成员精神上或心理上的负荷在不断提高。"① 但是，这种事故型风险并不符合风险社会的风险所具有的不确定性特征，它是由行为人的操作疏失或者管理过失造成的，仍然属于常规的风险，属于可以控制的工业社会的风险。正如我国学者指出："传统社会的事故型风险不可能导致全球性灾难，交通事故与核风险、基因风险、生化风险等存在根本区别。"② 笔者认为，以上观点是正确的。风险社会的风险，即后工业社会的风险与工业社会的风险的混淆，这是风险概念被泛化的结果，导致风险刑法的理论丧失现实基础，也使风险刑法理论与风险社会理论难以对接。

风险刑法理论在对风险社会的风险概念理解上的外延溢出，在一定程度上消解了风险概念的特定性，并使风险社会的理论失去其解释力。在此基础上建立起来的风险刑法理论，就可能丧失其现实基础。在我国，目前关于风险刑法的论述中，风险的范围都十分宽泛，几乎是在一般意义上使用风险一词，由此而脱离了贝克所创立的风险社会理论的特定语境，以至于被我国学者指责为对风险范畴的曲解，指出："风险刑法理论最根本的谬误在于，未全面了解贝克的反思性现代化理论，因而对风险社会理论的理解过于肤浅和狭隘，更多的是根据'风险社会'的字面含义，将其理解为'有风险的社会'或'风险增多的社会'，这完全背离了风险社会理论的精髓。尤其是，它未能明确风险社会的风险与传统社会的风险之间的'世纪性差别'，曲解了风险范畴的真实含义。"③ 应该说，这一评论还是切中要害的，因为无限制地扩张风险社会的风险的现象，在风险刑法的理论叙述中或多或少地存在着。

应该指出，任何社会都存在各种风险，这是不可避免的。贝克所提出的风险

---

① 魏汉涛：《风险社会的刑法风险及其防范》，载《北方法学》，2012（6）。

② 南连伟：《风险刑法理论的批判与反思》，载《法学研究》，2012（4）。

③ 南连伟：《风险刑法理论的批判与反思》，载《法学研究》，2012（4）。

社会的风险绝非一般意义上的风险，而是特定意义上的风险，即指在后工业社会，随着科学技术的发展所带来的风险。因此，风险社会的风险是指技术风险以及技术风险所衍生的间接风险。英国学者揭示了技术风险的三个特征：(1) 技术风险在科学上具有不确定性。在一些情形中，特别是在应对新技术、新活动的时候，风险与未来行为后果有关，而未来行为后果内在的是不可预测的，这就造成了科学的不确定性。(2) 风险的性质和存在经常取决于人类行为，所以技术风险具有行为上的不确定性。(3) 某个风险是否可以被接受，取决于文化环境 (cultural context)。技术风险的多中心性，彰显了身处于社会之中的个人易受社会攻击的一面 (social vulnerability)。因此，个人是否能够接受某种风险，不仅仅是个人偏好、风险大小和风险发生可能性的问题，而且取决于环境对个人而言的可接受性。① 在以上三个特征中，不确定性和不可预见性是技术风险的最大特征，这也决定了技术风险的难以控制性。

技术风险是以科学技术的发展为前提的，也是科学技术在给人类带来福祉的同时所带来的消极后果，可以说是人类对于科学技术成果享受的同时所必须付出的代价。因此，技术风险是无法根除的，只能加以控制，减少其对社会的危害。同时，对于技术风险的防范，主要还有赖于科学技术的进步。科技史已经证明，技术进步与完善，对于消除技术风险具有重大的作用。然而，新技术本身又会带来新风险。因此，随着科学技术的不断发展，技术风险也如影相随。可以说，进入后工业社会以后，技术风险就成为这个社会必须面对的危机。

面对风险社会的这种技术风险，人类社会需要积极应对。这里的应对，包括法律应对。法律应对当然是间接的，因为法律不可能直接消除技术风险。对技术风险的法律应对是指在制定技术政策和技术规范的时候，应当建立起严格的法律程序，对技术风险进行评估，尽可能地避免技术风险，并对避险的费用成本通过

---

① 参见［英］伊丽莎白·费雪：《风险规制与行政宪政主义》，沈岿译，7 页以下，北京，法律出版社，2012。

法律程序进行合理的分担。即使是不可避免的技术风险，在风险的承担上，也应该通过法律程序，在各个社会成员之间进行公平的分配。因此，这里的法律应对基本上属于行政法的范畴。英国学者伊丽莎白·费雪论证了法律（这里主要是指行政法）在技术风险规制中发生作用的机理：因为技术风险具有可接受性，但个体之间的可接受性程度是不同的，甚至彼此之间存在冲突。在这种情况下，技术风险的管理必须上升到政府层面，政府应当成为技术风险规制的主体。政府作为行政决策者，在规制技术风险的行政过程中，法律应当而且能够发挥作用。伊丽莎白·费雪指出："法律在技术风险规制中的作用不仅仅是工具性的，也不是不相干的或者起妨碍作用的。行政宪政主义的法律争论是技术风险决策制定的重要组成部分。如何治理技术风险的争论，会融入到公共行政法律有效性（legal va-lidity）争论之中。当然，并不单纯是技术风险规制引发了行政宪政主义的争论。只是，技术风险规制领域引发的争论，其数量之大，是其他行政领域无法相比的。"① 由此可见，对技术风险的行政法意义上的规制，主要是指对作为技术风险规制主体的政府决策行为的规范，使之符合社会的最大利益。

那么，刑法与技术风险之间又是一种什么样的关系呢？劳东燕教授在论及刑法如何应对风险社会的风险时指出："公共政策的秩序功能决定了它必然是功利导向的，刑法固有的政治性与工具性恰好与此导向需要相吻合。无论人们对刑法的权利保障功能寄予多大期望，在风险无所不在的社会中，刑法的秩序保护功能注定成为主导。现代国家当然不可能放弃刑法这一秩序利器，它更需要通过有目的地系统使用刑法达到控制风险的政治目标。刑法由此成为国家对付风险的重要工具，公共政策借此大举侵入刑事领域也就成为必然现象。它表征的正是风险社会的安全需要。在风险成为当代社会的基本特征后，刑法逐渐蜕变成一项规制性的管理事务。作为风险控制机制中的组成部分，刑法不再为报应与谴责而惩罚，

---

① ［英］伊丽莎白·费雪：《风险规制与行政宪政主义》，沈岿译，34～35 页，北京，法律出版社，2012。

主要是为控制风险进行威慑；威慑成为施加刑事制裁的首要理由。"① 以上论述阐述了刑法作为风险控制机制的重要组成部分，在风险控制中所能够发挥的巨大作用。在笔者看来，这一论述具有宏大叙事的性质，而缺乏细致的论证。

　　这里首先涉及的还是对风险的界定。无所不在的风险到底是指什么性质的风险？如果是指一般意义上的风险，甚至包括犯罪率上升，那么，以此作为刑法从对犯罪报应和谴责的手段转变为控制风险进行威慑的工具的命题就是难以成立的。报应主义和功利主义从来都是牵制刑法的两种力量，刑法始终摇摆于报应主义与功利主义之间，而不可能趋向其中任何一个极端。因此，刑法功能与目的也应当是，或者实际是报应与功利的折中。如果将这里的风险界定为技术风险，那么，刑法又如何应对呢？如前所述，技术风险本身具有不确定性，这种不确定的风险不可能成为刑法规制的客体。这里涉及风险社会的风险与刑法中的风险的对比。作为犯罪本质与刑罚惩罚的实体根据，自从贝卡里亚以来就被认为是对社会的危害。② 及至李斯特创立了法益理论，法益侵害就成为犯罪的实质违法的内容。李斯特指出："就其本质而言，犯罪是一种特别危险的侵害法益的不法行为。"③ 在苏俄刑法学中，从阶级危害性发展出社会危害性的概念，以此诠释犯罪。苏俄学者指出："犯罪乃是危害社会的、罪过的、应受刑罚的作为或不作为。"④ 我国刑法学承袭了苏俄刑法学，因此，社会危害性被确定为犯罪的本质特征。以上无论何种对犯罪性质的理论阐述，都以危害为其落脚点。这里的危害，当然是指行为的危害。刑法上的危害有实害与危险之分。实害是指已经实现的危险，而危险则是尚未实现的实害。因此，实害与危险只有程度上的差别，而没有性质上的区分。当然，以实害为根据的刑罚惩罚更具有报应的性质，而以危

---

① 劳东燕：《公共政策与风险社会的刑法》，载《中国社会科学》，2007（3）。
② 参见 ［意］贝卡里亚：《论犯罪与刑罚》，黄风译，67 页，北京，中国大百科全书出版社，1993。
③ ［德］李斯特：《德国刑法教科书》，修订译本，徐久生译，8 页，北京，法律出版社，2006。
④ ［苏］苏联司法部全苏法学研究所主编：《苏联刑法总论》，下册，彭仲文译，308 页，上海，大东书局，1950。

险为根据的刑罚惩罚则更具有预防的性质。

值得注意的是，现在在翻译有关德国刑法教科书的时候，也来越多地采用风险这个术语。例如，我国学者在翻译德国学者罗克辛教授的客观归责理论时，就使用风险这个概念，包括不允许性风险与允许性风险，以及风险实现、风险降低与风险提升等。但在具体的叙述中，风险与危险这两个术语又是交替使用的。例如，王世洲教授翻译的罗克辛论及不允许性风险没有实现时的归责的排除时，指出："在允许性风险的案件中，归责于客观行为构成是以跨越了允许的界限和因此创设了一种不允许性危险为条件的。但是，在通常的危险创设中，除了危险的实现之外，应当如何对这种完成进行要求，还另外地取决于，在不允许性风险中，结果的可归责性正是在这个结果中实现了这种不允许的风险的。"① 在以上译文中，似乎风险与危险这两个词是可以替换的。从汉语字面含义看，危险比风险具有更大的实现概率，因此，危险是更接近实现的风险。但是，就包含着现实危害的可能性而言，风险与危险又具有内涵上的同一性。只不过，风险更接近是一个中性词，而危险则具有较为明显的否定性的含义。因此，在法所允许的含义上，使用风险一词更为贴切；在法所不允许的含义上，使用危险一词也是合适的。由此可见，风险与危险这两个词汇的区分是十分微妙的。因此，客观归责理论中的风险与风险社会的风险之间的区别也是明显的。对此，我国学者指出："在客观归责理论中，风险是一个依附于刑法法益的概念。这种法益的确定性以及风险依附性决定了此处风险判断是由果及因的，即以法益为中心追溯风险来源，从而确定某一行为是否具有侵害特定法益的风险……概括而言，客观归责理论中的风险一词具有地位上的依附性、涉及法益的确定性、判断标准的经验性，具有规范内的解释功能。"② 但是，在风险刑法理论中，却把风险社会的风险与

---

① ［德］克劳斯·罗克辛：《德国刑法学总论》，第 1 卷，王世洲译，254 页，北京，法律出版社，2005。

② 程岩：《风险社会中刑法规制对象的考察》，载陈兴良主编：《刑事法评论》，第 29 卷，294 页，北京，北京大学出版社，2011。

客观归责理论中的风险混为一谈，将客观归责纳入风险刑法的体系。例如，我国学者指出："风险社会的转型为超越传统刑法的归责范畴、重构归责原则提供了机会。在此方面，德国的客观归责理论是有益的尝试……客观归责理论的创立具有里程碑的意义，它意味着风险概念规范化的成熟，也就是以法规范来对风险进行评价和界定，从而使风险具有规范性意义。"① 尽管论者认为，客观归责理论是风险刑法发展的初级阶段，但客观归责理论所要处理的主要还是侵害性犯罪，即在构成要件行为致使发生法益侵害结果的情况下，能否将该结果归属于其行为的问题。这个问题原先是采用因果关系理论或者故意理论解决的，但罗克辛认为，这是一个客观归责的问题。因此，客观归责理论与风险刑法理论并无关联，将其纳入风险刑法的理论体系只是论者的一厢情愿。对此，我国学者指出："罗克辛的刑法理论的确以'风险'为关键词，但显然不是贝克'风险社会'理论中所指的'风险'。把两位德国教授的理论联系起来，是我国一些刑法学者的误解或者主观臆断。"② 误解与臆断在风险刑法理论中始终存在，由此而使该理论的科学性大打折扣。

　　即使是在德国，风险和危险这两个概念也是存在严格区分的，当然，对于如何区分又是存在争议的，主要可以归结为以下四种观点："第一种观点认为：从风险、侵害发生的角度来诠释危险和风险而言，风险是危险发生的可能性；危险是危害发生的现实性。第二种观点认为：从是否可以控制的角度来把握危险和风险而言，危险是可操控的；而风险是不可以把控的。第三种观点认为：从有无负面评价的意涵作区分，危险的发生带给人类生活不利益的后果，已包含负面评价的意思；风险用语表达出人力不可支配的事实，属于中性词语，因此不包含有负面评价的意思。第四种观点认为：从两者的防范角度来区分，对风险采取预防手段（precaution），对危险采取的是防卫手段（prevention）。危险防卫手段，是以

---

　　① 陈晓明：《风险社会之刑法应对》，载《法学研究》，2009（6）。

　　② 夏勇：《"风险社会"中的"风险"辨析：刑法学中"风险"误区之澄清》，载《中外法学》，2012（2）。

完全排除危险为目的；风险预防手段，其目的旨在降低与管理风险，而非确保绝对安全的防卫风险。"① 以上对于危险和风险的不同角度的理解，对于我们正确地区分危险和风险是具有参考价值的。当然，这里还涉及一个语境的确定问题，即是从刑法教义学角度界定两者，还是从一般意义上区分两者。如果从刑法教义学意义上区分危险和风险，笔者认为，风险和危险都是在行为人的构成要件行为中所包含的发生实害结果的可能性。风险和危险在刑法教义学上具有以下三个特征：（1）风险和危险是为一定的行为所包含的，而行为主体是人，这就排除了自然或者其他因素所造成的风险成为刑法调整对象的可能性。（2）风险和危险所承载的行为系符合构成要件的行为，这表明该行为是为刑法所禁止的，因而在一般情况下，也是为法所不允许的。（3）风险和危险的性质是实害结果发生的可能性，具有对法益的潜在侵害性。

根据以上对刑法中的风险和危险的界定，我们再来对比风险社会中的风险，就会发现，两者在性质上具有实质上的区别。如前所述，风险社会的风险主要是指技术风险。这种风险是人在科学技术探索过程中所带来的，是科学技术广泛运用产生的消极后果。技术风险具有极大的不确定性，对于这种不确定的风险不能直接纳入刑法调整的范围。例如，刑法不能直接将科学技术中具有风险的探索活动予以禁止，也不能在科学技术所带来的风险实现以后，追究相关人员的刑事责任。概言之，刑法不能进入科学技术领域，干预科学技术活动。既然如此，风险社会的风险并不能等同于风险刑法的风险或者危险。从风险社会引申出的风险刑法理论，给人造成的一个重大误解就在于使两种完全不同的风险相类比或者相等同。建立在这种逻辑断裂基础之上的风险刑法理论，容易给人们造成思想上的混乱。实际上，风险刑法理论并没有指出风险社会中的风险如何进入刑法视野的适当路径，而是将两者的连接建立在风险社会与风险刑法都采用的风险这个内涵转移与外延模糊的词汇之上，这是一种虚幻的联系。

---

① 张晶：《风险刑法：与预防机能为视角的展开》，18 页，北京，中国法制出版社，2012。

二、风险刑法的话语解构

如前所述，风险社会与风险刑法之间的联系是虚幻的，风险社会的风险并不是刑法调整的客体。吊诡的是，风险刑法理论还是自成一体地形成了一套独特的话语体系。这里应当指出，我国的风险刑法理论并不是一个正式的理论体系，而以风险刑法为主要话语的研究群体所形成的一种观点聚集形态。在赞同风险刑法理论的学者当中，对于风险刑法的态度也是存在较大区别的。例如，有些学者是主张以风险刑法取代传统刑法的，在风险刑法的道路上走得比较远①；还有些学者虽然也论述了风险刑法的内容，但同时也较为客观地指出了风险刑法本身的内在风险②；另有些学者则主张在传统刑法中借鉴风险刑法的做法，实现传统刑法与风险刑法的共生互动③；等等。在笔者看来，风险刑法这一话语体系与风险社会并无直接关联，实际上已经独立于风险社会而存在，并且风险刑法理论具有不断扩展的趋势。为此，有必要对风险刑法理论的主要命题进行刑法教义学的分析。

（一）风险控制的刑法观

风险刑法理论甫一提出，就以一种决绝的姿态对应于传统的刑法理论，构造了法益保护的刑法与风险控制的刑法的二元对立：前者是保护刑法，而后者是安全刑法或者风险刑法。这里涉及对刑法功能的理解。自刑法教义学的古典学派以来，刑法都被界定为是法益保护法。例如，德国学者李斯特指出："尽管刑法有其自身的特点，但是，从其表现形式来看，刑法是一种保护法益的法律"④。一

---

① 参见劳东燕：《公共政策与风险社会的刑法》，载《中国社会科学》，2007（3）。
② 参见陈晓明：《风险社会之刑法应对》，载《法学研究》，2009（6）。
③ 参见孙道萃：《风险社会视域下的风险刑法理论辨析》，载中山大学法学院主办：《中山大学法律评论》，第10卷，第1辑，305页，北京，法律出版社，2012。
④ ［德］李斯特：《德国刑法教科书》，修订译本，徐久生译，10页，北京，法律出版社，2006。

百多年来，法益的内涵发生了重大的嬗变，从个人法益到超个人法益、社会法益，从物质性的法益到精神性的法益，等等。但是，刑法具有保护法益的功能这一观点在德国仍然占据着主流的地位。针对雅科布斯关于刑法的任务不是法益保护而是防止规范效力的损害的命题，罗克辛教授发出了"刑法的任务不是法益保护吗？"的质问，明确指出："战后，德国刑法学借助法益理论一直试图给刑法的暴力干预找到一个界限。其基本思想是：刑法只能保护具体的法益，而不允许保护政治或者道德信仰，宗教教义和信条，世界观的意识形态或者纯粹的感情。"①尽管德国刑法学中的法益概念存在着美国学者所批评的不确定性与灵活性，但美国学者还是正确地揭示了法益概念之于德国刑法学的重要性，指出："德国刑法学真正地提供了有关刑法上的损害以及刑法目的的理论：法益论（Lehre vom Rechtsgut）。基于上述理由，在美国学者看来，法益论具有重要意义。法益在德国刑法体系中占有至关重要的地位。如此根基性的重要性使得德国刑法学家无法想象一部没有法益原则作基础的刑法。"② 建立在法益概念之上的刑法，是以已然的法益侵害为前提的。当然，这里的法益侵害包括法益侵害的危险与法益侵害的实害。但这种以法益侵害为核心的刑法观受到了风险刑法理论的批判，提出了风险控制工具的刑法观。③ 这里的风险显然不是在与危险近似的意义上使用的，因为如果是这个意义上的风险，是完全可以被归入法益侵害的范畴的。但如果这里的风险是风险社会中的风险，则因其具有不确定性，刑法如何对其进行管控，这是一个无解的问题。

其实，对于这个问题，罗克辛教授曾经进行过讨论。罗克辛提出的问题是：是否存在一种对未来的刑法保护？如前所述，法益保护是对已经受到侵害（危险

---

① ［德］克劳斯·罗克辛：《刑法的任务不是保护法益吗？》，樊文译，载陈兴良主编：《刑事法评论》，第19卷，147页，北京，北京大学出版社，2007。

② ［美］马库斯·德克·达博：《积极的一般预防与法益理论——一个美国人眼里的德国刑法学的两个重要成就》，杨萌译，载陈兴良主编：《刑事法评论》，第21卷，453～454页，北京，北京大学出版社，2007。

③ 参见王耀忠：《现代风险社会中危害性原则的角色定位》，载《现代法学》，2012（3）。

与实害）的利益的保护。但风险刑法理论提出的是对未来的刑法保护。那么，这种对未来的刑法保护是否是有可能的呢？罗克辛教授的回答是否定的。罗克辛教授指出："这里涉及的问题是：刑法在什么范围内处于这样一种境地，需要以其传统法治国的自由的全部手段，其中也包括法益概念，来克服现代生活的风险（例如以核材料的、化学的、生物的或者遗传技术方式造成的风险）。这个问题经常被否定，并且要求考虑排除产生这种风险的社会原因的必要性。因为这总是仅仅具有有限的必要性，所以，人们在这个领域内，肯定无法完全放弃刑法的干涉。但是，在运用刑法与风险做斗争时，必须保护法益关系和其他法治国的归责原则。在无法做到这一点的地方，刑法的干涉就必须停止。"[①] 因此，现代刑法还是以保护法益为功能的刑法，所谓风险控制的刑法观其实是极为虚幻的，甚至是十分谬误的，并不能成为刑法的核心与基石。

刑法对法益的保护是以法益已经实际受到侵害或者存在着被侵害的危险为前提的。在法益已经实际受到侵害的情况下，因为存在着实害，刑法保护的必要性和正当性是明显的。但在法益存在着被侵害的危险的情况下，如何确定法益保护的必要性和正当性，这是一个需要谨慎考虑的问题。否则，对刑法的惩罚范围就会丧失限制，这是极为危险的。尽管危险和实害之间存在着差别，但侵害法益的危险还是可以被客观地衡量的，甚至也是可以被科学地测算的。例如醉驾，虽然尚未发生肇事后果，但肇事后果发生的概率是相当大的，对于这种醉驾行为入罪是完全合理的。醉驾入罪虽然具有防止肇事后果发生的这样一种预防性的效果，但这种肇事后果发生的可能性是包含在醉驾行为之中的。相对于惩罚交通肇事行为来说，对没有发生肇事后果的醉驾行为进行惩罚，确实具有一定的预防性。但就醉驾行为本身潜藏着交通肇事后果的可能性而言，对醉驾行为的惩罚主要还是基于法益保护。而所谓风险控制的刑法观，试图在与法益保护相对立的意义上阐

---

① ［德］克劳斯·罗克辛：《德国刑法学总论》，第 1 卷，王世洲译，19 页，北京，法律出版社，2005。

述刑法功能，将刑法的预防作用放到了一个重要的位置。

　　这里的问题是：如何界定刑法预防的客体。根据行为刑法，对法益侵害的结果和危险的惩罚，都具有预防其发生的功能，但这种观念是从属于刑法的报应功能的，并且不能超出报应的需要。换言之，只能在报应的范围内追求预防效果。而根据行为人刑法，则刑法的功能在于预防再犯，即强调刑法的个别预防效果。但以上两个含义上的预防均非风险刑法所预防的客体，而属于传统刑法理论范畴。风险刑法所预防的风险，如同劳东燕教授所指出，是一种无法认定的危险："传统刑法强调犯罪的本质是法益侵害，这种侵害一般要求是现实的物质侵害后果。在风险社会中，侵害后果往往很难被估测和认定，化学污染、核辐射和转基因生物等可能引发的危险，超越目前人类的认识能力。"① 可以设想，对于一种超出人类认识能力并且不能被认定的危害，刑法如何进行预防？刑法的预防并不是与惩罚相脱离的另一种功能，刑法所能达致的预防必然是以惩罚为手段的。"对于超出人类认识能力并且不能被认定的危险进行刑法预防"这个命题，在一般意义上说，似乎可以成立。但将这个命题用另外一种语言来表达——"对于超出人类认识能力并且不能被认定的危险进行刑法惩罚"——就会变得十分荒谬。实际上，刑法预防是以刑法惩罚为手段的，因此，风险刑法理论所提出的对风险社会的风险进行刑法预防的命题，其实际含义就是对风险社会的风险进行刑法惩罚。因此，将风险管控作为风险刑法的功能，并在此基础上建立的刑法观，虽然与以法益保护为核心的传统刑法观之间建立了理论上的对垒，因而具有出新之处，但是，风险管控的刑法观经不起仔细推敲，不具有逻辑性与现实性。即使是主张风险刑法理论的学者也看到了这一点，指出："风险刑法以刑法功能的界限取代刑法原有的可罚性界限，也就是以刑事政策的考量取代刑法体系自身的判断基准，同样难以划定一个合理而明确的刑法干预界限。由此可以看出，建立在功能主义之上的风险刑法体系的内部存有危机，在不预设法益侵害为实质不法的前

---

　　① 劳东燕：《公共政策与风险社会的刑法》，载《中国社会科学》，2007（3）。

提下很难建立起自身的价值体系和处罚范围。"① 以上论述还只是从现实上的可行性而言的，在笔者看来，以风险管控为功能的刑法观在逻辑上根本就难以成立。

（二）弥散化的危害原则

风险刑法理论对危害原则的重新厘定，也是其体系化的努力之一。这里应该指出，所谓危害原则，又译为损害原则，其英文表述为 harm principle②，这是一个英美刑法中的概念，其与德国刑法中的法益侵害之间具有对应性。例如，英国学者安德鲁·冯·赫尔希教授对德国刑法中的法益概念与英美刑法中的损害原则进行了比较，指出："如果把对于'损害原则'来说核心的概念——'损失'，定义为损害一种资源，对于这种资源他人有某种请求权或者一种权利，那么，由此——如果我没有看错的话——同时也就规定了德国讨论中的核心概念——'法益'的组成部分。出于这个理由，可以说，从'损害原则'中可以构想出与法益类似的东西。"③ 根据赫尔希教授的研究，德国刑法中的法益概念具有与英美刑法中的损害原则共同的功能，都是为刑事惩罚提供正当化根据。当然，随着犯罪现象的变化，无论是法益概念还是损害原则都发生了某种变化，主要是扩张其外延以适应惩治犯罪的需要。当然，正如赫尔希教授所指出，无论是德国刑法中的法益概念还是英美刑法中的损害原则，都不能独自完成为刑事惩罚提供根据的任务，还需要有其他原则的辅助。因此，对危害原则的理论言说，实际上是在英美语境下展开的，对此应当加以特别说明。例如，美国学者弗恩贝格（Feinberg，亦被译为范伯格）对危害原则的论述与德国学者伯恩鲍姆（Birnbaum，亦被译为毕尔巴模）对法益概念的阐述不能混淆。据此，以下这一论断就存在着这种混

---

① 陈晓明：《风险社会之刑法应对》，载《法学研究》，2009（6）。

② 就"harm principle"这个用语而言，笔者以为翻译为"危害原则"更符合刑法语境，翻译为"损害原则"可能更符合其日常语义。本章除引述以外，称之为"危害原则"。

③ ［英］安德鲁·冯·赫尔希：《法益概念与"损害原则"》，樊文译，载陈兴良主编：《刑事法评论》，第 24 卷，194 页，北京，北京大学出版社，2009。

涌："为使危害概念具备相应的规范意涵，弗恩贝格的做法是对妨害利益的方式进行限定，强调妨害利益之行为的不正当性与不可免责性。德日刑法理论则试图通过对利益本身的规范性限定来定义危害，妨碍利益的方式是否正当或免责的问题将放在犯罪构成体系中加以解决。据此，危害被界定为对法益的侵害。法益取代权利而成为危害的定义基础，显然有助于增强危害定义的实证性。借此，人们能够将对权利之外的利益的侵害纳入危害的范畴之内，以迎合刑法适用范围的扩张需要。这就是伯恩鲍姆所提出的法益概念最终能够胜出的重要原因。"① 以上论述虽然将美国学者弗恩贝格与德国学者伯恩鲍姆分开论述，但使人以为德国学者伯恩鲍姆的法益理论是建立在危害原则基础之上的。实际上，德国学者伯恩鲍姆（1792—1872 年）是生活在 18 世纪的德国刑法学家，而美国学者弗恩贝格生活在 20 世纪，其四卷本的《刑法的道德界限》一书出版于 20 世纪 80 年代。② 从时间上来看，两者并没有交集。因此，不能将美国学者弗恩贝格与德国学者伯恩鲍姆简单地加以对比。可以说，危害原则与法益理论并无关系。如果说有关联，也只是在比较刑法的意义上的联系。

风险刑法理论对刑法中的危害原则进行了反思，提出了在风险社会下，刑法中的危害原则受到挑战，危害概念发生了重大的裂变的命题，试图对危害原则进行重新定义与定位。在此，存在以下三个值得研究的问题：

1. 关于危害概念的去规范化问题

风险刑法理论提出了如何使危害概念在具有实证性包容力的同时具有规范性的命题，认为在风险社会，危害概念的规范性正在丧失，这就是所谓危害概念的去规范化，这要表现为危险内涵的扩张与模糊化。③ 这里涉及如何理解规范化与去规范化。按照风险刑法理论，危害概念的规范化是指为犯罪确定边界，而去规

---

① 劳东燕：《危害性原则的当代命运》，载《中外法学》，2008（3）。

② 关于弗恩贝格的思想研究，参见方泉：《犯罪化的正当性原则——兼评乔尔·范伯格的限制自由原则》，载《法学》，2012（8）。这里的范伯格即是弗恩贝格。

③ 参见劳东燕：《公共政策与风险社会的刑法》，载《中国社会科学》，2007（3）。

范化则是指不能为犯罪确定边界。其实，危害内涵的模糊化使犯罪范围扩张，并没有使危害概念丧失界定犯罪的功能。在笔者看来，危害概念是否具有界定犯罪边界的功能，与危害概念是否具有规范化功能，这是两个不同的问题。当危害原则作为刑事立法根据的时候，危害概念的功能就是非规范化的或者超规范的；当危害原则作为刑事司法根据的时候，危害概念就具有规范化的功能，它受到刑法规范的限制，只能根据刑法规定，来认定行为是否具有危害性。所以，随着社会的变迁，刑法中的危害概念也发生了重大的变化，这是理所当然的。问题在于，对于危害概念的这种变化如何进行评判？危害概念的这种变化是社会发展的常规性要素所决定的，还是风险社会的非常规性要素所决定的，这才是一个值得研究的问题。笔者认为，风险刑法理论过于夸大了危害概念的变化，以去规范化的特征描述这种变化也不是十分妥切的。

2. 关于危害概念的主观化问题

危害概念到底是一种客观性判断，还是包含了主观要素的判断，这是需要考察的一个问题。在刑法理论上，一般认为危害只是对行为的客观判断，并不包括对行为人的主观要素的判断。例如，英国学者在阐述弗恩贝格的损害原则时指出："根据 Feinberg 的理论，一种行为要有刑法上的重要性，不仅必须是有损害的（schädlich），除此之外，还必须是'有过错的'（wrongful）——至少是故意或者（在某些情况下）是过失实施的。"[1] 因此，危害概念的主观化不可能是指危害概念中包含主观要素，而只能是指危害评价的主观化。风险刑法理论揭示了危害评价的主观化倾向，指出："在当代的政治语境中，随着刑法成为风险控制的重要工具，随着法定犯的出现与扩张，危害评价呈日趋主观化的趋势。危害评价的主观化，显然与风险社会中风险本身的复杂特点紧密相关。"[2] 这里的危险评价是就刑事立法而言，还是就刑事司法而言，这是一个需要明确的问题。从风

---

[1] ［英］安德鲁·冯·赫尔希：《法益概念与"损害原则"》，樊文译，载陈兴良主编：《刑事法评论》，第 24 卷，191 页，北京，北京大学出版社，2009。

[2] 劳东燕：《公共政策与风险社会的刑法》，载《中国社会科学》，2007（3）。

险刑法理论的叙述来看，应该是就立法而言的，即在将某一行为规定为犯罪的时候，如何确定该行为具有危险，应当受到刑事追究。这其实是一个在刑事立法时的犯罪甄别问题，当然体现了立法者的意志，因而具有一定的主观性。至于说，相对于自然犯的自体恶，对法定犯的禁止恶在立法判断上更具有主观性，在更大程度上取决于立法者的意志，这是完全正确的。但这与风险刑法并没有关系，因为法定犯并不能等同于风险犯。至于我国学者提出风险刑法与法定犯时代的共生关联性的命题①，笔者认为也是缺乏实证根据的。可以说，我国刑法中的法定犯，没有一个是与风险社会意义上的技术风险相关的罪名。

3. 关于危害概念的功能化问题

如前所述，危害概念与法益侵害一样，都是为立法上的犯罪化提供正当化根据，并且为司法上的犯罪认定提供实体标准。风险刑法理论提出了危害概念功能化的命题，这里的功能化是指为刑法预防提供根据。例如，我国学者指出："风险社会对刑法功能的重新定位，直接导致危害的意义评价发生转型。相应地，危害的评价不再优先服务于危害作为刑罚之正当根据的意义，而是主要转向对后一维度的意义，即作为刑法目的的预防危害的关注。"② 根据风险刑法理论，危害的评价具有两个维度：一是作为刑罚正当性根据，二是作为刑罚预防性目的。前者要求的是已然的危害，后者要求的是未然的危害，危害在前者的作用与在后者的功能之间存在着一种紧张关系。现在的问题是：作为预防对象的危害和作为惩罚对象的危害是否具有同一性？如果肯定刑法是通过惩治已然的危害以达到预防未然的危害这一基本逻辑，则功能化的危害命题即缺乏坚实的根据。

总之，危害原则是英美刑法中为刑法确定边界而采用的一种理论，这种理论从密尔的提出到弗恩贝格的进一步阐述，经历了一个漫长的过程。在风险刑法的理论背景之下，通过对危害原则进行重新定位，力图揭示危害的弥散化特征，以

---

① 参见孙道萃：《风险社会视域下的风险刑法理论辨析》，载中山大学法学院主办：《中山大学法律评论》，第 10 卷，第 1 辑，305 页，北京，法律出版社，2012。

② 劳东燕：《公共政策与风险社会的刑法》，载《中国社会科学》，2007（3）。

此作为风险刑法的理论根据，笔者认为这是难以成立的，因为对刑法中的危害与风险社会中的风险不能等同视之。

（三）疏离化的责任原则

责任主义是刑法的基石范畴之一，在德日刑法中，从心理责任论到规范责任论，再到罗克辛的实质责任论，其经历了一个演变过程。但风险刑法理论对刑法中的责任主义进行了解构，提出了刑事归责的功能化、客观化与扩张化的问题。

1. 关于罪责的功能化问题

传统刑法的罪责是以可谴责性为基础的，具有较强的伦理性与报应性。此后，随着德国刑法学的发展，越来越多的学者提出应当将一般预防的要素纳入罪责的构造之中。其中，以雅科布斯的功能性罪责概念和罗克辛的实质性的罪责概念最为著名。雅科布斯提出了目的（一般预防的目的）决定罪责的命题，指出："责任与目的的联系表现为，目的使责任变成有色的。因为责任刑法（Schuld-strafrecht）作为不应是无目的的刑法而应该是有益于维持秩序的刑法，需要长期存在，为此也需要这种性质的责任，使它即使考虑到责任时也能够长期存在。"① 雅科布斯的功能责任论是要在规范责任论的基础上，进一步考量一般预防的目的，但这里的一般预防并非消极的一般预防，而是以法忠诚为主要内容的积极的一般预防，因此，这种责任刑法是有益于维持秩序的刑法。冯军教授在论及雅科布斯的功能责任论时指出："功能责任论的核心主张是，行为人是否具有责任，要根据行为人对法规范的忠诚和社会解决冲突的可能性来决定。在行为人忠诚于法规范就能形成不实施违法行为的优势动机，就能战胜想实施违法行为的动机时，行为人却实施违法行为的，就要把行为人解释为实施违法行为的原因，行为人就对其实施的违法行为负有责任；在社会具有更好的自治能力，即使不追究行为人的责任，也能解消行为人引起的冲突，也能维护法规范和社会的稳定

---

① ［德］格吕恩特·雅科布斯：《行为·责任·刑法——机能性描述》，冯军译，6 页，北京，中国政法大学出版社，1997。

时，行为人就无责任。"① 因此，雅科布斯的功能责任论从根本上还是对罪责的更为严格的限制。只有罗克辛教授的实质性罪责概念，在罪责中引入了预防必要性要素，是一种不顾规范可交谈性的不法行为的罪责。所谓规范的可交谈性是把行为人看作一个规范接受者（Normadressaten），其能够回应规范的呼吁，能够期待他们总会遵守这些规范，只有在这种情况下，预防才是必要的。② 应当指出，罗克辛教授的预防必要性既包括一般预防，也包括个别预防。显然，罗克辛所说的一般预防，并不是传统的以威吓为内容的积极的一般预防，而是消极的一般预防。罗克辛教授指出："刑罚是同时取决于两个因素，其一是，用刑罚进行预防的必要性；其二是，犯罪人罪责及其大小。如果人们赞同我的观点，那么，也就意味着，刑罚受到了双重的限制。刑罚之严厉性不得超过罪责的严重性，同时，也不能在没有预防之必要的情况下科处刑罚。这也就是说，如果有利于对犯罪人实行再社会化的话，那么，是可以科处比罪责之严重程度更为轻缓的刑罚的；如果没有预防必要的话，甚至可以完全不科处刑罚。"③ 由此可见，无论是雅科布斯的功能性罪责概念，还是罗克辛的实质性罪责概念，都是在罪责中引入预防目的，使罪责概念功能化，其结果是进一步限制了刑事责任的范围。风险刑法理论也提出了罪责概念化命题，指出："罪责功能化，这是指行为人对其行为负责，是因为有防卫社会安全的需要，没有预防风险的必要，也就可能没有罪责。可见，风险刑法将罪责的意涵从'可非难性'转换为'预防必要性'，归责的过程不再是将特定后果通过归因归咎于行为人的过程，而是为了分配责任的需要而进行归责的过程。"④ 风险刑法理论所称的罪责功能化，是以预防风险的必要性取代非难可能性，因而否定了罪责中的主观归责要素，这与德国刑法学家所

---

① 冯军：《刑法中的责任原则——兼与张明楷教授商榷》，载《中外法学》，2012（1）。

② 参见陈兴良：《教义刑法学》，418 页，北京，中国人民大学出版社，2010。

③ ［德］克劳斯·罗克辛：《刑事政策与刑法体系》，蔡桂生译，78～79 页，北京，中国人民大学出版社，2011。

④ 陈晓明：《风险社会之刑法应对》，载《法学研究》，2009（6）。

主张的功能性罪责概念和以非难可能性为前提的罪责功能化是存在根本区分的：风险刑法的罪责功能化会扩张罪责范围，而德国学者具有预防必要性要素的罪责概念则会限制罪责范围。因为，风险刑法理论虽然提出"没有预防风险的必要，也就可能没有罪责"的命题，但却没有从逻辑上消解"只要存在预防风险的必要，也就可能存在罪责"的可能性。

2. 关于罪责的客观化问题

罪责的客观化是一个与风险的功能化紧密相关的问题。其实，刑法教义学中的罪责客观性与风险刑法理论中的罪责客观性，无论是在内容上还是在意义上，都是截然不同的。这两者的混淆，被夹杂在风险刑法理论的叙述当中。对此，不能不加以仔细辨析。

在德国的刑法教义学中，确实存在着罪责客观化的问题，其含义是指将故意与过失等心理事实要素从罪责中去除，将其前置于构成要件，而后，以期待可能性作为主观归责要素，而期待可能性实际上是他人对行为人的主观心理的一种客观评价，因此称为罪责的客观化。在刑法教义学中，古典的犯罪论体系所主张的心理责任论的罪责概念具有纯主观的性质；新古典的犯罪论体系所主张的是一种综合性的罪责概念（ein komplexer Schuldbegriff），同时包含心理的和评价的要素，因此其罪责概念具有主客观统一的性质；及至目的主义的犯罪论体系主张的规范责任论的罪责概念，其内容具有纯客观的性质，即只包括期待可能性等评价性要素。例如，日本学者将期待可能性称为客观的责任要素（objektive Schuldelemente）。① 德国学者则将故意与过失称为罪责的评价对象，而将期待可能性称为罪责的对象评价。这里的评价对象当然是主观的，但对象评价却是客观的。例如，罗克辛教授指出，规范责任论"通过这种方式，主观的因素（评价的对象）从罪责概念中被排除出去了，保留下来的'仅仅是可谴责性的标准'（对象

---

① 参见［日］大塚仁：《刑法概说（总论）》，冯军译，381 页，北京，中国人民大学出版社，2003。

的评价)"①。因此，罪责的客观化具有其特定的含义，即指以评价性要素为内容的罪责概念，这是一种客观化的罪责。

　　而风险刑法理论所宣称的罪责客观化，则是指将归责的判断前置到构成要件阶层，并且这种归责其实是一种客观归责。例如，我国学者指出："风险刑法是要解决现代科技高度发展下风险行为的归责问题，由于风险的不可认识性与不可支配性，以行为人对结果要有故意或过失的主观归责条件难以成立，事实上也无法查明和认定。因为风险的威胁往往是在不知道确切行为者或者威胁发生的原因太过复杂的情况下就突然发生，因此谈不上查明主观要素问题。风险刑法试图从客观构成要件的类型化，解决行为人的归责问题，以取代行为人主观归责要素所起的决定作用。"② 显然，这一论述是以混淆客观归责与主观归责为前提的。客观归责与主观罪责虽然都以解决归责问题为使命，但这两种归责的蕴含是完全不同的：客观归责是要解决将一定的法益侵害结果归属于一定的构成要件行为的问题，从而为犯罪成立提供客观根据；而主观归责是在客观归责的基础上，进一步考察行为人是否具备承担责任的主观要素，能否对法益侵害结果承担罪责，从而为犯罪成立提供主观根据。因此，客观归责与主观归责的归责性质与内容都是不同的。尤其是，客观归责与主观归责之间存在逻辑上的位阶关系：前者前置于后者，后者以前者为前提。风险刑法理论所称之罪责客观化，其实是指将原本在主观归责中解决的问题，前置到客观归责中进行解决。例如，罗克辛教授指出："过去信条学的出发点是，客观行为构成会由于行为人举止行为对结果具有因果性而得到满足。在那些刑事惩罚显得不恰当的案件中，人们在故意实施的犯罪中，试图通过否定故意来免除刑罚。"③ 罗克辛教授以一个教学案例作为例子加

---

① [德]克劳斯·罗克辛：《德国刑法学总论》，第1卷，王世洲译，561页，北京，法律出版社，2005。

② 陈晓明：《风险社会之刑法应对》，载《法学研究》，2009 (6)。

③ [德]克劳斯·罗克辛：《德国刑法学总论》，第1卷，王世洲译，245页，北京，法律出版社，2005。

以说明：在暴风雨就要来的时候，把别人派到森林里去，希望他会被雷劈死。对于这个案例，条件说会认为具备了行为与结果之间的因果性，构成要件已经满足。在这种情况下，只能通过否定故意来规避刑事惩罚。但是，罗克辛教授认为，这是一个客观归责的问题，而不是一个故意的问题。客观归责使客观构成要件的判断实质化，但这并不是一个罪责的客观化问题。风险刑法理论之所以将其误认为是罪责客观化的表现，主要还是由于把客观归责纳入风险刑法的范畴所导致的。例如，我国学者将客观归责理论视为归责上的责任主义，指出："客观归责论的精髓正好体现了风险社会下刑法的价值选择：行为的客观可归责性在于'制造不被允许的风险'，所以'允许的风险'就不应受到刑法的限制。通过'允许的风险'设定了国家刑罚权与公民行动自由的边界，从而防止刑法在社会发展到风险社会阶段过度干涉民众的行动自由。"① 就以上论述的内容而言，是指客观归责理论对客观构成要件的实质审查，难以客观归责的行为当然不构成犯罪。但这里不构成犯罪的原因是缺乏构成要件，而不是不具备罪责。论者之所以将客观归责引入风险刑法论述之中，除了客观归责理论中存在"风险"一词，因其与风险刑法在文字上的契合，而容易导致望文生义以外，另一个重要原因是未能区分构成要件与罪责之间的位阶关系。

3. 关于罪责的扩张化问题

风险刑法理论还提出了罪责的扩张化命题，这种罪责的扩张化主要表现在，风险刑法在以下三个方面突破了责任原则：一是严格责任的引入；二是代理责任的采纳；三是团体责任的适用。我国学者指出："在风险社会中由于刑法被视为风险控制机制中的重要组成部分，甚至经常不自觉地被置于优先地位，在这种背景下刑法不再为报应与谴责而惩罚就在所难免。当为预防风险而威慑成为施加刑罚的首要理由时，传统责任主义所构建的防线就面临大范围被突破的风险。"②

---

① 毛校霞：《风险社会下的责任主义》，载《广西政法管理干部学院学报》，2009（6）。
② 魏汉涛：《风险社会的刑法风险及其防范》，载《北方法学》，2012（6）。

尽管风险刑法理论在对罪责的扩张化进行客观描述的同时也表示了担忧，但并没有提出克服之道。更为重要的是，刑法教义学中的预防刑法也并非像风险刑法理论所设想的那样，是以防范风险发生扩张报应刑法的处罚范围，而是以预防必要性进一步限制报应刑法的处罚范围。例如，德国学者许乃曼教授指出："由应报刑法转向预防刑法，这绝非表示我们可以扬弃个人之可非难性，其仅仅只是将个人之可非难性，由原本作为可罚性充分且必要的条件变成只是必要条件。"① 因此，即使是预防刑法也不存在罪责扩张化问题。

通过以上分析可以看出，风险刑法理论虽然在刑法基本立场与具体观点上呈现出不同于传统刑法理论的学术形象，但其中亦存在着对传统刑法理论的误读与误解。尤其是，风险刑法理论本身在体系的建构上存在着脱节与断裂，也不乏扩张与虚言，这些都是值得反思的。

三、风险刑法的实例分析

风险刑法理论提出的应对风险的立法之策的根本，在于法益保护的提前化，即对法益进行前置性的保护，以避免其受到风险的侵害。为此，风险刑法理论不仅对传统刑法理论进行了改造，而且在具体观点上，也通过一些例证进行实证性的论证。尤其是以我国刑事立法的修改与补充为例，以此形成风险刑法并不仅仅是一种理论，而且是一种已经为立法所确认的现实的印象。例如，我国《刑法修正案（八）》设立了危险驾驶罪。将醉驾行为入罪以后，我国学者从风险刑法角度对危险驾驶罪的规范目的进行了解读，指出："如何以立法约束行为人的行为与强化公民的规范意识，从而把交通可能带来的风险降到最低，也就成为危险驾

---

① ［德］许乃曼：《刑法体系与刑事政策》，王效文译，载许玉秀、陈志辉合编：《不移不惑献身法与正义：许乃曼教授刑事法论文选辑》，55 页，台北，新学林出版有限公司，2006。

驶行为入罪的理由。而有效控制交通风险，则成为本罪的规范目的。"① 即使是质疑风险刑法理论的学者，也将《刑法修正案（八）》对生产、销售假药罪，重大环境污染事故罪，非法采矿罪，生产、销售不符合安全标准的食品罪，生产、销售有毒、有害食品罪的修改，以及增设食品安全监管失职罪等，视为我国刑法对如何规制风险社会中风险作出的回应。② 因此，对于这些风险刑法的立法表现，需要进行深入的考察。

（一）过失犯的范围拓展

过失犯是风险刑法理论言说中一个不能绕过的话题。事实上，风险刑法理论也确实是从过失犯引发的。因此，对于风险刑法中的过失犯的范围拓展问题，有必要进行研究。

在风险刑法理论提出之前，在刑法理论上就曾经提出过在工业社会的科技条件下过失犯理论面临挑战的问题。例如，苏俄学者对于科技条件下过失行为的犯罪化问题出现了争议："有些人认为，过失只有实际发生结果的，才可能承担责任。但大多数人的观点相反，他们提出了如下论据：在科技革命条件下过失的危险性增大了；根据造成的后果（主体没有预见，或者希望避免的结果）规定刑事责任，其预防作用不能充分发挥，必须规定故意和过失犯罪（实施危害社会的行为，而不是发生的结果）承担责任的一般原则；过失引起的结果大都具有偶然性；必须根据对损害发生之前的活动有无辨认能力，在主观上是否进行控制来规定责任。"③ 这里的大多数人的观点就是过失危险犯的设立，以此扩张过失犯的惩罚范围。与此同时，德国学者对于工业社会中的危险增加条件下的过失犯，出现了两种相反的倾向：一方面，通过允许危害原则限制过失犯的成立。例如，德

---

① 姜涛：《危险驾驶罪——法理与规范的双重展开》，载陈兴良主编：《刑事法评论》，第 32 卷，191 页，北京，北京大学出版社，2013。

② 参见齐文远：《刑法应对社会风险之有所为与有所不为》，载《法商研究》，2011（4）。

③ ［苏］И.С. 戈列利克等：《在科技革命条件下如何打击犯罪》，王长青、毛树智译，110 页，北京，群众出版社，1984。

国学者许乃曼教授指出："随着生产、交通领域甚至私生活领域的科技化，预计在工业社会中必然会发生一些预想不到的事件，由于某些复杂程序的存在而这些事件不能完全避免，此即刑法理论中所称的'允许危险'的原则。根据该原则，危害结果的刑事责任问题不能仅根据每一案件中的可预见性确定，而应从安全准则被忽略的行为中确定。刑事责任体系意味着：首先违法行为本身取决于对一般预防措施的忽视；其次个人贯彻安全准则的能力成为承担责任的另一个要件。"① 根据允许危险原则，危害可以分为允许的危害与不允许的危害。在允许危害的范围内，不需考虑行为人主观上的过失而直接出罪。只有在不允许危害的范围内，则根据是否具有过失而确定是否构成犯罪。因此，允许危害原则，事实上是限制了过失范围。另外，德国学者又提出了从过失犯罪向危险犯罪演变的命题，由此而使过失犯的处罚前置。许乃曼教授指出："过失犯罪未来会表现为各种危险犯罪。如果我们能够正确地用法律术语表述危险行为，在过失犯罪领域我们才能有望取得进展。"② 以上论述都是在工业社会科技发展、危险源增加这样一个社会背景下展开的。可以看出，随着从农业社会向工业社会的转变，尤其是在科技条件下，过失犯罪的形态与特征都发生了重大变化，为此，过失犯罪的立法也应该随之而转变。但是，以上学者所说的风险或者危险都是指工业社会的风险，而不是后工业社会的风险。因此，并不能将这些应对工业社会风险的过失犯演变的理论纳入风险刑法的理论体系之中。

在刑法教义学的意义上，对于许乃曼教授所说的从过失犯罪向危险犯罪演变的命题如何评价？这里的问题是：转变以后的所谓危险犯还是过失犯罪吗？这本身也是一个值得从刑法教义学角度进行深入探讨的问题。

在风险刑法理论中，过失危险犯被视为刑法的防线为应对风险、阻止风险实

---

① ［德］许乃曼：《传统过失刑事责任观念在当代社会中的弊端——新的趋势与展望》，王秀梅译，载《法学家》，2001（3）。

② ［德］许乃曼：《传统过失刑事责任观念在当代社会中的弊端——新的趋势与展望》，王秀梅译，载《法学家》，2001（3）。

现或者造成更大的风险而前移的一个绝佳例证而屡被提及。由此，过失犯是受到风险刑法理论影响最大的领域之一。例如，我国学者指出："一定程度的抽象性类型化设置可以作为具体事实和法规范的最佳连接点，既符合过失犯的开放性构成要件的特点，又使得在风险社会下的过失犯的多样化和复杂化得到相应处置，而不至于频繁增加法条以致增加法官的解释法条的惰性。"① 我国在《刑法修正案（八）》中增设的危险驾驶罪，被认为是在风险社会中对过失犯处罚前置的一个立法例。在此之前，我国刑法规定了交通肇事罪，这是一种以肇事结果发生作为犯罪成立条件的犯罪，是传统刑法中典型的过失犯，而醉驾只不过是对交通肇事罪从重处罚的量刑情节之一。但鉴于醉酒驾驶的严重危险性，立法机关专门设立了危险驾驶罪，将未发生肇事结果的醉驾行为规定为犯罪。在这种情况下，对交通肇事罪的处罚前移至未发生肇事结果的醉驾行为。在危险驾驶罪设立以后，对于其主观罪过究竟是故意还是过失，以及究竟是具体危险犯还是抽象危险犯存在着争议，但主张危险驾驶罪属于过失的抽象危险犯的见解具有一定影响。例如，冯军教授指出："《刑法》第133条之1处罚醉酒型危险驾驶罪的规范目的在于，防止行为人在因为醉酒而不具备安全驾驶能力时在道路上过失地不安全驾驶机动车。它针对的应该仅仅是这样一种情况：行为人故意或者过失饮酒后，虽然行为人事实上已经因为醉酒而处于不能安全驾驶机动车的状态，却因为疏忽大意而没有预见自己的醉酒驾驶行为会造成公共安全的危险；或者已经预见自己的醉酒驾驶行为会造成公共安全的危险，却轻信自己还能够在道路上安全驾驶机动车，轻信自己的醉酒驾驶行为不会危害公共安全，因而故意在道路上醉酒驾驶了机动车，却过失地造成了公共安全的抽象危险。"② 在此，冯军教授并不否认醉酒驾驶行为本身是故意的，之所以认定为过失的抽象危险犯，是因为行为人对于公共安全的抽象危险具有主观上的过失心理。但在这里，冯军教授是把抽象危险

---

① 刘崇亮：《风险社会视野下过失犯构成设置模式之思考》，载《中国人民公安大学学报》，2010（4）。

② 冯军：《论〈刑法〉第133条之1的规范目的及其适用》，载《中国法学》，2011（5）。

看作一种结果，因此才会有对这种结果的过失可言。笔者认为，抽象危险犯是一种特殊的行为犯而非结果犯，其责任形式应该以对行为起支配作用的主观心理态度确定。因此，将危险驾驶罪确定为过失的抽象危险犯并不妥当。[①] 虽然冯军教授不是在风险刑法的语境下论述危险驾驶罪属于过失的抽象危险犯，但对于正确理解过失危险犯还是具有理论意义的。

对于所谓过失的抽象危险犯，笔者认为并不是过失犯，因为过失犯是结果犯。在结果没有发生的情况下，对于行为的处罚是一种故意行为的犯罪化。在这种情况下，应当成立的是故意的抽象危险犯。我国主张过失危险犯的学者认为，过失危险犯在主观上具有以下两个层次的罪过心理：一是行为人有违章的故意；二是行为人对于严重危险结果的出现是出于过失。[②] 这一对过失危险犯的主观心理状态的描述是以过失的具体危险犯为对象的，因此，按照"行为虽然故意但对于结果却是过失"这样一种思路进行逻辑推演的结论。至于过失的抽象危险犯，因为连具体危险都不存在，因此也就不存在对于抽象危险的过失问题。换言之，只要证明过失的具体危险犯不存在，过失的抽象危险犯自然也就不存在。笔者认为，没有发生实害结果但对抽象危险的发生具有过失的故意行为犯罪化以后，究竟是认定为故意的行为犯，还是过失的危险犯，涉及一个对于故意的理解问题，即：是否存在着危险故意？危险故意是相对于实害故意而言的，指明知或者预见自己的行为会对某种法益足以发生危害结果的危险，并且期待或者放任这种危险发生的犯罪心理。[③] 因此，危险故意并非是对危害结果的故意，而是对危险的故意。当然，对于具体危险犯与抽象危险犯来说，危险故意的内容也还是存在着差别的：具体危险犯的故意要求具有对具体危险的认知，而抽象危险犯则只要具有对其行为性质的认知即可成立故意。如果承认危险故意，那么对于危险犯的主观

---

① 对于冯军教授观点的商榷，参见张明楷：《危险驾驶罪的基本问题——与冯军教授商榷》，载《政法论坛》，2012（6）。

② 参见刘仁文：《过失危险犯研究》，58～59 页，北京，中国政法大学出版社，1998。

③ 参见陈兴良：《刑法哲学》，185 页，北京，中国政法大学出版社，2004。

心理态度就不能再按照"行为虽然故意但对于结果却是过失"这样一种思路进行逻辑推演。这种区分故意与过失的观点，在很大程度上还是以实害故意为基准的。基于危险故意的观点，只要行为人对于行为的危险性具有故意（抽象危险犯的故意）或者对于行为造成的具体危险具有故意（具体危险犯的故意），就应当成立故意的危险犯。因此，在醉驾构成的危险驾驶罪中，只要行为人对于醉驾行为本身具有故意，就应当构成故意犯罪，而不能根据其对于危险结果具有过失而认定为过失犯罪。我国学者根据危险犯的类型，将危险故意分为以下四种情形：（1）紧迫型具体危险犯的故意：行为的知与欲＋实害结果的知与欲；（2）中间型具体危险犯的故意：行为的知与欲＋危险结果的知与欲；（3）轻缓型具体危险犯的故意：行为的知与欲＋危险结果的过失；（4）抽象危险犯的故意：行为的知与欲＋抽象危险的过失或故意。我国学者在论及醉驾构成的危险驾驶罪的主观罪过形态时指出："危险驾驶罪的罪过内容为：行为人对于危险驾驶行为具有故意，对于行为所造成的抽象危险既可以是故意也可以是过失。"[1] 这一论述是较为细致的，也是具有启发性的。无论如何，对于危险犯都应当根据对于行为的主观心理，认定其是故意犯罪，这也在事实上否定了过失危险犯的存在。

　　危险犯，包括具体危险犯与抽象危险犯的主观罪过，到底是故意还是过失，这当然是一个刑法教义学问题，与风险刑法似乎并未有关联。但在风险刑法的理论论述中，经常把过失的抽象危险犯作为过失犯在风险刑法的背景下扩张的一个例证，因此对此的讨论还是必要的。

　　（二）行为犯的处罚前置

　　行为犯是区别于结果犯的一种犯罪类型，指不以结果发生作为构成要件的犯罪类型。行为犯存在狭义与广义之分：狭义上的行为犯是指纯粹行为犯，即与危险犯、举动犯相对应意义上的行为犯；而广义上的行为犯则包括了阴谋犯、危险犯、举动犯等不以实害结果发生作为犯罪成立要件的犯罪类型。在更广义上说，

---

① 欧阳本祺：《论危险故意》，载《法学家》，2013（1）。

持有犯也属于行为犯的范畴。行为犯与结果犯在侵害客体的程度上有所不同：结果犯发生了实害结果，侵害程度较深；行为犯只具有侵害危险，尚未发生实害结果，侵害程度较轻。而行为犯又具有不同的情形：一种情形是行为本身根本就不可能发生某种结果，另一种情形是行为可能发生某种结果，立法者不要求这种结果发生即构成犯罪；如果结果发生，则构成更为严重的犯罪。在行为犯中，前一种情形较为罕见，后一种情形较为多见。因此，立法者设立行为犯确实具有将处罚前置的目的。

风险刑法理论一般都以行为犯中的危险犯作为刑法应对风险将刑事处罚前置的例证。例如，我国学者在论及风险刑法的刑事立法语境中的立法技术时，将危险犯作为犯罪标准的前移的表现，指出："在当代，基于对威胁公众生命与健康危险的预防需要，结果被扩张解释为对法益的侵害或危险。危险犯成为重要的犯罪形式大量地出现在公害犯罪中。现实的法益侵害不再是构成犯罪的必备要件。具体危险犯中危险尚需司法者作具体判断，即根据具体案件的特定关系，确定行为对通过相关构成要件加以保护的客体造成现实的结果性危险。抽象危险犯中司法者甚至无须关注个案的特定情形，也无须判断具体的结果性危险存在与否。抽象危险犯是以一般社会生活经验为根据，通过类型化技术构建的类型化危险；防止具体的危险与侵害只是立法的动机，并不成为构成要件的前提。"[①] 在此，论者将危险犯置于风险社会的刑法应对这样一个背景下进行论述。确实，相对于古典时期以结果为本位的刑法，现代刑法逐渐地向以行为与结果为双本位的方向转移。但是，这种立法现象并非风险社会理论出现以后才有的，在应对工业社会的风险中，就已经采取了这种立法方式。例如，张明楷教授指出："抽象危险犯不是风险社会的产物。例如，19世纪的《德国刑法典》《法国刑法典》都规定了抽象危险犯，1907年制定的《日本刑法典》也规定了不少抽象危险犯。此外，即使当今各国刑法不断扩大处罚范围，但其所增加的犯罪也不乏实害犯，如我国8

---

① 劳东燕：《公共政策与风险社会的刑法》，载《中国社会科学》，2007（3）。

个刑法修正案所增加的犯罪大多是实害犯。因此，上述所谓立法模式'正在从实害犯到具体危险犯再向抽象危险犯的时代跃进'的说法并不符合事实。"[1] 笔者认为，现代刑法中的危险犯增加是一个不可否认的现实，但说危险犯的时代已经到来，则多少有些危言耸听。更何况，危险犯的增加具有其不同的立法背景。张明楷教授论及我国刑法修正案增加的罪名，确实实害犯较多，但也有不少将结果犯修改为行为犯，将具体危险犯修改为抽象危险犯的立法例。例如，我国《刑法》第141条规定的生产、销售假药罪，《刑法修正案（八）》修正之前，刑法以足以严重危害人体健康为成立要件，这是典型的具体危险犯，但《刑法修正案（八）》删去了具体危险的内容，实际上是将本罪从具体危险犯修改为抽象危险犯，使本罪的入罪门槛大为降低，有利于惩治生产、销售假药的犯罪行为。对此，立法机关解释本罪的立法理由时指出："根据原规定，生产、销售假药'足以严重危害人体健康'的才构成犯罪。在修改后的规定中，本罪为行为犯，只要实施了生产、销售假药的行为就构成犯罪。这样修改是考虑到药品的主要功能是治疗疾病，维持人体健康，生产、销售假药的行为已经构成对人体健康的威胁。"[2] 这里所说的行为犯其实就是抽象危险犯，这也可以看出，在我国刑法理论中对于行为犯与抽象危险犯并不怎么区分。此外，我国《刑法》第338条规定的污染环境的犯罪，《刑法修正案（八）》修正之前，刑法规定只有造成重大环境污染事故，致使公私财产遭受重大损失或者人员伤亡的严重后果才构成犯罪。因此，本罪是责任事故型的过失犯罪，并且是结果犯。但《刑法修正案（八）》修正为只要实施了违反国家规定，排放、倾倒或者处置有放射性的废物、含传染病病原体的废物、有毒物质或者其他有害物质行为，严重污染环境的，就可以构成犯罪。立法机关在解释本罪的立法理由时指出："为保障人民群众的生命健康安全，严惩严重污染环境的行为，维护经济的可持续发展，本条对重大环境污染事

---

[1] 张明楷：《"风险社会"若干刑法问题反思》，载《法商研究》，2011（5）。

[2] 全国人大常委会法制工作委员会刑法室编：《中华人民共和国刑法修正案（八）：条文说明、立法理由及相关规定》，77页，北京，北京大学出版社，2011。

故罪的犯罪构成作了修改，降低了犯罪构成的门槛，将原来规定的'造成重大环境污染事故，致使公私财产遭受重大损失或者人身伤亡的严重后果'修改为'严重污染环境'，从而将虽未造成重大环境污染事故，但长期违反国家规定，超标准排放、倾倒、处置有害物质，严重污染环境的行为规定为犯罪。"① 经过修正以后，本罪的罪名从重大环境污染事故罪改变为污染环境罪。本罪是否从过失犯罪改变为故意犯罪，在我国刑法学界存在着争议。例如，张明楷教授指出："本罪原本为过失犯罪，但经《刑法修正案（八）》修改后，本罪的责任形式应为故意。"② 但也有个别观点认为，本罪仍为过失犯。③ 至于是否从结果犯修改为行为犯，则取决于对严重污染环境的理解。立法机关指出："所谓严重污染环境，是指既包括了造成财产损失或者人身伤亡的环境事故，也包括虽未造成环境污染事故，但是已使环境受到污染或者破坏的情形。"④ 按照这一理解，本罪除仍然可以由造成环境污染事故构成以外，即使没有造成环境污染事故，但环境受到污染或者破坏的，也可以构成本罪。在这个意义上，本罪还不能说是行为犯，但入罪门槛大为降低则是事实。

对于我国刑法修改过程中，将具体危险犯修改为抽象危险犯，将结果犯修改为行为犯这样一种现象，风险刑法理论都将之归结为应对风险的立法体现。如果说，这里的风险是指工业社会的风险，那么是还有一点道理的。其实，这一刑事立法的转变在经济发达国家早在半个世纪以前就已经完成，而我国当前正处在工业社会的飞跃时期，大量事故型犯罪出现，亟须刑法介入。不过，我们还必须看到，我国刑事立法的这一发展，还具有我国特定的法律语境，这就是二元制的处罚体制。我国采取的是行政处罚与刑事处罚的二元处罚体制，分别由行政机关行

---

① 全国人大常委会法制工作委员会刑法室编：《中华人民共和国刑法修正案（八）：条文说明、立法理由及相关规定》，179 页，北京，北京大学出版社，2011。

② 张明楷：《刑法学》，995 页，北京，法律出版社，2011。

③ 参见周道鸾、张军主编：《刑法罪名精释》（下），858 页，北京，人民法院出版社，2013。

④ 郎胜主编：《中华人民共和国刑法释义》，589 页，北京，法律出版社，2011。

使行政处罚权，包括公安机关行使治安处罚权；由司法机关行使刑事处罚权。两种处罚制度所处罚的行为，除了一部分在性质上存在区分以外，绝大多数是同一种行为根据其情节轻重分别受到行政处罚与刑事处罚。为实现这种二元处罚体制，刑法对犯罪设置了数额与情节的限制。这种二元处罚体制当然有利于限制犯罪的范围，但涉及行政处罚与刑事处罚的衔接等制度技术。从目前的运行情况来看，效果并不理想。例如，对于污染环境的犯罪，根据原刑法的设计，只有造成重大事故的污染环境犯罪才进入司法程序，受到刑事处罚；没有造成重大事故的污染环境行为，则由行政机关进行行政处罚。但行政处罚不力，使一般的污染环境违法行为未能受到应有的行政处罚。在这种情况下，降低污染环境犯罪的刑事处罚的门槛，实际上是使本应当受到行政处罚的行为进入刑事处罚的范围，这是一种刑事处罚权与行政处罚权的此消彼长。在我国存在广泛的行政处罚的特定语境下，对于刑事处罚前置这种立法现象，与其将它看作应对风险的举措，不如视之为调整刑事处罚与行政处罚边界的一种努力。因此，风险刑法理论对于我国刑事处罚前置的立法变迁的解释也是缺乏内在根据的。

在讨论刑事处罚的前置这一问题的时候，需要考虑特定法律语境的另外一个例证是预备犯。德国学者是在预备犯的正当性的题目下探讨通过危险犯前置可罚性这一命题的。例如，德国学者指出："刑法学界通过不同的方式承认了危险犯所必要的特殊正当化标准并且将其体系化。本文所发展的分类方式着眼于如何在不同类别的案件中奠定不法。从这种立场出发，接下来将区分危险犯的三种具有不同特殊正当化根据的主要类别：第一类是'客观危险创设犯'（objektive Gefahrschaffungsdelikte），此时对法益的危险主要源自于由行为人——故意或者过失地——所创设的、但是不能再为其所控制的客观危险状态。第二类是'预谋犯'（Planungsdelikte），此时危险由行为人通过外在行为所表现的、实施犯罪行为的故意而引起。第三类是'协作犯'（Kooperationsdelikte），其特点在于，特别地通过多个行为人的——致使风险提升的——共同影响而将犯罪决意与其客观表征相结合。"① 以上三类情形,都是以德国刑法典不以处罚预备犯为原则的特定法律语境为前提的。只有在刑法总则没有处罚预备犯的一般规定的情况下,才需要对刑法分则通过设置危险犯,将刑事处罚前置的正当性进行专门论证。但在我国刑法中,总则明确规定了处罚预备犯的一般原则,在这种情况下,刑法分则即使没有危险犯的设置,对于这种情形也可以按照预备犯加以处罚。因此,对于刑法分则设置危险犯等情形的正当性并不需要专门论证。正是在这个意义上,我国刑法中危险犯的设置及其罪名增加,与风险社会并没有关系。

(三)不作为犯的边界扩张

不作为犯是相对于作为犯而言的,一般来说,刑法以处罚作为犯为原则,以处罚不作为犯为补充。因此,传统刑法中的不作为犯总是罪名较少的。风险刑法理论认为,当代刑法出现了不作为犯扩大的趋势,此外还出现了"持有"这种特殊的行为,这被认为是风险刑法的表现之一。例如,我国学者在论及不作为犯扩大趋势时指出:"传统不作为中的作为义务,常限于行为人与被害人之间有特殊身份关系的情况,但如今作为义务有不断扩展的趋势。为防止危害,人们赞成扩大而非收缩不作为刑事责任的范围。作为义务开始扩大至普通人之间,制定法成为作为义务的直接来源。"② 不作为犯边界扩张的一个范例是见危不救行为的犯罪化,论者指出:见危不救只有在高风险的工业社会才被犯罪化。见危不救首先是一个道德问题,其次才是一个法律问题。事实上,见危不救可以分为两种情形:一是基于职务、业务而具有救助义务的见危不救,二是基于伦理关系或者公共道德而具有救助义务的见危不救。前者是一个违反法律义务的问题,后者是一个违反道德义务的问题。前者的犯罪化,主要涉及的是社会管理问题;后者的犯罪化,主要涉及的是道德水平问题。这是两个不同的问题,从风险刑法理论的角度,成为问题的应该说是前者,而非后者。无论是职务、业务上的见危不救,还

① [德]乌尔里希·齐白:《全球风险社会与信息社会中的刑法——二十一世纪刑法模式的转换》,周遵友、江溯等译,210页,北京,中国法制出版社,2012。

② 劳东燕:《公共政策与风险社会的刑法》,载《中国社会科学》,2007(3)。

是违反道德义务的见危不救，在刑法上都远远早于风险社会理论的提出，例如，我国学者对各国刑法中的见危不救犯罪的规定进行了梳理，指出：在中国，对特定情形下不救助行为的惩罚性规定可以追溯至秦朝，而德国也在 1871 年刑法典就有关于不予救助行为的规定。[①] 因此，笔者认为，见危不救行为的犯罪化与风险社会并无关系。见危不救中的危险，是一种通过他人救助可以避免的风险，刑法对见危不救行为的惩罚有利于防止这种风险的实现，其也许是在这个意义上为风险刑法理论所关注并吸纳。但这只是一种臆想性的关联，而不是实质性的联系。

除了不作为犯以外，风险刑法理论还提及持有犯，认为持有行为的犯罪化也是应对风险的立法举措。例如我国学者指出："持有犯罪的对象通常是与犯罪有高概率联系的物品，如犯罪工具、毒品、枪支等。尽管持有可能由作为引发或者产生作为，若没有证据证明作为的存在，或作为本身不具有刑法意义而无法构成作为犯罪，则持有犯罪本质上惩罚的便是某种状态。状态型犯罪的立法目的是要把侵害法益的风险扼杀在摇篮里。"[②] 在此，论者提及侵害法益的风险，由此而在持有犯与风险刑法之间建立起某种联系。问题在于：侵害法益的风险是风险社会的风险吗？任何侵害法益的行为，根据行为发展进程都可以分为以下不同的阶段：预谋、着手、实行、结果发生、结果加重。在一般情况下，刑法是以结果发生为要件设立犯罪的，此即结果犯。但在刑法中也存在以下较为特殊的犯罪类型：以预谋为要件的犯罪，此即阴谋犯；以着手为要件的犯罪，此即举动犯；以实行为要件的犯罪，此即行为犯，包括危险犯、持有犯等。至于加重结果，则是在结果犯的基础上构成结果加重犯。除此以外，刑法还有预备犯、未遂犯、中止犯之设定，对在犯罪发展不同阶段停顿下来的犯罪，分别予以处罚。相对于结果犯与既遂犯而言，其他犯罪类型受到的处罚都具有前置性，也都具有预防法益侵

---

① 参见叶慧娟：《见危不助犯罪化的边缘性审视》，68、72～73 页，北京，中国人民公安大学出版社，2008。

② 劳东燕：《公共政策与风险社会的刑法》，载《中国社会科学》，2007（3）。

害风险的意蕴。这里的法益侵害的风险与风险社会的风险是没有任何联系的，因为后工业社会的技术风险根本进入不了刑法调控范围。在持有犯问题上，风险刑法的论述同样是想象的成分大于科学的论证。

刑法所规制的犯罪现象不仅是一种法律现象，而且是一种社会现象，并且首先是一种社会现象。因此，随着社会形态与社会生活的变迁，刑法，包括刑事立法与刑事司法，也必然随之发生改变。这是毫无疑问的，也是刑法学者必须把握的刑法发展规律。从这个意义上说，风险刑法理论试图从社会演变当中寻找刑法以及刑法理论变化的根据，借此推进刑法理论的发展，这是值得肯定的。但是，风险刑法理论与其赖以凭借以作为理论根据的风险社会理论之间难以无缝对接，使风险刑法理论根基不稳。风险刑法理论在对刑法例证的论证中，过于大而化之而没有细致推敲，结果导致大胆假设有余，小心求证不足。所有这些，都使得风险刑法理论只能获得一时之观点喧嚣，而难以取得长久之学术积淀。这是令人遗憾的。对风险刑法理论进行法教义学的批判，并不是否认刑法理论的创新，而是指出这种创新必须要以刑法教义学为依托，对刑法教义学的理论体系进行知识补充与思想升华。

第八章

但书规定的规范考察

我国《刑法》第13条分为前半段和后半段，前半段是犯罪概念；后半段是但书规定："情节显著轻微危害不大的，不认为是犯罪。"这一规定（以下简称但书规定），被认为是我国刑法中一项具有特色的内容。对于但书规定，我国学者以往是在犯罪的定量要素的名义下进行研究的，但它远不是刑法理论中的热点问题。在《刑法修正案（八）》设立了危险驾驶罪以后，围绕着醉驾行为是否一律入罪展开了激烈的争论，由此引起我国刑法学界对但书规定的持续关注。对于醉驾行为是否一律入罪，可以分为肯定说与否定说。[①] 其中，否定说以《刑法》第13条的但书规定作为情节显著轻微危害不大的醉驾行为的出罪根据，以此否定醉驾行为一律入罪的观点。而肯定说则认为，在刑法分则对于醉驾行为构成危险驾驶罪没有规定定量要素的情况下，根本就不存在情节显著轻微危害不大的醉驾行为，因此醉驾行为应当一律入罪，而不能援引《刑法》第13条的但书规定予

[①] 关于醉驾入罪，也称为醉驾入刑，笔者认为，入罪与入刑虽是一字之差，含义有所不同。入罪是一个罪与非罪的问题，出罪则无刑。但入刑是一个是否受到刑罚处罚的问题，根据我国刑法规定，入罪未必入刑。因为存在着免予刑罚处罚的规定。因此，应当区分入罪与入刑。本文采用入罪的表述。

以出罪。以上争论，虽然是以醉驾行为为中心展开的，然而它关系到对《刑法》第 13 条但书规定的理解和适用，由此将但书规定这一课题摆在了我国刑法学者面前。本章以立法、司法与法理为视角，对但书规定的性质、功能以及体系性地位等问题进行较为深入的考察。

一、但书规定的前世今生

但书规定是我国刑法关于犯罪概念的规定，即犯罪的法定概念的重要组成部分。因此，只有结合犯罪的法定概念才能对但书规定作出正确的解读。对于犯罪的法定概念，在大陆法系国家刑法中存在不同的立法例。本文引入比较法的分析方法，由此揭示我国刑法关于但书规定的渊源。

刑法规定犯罪的法定概念，始自《苏俄刑法典》。此前，在大陆法系刑法中只有犯罪分类的规定，而无犯罪法定概念的规定。被誉为大陆法系刑法典摹本的 1810 年《法国刑法典》第 1 条规定："法律以违警刑处罚之犯罪，称违警罪；法律以惩治刑处罚之犯罪，称轻罪；法律以身体刑或者名誉刑处罚之犯罪，称重罪。"这就是大陆法系刑法典罪分三类的肇始。在此，《法国刑法典》也只是以所受刑罚为标准，将犯罪分为重罪、轻罪和违警罪，但并没有对犯罪的实体内容作出定义性的规定。大陆法系另一著名刑法典 1871 年《德国刑法典》在犯罪规定上与《法国刑法典》如出一辙，同样将犯罪分为重罪、轻罪和违警罪。[①] 上述规定严格来说并非犯罪的法定概念，《瑞士刑法典》则较为正面地规定了犯罪的形式概念："犯罪是法律所禁止的，并以刑罚制裁的行为。"大陆法系国家的刑法典之所以在其总则中对犯罪概念不作规定，与其所实行的罪刑法定主义有着一定的关联性。基于罪刑法定主义，法无明文规定不为罪。这里的法，是指刑法分则。

---

① 现行《德国刑法典》取消了违警罪（轻微犯罪），对犯罪从三分法改采两分法，即重罪与轻罪。参见［德］冈特·施特拉腾韦特、洛塔尔·库伦：《刑法总论Ⅰ——犯罪论》，杨萌译，65 页，北京，法律出版社，2006。

刑法分则通过设置构成要件，对具体犯罪加以规定，为司法机关定罪提供规范根据。在这种制度设计下，大陆法系国家刑法将立法重心放在刑法分则，刑法分则的规定对于刑法总则的规定来说具有优先性，并且在定罪思维上确立了刑法分则与刑法总则之间的位阶性。尤其是德国著名学者贝林提出了构成要件的概念，并将构成要件确立为犯罪成立的第一个要件，这就为在定罪过程中从刑法分则到刑法总则的思维方法提供了逻辑进路。因此，在传统的大陆法系国家刑法中，既未规定具有实体内容的犯罪的一般概念，更不可能存在出罪性质的但书规定。

犯罪概念的但书规定是伴随着《苏俄刑法典》关于犯罪的具有阶级内容的犯罪实质概念应运而生的一种刑法制度，其逻辑基础是犯罪的社会危害性理论。1919 年《苏俄刑法指导原则》（以下简称《指导原则》）是苏俄第一部具有刑法典性质的刑事法律，但它只规定了总则而没有规定分则。该《指导原则》第 6 条规定了犯罪概念："犯罪是危害某种社会关系制度的作为或不作为。"这就是所谓犯罪的阶级概念。1922 年《苏俄刑法典》第 6 条又规定了一个更加扩张的、实质的和阶级的犯罪概念："威胁苏维埃制度基础及工农政权在向共产主义制度过渡期间所建立的法律秩序的一切危害社会的作为或不作为，都被认为是犯罪。"1926 年《苏俄刑法典》第 6 条关于犯罪概念的规定基本上复制了 1922 年《苏俄刑法典》第 6 条的规定，同样是一个犯罪的阶级概念。犯罪的阶级概念是就上述犯罪概念的内容而言的，它揭示了犯罪的阶级危害性。苏俄学者从 20 世纪 20 年代开始，对犯罪概念进行研究，注意到了苏维埃刑法中的犯罪概念与所谓资产阶级刑法中的犯罪概念的区别，由此而把《苏俄刑法典》第 6 条规定的犯罪概念称为犯罪的实质概念，而把所谓资产阶级刑法中的犯罪概念称为犯罪的形式概念。例如，苏俄学者 M. A. 切利佐夫-别布托夫指出："资产阶级刑法典是从形式上规定犯罪的定义，把犯罪看成是实施时即为法律所禁止，并应受惩罚的行为。苏维埃立法则与之不同，它是从实质上，也就是从对法律秩序的损害上、危害上来规定犯罪的定义的"①。在这种情况下，社会主义刑法典的犯罪实质概念与资产阶级刑法典的犯罪形式概念这样一种对应关系被建立起来。如果不是基于历史主义的观念，而仅仅着眼于实质与形式的哲学原理，对于所谓犯罪的实质概念与形式概念的对立，我们就会毋庸置疑地偏向于犯罪实质概念的价值立场。那么，什么是历史主义的观念呢？这里的历史主义观念就是要把犯罪的实质概念置于其所提出的特定社会环境与法律语境中，揭示犯罪实质概念的功能与作用。其实，犯罪的实质概念是一种为类推提供实体根据的理论。在苏维埃国家建立初期，为了更加有效地打击犯罪，《苏俄刑法典》没有采用罪刑法定原则，而是在刑法中规定了类推制度。显然，在类推制度的法律语境下，是不可能采用犯罪的形式概念的，正是犯罪实质概念的开放性为类推定罪提供了广阔的空间。而且，犯罪的实质概念也是在社会主义国家建立初期，关于是否需要制定刑法典的争议中产生的犯罪概念。从 1917 年十月革命胜利以后，在社会主义国家是否应当制定刑法典始终存在争议，这种争议一直持续到 20 世纪 30 年代。例如，苏俄学者沃尔科夫就曾经断言："由于苏维埃刑事立法是从实质上理解犯罪，必然得出不要规定具体犯罪行为的刑事责任制度。"② 在这种情况下，犯罪的实质概念就成为入罪的唯一根据。由此可见，《苏俄刑法典》中的犯罪实质概念具有将更为宽泛的行为提供入罪根据的功能，它与苏维埃国家建立初期的法律虚无主义思想有着密切的关联。

在探讨了以上犯罪的实质概念产生的历史背景下，我们再来考察但书规定的功能，就会具有完全不同于拘泥于其字面表述的深刻认知。苏俄学者在论及但书规定的产生时，将其追溯到 1919 年《指导原则》第 16 条的规定，并对但书规定产生过程作了以下描述，指出："每种罪行的社会危险性，表现在社会主义刑事

① 转引自〔苏〕A. A. 皮昂特科夫斯基等：《苏联刑法科学史》，曹子丹等译，19~20 页，北京，法律出版社，1984。

② 转引自〔苏〕A. A. 皮昂特科夫斯基等：《苏联刑法科学史》，曹子丹等译，21 页，北京，法律出版社，1984。

立法所规定之刑事处分上。常有这种场合，即某种行为适合于刑法所规定之犯罪构成之某些要件，而实际上在某种具体场合，却不得不承认其具有社会危险性，从而亦不得不处以刑罚。这种情形之发生，或是由于行为细小不足道与并未发生有害的结果，或是由于社会政治环境变化所致。这种情形在《指导原则》第十六条，亦曾予以规定。'当构成某种行为成为现制度的危险行为的条件，消失之后，实行该行为者即不复被处刑。'1922 年的苏俄刑法典对此问题未予规定。但在1924 年，全俄中央执行委员会会议即命令中央委员会主席团研究关于交付裁判之细小过失案件之停止审理问题。据此，1925 年 2 月 9 日全俄中央主席团对苏俄刑事诉讼法第四条加以补充。根据次补充条文，检察官与法庭有权'拒绝提起刑事追诉，并有权停止刑事案件的审理——在以下场合：被追诉行为虽具备刑法法典所规定之犯罪要件，但因其结果微不足道，而不能认为具有社会危险性时，或提起刑事追诉或继续实行审理已觉不适宜时。'虽然此第四条附一（即前述之补充条文）系包含于苏俄刑事诉讼法之内，然就实质言，此条绝不是诉讼法规范，而是实体刑法规范。这一条例在 1926 年苏俄刑法典中列于第六条的附注内。第六条的附注写道：'形式上虽符合于本法典分则某一条文犯罪要件之行为，但因其微不足道且因其无损害结果，而缺乏社会危险性者，不为罪。'"① 从以上叙述可以看出，苏俄刑法典中的但书规定经历了一个从刑事诉讼法规范到刑法规范的演变过程。在以社会危害性为中心的犯罪实质概念中，在赋予社会危害性具有入罪功能的同时，也使其具有出罪功能。但书规定所出之罪，主要是指那些轻微之罪，即具备刑法分则某一条文规定的构成要件，但因行为微不足道或者未发生结果，因而予以出罪。毫无疑问，但书规定的这种出罪功能是对实质的犯罪概念所具有的强大的入罪功能的一种救济与纠偏，这是其所具有的正面意义。当然，我们也必须看到，但书规定毕竟是在苏俄刑事法治尚不发达背景下的产物，对其

---

① ［苏］苏联司法部全苏法学研究所主编：《苏联刑法总论》，下册，彭仲文译，308～309 页，上海，大东书局，1950。

出罪功能不宜夸大。

　　苏俄刑法学界关于犯罪概念的理论经历了一个从犯罪的实质概念到犯罪的混合概念的转变过程。在这个过程当中，苏俄学者杜尔曼诺夫对犯罪概念的研究成果产生了重要的影响。杜尔曼诺夫首次把犯罪的实质特征同形式特征结合起来研究，指出："如果说犯罪的实质特征是行为的社会危害性，那么形式特征就是以违法性、罪过和人的责任能力为条件的应受惩罚性。"[①] 此后，随着法律虚无主义思想受到清算，犯罪的实质概念逐渐被废弃，直到 1958 年《苏联和各加盟共和国刑事立法纲要》（以下简称《立法纲要》）第 7 条第 1 款首次确立了犯罪的混合概念："凡是刑事法律规定的危害苏维埃社会制度或国家制度，破坏社会主义经济体系和侵犯社会主义所有制，侵犯公民的人身、政治权利、劳动权利、财产权利和其他权利的危害社会的行为（作为或不作为），以及刑事法律规定的违反社会主义法律秩序的其他危害社会的行为，都是犯罪。"这一犯罪概念不仅揭示了犯罪的社会危害性，而且指出了犯罪的刑事违法性，因而被称为是犯罪的混合概念。从犯罪的实质概念到犯罪的混合概念，这是苏联社会主义法制建设进步的表现。对此，苏俄学者比较了 1919 年《指导原则》、1922 年《苏俄刑法典》和 1926 年《苏俄刑法典》关于犯罪概念的规定，与 1958 年《立法纲要》关于犯罪概念的规定，认为前者都强调对苏维埃制度、对工农政权和劳动人民的国家建立的法律秩序有危害的行为是犯罪。前者在犯罪的定义中，并没有指出形式的因素——按照刑事法律行为的应受惩罚性。这种情况可用刑法中存在类推制度来解释，也就是说，对法律没有直接规定的危害社会行为，可以比照刑法典中对同这种犯罪最相类似的行为的规定，追究刑事责任。这种在刑法典中没有明文规定的行为，也属于犯罪范畴。《立法纲要》首次提出了实质和形式的特征二者兼有的犯罪定义，并指出：犯罪就是刑事法律所规定的行为。这就意味着抛弃了过去苏

---

　　① 转引自［苏］A. A. 皮昂特科夫斯基等：《苏联刑法科学史》，曹子丹等译，22 页，北京，法律出版社，1984。

维埃刑法中的类推制度。然而，这个规定并无损于犯罪的实质特征。《立法纲要》不仅没有摒弃实质特征，而且还使立法有了改进和发展。[①] 由此可见，从犯罪的实质概念到混合概念的演变是以类推制度的存废为背景的，这是一个逐渐地向罪刑法定原则接近的过程。当然，苏俄学者还是习惯性地推崇犯罪概念中的实质特征，或多或少地贬低犯罪概念中的形式特征。这一思维定式也表现在犯罪概念的但书规定上。在苏俄刑法典采用犯罪的混合概念以后，但书规定也被保留下来。例如，1962 年《苏俄刑法典》第 7 条规定："形式上虽然符合本法典分则所规定的某种行为的要件，但是由于显著轻微而对社会并没有危害性的作为或者不作为，都不认为是犯罪。"这一规定被认为是区分罪与非罪的根据，由此防止了刑法被形式地适用。苏联解体以后的《俄罗斯联邦刑法典》关于犯罪概念的规定，承袭了《苏俄刑法典》的犯罪混合概念，同样也承袭了犯罪概念的但书规定。《俄罗斯联邦刑法典》第 14 条第 2 款规定："行为（包括不作为）虽然在形式上具有本法典规定的某一行为要件，但由于情节显著轻微而不具有社会危害性的，不是犯罪。"根据俄罗斯学者的解释，情节显著轻微是一个危害性程度的问题。而且，因为情节显著轻微而不构成犯罪的，并不意味着该行为不受任何处罚。正如俄罗斯学者指出："情节显著轻微的行为本身没有达到构成犯罪本质的社会危害性程度（刑法典第 14 条第 2 款），但这种行为可以引起除刑事责任以外的法律责任（如行政责任）或道德责任。"[②] 由此可见，但书规定并非实质上的非犯罪化规定，而只是形式上的非犯罪化规定。

　　《苏俄刑法典》的但书规定在犯罪论体系中的地位如何确定，这是一个值得研究的问题。苏俄刑法学采用四要件的犯罪论体系，那么，但书规定在四要件中，归属于哪一个要件呢？根据苏俄学者的解释，法律所规定的情节显著轻微而

---

　　① 参见［苏］Н. А. 别利亚耶夫、М. И. 科瓦廖夫主编：《苏维埃刑法总论》，马改秀、张广贤译，61～62 页，北京，群众出版社，1987。

　　② ［俄］Л. В. 伊诺加莫娃—海格主编：《俄罗斯联邦刑法（总论）》，2 版，黄芳等译，30 页，北京，中国人民大学出版社，2010。

对社会没有危害性的行为可表现为：未产生危害性的后果和产生的后果危害性不严重；后果显著轻微；后果遥远；行为在产生后果中的作用不大以及其他一些情况。① 由于《苏俄刑法典》对于通过但书规定出罪的情形主要以否定犯罪结果的形式体现出来，因而，苏俄学者特拉伊宁在论及犯罪结果时，曾经批判那种将犯罪划分为以结果为构成要件的实质犯罪与不以结果为构成要件的形式犯罪的观点，主张对犯罪结果作实质解释，其指出："把结果的实质（对客体所造成的损害）和特点（多样性，相对性）揭示出来以后，便可以明显地看到，它是犯罪构成的必要因素。理论原理是这样的，法律上的规定，也是这样。如《苏俄刑法典》上具有十分重大的原则意义与实践意义的第6条附则规定着'由于轻微不足道和缺乏损害结果'而失去社会危害性质的行为。"② 由此可见，特拉伊宁是把但书规定作为缺乏犯罪构成要件中的实质的结果要件而出罪的情形来看待的。因此，但书规定在四要件的犯罪论体系中，并没有独立的体系性地位。这一规定也为苏联解体以后的俄罗斯学者所接受，只不过将但书规定纳入犯罪行为的要件中考察，作为犯罪行为的实质判断标准而出现。例如，俄罗斯学者指出："所谓行为的社会危害性，是指行为给法律所保护的利益造成损害或者有造成损害的可能性。任何犯罪行为都给刑法保护的客体带来损害。从这个意义来看，任何犯罪都有后果，没有无后果的犯罪。正是行为给社会利益造成的损害大小及损害性质决定了该行为的社会危害性程度和性质；也正是某种行为可能造成严重损害社会的后果，才是判断该行为是否构成犯罪的基础。所以，《俄罗斯联邦刑法典》第14条第2款中专门强调：'行为（包括不作为）虽然在形式上具有本法典规定的某一行为要件，但由于情节显著轻微而不具有社会危害性的，不是犯罪'。"③ 虽然

---

① 参见［苏］H. A. 别利亚耶夫、M. И. 科瓦廖夫主编：《苏维埃刑法总论》，马改秀、张广贤译，66页，北京，群众出版社，1987。

② ［苏］A. H. 特拉伊宁：《犯罪构成的一般学说》，王作富等译，120页，北京，中国人民大学出版社，1958。

③ ［俄］Л. B. 伊诺加莫娃—海格主编：《俄罗斯联邦刑法（总论）》，2版，黄芳等译，67页，北京，中国人民大学出版社，2010。

以上将但书规定视为是行为社会危害性程度判断标准的观点，与特拉伊宁将但书规定作为犯罪结果的判断标准的规定，对于但书规定在四要件的犯罪论体系中的归属并不完全相同；但在二者都将但书规定纳入犯罪构成的客观要件，这是一致的。在这种情况下，符合但书规定的情形，要么是缺乏犯罪结果而无罪，要么是缺乏行为而无罪。

我国刑法中的但书规定，正如我国刑法中的犯罪概念的立法例一样，都来自于苏俄，这是毋庸置疑的，可以说是对《苏俄刑法典》但书规定的一种模仿。当然，我国学者也指出了我国刑法但书规定与《苏俄刑法典》但书规定之间的重大差别："附则"规定"缺乏损害结果而失去危害社会的性质"（对社会没有危害性）；"但书"规定的是"危害不大"。根据一些苏联学者的解释，"附则"主要是指犯罪预备行为。而且苏俄刑法典分则具体犯罪构成没有一个规定"数量"要件，包括"情节严重"或"造成严重后果"这类内含定量因素要件的具体罪状也为数不多。所以，苏俄刑法典总则关于犯罪概念的"附则"不具有定量含义。[①]在《苏俄刑法典》中，其附则的规定具有缺乏犯罪与其他违法行为的功能，这是没有问题的。例如，俄罗斯学者指出："犯罪与其他违法行为的主要区别在于行为的社会危害的程度。所有违法行为都是危害社会的行为，但是，从本质上看，犯罪具有更为严重的社会危害性质，这是与其他违法行为的主要区别，可以从实施违法行为造成的后果的严重性、行为人的罪过形式、实施危害社会行为的特殊手段等情况来认定行为的社会危害程度。例如，非法捕捞水生动物和植物造成巨大损失的，构成犯罪（《俄罗斯刑法典》第 256 条第 1 款第 1 项），而实施相同行为，没有造成巨大损失的，只是行政违法行为。"[②] 由此可见，《俄罗斯刑法典》并非没有对具体犯罪规定数量因素，事实上存在一个包罗万象的《俄罗斯联邦行政违法行为法典》，对各种行政违法行为作了明文规定，由此而与《俄罗斯刑法

---

① 参见储槐植：《我国刑法中犯罪概念的定量因素》，载《法学研究》，1988（2）。

② ［俄］Л. B. 伊诺加莫娃—海格主编：《俄罗斯联邦刑法（总论）》，2 版，黄芳等译，31 页，北京，中国人民大学出版社，2010。

典》的规定相衔接。例如，俄罗斯学者在论及上述《俄罗斯刑法典》第256条第1款第1项规定时指出："应该根据犯罪的对象和行为的客观方面。其中包括实施犯罪的地点、手段和工具、发生的后果、刑法典第256条第3款规定的加重责任要件去区分本条规定的犯罪构成与《行政违法行为法典》第85条'违反狩猎和捕鱼规则以及捕鲸规则'规定的行政违法行为。"① 此类规定，随处可见。因此，《俄罗斯刑法典》中的犯罪概念并非没有定量含义。

其实，犯罪概念的定量要素并非我国刑法所独创，不仅过往的《苏俄刑法典》，而且现今的《俄罗斯刑法典》都存在这种定量要素。此外，其他国家刑法典也有类似规定。例如，《奥地利刑法典》第42条被认为是与我国《刑法》第13条但书规定极为相似的出罪条款。该规定指出："如果一个依职权应予以追诉的行为仅需以罚金刑、三年以下自由刑或以这样的罚金刑与自由刑的总和相威吓，则其在满足以下条件时，不可处罚：1、行为人的罪责微小；2、行为未造成后果或造成的后果不显著，或者行为人至少严肃认真地试图从根本上排除、矫正或补救行为后果，以及3、以判处刑罚为手段力图实现让行为人远离可罚的行为之目的，或力图实现与由他人所犯之可罚行为作斗争的目的是不适当的。"该条作为一个实体法规范，为那些轻微的犯罪行为的出罪提供了法律根据。即使是没有在刑法典中规定但书的国家，在其司法过程中，也需要将那些情节轻微的行为排除在犯罪概念之外。例如，我国学者在论及德语国家刑法中的定量要素时指出："德语国家并非不关注'量'的问题，无论是从实体法还是程序法的角度，德语国家都对刑法中的定量问题给予了高度关注，并从自身的理论、实践等情况出发，为合理解决这样一个问题而付出了不少值得肯定的努力，也获得了不少值得外来文化学习的成果。"② 需要注意的是，在德、日等国家，因其情节轻微而出罪的行为，因为警察没有行政处罚权，因此也就根本不再受到来自公权力的任

---

① ［俄］斯库拉托夫、列别捷夫主编：《俄罗斯联邦刑法典释义》，下册，黄道秀译，714页，北京，中国政法大学出版社，2000。

② 熊琦：《德国刑法问题研究》，59页，台北，元照出版公司，2009。

何处罚，这是一种实质上的非犯罪化。

基于以上分析，我们可以看到，对于情节轻微的犯罪行为之出罪，是各国所面临的共同问题，只不过采取的法律途径不同而已：有的采取实体法的途径出罪，有的采取程序法的途径出罪。但书规定只不过是采取实体法途径出罪的一种立法例。因此，对于但书规定，我们应该去除其意识形态色彩，将其还原为一个刑法规范问题，采用刑法教义学的方法对其进行分析。

二、但书规定的规范内容

但书规定是我国刑法规范的重要组成部分，它对于刑事立法与刑事司法都具有指导意义。以下，我们从刑法分则、司法解释和司法个案三个层面，对但书规定进行规范考察。

（一）但书规定在刑法分则中的涵括

我国刑法中的但书规定对于刑法分则的制定具有总括性的指导意义，这是由刑法总则与分则的逻辑关系所决定的。《刑法》第13条的但书规定表明，我国刑法中的犯罪存在定量要素，因此，在刑法分则关于具体犯罪的规定中，也必然贯彻这一原则。从我国刑法分则关于具体犯罪的规定来看，主要可以分为两种情形：

1. 具有罪量要素的犯罪

具有罪量要素的犯罪在构成要件上就有情节严重、数额较大或者其他限制性规定，立法者不仅规定了这些犯罪的构成要件该当的行为（犯罪的定性要素），而且规定了这种行为必须达到情节严重、数额较大或者其他限制性程度（犯罪的定量要素）。只有同时具备以上两个方面的要素，才能构成犯罪。对于这些犯罪来说，罪量要素已经体现了但书规定的立法精神，因此不存在直接适用但书规定的问题。例如，我国《刑法》第270条规定的侵占罪，以数额较大，拒不退还或者拒不交出为罪量要素。因此，在不具备以上罪量要素的情况下，就不构成本罪。反之，如果具备了以上罪量要素，就构成本罪，而不能以犯罪情节显著轻微、危害不大予以出罪。我国学者将具有罪量要素的犯罪称为绝对不能适用但书规定的犯罪，指出："刑法分则将'情节较重''情节严重'作为某些行为构成犯罪的必要条件，是考虑某些行为中具有情节较轻，包括情节显著轻微情形的，社会危害性不大，不应当规定为犯罪。据此，'情节显著轻微'当然不属于情节较重或者情节严重，不能在具备较重情节或者严重情节的犯罪行为中再去认定'情节显著轻微危害不大'的情况"①。应该说，以上解释是符合立法逻辑的。因为罪量要素的规定本身就是具体犯罪的可罚性条件，已经将但书规定的情形排除在外，当然也就没有适用但书规定的余地。正如我国学者指出："刑法分则中基本罪状的定量因素起着过滤和筛选所有符合具体构成定性要件中已不属于'情节显著轻微危害不大的，不认为是犯罪'的作用，从而使总则第 13 条的规定在分则中有具体的依托。"② 但这只是逻辑上对法条的分析，在司法实践中并非完全如此。

2. 没有罪量要素的犯罪

没有罪量要素的犯罪又可以分为两种情形：（1）法定最低刑在有期徒刑三年以上的，这是一些性质严重的犯罪。例如故意杀人罪等。对于这些犯罪来说，只要实施了构成要件的行为，就构成犯罪，而没有罪量的限制。因此，在逻辑上，这些犯罪也不存在适用但书规定的问题。（2）虽然没有规定罪量要素，但法定最低刑是拘役或者管制的，这是一些性质较轻的犯罪。这些犯罪从逻辑上看，既然没有罪量要素的规定，那么只要实施了构成要件的行为，就应该构成犯罪。但在司法实践中，也并非只要实施了上述行为即构成犯罪，仍然需要考量其行为是否达到应受刑罚处罚的程度。在这种情况下，对于这些犯罪能否适用但书规定予以出罪，在我国刑法学界存在较大的争议。肯定说认为，这些性质较轻而分则条文

---

① 张永红：《我国刑法第 13 条但书研究》，82 页，北京，法律出版社，2004。

② 刘树德：《论刑法第十三条"但"规定》，载游伟主编：《华东刑事法评论》，第 7 卷，98 页，北京，法律出版社，2004。

又没有定量因素限制的犯罪，属于可以适用但书规定的犯罪。例如非法侵入住宅罪，根据《刑法》第245条规定，非法侵入他人住宅的，处三年以下有期徒刑或者拘役。但从我国的国情来看，一般情节的非法侵入住宅的行为，还不具有严重的社会危害性，司法机关也只是将情节严重的非法侵入他人住宅的行为当作犯罪处理。而且，《治安管理处罚法》第40条第3项也将"非法侵入他人住宅"的行为规定为违反治安管理的一般违法行为。所以，对于情节一般的非法侵入他人住宅的行为，可以适用但书认定为非罪。①按照这一观点，如果对非法侵入他人住宅的行为一律追究刑事责任，则无法与《治安管理处罚法》的规定相衔接。在这种情况下，对于情节显著轻微危害不大的非法侵入他人住宅的行为，就应当适用但书，不认为是犯罪；同时，对这种行为按照《治安管理处罚法》予以处罚。以上理解在逻辑上还是能够成立的，是对刑法关于非法侵入他人住宅罪没有规定情节严重的情况的一种补救。否定说认为，即使是对这些性质较轻而分则条文又没有定量因素限制的犯罪，也不能适用但书作为出罪根据，但可以通过对其构成要件行为进行实质解释而予以出罪。例如，张明楷教授指出："刑法的解释者、适用者在解释和适用刑法规定的犯罪成立条件时，也必须从实质上理解，只能将值得科处刑罚的违法、有责的行为解释为符合犯罪成立条件的行为。因此，邮政工作人员私拆一封并无重要内容的信件、因而并未造成严重后果的行为，并不是符合刑法第253条所规定的犯罪成立条件的行为；应以行为不符合犯罪成立条件为由宣告无罪，而不是直接以刑法第13条的但书为根据宣告无罪。"②应当指出，我国《刑法》第253条规定的私自开拆、隐匿、毁弃邮件、电报罪也没有规定罪量要素，因此，存在对于情节轻微的私拆他人信件的行为是否可以适用但书规定予以出罪的问题。从以上肯定说与否定说的分歧来看，只是表现在能否援引但书规定予以出罪的问题上。但对于这种情节轻微的行为不应当作为犯罪来处理这一

---

① 参见张永红：《我国刑法第13条但书研究》，93页，北京，法律出版社，2004。

② 张明楷：《刑法学》，4版，93页，北京，法律出版社，2011。

点上，两者的观点是相同的，笔者还没有见到对于这种情节轻微的行为应当一概入罪的极端观点。当然，危险驾驶罪是一个另外需要专门讨论的问题。

要而言之，从立法逻辑来看，但书规定在刑法分则具有罪量要素规定的犯罪中已经得到体现；在刑法没有规定罪量要素的犯罪中，性质严重的犯罪排斥了但书规定的适用；而性质较轻的犯罪是否可以适用但书规定，尚有讨论的余地。这是我们对但书规定和刑法分则规定的罪量要素之间关系的一个逻辑上的考察。当然，在司法实践中如何适用法律，这是另外一个问题。笔者将在下文分析，司法解释和司法个案按照自身的逻辑，对但书规定作出了解释或者适用。

（二）但书规定在司法解释中的体现

司法解释在我国司法实践中起着重要的作用，在某种意义上可以说是一种准法律，甚至在判决书中可以作为判决根据加以援引。司法解释虽然是对刑法规定的一种解释，但这种解释具有二次立法（细则化立法）的性质。在我国司法解释中，存在大量不认为是犯罪的规定，这些规定涉及但书的适用，有些甚至直接规定按照但书出罪。以下对这些司法解释进行列举：

1. 关于非法制造、买卖、运输枪支、弹药、爆炸物罪的出罪规定

2001 年 5 月 15 日，最高人民法院颁布了《关于审理非法制造、买卖、运输枪支、弹药、爆炸物等刑事案件具体应用法律若干问题的解释》（2009 年修改），对非法制造、买卖、运输枪支、弹药、爆炸物罪的定罪量刑的具体标准作了明确规定。因为《刑法》第 125 条第 1 款没有规定本罪的罪量要素，因此定罪量刑的标准较为严格。在该司法解释颁行后不久，发现在司法适用中存在对于某些因生产、生活所需的非法制造、买卖、运输枪支、弹药、爆炸物行为处罚过于严苛。因此，2001 年 9 月 17 日，最高人民法院又颁布了《对执行〈关于审理非法制造、买卖、运输枪支、弹药、爆炸物等刑事案件具体应用法律若干问题的解释〉有关问题的通知》（现已失效），该通知第 1 条规定："对于《解释》施行前，行为人因生产、生活所需的非法制造、买卖、运输枪支、弹药、爆炸物没有造成严重社会危害，经教育确有悔改表现的，可以依照刑法第十三条的规定，不作为犯

罪处理。"这是明确按照但书规定予以出罪的司法解释，其出罪根据是没有造成严重社会危害。社会危害显然是一种客观评价，但之所以没有造成严重社会危害，又是因为行为人因生产、生活所需而实施了非法制造、买卖、运输枪支、弹药、爆炸物的行为，这其实是一个犯罪动机问题，属于主观的范畴。按照我国传统的主客观相统一的社会危害性观念，当然可以把主观动机包含在社会危害性范畴之内。但按照这一司法解释的逻辑，即使行为人实施了刑法分则规定的构成要件行为，也还需要再进一步进行社会危害性的实质判断，这就存在将我国刑法分则规定的犯罪构成形式化之嫌。尤其是，根据我国学者的解释，非法制造、买卖、运输枪支、弹药、爆炸物罪是抽象危险犯，其成立并不要求发生具体危险。[1] 既然是抽象危险犯，那么只要实施了本罪的构成要件行为即构成犯罪，怎么还能进行是否造成严重社会危害的具体危险判断呢？这显然是自相矛盾的。其实，这里更好的解决办法是采取目的性限缩的解释方法，即对于构成本罪来说，行为人主观上要求不以生产、生活为目的。如果采用这种目的性限缩的解释方法，就不需要引用《刑法》第13条的但书规定即可出罪。当然，笔者必须注意，上述通知只适用于该司法解释施行前的行为。而对于该司法解释施行后的行为，通知第2条规定："对于《解释》施行后……行为人确因生产、生活所需而非法制造、买卖、运输枪支、弹药、爆炸物没有造成严重社会危害，经教育确有悔改表现的，可依法免除或者从轻处罚。"由此可见，对以上情形适用但书规定，只是某一特定时期的补救措施，是对司法解释溯及力的一种限制适用。

2. 关于非法制造、买卖、运输、储存危险物质罪的出罪规定

2003年9月4日，最高人民法院、最高人民检察院发布《关于办理非法制造、买卖、运输、储存毒鼠强等禁用剧毒化学品刑事案件应用法律若干问题的解释》，该解释第5条规定："本解释施行以前，确因生产、生活需要而非法制造、买卖、运输、储存毒鼠强等禁用剧毒化学品饵料自用，没有造成严重社会危害

---

① 参见张明楷：《刑法学》，4版，621页，北京，法律出版社，2011。

的，可以依照刑法第十三条的规定，不作为犯罪处理。"这一司法解释同样适用于其施行前的行为，也是对司法解释溯及力的一种限制适用。

3. 关于走私珍贵动物制品罪的出罪规定

2002年7月8日，最高人民法院、最高人民检察院、海关总署发布《关于办理走私刑事案件适用法律若干问题的意见》，该意见第7条规定："走私珍贵动物制品的，应当根据刑法第一百五十一条第二、四、五款和《最高人民法院关于审理走私刑事案件具体应用法律若干问题的解释》第四条的有关规定予以处罚，但同时具有下列情形，情节较轻的，一般不以犯罪论处：（一）珍贵动物制品购买地允许交易；（二）入境人员为留作纪念或者作为礼品而携带珍贵动物制品进境，不具有牟利目的的。"我国《刑法》第151条第2款关于走私珍贵动物制品罪并没有规定罪量要素，只是规定"情节较轻的，处五年以下有期徒刑，并处罚金"。但以上司法解释则对于具备其所列举的两种情形的，规定一般不以犯罪论处，这是对走私珍贵动物制品罪的一种限缩解释。当然，司法解释在此采用的是"情节较轻"一词，这与但书规定的"情节显著轻微危害不大"的适用条件有所不同。在这种情况下，上述出罪规定是否属于但书规定的体现，有待进一步厘清。

4. 关于非法吸收公众存款罪的出罪规定

2010年12月13日，最高人民法院颁布了《关于审理非法集资刑事案件具体应用法律若干问题的解释》。该司法解释第3条第4款规定："非法吸收或者变相吸收公众存款，主要用于正常的生产经营活动，能够及时清退所吸收资金，可以免予刑事处罚；情节显著轻微的，不作为犯罪处理。"这里的出罪是以但书规定为根据的。上述司法解释列举了适用但书规定的以下两项条件：一是主要用于正常的生产经营活动，这是指非法吸收公众存款的主观目的；二是能够及时清退所吸收资金，这是指对行为危害后果的消除。具备这两项条件且情节显著轻微的，可以适用但书规定，不认为是犯罪。

5. 关于信用卡诈骗罪的出罪规定

2009年12月3日，最高人民法院、最高人民检察院发布《关于办理妨害信用卡管理刑事案件具体应用法律若干问题的解释》，该解释第 6 条第 5 款规定：
"恶意透支数额较大，在公安机关立案前已偿还全部透支款息，情节显著轻微的，
可以依法不追究刑事责任。"这里的不追究刑事责任就是不认为是犯罪的意思，
它以情节显著轻微为条件，可以看作但书规定的体现。

6. 关于（奸淫幼女型）强奸罪的出罪规定之一

2003 年 1 月 17 日，最高人民法院《关于行为人不明知是不满十四周岁的幼
女双方自愿发生性关系是否构成强奸罪问题的批复》（现已失效）规定："行为人
确实不知对方是不满十四周岁的幼女，双方自愿发生性关系，未造成严重后果，
情节显著轻微的，不认为是犯罪。"这是一个存在重大争议的司法解释，主要表
现在奸淫幼女构成强奸罪是否以明知幼女的年龄为条件。对此，司法解释作出了
肯定性的规定。不知对方是不满 14 周岁的幼女，这是一个主观故意不存在的问
题，与情节是否严重无关。而上述司法解释却把主观故意的问题与客观后果的问
题混为一谈。根据上述司法解释，虽然不知对方是不满十四周岁的幼女，双方自
愿发生性关系，如果造成严重后果，就仍然应当追究刑事责任。那么，这里是按
照强奸罪追究刑事责任，还是按照其他犯罪追究刑事责任？司法解释没有给出明
确的答案。可以说，将缺乏主观故意作为情节显著轻微不认为是犯罪的情形，这
是对但书规定的错误适用。

7. 关于（奸淫幼女型）强奸罪的出罪规定之二

2006 年 1 月 11 日，最高人民法院发布《关于审理未成年人刑事案件具体应
用法律若干问题的解释》，该解释第 6 条规定："已满十四周岁不满十六周岁的人
偶尔与幼女发生性行为，情节轻微、未造成严重后果的，不认为是犯罪。"这是
所谓"两小无猜"条款，表现了对未成年人的宽宥。但在表述上称"情节较轻"
而不是"情节显著轻微"，因此这一出罪规定是否属于但书的体现，也还值得
推敲。

8. 关于遗弃罪的出罪规定

2010 年 3 月 15 日，最高人民法院、最高人民检察院、公安部、司法部发布

《关于依法惩治拐卖妇女儿童犯罪的意见》，该意见第 17 条规定："不是出于非法获利目的，而是迫于生活困难，或者受重男轻女思想影响，私自将没有独立生活能力的子女送给他人抚养，包括收取少量'营养费''感谢费'的，属于民间送养行为，不能以拐卖妇女、儿童罪论处。对私自送养导致子女身心健康受到严重损害，或者具有其他恶劣情节，符合遗弃罪特征的，可以遗弃罪论处；情节显著轻微危害不大的，可由公安机关依法予以行政处罚。"这是关于民间送养的规定，因为送养行为没有出卖的目的，所以不构成拐卖儿童罪。情节严重的，可以定遗弃罪。但如果送养构成的遗弃行为情节显著轻微危害不大的，不认为是犯罪，这是但书规定的体现。在以上司法解释中，对不认为是犯罪的情形，规定可以予以行政处罚，这是值得注意的，它体现了刑事处罚与行政处罚的衔接。

9. 关于收买被拐卖的妇女、儿童罪的出罪规定

2010 年 3 月 15 日，最高人民法院、最高人民检察院、公安部、司法部发布《关于依法惩治拐卖妇女儿童犯罪的意见》，该意见第 31 条规定："多名家庭成员或者亲友共同参与出卖亲生子女，或者'买人为妻''买人为子'构成收买被拐卖的妇女、儿童罪的，一般应当在综合考察犯意提起、各行为人在犯罪中所起作用等情节的基础上，依法追究其中罪责较重者的刑事责任。对于其他情节显著轻微危害不大，不认为是犯罪的，依法不追究刑事责任；必要时可以由公安机关予以行政处罚。"这是关于共同犯罪中从犯的出罪规定。根据《刑法》第 27 条的规定，对于从犯，应当从轻、减轻或者免除处罚。但上述司法解释则规定对收买被拐卖的妇女、儿童罪中的从犯，如果情节显著轻微危害不大的，可以不认为是犯罪。对于从犯适用但书规定予以出罪，这是对但书规定的一种扩张适用。

10. 关于重婚罪的出罪规定

1986 年 3 月 24 日，最高人民检察院发布《关于〈人民检察院直接受理的法纪检察案件立案标准的规定（试行）中一些问题的说明〉》（现已失效），该说明第 9 条规定："由于以下几种情况而重婚的，可以认为不构成重婚罪：1、对主动解除或经劝说、批评教育后解除非法婚姻关系的；2、因自然灾害、被拐卖或者

其他客观原因而流落外地，为生活所迫而与他人结婚的；3、因强迫、包办婚姻或因遭受虐待，与原配偶没有感情，无法继续维持夫妻生活而外逃，由于生活无着，又与他人结婚的；4、因配偶长期外出下落不明，造成家庭生活严重困难，又与他人结婚的。"以上司法解释虽然没有采用"情节显著轻微危害不大"的但书用语，但还是可以确定是以但书规定为依据的。当然，上述规定中为生活所迫而与他人结婚，实际上是一个缺乏期待可能性的问题，这是一个责任的问题，司法解释将其以但书规定出罪是有所不妥的。

11. 抢劫罪的出罪规定之一

2006年1月11日，最高人民法院发布《关于审理未成年人刑事案件具体应用法律若干问题的解释》第7条规定："已满十四周岁不满十六周岁的人使用轻微暴力或者威胁，强行索要其他未成年人随身携带的生活、学习用品或者钱财数量不大，且未造成被害人轻微伤以上或者不敢正常到校学习、生活等危害后果的，不认为是犯罪。已满十六周岁不满十八周岁的人具有前款规定情形的，一般也不认为是犯罪。"在以上司法解释中虽然没有采用"情节显著轻微危害不大"的但书用语，但其不认为是犯罪的根据也还是但书规定。

12. 抢劫罪的出罪规定之二

2005年6月8日，最高人民法院发布《关于审理抢劫、抢夺刑事案件适用法律若干问题的意见》，该意见第7条第3款规定："为个人使用，以暴力、胁迫等手段取得家庭成员或近亲属财产的，一般不以抢劫罪定罪处罚，构成其他犯罪的，依照刑法的相关规定处理；教唆或者伙同他人采取暴力、胁迫等手段劫取家庭成员或近亲属财产的，可以抢劫罪定罪处罚。"这是对近亲盗窃的出罪规定，虽然没有采用"情节显著轻微危害不大"的但书用语，但还是但书规定的体现。

13. 盗窃罪的出罪规定之一

1998年3月10日，最高人民法院发布《关于审理盗窃案件具体应用法律若干问题的解释》（现已失效），该解释第1条第4项规定："偷拿自己家的财物或者近亲属的财物，一般可不按犯罪处理；对确有追究刑事责任必要的，处罚时也应与社会上作案的有所区别。"上述司法解释第 6 条第 2 项还规定："盗窃公私财物虽已达到'数额较大'的起点，但情节轻微，并具有下列情形之一的，可不作为犯罪处理：1、已满十六周岁不满十八周岁的未成年人作案的；2、全部退赃、退赔的；3、主动投案的；4、被胁迫参加盗窃活动，没有分赃或者获赃较少的；5、其他情节轻微、危害不大的。"以上司法解释规定的出罪事由较为混杂，其中全部退赃、退赔是一个犯罪后的认罪态度问题，主动投案是一个自首的问题，被胁迫参加盗窃是一个胁从犯的问题。然而该条规定采用了"情节较轻"的用语，而没有采用"情节显著轻微危害不大"的但书用语。因此，这一规定是否属于但书规定的体现也是存在疑问的。

14. 盗窃罪的出罪规定之二

2006 年 1 月 11 日，最高人民法院发布《关于审理未成年人刑事案件具体应用法律若干问题的解释》，该解释第 9 条规定："已满十六周岁不满十八周岁的人实施盗窃行为未超过三次，盗窃数额虽已达到'数额较大'标准，但案发后能如实供述全部盗窃事实并积极退赃，且具有下列情形之一的，可以认定为'情节显著轻微危害不大'，不认为是犯罪：（一）系又聋又哑的人或者盲人；（二）在共同盗窃中起次要作用或者辅助作用，或者被胁迫的；（三）具有其他轻微情节的。已满十六周岁不满十八周岁的人盗窃未遂或者中止的，可不认为是犯罪。已满十六周岁不满十八周岁的人盗窃自己家庭或者近亲属财物，或者盗窃其他亲属财物但其他亲属不予追究的，可不按犯罪处理。"以上司法解释规定的出罪事由也较为混杂，包括了刑法中已有明文从轻、减轻和免除处罚规定的又聋又哑的人犯罪和从犯、胁从犯的情形。对上述情形按照但书规定不认为是犯罪，是对刑法总则有关减免规定的进一步宽宥。

15. 诈骗罪的出罪规定

2011 年 3 月 1 日，最高人民法院、最高人民检察院发布《关于办理诈骗刑事案件具体应用法律若干问题的解释》，该解释第 4 条规定："诈骗近亲属的财物，近亲属谅解的，一般可不按犯罪处理。诈骗近亲属财物，确有追究刑事责任必要的，具体处理也应酌情从宽。"

以上司法解释都是对具备特殊事由情况下的出罪规定，是宽严相济的刑事政策的从宽精神在司法解释中的体现，对其价值上的正当性是应该肯定的。当然，这里也存在一些值得研究的问题，例如，这些出罪规定与但书规定之间的关系，就是其中的一个重要问题。从出罪规定来看，司法解释是将这些出罪的根据都归结为但书规定，其中个别司法解释直接指明是依据但书规定作出的，其他司法解释虽然只是泛泛地称不认为是犯罪，但其根据仍然在于但书规定。但书规定是对不认为是犯罪的情形的一种类型化规定，而某些出罪事由并不符合但书规定的出罪类型。就此而言，并不能认为这是但书规定的逻辑演绎的结果。当然，也有一些出罪司法解释是但书规定的具体化。在以上规定中，可以明显地看出，司法解释制定者是把但书规定作为出罪的唯一法律根据的。当然，过分扩张但书规定适用范围，将所有的宽宥事由都通过但书规定予以出罪，虽然具有法律上的充足根据，却使通过刑法教义学知识的运用而提供出罪的通道窒息，对此，笔者将在后文探讨。

既然司法解释已经规定了各种不认为是犯罪的情形，那么，在司法实践中遇到这些情形的时候，人民法院不就可以直接援引相关司法解释的条款作为出罪的法律根据吗？其实不然。1989 年 11 月 4 日，最高人民法院颁布《关于一审判决宣告无罪的公诉案件如何适用法律问题的批复》（现已失效），该批复规定："对于有违法行为，但情节显著轻微危害不大，不认为是犯罪的被告人，可在宣告无罪判决的法律文书中，同时引用刑法第十条（现行刑法为第十三条——笔者注）……的规定作为法律根据。"因此，这些宣告无罪的案件的法律根据仍然是但书规定。

（三）但书规定在司法个案中的适用

不认为是犯罪的出罪司法解释，为司法个案适用但书规定提供了法律根据，由此可以判断，在司法实践中，根据但书规定而出罪的情形是存在的。为了使我们具体了解但书出罪的实际状况，以下选择具有代表性的三个援引但书出罪的司法个案，从法理上对其出罪的实质根据进行分析。

1. 文某盗窃案①

  被告人文某，男，1982 年 5 月生，无业。法定代表人王某（本案失主），系被告人文某之母。

  江西省南昌市西湖区人民检察院以被告人文某犯盗窃罪，向南昌市西湖区人民法院提起公诉。

  南昌市西湖区人民法院经不公开审理查明：

  被告人文某之母王某是文某的唯一法定监护人。1999 年 7 月间，文某因谈恋爱遭到王某反对，被王某赶出家门。之后，王某换了家里的门锁。数日后，文某得知其母回娘家，便带着女友撬锁开门入住。过了几天，因没钱吃饭，文某便同女友先后三次将家中康佳 21 寸彩电一台、荣事达洗衣机一台、容声冰箱一台、华凌分体空调四台变卖，共得款3 150 元。案发后，公安机关将空调一台和洗衣机一台追回返还其母，其余物品获得退赔 14 500 元。

  西湖区人民法院认为：法定代理人王某是被告人文某的唯一法定监护人，在文某成年以前有抚育义务。文某过早谈恋爱，固有不对，但王某把他赶出家门，不给生活费，管教方法不当，有悖我国婚姻法和未成年人保护法的规定，没有正确履行监护人的职责。被告人文某尚未成年，是家庭财产的共有人，偷拿自己家中物品变卖，不属非法占有。公诉机关指控被告人文某犯盗窃罪不能成立，辩护人的辩护意见予以采纳。依照《中华人民共和国刑法》第 13 条、最高人民法院《关于审理盗窃案件具体应用法律若干问题的解释》（现已失效）第 1 条第 4 项、（1996 年修正）《中华人民共和国刑事诉讼法》第 162 条第 2 项的规定，于 2000 年 3 月 13 日判决如下：

----

① 参见最高人民法院主编：《刑事审判参考》，第 13 辑，24～29 页，北京，法律出版社，2001。

被告人文某无罪。

　　宣判后，文某服判，未上诉，检察机关亦未抗诉，判决发生法律

效力。

　　以上是对未成年人近亲盗窃宣告无罪的案件，其无罪的法律根据包括但书规定和司法解释。但是，该无罪判决的裁判理由是"被告人文某尚未成年，是家庭财产的共有人，偷拿自己家中物品变卖，不属非法占有"。在这种情况下，在法律根据与裁判理由之间发生了一定的矛盾。按照法律根据，被告人文某属于犯罪情节显著轻微危害不大，因而不认为是犯罪。但根据裁判理由，文某的行为不具备盗窃罪的构成要件，根本就不是犯罪。对此，我国学者评论如下："此案件的判决结论显然是正确的，但其判决理由却未为恰当。南昌市西湖区人民法院判决文某无罪的理由有两点：其一为被害人有过错，其二为盗窃对象为共有财产。但其援引法条内容却是另外两条：其一为刑法第13条'但书''情节显著轻微危害不大不认为是犯罪'，其二为上述盗窃罪司法解释'盗窃自己家的财物不按犯罪处理'。显然，援引法条与判决理由牛头不对马嘴：判决理由将文某的行为性质界定为盗窃共有财产，不属非法占有，自然其行为也不构成盗窃行为；而援引法条之含义却是认可文某的行为是非法盗窃行为，只是因情节显著轻微危害不大或者属于'盗窃'自己家的财物才不按犯罪处理。前后显然相矛盾。"[1]　笔者认为，这一评论是正确的。但这里仍然存在一个值得研究的问题，即：在盗窃自己家庭的财物的情况下，其无罪的根据到底是盗窃罪的构成要件不具备而不构成犯罪？还是盗窃的情节显著轻微危害不大而不认为是犯罪？裁判理由将文某的盗窃自己家庭财物的行为认定为是盗窃共有财产，因而认为其行为不构成盗窃罪。笔者认为，裁判理由在这里是把共同所有关系与共同占有关系混为一谈了。在家庭成员之间，存在财产共同所有关系。当然，未成年人由于是家庭的被抚养者，因而其不属于家庭财产的共有者。而财产的共同所有与共同占有又是存在区分的，换言

────────────

　　① 方鹏：《出罪事由的体系和理论》，45页，北京，中国人民公安大学出版社，2011。

之，共同所有不等同于共同占有。即使是在共同占有的情况下，也不能排除盗窃行为的成立。因此，盗窃罪中窃取他人财物之他人，是在法律上具有严格限制的。就此而言，本案被告人文某不是家庭财产的共有人，其窃取家庭财物的行为仍然符合盗窃罪的构成要件。只是因为盗窃自己家庭的财物行为的社会危害性较小，属于情节显著轻微危害不大的情形，所以不认为是犯罪。

文某盗窃案表明，我国司法机关对于如何适用但书规定存在一些理解上的偏差。其实，在司法解释明文规定对于盗窃家庭财产和近亲属财产，一般可以不作为犯罪处理的情况下，可以径直引用司法解释的相关规定予以出罪，没有必要另行阐述理由。如果要阐述理由，也应围绕文某盗窃家庭财物为什么不属于确有追究刑事责任必要的情形展开，而不是对盗窃家庭财物的法律性质再作分析。

2. 蒲连升、王明成故意杀人案①

被告人蒲连升，男，46 岁，陕西省汉中市传染病医院住院部肝炎科医生。

被告人王明成，男，36 岁，陕西省第三印染厂销售科职工。

被告人蒲连升、王明成被控故意杀人一案，由陕西省汉中市人民检察院提起公诉，陕西省汉中市人民法院经公开审理查明：

被告人王明成之母夏素文长期患病，1984 年 10 月曾经被医院诊断为"肝硬化腹水"。1987 年年初，夏素文病情加重，腹胀伴严重腹水，多次昏迷。同年 6 月 23 日，王明成与其姐妹商定，将其母送汉中市传染病医院住院治疗。被告人蒲连升为主管医生。蒲连升对夏素文的病情诊断结论是：（1）肝硬化腹水（肝功失代偿期、低蛋白血症）；（2）肝性脑病（肝肾综合征）；（3）渗出性溃疡 2—3 度。医院当日即开出病危通知书。蒲连升按一般常规治疗，进行抽腹水回输后，夏素文的病情稍

---

① 参见最高人民法院中国应用法学研究所编：《人民法院案例选（1992—1999 年合订本【刑事卷】）》上，387～390 页，北京，中国法制出版社，2000。

有缓解。6 月 27 日，夏素文病情加重，表现出痛苦烦躁，喊叫想死的情况，当晚惊叫不安，经值班医生注射了 10 毫克安定后方能入睡，28 日晨昏迷不醒。8 时许，该院院长雷某查病房时，王明成问雷某其母是否有救。雷某回答说："病人送得太迟了，已经不行了。"王明成即说："既然我妈没救，能否采取啥措施让她早点咽气，免受痛苦。"雷某未允许，王明成坚持己见，雷某仍回绝。9 时左右，王明成又找主管医生蒲连升，要求给其母施用某种药物，让其母无痛苦死亡，遭到蒲连升的拒绝。在王明成再三要求并表示愿意签字承担责任后，蒲连升给夏素文开了 100 毫克冬眠灵，并在处方上注明是家属要求，王明成在处方上签了名。当该院医护人员拒绝执行该处方时，蒲连升又指派陕西省卫校实习学生蔡某、戚某等人给夏素文注射，遭到蔡某、戚某等人的回绝。蒲连升生气地说："你们不打（指不去给夏素文注射），回卫校去！"蔡某、戚某等人无奈，便给夏素文注射了 75 毫克复方冬眠灵。下班时，蒲连升又对值班医生李某说："如果夏素文 12 点不行（指夏素文还没有死亡），你就再给打一针复方冬眠灵"。当日下午 1 时至 3 时，王明成见其母未死，便两次去找李某，李某又给夏素文开了 100 毫克复方冬眠灵，由值班护士赵某注射。夏素文于 6 月 29 日凌晨 5 时死亡。经陕西省高级人民法院法医鉴定，夏素文的主要死因为肝性脑病。夏素文两次接受复方冬眠灵的总量为 175 毫克，用量在正常范围，并且患者在第二次用药后 14 小时死亡，临终表现又无血压骤降或呼吸中枢抑制。所以，冬眠灵仅加深了患者的昏迷程度，促进了死亡，并非其死亡的直接原因。

上述事实，有死者生前病史病历记载、证人证言、死因鉴定结论证实，被告人蒲连升、王明成也已供认，足以认定。

公诉人认为，被告人蒲连升身为主管医生，故意对肝硬化病人夏素文使用慎用或忌用药物复方冬眠灵，并强令实习学生进行注射，指示接班医生继续使用该药，促进夏素文死亡。被告人王明成不顾医院领导人劝阻，坚决要求对其母夏素文注射药物促其速死，并在医生用药处方上签字，表示对其母的死亡承担责任。被告人蒲连升、王明成的行为均已触犯我国（1979年）《刑法》第132条的规定，构成故意杀人罪。

辩护律师认为，被告人蒲连升、王明成的行为与死者夏素文的死亡之间没有直接的因果关系，不具备犯罪构成的四个要件，故二被告人的行为不构成犯罪，应当宣告无罪。

陕西省汉中市人民法院经过公开审理认为，被告人王明成在其母夏素文病危濒死的情况下，再三要求主管医生蒲连升为其母注射药物，让其母无痛苦地死去，虽属故意剥夺其母生命权利的行为，但情节显著轻微，危害不大，不构成犯罪。被告人蒲连升在王明成的再三请求下，亲自开处方并指使他人给垂危病人夏素文注射促进死亡的药物，其行为亦属故意剥夺公民生命权利，但其用药量属正常范围，不是造成夏素文死亡的直接原因，情节显著轻微，危害不大，不构成犯罪。依照（1979年）《中华人民共和国刑法》第10条和（1979年）《中华人民共和国刑事诉讼法》第11条的规定，法院于1991年4月6日判决，宣告被告人蒲连升、王明成无罪。

宣判后，被告人蒲连升、王明成对宣告他们无罪表示基本满意，但对判决书中认定他们的行为属于故意剥夺他人的生命权利表示不服，提出上诉，要求二审法院改判。

汉中市人民检察院认为，蒲连升、王明成两被告人在主观上有非法剥夺他人生命权利的故意，在客观上又实施了非法剥夺他人生命权利的行为，社会危害性较大，符合我国刑法规定的故意杀人罪的基本特征，已构成故意杀人罪。据此，该院以原判定性错误、适用法律不当为理由，向陕西省汉中地区中级人民法院提出抗诉，要求对蒲连升、王明成二被告人予以正确判处。

陕西省汉中地区中级人民法院二审审理后认为，原审人民法院对本案认定的事实清楚，证据确实、充分，定性准确，审判程序合法，适用法律和判决结果是适当的，应予维持，抗诉和上诉的理由不能成立。该院于1992年3月25日依法裁定，驳回汉中市人民检察院的抗诉和蒲连升、王明成的上诉；维持汉中市人民法院对本案的判决。

蒲连升、王明成故意杀人案，被称为是我国安乐死的第一案，但判决书中并没有出现安乐死一词，因此本案不能认为确认了安乐死的违法阻却事由。对此，1991年2月28日，最高人民法院在给陕西省高院的批复中明确指出："你院请示的蒲连升、王明成故意杀人一案，经高法讨论认为：'安乐死'的定性问题有待立法解决，就本案的具体情节，不提'安乐死'问题，可以依照（1979年）刑法第十条的规定，对王、蒲的行为不作犯罪处理。"最高人民法院对于安乐死的谨慎态度当然是正确的，但在不以安乐死作为蒲连升、王明成的出罪事由的情况下，以但书规定作为其出罪根据，这带来了说理上的困难。其实，本案是完全符合安乐死的特征的：王明成作为夏素文之子，为了减少其母死前的痛苦，要求医生对其母采用药物使其速死，这就是一种典型的安乐死。而蒲连升作为医生，接受王明成的要求，给夏素文开出复方冬眠灵的处方，并指使他人给夏素文注射，致其死亡，是安乐死的实际施行者。按照三阶层的犯罪论体系，上述行为当然是符合故意杀人罪的构成要件的该当性的，其行为是否构成犯罪，应当在违法性阶层考察，即是否属于违法性阻却事由。如果不承认安乐死是违法性阻却事由，则在有责性阶层考察是否存在免责事由。由此可见，三阶层犯罪论体系处理此类问题的逻辑思路是十分清晰的。但按照四要件的犯罪论体系，对本案的考察是在具备了犯罪构成四要件的前提下展开的，因此只能纳入社会危害性的思路，即以情节显著轻微危害不大而不认为是犯罪，引用但书规定予以出罪。判决书在本案的论证中，试图将蒲连升、王明成的故意杀人行为界定为是情节显著轻微的，因此从客观和主观两个方面进行了说理。从客观上来说，一审判决认为："夏素文两次接受复方冬眠灵的总量为175毫克，用量在正常范围，并且患者在第二次用药后14小时死亡，临终表现又无血压骤降或呼吸中枢抑制。所以，冬眠灵仅加深了患者的昏迷程度，促进了死亡，并非其死亡的直接原因"。这一理由是难以成立的，所谓用药在正常范围，那么还能将蒲连升、王明成的行为定性为杀人行为吗？所谓注射冬眠灵并非夏素文死亡的直接原因，这是否意味着判决认为蒲连升、王明成的行为是夏素文死亡的间接原因，由此而确认间接原因是情节显著轻微的表现？从主观上来说，一审判决确认王明成在主观上是为了"让其母无痛苦地死去"，能否以此认为王明成的主观恶性较小，由此而认为主观恶性较小是情节显著轻微的表现？即便如此，那又怎么理解剥夺他人生命是危害不大的呢？对此，我国学者指出："安乐死的实质就是故意杀人，即侵害他人生命权，生命权是至为重大最为珍贵的法益，一旦故意杀人，就是情节极其严重。根本不存在所谓'情节显著轻微'的杀人行为，故意杀人不像盗窃、诈骗还有情节轻微与否之别。"① 概言之，故意杀人无论出于何种原因，都不存在适用但书规定的余地。勉强适用的结果，是对"情节显著轻微危害不大"作过于宽泛的界定。因此，本案还是因为安乐死而出罪，并非情节显著轻微危害不大而出罪。

3. 张美华伪造居民身份证案②

被告人张美华，女，42 岁，上海市人。

上海市静安区人民检察院以被告人张美华犯伪造身份证罪，向上海市静安区人民法院提起公诉。

上海市静安区人民法院经审理查明：

被告人张美华不慎遗失居民身份证，因其户口未落实，无法向公安机关申请补办居民身份证，遂于 2002 年 5 月底，以其本人照片和真实的姓名、身份证号码和暂住地地址，出资让他人伪造了居民身份证一张。2004 年 3 月 18 日，张美华在中国银行上海市普陀支行使用上述伪造的居民身份证办理正常的银行卡取款业务时，被银行工作人员发现而

---

① 方鹏：《出罪事由的体系和理论》，79 页，北京，中国人民公安大学出版社，2011。

② 参见最高人民法院办公厅编：《中华人民共和国最高人民法院公报》，2004 年卷，347～350 页，北京，人民法院出版社，2005。

案发。

上海市静安区人民法院认为：被告人张美华伪造居民身份证，其行为违反了《中华人民共和国居民身份证条例》（现已失效）的规定，应承担法律责任。但从查明的事实看，张美华是在客观上无法补办身份证，又不知道可以申办临时身份证的情况下，以本人的照片和真实的姓名、身份证编码等伪造了本人的居民身份证，且本案也是因张美华持伪造的居民身份证在为自己办理正常的银行业务时而案发。综上，张美华伪造居民身份证的行为情节显著轻微，危害不大，不认为是犯罪。据此，上海市静安区人民法院依照（1996年修正）《中华人民共和国刑事诉讼法》第162条第2项的规定，于2004年4月29日判决：被告人张美华无罪。

一审宣判后，上海市静安区人民检察院提出抗诉，理由是：无论是1985年颁布的《中华人民共和国居民身份证条例》，还是2004年开始实施的《中华人民共和国居民身份证法》，都规定伪造居民身份证的，依照刑法处罚。刑法规定的伪造居民身份证罪，犯罪客体是国家对居民身份证的管理制度。行为人只要侵犯了国家对居民身份证的管理制度，就构成此罪；至于行为人主观上是否有从事违法或犯罪活动的动机，不影响犯罪构成。被告人张美华伪造的居民身份证，虽然内容是真实的，但不能改变其伪造的犯罪性质。张美华出资让他人伪造身份证，并在办理银行业务时使用这个伪造的证件，显然不属于情节显著轻微，应当受到刑法处罚。故一审对张美华作出无罪的判决，确有错误，应当纠正。上海市人民检察院第二分院在支持抗诉时认为，张美华用伪造的身份证申领信用卡并在银行透支现金，其行为具有潜在的社会危害性，上海市静安区人民检察院的抗诉理由成立，应当支持。

上海市第二中级人民法院经审理，除确认了一审查明的事实外，另查明：张美华在用伪造的身份证申领中国银行长城信用卡时，据实填写了本人信息情况及联系人的联系电话。张美华还用该身份证在上海银行申领信用卡一张，并曾多次透支消费后存款入账。

上海市第二中级人民法院认为：我国《刑法》第13条的规定，揭示了犯罪应当具有社会危害性、刑事违法性和应受刑罚惩罚性等基本特征，其中社会危害性是犯罪的本质特征，这是认定犯罪的基本依据。某种行为表明符合刑法分则规定的犯罪构成要件的行为，只要它属于《刑法》第13条规定的对社会危害不大不认为是犯罪的行为，则也就不具有刑事违法性和应受刑罚惩罚性。因此，把握行为的社会危害性程度，是界定罪与非罪的关键。《中华人民共和国居民身份证法》第1条规定："为了证明居住在中华人民共和国境内的公民的身份，保障公民的合法权益，便利公民进行社会活动，维护社会秩序，制定本法。"第8条规定："居民身份证由居民常住户口所在地的县级人民政府公安机关签发。"由此可见，居民身份证是公民维护自己合法权益和进行社会活动时不可或缺的身份证明。张美华的户口从原址迁出后，一直无法落户。由于缺乏"常住户口所在地"这一要件，其身份证丢失后，户籍管理机关不能为其补办，使其在日常生活中遇到困难。在此情况下，张美华雇佣他人伪造一张身份证，仅将此证用于正常的个人生活。张美华使用的居民身份证虽然是伪造的，但该证上记载的姓名、住址、身份证编码等个人身份信息却是真实的，不存在因使用该证实施违法行为后无法查找违法人的可能。张美华在使用银行信用卡时虽有透支，但都能如期如数归还，且在日常生活和工作中无违法乱纪的不良记录。法庭调查证明，张美华伪造并使用伪造居民身份证的目的，是为了解决身份证遗失后无法补办，日常生活中需要不断证明自己身份的不便。张美华伪造居民身份证虽然违法，但未对社会造成严重危害，属于情节显著轻微危害不大。一审法院根据《刑法》第13条的规定认定张美华的行为不是犯罪，并无不当。抗诉机关以张美华用伪造的居民身份证申领银行信用卡并在银行透支现金，推定张美华的行为具有潜在的社会危害性，没有事实根据，其抗诉理由不充分，不予支持。据此，上海市第二中级人民法院依照《中华人民共和国刑事诉讼法》第 189 条第 1 项的规定，于 2004 年 7 月 22 日裁定：驳回抗诉，维持原判。

在张美华伪造居民身份证案中，上海市静安区人民法院对其作出无罪判决，上海市第二中级人民法院驳回抗诉，这是相当令人敬佩的。本案被《最高人民法院公报》刊载，表明最高法院对此案也是持肯定态度的。但是，在本案中，判决以但书规定作为张美华的出罪根据，这是难以接受的。伪造身份证罪本身是一种抽象危险犯，对于抽象危险犯来说，判断危害大小几乎是不可能的，因此根本就不存在适用但书的前提条件。笔者认为，张美华之出罪的根据在于对伪造一词的理解。关于伪造，在日本刑法学界存在形式主义与实质主义之争。例如，日本学者大塚仁教授曾经对文书伪造犯罪中的形式主义与实质主义做过以下论述："关于文书伪造的犯罪中的现实的保护对象，形式主义认为是文书制作名义的真实性及形式的真实，实质主义认为是文书内容的真实即实质的真实。形式主义提出，只要确保文书制作名义的真实性，就自然会保护其内容的真实；而实质主义则提出，属于文书内容的事实关系违反了真实的话，就会侵害社会生活的安全。刑法以形式主义为基调，也并有着实质主义。为了保护对文书的公共信用，首先有必要尊重文书的形式的真实性，不应允许因为内容是真实的就违反制作权人的意思而冒用其名义制作文书。不过，也存在应该特别保护文书内容的真实的情形，可以认为，刑法正是在这种认识之下规定了文书伪造的犯罪。"① 大塚仁教授以上论述虽然是针对日本刑法中的文书伪造犯罪而言的，但笔者认为，也完全可以适用于对我国伪造犯罪的理解。伪造居民身份证罪，是我国刑法规定的伪造犯罪之一种。关于这里的伪造，张明楷教授认为，伪造不仅包括无权制作身份证的人擅

---

① ［日］大塚仁：《刑法概说（各论）》，3 版，冯军译，477 页，北京，中国人民大学出版社，2003。

自制作居民身份证，而且包括有权制作人制作虚假的居民身份证。① 在此，张明楷教授指出了伪造居民身份证罪之伪造，既包括有形伪造（无权制作者的非法制作），也包括无形伪造（有权制作者制作虚假文书）这两种情形②，这是正确的。但在有形伪造的情况下，是按照形式主义还是按照实质主义来判断伪造，张明楷教授并未论及。笔者的观点是，应该按照实质主义来判断伪造居民身份证罪的伪造。因此，像本案中张美华的行为，虽然是一种无权制作居民身份证而非法制作居民身份证的行为，违反了《居民身份证法》的规定，但按照实质主义理解，不能认为其行为构成了伪造居民身份证罪。当然，实际的制作人在不知委托人提供的个人信息是否真实的情况下，非法制作行为可以构成伪造居民身份证罪，而在明知委托人提供的个人信息是真实的情况下，能否构成伪造居民身份证罪尚可商榷。

值得注意的是，张明楷教授将伪造居民身份证罪的实行行为界定为具体的制作行为，而将类似本案被告人张美华的行为解释为是购买伪造的居民身份证的行为。对于这种购买居民身份证的行为，张明楷教授认为不构成伪造居民身份证罪。例如，张明楷教授在论及将这种行为认定为伪造居民身份证罪的共犯的观点时指出："刑法并不处罚购买居民身份证的行为，而提供照片、预付现金等只是购买伪造的居民身份证不可或缺的行为，易言之，提供照片与预付现金，没有超出购买的范围，既然如此，就不宜认定为犯罪。"③ 据此，张美华的行为当然也是不构成伪造身份证罪的，其根据在于，这种行为根本不是伪造居民身份证罪的构成要件行为。应当指出，这里的购买，既包括购买个人信息真实的伪造的居民身份证，又包括购买个人信息不真实的居民身份证。对于张明楷教授的这一观点，还是可以进一步讨论的。在对于类似张美华的行为不能根据但书规定出罪这

① 参见张明楷：《刑法学》，4版，925页，北京，法律出版社，2011。
② 参见［日］大塚仁：《刑法概说（各论）》，3版，冯军译，495页，北京，中国人民大学出版社，2003。
③ 张明楷：《刑法学》，4版，925页，北京，法律出版社，2011。

一点上，笔者和张明楷教授的观点是完全一致的。在笔者看来，对于本案被告人张美华的行为，不能简单地套用但书规定予以出罪，而是应当通过对伪造的实质主义的解释将其出罪。

三、但书规定的法理探讨

从以上关于但书规定的司法解释和司法个案的考察可以看出，在我国司法实践中，但书规定的适用存在一定的混乱，甚至滥用的情况。但书规定几乎成为出罪的总括性的根据，而情节显著轻微危害不大的司法判断缺乏明确的标准。在我国目前入罪容易出罪难的司法背景下，但书规定的积极意义为我国学者所强调。然而，对于我国刑法中的但书规定，还是需要从法理上进行深入的探讨。笔者认为，以下三个问题值得研究：

（一）但书规定的内容界定

对但书规定的"情节显著轻微危害不大，不认为是犯罪"如何正确理解，这是在对但书规定进行法理分析时首先需要解决的问题。

1. 情节

但书规定的情节，是指与犯罪有关的情节，但因为但书规定的是不认为是犯罪的情形，所以该情节不能称为犯罪情节。尽管如此，该情节与犯罪的相关性则是不容否定的。值得注意的是，《苏俄刑法典》没有采用情节一词，而把但书规定的适用条件描述为"形式上虽然符合本法典分则所规定的某种行为的要件"。在这种情况下，为了适用但书规定，必须具备行为在形式上符合刑法典分则条文所规定这一要件。如果某一行为在刑法典分则中没有规定，就不能引用但书规定出罪。① 由于形式上符合刑法分则所规定的某种行为的要件这一用语，容易引起

---

① 参见［苏］Н. А. 别利亚耶夫、М. И. 科瓦廖夫主编：《苏维埃刑法总论》，马改秀、张广贤译，66～67页，北京，群众出版社，1987。

犯罪构成形式化的误解，我国刑法中的但书规定没有采用这一表述，而是使用情节一词。我国《刑法》第13条的但书规定在情节一词的前面又没有犯罪的限定，因此，也同样容易产生误解，需要从理论上加以厘清。例如，这里的情节是指客观要素还是也包括主观要素，就是一个需要界定的问题。就情节而言，一般来说是指客观要素，例如近亲盗窃情况下所窃取的财物系家庭财物或者近亲属财物、已满14周岁不满16周岁的未成年人与幼女偶尔发生性行为等；但也不排除主观要素，例如走私珍贵动物制品不以牟利为目的等。应该说，以上主客观要素纳入但书规定的情节是合理的，但从适用但书规定的司法解释来看，纳入情节的内容过于宽泛。例如，（1）主体的责任能力状况：又聋又哑的人；（2）全部退赃；（3）被害人谅解；（4）为生活所迫等。这些情形，有些是违法性要素，有些是责任要素，从逻辑上说，不能完全纳入情节的范畴。这些要素已然不是构成要件要素，它们的存在使但书规定的出罪事由模糊化，正如我国刑法中存在的入罪规定的盖然性一样。

对于但书规定的这种模糊性，我国学者认为，这将造成执法中认识的混乱，造成执法的不统一，即可能出现有罪不罚，让徇私舞弊的人钻空子，不利于打击犯罪的情况，也可能会对不应当构成犯罪的人定罪处刑，扩大打击面。① 概言之，但书规定的模糊性给区分罪与非罪的界限造成了一定的困难。我国也有学者虽然承认但书规定的模糊性，但又认为这种但书内容的模糊性具有不可避免性，因为但书的内容要将其完全明确化是几乎不可能的。不构成犯罪的有两种可能：行为违法但不构成犯罪；行为既不违法也不犯罪。违法但不犯罪是一个介乎犯罪与合法行为之间的层次，违法达到什么程度算是犯罪，立法者很难给出一个标准，所以只能用模糊的语言来进行表述。② 关于犯罪成立条件的规定应当具有明确性，这是罪刑法定原则的必然要求，当然这种明确也是相对的。至于但书规

---

① 参见王尚新：《关于情节显著轻微规定的思考》，载《法学研究》，2001（5），24～25页。
② 参见张永红：《我国刑法第13条但书研究》，98页，北京，法律出版社，2004。

定，这是一个出罪事由的规定，它并不是具体犯罪的罪与非罪的划分标准，其立法上的模糊性并不是一个特别严重的问题。但是，对于但书规定的解释，还是应当使其具有一定的明确性。笔者认为，这种立法规定的模糊性和法律解释的明确性是可以共存的。我国学者曾经指出，大陆法系国家根据法益侵害性或者规范违反说进行实质违法性的判断本身也是模糊的。但是，无论是法益侵害说判断标准的不够明确性，还是规范违反说的极度抽象性，都没有改变人们对实质违法性理论的承认及对相应判断标准的运用，也没有妨碍法益侵害说成为今日普遍承认之学说。既然如此，我们也就没有必要因为但书判断的模糊性而否认其价值。[1] 这里存在着对德国刑法体系中的出罪判断的误解，需要加以澄清。我国学者揭示了德国刑法中数量要素判断的明确性，指出："在德国刑法体系中，对'量'的因素的判断，时刻也离不开构成要件，法益价值判断因此而转化为一个构成要件归纳的技术问题。因此，在德国刑法体系中，量的判断一般只考虑构成要件明确规定的因素，不得考虑与构成要件无关的事物（如犯罪分子对所犯罪行的认罪态度等），又由于相对于大而无当的'情节轻微'等刑事政策学的概念而言，构成要件用语精确，稳定性强，有明确的标准，所以德国刑法体系中定量因素的考虑范围相对较窄，但也较为明确。"[2] 由此可见，只有将法益侵害性等实质性的判断根据与构成要件这样一些类型化的要素结合起来，才能对出罪事由进行正确的判断。

2. 显著轻微

显著轻微是但书规定中对情节的定量要素。在我国刑法中，对情节根据其轻重可以进行阶梯式排列：情节显著轻微、情节轻微、情节较轻、情节严重（恶劣）、情节特别严重。在以上情节的阶梯式排列中，只有情节显著轻微是非罪的情节，其法律后果是不认为是犯罪。情节轻微，一般是免除刑罚处罚的情节。例

---

① 参见张永红：《我国刑法第 13 条但书研究》，99 页，北京，法律出版社，2004。
② 熊琦：《德国刑法问题研究》，52 页，台北，元照出版公司，2009。

如《刑法》第 37 条前半段规定："对于犯罪情节轻微不需要判处刑罚的,可以免予刑事处罚。"免予刑事处罚是一种犯罪的法律后果,它与但书规定的不认为是犯罪,在性质上是完全不同的。情节较轻,是一种刑罚减轻事由;情节严重(恶劣)在不同的犯罪中具有不同的性质:在情节犯中是构成犯罪的条件,而在基本犯中则是加重处罚事由。同样,情节特别严重也是一种特别加重刑罚事由。由此可见,我国刑法规定的犯罪,犯罪情节轻重不仅是罪与非罪的界限,而且也是轻罪与重罪的界限。

那么,这里的显著轻微如何判断呢?笔者认为,显著轻微是指行为本身的微不足道,应当以构成要件的行为所具有的轻微性进行考察。例如,非法拘禁罪中的拘禁行为是一种继续犯,要求在一定的时间内对被害人的人身自由加以剥夺。显然,时间要素是拘禁行为的内容之一。但是,如果拘禁的时间过短,虽然不影响拘禁行为的成立,却可以被认为是非法拘禁的情节显著轻微。此外,在近亲盗窃的情况下,其所盗窃的财物属于家庭或者近亲属的财物这一性质,也使盗窃行为的危害性质降低,成为判断情节显著轻微的一个要素。

3. 危害不大

如果说,显著轻微是对行为而言的,那么,危害不大就是对结果而言的,是指没有造成较大的危害结果。我国刑法中的犯罪可以分为行为犯与结果犯:行为犯并不要求一定结果的发生,而结果犯则要求发生一定的结果。对于结果犯来说,没有结果则构成要件要素没有完全具备,在这种情况下,可能构成未遂。对于符合犯罪未遂要件的,当然应当按照未遂犯的规定处理。但书规定中的危害不大,并不是指没有发生结果,而是说这种结果的危害不是很大。例如,2010 年 3 月 15 日,最高人民法院、最高人民检察院、公安部、司法部发布《关于依法惩治拐卖妇女儿童犯罪的意见》,该意见第 17 条规定:"对私自送养导致子女身心健康受到严重损害,或者具有其他恶劣情节,符合遗弃罪特征的,可以遗弃罪论处;情节显著轻微危害不大的,可由公安机关依法予以行政处罚。"这是对遗弃行为危害不大的规定。遗弃行为的结果是对子女的身心健康造成损害,因此遗弃行为的危害不大是指没有对子女的身心健康造成严重的损害。

　　这里存在一个值得研究的问题，就是情节显著轻微和危害不大之间到底是一种并列关系还是递进关系。如果是并列关系，则显著轻微和危害不大只要具有其一，就可以适用但书规定。但如果是递进关系，则不仅要求具备情节显著轻微，而且还必须同时具备危害不大的要件。对于这个问题，从有关司法解释的规定来看，是将情节显著轻微与危害不大相提并论，没有特别加以区分。笔者认为，但书规定的情节显著轻微与危害不大，其含义是有所不同的，它不是同义反复。但我们必须注意，但书规定的适用条件是一个整体，情节显著轻微危害不大是一种综合判断，而不是根据单一的指标所得出的结论。正如我国学者指出："在适用刑法第 13 条但书时，必须同时具备情节显著轻微和危害不大这两个条件，仅仅情节显著轻微或者仅仅危害不大是不能适用但书的。"① 例如，2006 年 1 月 11日，最高人民法院发布《关于审理未成年人刑事案件具体应用法律若干问题的解释》，该解释第 6 条规定："已满十四周岁不满十六周岁的人偶尔与幼女发生性行为，情节轻微、未造成严重后果的，不认为是犯罪。"根据这一规定，适用但书需要具备以下四个条件：（1）行为人必须是已满 14 周岁不满 16 周岁的人；（2）行为人是偶尔与幼女发生性行为；（3）情节轻微；（4）未造成严重后果。这里的情节轻微，虽然不是但书规定中的情节显著轻微，但因为其前提已经是与幼女发生性行为具有偶尔性，在此基础上的情节轻微，就可以理解为情节显著轻微，即：偶尔＋情节轻微＝情节显著轻微。这里的未造成严重后果，就是指危害不大。我国学者指出：以上司法解释中的"情节轻微""未造成严重后果"的规定暗含着经幼女同意的条件，也就是说，是专门针对未成年的少男经幼女同意或自愿而与之发生性关系的情况，即少男与幼女谈恋爱或熟识自愿发生性关系的"两小无猜"的情形。② 由此可见，对于适用但书规定来说，情节显著轻微与危

　　① 张永红：《我国刑法第 13 条但书研究》，7～8 页，北京，法律出版社，2004。
　　② 参见方鹏：《出罪事由的体系和理论》，49 页，北京，中国人民公安大学出版社，2011。

害不大必须同时具备。

4. 不认为是犯罪

但书规定中的不认为是犯罪，是情节显著轻微危害不大的法律后果，这是一种有利于行为人的出罪后果。如何理解这里的不认为犯罪，高铭暄教授在论及1979 年《刑法》第 10 条时曾经指出："本条'但书'的表述，究竟是解决罪与非罪的界限，还是解决论处不论处的界限？二十二稿的写法是：'情节显著轻微危害不大的，不以犯罪论处'；三十三稿的写法是：'情节轻微危害不大的，不以犯罪论处'；现在刑法的写法是'情节显著轻微危害不大的，不认为是犯罪'。看来这条'但书'的任务是从原则上划分罪与非罪的界限，而不是划分论处与不论处的界限，否则与第三十二条就不好区分了。"[①] 高铭暄教授在此所说的是 1979 年《刑法》第 32 条，也就是现行《刑法》第 37 条关于免予刑事处分的规定，这一规定也被称为是定罪免刑。不以犯罪论处与不认为是犯罪之间是存在区别的，那么，能否像某些学者所说的那样，不以犯罪论处的行为仍然构成犯罪，只是不以犯罪处理而已呢？[②] 笔者认为不能如此理解。不以犯罪论处还是不构成犯罪的意思，而定罪免刑并非对某一行为不以犯罪论处，而是在已经构成犯罪的基础上，免予刑罚处罚。但书规定中的"不认为是犯罪"与"不是犯罪"也是不同的，"不是犯罪"是指其行为根本就不具有构成要件该当性。而情节显著轻微危害不大的情形，仅仅是不"认为"是犯罪而已。在这个意义上来说，笔者认为，但书规定中的不认为是犯罪，其含义就是不以犯罪论处。

这里涉及不认为是犯罪的情形与犯罪之间的逻辑关系。我国学者一般认为，犯罪概念是从正面对犯罪进行定义，而但书是从反面规定不是犯罪的情况，以便使犯罪的概念更加明确。[③] 按照这一界定，犯罪概念与但书规定就是犯罪的正面与反面的关系，也就是是犯罪与不是犯罪的关系。笔者认为，这种对犯罪概念与

① 高铭暄：《中华人民共和国刑法的孕育与诞生》，37 页，北京，法律出版社，1981。
② 参见马克昌主编：《犯罪通论》，3 版，31 页，武汉，武汉大学出版社，1999。
③ 参见马克昌主编：《犯罪通论》，3 版，31 页，武汉，武汉大学出版社，1999。

但书规定关系的理解是值得商榷的。根据我国刑法关于犯罪概念及但书的规定，我国刑法中的非罪存在以下两种情形：一是纯正的非罪，即没有实施刑法所规定的构成要件的行为，也就是法无明文规定的行为，这种情形称为"不是犯罪"，即行为性质与犯罪不相符合。二是不纯正的非罪，即已经实施了刑法所规定的构成要件的行为，只不过情节显著轻微危害不大不以犯罪论处，这种情形称为"不认为是犯罪"。即行为性质虽与犯罪相符合，但没有达到犯罪成立所要求的危害程度。在这个意义上，应该把但书规定的不认为是犯罪理解为不以犯罪论处。正如我国学者指出："我国刑法中犯罪圈的划定是由刑法第13条的前段和但书两段相结合共同完成的。根据前段，一切具有社会危害性、刑事违法性和应受刑罚惩罚性的行为都是犯罪；但框入圈内的行为有些并非犯罪；根据但书，那些已被框入圈内但情节显著轻微危害不大的行为，不认为是犯罪，就将一部分行为排除出去，这才是最终划定的犯罪圈。"① 只有这样，才能把"不认为是犯罪"的情形与"不是犯罪"的情形区分开来。可以说，"不认为是犯罪"是一种介乎于是犯罪与不是犯罪之间的非罪情形。

（二）但书规定的价值评判

对于但书规定的正当性，在我国是一个存在争议的问题。这里主要涉及但书规定是否违反罪刑法定原则的问题。

我国《刑法》第3条规定了罪刑法定原则："法律明文规定为犯罪行为的，依照法律定罪处刑；法律没有规定为犯罪行为的，不得定罪处刑。"以上规定可以分为前半段和后半段。后半段是指"法无明文规定不为罪"，对此没有争议。问题在于对前半段如何理解？对于前半段，我国学者将其称为积极的罪刑法定原则，即只要法律明文规定为犯罪行为的，就应当依照法律定罪处刑。例如，何秉松教授指出："对于一切犯罪行为，都要严格地运用刑法加以惩罚，做到有法必依，违法必究。其基本精神是严肃执法，惩罚犯罪，保护人民。从这个基本点出

---

① 张永红：《我国刑法第13条但书研究》，107页，北京，法律出版社，2004。

发，积极的罪刑法定原则要求：1. 法律明文规定为犯罪行为的，要依法追究其刑事责任，任何机关或个人，不得违反刑法的规定，任意出人于罪，宽纵罪犯。2. 对犯罪分子定罪和处刑，都必须严格遵守刑法的规定，该定什么罪就定什么罪，该判处什么样的刑罚就判处什么样的刑罚，不得违反刑法的规定，重罪定为轻罪，轻罪定为重罪或者重罪轻判，轻罪重判。"① 根据这种所谓积极的罪刑法定原则，只要刑法规定为犯罪行为的，就一律定罪处刑。基于这一所谓积极的罪刑法定原则，但书规定的正当性被质疑。例如，我国学者指出："我国刑法第3条的规定不仅包含了罪刑法定原则中的法无明文规定不为罪的一般规定，而且还包含了法律规定为犯罪行为的，就要依法定罪处刑，要严格执法。但是，根据'情节显著轻微危害不大的，不认为是犯罪'的规定，刑法分则已规定为犯罪的行为有可能被司法机关确定为不是犯罪，不予刑事处罚。罪刑法定原则要求刑法对个罪构成的规定要具体、确定，而'情节显著轻微危害不大，不认为是犯罪'的规定则使刑法个罪的罪与非罪的标准永远处于一个不确定的状态，从而与罪刑法定之确定性要求相悖。"② 显然，这一对但书规定的批判是基于对积极的罪刑法定原则的理解，认为但书规定使那些刑法明文规定为犯罪行为的情形予以出罪，因而不妥。

那么，积极的罪刑法定原则能够成立吗？笔者的回答是否定的。笔者认为，《刑法》第3条前半段不能理解为："只要法律明文规定为犯罪行为的，就应当依照法律定罪处刑"，而应当理解为："只有法律明文规定为犯罪行为的，才能依照法律定罪处刑"③。因此，不能认为但书的出罪规定是违反罪刑法定原则的。这里涉及一个至关重要的而过去有没有充分引起我国刑法学界关注的问题，这就是：

---

① 何秉松主编：《刑法教科书》，2000年修订·上卷，68页，北京，中国法制出版社，2000。
② 王尚新：《关于刑法情节显著轻微规定的思考》，载《法学研究》，2001（5），21页。
③ 关于这一问题的深入讨论，参见陈兴良：《罪刑法定主义》，57~63页，北京，中国法制出版社，2010。

入罪须有法律根据，难道出罪也须有法律根据吗？

笔者的回答是否定的。概言之，出罪根本就不须有法律根据。正如我国学者指出："入罪必须法定，出罪无须法定，这是本书一贯强调的理念，也是世界各国刑法实践所一致赞同的。例如，超法规的违法阻却事由，既是没有法律规定却能出罪的范例。而作为罪刑法定的派生原则的禁止类推，也只是禁止不利于被告人的类推（即入罪类推），而允许有利于被告人的类推（即出罪类推）。因此，法定原则，亦即只有法有明文规定才可作出有效裁判的原则，只是限制入罪判断的原则，而不是限制出罪判断的原则。'但书'规定，其本意即是出罪，是对纯粹形式理性作出的实质正义修正，并不受法定原则的限制，当然也不违背罪刑法定原则保障人权的主旨。"① 这于这一观点，笔者是完全赞同的。在此，我国学者论及出罪事由的法定性与非法定性。例如，所谓超法规的正当化事由就是一种非法定性的出罪事由。我国刑法规定了某种出罪事由，这是法定的出罪事由，包括正当防卫、紧急避险等法定的违法阻却事由，这是有法律明文规定的。但除了法定的出罪事由以外，还存在非法定的出罪事由，可以说，出罪事由是一个开放性的体系。

但书规定并不违反罪刑法定原则，这就为但书规定的正当性提供了法理根据。与此同时，我们也必须指出，但书规定在司法实践中确实存在着善意的滥用。这种善意滥用的根源还是在于"出罪须有法律规定"的思想在作祟。如果明确地树立起"出罪无须法定"的理念，但书规定或者可以作为提示性规定而存在，或者只限于那些确属情节显著轻微危害不大的行为的出罪根据。例如，超法规的正当化事由，也称为超法规的排除犯罪性的事由，本来就是没有出罪的法律根据的情形。对此，我国学者作了正确的解读，指出："'超法规排除犯罪性事由'之所以排除了犯罪性，其根据虽然没有在法规条文中明确显示，但依据的是刑事法的整体精神，是法规条文作为一个整体所体现出来的刑法价值观，所以，

---

① 方鹏：《出罪事由的体系与理论》，306页，北京，中国人民公安大学出版社，2011。

超法规的根据并不是外在于法规，而仍然是内在于法规之中。"① 超法规的正当化事由或者排除犯罪性事由，都是一种没有法律明文规定的出罪事由，这就体现了"出罪无须法定"的理念。但是，以上论者又把但书规定作为超法规排除犯罪性事由的根据，指出："根据我们对超法规排除犯罪性事由符合犯罪构成的客观方面，具有一定的形式上的违法性，但不符合犯罪构成整体，没有社会危害性，以但书为依据，排除其犯罪性，在理论上是行得通的，但书可以作为其排除犯罪性的理论依据。"② 在此，有些说不通之处。但书规定是一种出罪的法律根据，怎么又成了理论依据呢？超法规的排除犯罪性事由如果依据但书规定出罪，就不是超法规的出罪事由，而是依据法律的出罪事由。这种将但书规定作为超法规的正当化事由的出罪根据本身，恰恰反映了"出罪须有法律根据"这种思想的束缚。

根据但书规定出罪，是否会导致任意出罪，这也是对但书规定被滥用的一种担忧。例如，我国学者指出："认定某一行为是否具有较为严重的社会危害性或者说是在认定某一行为是否社会危害不大，这个社会危害性在具体的执法者那里往往具有较大的主观色彩，没有法律上的或者客观上的参照系。将这种'不认为是犯罪'的认定权交予司法机关行使，是不是会使司法机关的权力过大？这种不认为是犯罪的认定，不仅限于人民法院的认定，也包括侦查机关认为情节显著轻微不予立案或者中止侦查，包括人民检察院不起诉。多个司法机关行使这一权力会使这一规定的执行具有更大的随意性。"③ 笔者认为，这种担忧是没有必要的。司法机关的定罪权本身就包括了两个方面的内容：一是入罪权，二是出罪权。前者是将某一行为根据刑法规定，予以入罪的权力，后者是将某一行为予以出罪的权力。这种出罪，又包括了两种情况：一是对根本就不符合构成要件的行为予以出罪的权力，这些行为不是犯罪；二是对虽然符合构成要件但情节显著轻微危害

---

① 陈庆安：《超法规排除犯罪性事由研究》，6 页，上海，上海社会科学院出版社，2010。
② 陈庆安：《超法规排除犯罪性事由研究》，128 页，上海，上海社会科学院出版社，2010。
③ 王尚新：《关于刑法情节显著轻微规定的思考》，载《法学研究》，2001（5），22 页。

不大的行为予以出罪的权力，这些行为不认为是犯罪。在世界各国，都不是某一行为只要符合刑法规定就一律入罪，对于那种情节显著轻微危害不大的行为，都是采取各种途径予以出罪。一个公正的刑事诉讼程序，不仅入罪的渠道是畅通的，而且出罪的渠道也同样应当是无阻的。从我国目前的司法实践情况来看，入罪容易出罪难，入罪的动力远远大于出罪。在这种情况下，强调建立顺畅的出罪机制具有重要的理论意义与现实意义。应该指出，强调司法出罪的重要性，并不意味着鼓励出罪权的滥用，尤其是要防止贪赃枉法，放纵犯罪，但这个问题与建立顺畅的出罪机制之间并不矛盾。

在我国刑法学界，对于能否直接援引但书规定作为司法个案的出罪根据，存在着较大的分歧意见。其中肯定说认为，但书规定可以成为司法个案的出罪根据，不仅法院是适用但书规定的主体，而且公安机关和检察院也是适用但书规定的主体。[①] 应该说，这是通说，也为司法机关所采纳。但否定说则认为，但书规定不能成为司法个案的出罪根据。例如，张明楷教授指出："犯罪概念不是认定犯罪的具体标准，同样，刑法第 13 条的但书也不是宣告无罪的具体标准。司法机关只能根据刑法规定的犯罪成立条件认定行为是否成立犯罪，而不是直接以社会危害性的大小认定犯罪。如果行为符合犯罪成立条件，当然构成犯罪；如果行为不符合犯罪成立条件，自然不成立犯罪。如果行为符合犯罪成立条件，却又根据刑法第 13 条但书宣告无罪，便使刑法规定的犯罪成立条件丧失应有的意义，也违反了刑法第 3 条的规定。"[②] 张明楷教授在此论及的并不仅仅是一个能否直接引用《刑法》第 13 条但书规定作为出罪根据的问题，而且涉及定罪的思维方法论的问题，即：刑法规定的犯罪成立条件，是只是入罪条件，还是同时也是出罪条件？根据张明楷教授的观点，犯罪成立条件既是入罪条件，又是出罪条件。在符合犯罪成立条件的情况下，犯罪成立条件是入罪条件；在不符合犯罪成立条

---

① 参见张永红：《我国刑法第 13 条但书研究》，76 页，北京，法律出版社，2004。
② 张明楷：《刑法学》，4 版，93 页，北京，法律出版社，2011。

件的情况下，犯罪成立条件就是出罪条件。因此，正如不能在犯罪成立条件之外根据犯罪概念入罪，也不能在犯罪成立条件之外根据但书规定出罪。对于张明楷教授的这一观点，笔者是完全赞同的。这并不是说，目前在司法实践中根据但书规定出罪的情形不应当出罪；而只是说，这些情形本来就不符合犯罪成立条件，应当根据不具备犯罪成立条件而出罪，而不是根据但书规定而出罪。当然，我国刑法学界也有一种较为折中的观点，即把出罪根据分为实质的出罪根据和形式的出罪根据。例如，我国学者指出："将'但书'定位为不可罚出罪事由的法条提示，亦即是我国刑法中反映不可罚出罪事由的法条规定，而未将其作为出罪事由本身。言下之意，不可罚的出罪事由以及不可罚性只是理论层面的归纳和说理，'但书'才是实定法层面的法条规定。从法条解释的角度来看，可以将'但书'规定的具体内容解释为不可罚的出罪事由（学理解释）。而从司法运用的角度来看，如果在司法实务中运用不可罚的出罪事由时必须援引法条，那么就应当援引刑法第 13 条'但书'规定。"[①] 这种规定试图将不可罚的出罪事由分为实质性的解释论的根据与形式性的实定法根据，由此两全其美，其折中意味是十分明显的。在目前我国司法语境下，这种观点不失其现实的合理性。当然，从法理上来说，但书规定只具有提示性而不能直接作为出罪根据被援引，更加符合立法理性与司法逻辑。

（三）但书规定的司法适用：以醉驾为例

我国刑法学界以往对于但书规定虽然存在一些争议，但醉驾行为是否一律入罪的讨论才使这一争议浮上台面，引起广泛的社会关注。在上文中，笔者已经对但书规定在司法实践中的适用情况，从司法解释和司法个案这两个方面作了述评。在笔者看来：在我国司法实践中，存在着但书规定被善意地滥用的情况。这里所谓善意地滥用，是指将某些虽然应当出罪，但不应当按照但书规定出罪的情形，都适用了但书规定予以出罪。在这种情况下，虽然不能否定出罪的正当性，

[①] 方鹏：《出罪事由的体系和理论》，303 页，北京，中国人民公安大学出版社，2011。

然而但书规定的适用范围却被无限制的扩张。根据但书规定，对所谓情节显著轻微危害不大的醉驾行为予以出罪，就是但书规定被滥用的一个绝佳例证。不仅如此，由于刑法规定醉驾行为构成的危险驾驶罪的特殊性，使得这种但书规定的滥用不具有正当性与合理性，因而成为但书规定善意地滥用的一个例外。

醉驾行为是否一律入罪的主要争点在于如何解读法律文本。《刑法》第133条之一规定，在道路上驾驶机动车追逐竞驶，情节恶劣的，或者在道路上醉酒驾驶机动车的，处拘役，并处罚金。从以上规定来看，追逐竞驶行为构成犯罪，要求具备情节恶劣的要件，但醉酒驾驶行为构成犯罪并没有规定情节恶劣的要件。对此，我们可以还原立法过程，以便准确地理解立法本意。参与立法的有关人员在解说上述规定时，指出："对在草案审议中有人提出对醉驾增加'情节严重'的限制条件的建议，经公安部、国务院法制办等部门研究后认为，醉酒驾车标准是明确的，与一般酒后驾车的区分界限清晰，并已执行多年，实践中没有发生大的问题。如果再增加规定'情节严重'等限制条件，具体执行中难以把握，也不利于预防和惩治这类犯罪，建议维持草案的规定，立法采纳了这个意见。"[1] 在这种情况下，根据立法本意，追逐竞驶和醉酒驾驶这两种行为构成犯罪的条件不同：在道路上驾驶机动车追逐竞驶，情节恶劣的才构成犯罪；而醉酒驾车行为构成犯罪则无须再具备任何其他要件。[2] 基于对《刑法》第133条之一的以上理解，我国学者认为醉驾行为应当一律入罪。应该说，醉酒行为一律入罪是符合立法本意的。那些反对醉驾行为一律入罪的学者则认为，对于情节显著轻微危害不大的醉驾行为，应当适用但书规定予以出罪。例如，我国学者指出："不能因为《刑法修正案（八）》第22条没有为醉酒驾驶机动车设定情节限制，就突破刑法总则第13条关于犯罪概念的相关规定；刑法总则对分则所有条文都起着制约作用，刑法总则第13条'但书'的规定和分则关于醉驾入罪的规定并没有矛盾。

---

① 黄太云：《〈刑法修正案（八）〉解读（二）》，载《人民检察》，2011（7）。
② 参见全国人大常委会法制工作委员会刑法室编：《中华人民共和国刑法修正案（八）条文说明、立法理由及相关规定》，72页，北京，北京大学出版社，2011。

而'醉驾不能一律入罪'正是承认刑法总则效力的必然结果，也是其应有之义。"① 这是基于对刑法总则与分则的关系而得出但书规定适用于醉驾行为的结论。应该说，这是符合司法逻辑的。因为在以往的司法解释和司法个案中，并非刑法分则对某一犯罪没有规定定量要素，就不能适用但书规定。因此，最高人民法院于 2011 年 5 月发布了《关于正确适用刑法修正案（八）依法追究醉酒驾车犯罪案件的紧急通知》。该通知明确指出："刑法第 133 条之一规定在道路上醉酒驾驶机动车予以追究刑事责任，虽然没有规定情节严重或情节恶劣的前提条件，但根据刑法第 13 条的规定，危害社会行为情节显著轻微危害不大的，不认为是犯罪。根据刑法和修改后道路交通安全法的规定，对在道路上醉酒驾驶机动车的行为需要追究刑事责任的，应当是具有较恶劣的情节、较严重的社会危害性的情形。要避免不加区别，一律入罪"。这一规定为情节显著轻微危害不大的醉驾行为出罪提供了根据。之所以对情节显著轻微危害不大的醉驾行为出罪，其理由之一是为了使醉驾行为的刑事处罚与行政处罚衔接。但恰恰在这一点上，刑法对醉驾行为的规定无法与行政处罚衔接。根据《刑法》第 133 条之一规定，醉酒驾驶行为构成危险驾驶罪。而酒后驾驶行为则应当按照《道路交通安全法》的有关规定予以行政处罚。在此，醉酒驾驶与酒后驾驶的区分就在于血液中检测出的酒精浓度：酒精浓度大于或者等于 80 毫克/100 毫升的，就是醉酒驾驶，小于 80 毫克/100 毫升的，则是酒后驾驶。根据《道路交通安全法》（2011 年修正）第 91 条规定："饮酒后驾驶机动车的，处暂扣六个月机动车驾驶证，并处一千元以上二千元以下罚款。因饮酒后驾驶机动车被处罚，再次饮酒后驾驶机动车的，处十日以下拘留，并处一千元以上二千元以下罚款，吊销机动车驾驶证。醉酒驾驶机动车的，由公安机关交通管理部门约束至酒醒，吊销机动车驾驶证，依法追究刑事责任；五年内不得重新取得机动车驾驶证。饮酒后驾驶营运机动车的，处十五

---

① 赵秉志、赵远：《危险驾驶罪研析与思考》，载赵秉志主编：《"醉驾入刑"专家谈》，162 页，北京，法律出版社，2011。

日拘留，并处五千元罚款，吊销机动车驾驶证，五年内不得重新取得机动车驾驶证。醉酒驾驶营运机动车的，由公安机关交通管理部门约束至酒醒，吊销机动车驾驶证，依法追究刑事责任；十年内不得重新取得机动车驾驶证，重新取得机动车驾驶证后，不得驾驶营运机动车。饮酒后或者醉酒驾驶机动车发生重大交通事故，构成犯罪的，依法追究刑事责任，并由公安机关交通管理部门吊销机动车驾驶证，终生不得重新取得机动车驾驶证。"根据上述规定，对于醉酒驾驶行为，除了吊销驾驶执照以外，只规定了依法追究刑事责任。而对于酒后驾驶行为，规定再犯的，可以处以十日以下拘留，并处一千元以上二千元以下罚款。因此，对于醉酒驾驶的，如果血液中的酒精浓度刚刚达到醉驾标准，可以认为是醉驾行为情节显著轻微危害不大，不认为是犯罪。那么，这种行为同时也不能作为酒后驾驶予以行政处罚。因此，可能就会出现这种情况：醉酒驾驶行为没有受到任何法律处罚，而酒后驾驶行为却受到行政处罚，这显然是不合理的。由此可见，我国刑法规定的醉驾行为构成的危险驾驶罪具有其特殊性，这就是其判断根据为血液中酒精浓度之高低，在立法上就已经将饮酒后的驾驶行为在性质上区分为醉酒驾驶与酒后驾驶：醉酒驾驶行为构成犯罪，酒后驾驶行为则不构成犯罪。在这种情况下，从酒精含量上来说，逻辑上也就不存在情节显著轻微的醉酒驾驶行为。只要是醉酒驾驶的，一律构成危险驾驶罪。

我国学者在讨论醉驾行为是否一律入罪的时候，都论及醉驾构成的危险驾驶罪是抽象危险犯，对此没有异议。然而，从抽象危险犯却得出一律入罪与不能一律入罪这两种不同的结论。抽象危险犯是相对于具体危险犯而言的，具体危险犯的危险是需要司法认定的危险，而抽象危险犯的危险是类型性地存在的危险或者拟制的危险。[①] 这里的类型性存在的危险，是指这种危险是依附于行为而存在的。只要实施了某种行为，则其危险自在其中。拟制的危险则是指因为某种损害

---

① 参见［日］西田典之：《日本刑法总论》，刘明祥、王昭武译，63 页，北京，中国人民大学出版社，2007。

程度无从具体把握，因此拟制性地将一定的行为与某种法益侵害结合在一起。只要实施了某种行为，则其危险自在其中。以上两种抽象危险犯的危险的共同特点是：这是一种立法推定的危险，无须司法认定，这也正是抽象危险犯与具体危险犯的根本区分。基于此，我国学者指出："醉酒驾驶机动车的行为已构成（醉酒型）危险驾驶罪，其性质是抽象的危险犯，司法中无须证明醉驾行为的危险程度，行为人只要实施醉酒后驾驶机动车的行为即构成危险驾驶罪。"[①] 正因为醉酒型危险驾驶罪是抽象危险犯，因此应当一律入罪，没有适用但书规定的余地。当然，以上观点同时也认为，《刑法》第 13 条但书规定只具有宣示性功能，不得直接援引作为出罪的法律根据。同样是基于抽象危险犯，我国另有学者则得出了不能一律入罪的结论。我国学者指出："由于抽象危险犯不以法律所保护的社会利益受到实际侵害或存在具体危险为要件，行为的危险性由立法者拟制，一旦该种法律拟制与事实情况不符，且行为人有证据证明实际上不存在任何风险，完全可能产生形式上符合抽象危险犯的构成要件但实质上没有制造成立抽象危险犯所要求的法律禁止的风险。作为抽象危险犯构成要件形式化表现的法条与作为实质内涵的风险便无法形成统一解释。与此同时，危险行为在社会现实中也会出现拟制风险与实际风险的明显背离。"[②] 根据以上对抽象危险犯之危险的理解，该学者认为，对于不可能对道路交通安全制造风险的醉驾行为应当适用但书规定予以出罪。这种观点把醉酒型危险驾驶罪视为拟制的抽象危险犯，当这种拟制的风险不存在时，应当予以出罪。笔者认为，拟制的风险主要是针对侵害法益的损害无从确定的情形，而醉酒型危险驾驶罪的危险并非法律拟制的危险，而是类型性的行为危险。这种危险存在于行为之中，无须司法认定。因此，不存在情节显著轻微危害不大，需要但书规定予以出罪的情形。

更为重要的是，我们可以分析一下醉酒型危险驾驶罪的情节显著轻微危害不

---

① 殷磊：《论刑法第 13 条功能定位——兼论（醉酒型）危险驾驶罪应一律入刑》，载《政治与法律》，2012（2），139 页。

② 谢杰：《"但书"是对抽象危险犯进行适用性限制的唯一根据》，载《法学》，2011（7），31 页。

大，而根据但书规定予以出罪的，到底是哪些情形。根据目前笔者所掌握的资料，这些情形可以归纳为以下八种：（1）夜深时分在人车稀少的道路上醉酒驾驶的；（2）醉酒驾驶行驶距离较短的；（3）因没有找到代驾而醉酒驾驶的；（4）初次醉酒驾驶，被查获后后悔莫及态度真诚的；（5）血液中的酒精浓度刚刚超过80毫克/100毫升的标准的；（6）因食用含有酒精的食物、药物导致血液中的酒精含量超过80毫克/100毫升的标准的；（7）醉酒的情况下在停车场或者地下车库开动机动车的；（8）为送病人去医院而醉酒驾驶的；等等。在以上情形中，第（1）（2）（3）（4）种情形属于醉酒驾驶行为的较为轻微的情形，但在一律入罪的情况下，这些情形只能作为量刑情节考虑。如果确实存在以上一个或者数个较轻情节的，可以适用《刑法》第37条的规定，予以定罪免刑的处理。第（5）种情形是一个醉酒的标准问题，如果认为以血液中的酒精浓度80毫克/100毫升作为醉酒的标准过低的，应当适当修改醉酒的标准。在标准没有修改之前，仍然应当坚持这一标准。第（6）种情形是非饮酒引起的酒精浓度超过醉酒的标准问题，在这种情况下，可以通过将醉酒解释为饮酒引起的醉酒而将其出罪。第（7）种情形是一个醉酒是否发生在交通道路上的问题，可以将停车场和地下车库排除在交通道路之外，只有醉酒行驶在交通道路上，才属于醉酒驾驶而将其出罪。至于第（8）种，明显属于紧急避险问题。对于这种情况下的醉驾行为，符合紧急避险要件的，应当援引我国刑法关于紧急避险的规定予以出罪。

通过以上分析可以看出，所谓醉驾行为一律入罪，是指对其不能以情节显著轻微危害不大而予以出罪，但对于其他不属于醉驾的行为，仍然可以通过构成要件的解释予以出罪。在这种情况下，立法公正与个案公正之间是可以获得统一的。

第九章

警察权的法理分析

对于任何一个社会来说，警察职能都是不可或缺的，它是国家职能的重要组成部分。然而，警察权在一个社会中的实际运作状态，却在相当程度上标志着这个社会法治文明的发展水平。因为，警察权力与公民权利在一定条件下成反比例关系，即警察权的扩大意味着公民权的缩小，警察权的滥用往往使公民权化为乌有。由此可见，这里存在一个警察权的悖论：一定限度内的警察权是为保障公民权所必需的，而超出这种限度的警察权，则有侵夺公民权之虞。因此，如何勘定警察权的边界，就成为一个重大问题。本章拟在对警察权的内容与性质进行理论辨析的基础上，着重对在刑事法治的建构中如何对警察权加以合理限制的问题从法理层面上展开讨论。

一、警察权的概念界定

警察权作为一种社会治理的公共权力，在任何一个社会都是存在的，但在不同社会又具有各自的特点。在此，我们有必要在对警察权进行语义分析的基础上，对警察权的一般原理加以阐述。

（一）警察权的蕴意

论及警察权，首先有必要讨论警察一词。在我国，警察是指某人员而非机关，机关称为公安机关（还包括安全机关）。在相当长一个时期内，警察被视为旧法术语而被弃用，改称公安人员。及至 20 世纪 80 年代以后，警察一词才在我国法律上复活。例如，1957 年我国颁布了《中华人民共和国人民警察条例》，但此后，尤其是在"文化大革命"时期，警察一词在社会生活中消失，直至 1980 年《人民警察使用武器和警械的规定》颁布，警察的用法才逐渐恢复。1995 年颁布的《中华人民共和国人民警察法》（2012 年修正）正式确立了警察的法律地位。但作为机关，我国一直沿用公安机关这一称谓，而未称警察机关。在大陆法系国家，警察与警察机关是通行的称谓。法国学者指出，police 一词在实际使用中有各种不同的含义。例如，当我们说，"警察部门"（serivces de police）执行"警察领导机关"（autorite de police，警察权力机关、警察当局）依据它们"维护治安的权力"（pouvoir de police）而作出的决定，这时我们就可以看出这些含义的差别。从广义上理解，police（治安）一词包括公共权力机关强制要求公民遵守的全部规则。所以，"维护治安的权力"（pouvoir de police）就是强制实施这些规则的权力。这一意义上的 police 便囊括了法律的各个分支。从狭义上并且限于从行政法的范围内理解，police（公安）一词指"通过总体的或个别的途径，采取某些特定的适当措施，以确保公共安宁、安全与公共卫生为目的的活动"。"公安领导机关"（autorites police）是经授权行使这方面职权的行政领导机关（autorites administratives）。在日常语言中，police（警察）一词则仅指"保证执行警察领导机关为实现上述基本目的，决定采取以一般的或个别的指令以及适当措施为职责的全体公务人员"①。由此可见，在法国，警察既指人员又指机关。

---

① ［法］卡斯东·斯特法尼等：《法国刑事诉讼法精义》（上），罗结珍译，302 页，北京，中国政法大学出版社，1998。

由于警察一词是在人员与机关双重意义上使用的，因此，警察权既指作为执行警务活动的人员的权力，也指作为警察机关的权力。在更多的时候，警察权是在后者的意义上使用的。例如，我国学者指出：警察权是指由国家宪法、法律赋予警察机关执行警察法规范，实施警务活动的权力。① 在这一定义中，将警察权的主体界定为警察机关，我认为是有一定道理的。当然，对于警察权的内容，在学理上还是存在分歧的。例如，我国学者认为，警察权有广义、狭义之分。广义的警察权是指国家赋予公安机关的一切权力，包括在履行警察刑事职能和行政管理职能中所运用的一切权力。狭义的警察权，仅指国家赋予公安机关在进行公安行政管理过程中所运用的权力，即警察行政权。② 我认为，警察权是警察行政职权与警察刑事职权的统一。

　　警察权存在的正当根据在于维护社会治安这是毫无疑问的。从历史发展来看，警察的这种社会职能存在一个演变过程。警察，其词源可追溯至雅典语和拉丁语，当时一般是指宪法或者有秩序的共同社会的意思。其后，在中世纪的法国，与封建领主的统治权相联系，为了公共秩序和福利而承认了作为特别统治权的警察权。进而，16世纪以后，警察一词被用来表示一切国家行政，人们开始称以公权力维持一般社会秩序这件事本身为警察。此外，随着时代的发展，国家作用的内容不断扩大，同时也不断分化，司法、外交、军政，以及财政等，从警察中分离出去。在近代国家中，警察只意味着与社会公共福利及维持秩序有直接联系的内务行政。其后，内务行政逐步扩大，在警察国家、绝对主义国家中，警察发挥了巨大的作用。进入18世纪以后，随着法治国家思想的展开，自然法思想得以普及和深入人心，人权的尊重得以强调，警察才被限定为以保护个人的权利和维持治安为目的的作用。③ 由此可见，警察职能是随着社会发展，尤其是随着国家的演变而不断地变化的。

---

①　参见惠生武：《警察法论纲》，127页，北京，中国政法大学出版社，2000。

②　参见高文英、严明：《警察法学教程》，12页，北京，警察教育出版社，1999。

③　参见杨建顺：《日本行政法通论》，302页，北京，中国法制出版社，1998。

（二）警察权的原则

警察从一般统治权的概念，到以维护社会治安为职责的特别统治权的概念，变化是十分巨大的。总体来看，警察越来越变成一个职业化、专门化的概念，从而与社会治安有了密切的联系。这里所谓社会治安意味着社会的秩序与安全。当然，这种秩序与安全是以牺牲公民个人的自由与权利为代价的，因而必须建立在法治的基础之上。对此，法国学者指出：治安的概念是一个相当模糊的概念。然而，尽管它被给予不同的定义，人们似乎一致认为：治安包含着来自权力机关的法令，该法令以一种预防的方式来限制个人活动的自由发展。[①] 由于警察权的行使涉及对公民个人自由与权利的限制，因此，警察权的行使必须遵守一定的原则。这种原则包括以下内容：

1. 警察公共原则

警察公共原则是指警察权行使具有一定的边界，这就是以维护公共秩序为必要，除此以外，警察权不得干涉。日本学者指出：警察公共原则又包括三项原则，即不可侵犯私人生活原则、不可侵犯私人住所原则以及不干涉民事原则。[②] 由此可见，只有出于公共需要，才能行使警察权，而对于私人领域，警察权不得介入，这是警察权行使的首要原则。在理解警察公共原则的时候，关键在于如何区分公共领域与私人领域。黑格尔曾经论述警察在市民社会中的作用，这里的警察，原文为 Polizei，在黑格尔的用语中，指广义的内务行政而言，除了军事、外交、财政以外，其他一般内政都包括在内。黑格尔指出，犯罪是作为恶的任性的那种偶然性，普遍权力必须防止它或把它送交法院处理。除了犯罪以外，在本身合法的行动方面和在所有物的私人使用方面被容许的任性，也跟其他个别的人以及跟法院以外实现共同目的的其他公共机关发生外在联系。通过这一普遍的方面，私人行动就成为一种偶然性，这种偶然性越出主体权力控制之外，而对别人

---

① 参见［法］莱昂·狄骥：《宪法学教程》，王文利译，87 页，沈阳，辽海出版社、春风文艺出版社，1999。

② 参见［日］田口守一：《刑事诉讼法》，刘迪等译，37 页，北京，法律出版社，2000。

造成或可能造成损害或不法。这诚然只是一种损害的可能性，但结果竟于事丝毫无损，这一点却不能同样作为一种偶然性。问题是这些行为含有不法的方面，从而是警察监督和刑事审判的最后根据。① 根据黑格尔的观点，警察权的使命在于消除阻挠任何一个目的的偶然性，维持一种外部秩序。当然，警察权也会扩张，如同黑格尔所说，当反思极为发达时，警察会采取一种方针，把一切可能的事物都圈到它的范围内来，因为在一切事物中，都可找到一种关系使事物成为有害的。在这种情况下，警察可能在工作上吹毛求疵，干扰个人的日常生活。尽管这是多么惹人讨厌，然而毕竟无法划出一条客观的界线来。看来，黑格尔的观点是悲观的，似乎公共领域与私人领域没有一条截然可分的界线。我认为，尽管公共领域与私人领域的区分是相对的，但仍然是可以区分的，这种区分应当由法律加以规定。这里涉及个人自由与限制的关系：个人自由是目的，限制自由是为了更好地实现自由。1789 年法国《人权宣言》第 4 条规定："自由就是指有权从事一切无害于他人的行为。因此人的自然权利的行使，只以保证社会上其他成员能享有同样权利为限制。此等限制仅得由法律规定之。"法国学者在解释这一规定时指出：这些为使社会生活成为可能而对个人自由进行的限制，只能由法律来确定（1789 年《人权宣言》第 4 条）。这意味着，首先，这些限制只能由负责制定法律的专门机构进行确定；其次，这些限制的确立只能通过整体的抽象的方式来决定，不考虑诉讼事件和个人，而且并不依据为某个确定的个人或事件作出的个别的、具体的决定来限定；最后，这些基于整体利益而施加在每个人的个人自由之上的限制对所有人都应该是一视同仁的，这正是平等原则所得出的直接结果。② 通过法律限制公民个人的自由和权利，由此使警察权获得了存在的根据。因而，警察权的行使也应当严格地以法律规定为界限。在这个意义上说，公民个人权利与警察权之间存在一种对应关系。但在逻辑上，对于公民来说只要是法律没有禁

---

① 参见［德］黑格尔：《法哲学原理》，范扬、张企泰译，28 页，北京，商务印书馆，1961。
② 参见［法］莱昂·狄骥：《宪法学教程》，王文利译，181 页，沈阳，辽海出版社、春风文艺出版社，1999。

止的，都是可以做的。所以，公民的权利既包括法定的权利，也包括非法定的权利。而对于警察机关来说，只要是法律没有规定的，都是不能做的。所以，警察权只能表现为法律规定的职权，法律规定就是警察权的边界，不得逾越。就警察权与警察职权的关系而言，我国学者指出：这是两个有着密切关联但又不完全等同的概念。警察权是警察机关依法进行警务活动的权力，是各种警察职权的集合体；警察职权则是具体警察机关所拥有的权力，它与警察机关的法律层级地位、职责和任务相适应，是警察机关实施警务活动的资格和权能，也是警察权的具体配置和转化形式。^① 我认为，警察权与警察职权是抽象与具体的关系。警察职权是警察权的具体表现，是由各种法律明文规定的。因此，警察权的行使必然以一定的法律为根据。正是这种法律规定，体现了对警察权的限制，从而保证警察权的公共性。

2. 警察责任原则

警察责任原则是指只对负有责任者行使警察功能。^② 警察责任原则是由警察权的性质所决定的，警察权的使命在于维持公共秩序，这种公共秩序主要是人们在社会生活中自发地形成的，而不是纯人为地建构的。因此，只有在这种公共秩序遭受破坏的情况下，才有动用警察权之必要。警察责任原则意味着，只有对于那些破坏公共秩序、进行违法犯罪活动的责任者，为维护法律实施，维持公共秩序，才能行使警察权。警察责任原则将警察权行使范围限制为责任者，对于非责任者不能行使警察权，我认为是完全正确的。如果对非责任者行使警察权，就是警察权的滥用，这是法治社会所绝对不允许的。在警察权中，有相当一部分是处罚权，主要是行政处罚权。这种处罚权是一种派生权，具有第二性，也可以说是救济权，它是以存在违法行为为前提的，只有对于那些违法行为，才能予以处罚。因此，警察责任原则是对警察权，尤其是对处罚权发动的限制。

---

① 参见惠生武：《警察法论纲》，128页，北京，中国政法大学出版社，2000。
② 参见［日］田口守一：《刑事诉讼法》，刘迪等译，37页，北京，法律出版社，2000。

3. 警察比例原则

警察比例原则是指警察功能仅止于维持公共秩序必要的最低限度。其条件与状态，与秩序违反行为产生的障碍应成比例。① 警察权的设置与行使，目的都在于维护社会秩序和公共安全，因此，警察权限应当与此形成比例关系，即维护的公共利益越是重大，赋予警察的权限也相应地大一些，反之亦然。尤其是在警察处罚权的行使中，要使处罚程度与违法程度相适应，两者应成比例。我国有关法律对于警察处罚的规定，都有一定的幅度，在此幅度之内，警察享有自由裁量权。自由裁量权的行使，应当使处罚程度与违法程度相适应。唯有如此，才能做到公正。

4. 警察程序原则

警察程序原则是指警察权的行使应当严格按照法定的程序。警察权的行使，涉及对公民个人自由与权利的限制，因此，只有经过法定程序才能保证警察权行使的正当性。我国学者指出：警察机关必须依照法定程序行使警察权，不得违反法定程序。实施具体警察职权，应符合与其相应的程序要求，如审查、审议、传唤、讯问、取证、裁决等，要按照法定程序的一般要求，如说明理由、表明身份等。除了应当遵守警察机关内部行使权力的程序制度外，如审批制度、证明文件制度等，还应遵循行使权力时的法定程序，如调查、取证、告诫、询问、裁决、执行等程序的规定，并且对警察权的行使实行监督、申诉、复议、诉讼等制约制度。这不仅有利于保障相对人的合法权益，也有助于警察机关正确地行使权力。② 可以说，法定程序是对警察权行使的一种法律限制，防止警察权滥用与扩张，应当将警察权纳入程序的轨道。

警察机关，在世界各国一般均分为行政警察与司法警察。例如，日本学者指出：警察活动，大体分为行政警察活动和司法警察活动。③ 由此可见，行政警察

---

① 参见 [日] 田口守一：《刑事诉讼法》，刘迪等译，37 页，北京，法律出版社，2000。
② 参见惠生武：《警察权论纲》，144 页，北京，中国政法大学出版社，2000。
③ 参见 [日] 田口守一：《刑事诉讼法》，刘迪等译，40 页，北京，法律出版社，2000。

活动与司法警察活动具有性质上的差别。法国学者在论及这种差别时指出：警察部门的作用，从总体上说，主要是保障具有治安性目标的立法、条例与个人签署的规章得到遵守。行政警察与司法警察两者都为此作出努力，但是两者是通过不同的途径作出这种努力的。行政警察所作的努力集中在预防犯罪。对于行政警察而言，就是要防止社会秩序受到扰乱，并且在必要情况下，尽可能地恢复受到扰乱的秩序。行政警察应当通过现场指挥，以其指令，并且在必要时，以其行动，让人们遵守法律与条例、规章，同时尊重人的自由。但是，在行政警察的这一作用并未完全实现，社会秩序实际受到扰乱，行政警察只能通过其权力范围内的手段部分恢复受到扰乱的秩序时，如果有人实行了某种犯罪，这时就有必要查找谁是犯罪行为人，以便对他们提起公诉。这种调查职能已不再属于预防性质，而属于制裁性质（或者更确切地说，具有对制裁给予合作的性质）。这一调查职责（fonction d'investigation）是司法警察应当履行的职责，它明显不同于行政警察的职责。① 法国学者以预防犯罪与制裁犯罪作为行政警察与司法警察的职责划分，我认为大体上是准确的。司法警察和行政警察不仅职责不同，而且行使权力的法律根据也是有所不同的。司法警察是指进行犯罪的搜查、嫌疑人的逮捕等活动，这本来是刑事司法权的作用，适用刑事诉讼法。与此相对，作为行政作用的一部分，为了行政上的目的而进行职权活动的警察称为行政警察，适用各种各样的行政法规。② 因此，行政警察的主要使命在于维护治安，司法警察的主要使命在于侦破犯罪。治安与犯罪，两者既有关联又有区别。犯罪状态是治安好坏的一个十分重要的指数。惩治犯罪有助于维护治安，但治安又有其自身的特点，它还取决于一般的社会秩序。由此可见，行政警察与司法警察的职能既有联系与衔接，又有区别。正是这种区别性，成为行政警察与司法警察分立的主要根据。

---

① 参见［法］卡斯东·斯特法尼等：《法国刑事诉讼法精义》（上），罗结珍译，304 页，北京，中国政法大学出版社，1998。

② 参见杨建顺：《日本行政法通论》，303 页，北京，中国法制出版社，1998。

（三）我国警察权的特征

我国公安机关是警察机关，除国家安全机关以外，绝大部分警察权都由公安机关行使。尽管在组织上没有划分为行政警察与司法警察，但在警察职权上，仍然可以划分为警察行政职权与警察司法职权。警察行政职权是指国家依法赋予警察机关及警务人员在进行警察行政管理过程中，为履行警察职责而行使的权力。警察司法职权是指国家通过法律赋予警察机关及其警务人员，在履行警察刑事职能的过程中实施的有关刑事犯罪对策方面的职权。^① 在我国，警察的这两种职权是由同一个机关行使的，即统一由公安机关行使，只不过在公安机关内部存在部门上的划分而已。因此。在我国没有通常意义上的行政警察与司法警察的分设。尤其是在我国法律上，司法警察是一个警种，是指在审判、检察机关的警察组织中从事司法诉讼事务活动的警务人员。这个意义上的司法警察与外国的司法警察是两个完全不同的概念，相当于外国的司法警察的是刑事警察，即从事刑事犯罪侦查、预审、执行刑罚的警察。从我国公安机关的设置来看，警察权的设置与行使，具有以下三个特征：

1. 垄断性

我国的警察权首先具有垄断性，这体现在我国的警察权主要由公安机关集中统一行使，形成一种高度垄断的警察体制。我国警察机关除一般警察机关以外，还有专业警察机关，专业警察机关建立在铁路、交通、民航、林业、海关等行业，但在业务上受中央警察机关垂直领导，不受地方警察机关辖制。这种行业性的警察机关，随着这些行业的企业化，形成企业办警察的现象，其不合理性日益明显。这些专业警察机关由于尚受到中央警察机关的垂直领导，因而并没有削弱警察权的垄断性。

---

① 参见 ［法］卡斯东·斯特法尼等：《法国刑事诉讼法精义》（上），罗结珍译，146、168 页，北京，中国政法大学出版社，1998。

2. 广泛性

我国公安机关行使的警察权极为广泛，涉及社会生活的各个方面。以警察行政职权而论，包括以下权力：

（1）治安管理权，即维护社会治安秩序，进行治安管理的职权。治安管理权通常由公安机关的治安管理部门行使。

（2）道路交通管理权，即维护交通安全和交通秩序，处理交通事故的职权。道路交通管理包括对车辆的管理、对道路的管理、对驾驶人员的管理、对乘客和行人的管理等。道路交通管理权通常由公安交通管理部门行使。

（3）消防监督权，即为保护公共财产和公民生命、财产的安全，依法进行火灾预防、扑救以及对防火安全进行检察、督促、审查、鉴定、检验的职权。消防监督权通常由消防管理部门行使。

（4）户政管理权，即对本辖区内居住的全部人口进行登记造册，实施经常性管理的职权。户政管理权通常由户政管理部门行使。

（5）出入境管理权，即对本国公民的出、入境和外国人的出、入境以及居留进行审查、批准、监督的职权。出入境管理权通常由出入境管理部门负责。上述警察行政职权涉及广泛的社会生活领域，警察行政管理的范围是十分宽泛的。

以警察刑事职权而论，包括以下主要权力：

（1）侦查权，即警察机关为搜集证据，审查证据，揭露犯罪，查缉犯罪嫌疑人而进行专门调查取证的职权。

（2）刑事强制权，即警察机关为保证刑事诉讼活动的进行，防止犯罪嫌疑人、刑事被告人和罪犯逃避侦查、审判和监管，依法对上述人员采取限制人身自由措施的职权。

（3）刑罚执行权，即警察机关依法对已经发生法律效力的刑事判决、裁决所确定的刑罚内容，付诸实施的权力。根据我国法律规定，监禁刑由监狱机关执行，管制、剥夺政治权利、缓刑等由公安机关执行。

在刑事司法活动中，我国公安机关也享有广泛的警察权，表现为控制犯罪的权力安排。这种权力安排本身对于打击犯罪是有效的，因而长期以来为我国所承袭，在维护社会治安秩序的稳定方面发挥了重要作用。

3. 重大性

我国公安机关不仅行使着广泛的警察权，而且警察权涉及对公民的自由、权利、财产的限制乃至剥夺，这是一种十分重大的权力。这些重大权力主要包括以下两种：

（1）行政拘留权，是指对于违反治安管理处罚法的行为，公安机关依法处以在短期内剥夺其人身自由的权力。行政拘留的期限，法律规定为1日以上、15日以下；如果一人实施两种以上违法行为，都被处以拘留的，则合并执行期限可以超过15日。

（2）刑事拘留权，是指对于应当逮捕的犯罪嫌疑人，公安机关在法定的紧急情况下，依法剥夺其人身自由的权力。按照法律规定，公安机关在有下列情形之一时，可先行拘留：1）正在预备犯罪、实行犯罪或者在犯罪后及时被发觉的；2）被害人或者在场目睹的人指认犯罪的；3）在身边或者住所处发现有犯罪证据的；4）犯罪后企图自杀、逃跑或者在逃的；5）有毁灭、伪造证据或者串供的可能；6）不讲真实姓名、住址，身份不明的；7）有流窜作案、多次作案、结伙作案重大嫌疑的。尽管法律对刑事拘留的案件作了如上规定，但在一般情况下，先拘后捕是公安机关办理刑事案件的一般程序。换言之，公安机关并不严格按照上述法定事由决定刑事拘留，只要有必要，公安机关都可以先行拘留。刑事拘留的期限，一般为3日；在特殊情况下可以延长1日至4日；对于流窜作案、多次作案、结伙作案的重大嫌疑分子，可以延长30日。虽然法律对于刑事拘留期限延长的条件有概括的或者列举的规定，但在实际操作中，这些适用条件并不起作用。只要公安机关认为需要，就可将刑事拘留时间延长30日。

二、警察权的科学设置

从我国警察权前述三个特征可以看出，我国公安机关行使的警察权是巨大的，对社会生活的各个方面都有影响，对于公民的自由与权利享有限制乃至于剥夺的权力。这种状态，是由以往建立在计划经济之上的国家体制所决定的。在这种国家体制之下，国家权力无所不在，统辖整个社会生活，个人则没有自由与权利。由于国家权力的极度膨胀与扩张，个人依附于国家而存在，形成一元政治国家。正如我国学者指出：计划经济体制没有约束，而是极大地强化了国家权力。在这一时期，经济高度一体化，国家与社会高度一体化。计划经济体制要求政府权力全面介入和操纵经济活动的各个环节，企业成为政府的附属物，经济成为政治权力操纵的对象。计划经济所要求的权力限制，只是上级对下级的限制，而且这是一种不规范的限制，它不能构成对权力总量的限制，不能构成对权力作用于公民个人自由的限制。[①] 在这种政治国家，警察权就成为国家统治权的重要内容。因此，在某种意义上说，政治国家也就是警察国家。随着我国实行经济体制改革，从计划经济向市场经济转轨，出现了政治国家与市民社会二元分立的格局。市场经济是一种以竞争为其原动力的经济形式，竞争是以自由为前提的，没有自由就没有竞争。竞争是与垄断相排斥的，计划在一定意义上说就是一种垄断。在市场经济体制下，经济上的自由必然带来社会结构的转变，对传统的一元的政治国家形成冲击。在这种情况下，公民自由和权利的扩大就势所必然。由此可见，政治上的自由与经济上的自由具有内在同一性。正如美国学者萨缪尔森指出："从帝王专制下得来的政治自由和从国家法令的干预下解放出来的自由市场价格制度，这二者是密切相关的。"[②] 在政治国家与市民社会二元分立的社会，

---

① 参见孙国华：《市场经济是法治经济》，141 页，天津，天津出版社，1995。
② ［美］萨缪尔森：《经济学》，上册，高鸿业等译，333 页，北京，商务印书馆，1988。

国家权力必然受到公民权利的限制，国家与个人不再是单方的限制关系，而是双方的互动关系。基于以上分析，我认为警察权同样面临着缩小与限制的命运。

不可否认，在我国从计划经济向市场经济转变过程中，随着现代化进程的启动，我国在经历着一次又一次的犯罪浪潮。20 世纪 80 年代中期，我国出现了新中国成立（1949 年）以来第四次犯罪高峰期。前三次高峰期刑事大案最多为 5 万起，而第四次高峰期则达 10 万起以上。[①] 从 1983 年开始我国对严重刑事犯罪实行"严打"，在一个时期内"严打"有效地刹住了犯罪分子的嚣张气焰，使犯罪率有所下降，治安状况有所好转。但是，进入 90 年代以后，随着改革开放逐步深入扩大，市场经济迅速发展，各种社会矛盾明显暴露，犯罪像洪峰一样逐年上涨。90 年代中期发案率上升到 80 年代前半期的 8 倍，而且居高不下。由此，我国出现第五个犯罪高峰。[②] 在这种犯罪压力之下，社会出现了对警察在镇压犯罪中的更高期待。因而，在短时间内，我国警察权的限制是不可能的，甚至还会有扩张的趋势。社会为避免犯罪的侵害，不得不忍受警察权带来的对公民个人自由与权利的限制。但是，随着犯罪得到有效的遏制，尤其是随着我国刑事法治发展，对于警察权的缩减与限制是十分必要的。我认为，对我国警察权的缩减与限制，主要通过分权的途径，即由一个机关垄断行使的警察权改变为由多个机关分散行使的警察权，并且个别权力也可以非警察化。

首先，行政警察与司法警察应当分立。警察行政职权与警察刑事职权由不同的警察机关行使，这是警察权分立的第一个步骤。在我国目前大一统的警察权体制下，警察行政职权与警察刑事职权是由同一个机关行使的。这种体制有利于控制犯罪，即把警察行政职权作为警察刑事职权的辅助手段，使犯罪能够得到更为有效的惩治。例如，日本学者指出：警察的任务是实施预防、镇压犯罪及搜查、逮捕犯罪嫌疑人等与犯罪相关的各种活动，维护公共安全和秩序。与犯罪有关的

---

① 参见《中国现阶段犯罪问题研究论文集》，1 集，41 页，北京，中国人民公安大学出版社，1989。
② 参见曹凤：《第五次高峰——当代中国的犯罪问题》，14 页，北京，今日中国出版社，1997。

警察活动是犯罪的预防和搜查，是事前防止犯罪发生的警察活动，它以设置警戒体制、制止犯罪行为或清除诱发犯罪的因素等防范活动为内容。所谓搜查，是指在犯罪发生之后，收集证据，羁押犯罪嫌疑人，为审判做准备活动。[①] 上述预防犯罪主要是行政警察的职责，对犯罪的搜查，则是刑事警察的职责。在犯罪发生以前，行政警察的犯罪预防活动中能够得到各种各样的犯罪线索，在行政警察与刑事警察一体化的情况下，更加有利于镇压犯罪。但与此同时，也常来一个负面影响，也就是公安机关凭借警察刑事职权的行使来完成警察行政职责。也就是说，通过警察刑事职权的行使，将尽可能多的不稳定分子送入司法流水线，造成对检察院与法院的压力。因为在我国目前刑事司法体制下，犯罪的决定权实际上掌握在公安机关手里，公安机关是公、检、法这条司法流水线的入口，一旦进入这条司法流水线，启动刑事司法程序，定罪就几成定局。在这种情况下，通过惩治犯罪缓解社会治安的压力，就成为公安机关完成其职责的一条捷径。只有将警察行政职权与警察刑事职权分离，将警察刑事职权纳入检察官的约束之下，使警察刑事职权成为搜集证据、指控犯罪的一项辅助性工作，定罪权完全由法官行使，才能有效地改变警察刑事职权为警察行政职权服务的不正常状况。在这种情况下，作为承担维护治安、预防犯罪使命的行政警察，就必须通过行政手段而非刑事手段做好犯罪预防工作，从而防止警察刑事职权的滥用。行政警察与司法警察的分立，也是大陆法系之通例。将司法警察从警察中分离出来，就是要独立地设立司法警察局或者刑事侦查局。司法警察局在地方（地、县）与公安机关在组织体制上分离，但在省和中央归属于公安厅和公安部统一领导，也就是对司法警察实行垂直领导，与地方公安机关不存在组织上的归属，只存在业务上的协作关系。由此可见，这种分离只是相对的分离而不是绝对的分离。

其次，除了行政警察与司法警察分立以外，行政警察内部还要根据职责分工进一步分立。例如目前已经具有相对独立性的消防局、交通管理局、出入境管理

---

① 参见〔日〕大谷实：《刑事政策学》，黎宏译，166 页，北京，法律出版社，2000。

局和看守所都可以独立。此外，户籍管理具有民政的性质，其业务可以归入民政局。剩下的狭义上的警察职责就是维护治安，行使治安处罚权，可以称为警察局或者治安警察局。

通过以上改造措施，虽然中央或者省（自治区或直辖市）还存在统一的警察机关，但是地方的警察机关行使的警察权得以分解。我认为，这种有限的分权可以防止警察权的滥用。在学说史上，分权的思想可以追溯到洛克，此后，孟德斯鸠进一步发展了分权思想。这里所说的分权，一般是指三权分立，即立法权、行政权与司法权的分立。分权的目的在于以权力约束权力。因为根据孟德斯鸠的观点，一切有权力的人都容易滥用权力，这是万古不易的一条经验。有权力的人们使用权力一直到遇有界限的地方才休止。从事物的性质来说，要防止滥用权力，就必须以权力约束权力。[①] 我认为，通过分权来约束权力，不仅适用于立法权、行政权和司法权，而且也适用于行政权或者警察权。一个部门或者一个机关权力过于集中，难以防止这种权力的滥用。适当地分权，可以使权力之间起到一种制衡的效果，对于警察权也是如此。

警察刑事职权是警察权的重要组成部分，从各国法律规定来看，警察刑事职权的主要内容就是侦查权，以及为保证侦查顺利进行而适用的刑事强制措施权。在刑事诉讼法中，侦查是指有侦查权的机关、人员收集、审查证据，揭露犯罪事实，证实犯罪人，为起诉和审判做准备的诉讼活动。由于侦查与起诉、审判是紧密相连的诉讼程序，因此侦查在刑事诉讼程序中的地位以及与其他程序的关系，就是一个值得研究的问题。这个问题，在刑事诉讼理论上称为侦查构造论。关于侦查构造论，在日本刑事诉讼法学界存在以下三种观点[②]：一是纠问式的侦查观，即在纠问主义诉讼结构中的侦查活动的性质。在这种侦查活动中，侦查机关具有单方面的强制权，而犯罪嫌疑人只是消极的侦查客体。二是控辩式的侦查

---

① 参见 ［法］孟德斯鸠：《论法的精神》，上册，张雁深译，154 页，北京，商务印书馆，1961。
② 参见 ［日］田口守一：《刑事诉讼法》，刘迪等译，25 页，北京，法律出版社，2000。

观，即在控辩主义诉讼结构中的侦查活动的性质。在这种侦查活动中，控辩双方在法律地位上是平等的，侦查机关不得单方面对犯罪嫌疑人实行强制，但侦查是为将来的审判做准备，为了确保被告人与证据，法院可以实施强制。三是诉讼上的侦查观，认为侦查程序就是由检察官、警察以及被害人组成的诉讼构造，侦查程序是具有独自地位的独立程序，而不是审判的准备程序。我认为，上述三种关于侦查构造的观点，表明对于侦查在刑事诉讼中的地位的各自不同的认识。这里涉及到底是侦查中心还是审判中心的问题。如果坚持以侦查为中心，那么审判对于侦查只具有依赖性，必然强调侦查在刑事诉讼中的重要地位。如果坚持以审判为中心，那么侦查只不过是审判的一种预备活动而已。

正确地认识侦查程序在刑事诉讼中的地位，我认为一方面要看到侦查程序是刑事诉讼的启动程序，没有侦查也就没有审判。当然，有侦查也并不必然导致审判，例如在不起诉等情况下就是如此。由此可见，侦查程序在刑事诉讼中具有一定的独立性。另一方面又要看到侦查程序毕竟不是决定犯罪嫌疑人的最终命运的程序，在绝大多数情况下，侦查是为审判做准备，因此不可否认侦查对于审判具有一定的依附性。基于这样一种认识，我认为侦查活动一方面是侦查机关一种自主的活动，另一方面侦查活动又要受到有关的限制。这里涉及侦查活动的性质问题，有必要深入研究。

关于侦查程序的性质，在大陆法系理论上，存在行政程序说与司法程序说之分。[①] 行政程序说认为，侦查程序是作为行政官署的侦查机关主宰的，以发现犯罪嫌疑人和犯罪事实为中心任务的程序。侦查程序在相当大的程度上具有不同于司法程序的特点，它不容易受到法律的约束，在侦查行为的效果上，首先注重的是合目的性，而不是合法性。侦查程序本质上乃是行政程序。司法程序说认为，侦查程序固然须强调国家机关的权力，并且具有相当的隐蔽性，但它必须遵守法定的程序，即使是从查明事实真相的角度出发，也有必要对侦查程序进行法律约

---

① 参见孙长永：《侦查程序与人权——比较法考察》，1页，北京，中国方正出版社，2000。

束。考虑到对侦查程序的法律约束的要求以及保障市民社会基本人权的需要，侦查程序虽然不能与审判程序同等对待，但可以视为一种类似的司法过程。因此，侦查程序是一种司法程序。

笔者认为，侦查程序到底是行政程序还是司法程序，关键在于如何理解行政与司法。就行政而言，是一种公共管理活动。如果把侦查活动视为一种行政活动，侦查机关就是行政主体，犯罪嫌疑人就是行政相对人，是行政客体。因此，侦查活动就是侦查机关与犯罪嫌疑人之间的一种追查与被追查的关系。就司法而言，是一种裁判活动。如果把侦查活动视为一种司法活动，那么在侦查活动中除了侦查机关和犯罪嫌疑人以外，必须要包括作为裁判者的第三方——法官的参与。在这种侦查构造中，侦查活动就不是一种简单的侦查机关与行政相对人之间的追查与被追查的活动，而是侦查机关与犯罪嫌疑人的一种追查与反追查的活动，这里的反追查意味着犯罪嫌疑人享有同侦查机关对抗的权利。法官就成为中立的裁判者，保证侦查活动依法进行。我国学者一般认为，侦查活动兼具司法和行政双重特征。侦查活动为正确判明案件事实，最终实现国家刑罚权的司法活动提供基础、创造条件，因此是一种广义上的诉讼活动，即具有司法性质。同时，侦查活动具有纵向管理特征和行政组织方式，因此又具有显著的行政性。我认为，侦查活动为司法活动提供基础、创造条件，尚不足以表明侦查活动本身具有司法性，只有在法官参与下的侦查活动才具有司法性。

三、警察权的法治建构

在刑事法治中，侦查活动应当改变单纯行政程序的性质，引入司法裁判机制，使侦查活动兼具行政性与司法性。侦查活动的行政性表现为侦查程序的职权性和裁量性，即侦查机关有权在法律规定的限度内依职权主动进行侦查，并享有广泛的自由裁量权。侦查活动的司法性表现为官方的侦查行为必须尽可能地做到客观公正，并且受到法律的严格约束。① 行政性是为了保证侦查活动的效率，使犯罪得以及时证明，犯罪人受到及时惩治。司法性则是为了保证侦查活动的合法性，避免在侦查活动中造成对犯罪嫌疑人的合法权益的损害。

我国公安机关在侦查活动中享有广泛的警察刑事职权。公安机关人民警察的侦查权，是指公安机关人民警察为查明和证实犯罪、查获犯罪人，而依法采取的专门调查工作和有关强制性措施的权力。② 公安机关人民警察的侦查权，也称为警察侦查权。由于警察在侦查活动中起重要作用，因而各国法律都赋予警察在侦查过程中一定权力，授权采取各种侦查行为，以保证侦查的正常进行。例如，各国刑事诉讼法规定侦查行为主要有：讯问被告人或犯罪嫌疑人、询问证人、勘验、检查、搜查、鉴定、侦查实验、对质和辨认、查封和扣押、通缉，等等。此外，还有采取刑事强制措施的权力。刑事诉讼中的强制措施，是法定机关为了使犯罪嫌疑人或被告人接受审讯、保全证据及保证刑罚之执行，在诉讼进行中所采取的暂时限制其人身自由的强制方法。从强制措施的种类上说，传唤、拘留、逮捕、羁押基本上为各国刑事诉讼法所共同，当然有的国家在提法上有所差别，但在含义上则基本相同。③

我国公安机关的侦查权，一般认为包括以下内容④：（1）传唤权，即公安机关人民警察在侦查阶段通知犯罪嫌疑人于指定的时间自行到达指定地点或到其住处进行讯问的权力。（2）讯问犯罪嫌疑人权，即公安机关人民警察为了查明案件事实和其他有关情况，依照法律程序，以言辞方式对犯罪嫌疑人进行审问的权力。（3）询问证人、被害人权，即公安机关人民警察依照法定程序，以言辞的方式向了解案件真实情况的人、受犯罪行为侵害的人进行调查的权力。（4）勘验、检查权，即公安机关人民警察依法对与犯罪有关的场所、物品、尸体或人身等亲

---

① 参见徐静村主编：《刑事诉讼法学》（上），183 页，北京，法律出版社，1997。

② 参见杨玉梅、邢曼媛：《公安机关人民警察权力简论》，16 页，北京，群众出版社，1999。

③ 参见杨玉梅、邢曼媛：《公安机关人民警察权力简论》，270 页，北京，群众出版社，1999。

④ 参见陈光中主编：《外国刑事诉讼程序比较研究》，135 页，北京，法律出版社，1988。

临查看、寻找和检验，以发现和固定犯罪活动所遗留下的各种痕迹和物品的权力。（5）搜查权，即公安机关人民警察为了收集犯罪证据，查获犯罪人，对犯罪嫌疑人以及可能隐藏犯罪人或犯罪证据的人身、物品、信息和其他有关地方，依法进行搜索、检查的权力。（6）扣押物证、书证权，即公安机关人民警察在勘验、搜查中，对发现的可用以证明犯罪嫌疑人有罪或无罪的物品、文件，依法予以扣留的权力。（7）鉴定权，即公安机关人民警察在侦查刑事案件的过程中，为解决案件中的某些专门性问题，依法指派或者聘请有专门知识的人进行鉴别和判断的权力。（8）通缉权，即公安机关人民警察在侦查刑事案件的过程中，对应当逮捕而在逃的犯罪嫌疑人，依法通令缉拿归案的权力。（9）技术侦查权，即公安机关人民警察在侦查过程中依法运用现代科学技术侦破刑事案件，发现罪犯和查找罪证的权力。在警察侦查中，除上述权力以外，我国公安机关还享有刑事强制措施权。公安机关在侦查活动中，可以采取限制或剥夺犯罪嫌疑人、被告人的人身自由的强制方法，包括：拘传、取保候审、监视居住、拘留、逮捕。在上述刑事强制措施中，除逮捕需经人民检察院批准以外，其他强制措施均可由公安机关直接决定采用。从上述情况可以看出，我国公安机关在侦查活动中享有广泛且巨大的警察权，它虽然有助于对犯罪的有效控制，但如果不加限制而被滥用，就会带来侵犯人权的消极后果。从刑事法治的理念出发，我国侦查活动中的警察权的合理构造，应当考虑以下几个问题：

（一）侦查制约

警察侦查是我国侦查的主要形式，承担着主要的侦查职责。但从刑事法治的标准来看，存在侦查过于集中的倾向。我认为，侦查机制的改造应考虑警察机关内部的适当分权，以加强互相之间的制约。

1. 侦羁分离

侦羁分离，是指侦查机关与羁押机关的相对分离，即看守所独立于侦查机关。看守所是在审判前暂时羁押被采取强制措施的犯罪嫌疑人的场所。我国的看守所隶属于公安机关的预审部门，预审部门对看守所进行监管。因此，看守所也就是预审部门的办公场所。这种看守所隶属于侦查机关的体制，虽然有利于提高侦查效率，但同时也造成一些弊端，这就是为刑讯逼供提供了便利条件。由于看守所隶属于侦查机关，因此看守所的职责就不仅是看管犯罪嫌疑人，而且也有破案或者至少协助破案的职责。犯罪嫌疑人一旦被采取强制措施进入看守所，就在侦查机关的一手控制之下。虽然我国检察机关有对监所检察的职权，但并不能从根本上解决问题。犯罪嫌疑人如果不在一个相对中立的机关的羁押之下，很难防止侦查活动中侵犯犯罪嫌疑人权利现象的发生。关于羁押场所的中立性，是各国刑事诉讼活动中遇到的一个问题。例如，日本刑事诉讼法规定，羁押关押场所是监狱，监狱包括警察的看守所。警察看守所被称为"代用监狱"，实务中犯罪嫌疑人的羁押关押场所大多使用代用监狱。对此，在日本刑事诉讼法学界存在以下两种观点：一是代用监狱存置论，主张保留代用监狱，理由是全国只有117座拘留所，而警察的看守所则比较多。从讯问犯罪嫌疑人等的侦查需要来看，犯罪嫌疑人人身羁押在附近的侦查机关比较方便。二是代用监狱废止论，认为把羁押关押场所定在代用监狱，人身终日在侦查当局的控制之下，可能出现强迫自首的情况，羁押关押场所原则上应定在拘留所，代用监狱应作为例外。对此，日本学者田口守一的观点是：这个问题与讯问犯罪嫌疑人问题有关。如果能消除讯问的封闭性，保障讯问的任意性，就会降低羁押场所问题的重要程度。如果不改善讯问犯罪嫌疑人问题，那么根据代用监狱例外说的主张，否认、沉默案件和重大案件的羁押，尤其应该羁押在拘留所。不过，如果能够给予犯罪嫌疑人会见等便利，也可以在代用监狱中执行羁押关押。[①] 由此可见，日本学者对这一问题的看法带有一定的折中味道，但关键在于：讯问的封闭性与任意性，恰恰是侦查机关为取得侦查效果所刻意追求的，在羁押场所隶属于侦查机关的情况下，这种讯问的封闭性与任意性怎么可能避免呢？在英国，为改变警察将犯罪嫌疑人置于一种"帮助警察进行调查"（helping the Police with their inquiries）的不利境地，《警察与

---

① 参见［日］田口守一：《刑事诉讼法》，刘迪等译，56～57页，北京，法律出版社，2000。

刑事证据法》创立了一种新的警官类型，叫作看守官。第一个"指定"的警局——有条件在相当长时间内羁押犯罪嫌疑人的警局——在任何时间都必须有一名看守官值班。看守官应当由警士（Sergeant）以上警衔的警官担任，但无须受到专门的培训。看守官一职极其重要，它承担着保障犯罪嫌疑人权利的重要职责。看守官独立于对被羁押犯罪嫌疑人的任何调查程序。因而，当一名警官履行看守官职责时，他不得参与从犯罪嫌疑人那里收集证据的调查活动，也不得参与针对犯罪嫌疑人的证据收集活动。① 这种独立的看守官的设立能够在一定程度上保障犯罪嫌疑人的权利。以上做法，在我国看守所体制改革中值得借鉴。我认为，在目前的体制下，要进一步加强监所检察的工作力度，使驻所检察员享有更大的监督权，从而承担起保障犯罪嫌疑人权利的职责。从长远来看，应当将看守所从公安机关分离，隶属于司法行政部门②，从而形成对警察侦查权的制约。

2. 侦鉴分离

侦鉴分离是指侦查机关与鉴定机关的相对分离，即司法鉴定部门独立于侦查机关。在我国刑事诉讼法中，鉴定被认为是一种侦查行为。例如，我国学者指出：侦查中的鉴定，是指鉴定人接受司法机关的委托或者聘请，运用专业知识对案件中的某些专门性问题进行分析研究和鉴别的一种行为。③ 因而，我国将刑事诉讼中的所有鉴定都称为司法鉴定。根据我国刑事诉讼法及司法解释的规定，公、检、法三机关都有司法鉴定决定权，而犯罪嫌疑人和被害人则只有司法鉴定的申请权。我认为，刑事诉讼活动中的鉴定不应一概称为司法鉴定，而应分为侦查鉴定与司法鉴定。侦查鉴定是由侦查机关自行决定指派或者委托鉴定人所做的鉴定。这种鉴定是侦查的一种辅助手段，通常由公安机关自设的技术部门做出。

---

① 参见［英］安祝·桑达斯、瑞查德·扬：《英国警察权力与犯罪嫌疑人权利的立法平衡与实践》，载陈光中、江伟主编：《诉讼法论丛》，第5卷，192页，北京，法律出版社，2000。

② 我国学者指出：看守所不独立于侦查机关，就不可能杜绝羁押场所内的违法行为。必须将看守所从公安局分割出来，可以仿监狱设置，人事、财政等均由司法局管理。参见唐亮：《中国审前羁押的实证分析》，载《法学》，2001（7），35页。

③ 参见徐静村主编：《刑事诉讼法学》（上），200页，北京，法律出版社，1993。

这种鉴定具有内部性、单方性，是侦查行为之一种。侦查鉴定不能等同于司法鉴定，司法鉴定应当是由中立的第三方做出的鉴定，这种鉴定结论才具有证据的效力。因此，在审判阶段，除非被告人没有异议，否则侦查鉴定不能当然地被采纳为定罪证据。我国目前普遍存在自侦自鉴的现象，即在同一个案件中，鉴定人既参加鉴定活动又参加侦查活动。我国学者提出鉴定活动与侦查活动分离原则，即公安机关的鉴定机构必须相对独立，不能设置在侦查部门之内。① 我认为，这一观点是有道理的。侦鉴分离是公安机关内部加强鉴定活动对侦察活动制约的一种手段。作为司法鉴定，更应当强调它的独立性、中立性与权威性。

（二）控辩平衡

在侦查程序中，警察机关的侦查活动具有主动性与主导性，这是毫无疑问的。但这并非意味着在侦查程序中，犯罪嫌疑人只是被追查的消极客体。为保障犯罪嫌疑人的人权，各国刑事诉讼法都规定了犯罪嫌疑人在侦查程序中享有一定的权利。这些权利包括：（1）获知本人被告发的权利。犯罪嫌疑人有要求告知被控告犯罪的权利。（2）辩护权，包括犯罪嫌疑人自己为其辩护和聘请（或依法指派）律师为其辩护的权利。例如美国宪法第 6 条修正案规定：在所有的刑事诉讼中，被告人享有……接受律师帮助自己辩护的权利。美国纽约州刑事诉讼法第 170·10 条和第 180·10 条规定，被传讯的被告人，在被传讯时及在此以后的任何诉讼阶段，有权得到律师的帮助。如果他应传出庭时没有律师，他有下列权利：1）要求为得到律师而暂停诉讼；2）不受控制地、用书信或电话的方式为得到律师而自由地与外界联系，告知亲友他已被控犯罪；3）如果他因经济原因不能得到律师，可以要求法院为其指定律师，除非由于起诉书仅控告一个或数个交通肇事罪而不适用本项规定。（3）沉默权或拒绝回答权。沉默权是各国刑事诉讼法所普遍确认的一项权利。沉默权通常是在刑事诉讼中产生的，主要发生在侦查、预审或审查起诉、审判阶段。根据各国法律的规定，在这些阶段讯问犯罪嫌

---

① 参见邹明理：《我国现行司法鉴定制度研究》，62 页以下，北京，法律出版社，2001。

疑人和被告人时，被讯问人有权保持沉默。沉默权赋予犯罪嫌疑人一种拒绝回答权，它的理论基础是无罪推定原则。正如英国学者提出：沉默权是无罪推定的重要组成部分。既然国家指控一个公民有罪，那么就必须承担举证责任。只有已经以适当的方式履行了该项责任，惩罚才具有正当性。[①]（4）申请调取证据，询问证人、鉴定人和翻译人员的权利。（5）了解侦查案卷材料或案情的权利。例如美国联邦法院制定了先悉权原则，根据此项原则，被告人及其律师可以查阅被告人向警察官员或大陪审团所作的供词或陈述。（6）提出申诉或提出某些申请的权利。上述权利的规定，使得犯罪嫌疑人在侦查程序中在一定程度上能够形成与警察侦查的对抗性，从而达致控辩平衡。

在我国侦查程序中，犯罪嫌疑人的权利没有得到充分保障。例如，各国刑事诉讼法都规定了在侦查程序中，犯罪嫌疑人享有获得辩护，尤其是律师辩护的权利。我国刑事诉讼法中，犯罪嫌疑人在侦查程序中，辩护主要是指自我辩护，即当侦查人员对犯罪嫌疑人进行讯问时，犯罪嫌疑人对指控的罪行可以进行辩解，即犯罪嫌疑人可以辩解自己无罪。即使在承认有罪的情况下，也可以提出证明自己罪轻、减轻或免除刑事责任的证据。在侦查程序中，律师辩护是不被允许的，但法律规定犯罪嫌疑人可以聘请律师为其提供法律咨询、代理申诉、控告。这一规定使律师介入刑事案件的时间提前到侦查阶段，在一定程度上扩大了犯罪嫌疑人的诉讼权利。但由于在司法实践中，律师在侦查阶段为犯罪嫌疑人提供法律援助还受到各种阻力，因而犯罪嫌疑人在侦查程序中的辩护权难以真正落实。更为重要的是，我国刑事诉讼法不仅没有规定犯罪嫌疑人在侦查程序中享有沉默权，而且规定了犯罪嫌疑人具有如实陈述的义务。我国《刑事诉讼法》第 118 条规定：犯罪嫌疑人对侦查人员的提问，应当如实回答。但是对与本案无关的问题，有拒绝回答的权利。在解释上述规定时，我国学者指出：侦查人员向犯罪嫌疑人

---

① 参见［英］安祝·桑达斯、瑞查德·扬：《英国警察权力与犯罪嫌疑人权利的立法平衡与实践》，载陈光中、江伟主编：《诉讼法论丛》，第 5 卷，191 页，北京，法律出版社，2000。

提问，犯罪嫌疑人对侦查人员的提问，应当如实回答，即既不夸大，也不缩小，更不得隐瞒。这是我国法律对犯罪嫌疑人的要求，是本着实事求是的精神和原则提出的。同时又规定，对与本案无关的问题，犯罪嫌疑人有拒绝回答的权利。这样规定是为了保证讯问紧紧围绕查明案情、揭露犯罪这一中心问题进行，防止涉及与案件毫无关联的国家秘密或纯属个人隐私等现象的发生。① 由此可见，这一规定主要体现的是查明犯罪、证实犯罪的这种犯罪控制理念，而没有体现对犯罪嫌疑人的权利保障。尤其是这一规定使犯罪嫌疑人处于一种自证其罪的地位，从而与无罪推定原则形成明显的价值冲突。至于拒绝回答与本案无关的问题的权利，说成是犯罪嫌疑人的诉讼权利②，恰恰表明在我国侦查程序中犯罪嫌疑人没有权利。因为对于与本案无关的问题，侦查人员根本不应当讯问，它不属于讯问内容，这应当是讯问的起码准则。侦查人员违反这一准则，犯罪嫌疑人拒绝回答，岂能成为犯罪嫌疑人的诉讼权利？

根据以上分析，我认为在我国侦查程序中，警察权与犯罪嫌疑人的权利是严重失衡的。正如我国学者指出：在我国刑事侦查程序中，犯罪嫌疑人承担着被迫自证其罪的义务，辩护律师所能提供的帮助极为有限，犯罪嫌疑人的诉讼主体地位受到极大的削弱，甚至成为诉讼的客体。③ 这种状况表明，我国刑事法治还处在一个低水平上，犯罪嫌疑人的权利还没有得到充分的保障。

为了实现在侦查程序中控辩之间的平衡，使侦查活动不仅成为查明犯罪、证实犯罪的活动，而且也成为保障人权、尊重人权的活动，我认为侦查程序应当进一步强调犯罪嫌疑人的权利。

首先，在落实侦查阶段律师提供法律援助权利的基础上，引入律师的实质辩护权，包括调查取证等权利，从而形成积极的控辩平衡。在我国 1979 年刑事诉

---

① 参见陈光中、严端主编：《中华人民共和国刑事诉讼法释义与应用》，138 页，长春，吉林人民出版社，1996。

② 参见程荣斌主编：《中国刑事诉讼法教程》，399 页，北京，中国人民大学出版社，1997。

③ 参见陈瑞华：《刑事诉讼的前沿问题》，335 页，北京，中国人民大学出版社，2000。

讼法中，律师介入是在提起公诉以后，在侦查和审查起诉阶段律师不能介入。在1996 年刑事诉讼法修改过程中，将律师介入时间提前到侦查阶段，这是一个历史性的进步。但刑事诉讼法将审判前律师介入的活动定性为提供法律援助而不是辩护。这里的提供法律援助，刑事诉讼法规定为提供法律咨询、代理申诉、控告，即就犯罪嫌疑人涉嫌的实体法问题，在侦查中犯罪嫌疑人的权利、义务问题等提供法律咨询；代犯罪嫌疑人申请解除强制措施；代犯罪嫌疑人控告侦查人员刑讯逼供、变相拘禁的行为。但法律同时对这种律师提供法律援助权利的行使规定了两点限制：一是涉及国家秘密的案件，犯罪嫌疑人聘请律师，应当经侦查机关批准。二是律师会见在押的犯罪嫌疑人，侦查机关根据案件情况和需要可以派员在场。涉及国家秘密的案件，律师会见在押犯罪嫌疑人，应当经侦查机关批准。由于侦查机关在思想认识上并未摆正犯罪侦查与人权保障的关系，因而法律规定的侦查阶段的律师法律援助的权利得不到切实的落实。主要表现就是对律师会见权加以限制或者剥夺，使得律师在侦查阶段会见犯罪嫌疑人十分困难，当然也就说不上提供切实的法律援助。在这种情况下，侦查活动仍是在相对封闭的条件下进行的，刑讯逼供、违法取证等现象难以杜绝，而法律赋予律师代犯罪嫌疑人行使的控告权无法实现。笔者认为，刑事诉讼法规定的在侦查阶段的律师法律援助权要依法加以落实。不仅如此，还要进一步赋予在侦查阶段律师的实质辩护权，例如侦查人员讯问时的在场权、调查取证权等。只有这样，才能提升侦查阶段控辩的对抗性，保障犯罪嫌疑人的合法权利。

其次，赋予犯罪嫌疑人沉默权，改变犯罪嫌疑人自证其罪的情况。从刑事诉讼发展史来看，沉默权是在反对纠问式诉讼的斗争中确立起来的一项诉讼权利，其要旨在于当一个公民被指控为罪犯的时候，他有权拒绝向控方提供可能对其不利的任何信息，从而在刑事诉讼过程中保持沉默。沉默权，建立在以下三个理念基础之上：第一，无罪推定。无罪推定是指任何公民未经法定程序而由有权机关确定有罪之前，均应被假定为无罪。根据无罪推定的原则，举证责任应当由控方来承担，被告人没有自证其罪的义务。在这种情况下，被告人保持沉默，不作不利于自己的供述，就不应当带来任何不利于自己的法律后果。在这个意义上说，沉默权的实质就是反对自我归罪的特权。因此，沉默权是无罪推定原则的题中之义。如果没有实行沉默权，那么就不可能具有真正意义上的无罪推定。第二，人权保障。在人权理论上，可以将人权分为实体上的人权与程序上的人权。实体上的人权直接涉及终极利益的处置，当然是十分重要的。程序上的人权虽然具有工具价值，但是对于保障实体上的人权具有重要意义。可以说，离开了程序上的人权，实体上的人权就不可能真正实现。因此，沉默权作为一项程序上的权利，对于保证刑事诉讼的公正具有重要意义。沉默权意味着被告人在刑事诉讼过程中的自主性：在必要的情况下，提供有利于本人的供述；否则，保持沉默。在这种情况下，被告人才是诉讼的主体而不是诉讼的客体。第三，诉讼人道。纵观整个刑事诉讼的历史，可以清晰地发现一条从野蛮到文明的发展线索。在严刑拷问与刑讯逼供的刑事诉讼制度中，唯一的目的就是要被告人招供。因而，被告人对于刑讯的肉体承受能力就成为区分有罪与无罪的标准。在这种诉讼制度中，人无任何尊严可言，人不成其为人。在被告人具有沉默权的情况下，刑讯就失去了其存在的合法性与合理性根据。因而，沉默权是诉讼文明的重要标志。长期以来，我国的刑事诉讼活动实行"坦白从宽，抗拒从严"的政策，并且在刑事诉讼法中明文确认了被告人的如实陈述的义务。根据我国刑事诉讼法的规定，被告人应当如实回答司法人员的询问，并且将是否如实回答作为被告人认罪态度好与不好的一个检验标准。在这种情况下，被告人是不享有沉默权的。尽管我国刑事诉讼法规定了无罪推定的原则，但由于未实行沉默权制度，因而无罪推定原则的实行是不彻底的。尤其是在我国司法实践中，还存在着大量的刑讯逼供的现象。刑讯逼供现象的存在原因是十分复杂的，但没有赋予被告人沉默权不能不说是一个重要的原因。因此笔者认为，随着我国刑事法治的发展，为使我国刑事法治逐渐民主化、科学化，就必然要引入沉默权的制度，这是大势所趋。当然，沉默权的规定与惩治犯罪的需要之间是存在一定的矛盾的。沉默权体现的是对被告人权利的保障，这是人权思想的表现；而惩治犯罪的需要体现的是对社会的保护。当两者发生冲突的时候，到底是前者优先还是后者优先，这确实是一个两难的选择。我认为，应当把人权保障放在一个重要的位置上，而且对犯罪的惩治也应当以一种人道的与文明的方式进行，唯有如此，才能实现刑事法治。将沉默权引入我国刑事诉讼程序，尤其是引入侦查程序，会给我国侦查阶段的控辩关系带来重大影响，对于保障犯罪嫌疑人的权利具有十分重大的意义。当然，沉默权的引入，对于控制犯罪也会造成一定的冲击，这也正是否定沉默权的某些学者所担忧的。我认为，这个问题需要通过提高侦查人员的自身素质来解决，尤其是要克服在办案当中过分依赖犯罪嫌疑人口供的习惯，改变口供中心主义。同时，也要有一些沉默权的例外规定，从而取得控辩之间的平衡。

（三）司法审查

基于公、检、法三机关互相制约、互相配合这样一种司法流水线式的刑事司法体制，我国是不存在对侦查活动的司法审查的。而在法治国家，对侦查活动进行司法审查是司法的题中之义，唯此才能使侦查活动具有诉讼性。

对侦查活动的司法审查，主要是指侦查活动中采取的剥夺或者限制人身自由或者其他权益的强制性措施，除例外情形以外，由司法机关作出决定，而侦查机关自身无权决定。从各国司法制度来看，各国均实行所谓令状主义。令状主义来自 1679 年英国的《人身保护法》，该法规定了被羁押者可以向法官申请人身保护令，可以要求被保释。对于依人身保护令而被释放者以及被保释者不得以同一原因再次被羁押，故意违反者，将被科处罚金。当然，迫于控制犯罪的需要，英国对警察逮捕权的司法制约机制也有弱化的趋势。[①] 但从总体上说，通过令状制度对侦查机关的羁押加以限制，这是各国立法之通例。

我国目前公安机关具有刑事拘留权，而逮捕权则由检察机关行使。就刑事拘留权而言，它是公安机关一家之权力，缺乏制约。就逮捕权而言，检察机关的行使可以起到对公安机关的制约作用。当然，在检察机关直接管辖的案件上，同样

---

① 参见吴宏耀：《英国逮捕制度的新发展》，载《国家检察官学院学报》，2001（2），116～119 页。

存在自侦自捕的问题。从刑事法治的长远发展来看，将司法审查机制延伸到审判之前，从而有效地保障被告人的正当权益是完全必要的。但在当前，可以通过强化检察机关对于公安机关的制约，使检察官担负起一定程度的法官之前的法官之职能，未必不是一种可行的办法。当然，检警双方同属控方，具有诉讼利益上的一致性，只有通过扩大实质上的辩护权，才能取得控辩平衡。

第十章

检察权的法理分析

当前，司法改革成为社会关注的一个热门话题。在关于司法改革的讨论中，焦点之一是检察体制的改革。本章拟从刑事法治的理念出发，对检察权的设置与行使及其正当根据进行法理分析。

一、检察权的概念界定

论及检察权，不能不从司法权谈起。司法权（judicial power）虽然是一个通用的概念，但在理解上仍然存在分歧。就司法权的核心内容而言，应当是一种裁判权。当然，我国对于司法权往往加以广义的理解，认为司法权包括审判权与检察权。[①] 我国不太习惯将司法权称为裁判权，而代之以审判权，以此概括法院的

[①] 我国学者认为，司法权从广义上包括审判权和检察权，狭义上仅指审判或裁判权。随着现代社会立法和司法的发展，司法权也不限于审判权，还包括宪法和法律的解释权、违宪审查权，甚至还包括司法行政权。参见王利明：《司法改革研究》，8页，北京，法律出版社，2000。我认为上述对司法权的解释有过于宽泛之嫌。法律解释权并非一项独立权能，分属于立法权、司法权与行政权。至于司法行政权，是行政权的题中之义。

职权。由此，法院被称为审判机关。其实，我国目前的法院职权不仅包括裁判权，还包括司法行政权、判决的执行权。严格来说，这都是行政权而非司法权。[①] 相对于审判权，我国经常使用的另一个概念就是检察权。如果说，审判权作为司法权大体上没有异议。那么，检察权是否属于司法权则存在观点聚讼。正如同把法院的职权称为审判权，我国把检察院的职权称为检察权，以此与检察机关的名称相对应。可以说，以法律监督为内容的检察权是一个从内容到形式都十分中国化的概念。我认为，重要的不是概念本身，而是这一概念所反映的内容是否具有正当性。

那么，什么是检察权呢？对于这个问题，无论对检察权持肯定态度的学者还是持否定态度的学者，均基本一致地将检察权定义为法律赋予检察机关的职权。[②] 因此，检察权的界定，应当从检察二字的辨析入手。我国学者认为，"检察"，从字面意义上看，是检验、比较、分辨、审看的意思。作为一种执法活动，指检察机关根据法律的授权，对法律执行和遵守情况进行的监督。[③] 上述界定，力图将检察与法律监督相等同。因此，检察权从根本上说被认为是一种法律监督权。正是在法律监督权这一点上，引发了对我国检察权的争论。

---

　　① 我国学者对我国法院体制的行政化倾向作了分析，其现象包括：（1）法院及法院法官的行政化；（2）法院相互关系的行政化；（3）法院内部审判业务运作方式的行政化；（4）法院人事管理的行政化。参见张卫平：《论我国法院体制的非行政化——法院体制改革的一种基本思路》，载《法商研究》，2000（3），4页以下。我认为，我国法院体制的行政化更重要的一个表现是：法院职权的行政化，即除行使审判权以外，还行使司法行政权和判决的执行权。这里的判决的执行权，除判处监禁刑由监狱执行，判处管制由公安机关执行以外，其他的刑事判决、民事判决、行政判决均由法院执行。法院职权的行政化，淡化了法院作为裁判机关的性质。因此，我国学者建议将民事（包括经济）、行政案件的执行权从司法中分离出去，与刑事案件的执行权统一移转给行政机关行使，让法院专司裁判。参见贺日升：《司法改革：从权力走向权威——兼谈对司法本质的认识》，载《法学》，1999（7），10页。

　　② 前者的观点，认为检察院在刑事诉讼中主要行使四项职权，即对刑事诉讼实行法律监督、批准逮捕权、侦查权和公诉权。参见张智主编：《人民检察院刑事诉讼理论与实务》，9页以下，北京，法律出版社，1997。后者的观点，认为检察权即国家赋予检察机关职务范围内的权力。参见郝银钟：《中国检察权研究》，载陈兴良主编：《刑事法评论》，第5卷，92页，北京，中国政法大学出版社，2000。

　　③ 参见张穹：《当代检察机关的架构》，载《检察日报》，1999-05-29。

法律监督权是我国宪法和法律赋予检察机关的权能，也被认为是检察权的核心。因此，检察机关在我国被认为是法律监督机关。我国学者将法律监督理解为运用法律规定的手段，依照法律规定的程序，针对特定的对象进行的、能够产生法定效力的监督。在我国，法律监督特指人民检察院通过运用法律赋予的职务犯罪侦查权、公诉权和诉讼监督权，追诉犯罪和纠正法律适用中的违法行为来保障国家法律在全国范围内统一正确实施的专门工作。① 将检察权界定为法律监督权，在我国是具有充分法律根据的，这是一种实然表述。但从应然性上考察法律监督权的正当性，就产生了观点上的明显分歧。

法律监督权与检察职能的关系如何理解？对此，在理论上存在争议：第一种观点是将法律监督权与检察职能并列，认为两者属于检察权。因此，检察权既包括人民检察院在刑事诉讼中的各种职权，如侦查权、公诉权，还专指人民检察院对刑事诉讼实行专门监督。② 第二种观点反对将公诉职能与法律监督职能视为两个彼此独立的职权，认为检察机关的法律监督职能和公诉职能是一种职能的两面，一个问题的两个方面。③ 按照上述第二种观点，公诉职能与法律监督职能具有同一性。换言之，法律监督职能体现为公诉职能，并通过公诉职能实现，没有独立于公诉职能以外的法律监督职能。如果把审查起诉理解为法律监督，那么，被害人自诉为什么就不是法律监督？如果把抗诉理解为法律监督，那么，被告人上诉为什么就不是法律监督？这里的法律监督的客体是谁：法院还是被告人？指称不明。④ 其

---

① 参见张智辉：《"法律监督"辨析》，载《人民检察》，2000（5），43 页。该文认为，法律监督与监督法律的实施是两个不同的概念，并将法律监督与其他监督加以区分。

② 我国学者认为，对刑事诉讼实行法律监督，是人民检察院法律监督职能在刑事诉讼中的体现。这种监督具有以下特征：（1）国家性和权威性；（2）特定性和专门性；（3）合法性和强制性。参见张穹主编：《人民检察院刑事诉讼理论与实务》，9 页，北京，法律出版社，1997。

③ 参见沈丙友：《公诉职能与法律监督职能关系之检讨》，载《人民检察》，2000（2），14 页。

④ 关于监督客体，我国学者提出这样一种观点，认为提起公诉、支持公诉从广义上也属于法律监督的范畴，但是其监督对象是构成犯罪依法应当追究刑事责任的人，监督目的是代表国家将被告提交法庭，使其接受国家司法机关的审判。而刑事审判监督是狭义上的法律监督，是针对人民法院的审判活动是否合法，监督的目的是保障统一正确地行使审判权。参见张穹主编：《人民检察院刑事诉讼理论与实务》，377 页。

实，对于法院来说，不告不理，告诉才理是一种常识。就不告不理来说，起诉确实具有启动审判程序之功能，而且通过诉因制度①，限制法官的审理范围，从而体现程序公正的价值，有效地制约国家权力的膨胀，充分保障被告人的权益。但将这种起诉职能理解为法律监督，未免使法律监督虚无化。如果按照上述第一种观点，在公诉职能以外，又有一种法律监督职能，则这种法律监督职能的行使会带来第二个问题，即能否既当运动员又当裁判员？

如果不甚恰当地将刑事司法活动比拟为一种竞技活动，那么，控辩双方是运动员，而法官是裁判员。在这种情况下，作为当事人的检察官如果享有对法官的法律监督权，那么，确实存在一个既当运动员又当裁判员的悖论。这里的运动员，是指检察官本身是刑事诉讼的当事人，具有控方的身份。这种控方的地位决定了检察官具有胜诉的欲望。由于公诉权只是一种程序性权力，即所谓司法请求权，它本身不具备终结性即最终判定性和处罚性，而是国家刑罚权实现的准备和条件，在刑事司法过程中具有承前启后的作用，它所包含的实体性要求只有通过审判才能最终实现。② 在这种情况下，如果检察官享有对法官的法律监督权，势必破坏控辩之间的对等关系，动摇法官的中立地位，使检察官成为"法官之上的法官"。

检察官不能成为"法官之上的法官"，这是由控审关系所决定的。控诉与审

---

① 我国学者指出：诉因，一般是指构成犯罪事实的主张。在当事人主义诉讼结构中，为了使辩护一方充分行使其防御权，检察官在起诉书中，除了记载具体事实外，还必须明示其诉因，具体指定所起诉的犯罪事实，法院只能就其诉因加以审判。参见郝银钟：《论"复印件主义"公诉方式》，载陈兴良主编：《刑事法评论》，第6卷，483页，北京，中国政法大学出版社，2000。

② 参见徐静村主编：《刑事诉讼法学》（上），220页，北京，法律出版社，1997。公诉权又可以分为程序公诉权和实体公诉权。行使具体的公诉权力，须满足一定的条件。公诉机关提起公诉，如果该项起诉符合法律程序上的条件（如管辖、时效等），法院就发生相应程序——对案件进行审理，这种引起诉讼程序发生意义上的公诉权，或称形式公诉权。行使程序公诉权的内在根据是实体公诉权。这种实体公诉权力基于国家维护内部安全即统治秩序的职能，它伴随被告人实施犯罪行为而发生，即被告人一旦实施刑法所界定的犯罪行为并应受刑事处罚，即产生国家对其进行追诉的权力，这种权力是国家刑罚权在公诉阶段的表现。参见上书，221页。公诉权作为司法请求权，主要是就实体公诉权而言的，是向法院提出追诉的请求。

判是两项基本的诉讼职能，控审分离是现代刑事诉讼的基本原则。控审分离表示，控诉和审判这两种职能应当由不同的诉讼主体来承担。唯有如此，才能实现审判的公正性。审判作为一种司法裁判活动，具有中立性。[①] 因为审判包括审和判两个方面：审是指审理，这种审理活动是由各个诉讼参与人参加的，在这种审理活动中法官是主持者。判是指裁判，即判断。在刑事诉讼中，是指对有罪还是无罪、罪重还是罪轻的一种判断。在这个意义上，裁判仅是一种判断权。[②] 就审和判两个方面的比较而言，审是判的前提与基础，判是审的结论与后果，因此，判是核心。如果说，审理是在法官主持下通过各方诉讼当事人的职能活动完成的，那么，判是由法官独立完成的。正是在这个意义上，法官的审判要求具有中立性，它不受制于任何人。因此，法官所持的是一种纯粹而超然于控辩双方的法的立场。只有控审分离，法官的这种法立场才能保持其纯粹性与超然性。对于法官的判决，除终局性判决以外，控辩双方都可以提起上诉[③]，以启动上一审级的审判。尽管如此，法官判决的中立性是毋庸置疑的。我国法律虽然将起诉与审判权分别赋予检察院和法院行使，但又赋予检察机关以法律监督权。1979 年《刑事诉讼法》第 112 条第 2 款规定："出庭的检察人员发现审判活动有违法情况，有权向法庭提出纠正意见。"这一规定被认为是赋予了检察官对审判活动的法律监督权。1996 年修正的《刑事诉讼法》第 169 条将上述规定修改为："人民检察

---

① 我国学者认为，司法（即审判）应当中立，这是由司法权（即审判权）的性质和特征决定的。参见齐延平：《司法权中立的内容构成》，载《法商研究》，1999（4），103 页。该文对司法权中立的内容作了分析。

② 我国学者指出：在国家权力结构中，行政权与司法权虽然同属执行权，但两者有区别。它们之间最本质的区别在于：司法权以判断为本质内容，是判断权，而行政权以管理为本质内容，是管理权。参见孙笑侠：《司法权的本质是判断权——司法权与行政权的十大区别》，载《法学》，1998（8），34 页。关于司法是一种判断，我国学者还指出：所谓司法，是指司法机关（法院）依法对争议所作的具有法的权威的裁判。参见贺日升：《司法改革：从权力走向权威——兼谈对司法本质的认识》，载《法学》，1999（7），7 页。

③ 我国将控方的上诉称为抗诉，以区别于被告人的上诉，似有控辩不对等之嫌。其实，无论是抗诉还是上诉，其功能都在于启动上一审级的审判，没有实质性的区别。

院发现人民法院审理案件违反法律规定的诉讼程序，有权向人民法院提出纠正意见。"上述规定将监督主体由出庭的检察人员修改为人民检察院，由此引出刑事诉讼法修改以后，公诉人是否还有当庭监督的权力的争论。学理上一般认为，检察官仍然具有当庭监督的权力。① 其实，对于法院的庭审活动中的违法行为，不仅检察官可以当场纠正，被告人及其辩护人难道就无权当场纠正？如果被告人及其辩护人也可以当场纠正，是否意味着被告人及其辩护人也享有法律监督权呢？当然，由于刑事诉讼法的专门授权性规定，检察官对于庭审活动享有引人注目的法律监督权，并且这种法律监督权是独立于公诉职能的。由此，在一定意义上说，检察官就成为"法官之上的法官"②。显然，检察官不能成为"法官之上的法官"，这是从控审分离原则中引申出来的必然结论。③ 相对于法官的裁判权，检察官的公诉权只能是一种司法请求权，它本身不是裁判权，因而不具有司法权的性质。在这个意义上说，公诉权是一种行政权，即犯罪追诉权。它以追究被告

---

① 我国学者指出：要根据违法情形的轻重和程度，尤其是违法行为能否影响公正裁判，采用不同方法和程序，加以纠正。对于一般违法行为，检察人员可以口头提出，当场纠正；对于较严重的违法行为，检察人员可以先口头提出纠正，然后再辅以书面纠正意见，即适用违法监督通知书的方式，以示严肃认真，令其纠正；对于违法行为可能影响公正审判的，检察机关可以在抗诉期间，依法提出抗诉，按照二审程序给以纠正。参见陈光中、严端主编：《中华人民共和国刑事诉讼法释义与应用》，228 页，长春，吉林出版社，1996。

② 我国刑事诉讼中控、辩、裁三方的法律关系没有理顺。一方面是在庭审活动中检察官的法官化；另一方面是法官的检察官化。正如我国学者所指出：在我国的审判程序中，审判人员不是超越控、辩，居中裁判，而是过于热心地投身于形同追查的法庭调查之中。查证什么，怎样查证，均由其一手决定，并亲自实施，从而使裁判活动不可避免地带着追诉的成分，因而实际上或多或少地也行使着控诉职能，致使控诉与裁判融为一体，似分非分。参见李心鉴：《刑事诉讼构造论》，252 页，北京，中国政法大学出版社，1992。这种状况，在 1996 年刑事诉讼法修改以后有所改变，但法官的中立地位仍然有待加强。

③ 我国学者在论及检察官的诉讼地位时指出：检察官作为公诉人，有权对法庭审判活动实施法律监督，但这种监督实际上是他基于公正地追诉犯罪这一角度对法官所进行的制约和平衡，而没有任何特殊性和独立性。事实上，被告人及其辩护人也同样有权对法官进行相似的监督和制约。与被告方一样，检察官的这种诉讼监督和制约并不能使它处于"法庭之上"的地位。参见陈瑞华：《刑事审判原理论》，242 页，北京，北京大学出版社，1997。这里检察官处于"法庭之上"的地位，类似于本文所称检察官成为"法官之上的法官"。

人刑事责任，遏制犯罪，恢复被破坏了的法律秩序为使命。为此，必须通过起诉，指控并支持控诉以确定被告人刑事责任的有无及轻重。[①] 正是公诉权的这种行政性，决定了在刑事诉讼中，行使公诉权的检察官是与被告人在法律地位上对等的当事人，这就是所谓"检察官的当事人化"[②]。在审判程序中，检察官只有归位为刑事诉讼中的当事人，行使公诉权，才能形成与被告人的对等地位，使之具有"平等的武装"（equality of arms）[③]，以保证法官在具有中立性与超然性的情况下作出裁判。

二、检察权的科学设置

检察官不能成为"法官之上的法官"，那么，是否可以成为"法官之前的法官"呢？我的回答是肯定的。这里涉及检警关系（在一定意义上也就是侦检关系），即检察机关与警察机关的关系。我国公安机关行使警察权，这里的警察权是一种行政权，对此并无争议。在警察权中包含侦查权，由于侦查行为是刑事诉讼行为，因此公安机关也往往被称为司法机关。如果基于司法机关即行使司法权

---

① 参见徐静村主编：《刑事诉讼法学》（上），221 页，北京，法律出版社，1997。

② 日本学者指出：应该尽可能分散检察官权限，同时应该确定当事人主义的地位，探索如何调和检察官的权限与现行法的当事人主义诉讼结构。参见［日］田口守一：《刑事诉讼法》，刘迪等译，107 页，北京，法律出版社，2000。法国学者将检察官称为"主当事人"（partie principale），或"公众当事人"（partie publique）。法国学者指出：在刑事诉讼中，检察机关是诉讼的一方当事人。与民事案件的情况有所不同，检察机关在刑事案件中始终是主要当事人，而在民事案件中，检察机关有时是主要当事人，有时或者更为常见的是检察院仅仅是就两个对立个人之间的争议提出意见的从当事人。这是因为，在刑事诉讼中进行公诉的始终是检察机关，即使在公诉是由受到损害的当事人发动的情况下，检察机关仍然是主要当事人。参见［法］卡斯东·斯特法尼等：《法国刑事诉讼法精义》（上），罗结珍译，131～132 页，北京，中国政法大学出版社，1998。

③ "平等武装"这一表述最早被欧洲人权委员会所使用，该委员会认为，检察官与被告人（在刑事诉讼中）的程序平等（procedural equality）一般可称为平等武装，这是公正审判的一项内在要素。参见陈瑞华：《刑事审判原理论》，261 页，北京，北京大学出版社，1997。

的机关这样一种逻辑，侦查权也会被认为是一种司法权。[①] 我认为，司法权是一种裁判权，侦查活动只是为法官裁判奠定基础，因此，不能认为侦查权是一种司法权。在某种意义上我们可以采用追诉这个概念，以此涵括侦查权和公诉权。[②] 追诉权是国家专门机关对犯罪的一种追究活动，这种活动的目的是使犯罪受到法律的追究。因此，我认为追诉权本身并不是司法权而是行政权。追诉权使警察、检察官成为一体化的控告方，而与辩护方形成对峙关系。

在追诉权行使的主体中，通常包括警察和检察官。可以说，追诉权中的侦查权主要是由警察来行使的。但警察权不止于侦查权，更主要的是行使治安管理职能。在法国，警察分为行政警察与司法警察。法国学者在论述行政警察与司法警察的区别时指出：行政警察所做的努力集中在预防犯罪。对于行政警察而言，就是要防止社会秩序受到扰乱，并且在必要情况下，尽可能快地恢复受到扰乱的秩序。行政警察应当通过现场指挥，以其指令，并且在必要时，以其行动，让人们遵守法律与条例、规章，同时尊重人的自由。但是，在行政警察的这一作用并未完全实现，社会秩序实际受到扰乱，行政警察只能通过其权力范围内的手段部分恢复受到扰乱的秩序时，如果有人实行了某种犯罪，这时就有必要查找谁是犯罪行为人，以便对他们提起公诉。这种调查职能已不再属于预防性质，而属于制裁性质（或者更确切地说，具有对制裁给予合作的性质）。这一调查职责（forction

---

① 我国学者认为侦查行为兼具司法和行政双重特性。侦查活动为正确判明案件事实最终实现国家刑罚权的司法活动提供基础、创造条件，因而是一种广义的诉讼行为，即具有司法性质。同时，侦查活动具有纵向管理特征和行政组织方式，因此又具有显著的行政性。参见徐静村主编：《刑事诉讼法学》（上），183 页，北京，法律出版社，1997。

② 追诉权是依照国家法律规定，为了对犯罪嫌疑人适用刑罚，进行查证、指控、要求审判机关作出公正判决的一系列职能活动的总和，它与审判权是刑事诉讼宏观阶段职能不同的两项权力。侦查、起诉等控诉性质的权力则是追诉权实施中具体环节的职能形式，它们与追诉权之间同是包含与被包含、整体与分解的关系。参见高羊生、周志强：《追诉权、检警一体化与我国法律制度之研究》，载陈兴良主编：《刑事法判解》，第 3 卷，北京，法律出版社，2000。

d'investigation）是司法警察应当履行的职责，它明显不同于行政警察的职责。[①]
尽管行政警察与司法警察具有职能上的密切联系，但两者的职能分工也是十分明
显的，侦查权主要是由司法警察来行使。那么，司法警察是否独立地行使侦查权
呢？从各国法律规定来看，司法警察的侦查权是在检察官的指挥下行使的。这里
涉及侦检模式。关于侦检模式，我国学者认为主要有以下三种[②]：（1）主导型。
这种类型的国家十分强调刑事司法的高度集中统一，在调查追诉的过程中偏重对
诉讼效率的追求，因而为了防止侦查机关可能出现的离心倾向，往往将侦查指挥
权、侦查监督权集中赋予检察机关，并在检察机关的统一领导下由双方共同使侦
查权。在侦查的整个过程中，检察机关居于主导地位。（2）指导参与型。采取这
种模式的典型国家是美国。虽然从表面上看美国的检察机关与警察机关是一种十
分松散的关系，但检察官对警察侦查取证活动的指导参与作用是不容忽视的。
（3）协助型。在日本，一般认为，侦查的目的之一是为公诉做准备，而提起公诉
和维持公诉的责任属于检察官，这就需要检察官和司法警察职员在犯罪侦查上相
互协助，也需要检察官从公诉的角度对司法警察职员的侦查行为进行制约，故日
本刑事诉讼法赋予了检察官一定的指导、指挥权。上述各种侦检模式，都在一定
程度上体现了侦检的一体化，有利于检察官对侦查活动的有效控制。

　　侦检一体，实质上就是检警一体。这种一体化的模式，我认为是由刑事诉讼
理念所决定的。刑事法治普遍认同一项基本原则是审判中心主义。审判中心主义
指审判（尤其是第一审法庭审判）是决定国家对于特定的个人有无刑罚权以及刑
罚权范围的最重要阶段，未经审判，任何人不得被认为是罪犯，更不得被迫随罪
犯的待遇。具体来说，审判中心主义有两层含义：一是在整个刑事程序中，审判

---

　　① 参见［法］卡斯东·斯特法尼等：《法国刑事诉讼法精义》（上），罗结珍译，304页，北京，中国
政法大学出版社，1998。

　　② 参见陈卫东、郝银钟：《侦、检一体化模式研究——兼论我国刑事司法体制改革的必要性》，载
《法学研究》，1999（1），58页以下。另有学者认为，考察世界主要国家的立法和实践，在处理刑事程序
中的警、检关系方面，主要有以下模式：（1）警、检分立模式；（2）警、检结合模式。参见宋英辉、张建
港：《刑事程序中警、检关系模式之探讨》，载《政法论坛》，1998（2），64页以下。

程序是中心，只有在审判阶段才能最终决定特定被告人的刑事责任问题，侦查、起诉、预审等程序中主管机关对于犯罪嫌疑人罪责的认定仅具有程序内的含义，对外不产生有罪的法律效果。二是在全部审判程序当中，第一审法庭审判是中心，其他审判程序都是以第一审程序为基础和前提的，既不能代替第一审程序也不能完全重复第一审的工作。① 审判中心主义确立了庭审作为刑事诉讼程序的中心，而庭审又以抗辩形式展开，由此能够实现惩治犯罪与保障人权的双重目的。与审判中心主义相对立的是侦查中心主义，侦查中心主义强调侦查程序在刑事诉讼中的核心地位，仅仅根据侦查阶段做成的调查笔录进行审判，即所谓"书面审判"。也就是说，案件在侦查阶段实际上就已经决定了（所谓侦查中心主义），审判被架空，这就偏离了审判中心主义。② 笔者认为，侦查中心主义还是审判中心主义，实际上是刑事诉讼理念之争。侦查中心主义将侦查放在重要位置上，而侦查活动具有行政性，因而忽视了刑事诉讼的司法性。而审判中心主义将审判放在中心位置上，使侦查以及其他追诉活动从属于审判，审判活动具有司法性，因而淡化了刑事诉讼的行政性。以审判为中心建构刑事诉讼结构，必然使侦查活动和起诉活动成为审判的一种准备活动，最终服从法院的裁判。因此，就必然以起诉制约侦查，使侦查服从起诉，这就为检警一体提供了理论根据。

　　我国现行的刑事诉讼程序是由公、检、法三道工序组成的一条司法流水线，因而既不同于侦查中心主义，也有别于审判中心主义，是一种无中心主义，我国学者称为诉讼阶段论。③ 根据这种诉讼阶段论，侦查、起诉与审判分别是三个独

---

　　① 参见孙长永：《审判中心主义及其对刑事程序的影响》，载《现代法学》，1999 (4)，93 页。

　　② 参见［日］田口守一：《刑事诉讼法》，刘迪等译，25 页，北京，法律出版社，2000。侦查中心主义还是审判中心主义，和采取何种侦查构造论有关。日本学者提出了关于侦查构造论的三种观点：（1）纠问式的侦查观；（2）控辩式的侦查观；（3）诉讼上的侦查观。参见上书，25 页以下。关于侦查与审判之间的本位关系的详尽论述，参见陈岚：《侦查程序结构论》，载《法学评论》，1999 (6)，58 页以下。

　　③ 我国学者指出：由于司法领域分工越来越细、分权学说的影响、人权思想的发达以及适应同犯罪做斗争的需要，诉讼职能在不断地分化、发展并不断地整合，传统的审判中心论已为诉讼阶段论所取代。参见樊崇义主编：《刑事诉讼法学》，39 页，北京，中国政法大学出版社，1996。

立的诉讼阶段，三个诉讼阶段分别由公安、检察、法院行使侦查权、起诉权和审判权。只是在侦查权上，以公安为主、检察为辅共同行使。公、检、法三机关分别行使职权，互相制约、互相配合，成为我国刑事诉讼结构的一大特色。但这种司法流水线式的刑事诉讼结构，虽然是侦查、起诉与审判三个诉讼阶段平行，循序渐进，但由于侦查居于启动的地位，从而不可避免地具有侦查中心主义的倾向。"公安局是做饭的，检察院是端饭的，法院是吃饭的"，这句俗语形象而深刻地描述了我国刑事诉讼的侦查中心主义特征。在这种情况下，侦查活动缺乏应有的控制。

从各国刑事诉讼结构看，对于侦查实行双重控制：一是行政控制，二是司法控制。这里的行政控制主要是指检察官对于侦查的控制，而司法控制主要是法官对于侦查的控制。关于检察官对于侦查的控制，主要涉及检警关系。如上所述，在我国刑事诉讼结构中，公安与检察是并列的两个机关，虽然检察机关享有法律监督权，对于公安机关具有侦查监督权，但由于公安机关与检察机关是一种互相配合互相制约的关系，因此这种侦查监督只是结果的监督而不是过程的监督，是一种静态监督而不是动态监督。因此，缺乏侦查监督的有效性。在这种情况下，我国学者提出了完善我国警检关系的构想[1]，这种构想基于检察机关实施监督的置后性和被动性往往导致难以有效预防和及时纠正侦查违法，不利于保障犯罪嫌疑人及其他有关公民的合法权益，认为应当强化警检关系中的制约机制。更有学者明确提出侦、检一体化模式[2]，认为应当确立检察官在侦查阶段的主导核心地位，并增强检察机关对侦查程序的监控力度，使侦查机关的所有诉讼程序，特别是调查、取证行为，必须服从检察机关的领导、指挥和监督，从而使检察官真正

---

① 参见宋英辉、张建伟：《刑事程序中警、检关系模式之探讨》，载《政法论坛》，1998（2），66页以下。

② 参见陈卫东、郝银钟：《侦、检一体化模式研究——兼论我国刑事司法体制改革的必要性》，载《法学研究》，1999（1），58页以下。侦、检一体化，笔者认为就是警检一体，参见拙作：《检警一体：诉讼结构的重塑与司法体制的改革》，载《中国律师》，1998（11），52页。

成为影响侦查、公诉程序进程的核心力量。尽管侦查机关的法定职能分工仍然是以侦查为本，但不再赋予其完全独立的司法权力，即明确规定侦查权完全是一种依附于检察权的司法权力，废除调整公、检两机关之间相互关系的所谓"分工负责"及"相互制约"的诉讼原则，这是侦、检一体化模式的基本理念。我认为，以侦检一体化为内容的检警一体模式是从侦查中心主义向审判中心主义转变的一项重要而有效的改革措施。检警一体是指为有利于检察官行使控诉职能，检察官有权指挥刑事警察进行对案件的侦查，警察机关在理论上只被看作是检察机关的辅助机关，无权对案件作出实体性处理。[①] 这种检警一体化的侦查体制赋予检察官主导侦查的权力，为其履行控诉职能打下了良好的基础。

我国学者对检警一体化提出质疑，主要理由有三[②]：其一，从现代检察制度设立的意义看，需要保持检警的适当分离以形成必要的"张力"，从而维持对侦查进行"过滤"以及对侦查活动实施法律控制的机制。其二，将刑事警察从警察机关剥离，将大大损害刑事警察的侦查能力。其三，由检察官全面负责刑事侦查在一定程度上是强其所难，不利于保证侦查的专业化和实现侦查的效能。针对上述三点理由，我提出以下三点理由为检警一体化辩护：首先，检警一体化并不是否认检警的分离，而是以这种分离为前提的职能上的一体，而非组织体制上的一体。因此，检警一体是为了更有效地加强对侦查活动的法律控制。其次，在检警一体化原则下，行政警察与刑事警察（即司法警察）在职能上剥离，而且刑事警察的侦查活动将服从检察官的指挥，可以增强侦查活动的有效性与合法性，而不是相反。至于侦查能力，取决于各种因素，离不开各个机关，乃至于社会公众的

---

① 关于检警一体原则中的检警关系与公检法三道工序的结构中的公检关系的区分，参见拙作：《内地刑事司法制度：理念、规范、体制之考察》，载陈兴良主编：《刑事法评论》，第 5 卷，42 页，北京，中国政法大学出版社，2000。

② 参见龙宗智：《评"检警一体化"——兼论我国的警检关系》，载陈光中主编：《依法治国，司法公正——诉讼法理论与实践（1999 年卷）》，372 页以下，上海，上海社会科学出版社，2000。关于否定检警一体化的理由，还可以参见倪兴培：《论司法权的概念与检察机关的定位——兼评侦检一体化模式》（下），载《人民检察》，2000（4），48 页以下。

配合与协助，并不会因为行政警察与刑事警察的分离而下降。例如，缉私警察队伍的建立，事实证明有利于侦破走私犯罪案件。以后还将建立税务警察等，警察机关的专门化可以说是一个发展方向。最后，由检察官主导侦查活动，并不是由检察官包办侦查活动。警察从事一线侦查，检察从事二线侦查。① 两者分工不同，正可以各显其能。侦查活动是一种查获犯罪并保全犯罪证据的活动。因此，侦查活动可以分解为两部分：一是查获犯罪，即所谓破案，也就是专门调查。② 二是保全证据，这是为证明犯罪而实施的调查取证活动。破案具有经验性，是警察侦查的内容。而保全证据则具有法律性，是检察侦查的内容。我认为，对于侦查内容的上述区分是符合实际的。检察官主导侦查活动，主要是指在保全证据中起指挥作用，在刑事警察的协助下完成。这一任务，检察官完全能够承担，而且是最佳的承担者。因为警察往往缺乏法庭意识与证据意识，往往认为只要将刑事案件破获，就万事大吉。而只有检察官最清楚在法庭上证明犯罪需要哪些证据，可以及时指挥警察搜集为庭审所必需的各种证据。

三、检察权的法治建构

检警一体化，只是强化了检察官对侦查活动的行政控制。更为重要的是，检察官还应当具有对侦查活动的司法控制权。只有在这个意义上，检察官才能成为

---

① 关于警察侦查与检察侦查，日本刑事诉讼法的基本模式是：警查侦查结束后，案件移送检察官实施检察侦查。因此，检察侦查对于移送案件，从维持公诉的角度看，原则是补充侦查。警察侦查是犯罪发生后在真相不明的状态下开始侦查，检察侦查是在真相大致查清后实施，因此，两者性质不同。但是，（1）关于人身案件的侦查，因为移送后多被羁押在警察拘留所（代用监狱），因此存在检察侦查与警察侦查同时实施的倾向；（2）检察官直接受理的案件是检察侦查，从现实上看其性质与警察侦查没有不同，因此两者不作严密的划分。参见［日］田口守一：《刑事诉讼法》，刘迪等译，38 页注①，北京，法律出版社，2000。

② 侦查与侦察这两个概念是有区别的。可以说，侦查包含侦察，前者是后者的上位概念。日本学者指出：警察侦查是事实性、技术性以及有目的性的侦查，而检察侦查是法律性、规范性、规制性的侦查。参见［日］田口守一：《刑事诉讼法》，刘迪等译，98～99 页，北京，法律出版社，2000。

"法官之前的法官"。这里涉及检察机关的批准逮捕（简称批捕）权的问题。① 对于侦查活动的司法控制，在法治国家一般是由法官（主要是预审法官）承担的。我国学者指出：侦查程序中存在的最大"诉讼"问题是如何对那些涉及公民权益的侦查行为进行司法审查的问题。在这方面，西方各国普遍建立了由法官颁布许可令的"令状制度"。无论是逮捕、搜查、扣押、窃听还是羁押、保释或者其他强制性措施，司法警察或检察官都要事先向法官或者法院提出申请，后者经过专门的司法审查程序，认为符合法定的条件后，才能许可进行上述侦查活动。这样，强制措施的实施必须取得法官的授权和审查。侦查机构只能在法定特殊情况下才能自行实施上述措施，但要立即送交法官或者法院作出决定。② 上述侦查控制模式，体现了"司法最终裁决"原则，即法院的司法裁判不限于庭审，而是向前延伸到整个追诉过程中，尤其是对侦查活动实行严格的司法控制。应该说，这一模式更能体现控辩对等、保障犯罪嫌疑人的权利这一现代刑事法治原则。因为基于"没有裁判，就没有司法"的理念，任何司法活动都必须要有裁判，而且这种裁判还必须是由中立的第三方基于法的立场而作出的。而检警双方同属于追诉方，由追诉者自行决定对被追诉人，即犯罪嫌疑人、被告人的强制措施，在没有充分的法律保障的情况下，不利于保障被追诉人的权利。

我国刑事诉讼程序，基于诉讼阶段论的理念，分为侦查、起诉、审判这三个互相衔接的阶段。侦查实行职能分工，除检察机关管辖渎职侵权犯罪案件和国家工作人员职务犯罪案件的侦查以外，其他绝大部分案件都由公安机关管辖（其中，危害国家安全的犯罪案件由国家安全机关管辖）。公安机关（包括国家安全机关，下同）在侦查过程中，享有立案权、撤案权、搜查权、扣押权、通缉权、

---

① 实际上不止批捕权，还涉及立案批准权、其他强制措施的批准权，将在下文论述。

② 参见陈瑞华：《刑事侦查构造之比较研究》，载《政法论坛》，1999（5），93页。作为例外的是法国，法国的侦查活动由预审法官领导，有权直接采取强制措施。法国学者指出：预审法官的职权，归结起来，一方面是查找证据，另一方面是以司法裁判权性质的决定对证据作出评判。因此，预审法官既是负责查找证据的侦查员（agent d'information），又是法庭（juridiction）。参见［法］卡斯东·斯特法尼等：《法国刑事诉讼法精义》（上），罗结珍译，385页，北京，中国政法大学出版社，1998。

传唤权、拘传权、刑事拘留权。由此可见，公安机关享有广泛的权力。以刑事拘留权为例，根据我国《刑事诉讼法》第 89 条第 1 款、第 2 款规定，公安机关对被拘留的人，认为需要逮捕的，应当在拘留后的 3 日以内，提请人民检察院审查批准。在特殊情况下，提请审查批准的时间可以延长 1 日至 4 日。对于流窜作案、多次作案、结伙作案的重大嫌疑分子，提请审查批准的时间可以延长至 30 日。外国警察没有这么大的权力，涉及剥夺犯罪嫌疑人的人身自由的，均由法官批准。只是警察可以在紧急情况下采取无证逮捕。在日本无证逮捕或收到被扭送的嫌疑人后至请求法官批准羁押的时限，总计不得超过 72 小时。在英国，警察进行无司法令状逮捕后应在 24 小时以内移送治安法院，对被怀疑从事恐怖活动者羁押期限可延长至 48 小时，在特殊情况下，内政大臣可以下令延长 5 日。[①]我国警察享有如此之大的侦查权，是有悖于刑事法治理念的。笔者认为，一个国家的刑事法治水平与警察权的大小是成反比的：警察权越大，刑事法治水平越低；警察权越小，刑事法治水平越高。[②] 当然，警察权的大小只是衡量一个国家刑事法治水平高低的一个指数。有鉴于此，我国学者提出在侦查程序中构建中立司法机构的审查和控制机制，建立所谓的"程序性裁判"制度，使侦查程序中所有的重大限制人身权利和自由的行为都纳入司法审查和诉讼的轨道。[③] 在我国刑事诉讼结构中，对公安机关侦查活动实行监督的是检察机关，检察机关的侦查监督措施主要是指立案监督。《刑事诉讼法》第 111 条规定：人民检察院认为公安机关对应当立案侦查的案件而不立案侦查的，或者被害人认为公安机关对应当立

---

① 参见徐静村主编：《刑事诉讼法学》（上），210～211 页，北京，法律出版社，1997。

② 日本学者指出：警察权的目的是维持社会公共秩序。实施警察权必须遵守下述三项原则：第一，警察公共原则，其中又包括三项原则，即不可侵犯私人生活原则、不可侵犯私人住所原则以及不干涉民事原则。第二，警察责任原则，即只对负有责任者行使警察功能。第三，警察比例原则。警察功能仅止于维持公共秩序必需最低限度。参见 ［日］田口守一：《刑事诉讼法》，刘迪等译，37 页，北京，法律出版社，2000。

③ 参见陈瑞华：《刑事侦查构造之比较研究》，载《政法论坛》，1999（5），101 页。该文未对"程序性裁判"主体作具体论述。据我向陈瑞华教授咨询，"程序性裁判"的主体是法官。

案侦查的案件而不立案侦查，向人民检察院提出的，人民检察院应当要求公安机关说明不立案的理由。人民检察院认为公安机关不立案理由不能成立的，应当通知公安机关立案，公安机关接到通知后应当立案。笔者认为，加强对公安机关侦查活动的监督是十分必要的，目前引入法院的司法审查程序尚有一定难度。在这种情况下，将目前公安机关享有的立案权、撤案权以及采取拘留、扣押、搜查等强制性侦查措施的权力赋予检察机关，从而形成对公安机关的侦查活动的有效控制，是较为可行的方法。

这里涉及需要讨论的重大问题是批捕权由谁行使。我国刑事诉讼法规定，批捕权由检察机关行使。因此，批捕被认为是侦查监督的重要形式，各级检察机关内设机构中，将行使批捕职权的部门称为侦查监督部门就是一个明证。基于批捕权具有程序性裁断的性质，我国学者提出了批捕权的优化配置的命题，认为：在刑事诉讼中，批捕权是一项重要的司法权力，应该由人民法院来行使；并应通过设置上诉程序来保障其公正实现。具体运作程序可设定为：在刑事诉讼中，侦查人员及检察官认为需要逮捕犯罪嫌疑人或被告人时，应当向法院提出请求书，并须向法庭公开逮捕的理由。如果法官认为完全符合逮捕条件时，应该裁定批准逮捕，并及时签发逮捕证；如果法官认为理由不成立或不充分时，应裁定不予批准逮捕，并应在裁定书中阐明不批准逮捕的理由。当侦查人员及控、辩双方对法庭裁定持有异议时，都有权在法定期间内向上一级法院提出上诉。[①] 这一观点的提出，引起强烈反响，并引出了反驳意见，主要理由是：（1）批捕权是法律监督权的重要组成部分，它由专门的法律监督机关——人民检察院来行使是合乎逻辑也是合乎法律的。（2）由检察机关行使批捕权是与我国的刑事诉讼体制和诉讼目的相符合的。（3）我国检察机关行使批捕权已经形成了完善的监督体制和有效的救

---

① 参见郝银钟：《论批捕权的优化配置》，载《法学》，1998（6），49页。进一步的论述，参见郝银钟：《批捕权的法理与法理化的批捕权——再谈批捕权的优化配置及检察体制改革兼答刘国媛同志》，载《法学》，2000（1），19页以下。

济程序。① 关于批捕权到底是由检察官行使还是由法官行使的争论，主要集中在以下三个问题上：一是应然与实然。主张批捕权应由法官行使的观点从应然性角度进行了法理论证，尤其从控辩对等理念出发，认为对于承担控诉职能的检察机关来说，如果再享有批捕的权力，不仅打破了控辩双方的平等性，使得控辩双方平等对抗原则难以真正发挥作用，而且也使得辩护一方的诉讼地位呈客体化趋势，程序的正当性也就难以体现出来。由于法官能够对控辩双方保持一种不偏不倚的超然中立态度，这样更有助于公正地把握批捕权的运作。② 这在法理上是能够成立的。而主张批捕权应由检察官行使的观点则偏重于从实然性角度加以辩护，论证难以让人满意。但其中提出如果由法院行使批捕权，致使法院在审判之前陷于与审判结果的利害关系之中的观点，似有一定道理。当然，如果由预审法庭（官）来承担批捕职能，则不存在这个问题。二是批捕权的性质。主张由法官行使批捕权的观点认为批捕权是一种程序性裁判权，具有司法权的性质，而检察机关是行政机关，因此不应由检察官行使批捕权。③ 而主张由检察官行使批捕权的观点，虽然明确承认批捕权是一种程序性权力，但对这种权力的性质未作深入分析，只是强调检察机关作为代表国家行使公诉权的追诉机关，为了保障侦查活动和公诉活动的顺利进行而行使批捕权，自然是顺理成章的。④ 笔者认为，批捕

---

① 参见刘国媛：《也谈批捕权的优化配置——与郝银钟同志商榷》，载《法学》，1999（6），28 页以下。另见张智辉：《也谈批捕的法理——"批捕权的法理与法理化的批捕权"一文质疑》，载《法学》，2000（5），37 页以下。值得注意的是该文的以下这段总结性的观点：笔者并不认为由检察机关行使批捕权是最好的办法，但是，与法院或其他任何机关行使批捕权相比，检察机关行使批捕权更为适当，因此不失为最优化的权力配置。正是基于这一点，笔者建议，在法院内部没有设立预审法官的情况下，批捕权应当统一交由检察机关行使。同时通过立法赋予法院根据当事人的申诉对检察机关的批捕权进行审查裁定的权力，以防止批捕权的不当行使。参见上文，39 页。

② 参见郝银钟：《论批捕权的优化配置》，载《法学》，1998（6），47 页。

③ 论者认为，检察权在本质意义上应隶属于国家行政权，检察机关应当定位为行政机关。参见郝银钟：《中国检察权研究》，载陈兴良主编：《刑事法评论》，第 5 卷，128 页，北京，中国政法大学出版社，2000。

④ 参见张智辉：《也谈批捕权的法理——"批捕权的法理与法理化的批捕权"一文质疑》，载《法学》，2000（5），38 页。

权是一种裁判权,是一种程序性裁判权。例如日本刑事诉讼法中,把逮捕包括在"羁押的裁判"中。[①] 因此,批捕权具有司法权的性质。它与起诉权不同,起诉权只是一种司法请求权,因此是行政权而非司法权。当然,肯定批捕权是司法权,并不能从检察权是行政权,而行政机关不能享有司法权中得出检察机关不应享有批捕权的必然结论。三是批捕权与法律监督权的关系。主张由法官行使批捕权的观点认为,检察机关的侦查监督仅指对侦查活动是否合法进行监督,并不包括审查批捕。[②] 而主张由检察官行使批捕权的观点则认为,批捕权的设置,无论是从立法原意,还是从司法实践上讲,都体现了其监督权的属性。[③] 就这一问题而言,我认为批捕权显然具有侦查监督之内涵,这是不能否认的。当然,这与检察机关是否具有法律监督机关的性质是两个问题。即使检察机关不是法律监督机关同样也可以赋予批捕权。反之,也不能简单地认为批捕权是一种法律监督,而检察机关是法律监督机关,因此得出结论:批捕权应由检察机关行使。我认为,这是一种实然的推理,而非应然的论证,缺乏说服力。

基于以上考虑,我认为,根据我国当前的刑事司法体制,在检警一体化的前提下,由检察官行使批捕权,以此作为对警察侦查的一种司法控制形式,是可取的。当然,检察机关自行侦查案件的批捕权,拟由法院行使批捕权为好。主要理由在于:我国检察机关在刑事诉讼中的法律地位具有特殊性,尤其是在一府两院[④]的体制没有改变的情况下,检察机关历史形成的这种法律地位应当受到尊重。随着刑事法治的发展,更应当受到限制的是警察权而不是检察权。就此而

---

① 参见〔日〕田口守一:《刑事诉讼法》,刘迪等译,53 页,北京,法律出版社,2000。
② 参见郝银钟:《论批捕权的优化配置》,载《法学》,1998(6),48 页。顺便指出,论者对检察机关的法律监督权是持否认观点的,认为检察机关在我国宪政体制以及在刑事诉讼中都不应该定位为国家法律监督机关。检察官在刑事诉讼中只能是承担控诉职能的具有国家公务员性质的公诉人。参见郝银钟:《检察机关的角色定位与诉讼职能的重构》,载陈兴良主编:《刑事法评论》,第 4 卷,311 页,北京,中国政法大学出版社,1999。
③ 参见刘国媛:《也谈批捕权的优化配置——与郝银钟同志商榷》,载《法学》,1999(6),28 页。
④ 随着国家监察委员会的设置,我国一府两院体制将改变为一府一委两院体制。在这一体制下,检察权与监察权的关系如何建构,这是一个值得研究的问题。

言，以检察权制约警察权具有客观上的妥当性。在检警一体化的情况下，由检察机关对公安机关的侦查活动实行行政的与司法的双重控制，能够在一定程度上保障犯罪嫌疑人的诉讼权利。因此，应当使检察官成为"法官之前的法官"①，对公安侦查活动行使包括批捕在内的司法裁判职能。

检察官成为"法官之前的法官"，使检警关系发生重大变化，为审判中心主义的实现创造了条件，同时也带来检察权行使方式的改革。

检察机关实行检察一体原则，这是各国检察制度的通例。检察一体是指各级检察机关、检察官（检察人员）依法构成统一的整体，各级检察机关、检察官在履行职权、职务中根据上级检察机关、检察官的指示和命令进行工作和活动。②检察一体原则体现了检察机关的行政性，检察官基于"上命下从"原则行使职权。但检察事务又具有司法性，因而检察一体并不否认检察官行使职权的独立性。例如，日本检察官制度的特色在于：行使检察权的不是检察厅，而是各个检察官。尽管检察权由各个检察官独立行使，但检察官在全国作为一个整体活动，检察官的决定被认为是检察机关整体的决定，这就叫检察官一体原则。③因此，检察一体是以检察官履行职务的独立性为前提的。在这个意义上，日本检察官在执行检察事务时被视为"各自独立的官厅"，即检察官是以自己的名义并由自己负责来处理分配给他的检察事务。④检察官行使职权的独立性是司法活动的亲历

---

① 法国有立席司法官（magistrat debout 或 magistrat du parquet）与座席司法官（magistrat du siege 或 magistrat assis）之分。检察院的司法官在刑事法庭上被称为"parquet"。这是借指检察官在法庭上的席位（也用来指称"检察院"）。"parquet"一词在法语中有"地板"或"镶木地板"之意。这一名称来自旧制度时期，那时的国王检察官或律师与审判法官不在同一审判席上就座，而是同受到审判的人以及他们的代理人一样，站在审判法庭地板上进行诉讼。这一名称至今仍得到保留，尽管现在检察院司法官也同审判司法官一样，在法庭同一排座位上就座。参见〔法〕卡斯东·斯特法尼等：《法国刑事诉讼法精义》（上），罗结珍译，122~123 页，北京，中国政法大学出版社，1998。这里的立席司法官也称为站着的法官，座席司法官是坐着的法官。由此可见，将检察官比喻为法官是有来由的，这也可以看作是"法官之前的法官"的一个佐证。

② 参见张穹主编：《人民检察院刑事诉讼理论与实务》，18 页，北京，法律出版社，1997。

③ 参见〔日〕田口守一：《刑事诉讼法》，刘迪等译，105~106 页，北京，法律出版社，2000。

④ 参见张穹主编：《人民检察院刑事诉讼理论与实务》，19 页，北京，法律出版社，1997。

性的必然要求，符合司法活动的规律。

我国检察机关长期以来具有明显的行政化管理的特征，实行的是"检察人员承办，部门负责人审核，检察长或者检察委员会决定"的办案制度。在这种情况下，检察官作为案件的承办人实际上并没有对案件的决定权，而是听命于科（处）长和主管检察长，对案件审理采用行政手段管理，既挫伤了承办的积极性又降低了办案效率。为此，我国检察机关推行了主诉检察官办案责任制度。主诉检察官制虽然被定位为是一种办案责任制①，但它已经涉及检察权行使方式上的改革，即向检察官独立行使职能迈出了第一步，因而具有重要意义。

在推行主诉检察官办案责任制过程中，提出了一个检控分离的问题。我国学者指出：为了更好地适应刑事诉讼法修改后控辩双方对抗力度加大、程度加深的庭审方式，建立和推行检控检察官分离制度是一种可尝试的刑事检察办案制度。该制度的内容是：在现有法律框架内，通过对检察机关内部机构设置的某种调整及对检控检察官职务、职责的定位，建立一种主控检察官、事务检察官和检察书记官组成的刑事检控检察官分离制度。在这种制度下，主控检察官与事务检察官具有不同的分工：事务检察官主要面对侦查，对侦查进行动态的制约；主控检察官主要面对法庭，在庭审中形成与辩方的有力对抗，从而形成一种以庭审公诉为中心，以起诉制约侦查的合理办案机制。② 检控分离制度以主控检察官为主导，由事务检察官主要承担对侦查活动的控制，从而理顺公、检、法的关系，具有一定的意义。尤其需要指出的是，事务检察官的职责主要在于对警察侦查实行控制，以往这种控制主要是通过对案卷的书面审查采取退回补充侦查（根据刑事诉讼法规定，以两次为限）实现的。这种退回补充侦查具有事后补救的性质，由于时过境迁，侦查人员工作重点的转移，效果不能尽如人意。在这种情况下，某些检察机关实行捕诉合一的办案机制。在这种捕诉合一的办案机制下，以一名检察

---

① 参见全弛：《主控检察官制——刑事检察机制的新探索》，载《人民检察》，2000（4），26 页。
② 参见王新环：《检控分离制度研究》，载陈兴良主编：《刑事法评论》，第 4 卷，359 页，北京，中国政法大学出版社，1999。

官为主，辅之以数名助理检察员、书记员组成相对独立的执法主体，主控检察官在检察长领导下，独立承担案件审查批捕、审查起诉、提起公诉的全部法律职能，相对独立地行使权力和承担义务。① 这种捕诉合一的办案机制，改变了传统的捕诉分立的刑事检察办案机制，突出了对侦查活动的制约。由于批捕与起诉由同一名检察官承担，因此在批捕条件上就会按照最低限度的起诉条件来掌握，使审查批捕真正成为公诉前期的预备阶段，从而有效地提高了公诉案件的质量。当然，无论是检控分离还是捕诉合一，都还是在现行法律框架内的改革，没有从根本上触及检察关系。实现检警一体化、检主警辅的侦查控制模式，尚有待于立法的修改。

在刑事法治背景下，检察权的行使，我认为应当以控制公安机关的侦查活动为方向。由于检警同为控诉方，具有共同的利益追求，因此，检察官之成为"法官之前的法官"还须引入辩护方的制约机制。换言之，在侦查阶段就应当形成既对立又对抗的控辩关系。在刑事诉讼理论上，存在审问式模式与弹劾式模式之分。② 审问式模式是一种两方组合：控辩双方对立而不对抗，并且地位不对等，没有中立的裁判者。弹劾式模式是一种三方组合，控辩双方对立而对抗，并且法官作为第三方介入侦查，居于三角结构的顶端。③ 如前所述，我国目前在侦查程序中引入法官的裁判尚不具备条件。在这种情况下，通过加强辩护方在侦查程序中的抗辩能力，与警察侦查形成对立而对抗的关系。在此基础上，由检察官承担裁判者的角色，形成审前的三角结构。在庭前，无论是侦查阶段还是起诉阶段，检察官是"法官之前的法官"：对于是否立案，是否采取强制措施和是否起诉享有裁判权。一旦决定起诉，进入庭审程序，检察官行使控告权，辩护人行使辩护

---

① 参见全弛：《主控检察官制——刑事检察机制的新探索》，载《人民检察》，2000（4），26 页。

② 关于侦查的审问式模式与弹劾式模式以及两种侦查模式的利弊比较，参见左为民：《价值与结构——刑事程序的双重分析》，105 页以下，成都，四川大学出版社，1994。

③ 两方组合与三方组合，被我国学者称为侦查程序横向结构的两种模式。参见陈岚：《侦查程序结构论》，载《法学评论》，1999（6），62 页以下。

权，法官居中审判。因此，在庭审的三角结构中，检察官是当事人，不能成为"法官之上的法官"。

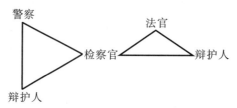

经过上述理论跋涉，我们可以最终回到检察权性质这个问题上来。撇开检察权与法律监督权的关系不说，就检察权是行政权、司法权还是具有行政权与司法权两重属性而论，我赞同双重属性说。在一定意义上，也可以说检察机关是准司法机关，享有一定的司法权。

把检察权定性为行政权的观点，是基于对司法权特征的认识，认为司法权与行政权相比，具有以下特征：（1）终结性；（2）独立性；（3）中立性；（4）消极性和被动性；（5）个别性；（6）专属性或不可转授性。通过以上分析得出结论：检察权的权力特征和其机构设置与国家司法权的内在属性是完全背离的。检察机关只能成为代表国家承担控诉职能的公诉人，而公诉权在本质上只是一种相对的请求权而非裁判权。① 而把检察权定性为司法权的观点，例如德国学者，主要是基于检察权与审判权的"接近度"以及检察官与法官的"近似性"②。我国学者也有类似的观点，认为检察机关参加司法活动，在办理有关案件中采取措施、作出决定，是对个案具体事实适用法律的活动，符合司法权的特征。③ 我国通说是把检察机关定性为法律监督机关，检察机关行使的是法律监督权，检察权即法律

---

① 参见陈卫东、郝银钟《实然与应然：关于侦检权是否属于司法权的随想——兼答王天国先生》，载《法学》，1999（6），27 页。

② 龙宗智：《论检察权的性质与检察机关的改革》，载《法学》，1999（10），3 页。检察权的司法权说主要是德国学者的观点，例如德国学者戈尔克称：检察官虽非法官，但"如同法官般"执行司法领域内的重要职能。参见上文，3 页。

③ 参见徐益初：《论检察权性质及其运用》，载《人民检察》，1999（4）。

监督权。我国检察权是作为一项相对独立的基本的国家权力而出现的，在国家机构体系中，它只受国家权力机关的领导和监督，与行政权、司法（审判）权处于平行的地位，而不同于西方国家把检察权附属于行政权或司法权的那种政体结构。① 基于这种检察权自成一体的观点，对检察权的属性进一步加以分析，从而得出双重属性说，即检察机关兼有司法权和行政权的双重属性。在分析检察权的双重属性时，一般都认为检察一体使检察机关具有组织体制上的行政性，侦查权具有行政性，而公诉权具有司法性。② 由此可见，在检察权的性质问题上，存在重大分歧。

我认为，对于检察权的性质，首先要从司法权的本质属性来分析。司法权的本质在于判断，这种判断是以一定的纠纷存在为前提的，而且这是一种第三者的判断。③ 这种判断，实际上就是一种裁判。只要存在中立的裁判，其活动就具有司法性。现在，在行政活动中也引入了裁判（例如听证程序等），因而出现了所谓行政司法化的倾向，即以司法方式行使行政权。同样，在司法活动中，如果控审不分，实行纠问式诉讼，也同样不会有真正的司法性，而只能是司法行政化。基于这种理解，我认为，在刑事诉讼中，侦查权与公诉权具有行政性。除审判权具有司法性以外，批捕权和不起诉权也都具有一定的司法性。

侦查权的行政性受到普遍认同，认为检察机关直接组织检察院官员实施侦查的行为，因其严密的组织结构和监督指挥关系，且突出行为的实效（破案），具有明显的行政性质。④ 这一对侦查权的行政性的理解同样适用于警察侦查。警察侦查的主要使命在于破案，这种破案侦查行为当然具有行政性。在这个意义上的

---

① 参见王桂五：《略论检察官的法律属性》，载《人民检察》，1989（9）。
② 上述观点，参见谢鹏程：《论检察权的性质》，载《法学》，2000（2），14 页以下；以及龙宗智：《论检察权的性质与检察机关的改革》，载《法学》，1999（10），3 页以下。
③ 我国学者指出：司法判断是针对真与假、是与非、曲与直等问题，根据特定的证据（事实）与既定的规则（法律），通过一定的程序进行认识。参见孙笑侠：《司法权的本质是判断权——司法权与行政权的十大区别》，载《法学》，1998（8），34 页。
④ 参见龙宗智：《论检察权的性质与检察机关的改革》，载《法学》，1999（10），3 页。

警察侦查权属于警察权，是一种行政权。同样，检察机关管辖案件的侦查权，也属于行政权。检察侦查即基于检警一体原则，对警察侦查的行政控制权，例如日本刑事诉讼法规定检察官拥有以下三项权能：（1）一般命令权；（2）一般指挥权；（3）具体指挥权，都具有行政权的性质。但侦查程序中采取强制措施的权力，例如羁押，包括我国的刑事拘留和逮捕，则具有司法性。因此，它不应包括在侦查权中，而是对侦查进行司法控制的权力。在日本，逮捕证请求权人是检察官或司法警察。接到逮捕证请求后，法官审查逮捕理由与必要性，签发逮捕证。在这种情况下，由法官进行"羁押的裁判"[1]。而在我国刑事诉讼中，刑事拘留权由公安机关行使，在这个意义上说，使公安机关享有了一定的司法权。我认为，侦查程序中具有司法性质的裁判权，应由检察官行使，使警察权纯行政化，通过检察官的司法权限制警察权，此谓"法官之前的法官"。当然，检察机关自行侦查的案件，其刑事拘留和逮捕权由法官行使较为妥当。

起诉权，即公诉权，被认为是具有司法性质的权力。尤其是不起诉决定，与法院的免予刑事处分和无罪判决具有相似的效力，是具有裁断性、终局性、法律适用性等司法特征的"司法"行为（适用法律进行裁决）。[2] 笔者认为，公诉权与不起诉权虽有关联，但又有区别，不可视为一体。公诉权是指检察官提起、维持公诉的权限。[3] 因此公诉权中并不必然包括不起诉权。不起诉权是与起诉裁量主义相联系的。在诉讼理论上，关于起诉存在起诉法定主义与起诉裁量主义之分。如果具备犯罪嫌疑与诉讼条件则一定起诉，这是起诉法定主义。与此相对，虽然具备犯罪嫌疑与诉讼条件，但在不必要起诉时，由检察官裁量作出不起诉决定，这是起诉裁量主义。在起诉法定主义的情况下，有案必诉，当然也就不存在裁量权，因而这种起诉权只是一种行政权而不具备司法性。在起诉裁量主义的情况下，检察官享有不起诉权，这种不起诉权具有裁判性，是一种消极的裁判权，

① ［日］田口守一：《刑事诉讼法》，刘迪等译，49 页，北京，法律出版社，2000。
② 参见龙宗智：《论检察权的性质与检察机关的改革》，载《法学》，1999（10），5 页。
③ 参见［日］田口守一：《刑事诉讼法》，刘迪等译，114 页，北京，法律出版社，2000。

因而是一种司法权。只不过在这种司法权的行使方式上，以往采取一种行政方式行使，而现在某些检察机关正在试行的不起诉案件听证制度，则使不起诉这种司法权的行使方式司法化。[①] 在提起公诉以后，公诉权就成为一种司法请求权，包括求罪权与求刑权。在这个意义上的公诉权不具有司法性，是一种刑事追诉权，具有行政权的属性。

综上所述，我认为刑事法治视野中的检察权具有行政权与司法权的双重属性。关于行政权与司法权的关系，应当内在地加以协调。当检察官在行使行政权的时候，是诉讼当事人，不能成为"法官之上的法官"。当检察官在行使司法权的时候，具有"法官"的职能，是"法官之前的法官"。

---

① 关于不起诉案件听证制度，参见刘少英、邓中文：《建立不起诉案件听证制度的若干问题》，载陈兴良主编：《刑事法判解》，第 2 卷，334 页以下，北京，法律出版社，2000。

第十一章

辩护权的法理分析

美国哈佛大学法学院教授艾伦·德肖微茨曾经说过：我在给一年级法学院学生上第一堂课时总是对他们说："从统计数字上看，你们之中的人最终受到刑事起诉的比当刑事诉讼被告辩护律师的要多。"由此可见，刑事辩护是一个危险的至少是有风险的职业。因此，德肖微茨提出了"为辩护人辩护"这样一个命题，作为他的名著《最好的辩护》一书最后一章的题目，这是意味深长的。辩护人之所以需要辩护，是因为人们往往对辩护人存在一种偏见，在我国这样法治尚不完善的国家尤其如此。这种偏见就如同德肖微茨所生动地揭示的那样：有时你得提醒公众，在刑事案件诉讼中被告辩护律师并没有犯罪，正像产科医生自己并没有生孩子一样，犯罪的只是他们的委托人。① 他们的委托人又何尝都是罪犯呢？辩护律师的职能就是依法为被告人辩护：无论是无罪的被告人还是有罪的被告人。本章从刑事法治的一般原理出发，对辩护权进行法理上的论证，试图为辩护权的正当性与必要性加以辩护。

---

① 参见［美］艾伦·德肖微茨：《最好的辩护》，唐交东译，444 页，北京，法律出版社，1994。

一、辩护权的概念界定

辩护权，相对于警察权、检察权与审判权而言，它是一种权利而非权力。因此，两者在法律性质上是完全不同的。关于辩护权，在刑事诉讼法理论上存在各种理解。一般认为，辩护权有广义与狭义之分。这种广义与狭义之分又可以分为以下两种情形：一是辩护权内容上的广义与狭义之分。狭义上的辩护权是指被指控的人针对指控进行反驳、辩解以及获得辩护帮助的权利。狭义上的辩护权又通过陈述权、提供证据权、提问权、辩论权、获得辩护人帮助权等得以具体化。广义上的辩护权除包括狭义辩护权之外，还包括其延伸部分，如证据调查请求权、上诉权、申诉权等，甚至可以说辩护权是被指控人所有诉讼权利的总和，因为被指控人各项诉讼权利的行使，其总体目的均在于针对刑事追诉进行防御，维护自身的合法权益。[①] 二是辩护权主体上的广义与狭义之分。狭义上的辩护权仅指被指控人（犯罪嫌疑人、被告人）自己行使的辩护权；广义的辩护权利包括辩护人为其当事人进行防御所拥有的各项诉讼权利。[②] 对于以上两种广义与狭义的辩护权，本书当然都会涉及。但从主体上来说，本书更为关注的是辩护人为被指控人进行辩护的权利。从这个意义上说，本书更多地涉及刑事辩护职能及其制度。

辩护职能在刑事诉讼活动中的出现，以及辩护人的职业化是法治演进过程中的一个重大发展。刑事辩护制度是伴随着弹劾式诉讼而产生的，一般认为可以追溯到古希腊。古希腊诉讼的形式主要表现为弹劾式诉讼，其特征是：实行不告不理，程序的启动取决于当事人；法官居中裁断，在诉讼中处于消极的仲裁者地位；当事人双方在法庭上的地位和权利平等，可以进行对质和辩论；审判一般公开进行。[③] 这时的诉讼尚没有后世的刑事诉讼与民事诉讼之分。因此控告者与被

---

① 参见熊秋红：《刑事辩护论》，6～7页，北京，法律出版社，1998。

② 参见田文昌主编：《刑事辩护学》，131页，北京，群众出版社，2001。

③ 参见王国枢主编：《刑事诉讼法学》，19页，北京，北京大学出版社，1989。

控告者的法律地位是平等的。在这种审判中，诉讼双方广泛地采用了辩论方式。古希腊著名作家色诺芬写过一本书，叫《申诉篇》，展示的是苏格拉底在受审时为自己所作的辩护。这也许是我们现在所能见到的最为古老的一份自写辩护词，显示了古希腊诉讼制度的某些特征。这种辩论可以由被告人本人进行，即自己行使辩护权，也可以委托他人进行。这种由他人代为行使辩护权的情形，类似于现代法治社会的辩护制度。当然，在古希腊还没有出现职业的辩护人。通常认为，职业辩护人，即现在所说的律师是在古罗马出现的。在古罗马弹劾式诉讼中，被告人与原告人处于平等地位，享有同等的权利，承担同等的义务。审理案件的程序通常是由原告提出控告的理由和证据，再由被告提出反驳理由和证据，然后由法官作出裁决。被告人拥有辩护权，可为自己的利益从事诉讼防御。审判采取对质、言词、公开的方式，被告人还可以请精通辩术的辩护人（ortor）为自己辩护。法官居中裁判，辩护权的存在以及代言人、辩护人等的出现，标志着早期刑事辩护制度已基本形成。公元 1 世纪，罗马进入帝国时期以后，原来实行的诉讼代理和辩论的原则，逐渐发展成为律师（advocatus）辩护制度。罗马皇帝对于辩护人的作用论述如下："首先所有的律师均为他们的诉讼当事人提供保护，以使他们不超越争讼功利所要求的限度，不超越争吵和诅咒的限度，使他们做诉讼所要求做的事情，避免侵害他人。"① 由此可见，古罗马统治者已经看到律师参与辩护，既可保护诉讼当事人，又可维护诉讼程序。及至中世纪的封建制社会，欧洲大陆普遍实行纠问式诉讼。在这种纠问式诉讼中，控诉、辩护和审判三种诉讼职能的区分不复存在。控诉职能与审判职能由同一司法机构承担，辩论程序被取消，辩护职能萎缩，乃至于消亡。对于纠问式诉讼与封建专制的关系，有的学者提出：纠问式刑事诉讼模式乃至作为其根基的法哲学，都具有自命不凡、傲慢无理和专制集权的特征。② 在这种情况下，诉讼就演化成为国家单方面的、赤裸

---

① 熊秋红：《刑事辩护论》，28 页，北京，法律出版社，1998。
② 参见［斯洛文尼亚］卜思天·M. 儒攀基奇：《刑法——刑罚理念批判》，丁后盾等译，225 页，北京，中国政法大学出版社，2002。

裸的、随心所欲的暴力，刑事辩护当然也就不复存在。

在英国中世纪，刑事辩护制度被保留下来并得以发展。英国的法律辩护人大约萌芽于盎格鲁—撒克逊时代的阿尔弗雷德大王统治时期，当时被人们称作 fo-respeca，意为中间人。到 10 世纪时，改称为 narrator，具有辩护人的意思。① 这里所谓法律辩护人，是指协助当事人进行和完成法庭诉讼活动的人。对于他在法庭上的所言所行，诉讼当事人可以承认代表自己，也可以予以否认。最初，辩护人几乎全是当事人的亲朋好友，而不是以诉讼为业的法律专家。约翰国王时期，辩护人作为一种职业已初显端倪。到亨利三世时期，诉讼当事人聘用法律专家进行法庭辩护的现象越来越普遍，辩护人日益职业化。尤其是从爱德华一世时起，随着司法工作对专业法律知识要求的不断提高，职业法官开始从精通法律知识和司法经验丰富的职业辩护律师中选任。1290 年，国王任命的 4 个普通诉讼法庭的法官和王座法庭的首席法官都是出类拔萃的职业律师，职业法官群体与职业律师群体逐渐紧密地融合在一起。到 14 世纪初，法官必须从职业辩护律师中任命已成为一条不成文的习惯法原则，如果任命没有适当法律职业背景的人做法官，会被人们当作是一件不可思议的事。英国律师制度的成熟与英国法治的发展是同步的，律师刑事辩护职能的实现成为英国法治的一个重要特征。

大陆法系近代的刑事辩护制度是在 18 世纪以后随着启蒙思想家的呼吁而重新建立的。尤其是在法国大革命以后，1789 年法国的《人权宣言》第 9 条规定了无罪推定原则，从而为刑事辩护制度的确立提供了根据。1808 年法国刑事诉讼法典则确认了被告人享有辩护权的刑事诉讼原则。当今世界各国无不把辩护权规定为被指控人的首要权利，并且建立了刑事辩护制度，帮助被指控人行使辩护权。

被指控人有权获得辩护在现代不仅成为各国国内法原则，而且也成为联合国人权活动的基本原则之一，在一系列国际文件中得以规定。例如 1948 年联合国

---

① 参见程汉大主编：《英国法制史》，119 页，济南，齐鲁书社，2001。

大会通过并宣布的《世界人权宣言》第 11 条第 1 款规定："凡受刑事指控者，在未经获得辩护上所需的一切保证的公开审判而依法证实有罪以前，有权被视为无罪。"在这一规定中，刑事辩护的获得及其保障成为公开审判的内容之一，并且成为认定指控人有罪的前提之一。联合国《公民权利和政治权利国际公约》第 14 条第 3 项规定："在判定对他提出的任何刑事指控时，人人完全平等地有资格享受以下的最低限度的保证：……（丁）出席受审并亲自替自己辩护或经由他自己所选择的法律援助进行辩护；如果他没有法律援助，要通知他享有这种权利；在司法利益有此需要的案件中，为他指定法律援助，而在他没有足够能力偿付法律援助的案件中，不要他自己付费……"这一规定确认了受指控人的辩护权和法律援助权。其实，法律援助权也是为了更好地保护辩护权的实现。因为刑事法律援助，是国家对因经济困难而没有法律帮助的当事人减、免费用为其提供法律帮助的一项制度。根据公约的规定，受到刑事追诉之人如果没有辩护人对其进行法律帮助，而司法利益又有此需要时，为他指定法律援助人。意即除自行辩护以外，在没有委托辩护人而司法利益又需要对其进行法律帮助的情况下，受到刑事追诉之人有权获得刑事法律援助。[①] 关于律师及在无正式律师身份但行使律师职能的人在推进正义和公共利益方面所起的重要作用，1990 年在古巴首都哈瓦那召开的第 8 届联合国预防犯罪和罪犯待遇大会通过了《关于律师作用的基本原则》，其中确认的律师辩护制度成为国际刑事司法的准则之一，对各国司法制度的改革产生了重大影响。该基本原则第 1 条明确规定：所有的人都有权请求由其选择的一名律师协助保护和确立其权利并在刑事诉讼的各个阶段为其辩护。当前，刑事辩护已经成为刑事司法中的一个重要法律职能，辩护律师成为刑事诉讼活动的不可或缺的当事人。可以说，刑事辩护职能的实现程度在一定意义上决定着一个国家刑事法治的水平。

---

① 参见陈光中主编：《〈公民权利和政治权利国际公约〉批准与实施问题研究》，275 页，北京，中国法制出版社，2002。

中国古代法律文化中，从来就没有刑事辩护的内容。中国古代法律制度中，代为拟定诉讼者，即为他人提供法律帮助的人，称为讼师。① 讼师的存在，表明在当时的法律活动中存在着法律帮助的客观需要。但讼师参与诉讼活动，同样会危及封建专制下的司法权威。因此，中国古代法律对讼师的活动严格加以限制，并且设立了教唆词讼罪。《唐律·斗讼》规定："诸为人作辞牒，加增其状，不如所告者，笞五十。若加增罪重，减诬告一等。"这一规定将为人作诉状时擅自夸大和增加事实，与委托人所告情事不符的行为以犯罪论处。就此而言，尚有一定合理性，但问题在于如其所告还是不如其所告的裁量权完全在于官方，因而为人作诉状的讼师具有极大的风险。《唐律·斗讼》还禁止讼师以牟利为目的为他人提供法律帮助，将收费的代拟辞状行为一概视为犯罪，而不论其内容虚实。在这种情况下，讼师就不可能作为一种职业合法地发展起来，而只是一种法外职业，半公开地存在于民间。代拟辞状距离刑事辩护甚为遥远。我国学者曾经为中国古代的讼师与现代社会的律师从职能上作了比较：讼师在当时的司法制度中所起的作用与现代社会中律师所起的作用有很大的不同，最突出的是，讼师不可以像律师那样代表两造，辩论于公庭之上。几乎他们所有的工作，都是在庭外进行。于是，当事人之间对立的利益诉求就无法上升为一种不同法律理由之间的深入对话，律师参与所能够对于证据规则发展的推动也不可能出现，专业人士之间势均力敌的对抗导致法官的中立和司法权的消极行使也难以获得。② 由此可见，讼师在当时的司法制度中是不可能发挥重大作用的，它只是一种体制外的存在。即使如此还被严格限制，甚至禁止。正如我国学者指出：对古代讼师而言，其言谈举止稍有不慎，便难逃法律为他们预设的罗网。而更为可怕的是，那些地方官对他

---

① 中国古代不仅有讼师，而且还有讼学。所谓讼学，即是教人词讼之学，也就是专门教人如何打官司的学问。有了这样专门的学问，就会有专门从事这项活动的人，这就是讼师。讼学与讼师，实际上就是指的有关诉讼的知识和职业。参见陈景良：《讼学与讼师：宋代司法传统的诠释》，载《中西法律传统》，206 页，北京，中国政法大学出版社，2002。

② 参见贺卫方：《司法独立在近代中国的展开》，载《法治和良知自由》，189～190 页，北京，法律出版社，2002。

们抱有本能的和根深蒂固的成见，它使讼师随时面临受到惩罚的危险，从而轻易不敢助人诉讼。而对目不识丁的广大百姓而言，如果得不到必要的帮助，只会加深其对诉讼的畏惧和疑虑，许多人最终会放弃兴讼的念头。这正是古代统治者设置教唆词讼罪，千方百计打击和摧残讼师的目的所在。① 我国现代的律师制度是清末伴随着帝国主义列强的入侵而进入中国社会的。清朝末年，外国列强通过与清政府签订不平等条约而获得领事裁判权，也就是治外法权。正是在实施领事裁判权的过程中，律师制度引入中国，促进了近代中国律师业的发展。而与领事裁判权相联系的律师业的发展，又进一步刺激了中国社会已然形成的对律师制度的需求。② 由于律师制度对于中国社会来说是舶来品。在中国建成法治社会之前，律师制度几度兴废，始终水土不服。在 1949 年中华人民共和国成立以后，虽然在宪法上确认了被告人的辩护权，但由于法律虚无主义思想影响，在长达二十多年时间里，中国律师制度完全被取消。1979 年以后，随着我国法制的重建，律师制度也得以恢复，刑事辩护就是律师制度恢复以后律师的主要职能。随着1996 年我国刑事诉讼法的修改，我国律师的刑事辩护职能有所强化，但在现实中律师辩护制度仍然困难重重。

如果我们不是仅仅满足于对律师辩护制度演变的历史过程的描述，而是从更深层次的制度层面分析律师辩护与刑事法治的关系，那么，我们可以得出以下结论，律师辩护制度在一个社会的存在与发展取决于一定的条件。这些条件包括：

（一）民主制度

律师辩护制度在其产生之初，就和古希腊的民主制相联系。同样，律师辩护制度的发展也是以民主制为条件的。我国学者在描述古希腊刑事辩护制度的产生时指出：刑事辩护制度之所以发轫于古希腊，与当地发达的民主意识和浓厚的辩论氛围密不可分。雅典的历史上进行了多次著名的社会改革，使审判机构不断向

---

① 参见马作武：《中国古代法律文化》，174 页，广州，暨南大学出版社，1998。
② 参见徐家力：《中华民国律师制度史》，1 页，北京，中国政法大学出版社，1998。

民主化方向推进，为辩护制度的存在和发展创造了良好的司法环境。公元前594年的梭伦改革废除了以重刑闻名的德拉古法，推出了一种新型的审判组织——陪审法庭。公元前509年，平民领袖克里斯梯尼政权的改革则扩大了平民参加陪审法庭的机会，规定年满20岁的公民都有当选陪审员的资格。公元前443年至前429年，民主派领袖伯里克利执政时期，继续深化民主改革，制定了一系列带有宪法性质的法律，其中包括增强陪审法庭民主性的一系列措施。陪审员从年满30岁的男性公民中抽签选出，法官由陪审员选举产生，设10个陪审法庭，共5 000名成员，法庭可以不受原有法律的约束，依公正原则推理和创制新的法律。① 正是在雅典的这种民主氛围中，刑事辩护应运而生。刑事辩护所具有的说理性而非压制性的、说服性而非强制性的特征，都是与民主制相通的。在一个专制社会里，刑事辩护制度当然是不见容于专制制度的。例如在我国古代法律制度中，行政与司法合一，司法审判权由各级行政机关行使。对于刑事案件的审判，是代表国家，依据法律惩处犯罪。在这种情况下，被指控人处于被审判的地位，无任何权利可言，当然也不允许任何形式的辩护，更不用说律师辩护。清末民初学者顾家相在分析为什么中国古代社会的法律制度下不允许律师的存在时指出："中国唯尊君权，故有司得以专制。听断之际，或隐恶而扬善，或舍短而从长，但当持其大细，不收苛求小节，苟能奖以温语，宠以虚名，即私债、公财不妨减子而让母。如或宽其前愆，杜其后患，即廷斥、面辱亦当忍受而属从。盖审断之道，不一而足。要有准乎情理而不必尽拘律例者，亦安用律师为耶？故中国之民于官长之听断平允者，恒称颂之。即稍有畸轻畸重，而便能了事，亦相与安之。君权之国体制固定尔也。"② 由此可见，中国古代的讼师受到制度性压制而未能演变成为现代的律师制度，与中国古代的专制制度有着密切联系。只有在民主体制下，刑事审判真正成其为一种诉讼，而非专制压迫的工具，刑事辩护制度才能找

---

① 参见田文昌主编：《刑事辩护学》，18页，北京，群众出版社，2001。
② 顾家相：《中国严禁讼师外国重用状师名实异同辩》，转引自徐家力：《中华民国律师制度史》，28页，北京，中国政法大学出版社，1998。

到其生长的政治社会基础。

（二）诉讼构造

通常认为，刑事诉讼在其历史演进过程中存在三种不同的诉讼构造，这就是弹劾式诉讼与纠问式诉讼，以及在此基础上形成的混合式诉讼。弹劾式诉讼作为一种刑事和民事不加区分的诉讼类型，早在中世纪以前（如古希腊、古罗马共和时期等）就已经存在。纠问式诉讼作为最早形成于教会法之中的诉讼类型，在古罗马共和国末期即已实行于欧洲世俗法院，到罗马帝制时期，纠问式诉讼已经成为欧洲各国普遍采用的诉讼类型。随着欧洲 18、19 世纪资产阶级革命的完成和各国宪政制度的改革，各国刑事诉讼制度也随之发生根本的变化，大陆法国家普遍实行了一种混合式的诉讼制度，也就是通过将历史上曾出现过的弹劾式与纠问式诉讼加以混合而创制的新的刑事诉讼制度。英国由于受罗马法的影响甚微，因而一直保留了原始弹劾式诉讼的构造特征。经过长期的缓慢演化，英国及其前殖民地国家和地区的刑事诉讼制度也对大陆法国家刑事诉讼的一些特点加以吸收，从而形成了不同于古代弹劾式诉讼的现代对抗式诉讼制度。因此，欧洲大陆法国家和英美法国家的刑事诉讼制度，都可以称为混合式诉讼。[①] 尽管现代各国的刑事诉讼构造均非纯弹劾式的或者纠问式的，因而是两者在一定程度上结合的混合式诉讼。但在这种混合式诉讼构造中，弹劾式诉讼的控辩审这一基本架构是必不可少的，因而是更为基础的，只是在此前提下吸收一定的纠问式诉讼的因素而已。

刑事辩护职业与刑事诉讼构造也是具有密切关系的。可以说，只有在弹劾式的诉讼中才有刑事辩护的职能。因为在弹劾式诉讼中，控辩双方是平等的，可以互相辩论，由此发展出律师辩护制度。正如法国学者指出：从政治上看，控诉式诉讼程序（即弹劾式诉讼）与民主制度比较协调，而民主制度都要比较广泛地组织公民参与公共事务管理，并且在个人、个人权利同国家的关系中，给予前者突

---

① 参见陈瑞华：《刑事诉讼的前沿问题》，117 页，北京，中国人民大学出版社，2000。

出的地位。所以，控诉式诉讼程序是一种极有效地保证受追诉人利益的诉讼程序。① 而在纠问式诉讼中，由于君主权力的介入，国家在追究犯罪方面职权的加强，控审合一，而辩护职能则萎缩及至于消亡。正如意大利学者指出：随着纠问式的确立，控告（Accusatio）所引发的范围广泛的辩论失去了一切存在理由，因此，辩护也变得不那么至关重要。② 在纠问式诉讼中，辩护权之所以被限制，甚至被取消，主要是因为它在一定程度上妨碍了对犯罪的追究。因为，纠问式诉讼所要做的正是要竭力防止过分尊重个人权利而不能确保对犯罪人进行追究的情形发生。因此，在这种纠问式诉讼中，辩护权基本上被牺牲殆尽。中国古代刑事诉讼中之所以不存在辩护职能，也同样可以从诉讼构造中去寻找原因。因为在审判方式上，中国古代采取的是纠问式审讯。审判衙门内，主审官就案件的具体情节，讯问当事人。主审官讯问的目的，在于通过讯问了解案情、掌握事实。当事人就主审官所问，就其所知，加以回答。当事人的任务，只是将自己亲身体认的与案件有关的事实向主审官说明，以求得主审官代表国家与法律，为自己做主。至于对事实的最终认定，尤其是对于与案件相关的法律条款的理解和适用，那是主审官的任务，其他人不得参与。③ 在这种纠问式诉讼构造中，被指控人是没有辩护权的，他/她只是被审讯的对象，有罪与无罪或者罪重与罪轻，全凭主审官发落与裁断。因此，辩护职能也就没有存在的余地。

现代世界各国普遍采取混合式诉讼构造，但大陆法系与英美法系的诉讼构造在侧重点上是有所不同的。大陆法系国家的诉讼构造具有职权主义之特征，因而是具有更多的纠问式诉讼特征。而英美法系国家的诉讼构造具有当事人主义特征，因而具有更多的弹劾式（对抗制）诉讼特征。因此，刑事辩护职能在大陆法系和英美法系国家刑事诉讼中的发挥是有所不同的。我国学者将英美法系的辩护

---

① 参见〔法〕卡斯东·斯特法尼等：《法国刑事诉讼法精义》（上），罗结珍译，67 页，北京，中国政法大学出版社，1998。

② 参见〔意〕朱塞佩·格罗索：《罗马法史》，黄风译，372 页，北京，中国政法大学出版社，1994。

③ 参见徐家力：《中华民国律师制度史》，27 页，北京，中国政法大学出版社，1998。

制度称为自由辩护模式，而把大陆法系辩护制度称为有限辩护模式，并对两者进行比较，指出：在英美法系国家，由于被追诉人和辩护人享有的诉讼权利比较充裕和广泛，受到的限制和约束较少，我们可以将这些国家刑事辩护制度的模式概括为"自由辩护模式"。相对于英美法系而言，大陆法系国家的刑事辩护制度具有一些不同的特征，主要体现在被追诉人及其辩护人的诉讼权利在某些方面受到一些限制，不像英美法系那样无孔不入。因此，我们将其辩护模式概括为"有限辩护模式"①。尽管目前在大陆法系的诉讼制度改革中，有放宽对刑事辩护限制的趋势，但相对于英美法系的"自由辩护模式"而言，大陆法系的刑事辩护还是有限的。这种有限性，恰恰决定于大陆法系的职权主义的刑事诉讼构造。

（三）诉讼价值

在论及诉讼价值，不能不涉及美国著名学者赫伯特·帕克关于刑事诉讼的正当程序模式和犯罪控制模式的分类的伟大思想。根据帕克的观点，在正当程序模式和犯罪控制模式之间存在着一场意识形态的拔河比赛。正当程序模式主要考虑防止无辜者被宣告有罪。帕克将正当程序模式比喻成一条布满荆棘的道路；刑事司法制度在宣告有罪的道路上设置了许多程序障碍，每个案件必须清除每一处阻碍。遇到每处障碍，法院必须决定是否有充分的证据以及证据是否能证明将案件诉至下一阶段，即下一个程序障碍。正当程序模式将个人权利置于效益之上。按照正当程序模式，如果法院忽视了个人的权利和宣告无辜者有罪，法院的合法性将受到最大的威胁。正当程序规则被认为是确保法院诉讼程序可视性和对公众负责的一种手段。相反，犯罪控制模式则基于对犯罪行为的控制，是至今为止刑事诉讼程序最重要的职能的理论。如果罪犯逍遥法外，遵守法律的公民则成为在自己家里受惊吓的囚犯。司法制度越能有效地诉讼犯罪分子，就越能有效地控制犯罪。犯罪控制模式认为刑事司法官员在诉讼开始阶段就能审查出无罪者，没有被审查出来则可能有罪并可以继续迅速诉讼。没有不必要的延误程序而作出最终判

---

① 田文昌主编：《刑事辩护学》，46～62页，北京，群众出版社，2001。

决是提高效益的一种方法。这种模式认为处罚一些无辜者抵得上社会为防止市民免受掠夺性犯罪所付出的代价。只要这些错误并不阻碍惩治犯罪，市民就可以忍受。犯罪控制模式强调有效地处理案件，所以它又被称为"装配线司法"，每个案件就像是一条装配线上的产品。按照犯罪控制模式，如果法院被认为纵容罪犯或不能有效地镇压犯罪，则构成对刑事法院最大的威胁。[①] 显然，这两种诉讼模式的诉讼价值取向是有所不同的。因而它们对刑事辩护职能的态度也各不相同。

正当程序模式的诉讼价值取向是被指控人的权利，而刑事辩护职能对于保障被指控人的合法权利来说是十分重要的。因此，正当程序模式更为注重律师辩护权的行使，将其视为刑事诉讼的重要组成部分。而犯罪控制模式的诉讼价值取向是社会效益，强调有效地惩治犯罪。在这种情况下，律师的刑事辩护职能就成为对迅速处理案件的一种障碍。因此，犯罪控制模式对辩护权是持一种排斥态度的。至于极端的犯罪控制模式甚至将律师辩护看作是对控制犯罪的一种障碍。从大陆法系与英美法系各国刑事司法制度来看，往往在正当程序与犯罪控制之间获得某种平衡。因而，一般来说在世界各国不存在绝对的正当程序模式，也不存在绝对的犯罪控制模式，但有可能偏向于正当程序或者偏向于犯罪控制。在某种意义上我们可以作出以下判断：英美法系国家是更倾向于正当程序的，而大陆法系国家则是较能偏向于犯罪控制的，这种在诉讼价值取向上的差别，也在一定程度上，影响律师辩护职能的实现。

二、辩护权的科学设置

律师辩护权是一种根本的权利，被指控人的辩护权是第一性的权利，而律师辩护权则是第二性的权利。因此，律师辩护权是依附于被指控人辩护权而存在

---

① 参见［美］爱伦·豪切斯、泰勒·斯黛丽、南希·弗兰克：《美国刑事法院诉讼程序》，陈卫东、徐美君译，22～23 页，北京，中国人民大学出版社，2002。

的，并且前者是实现后者的手段与途径。自我辩护是人的一种本能，在自我辩护能够充分实现辩护目的的情况下，他人辩护当然是没有必要的。但在刑事诉讼中，由于以下两个方面的原因，使得律师辩护是不可或缺的：首先，被指控人所处的特殊地位使得自我辩护难以实现辩护目的。在通常情况下，被指控人往往被采取了某种刑事强制措施，处于丧失人身自由的羁押状态，因而不可能调查取证，为本人进行实质性的辩护。其次，在现代法治社会，法律的专业性日益加强。在大陆法系国家，成文法的单一化格局已被打破，刑法典不再是定罪量刑的唯一根据。大量散在型的附属刑法存在于各种法律之中，非专业人士难以尽揽。在英美法系国家的判例法制度下，判例浩瀚，适用机构复杂。如果没有律师的帮助，当事人如堕云海。因此，法律的专业化都使得律师的辩护职能成为刑事审判有效进行的必要保障。在现代法治社会，没有律师辩护职能的充分发挥，司法公正是难以实现的。在某种意义上，我们可以把律师辩护率看作衡量一个国家的刑事法治水平的指数。

从法理上论证刑事辩护的正当性，在理论上存在各种学说，例如我国有的学者将无罪推定原则、程序主导理论和对立统一规律视为刑事辩护制度的理论基础。[①] 还有学者则强调程序公正，认为刑事辩护制度虽然与案件事实的发现有密切的关系，但由于它对案件事实的发现并不总是有着积极意义。因此，刑事辩护制度的理论基础不可能仅仅建立在事实发现的基础上，相反，从刑事辩护制度产生的那一天起，它就是为保护被追诉人的合法权利服务的，而其保护的合法权利的核心，是诉讼权利，只有诉讼权利得到保障，实体权利才有保障。因此，辩护制度的理论基础如果不建立在程序公正的基础上，是无法得到完整而彻底的说明的。[②] 笔者认为，上述各种观点都对刑事辩护职能进行了法理上的论证。但侧重点又有所不同。归纳起来，刑事辩护的正当性根据可以从以下三个方面得以说明：

[①]　参见熊秋红：《刑事辩护论》，79 页以下，北京，法律出版社，1998。
[②]　参见田文昌主编：《刑事辩护学》，129 页，北京，群众出版社，2001。

（一）价值论根据：人权保障

刑事辩护存在的价值到底是什么，这是一个在刑事诉讼法理论上存在争议的问题。真实发现理论认为，刑事辩护制度的设立服务于发现真实的刑事诉讼目的。因此，刑事辩护制度具有有利于揭示案件事实真相的工具性价值。公平裁判理论认为，设立刑事辩护制度，对警察、检察官单方发现事实的规则进行有争论的说明，赋予被指控人反对自我归罪的特权以抑制政府的有利地位和确保政府不强迫被指控人进行供述，从而使得被指控人能够富有影响地参加诉讼，同时带给被指控人更多的公平和接受裁判结果的自愿性。真实发现与公平裁判相结合的理论认为，真实发现与公平裁判是不可分的，设立刑事辩护制度在发现真实与公平裁判两方面均有积极意义。权利理论认为，在刑事诉讼中，赋予被指控人辩护权，建立刑事辩护制度，旨在为政府提出和赢得起诉设置障碍。根据这种观点，真实发现或者公平裁判或者二者均是刑事诉讼的价值目标。然而，刑事诉讼还有一个附加的政治性目标，即确保起诉方的权力不被作为一种一般性的权力加以使用，因此，赋予被指控人权利可防止政府权力滥用，从而保护所有公民不受非法侵害。[①] 在以上各种理论上，笔者赞同权利理论。真实发现说以刑事辩护制度有利于发现案件真实作为其存在的根据，这是不确切的。诚然，在一定意义上刑事辩护对于发现案件真实是具有积极意义的，但这只是刑事辩护制度的一个附属性效果，它不足以成为刑事辩护制度存在的充足理由。事实上，在某些情况下，刑事辩护与发现真实是有矛盾的。例如，辩护律师获悉不利于当事人的证据，没有义务披露，否则会有损于辩护律师的职责。而且，辩护律师通过限制控方的权力而保护当事人的权利，也会在一定程度上不利于发现案件真实。正如美国学者指出：被告辩护律师，特别是为确实有罪的被告辩护时，它的工作应是用一切合法手段来隐瞒"全部事实"，对被告辩护律师来说，如果证据是用非法手段取得的，

---

① 参见熊秋红：《刑事辩护论》，116～119 页，北京，法律出版社，1998。除上述理论以外，还有交易刺激理论、标准理论等，参见上书，120 页。

或该证据带有偏见，损害委托人的利益，那么，他应当反对法庭认可该证据，尽管该证据是完全真实的。[①] 因此，当把发现案件真实当作刑事辩护制度存在的根据时，不利于发现案件真实就成为否认刑事辩护制度正当性的理由。对此，我国学者曾经作过十分详细的论述：如果说我们仅仅是为了有利于发现案件真相而设立了刑事辩护制度，那么，是无法正确解释刑事辩护制度不断进步、发展的动力和原因的，因为刑事辩护制度就像一把双刃利剑，它在帮助发现案件真实的同时，又在毁灭案件真实，两项相抵，似乎辩护制度没有太大的作用；如果说是追诉机关侦查能力的提高同时带动了辩护制度的发展的话，那么，仅仅是为了发现案件真实，可以同时抑制辩护制度的发展，不是能更好地达到目的吗？也就是说，仅仅从发现真相的角度，根本无法正确正直地说明刑事辩护的理论基础，更不可能为我国刑事辩护制度的进一步发展找到坚实的理论基础。[②] 公平裁判也是刑事诉讼的目的之一，由于刑事辩护透过与控诉方形成对抗关系，使法官达到"兼听则明"的效果，显然有益于实现裁判公正。但公平裁判是整个刑事诉讼的理想境界，而不能成为刑事辩护制度的正当性证据。至于真实发现与公平裁判的结合，同样也不能成为刑事辩护制度的正当性根据。笔者认为，保障被告人的权利才是刑事辩护制度存在的唯一根据。正如美国学者指出：刑事辩护律师的职责是在法律允许的范围之内积极、有力且全面地为其当事人辩护。[③] 而刑事辩护制度的正当性也只能从保障被告人权利这一点得到论证。

被告人的权利之所以应当得到保障，是因为在强大的国家机器面前，被告人是一个弱者。在刑事诉讼中，主要是围绕着国家对被告人的刑事追诉而展开的。国家为达此目的，动用司法权，包括采取各种限制甚至剥夺被告人的人身自由的强制措施。一旦刑事追诉成功，更会涉及对被告人的生杀予夺。在这种情况下，

---

① 参见［美］艾伦·德肖微茨：《最好的辩护》，唐交东译，8 页，北京，法律出版社，1994。
② 参见田文昌主编：《刑事辩护学》，103～104 页，北京，群众出版社，2001。
③ 参见［美］克里斯蒂娜·阿库达斯：《刑事辩护律师的职责》，载江礼华、杨诚主编：《美国刑事诉讼中的辩护》，22 页，北京，法律出版社，2001。

如果被告人的权利得不到保障，就会造成不可逆转的重大伤害。事实已经说明，依靠司法机关的自我约束与谨慎从事是难以保障被告人的权利的。为此，必须通过刑事辩护，使被告人获得专业的法律援助，必须在国家的刑事追诉过程中能够保障被告人的合法权利。因此，人权保障就成为刑事辩护制度正当性的价值论根据。

（二）制度性根据：无罪推定

为使被告人的权利不受非法侵犯，必须具有某种制度建构。而这种制度建构的基础，就是无罪推定原则。一般认为，在封建专制社会的刑事诉讼中是实行有罪推定原则的。在各种有罪推定的司法制度中，任何被指控的人都被假定为有罪，可以不经过司法程序而直接将其作为罪犯看待，或者虽然只能经过司法程序才能定罪，但这种司法程序是以被告人为罪犯而展开的。因此，某人一旦被指控犯罪而被追诉，在法院判决有罪以前就被视为犯罪人。由此，被告人应当承担证明自己无罪的责任。有罪推定的逻辑是，不证明无罪就是有罪。因此，在有罪推定原则下，被告人至多可以作一些自我辩解，而根本没有辩护权，更不存在律师辩护。可以说，从被告人的辩解原则到辩护人的辩护的历史性制度是以无罪推定原则为基础的。正如我国学者指出：被告人就刑事指控可以提出无罪或者罪轻的辩解活动，自古就有，但刑事被告人的辩护权，则是在无罪推定被确立为刑事诉讼法的原则以后才出现的现象和概念。① 无罪推定原则在贝卡里亚那里，有如下的经典表述：在法官判决之前，一个人是不能被称为罪犯的。只要还不能断定它已经侵犯了给予他公共保护的契约，社会就不能取消对他的公共保护。② 在此，贝卡里亚强调了一个人在未被法官定罪以前，仍然享有社会对他的公共保护，而并非处于完全没有权利的境地。无罪推定经启蒙思想家的倡导，最终为 1789 年的法国《人权宣言》所确认。该宣言第 9 条规定："任何人，在被宣判有罪之前，

---

① 参见王敏远：《刑事辩护概念的发展》，载陈卫东主编：《司法公正与律师辩护》，28～29 页，北京，中国检察出版社，2002。

② 参见［意］贝卡里亚：《论犯罪与刑罚》，黄风译，31 页，北京，中国大百科全书出版社，1993。

都推定为无罪。即使断定必须逮捕时，不是为了确保其人身所必需的一切严酷行为，都应受到法律的严厉禁止。"此后，无罪推定原则为世界各国刑事诉讼法所普遍确定为基本原则，并载入国际人权公约。例如 1949 年 12 月 10 日联合国大会通过的《世界人权宣言》第 11 条第 1 款规定："凡受刑事指控者，在未经获得辩护上所需的一切保证的公开审判而依法证实有罪以前，有权被视为无罪。"1976 年生效的《公民权利和政治权利国际公约》第 14 条第 2 项规定：受刑事控告之人未经依法确定有罪之前，应假定其无罪。正是无罪推定原则在刑事诉讼法中的确立，使得刑事辩护获得制度性保障。因此，无罪推定原则与刑事辩护制度之间存在密切关联。

无罪推定的逻辑是：不能证明有罪即是无罪。因此，在无罪推定原则下的刑事诉讼活动中，无罪是不需要证明的，需要证明的是有罪。就此而言，无罪推定原则首先解决的是有罪的举证责任问题。根据无罪推定原则，证明有罪的责任由控诉方承担，被告人不承担证明自己有罪或者无罪的责任。既然被追诉人被假定是无罪的，那么，要推翻这种推定，就必须由刑事诉讼的启动者、代表国家追究被告人刑事责任的控诉方承担证实被告人有罪、推翻这种假定的责任。无罪推定同时是一种可反驳的假定。[①] 如果控诉方的证明没有达到足够的程度而足以推翻这种假定，那么，经过判决，被告人无罪的推定就会变成无罪的判定，被告人在法律上就会被认为是无罪的人，而不管客观上被告人是否实施了犯罪。由于是控诉方承担举证责任，被告人就没有自证其罪的义务。因此，辩护权具防御性，它是一种防御权。辩护权的防御性表现在：辩护权针对控诉权而存在，没有控诉也就没有辩护。控诉权具有攻击性，辩护权则具有防御性，辩护权的行使旨在对抗

---

① 推定与假定都是指法律上的一种拟制，它是有条件的，并且在通常情况下是可反驳的。我国学界关于无罪推定原则也有学者倾向于称为无罪假定，参见林欣：《无罪推定，还是无罪假定》，载《中国社会科学》，1983（3）。实际上，正如我国学者指出：无罪推定作为一个长期沿用的刑事司法专业术语，早已具有人所熟知的确定内涵，无罪推定即无罪假定，应当不至于因译名上的某些不足致使对无罪推定原则产生歧义或误解。参见陈光中等主编：《联合国刑事司法准则与中国刑事法制》，104 页，北京，法律出版社，1998。

控诉方的指控、抵消其控诉效果，辩护权是被指控人进行自我保护的一种手段。① 由此可见，辩护权与控诉权是有区别的，控诉权伴随着举证责任。而辩护权尽管也包含对辩护意见的证明性，例如无罪辩护，辩护人应当提出证明被告人无罪的事实与根据。但辩护人不负无罪的证明责任，在没有证明被告人无罪的事实与根据的情况下，推翻控诉方的有罪控诉，使其在法律上不成立，同样也可以使被告人无罪。因此，无罪推定原则使辩护权获得了制度上的支撑。

无罪推定原则假定被告人在法官判决有罪之前是无罪的，因而确立了被告人的诉讼主体的法律地位，也为刑事辩护奠定了基础。在有罪推定的刑事诉讼制度中，被告人不是刑事诉讼的主体而是刑事诉讼的客体，处于被刑讯的对象的地位。在封建专制社会里，刑讯是合法的，通过刑讯获取有罪供述以便对被告人定罪，这是刑事诉讼的基本内容。贝卡里亚曾经将刑讯称为合法的暴行，指出：为了迫使罪犯交代罪行，为了对付陷于矛盾的罪犯，为了使罪犯揭发同伙，为了洗涤耻辱——我也不知道这有多么玄虚和费解，成了拷问不在控告之列的另外一些可疑的罪行，而在诉讼中对犯人进行刑讯，由于为多数国家所采用，已经成为一种合法的暴行。② 在这种情况下，被告人是没有任何辩护权的，任何辩解只能带来更为残酷的刑讯。只有在无罪推定原则下，由于假定在法官判决之前被告人是无罪的，从而赋予被告人一定的诉讼权利，包括辩护权。正如我国学者指出：根据无罪推定原则，被指控人在未经司法程序（通常指生效刑事判决）确认为有罪以前，应在法律上假定其无罪。由此出发，被指控人不仅不能被拷问，而且他应当有权利申辩自己无罪。被指控人是否有罪是诉讼过程中有待证实的问题，追诉机关应当认真听取被告方的辩护意见。③ 因此，辩护权是以无罪推定为其制度保障的，离开了无罪推定，辩护权就难以真正实现。

---

① 参见熊秋红：《刑事辩护论》，7 页，北京，法律出版社，1998。
② 参见［意］贝卡里亚：《论犯罪与刑罚》，黄风译，31 页，北京，中国大百科全书出版社，1993。
③ 参见熊秋红：《刑事辩护论》，85 页，北京，法律出版社，1998。

（三）方法论根据：相对制度

辩护权正当性的方法论根据，在理论上存在各种不同的表述，其中对立统一规律与相对制度就是具有影响力的两种。对立统一规律是我国学者所采取的一种表述，认为刑事诉讼活动的基本内容是查明已经发生的客观存在的案件事实，在此基础上正确适用法律，惩罚犯罪分子，保障无辜的人不受刑事追究。作为一种认识活动或者证明活动，它离不开唯物辩证法的指导。对立统一规律是我国建立刑事辩护制度的理论基础，这是我国学者的共识。[①] 对立统一规律是马克思唯物辩证法的哲学原理之一。我国的刑事诉讼法理论引入这一规律用来论证刑事辩护的方法论上的正当性，应该说，具有意识形态上的妥当性。在刑事诉讼中，控辩双方是对立统一的，没有控诉也就没有辩护，两者缺一不可。就此而言，对立统一规律具有一定说服力。但是，对立统一规律在对刑事辩护正当性的论证上也存在不足。没有控诉也就没有辩护，这只是说明了辩护权的防御性与消极性，说明了控诉权对于辩护权的先在性与决定性。但却不能反过来说，没有辩护权就没有控诉权。事实上，控诉权并不以辩护权存在为前提，不受辩护制约的控制权在历史上曾经长期存在而视为当然。即使在中国，对立统一规律自1949年中华人民共和国成立以来从来都是意识形态上的指导思想，但为什么在相当长的时间内刑事辩护被否弃？

相对制度，是西方国家对刑事辩护理论根据的一种表述。例如，美国著名法学家朗·富勒指出：公平的审问必须慎重地顾及互相争执的双方，使双方都能得到同样的重视和评判。要让法官知道一项辩论究竟有力到什么程度，必须让他先从殚思竭虑而申辩的人那里听取辩词。这就是律师的工作。他的职责不在判决而在说服。我们并不要求律师以一种超然的和毫不偏袒的方式报告案情，而是要求他处理案情使之显得最为有利于他的委托人。他不是像一珠宝商，慢慢地在光线之下转动钻石，使它的每一片小平面都能全部显露。相反的，律师好比把钻石稳

---

① 参见熊秋红：《刑事辩护论》，104页，北京，法律出版社，1998。

定于一个角度，使它单独的一个面特别惹目。律师的职责是帮助法官和陪审员以利害关系的目光来看待案件，因而同情于他的诉讼委托人在命运摆布之下的境遇。[①] 如果说，对立统一规律是从控辩双方的关系上论证辩护权的正当性，那么，相对制度就是从刑事辩护对法官判决形成的角度论证辩护权的正当性。相对制度说明了刑事辩护对于摆脱偏见的羁绊，使法官的判决不偏不倚的重要性。在这个意义上，正如同中国古人所云：兼听则明、偏听则暗。我国学者也逐渐地采用相对制度的理论作为刑事辩护制度的法理基础，指出：所谓相对制度，是指无论某种观点看来多么有理，或某种主张看来多么正当，都允许另一方面的意见存在，而且提出主张者必须和否认主张的权威行使者分开。就诉讼而言，一方面，允许持不同主张的诉讼当事人都作为司法制度中的合理存在，而不允许"话语霸权"——只让我说话，不让你说话；另一方面，还要求诉讼当事人，即使是代表国家的原告人（通常是检察官）必须和裁判官相分离，因为司法正义有一个基本的理念：任何人不能充当自己案件的法官。[②] 由此可见，相对制度的法理对于刑事辩护的正当性作了较为充分的论证。

比较对立统一规律与相对制度，我认为后者更为确切。因为对立统一规律只描述了控辩双方互相对立与互相依存的关系，就此还难以完全说明刑事辩护存在的正当性。而相对制度，则从裁判权的相对性的角度，论证了刑事辩护对于保证司法公正的必要性。相对是对应于绝对而言的，相对与绝对是一对哲学范畴，但同样具有价值内容。绝对在一定程度上被理解为极权、不受任何限制。在这个意义上，专制主义国家也可以说是绝对主义国家。[③] 而相对则在一定程度上被定义为有限的、受控制的。例如，美国学者将西方的宪政历史描述成控制国家，使国家建立在立宪主义基础之上的历史。这里的立宪主义，指国家的强制性权力受到

① 参见［美］哈罗德·伯曼编：《美国法律讲话》，陈若桓译，25 页，北京，三联书店，1988。

② 参见龙宗智：《刑事庭审制度研究》，346～347 页，北京，中国政法大学出版社，2001。

③ 英国学者佩里·安德森提出了绝对主义国家这一命题，参见［英］佩里·安德森：《绝对主义国家的系谱》，刘北成、龚晓庄译，上海，上海人民出版社，2001。

了约束这种观念。[1] 因此，立宪主义国家也可以说是相对主义国家。基于以上对于绝对与相对的理解，在司法活动中的绝对制度，就是一种不受限制、单方面的司法权。如同孟德斯鸠指出：在专制的国家，绝无所谓调节、限制、和解、条件、等值、商谈、谏诤这些东西；完全没有相等的或更好的东西，可以向人建议；人就是一个生物服从另一个发生意志的生物罢了。[2] 在这种专制社会，司法权不受任何限制，因而不允许辩护的存在。在司法活动中的相对制度，司法权是受限制的，因而是相对的，刑事辩护职能形成对司法权的一种制约，法官的判决是从控辩双方的辩论中引申出来的。正如美国学者富勒指出：相对制度的要义即当事人每一方面都有机会参加协助获致一项判决，而此种"参加"是采取提供证据和辩论的方式。[3] 相对制度奠定了刑事辩护职能的正当性根据。在没有辩护的情形下形成的判决是不合理的、不公正的。

刑事辩护权是通过律师的职能活动行使的。因此，对辩护权的深入研究不能不考察作为辩护权主体的律师。律师作为一种法律职业者，是伴随着法律活动的发展而出现的。在中国古代，法官与讼师始终处于官民的对立之中，法律活动必然在客观上需要讼师，但讼师在司法体制中始终未能确立合法地位，而处于被否认、被禁止的境地。讼师的地位得不到社会、法律的正当评价，也就必然无法堂堂正正地走向司法正途，讼师只能成为士大夫的对面，而无法成为其后备队伍。因此，司法职业化的途径因讼师的命运而被斩断。[4] 在这种情况下，讼师是没有独立的、合法的法律地位的，更不能与其他法律职业相贯通。而在西方历史上，法官与律师从一开始就实现了一元化。我国学者指出：在英国的历史上，由于律师与法官走向了一元化道路，律师在诉讼中始终是一个不可或缺的环节，发挥着

---

① 参见［美］斯科特·戈登：《控制国家——西方宪政的历史》，应奇等译，5页，南京，江苏人民出版社，2001。

② 参见［法］孟德斯鸠：《论法的精神》，上册，张雁深译，27页，北京，商务印书馆，1961。

③ 参见［美］哈罗德·伯曼编：《美国法律讲话》，陈若桓译，3页，北京，三联书店，1988。

④ 参见陈景良：《讼学与讼师：宋代司法传统的诠释》，载《中西法律传统》，231页，北京，中国政法大学出版社，2002。

重要的作用。尽管在英国的历史上，律师如同中国的讼师一样曾因嗜利而受到过社会的道德谴责，但 13 世纪后英国通过立法及法官的指令规范了律师的职责、纪律与资格，又通过四大律师学院的教育，陶冶了他们的情操，好的律师不仅在社会上享有殊荣，他们同时也是法官队伍的后备力量。律师作为一个职业群体，不仅在具体的案件中，帮助当事人寻求最合适的令状形式以维护当事人的合法权益，而且他还作为一种抗衡机制，参与诉讼活动，使法官寻求法、发现法、宣示法具有更大的权威性，从而在社会上筑起一道调解社会矛盾、缓和冲突的巨大防线，在民众的心目中筑起了一块公正、权威的丰碑。① 显然，在这种统一的司法职业中，律师获得了某种政治上的正确性，成为其执业的保障。当然，法官与律师仍然存在朝野对立，日本学者将法官和检察官称为在朝法曹，律师则是在野法曹，是有一定道理的。正是律师的这种在野性，使之获得了独立于官方的地位，能够更为有效地维护当事人的合法权益。

关于我国律师职业的定位，在立法上存在一个从国家法律工作者到社会法律工作者的转变过程。在 1980 年《律师暂行条例》第 1 条中明文规定：律师是国家的法律工作者。这一国家法律工作者的定位，反映了在当时计划经济体制下基于国家立场对律师性质的一种认识。我国学者在论及对律师的这一定位时，作了以下论证：我国是有着几千年的封建历史的国家，封建主义的人治、诉讼专制、擅断容不得辩护所代表的民主与法制，封建主义思想所支配的"官本位"和"官贵民贱"重人轻法的思想是十分严重的，甚至在许多国家干部、知识分子等人头脑中尚有很大影响，这种影响潜移默化地存在于人们的头脑中，不可能短时间内根除。而在我国法制尚不健全的情况下，将律师规定为国家的法律工作者，无疑使律师具有较大的权威性。而且，律师作为国家法律工作者有利于改变人们不正确的传统观念，确立律师与法院审判员同等法律地位，更好地发挥律师的作用，

① 参见陈景良：《讼学与讼师：宋代司法传统的诠释》，载《中西法律传统》，231 页，北京，中国政法大学出版社，2002。

是保证律师执行职务、开展业务，保障律师自身合法权益的有效措施。① 上述论断不无道理，但这种将律师视同国家法律工作者的定位与律师维护当事人的合法权益这一职责之间存在着深刻的矛盾。因为它在一定程度上混淆了律师与警察、检察官、法官的职能，难以保证律师公正地履行其职责。笔者认为，研究律师职业的定位，首先需要揭示律师职业的特点。律师作为法律工作者，其特点主要是相对于官方法律工作者（法官、检察官）而言的，体现在以下四个方面：（1）业务性。律师职业不同于官方法律职业，它具有业务性，即其所从事的是一种业务活动而非职务活动。职务活动表现为一定权力之行使，是代表国家对社会的管理活动。法官行使审判权，检察官行使检察权，其职务活动无不包含权力之内涵。而律师所从事的业务活动，具有事务性的特征，是凭借本人的法律知识从事法律业务活动，而不具有行使权力的内容。（2）平等性。律师在从事业务活动中，不具有行使权力的内容，因而它与当事人之间具有一种平等的权利与义务的关系，这种权利与义务的关系通过契约（例如委托合同）加以确定，并成为从事职业活动的基本准则。（3）有偿性。律师向当事人提供法律服务是有偿的，表现为一种等价交换的关系。在这个意义上，律师与当事人之间是雇佣关系，因而律师机构具有营利冲动，是一种特殊的经营组织。而官方法律职业在一般情况下不具有这种有偿性。当然，在特定条件下，例如在民事诉讼中，法院根据诉讼标的收取一定的诉讼费用，似乎给人以有偿的感觉。但在诉讼费用中，案件受理费具有国家税收的性质，其他费用的负担意义也主要在于减少讼累。（4）自律性。律师职业管理不同于行政管理，主要是通过组成律师协会实行自治。随着律师行业管理的加强，律师职业的独立性也进一步加强，同时也对律师职业提出了更高的自律要求。根据律师职业的以上特点，笔者认为将律师职业界定为社会自由职业是最恰当的，这一定位有益于律师职业的发展。应当指出，以往在我国理论上与现实生活中，对于自由职业存在一定的误解。在一些人看来，自由职业就是江湖

---

① 参见陈卫东、王福家主编：《中国律师学》，52～53页，北京，中国人民大学出版社，1990。

游医式的社会闲散人员，就是不受法律约束。其实，自由职业之所谓自由，并非不受任何管理，自由职业者在从事业务活动的时候只能在法律范围内活动。应该说，自由职业是相对于官方职业（公职）而言的。律师职业作为自由职业，就是区别于法官、检察官这些官方职业的一种法律职业。值得注意的是，1997 年起施行的《律师法》将律师界定为依法取得律师执业证书，为社会提供法律服务的执业人员，即社会法律工作者。应该说，这一定位比国家法律工作者更为科学。从国家法律工作者到社会法律工作者的转变，表明我国对律师性质认识上的一大飞跃，具有历史进步意义。如果把这里的社会理解为在与国家相区分意义上的市民社会，那么，社会法律工作者具有一定的自由职业的意蕴。将律师职业定位为自由职业，表明律师职业具有不被官方干预的相对独立性，有利于提高律师职业的威信与地位，充分发挥律师在法治建设中的作用。在一个市民社会，官方权力的行使必然受到来自社会的制约。由于一般民众并不精通法律，需要通过律师介入个案的诉讼活动或者非讼活动，起到对官方权力的制约作用，从而保障当事人合法权益不受侵犯。而律师这一职能的实现，必然以律师职业的相对独立性为前提。如果律师职业不是自由职业，而是官方职业，受到行政权力的限制，成为权力的附庸，那么律师就无法取信于当事人，更遑论对官方权力的制约。由于律师必须依法履行职责，因而它所具有的相对独立性不仅不会成为社会的离心因素，恰恰相反，通过律师的业务活动，求得社会公正，更有助于社会的稳定。美国学者对律师的独立性进行了论述，认为律师存在两种独立性：一是独立于国家。基于自由辩护的观念，律师在为个人权利辩护时，必须维护当事人的利益，而不受外界的干扰，尤其是不受国家官员的干扰。自由辩护观念的支持者强调律师对国家官员和国家事务的非附庸性。二是独立于当事人。作为从事公职（指公共职责）的律师的观念的信仰者则强调，律师应当独当于市民社会的各种特殊利益，包括应独立于他们当事人的利益。① 律师独立于国家，是律师职能发挥的必要前

---

① 参见［美］罗伯特·戈登：《律师独立论——律师独立于当事人》，周潞、嘉艾译，13、16 页，北京，中国政法大学出版社，1992。

提。在刑事诉讼中，律师独立于国家是指律师具有与控方对抗的法律地位与诉讼权利，即所谓平等的武装，从而为被告人进行实质辩护，保障被告人的合法权益。而律师独立于当事人，是指律师与被告人之间虽然是一种委托关系，但律师不是被告人的代言人。作为被告人聘请的律师，他/她当然要维护被告人的权益，但律师只能依法行使辩护权，事实与法律是刑事辩护的基础。在辩护过程中，律师不能无原则地迁就被告人的无理要求，只能依据事实和法律独立地进行辩护。我国刑事诉讼法赋予律师拒绝辩护的权利，为维护律师的独立性创造了条件。

三、辩护权的法治建构

律师在刑事辩护中辩护权的行使，必须要有法律的保障。我国的刑事诉讼法当然规定了律师的某些权利，但这些权利的行使在现实生活中还存在很大的障碍。因此，对于律师的辩护权如何在司法实践中得以贯彻落实，是我国目前刑事法治建设中面临的一个重大的问题。

（一）会见权

律师为了履行辩护职责，必须会见犯罪嫌疑人、被告人。由于我国对犯罪嫌疑人、被告人广泛地实行判决前羁押措施（刑事拘留或者逮捕），因而会见只能到羁押场所。会见权是律师行使辩护权的前提与基础。因此，有关国际公约对此都作了规定。例如《关于律师作用的基本原则》专门规定了受到刑事追诉之人与律师的联系权和会见权。该基本原则第 7 条规定："各国政府还应确保，被逮捕或拘留的所有的人，不论是否受到刑事指控，均应迅速得到机会与一名律师联系，不管在何种情况下至迟不得超过自逮捕或拘留之时起的 48 小时。"第 8 条规定："遭逮捕、拘留或监禁的所有的人应有充分机会、时间和便利条件，毫无迟延地在不被窃听、不经检查和完全保密的情况下接受律师来访和律师联系协商。这种协商可在执法人员看得见但听不见的范围内进行。"这一规定不仅要各国政府必须在一定时间内确保被指控之人与律师保持联系，而且对于会见的形式都作了具体规定。我国的刑事诉讼法和相关司法解释也都对律师会见权作了规定，但在会见权的落实上还存在各种障碍，尤其是侦查阶段的律师会见更是难上加难。根据 1979 年刑事诉讼法规定，刑事案件只有提起公诉以后，律师才开始介入，履行辩护职责。而在侦查阶段与审查起诉阶段，律师是无权介入的。因此，当时在我国刑事诉讼法学界提出了律师提前介入的命题。经过长时间的论证，在1996 年刑事诉讼法修改中，采纳了律师提前介入的建议。1996 年《刑事诉讼法》第 96 条①规定：犯罪嫌疑人在被侦查机关第一次讯问后或者采取强制措施之日起，可以聘请律师为其提供法律咨询，代理申诉、控告。犯罪嫌疑人被逮捕的，聘请的律师可以为其申请取保候审。涉及国家秘密的案件，犯罪嫌疑人聘请律师，应当经侦查机关批准。受委托的律师有权向侦查机关了解犯罪嫌疑人涉嫌的罪名，可以会见在押的犯罪嫌疑人，向犯罪嫌疑人了解有关案件情况。律师会见在押的犯罪嫌疑人，侦查机关根据案件情况和需要可以派员在场。涉及国家秘密的案件，律师会见在押的犯罪嫌疑人，应当经侦查机关批准。虽然我国刑事诉讼法规定，在侦查阶段，律师不是为犯罪嫌疑人进行辩护，而是提供法律咨询，但这种法律咨询也是以会见为前提的。同时，在会见中，律师还可以了解案情，从而为将来的辩护奠定基础。但在司法实践中，侦查阶段律师会见受到以下各种限制：

1. 会见批准的限制

根据刑事诉讼法的规定，只有涉及国家秘密的案件，律师会见在押的犯罪嫌疑人，才需要侦查机关的批准。其他案件的会见，则不需要批准。但侦查机关往往以涉密为由对所有案件的会见都行使批准权，否则不予安排会见。尽管六部委《关于刑事诉讼法实施中若干问题的规定》（已失效）明确指出："对于不涉及国家秘密的案件，律师会见犯罪嫌疑人不需要经过批准。"但一些侦查机关仍将批准作为律师会见在押犯罪嫌疑人的必经程序，这一限制显然是非法的。

---

① 2012 年修订的《刑事诉讼法》已将该条删除。

2. 会见时间的限制

为落实律师会见权，上述六部委作出规定，律师提出会见犯罪嫌疑人，应当在 48 小时内安排会见，对于组织、领导、参加黑社会性质组织罪，组织、领导、参加恐怖活动组织罪或者走私犯罪，毒品犯罪，贪污贿赂犯罪等重大复杂的两人以上的共同犯罪案件，律师提出会见犯罪嫌疑人的，应当在 5 日内安排会见。这一规定的内容是明确的，即会见应当在律师提出以后的 48 小时或者 5 日内完成。但是 1999 年最高人民检察院《人民检察院刑事诉讼规则》第 151 条规定：对于不涉及国家秘密的案件，律师提出会见犯罪嫌疑人的，人民检察院应当在 48 小时以内安排会见的具体时间；对于贪污贿赂犯罪等重大复杂的两人以上的共同犯罪案件，可以在 5 日内安排会见的具体时间。根据这一规定，48 小时内或者 5 日内会见就被解释为安排在 48 小时、5 日以外的任何一个时间会见。我认为，这绝不是一种文字游戏，对于六部委规定的曲解只能表明某些部门对于在尽可能短的时间内安排律师会见这一规定的抵触心理。关于会见的见面时间和次数，法律也没有限制，但在司法实践中，某些部门往往加以限制，每次会见一般为 30 分钟，只能会见一次或者两次。这种限制，使得律师无法及时充分地了解案件情况，因而不能为犯罪嫌疑人提供有效的法律服务。

3. 会见内容的限制

关于会见的内容，法律规定包括两个方面，一方面是向犯罪嫌疑人提供法律咨询，另一方面是向犯罪嫌疑人了解案情。但在司法实践中，会见内容也受到诸多的限制。某些侦查部门要求律师会见犯罪嫌疑人要向看守所提供会见内容或者提供会见的内容提纲，会见时不允许超过提纲的询问范围，限制律师向犯罪嫌疑人了解有关案件情况，有的在场侦查人员还直接发问和插话；某些侦查部门不允许律师制作会见笔录；一些看守所要求律师会见犯罪嫌疑人时，由律师自备手铐，会见前先为犯罪嫌疑人戴上手铐；某些侦查部门将律师提供法律咨询仅限于宣读法律条文或对法律条文本身进行解释；还有的地方看守所采取摄像、录音等监控手段，使律师和犯罪嫌疑人精神高度紧张，无法进行正常的会见和交谈。凡此种种，都使得律师会见效果受到影响。

  某些侦查部门之所以对律师会见采取各种抵制措施，主要是这些部门的人员将惩治犯罪与人权保障对立起来，以不利于侦查为由排斥在侦查阶段律师会见犯罪嫌疑人。例如，我国学者在山东省烟台市调研时，曾经与公安机关的同志就律师会见问题进行了交流。公安机关的同志普遍认为，公安机关的侦查卷宗属于国家秘密，如果允许律师介入，将对案件的侦破带来极为不利的影响，具体地说就是加大公安机关的破案难度，许多案件将破不了。因为侦查机关实践中侦破案件，主要是通过犯罪嫌疑人的口供进一步寻找其他证据，如果没有犯罪嫌疑人的口供，案件证据将很难得到，自然难以破案。因此为了保障案件能够及时侦破，公安机关基本上不批准律师会见犯罪嫌疑人，偶尔批准的只是占相当少的比例。每年四五百起案件中，只有一二十起案件批准律师会见犯罪嫌疑人，其他大部分案件都不允许会见。① 在这种观念的指导下，在律师会见问题上抵制、限制甚至刁难也就不足为怪了。在世界各国，律师会见当事人是天经地义的"自然"权利，在中国尽管有法律明文规定，但仍然是一项需要通过行政诉讼来实现的权利。我国已经出现数起争取会见权的行政诉讼案件，其中著名的一起是湖南省晨晖律师事务所主任廖建华诉湖南省娄底市公安局侵犯会见权案。② 该案的大致情况如下：1999 年 2 月 8 日，湖南省晨晖律师事务所接受了进入审查起诉阶段的在押犯罪嫌疑人宁孝检的近亲属的委托，指定廖建华律师担任辩护人。当天，廖建华律师将授权委托书送至湖南省人民检察院娄底分院刑检二科，获得了《移送起诉意见书》及其他有关材料。2 月 8 日下午和 2 月 12 上午，廖建华律师持律师执业证、《律师会见犯罪嫌疑人、被告人专用介绍信》《授权委托书》和《移送起诉意见书》两次会见了犯罪嫌疑人。因为案情需要，2 月 24 日，廖建华律师再次要求会见，但看守所拒绝律师会见，理由是：律师会见犯罪嫌疑人必须经办

---

① 参见陈卫东主编：《刑事诉讼法实施问题调研报告》，223 页，北京，中国方正出版社，2001。
② 参见陈光中主编：《刑事诉讼法实施问题研究》，33～34 页，北京，中国法制出版社，2000。

案机关批准，律师必须持办案机关签有"同意会见"字样的专用介绍信才能允许会见。前两次之所以允许律师会见，是因为值班警察不熟悉业务。2月25日，廖建华律师向娄底市中级人民法院递交了行政诉状，要求确认娄底市公安局在审查起诉阶段不允许律师会见犯罪嫌疑人的行为违法，要求判令娄底市公安局赔偿律师经济损失 52.24 元。1999 年 5 月 18 日，一审法院作出判决：（1）确认被告娄底市公安局在审查起诉阶段不许可原告廖建华律师会见在押犯罪嫌疑人的具体行政行为违法；（2）由被告赔偿原告车旅费 16 元，误工损失 18.12 元，共计 34.13 元；（3）案件受理费 200 元由被告承担。被告不服一审判决向湖南省高级人民法院提出上诉。在二审期间，娄底市公安局出示了公安部的意见：是否允许律师会见是公安机关的权力，不属行政诉讼的范围。1999 年 8 月 30 日，湖南省高级人民法院终审判决，驳回娄底市公安局的上诉，维持原判。这一判决的结果虽然是律师胜诉，但律师会见权居然要通过行政诉讼得以保障，这真是中国法治的悲哀。刑事诉讼法与六部委规定已经白纸黑字地写明除涉及国家秘密的案件以外的其他案件，律师会见不需要批准。而娄底市公安局还出示了公安部的意见：是否允许律师会见是公安机关的权力。人们不禁要问：公安机关的这一权力是谁授予的？笔者认为，这一问题的根本解决，除有关侦查部门改变观念以外，唯一可行的制度性措施是羁押场所的独立化与中立化。现在羁押犯罪嫌疑人、被告人的看守所都归公安机关管理，成为公安机关的一个内设部门，因而听命于公安机关。我认为应将看守所划归司法行政部门管理，使之独立于公安机关。看守所对被羁押者的人身负责，保障各种诉讼当事人，警察、检察官和律师一视同仁地依法会见犯罪嫌疑人和被告人。唯有如此，才能破除侦查机关对律师会见的限制。

（二）阅卷权

阅卷权是我国律师在履行辩护职责中的一项十分重要的权利，尤其是在目前我国律师缺乏足够的取证权的情况下，对于案情的了解除通过会见被告人以外，主要就是通过阅卷这一途径。案卷在我国刑事诉讼中发挥着重大作用，这与我国的刑事诉讼活动仍在很大程度上依赖口供定罪具有密切的联系。案卷主要记载的是犯罪嫌疑人、被告人的口供与证人证言，这些材料对于定罪具有重要意义。我国 1996 年《刑事诉讼法》第 36 条规定了律师的阅卷权：辩护律师自人民检察院对案件审查起诉之日起，可以查阅、摘抄、复制本案的诉讼文书、技术性鉴定材料；辩护律师自人民法院受理案件之日起，可以查阅、摘抄、复制本案所指控的犯罪事实的材料。在审查起诉阶段和审判阶段，律师可以依法查阅法律规定的案卷材料。从法律规定来看，在审查起诉阶段，律师所能看到的只是一些程序性文书与技术性鉴定材料。除起诉意见书以外，其他材料对于了解案情帮助并不很大。因此，辩护律师一般只有在起诉以后，才能到法院查阅案卷材料。

律师阅卷权的问题主要在于如何确定阅卷的范围，即"本案所指控的犯罪事实的材料"到底包括什么内容？我国在 1979 年刑事诉讼法中规定律师可在开庭前到法院查阅检察机关向法院移送的全部案卷。而在 1996 年刑法诉讼法修改以后，为防止法官庭审前形成预断，将检察机关向法院移送案卷材料的范围限制为证据目录、证人名单和主要证据复印件或者照片。在这种情况下，引发了对辩护律师阅卷范围的争议：在司法实践中，一般都把辩护律师的阅卷范围限于检察机关向法院移送的有关案件材料。但更多的学者则主张自人民法院受理案件之日起，应当允许辩护律师去检察院查阅全部案卷材料。① 笔者认为，对于这个问题，在刑事诉讼法中规定并不十分明确。在这种情况下，我国司法机关都将其理解为检察院移送给法院的案卷材料，在司法实践中也是这样来执行的。因此，我国辩护律师的阅卷范围甚至比 1996 年刑事诉讼法修改以前还要狭窄。为限制法官审前预断而减少移送案卷内容，不经意间成为对辩护律师阅卷范围的一种收缩，这很难说是立法本意。对于辩护律师阅卷权受到限制的弊端，我国学者作了批评，认为辩护律师阅卷权受到限制，不仅不利于律师辩护而且影响我国新的审判模式的确立，进而不利于实现公平审判和提高审判效率。② 应该说，这一批评

---

① 参见陈光中主编：《刑事诉讼法实施问题研究》，42～43 页，北京，中国法制出版社，2000。

② 参见李奋飞：《辩护律师阅卷权的受制及其矫正》，载陈卫东主编：《司法公正与律师辩护》，398 页以下，北京，中国检察出版社，2002。

是有道理的。实际上，法官与辩护律师在刑事诉讼中的地位是有所不同的。法官作为居中裁判者，为防止先入为主，对其案前接触案件事实的范围加以限制是完全必要的。而辩护律师作为辩护人，在调查取证权已经受到重大限制的情况下，如果阅卷权还受到进一步的限制，就无法履行辩护职责，或者使这种辩护流于形式。目前，我国在司法实践中正在进行控辩双方证据展示的试点。证据展示，又称为证据开示，是指控辩双方在审判前或在审判过程中相互交换证据材料的制度。证据展示是在英美法系国家对抗制诉讼模式中发展起来的制度。在这种制度下，控辩双方应该按照法律规定的开示范围，在预审法庭出示其所掌握的有关证据，以实现控辩之间的资源平衡，确保控辩双方尽可能做到平等武装，进而保证被告人获得公正的审判。我国学者在论证建立中国证据展示制度的可行性时指出：刑事诉讼中，控辩双方为了查明案情都要收集相应的证据，其中检控方因拥有获取证据的权力优势和手段优势，从而也占据着案件大部分证据信息的控制优势。相对于检控方，辩护方则处于明显劣势。在这种格局下，如果允许检控方垄断并利用占优势的证据信息与辩护方对抗，显然与民主的"知情"要求是相背离的。相反，证据展示制度则通过证据信息交换实现了控辩双方对信息资源的共享，这不仅有助于公民（被告人及其辩护人）理解各种问题，并在理解的基础上与检控方展开平等有效的对话（辩论），而且满足了诉讼民主的基本要求。① 尽管这里论述的是诉讼民主问题，但证据展示对于强化辩护律师对于案件事实的掌握与了解，显然是有所助益的，它也能够在一定程度上弥补辩护律师阅卷范围过窄的缺憾。当然，我国也有学者对于证据开示能够克服辩护律师的阅卷范围受到限制所带来的缺陷是持质疑态度的，认为证据开示是在人民检察院提起诉讼的人民法院审理前，这对辩护律师来说过于滞后。对于辩护律师来说，最为迫切的是

---

① 参见黄京平等：《建立中国证据展示制度可行性研究》（下），载陈兴良主编：《刑事法判解》，第4卷，289页，北京，法律出版社，2002。

允许其到人民检察院查阅业已侦查终结的案卷材料。^① 由此可见，证据展示与阅卷权两者仍然存在一定的区别。

（三）取证权

通过调查获取证据，从而为当事人进行实质性的辩护，这是履行刑事辩护职能所必需的。可以说，没有律师取证权，也就不可能有实质辩护，辩护只能流于形式。

我国刑事诉讼法对律师取证权作了规定，但又有诸多的限制，表明立法者对于律师取证权是持极大的保留态度的。这种限制主要表现为以下三个方面：第一，侦查阶段律师没有取证权。侦查是检控方收集有罪证据的一种职能活动，尽管我国《刑事诉讼法》第 50 条规定：审判人员、检察人员、侦查人员必须依照法定程序，收集能够证实犯罪嫌疑人、被告人有罪或者无罪、犯罪情节轻重的各种证据。但实际上，由于控方的立场所决定，侦查机关搜集的主要是犯罪嫌疑人有罪或者罪重的证据。在这种情况下，如果不允许辩护律师同时搜集犯罪嫌疑人无罪或者罪轻的证据，就使得侦查活动是控方单方面的行为，不具有诉讼的性质。因此，在侦查阶段引入律师的取证权涉及对侦查程序的一种根本性改造。从控辩平衡的角度来说，侦查阶段辩护律师应当享有取证权，唯此才能防止侦查机关片面地搜集证据，保证侦查活动的公正性。第二，在起诉阶段和审判阶段，律师享有取证权，但这种取证权是残缺不全的。根据我国《刑事诉讼法》第 41 条的规定："辩护律师经证人或者其他有关单位和个人同意，可以向他们收集与本案有关的材料，也可以申请人民检察院、人民法院收集、调取证据，或者申请人民法院通知证人出庭作证。辩护律师经人民检察院或者人民法院许可，并且经被害人或者其近亲属、被害人提供的证人同意，可以向他们收集与本案有关的材料。"这一规定虽然被我国学者称为关于律师调查取证权的规定，但从法条的措

---

① 参见李宝岳：《再论辩护律师的阅卷权》，载樊崇义主编：《刑事诉讼法专论》，159 页，北京，中国方正出版社，1998。

词来看，律师收集的只能是材料，而收集证据只能经律师申请由人民检察院、人民法院进行。在这个意义上说，立法者是倾向于否定律师取证权的。即使律师这种收集材料的权利，也是受到严格限制的，即只有经证人或者其他单位和个人同意才可收集材料。至于向被害人或者其近亲属、被害人提供的证人收集材料，则不仅要经上述人员同意，还须经人民检察院或者人民法院许可。在以上这种严格限制下，律师取证权几乎化为乌有。第三，律师取证权缺乏法律保障。在经证人同意才能取证的情况下，如果证人不同意就无法取证，没有中立的裁判机关对证人不同意的理由进行裁断，因而律师取证权没有法律上的补救措施。尽管我国刑事诉讼法也规定了律师有调查取证的请求权，即可以申请人民检察院或者人民法院收集、调取证据。但这一调查取证请求权形同虚设，因为它并无强制性的要求，是否应律师之请求去调查取证，完全取决于检察机关与审判机关。尤其是检察机关，由其控方的立场所决定，动辄拒绝律师调查取证的请求，自在情理之中。在律师没有充分阅卷权的情况下，又无取证权，在强势的控方面前，辩护律师是弱小的，不可能为被告人提供具有实质价值的辩护。

在刑事法治的背景下，强化律师的各种诉讼权利，打造一个与控方势均力敌的辩方，势在必行。我国学者称我国目前的控辩式诉讼结构是一种"控强辩弱的控辩式诉讼结构"①。为了改变这种现状，达致控辩平衡，必须赋予辩护律师更多的诉讼权利。

刑事律师的辩护权虽然在我国是一项法定权利，但这一权利在立法上受到诸多限制，甚至存在某种立法上的歧视性规定，这绝不是危言耸听，更不用说在司法上所遇到的各种障碍。《刑法》第 306 条规定的律师伪证罪②就是一个以刑事辩护律师为特定犯罪主体的罪名，它被形象地称为悬在刑事辩护头上的一把达摩克利斯之剑。

---

① 周国均：《控、辩平衡与保障律师的诉讼权利》，载《法学研究》，1998（1）。

② 《刑法》第 306 条之罪名，司法解释确认为：辩护人、诉讼代理人毁灭证据、伪造证据、妨害作证罪，但在现实生活中，尤其在律师界，一般都简称为律师伪证罪，以区别其他伪证罪。

在 1979 年《刑法》中并无关于律师伪证罪的设置。1996 年随着《刑事诉讼法》规定律师提前介入到侦查阶段，为保证侦查活动不受干扰，在该法第 38 条作出了以下禁止性规定："辩护律师和其他辩护人，不得帮助犯罪嫌疑人、被告人隐匿、毁灭、伪造证据或者串供，不得威胁、引诱证人改变证言或者作伪证以及进行其他干扰司法机关诉讼活动的行为。违反前款规定的，应当依法追究法律责任。"同年通过的《律师法》第 45 条也进一步明确了前述行为的行政后果与刑事后果：律师提供虚假证据，隐瞒重要事实或者威胁、利诱他人提供虚假证据、隐瞒重要事实的，由省、自治区、直辖市人民政府司法行政部门吊销律师执业证书；构成犯罪的，依法追究刑事责任。及至 1997 年《刑法》修订，上述规定在刑法中被确认为罪名：在刑事诉讼中，辩护人、诉讼代理人毁灭证据、伪造证据、帮助当事人毁灭、伪造证据，威胁、引诱证人违背事实改变证言或者作伪证的，处 3 年以下有期徒刑或者拘役；情节严重的，处 3 年以上 7 年以下有期徒刑。这一规定的出台，意味着专门为辩护律师打造了一个罪名，从而增加了辩护律师的执业风险。关于本罪的设置理由，立法机关作了如下说明：在新的刑事诉讼法施行后，辩护人、诉讼代理人在刑事诉讼中的作用得到了进一步的加强，其在刑事诉讼中的权利也相应有所扩大，作为辩护人和诉讼代理人必须依法正确行使法律赋予的权利，不得利用这些权利妨害刑事诉讼的正常进行，所以根据实践中的具体情况和打击犯罪的需要，新的刑法增加关于这一犯罪的规定。[①] 从权利与义务相统一的原理来看，上述立法理由并无不妥，但从中仍然可以看出立法者对于律师的戒备与防范心理。关键问题在于第 306 条规定对于辩护律师来说，意味着一种可怕的归宿：因为为被告人辩护而使自己成为被告人，以至于刑事辩护成为律师执业的雷区。

事实上，在律师伪证罪设立以前，律师执业环境就一直是险恶的，即以刑事诉讼法修改的前一年 1995 年为例，律师在执业中因被人陷害而锒铛入狱者有之，

---

① 参见胡康生、李福成主编：《中华人民共和国刑法释义》，435 页，北京，法律出版社，1997。

因发表不同意见而被法院工作人员非法拘禁、殴打致伤者有之，因代理案件被对方当事人毁容者有之，抠出眼珠者也有之，以至于 1995 年被称为律师蒙难年。①其中，律师逃亡案就是一个离奇而又典型的案例。被告人王继生因涉嫌故意杀人，被河南省鹤壁市中级人民法院一审判处死刑。1994 年 9 月 13 日，被告人王继生的亲戚找到冯志德律师，要求其做王继生的二审辩护人。办完手续后，冯律师同岳小保律师前往浚县看守所会见被告人。但是，被告人家人递给冯律师一封被告人写给家人的信，信的内容大致讲自己遭刑讯逼供，屈打成招，不具备作案时间等内容。冯律师看后认为这封信很一般，顺便问了一下这封信的来路，得知是从看守所通过熟人转出来的，冯律师并未引起警觉，只是把信作为材料一并收入案卷。冯律师按常规办案，询问被告人。王继生陈述了不服一审判决的理由和能证明案发当时他没有去过现场的情况。9 月 27 日上午，冯律师、岳律师第二次会见了被告人。下午，律师对王继生和家人进行了调查取证。被告人的三弟王继利证明案发时王继生并不在家。因为那天王继利外出，冯律师未找到他而未采纳其证词。当时被告人家属曾问冯律师：王继生是否还有救？冯律师答："你们家的人连王继生在家的时间都说不清楚，还是一句老话，不能排除他，也不能肯定他。"说者无意，听者有心。过了几天，有人给冯律师送来了王继生家人重新写的材料，想推翻原来的证词。冯律师认为应以原始调查材料为准，因此并未采纳后来的证明，没有写进辩护词，也没有提供给省高院。1994 年 10 月 14 日，冯律师将辩护词和整理后的调查材料一并邮往省高院。一个半月后，冯律师向省高院询问案件进展情况，方才得知半个月前案件已被发回重审。冯律师当时还分外高兴，以为自己的辩护意见被采纳了。殊不知自己的辩护材料由于寄得太晚，又恰逢省高院的法官出差在外而被搁在承办人的桌上未起任何作用。发回重审的决定实际在冯律师介入之前就已经决定了。所以，裁定书上并没有辩护人，也没有将裁定书发给冯律师。发回重审的结果使律师、被告人家属满心欢喜，冯律师

---

① 参见杜钢建、李轩主编：《中国律师的当代命运》，292 页，北京，改革出版社，1997。

也想当然地认为自己是有功之臣。于是，拖上省高院的法官朋友去吃了一顿饭。席间，被告人家属提出送一些家乡特产给冯律师的法官朋友，冯律师同意。不久，被告人家属便给高院的三名法官送去了三袋花生、三桶油和一些大米。冯律师自己也得了一桶油和几只鸡。鹤壁市的公检法机关对王继生一案的态度非常明确，半年后居然以事实不清被省高院退回，其中必然有诈。经过侦查，终于有了重大发现，被告人的一个远房亲戚在县武装部任秘书，通过其介绍，被告人家属认识了县看守所的一名看守，于是从看守所传出许多信息，包括被告人要求家人证明案发时他在家的信件。以此为突破口，当地政法机关先后以包庇罪逮捕了武装部秘书，以徇私舞弊罪逮捕了通风报信的看守所民警，以包庇罪逮捕了王继生的几个家人。经过慎重研究，最后决定抓此事件的另一主角——冯志德律师。1995 年 3 月 22 日下午 4 时许，几名公安人员在没有出示任何法律手续的情况下，以口头传讯的方式把冯律师从事务所叫到新乡市刑警队。浚县公安局以侦查案件需要为名，对冯律师实行拘传，并带到浚县，开始了长达二十多小时的讯问。3 月 23 日，又以冯律师有结伙作案嫌疑为由，将其转为收容审查。理由是：冯律师在获悉被告人通过非法渠道转给其父母的信后，应该意识到他们串了供，应停止辩护活动，将信妥善处理；冯律师对被告人家属随便发表对案件的看法，"指使"或"暗示"被告人家属重写证据材料；冯律师不实事求是，只收集对被告人有利的证据，不收集对被告人不利的证据；冯律师指使被告人家属往省高院送土特产，为被告人说情开脱罪责；冯律师的调查活动干扰了司法机关的正常办案。冯律师同犯罪分子关在一起，精神压力和痛苦可想而知，身体状况每况愈下，肝区不时隐隐作痛。在家属的多次请求下，看守所同意让其到医院化验，结论是肝炎。1995 年 4 月 21 日检察院正式以包庇罪批准逮捕冯律师。在取保候审期间，想到一时难以自明的冤案和度日如年的监房，整天与政法干部打交道的冯律师终于失去了勇气，踏上了茫茫的逃亡之路。此后，《民主与法制》杂志以"律师为什么逃亡"为题披露了这一案件，并约请有关专家学者点评这个案例。我以"严格保护律师依法履行职责"为题，写了一篇短文，发表对本案的看法，认为在一个法治社会，律师依法履行职责是严格受到法律保护的。在某种程度上说，对律师执业行为的法律保障，是一个社会法制完善程度的标志。尤其是在刑事辩护活动中，律师的职责是保障被告人的合法权益。在这种情况下，如果动辄因包庇罪、伪证罪，甚至玩忽职守罪锒铛入狱的话，那么，还有谁愿意再去从事律师这项职业呢？没有律师的社会，不可能是一个健全的法治社会，这是一个已经被历史证明的事实。① 在论文中，我提出了律师执业豁免这一命题。

事与愿违，1996 年修改通过的刑事诉讼法与律师法不仅没有关于律师执业豁免的规定，反而在 1997 年刑法中设置了律师伪证的专门罪名。这一罪名的设置，使刑事辩护的执业环境雪上加霜。1997 年，再次被人们称为中国律师的蒙难年。② 为此，全国律协还专门成立了维权委员会，根据 2000 年全国律师维权委员会统计的数据，从 1995 年以来，已有 122 个律师因为种种原因被追究、被起诉、被通缉。③ 据北京市律协提供的数据，1997 年以来，北京市律师在执业中被司法机关采取法律措施的案件共有 12 起。从案由上看，涉嫌伪证罪 2 起，涉嫌妨害作证罪 2 起，涉嫌伪造印章罪 1 起，涉嫌中介机构出具虚假证明文件罪 1 起，涉嫌诈骗罪 1 起，纯属司法机关滥用职权的 2 起，其他 3 件。在律师不断被抓的同时，刑事辩护率则不断下降。2002 年 5 月，从北京律协传出消息，北京律师年人均办理刑事案件的数量也下降到不足 1 件。2000 年北京有律师 5 459 人，全年办理刑事案件 4 300 件，人均办理刑事案件从 1990 年的 2.64 件下降到 2000 年的 0.78 件。北京市全年的刑事案件将近 5 万件，对比以上数字，律师辩护率不足 10%。在这种情况下，遂有"不敢替'刑事犯罪嫌疑人'辩护的中国

---

① 该文发表以后，冯志德律师在逃亡途中曾经给我寄来一封长信诉说他的冤情。另有一位在 1996 年废除免予起诉的刑事诉讼法生效前一天就被检察院以包庇罪免予起诉的律师亲口告诉我：他在找检察院申诉。"为什么我辩护的被告人被法官宣告无罪，你们还以包庇罪对我免予起诉？刑法规定：包庇罪必须是包庇犯罪分子，既然没有犯罪分子，何来包庇？"对这一问题，检察官作了以下绝妙回答："正由于你的包庇，法院才判的无罪。"

② 参见王丽：《律师刑事责任比较研究》，2 页，北京，法律出版社，2002。

③ 参见陈兴良主编：《法治的使命》，299 页，北京，法律出版社，2001。

律师"一说。① 刑事辩护率之低，原因是多方面的，律师伪证罪的设立不能不说是其中的一个重要原因。

律师伪证罪，在实体规定上存在明显的缺陷。根据《刑法》第 306 条之规定，律师伪证罪包括以下三种行为：一是毁灭、伪造证据，即辩护人、诉讼代理人自己将能够证明案件真实情况的书证、物证以及其他证据予以毁灭，包括烧毁、丢弃、撕掉、涂抹等，使其不能再起到证明案件真实情况的作用；或者辩护人、诉讼代理人自己制造假的书证、物证等，以隐瞒案件的真实情况，使犯罪人免予刑事追究或者使无罪的人受到刑事追究。二是帮助当事人毁灭、伪造证据，即辩护人、诉讼代理人策划、指使当事人毁灭、伪造证据；或者与当事人共谋毁灭、伪造证据，以及为当事人毁灭、伪造证据提供帮助等。三是威胁、引诱证人违背事实改变证言或者作伪证，即以暴力、恐吓等手段威胁证人或者以金钱、物质利益等好处诱使证人改变过去按照事实提供的证言；或者以威胁、引诱手段指使他人为案件作虚假证明，充当伪证的证人。在上述三种行为中，其他行为特征均是明确的，在认定上不致混淆。唯引诱证人违背事实改变证言或者作伪证这一罪状，内容并不明确。例如，这里的违背事实如何认定，改变证言前是事实还是改变证言后是事实，由谁来判断？控方往往以自己所取证言陈述的内容为事实，因而只要律师介入后证人改变证言的，就认为符合律师伪证罪的这一规定而追究律师的刑事责任。又如，这里的引诱，无论是立法机关还是司法机关，都解释为"以金钱、物质或者其他利益诱使"②，但在司法实践中就有律师因故意采用语言劝导证人、改变证言内容的手段，引诱证人违背事实改变原有证言而构成律师伪证罪。例如最高人民法院刑一庭编《刑事审判参考》2000 年第 3 辑刊登的刘某妨害作证案，就是一个十分典型的案例。江苏省滨海县人民法院认定，1998 年 7

---

① 参见胡盈盈、端木正阳：《不敢替"刑事犯罪嫌疑人"辩护的中国律师》，载《中国律师》，2002 (3)，24 页。

② 胡康生、李福成主编：《中华人民共和国刑法释义》，436 页，北京，法律出版社，1997；周道鸾、张军主编：《刑法罪名精释》，660 页，北京，人民法院出版社，1998。

月上旬，被告人刘某在受委托担任李某受贿一案的辩护人期间，在李某亲友陪同下，分别找证人田某、钱某、刘某、徐某、邓某、蒋某调查时，引诱证人提供虚假证言，并将其收集的证据材料在滨海县人民法院开庭审理李某受贿案件时当庭出示，提出李某的行为不构成受贿罪的辩护意见，致使法院没有当庭认定钱某向李某行贿8 000元的犯罪事实，妨害了刑事诉讼活动的正常进行。滨海县人民法院认为：被告人刘某在担任李某受贿一案的辩护人参与刑事诉讼期间，故意采用语言劝导证人、改变证言内容的手段，引诱证人违背事实改变原有的不利于李某的证言，致使法庭没有当庭认定钱某向李某行贿8 000元的犯罪事实，妨碍了刑事诉讼活动的正常进行，其行为已构成辩护人妨害作证罪，判处有期徒刑一年，缓刑两年。一审宣判后，被告人刘某不服，以无罪为由，向盐城市中级人民法院提出上诉。二审经审理，驳回了上诉，维持原判。在这一案件审理中，争论的焦点是如何理解《刑法》第306条规定中的"引诱"？辩方认为，引诱要以利益为诱惑，要有诱饵，引导性的但并未用利益为诱饵的发问，不属于引诱。而控方认为引诱包括非金钱、物质利益以外的其他手段。[①] 但在最高人民法院的《刑事审判参考》中，虽然仍将引诱解释为以金钱、物质利益等好处使证人不按照事实的真相提供证言，但又认为滨海县人民法院认定被告人刘某语言劝导证人改变证言的行为构成辩护人妨害作证罪，依法惩处是正确的。在关于裁判理由的说明中，没有就如何理解引诱这个争议极大的问题展开评说，而是论述了辩护人妨害作证罪是否以发生危害后果（导致法院宣告无罪）为构成要件的问题。[②] 这不能不说是与这一重大问题的解释失之交臂，令人扼腕。在浙江省张耀喜犯辩护人妨害作证案中，同样也围绕律师伪证罪是否必须在客观上以物质、金钱或其他利益引诱证人作伪证为构成要件展开了争论。浙江省衢州市柯城区人民法院一审认定被告人张耀喜在担任盗窃案犯陈林鸿的辩护人，参与该案一审诉讼期间，为了使陈林

---

① 参见陈颖春：《青年律师，作茧自缚》，载《律师世界》，1999（1）。

② 参见最高人民法院刑一庭：《刑事审判参考》，第2卷（2000年度精编本），174～177页，北京，法律出版社，2001。

鸿的盗窃数额从巨大降为较大，减轻其罪责，利用诱导性的设问方式，诱使证人李洪涛作了违背事实的伪证，其行为已妨害了刑事诉讼的正常进行，构成辩护人妨害作证罪。浙江省衢州市中级人民法院二审改判张增喜无罪，但并不是因为被告人在客观上没有引诱行为，而是不能充分地证明上诉人张耀喜具有妨害作证的主观故意。在法官评述中，省高院的法官明确提出：引诱，指引导劝诱，不仅包括物质利益的引诱，也包括非物质利益的引诱，比如劝导证人。① 由此可见，律师伪证罪中的引诱如何理解，是一个关键问题。按照一般理解，引诱是可以解释为引导劝诱，但正如法国学者提出：如果引导性发问纳入引诱范围之中，对于辩护人、诉讼代理人而言是一种过分的要求。引诱的概念没有确切的定义，因此很容易被任意解释，而导致出入人罪。② 我认为应对律师伪证罪中的引诱作限制解释，指利诱，即以利益引诱，而不包括以诱导性发问的方法使证人改变证言。

如果说，律师伪证罪在实体上的问题可以通过司法解释加以明确的话，律师伪证罪最大的问题还在于程序上：允许作为控方的公安机关和检察机关随时可以根据《刑法》第 306 条律师伪证罪追究律师的刑事责任，加剧了控辩双方力量的失衡。控辩平衡，这是法治社会的刑事诉讼的基本构造。我国刑事诉讼中的控辩双方，本来就是控强而辩弱。而律师伪证罪的设立，使控方在实体辩论上失利或失势的情况下，以此作为杀手锏，置辩护律师于死地，获得了某种程序上的优越性。我国学者甚至将控方以律师伪证罪追究辩护律师的刑事责任视为一种职业报复，指出：控辩双方在法庭上是对手，这是毋庸置疑的，但这只是履行职务，二者并无根本之利益冲突，更不是你死我活之敌人。然而 306 条之规定及其滥用，使这种对等关系变得极不平衡，公诉方纷纷通过庭后对律师之刑事追诉来补偿法庭上调查或辩护过程中之劣势。因此，对侦查机关的某些人来说，是一个有效的职

---

① 参见王幼璋主编：《刑事判案评述》，147 页，北京，人民法院出版社，2002。

② 参见王丽、林维：《辩护人、诉讼代理人毁灭证据、伪造证据、妨害作证罪研究》，载陈兴良主编：《刑事法判解》，第 4 卷，76～78 页，北京，法律出版社，2001。

业报复手段。[①] 尽管职业报复之说略有夸张，但也并非危言耸听的无稽之谈。

对于《刑法》第 306 条的律师伪证罪，律师界一直在抗争。在刑法修订前后，司法部前部长、全国人大法律委员会前副主任委员蔡诚为取消刑法修订草案中的律师伪证罪多次呼吁，以致一度遭到非议。在刑法修订以后的历年全国人大会议中，都有取消 306 条的动议。例如在 2000 年 3 月的全国人大会议上，以陕西代表团张燕律师为首的 30 位全国人大代表正式提出了"取消《中华人民共和国刑法》第 306 条的规定"的议案。尽管这些努力并未导致 306 条的废弃，但是仍然值得肯定。在 306 条未能取消的情况下，设置适用 306 条的特殊程序不失为一个可供选择的方案。例如全国律协提出了设立我国"律师执业案件追诉立案听证审查程序"的建议，我认为是极为可取的。只有经听证程序确认应予追诉，侦查机关始可对律师以 306 条立案追诉。这样，就可以最大限度地从程序上防止《刑法》第 306 条的滥用。

涉及《刑法》第 306 条律师伪证罪的另一个重大问题是刑事辩护律师的豁免问题。律师刑事责任的豁免权与《刑法》第 306 条的律师伪证罪是具有相关性的，我国学者认为，确立律师辩护豁免权的前提是取消《刑法》第 306 条规定，因为它直接与这一权利相违背。[②] 由此可见，只有确立律师刑事责任豁免制度，才能从根本上解决 306 条的问题。世界各国刑法一般都有律师刑事责任豁免的规定，例如《卢森堡刑法典》第 452 条第 1 款规定："在法庭上的发言或向法庭提交的诉讼文书，只要与诉讼或诉讼当事人有关，就不能对它提出任何刑事诉讼。"《英格兰和威尔士出庭律师行为准则》规定："在通常情况下，律师对他在法庭辩论中的言论享有豁免权。"这些规定使辩护律师在执业中获得了某种特权，以抵御可能来自控方的侵害，并且使辩护律师在义务冲突中得到解脱。我国律师更有理由获得这种豁免，因为我国刑事诉讼在构造上是控强辩弱，如果不使辩护律师

---

① 参见王丽：《律师刑事责任比较研究》，103、104 页，北京，法律出版社，2002。

② 参见徐家力、徐美君：《在立法中应确立律师刑事辩护豁免权》，载《中国律师》，2002（3），65 页。

彻底摆脱刑事追究的枷锁，无以提高我国刑事案件的辩护率，无以调动律师在刑事辩护中的积极性，无以解除刑事辩护律师的后顾之忧。而且，考虑到我国刑事诉讼与外国刑事诉讼的不同特点，对于我国律师刑事责任豁免的内容应当有所扩大。外国法律规定的刑事豁免的内容主要是法庭上的言论，这一豁免制度的设立也主要是为解决辩护律师的义务冲突问题。而我国设立律师的刑事豁免，主要是为防止控方的侵害，因此豁免应当包括以下三项基本内容：（1）律师在刑事辩护中发表的言论，不受法律追究。（2）律师在刑事诉讼中向法庭提供或出示之文件、材料失实的，不受法律追究。（3）在刑事诉讼中，律师之人身自由、人身权利不受侵犯。[1] 在以上三项内容中，前两项是律师刑事豁免的内容，第三项则属于律师执业活动中的人身保障问题，严格来说并不属于律师刑事豁免的内容。上述前两项作为律师刑事豁免的内容，我认为是可取的。当然，《刑法》第 306 条中毁灭、伪造证据，帮助当事人毁灭、伪造证据等行为由于是具有明显的妨害司法活动的客观行为，可按普通伪证罪或其他妨害司法罪追究刑事责任，而没有必要专门设立律师伪证罪。

　　值得欣慰的是，2015 年 9 月 16 日最高人民法院、最高人民检察院、公安部、国家安全部、司法部发布了《关于依法保障律师执业权利的规定》（以下简称《规定》）。该《规定》第 4 条对保障律师的阅卷权做了规定；第 7 条对律师的会见权做了规定；第 16 条对律师调取证据权做了规定；第 17 条对律师收集证据权做了规定；其他条款还对如何保障律师在刑事诉讼中的权利做了规定。这些规定对于切实保障律师执业权利，充分发挥律师维护当事人合法权益、维护法律正确实施、维护社会公平和正义的作用，促进司法公正具有十分重要的意义。

---

① 　参见王丽：《律师刑事责任比较研究》，112～113 页，北京，法律出版社，2002。

第十二章

审判权的法理分析

审判权是司法权的核心，审判制度也是司法制度的重要内容。在刑事法治的建构中，如何将审判权的行使纳入法治轨道，是一个十分重大的问题。本章在对我国审判体制存在问题分析的基础上，拟对刑事法治视野下的审判理念与审判体制进行前瞻性的探讨。

一、审判权的概念界定

在讨论审判权的时候，首先需要对审判与司法这两个用语进行分析，然后涉及对审判权与司法权的界分。

审判是法院对各种案件进行审理并作出裁判的一种活动。审判权就是法院所特有的对案件进行审理或者裁判的权力。因此，审判一词包括两个方面的内容：一是审理，二是裁判。审理是对案件事实及其相关证据的审核与认定，这是审判活动的重要内容。正是在查清案件事实的基础之上，才能就相关法律争议问题进行裁判。因此，审理与裁判是不可或缺的，两者之间具有密切的关联性。

司法，一般是指英语 justice 一词的汉译。依照《美国联邦宪法》第 3 条的规定，所谓司法是指对包含民事、刑事以及行政事件及争讼进行裁判的活动。因此，司法是以事件及争讼（cases and controversies）为存在前提的一种裁决活动。司法权就是对各种案件进行裁判的权力。当然，各国宪法赋予法院的权力有所不同，因而在不同国家的宪政体制下，司法权的内容也是各有差别的。例如美国联邦法院具有对所适用的法律的合宪性进行审查判断的权力。而大陆法系国家法院则大多采取二元或者多元的司法模式。法院的司法权仅限于对民事或者刑事案件的审判，而违宪审查则不属于司法权的范围。① 由此可见，司法的含义在各个国家存在些微差别。但共同之处在于，司法权是对法院所行使的对各种案件审理与判决的权力的一般性概括。

基于以上分析，审判与司法、审判权与司法权的含义应当是相同的，都是一种权力类型。实际上，在古代社会的国家管理活动中，并没有对权力类型进行具体划分，并且权力都是归属于最高统治者，例如中国古代的皇帝，因而这种国家权力就称为皇权。对国家权力的类型化划分，始于古希腊的亚里士多德。亚氏从政体要素的角度出发，指出了政体中议事机能、行政机能和审判机能三者之间的区分。② 这里的议事机能是指立法机关所具有的机能，行政机能是指行政机关所具有的机能，而审判机能则是指司法机关所具有的机能。亚里士多德对立法权、行政权与司法权的描述虽然不能与现代社会的这三种权力完全对应，但他看到了这三种类型的权力之间的区别，并第一次对此作了明确划分。在近代西方，对分权理论加以发挥的是英国哲学家洛克。洛克提出了三权分立的观点，但这里的三权是指立法权、行政权和联盟权。③ 在洛克的理论中，行政权是对内的权力，联盟权是对外的权力，两者都属于执行法律的权力。因此，与其说洛克主张的是三权分立不如说是两权分立，这就是立法权与执法权的分立。尤其值得注意的是，

① 参见张卫平等：《司法改革：分析与展开》，120 页，北京，法律出版社，2003。
② 参见［古希腊］亚里士多德：《政治学》，吴寿彭译，214～216 页，北京，商务印书馆，1965。
③ 参见［英］洛克：《政府论》，下篇，叶启芳等译，89～90 页，北京，商务印书馆，1964。

洛克并未将司法权列为一种单独的国家权力类型，这表明在洛克时代的英国，司法机关尚处于幼稚的状态，其独立性没有引起洛克的足够关注。只是到了法国著名的启蒙学家孟德斯鸠那里，完整的三权分立理论才得以形成。孟德斯鸠将国家权力分为三种类型，这就是立法权、司法权与行政权。[①]孟德斯鸠认为，司法权是惩罚犯罪和裁决私人讼争的权力。在这一司法权的定义中，惩罚犯罪的权力是指刑事司法权，而裁决私人讼争的权力是指民事司法权。显然，在孟德斯鸠的司法权中并不包含行政审判的权力。当然，孟德斯鸠分权理论的最大贡献还是在于权力分立与权力制衡的观点，尤其是司法权应当独立于立法权与行政权。正如我国学者指出：孟德斯鸠对司法权独立地位的确认，尤其是对制衡理论的系统阐述，都是独创的。[②]正是在与立法权、行政权的区分中，司法权获得了独立存在的意义。

　　尽管在世界各国所通行的司法概念与审判一词实为同义语，但在我国现行法律语境下，司法一词却具有如同我国学者所说的某种"设定性定义"，即我国不但将通行的关于司法的定义纳入其中，而且将审判以外的内容，例如检察活动，也归入其内。[③]在这种情况下，司法权不仅包括审判权，而且包括了检察权。因此，所谓司法的设定性定义，其实就是具有中国特色的司法定义。在这种情况下，我们可以把司法分为广义上的司法与狭义上的司法。广义上的司法是指依法享有司法权的国家机关，依据法定的职权和程序处理诉讼纠纷的活动。依据我国宪法规定，各级人民法院和人民检察院属于国家司法机关，其代表国家行使审判和监督法律实施的权力的活动，属于司法范畴。从狭义上理解司法仅指法院的裁判活动。[④]本章所称司法或者司法权，都是指狭义上的，在语义上完全可以等同

　　① 参见［法］孟德斯鸠：《论法的精神》，上册，张雁深译，154～155页，北京，商务印书馆，1961。
　　② 参见朱光磊：《以权力制约权力——西方分权论和分权制评述》，64页，成都，四川人民出版社，1987。
　　③ 参见张建伟：《刑事司法体制原理》，12页，北京，中国人民公安大学出版社，2002。
　　④ 参见王利明：《司法改革研究》，6页，北京，法律出版社，2000。

于审判或者审判权。

　　无论是在广义的司法概念还是在狭义的司法概念中，审判都是司法的核心内容。因此，对审判权的探讨是司法权法理研究的题中之义。如前所述，司法权是区别于立法权与行政权的。一般而言，司法权与立法权的区分较为明显。立法权是创制法律的权力，而司法权是适用法律的权力。但司法权与行政权之间的界限则有些暧昧。在现代法治社会，行政也是一种执法活动，我们通常称为行政执法。那么，行政的执行法律与司法的适用法律之间，到底存在什么根本的区分呢？这里涉及对司法权的性质的理解。关于司法权的性质，存在各种描述，例如我国学者从司法权与行政权的区别出发，认为司法权具有不同于行政权的十大特征：被动性、中立性、形式性、稳定性、专属性、法律性、终局性、交涉性、审级分工性和公平优先性。[①] 在这些特征中，最为人所关注的是被动性、中立性、终局性等基本特征。这些特征对于了解司法的性质是不可或缺的。但这些特征都是从应然角度对司法性质的描述，即司法应当是被动的、中立的、终局的。但能不能说只要不具有被动性、中立性、终局性的就不是司法了呢？显然不能得出这样的结论。因此，我认为司法权的根本性质在于判断。某种权力的行使是以判断为内容的，就可以认为这种权力具有司法的性质，专门从事判断活动的机关可以认为是司法机关。实际上，在行政权的行使过程中也具有某些司法的要素，或者在权力配置时把某些判断权交给行政机关行使，从而使行政机关也具有某种程度上的司法权。因此，唯有判断性才能将司法权与行政权以及其他权力加以区分。在这个意义上说，司法权是判断权这一命题是能够成立的。

　　那么如何理解这里的判断呢？在形式逻辑中，判断是关于对象的一种思维形式，是对于对象有所断定的思维形式。判断具有两个特征：第一，判断必须有所断定，即必须对于对象有所肯定或否定。第二，判断总是有真有假。[②] 上述第一

---

　　① 参见孙笑侠：《司法权的本质是判断权》，载《法学》，1998（8）。

　　② 参见中国人民大学哲学系逻辑学教研室：《形式逻辑》，2 版，64～65 页，北京，中国人民大学出版社，1984。

个特征是就判断的内容而言，第二个特征是就判断的结果而言。司法活动中的判断也是一种判断形式，是判断这种思维方式在司法领域的实际运用，它当然也具有判断的一般特征，但司法活动中的判断又具有其特殊性。从司法活动的内容来看，判断可以分为两种：一是事实的判断，二是规范的判断。事实的判断是指某种案件事实是否存在，判断的结论视其内容与实际是否相符而区分真假。例如，根据现有的证据能否认定张三杀人，这就是一种事实判断。如果张三确实杀人，则张三杀人的判断为真。如果张三没有杀人，则张三杀人的判断为假。这种事实的判断，在法律上也称为事实认定。认定，顾名思义，是指认识并确定，因而认定必然是以判断的形式出现的，是对司法活动中的事实判断的一种理论根据。除了事实判断以外，在司法活动中还存在规范判断。因为司法活动是一种法律适用活动，这一判断必须是受法律规则和法律原则制约的而不是任意的、无常的突发奇想，是以案件的事实和适用的法律为基础对正确与错误、合法与非法、事实与虚假等进行辨别和选择，在此基础上作出与案情相适应的公正决定，这种决定的效力来自于法律而不是法官个人的意愿。① 正因为司法判断是根据法律规则的判断，因此，在事实判断之后还存在规范判断，这是一种法律适用中的判断。应当指出，这里的规范判断是指根据法律规范对案件事实的性质所作的判断，它与法律逻辑学中的规范模态判断是不同的。规范模态判断，也简称为规范判断，是指在行为规范（包括道德规范、纪律规范、法律规范）中以一定的行为事实为对象，规定该行为事实是可以的、应当的或必需的。② 因此，规范模态判断是指规范对人们行为的允许或者禁止的规定方式。而我们在这里所称的规范判断是根据法律规范对案件事实的法律性质所作的一种判断，这种判断，也称为定性，即确定法律性质。因此，规范判断是指案件事实与法律规范之间是否具有同一性的判断。例如刑法中的定罪活动，首先判断某一案件事实是否存在，这是事实判断。

---

① 参见美国布莱克法律大辞典，转引自汪习根主编：《司法权论》，31 页，武汉，武汉大学出版社，2006。

② 参见吴家麟主编：《法律逻辑学》，107 页，北京，群众出版社，1983。

在判断其存在的基础上，再进行构成要件该当性、违法性、有责性的判断，这是定罪过程。定罪是根据法律规定对行为是否具有犯罪性质所进行的一种规范判断。

在司法活动中，判断是常见的一种思维方式，侦查机关对案件事实是否存在也要进行事实判断，公诉机关对行为是否构成犯罪也会进行规范判断。那么，为什么说审判权的本质是判断权，而侦查权、公诉权的本质不是判断权呢？这是一个值得思考的问题。我认为，对这一问题必须结合审判机关的性质加以考察。审判是基于中立性立场，对发生纠纷双方之间争议所进行的裁判，即裁决性判断。因此，审判权的判断是为裁决所作的判断，这种判断具有决疑性。正是由审判机关的这种特殊性质所决定，审判权中所包含的判断不同于其他类型的判断。

审判权中包含了判断，并且这种判断本身就是一种权力，我们称之为判断权。由此，我们可以得出审判权是判断权的命题。判断与判断权是有所不同的，判断只是一种思维方式，但判断权则是指判断的结论具有法律强制力。因此，判断权是审判权的表现形式，它表明审判机关是专门从事判断并且其判断结论具有法律上的强制力的司法机关。例如我国《刑事诉讼法》第 12 条规定："未经人民法院依法判决，对任何人都不得确定有罪。"这一规定是否属于无罪推定，在学理上尚存在争议。但这一规定将定罪权授予人民法院，这是一个不争的事实。在刑事诉讼活动中，只有人民法院才有权判断一个人的行为是否构成犯罪。换言之，只有人民法院才享有一个人的行为是否构成犯罪的判断权。这种有罪的判断权，相对于侦查机关和公诉机关的有罪判断来说具有性质上的根本差别。我国学者提出：公安机关、检察机关在刑事诉讼中行使侦查权和检察权，随着诉讼的开始和进行，要作出各种各样的决定，比如立案决定，拘留、逮捕决定，提起公诉决定。这些决定往往建立在公安、检察机关认为犯罪嫌疑人的行为构成犯罪的基础上。但是，我们应当明确，这里的"认为犯罪嫌疑人有罪"不是最终确定犯罪嫌疑人有罪，而是一种暂时的认定。犯罪嫌疑人、被告人是否被确定为有罪，并不取决于公安、检察机关的"认定"，而是取决于人民法院的审判。人民法院可以否决公安、检察机关的"认定"。即使犯罪嫌疑人、被告人真的有罪，在人民法院依法判决其有罪之前，公安机关、检察机关的"认定"的法律效力也只能是确定其犯罪嫌疑人、被告人的地位，而不是确定其罪犯的法律地位。[①]由此可见，只有人民法院才能确定一个人有罪，这一有罪的判断权具有终级性，它可以推翻公安机关、检察机关的判断。

　　美国联邦党人汉密尔顿曾经对立法权、行政权、司法权这三种权力的内容作过比较分析，指出：行政部门不仅具有荣誉、地位的分配权，而且执掌社会的武力。立法机关不仅掌握财权，而且制定公民权利义务的准则。与此相反，司法部门既无军权，又无财权，不能支配社会的力量与财富，不能采取任何主动的行动。故可正确断言：司法部门既无强制，又无意志，而只有判断；而且为实施其判断亦需借助于行政部门的力量。[②]汉密尔顿由此得出结论：司法机关为分立的三权中最弱的一种权力，与其他两种权力不可比拟。以判断为内容的司法权，确实是国家权力中最为弱势的一种权力，但它对于社会治理又是一种最为重要的权力，尤其是它对天然具有扩张性的行政权的限制功能，使司法权的大小成为衡量法治文明程度的标志。在我国刑事法治建设中我们也应当对于审判权予以充分的关注。只有公开、公正、独立、中立的审判权的正确行使，才能使审判权在刑事法治中发挥其应有的作用。

二、审判权的科学设置

　　审判权是司法权的核心，在一个国家的司法体制中，审判权的科学设置直接关系到法治的实现。审判权作为一个判断权，为保障这种判断的公正性，必须要由一定的机关一定的人员独立地行使判断权。因此，在一个法治社会，审判独立

---

① 参见程荣斌主编：《中国刑事诉讼法教程》，150页，北京，中国人民大学出版社，1997。
② 参见［美］汉密尔顿：《联邦党人文集》，程逢如等译，391页，北京，商务印书馆，1982。

是审判权设置科学的决定性因素。我国《宪法》第 126 条规定："人民法院依照法律规定独立行使审判权，不受行政机关、社会团体和个人的干涉。"这就是我国宪法所确认的审判独立原则。在司法体制改革中，如何通过司法体制的结构性调整，充分保障审判权的独立行使，是当务之急。

（一）法院的行政化及其克服

法院作为审判机关，其审判权的行使应当符合司法活动的客观规律。但在我国司法活动中，存在着十分严重的行政化倾向。所谓法院的行政化，是指按照行政权的行使方式行使审判权，由此造成我国学者所说的司法异化的现象。[①] 法院的行政化倾向，主要表现为法院内部管理和上下级法院之间的关系这两个方面。

法院内部管理的行政化，是影响审判权独立行使的一个制度性障碍。按照我国《刑事诉讼法》第三编审判第一章审判组织的规定，我国审判实行的是以合议制为主、独任制为辅的制度，但在此之外，又设置了审判委员会。根据《刑事诉讼法》第 179 条规定："合议庭进行评议的时候，如果意见分歧，应当按多数人的意见作出决定，但是少数人的意见应当写入笔录。评议笔录由合议庭的组成人员签名。"由于合议庭的评议采取的是少数服从多数的合议原则，因此体现了司法民主，尤其是在陪审人员参与审判的情况下，陪审员享有与审判员相同的权力，这对于保障司法公正是十分重要的制度建构。合议庭的合议制作为审判权的行使方式，它不同于行政权上命下从的行使方式，是符合司法规律的。因为合议庭参与了整个案件的审理，根据少数服从多数的原则作出的判决更具有正当性与合法性。但在我国司法实践中，由于审判长作为承办人往往具有对合议的主导权，由此形成了合议制度"形合实独"的变异。我国学者指出：现行立法所规定的合议制度在实践运作中发生异化，呈现出"形合实独"的特点，即在合议庭全体成员共同参与、集体决策的表象下是案件承办人一人唱"独角戏"，并在很大

---

① 参见张卫平等：《司法改革的分析与展开》，16 页，北京，法律出版社，2003。

程度上决定着案件的最终结果。① "形合实独"的结果使合议制名存实亡,司法民主也不复存在。更值得重视的是,审判委员会的存在以及权力扩张,使合议庭的权力大为限缩。审判委员会是我国特有的审判组织,其设立初衷是为了保证审判质量。根据我国《刑事诉讼法》第 180 条的规定:"合议庭开庭审理并且评议后,应当作出判决。对于疑难、复杂、重大的案件,合议庭认为难以作出决定的,由合议庭提请院长决定提交审判委员会讨论决定。审判委员会的决定,合议庭应当执行。"在这一制度设置中,应当注意以下三点:第一,审判委员会讨论的案件限于疑难、复杂、重大这样三种类型,此外的一般案件合议庭有权作出判决而不须经过审判委员会讨论。第二,上述三类案件是合议庭提请院长决定提交审判委员会讨论决定。因此,疑难、复杂、重大案件的判断权在于合议庭,是否提请的决定权也在于合议庭。第三,合议庭应当执行审判委员会的决定,因此,合议庭与审判委员会之间存在上命下从的关系。从法理上说,在合议庭这一审判组织之外、之上又设立审判委员会,并且在两者之间形成行政隶属关系,这对于合议庭行使的审判权是一种限制。更为重要的是,由于刑事诉讼法对于疑难、复杂、重大案件的范围未作界定,因此,如何界定这三类案件的范围就成为合议庭权力与审判委员会权力的分界。1998 年最高人民法院《关于执行〈中华人民共和国刑事诉讼法〉若干问题的解释》(已失效)第 114 条第 2 款规定:"对下列疑难、复杂、重大的案件,合议庭认为难以作出决定的,可以提请院长决定提交审判委员会讨论决定:(一)拟判处死刑的;(二)合议庭成员意见有重大分歧的;(三)人民检察院抗诉的;(四)在社会上有重大影响的;(五)其他需要由审判委员会讨论决定的。"这一规定将本来是由合议庭认为是否属于疑难、复杂、重大案件改由司法解释加以规定。例如只要是拟判处死刑的案件,一律应当提交审判委员会讨论决定。而且,在这一解释中出现了"其他需要由审判委员会讨论决定的"这种概然性规定,进一步扩大了审判委员会对案件的决定权,从而使审判

---

① 参见左卫民等:《合议制度研究》,78 页,北京,法律出版社,2001。

活动的行政化倾向得以加剧。对此，我国学者陈瑞华教授曾经评论提出：上述最后一类案件带有较大的灵活性，而且法院内部的管理一般具有较强的行政色彩，审判委员会的会议又往往由法院院长来召集，因此审判委员会讨论和决定的案件经常突破"解释"所确定的上述范围。① 审判委员会没有参与庭审，但对于判决结果却具有决定权。这种制度设置就直接导致了审判分离，即审者不判，判者不审。在这种情况下，判决不再是审判活动的结果而是行政活动的结果，使我国的审判权偏离了司法活动的规律。

如果说，审判委员会尚是正式的审判组织，在法律上有明文规定，其行使职责尚具有合法性。那么，庭长、院长审批案件制度以及庭务会决定判决结果的制度就完全没有法律根据，是一种刑事隐性程序。我国学者提出：刑事隐性程序是相对于国家公开颁行的法定的刑事诉讼程序而言的，是指公安、司法机关在办理刑事案件时所遵循，但并不向外界公布的非法定的程序和规则。② 隐性程序的特点是非法定性、习惯性以及在某些情况下的隐蔽性。有些所谓刑事隐性程序实际是内部规定，对外不公开。例如，庭务会制度和案件审签制度就是典型的隐性程序。庭务会并不是法定的审判组织，它是法院内部业务审判庭总结与部署庭内行政公务的会议。庭务会在各级法院业务庭都普遍存在。而且，部分法院的庭务会逐渐把研究案件作为庭务会的主要内容，并将庭务会扩大到所有审判人员、书记员等。庭务会一般在合议庭评议前甚至开庭前进行，参与者均可发表意见。对庭务会研究案件情况一般要记录，其最终意见或多数意见对合议庭并无约束力，但对合议庭评议有决定性的重大影响。合议庭成员评议时，必须服从组织的意见，庭务会最大的特点是：法官集体在审判案件上主导法官个人，是典型的行政会议。而案件审签是指法院内部实行的合议庭或主审人向庭长、院长逐级汇报，由庭长、院长对案件全面审核并签发裁判文书的习惯做法。审签的目的在于对案件

---

① 参见陈瑞华：《刑事诉讼的前沿问题》，382 页，北京，中国人民大学出版社，2000。

② 参见杨文革：《刑事隐性程序剖析》，载陈兴良主编：《刑事法判解》，第 3 卷，613 页，北京，法律出版社，2001。

质量进行把关，对裁判文书进行修改，统一司法文书，防止法官或合议庭徇私舞弊、枉法裁判，控制法官的审判权。庭长、院长对审签的案件一般不参加审理，但可以否定合议庭或独任庭的意见，以指令合议庭复议或提交审判委员会讨论的方式对合议庭的意见予以改变。审签制度的最大特点是类似行政首长负责制中的拍板决策，庭长、院长实质上成为审判机制中法官的指挥者。[①] 由于上述隐性程序的广泛存在，基本上剥夺了合议庭对案件的决定权。在这个意义上说，我国目前的合议庭是有名无实，成为审判活动的事务性组织。

我国法院内部管理的行政化，是因为长期以来对法院作为审判机关具有不同于行政机关的特殊性缺乏科学认识所造成的。把法院混同为普通行政机关，按照行政管理方式管理法院。这种做法应当加以纠正。我认为，克服法院内部管理的行政化，归根到底是要还权于合议庭，使合议庭真正成为行使审判权的审判组织。与此同时，取消庭务会制度和审签制度。庭长、院长不应干涉合议庭的案件审理，而只负责法院内部的行政性事务。此外，关于审判委员会的存废，在学理上争议较大，归纳起来，主要有以下五种观点：一是认为应当废除审判委员会，理由是现时的审判委员会制度容易产生审判脱离、暗箱操作、破坏回避制度、议事不规范、难保审判质量、降低合议庭成员的责任心、不利于提高法官素质、无法追究错案责任等弊端，而且，审判委员会所具有的人员组成的非专业性、讨论方式的间接性、秘密性是难以克服的弱点；二是主张分解现时的审判委员会，即各个法院建立数个专业委员会，专业委员会由各个审判业务庭具有专业知识和丰富审判经验的法官组成，分类讨论刑事、民事、经济、行政案件中的重大、复杂疑难案件，院长或副院长按其专长和分工分别参加各专业委员会并主持会议；三是保留审判委员会，但应改变其职能，即逐步取消审判委员会决定案件的裁判职能，增加审判工作的咨询职能；四是认为审判委员会应当保留，但应限制其职权范围，即限制审判委员会讨论决定案件的职权；五是认为审判委员会应当保留，

---

① 参见王盼等：《审判独立与司法公正》，467～468 页，北京，中国人民公安大学出版社，2002。

且保留现有的职权范围，但应完善相关制度。[1] 尽管对审判委员会存废其说不一，我个人的观点还是倾向于在条件具备的情况下取消审判委员会。审判委员会即使存在，也应当终止行使裁判权[2]，实现"去裁判功能化"。因为审判委员会凌驾于合议庭之上，有损于合议庭的正常运作。只有取消了审判委员会，使合议庭完全行使审判权，法院内部管理的行政化倾向才能彻底克服。

除法院内部管理的行政化以外，在上下级法院之间也存在行政化倾向。上下级法院之间的关系是一种审级关系，各级法院在案件审级上是互相独立的，各自依法行使其职权，不受干扰。正是通过这样一种审级的制度设置，使同一个案件经过若干个不同审级没有隶属关系的法院的审理，以保证判决结果的公正性。但在我国目前的司法实践中，审级关系异化为行政隶属关系，出现司法等级化的现象。[3] 有些人还公开主张上级法院对下级法院实行垂直领导。[4] 各种司法等级化破坏了审级关系，是法院行政化的重要表现。上下级法院关系的行政化，在案件请示制度上表现得最为充分。案件请示制度是指下级法院对在审判过程中发生的疑难案件，在某些情况下也包括一些重大案件，向上级法院请示。若上级法院对请示案件没有把握还会再向上级法院请示，以至于逐级请示到最高法院。上级法院通常会对请示案件提出意见，也有个别的作出批复，这种对请示案件的批复就成为司法解释的一种形式。例如被告人张冬生等人强奸案，发生在辽宁省鞍山市，被害人徐某时年 12 岁，通过网上联系分别与张冬生等 6 名男青年发生性关系，被告人辩解被害人貌似成年人，并谎称年龄，而被害人的年龄并不明知。鞍山市立山区和千山区人民检察院分案对这 6 名男青年以强奸罪起诉。因涉及法律适用问题，基层法院向鞍山市中级人民法院请示，鞍山市中级人民法院再向辽宁

---

① 参见王少南主编：《审判学》，81 页，北京，人民法院出版社，2003。

② 参见李昌林：《从制度上保证审判独立：以刑事裁判权的归属为视角》，306 页，北京，法律出版社，2006。

③ 参见张卫平等：《司法改革的分析与展开》，16 页以下，北京，法律出版社，2003。

④ 上级法院对下级法院实行垂直领导的观点及其辨析，参见韩波：《法院体制改革研究》，241 页以下，北京，人民法院出版社，2003。

省高级人民法院请示，辽宁省高级人民法院又向最高人民法院请示。最高人民法院于 2003 年 1 月 8 日经审判委员会第 1262 次会议通过《关于行为人不明知是不满十四周岁的幼女双方自愿发生性关系是否构成强奸罪问题的批复》（已失效）。该批复指出："辽宁省高级人民法院：你院《关于行为人不明知是不满十四周岁的幼女而与其自愿发生性关系，是否构成强奸罪问题的请示》收悉。经研究，答复如下：行为人明知是不满十四周岁的幼女而与其发生性关系，不论幼女是否自愿，均应依照刑法第二百三十六条第二款的规定，以强奸罪定罪处罚；行为人确实不知对方是不满十四周岁的幼女，双方自愿发生性关系，未造成严重后果，情节显著轻微的，不认为是犯罪。此复。"在一定程度上，案件请示成为上级法院了解并指导下级法院审判工作的一个重要途径。除上述正式的案件请示以外，还存在大量非正式的，以法院个人名义私下进行的案件请示。由于错案追究制的推行，下级法院的法官担心被告人上诉以后上级法院改判，从而受到追究，因此在案件判决以前，主动向上级法院请示，力求判决结果不被上级法院改判。案件请示制度当然在法律上没有依据，也不可能有明文规定，但在司法实践中普遍存在，并且通过司法解释得以规范化。1986 年 3 月最高人民法院下发了《关于报送请示案件应注意的问题的通知》，该通知将请示汇报的案件范围限定在少数重大疑难、涉及政策法律界限不清、定罪及适用法律不易把握的案件之内。1990 年 8 月最高人民法院又下发了《关于报送请示案件应注意的问题的补充通知》，规定报送请示的案件必须事实清楚，证据确凿，事实与证据由请示法院负责；凡属认定事实及鉴别证据问题，要求请示法院应当自行查清或进一步鉴定，不要上报请示；对于量刑问题，除个别案件影响大确实需要请示的以外，均应由各高级人民法院自行处理。这些规定，都试图对案件请示的范围加以限制，但由于存在案件请示这样一种隐性程序，下级法院在遇到各种问题的时候都会加以利用。在某些情况下，甚至用来作为排除地方干预的一种手段，令人啼笑皆非。① 除下级

---

① 参见顾永忠：《刑事上诉程序研究》，55 页，北京，中国人民公安大学出版社，2003。

法院向上级法院进行内部案件请示以外，上级法院对下级法院审理的案件主动介入，甚至干预的情况也时有发生。

上下级法院关系的行政化，受到伤害最大的是诉讼当事人，尤其是刑事案件中的被告人。为了保障被告人的合法权利，我国刑事诉讼法对普通刑事案件实行二审终审制。为使二审终审制发挥作用，我国刑事诉讼法还专门规定了上诉不加刑原则。我国《刑事诉讼法》第 226 条规定，第二审人民法院审判被告人或者他的法定代理人、辩护人、近亲属上诉的案件，不得加重被告人的刑罚。但在案件请示制度盛行的司法环境中，某一案件在一审判决以前已经向上级法院作了请示，一审判决就是根据上级法院的意见作出的。由此，二审合为一审，审级制度丧失了作用，无形当中剥夺了被告人的上诉权。在这种情况下，即使存在上诉不加刑的规定，也无从保障被告人的合法权利。因此，理顺上下级法院之间的关系，我认为最终应当取消案件请示制度，真正发挥各审级法院的功能。只有这样，才能充分地实现司法公正。

（二）法院的地方化及其解决

我国法院是按照行政区划设置的。每个县以上的行政区域都设立相应的法院。法院的司法活动是依法审判，因此本来是与法院的区域设置没有关系的。但是，随着地方保护主义的盛行，法院也出现了地方化的倾向。法院地方化，也称为司法地方化。对此，我国学者进行了以下十分生动的描述：所谓司法的地方化，是指司法机关或者其工作人员在司法活动过程中受到地方党政机关或者地方利益团体的不当控制与干扰，导致司法机关及其工作人员丧失其应有的独立权力和地位，从而出现的一种司法异化现象。① 这种司法地方化，破坏了司法机关的独立性，损害了司法的公正性与统一性，对于法治具有极大的危害性。

法院的地方化并非法院的主动要求，而是基于地域上以及利益上的从属性，法院不得不屈从于地方政府部门。法院的地方化，在民商事审判中主要表现为地

---

① 参见张卫平等：《司法改革：分析与展开》，36 页，北京，法律出版社，2003。

方保护主义；在行政审判中则表现为民告不赢官；在刑事审判中则往往造成冤假错案。在佘祥林案件中，冤案的造成就与法院受到地方党政部门的干预，不能独立行使审判权存在直接关联。2005 年 4 月 7 日新华社在通讯《冤案是怎样造成的？——湖北佘祥林"杀妻"案追踪》中披露了荆门市中院在一份总结材料中谈到的佘案教训："要排除一切干扰，依法独立行使审判权。佘祥林案件的处理结果是经过市、县两级政法委组织有关办案单位、办案人员协调，并有明确处理意见后，由两级法院作出的判决。这种近似于'先定后审'的做法，违背了刑事诉讼法的有关规定，是导致错案发生的重要原因。审判机关应严格依法办案，即使有关部门组织协调，法院也必须依法独立审判。"① 由此可见，在地方党政部门干预下，法院丧失了审判独立，就容易造成冤假错案。

　　法院地方化的成因在于目前司法保障体制上的地方化。也就是说，法院的人事权与财务权都掌控在地方政府手中，如果不服从地方政府的意志，法院的生存条件就会受到威胁。我国学者对法院地方化之所以产生的人事制度与财政制度上的原因作了深刻分析：根据党管干部的原则和审判机关由同级人大产生的规定，地方各级人民法院院长、副院长、庭长、副庭长、审判委员会委员和审判员均须由同级党委组织部门考核同意，然后再提交本级人民代表大会选举或本级人民代表大会常务委员会任命。根据政府统管财权的原则和体制，我国地方各级人民法院的经费均由同级人民政府进行预算，经报同级人民代表大会审议通过后，由政府部门划拨。在这种体制下，法院和法官只能听命于同级政府及其财政部门，在这样一个人事、财政体制下，国家的法院逐步变成了地方的法院，国家司法权也逐渐沦落为地方司法权，从而不仅使地方保护主义盛行，而且法院和法官也失去了应有的抵制能力，只有听任摆布。② 法院地方化的最大危害就是破坏国家法制统一，使国家法律在某些地方无法适用，形成法律上的地方割据，损害当事人的

---

① 孙春龙等：《错案幕后的司法游戏》，载《瞭望东方周刊》，2005-04-14。
② 参见谭世贵：《司法独立问题研究》，16～18 页，北京，法律出版社，2004。

合法权利，也损害司法权威。

为解决法院的地方化问题，我认为最根本的措施还是在于改革法院的人事体制与财政体制，使法院的人事权与财政权都独立于地方。如果能够实现中央统一的法院人事体制和财政体制当然更好。否则，退而求其次，可以考虑以省为单位统一法院的人事体制和财政体制。以人事体制而言，全省统一考试录取法官，分派各级法院行使职权，并定期轮换。法院院长也由省级权力机关统一任命。以财政体制而言，实行省级法院财政预算，各级法院的经费由省级财政部门统一拨付，摆脱对地方政府的财政依赖。此外，法院的设置也是应当加以改革的，例如打破法院的行政区划设置模式就是一条可行的思路。我国学者提出：法院的设置应当打破行政区划的限制，特别是中级法院可以跨地区设置。这有利于防止各县、市之间的地方保护主义。至于省际利益纠纷，可以在中央设立省际法院及省际上诉法院。[①] 这些设想都是合理的，有利于实现法院对地方的独立，保证法院独立行使审判权。我相信，实行这些措施以后，法院地方化问题能够逐渐得到解决。

（三）法院的政治化及其消解

法院的政治化，也可以称为革命化，是指过于强调法院的政治性，强调法院作为专政工具的功能，忽视了法院的专业性、专门性。对法院的政治性的强调，是我国传统的将司法机关认为是专政工具之类的政治话语所决定的。在这种情况下，根据主流意识形态，以法院为核心的司法机关并不是一种社会治理的机构，而是政治统治的组织。尤其是为加强党对司法工作的领导，不仅在各级党委设立政法委，作为地方对公、检、法三机关的协调领导机构，而且在法院内部设立党组和政治部，党组成为法院的权力核心，而政治部则是主管法官的政治思想、人事升迁工作的权力部门。从这种组织架构就明显地看出在司法制度设置上的政治

---

① 参见甘文：《司法公正和法官独立的内涵》，载毕玉谦主编：《中国司法审判论坛》，第1卷，21页，北京，法律出版社，2001。

考量，它与整个国家体制具有一致性。但是，在这种政治架构下，法院及其法官在服从党的领导与依照法律办案之间有时会凸现出一种紧张关系。政法委对审判工作的协调、指导乃至于干预，都是以党的领导的名义进行的，法院及其法官只能无条件地服从。庭长、院长对法官审判工作的行政化干预，也是以党的领导的名义进行的，法官必须听从。如果党的指示与法律规定相一致，当然不存在冲突。但是如果党的指示与法律规定不一致，则法院及其法官就会面对政治与法律的两难选择，也是办案的社会效果与法律效果的两难选择。因此，到底如何理解党对司法工作的领导，这确实是一个值得重视的问题。其实，关于这个问题，在党的文件中早已经作出决定。例如 1986 年 7 月 10 日，中共中央《关于全党必须坚决维护社会主义法制的通知》规定："党对司法工作的领导，主要是保证司法机关严格按照宪法和法律，依法独立行使职权。"在这个意义上说，法官独立行使职权与服从党的领导并不矛盾，因为党的领导就是要保证法院依法独立行使职权。但在现实生活中，这一规定并没有得到有效贯彻。这个问题反映的是中央与地方的关系。法律是最高权力机关根据全体人民意志在党中央的领导下制定的，在这个意义上说，服从法律、依法办案就是服从党的领导。但地方党委基于地方利益的考量，要求法院为地方中心工作服务，在当前主流话语下也具有政治正确性。更何况，法院的人事权与财政权都掌握在地方政府手中。服从法律只是一个法律问题，而是否服从地方党政机关的旨意，则成为一个政治问题。因此，法院的政治化也就不可避免。

　　法院的政治化是目前在我国政治生态环境下法院的生存之道，它与西方法治国家法院与政治相对区隔的理念之间存在重大差别。基于中国目前现实政治状态的考量，不可能要求法院对政治保持中立，更不能否定党对司法工作的领导，关键是如何在政治与法律之间保障某种平衡，如何完善党对司法工作的领导，我认为，加强法院的专业性与专门性，是消解法院的过度政治化的重要途径。事实上，法院作为解决各种法律纠纷的专门机构，其专业性是实现法院审判职能的必要条件。因此，法院的政治化不应成为否认法院的专业性与专门性的理由。相反，法院的专业性与专门性，更有利于法院的政治功能的实现。在法院的专业性与专门性的达致过程中，我认为法官的职业化建设是必由之路。因此，法官职业化是法治的根据与标志。

职业，是指以从事某一特定工作为基本的生活来源和谋生手段。因此，职业本身具有专门性与稳定性的特征。法官的职业化，是相对于法官的非专门性与非稳定性而言的，使行使国家审判权的活动成为一种专门职业，只有具备法官资格的人才能从事这一特定职业。因此，在法官职业化的概念中，我们应当强调的是法官职业的专门性与稳定性。从历史演变来看，法官存在一个从非职业化到职业化的发展过程，这个过程是与法治进程同步的。在行政权与司法权合一的体制下，法官不可能成为一个独立的职业。美国学者伯尔曼在描述西方法律传统的主要特征时，对法律职业作了以下论述：法律职业者，无论是像在英国或美国那样具有特色地称作法律家，还是像在大多数其他欧洲国家那样称作法学家，都在一种具有高深学问的独立的机构中接受专门的培训，这样的学问被认为是法律学问，这种机构具有自己的职业文献作品，具有自己的职业学校或其他培训场所。[1] 在伯尔曼看来，在西方法律传统中，这种法律职业并非自古皆然，而是在 12 世纪以后随着法律制度的演进而逐渐形成的。在此之前，在法兰克帝国或盎格鲁—撒克逊的英格兰以及那个时候欧洲别的地方都没有作以下两种明确的区分：一方面是法律规范与诉讼程序的区分和另一方面是法律规范与宗教的、道德的、经济的、政治的或其他准则和惯例的区分。当然，那时确有法律存在，并且偶有法律汇编，它们由国王发布；但没有专职的律师或法官，没有专职的法律学者，没有法律学校，没有法律书籍，没有法律科学。[2] 可以说，法律制度的形成与法律职业，尤其是法官职业的形成是互为因果的，并且法官职业化程度是法律

---

① 参见［美］伯尔曼：《法律与革命——西方法律传统的形成》，贺卫方等译，9 页，北京，中国大百科全书出版社，1993。

② 参见［美］伯尔曼：《法律与革命——西方法律传统的形成》，贺卫方等译，10 页，北京，中国大百科全书出版社，1993。

制度发达的一个标志。

在现代法治社会，法官职业是法律职业中最为重要的组成部分，因而具有其他类型的官员所不可替代的特殊性。例如，我国学者对文官、武官和法官以及我国常用的干部这些概念作了比较，认为文官是指文职服务员，是英文 civil servant 的意译，相当于法国的公务员和美国的政府雇员。文官是相对于武官和法官而言的。诚然，法官并不是武官，但他们独立行使审判权，不受行政机关干涉，有着区别于其他非武职官员的特点，因此不应将他们同行政各部门的文职官员相混同。① 而在我国以往的管理体制中，无论从事何种职能活动，党、政、军、法的一切工作人员，一律称为干部。但是如果将法官纳入干部的范畴，按照干部管理体制进行管理，就会在很大程度上忽视了法官职业的专门性与稳定性，造成我国法官职业的非专门性与不稳定性。正是在这一背景下，最高人民法院提出了法官的职业化建设问题。在法治社会里，法官之所以要求职业化，我认为是由以下三个原因决定的：

1. 法官职业规律的要求

法官是一种从事审判活动的职业，审判具有自身的规律，只有具有专门性知识与经验的人才能胜任法官职位。在古代社会，法律尚不发达，当时的纠纷主要靠习俗、伦理加以调解，虽然也会诉诸法律，但法律上的裁判并不复杂，因而从事法律裁判并没有成为一个专门的职业，裁判只是一种从属性的、依附性的事务。随着法律在社会生活中作用的逐步扩大，法律裁判就成为一种专门性的知识，无此知识就不能从事此项活动。关于法官职业专门性的这种观念，其实在中国古代律学成为一种专门性知识以后，就已经被古人所认识。例如，宋儒苏子瞻曰："读书不读律，致君尧舜终无术。"在此，强调了读律的重要性，并且指出了关于律学的专门性知识是一种"术"。当然，由于政治体制上的原因，中国古代法律职业并未成为一种专门职业，具有律学知识的人只能以幕僚的身份从事一些

---

① 参见龚祥瑞：《文官制度》，1～2 页，北京，人民出版社，1985。

辅助性的工作。只有在现代社会，法治获得了极大的发展，法律专门化程度越来越高，才对法官职业化提出了更高的要求。例如，德国法院体系的设置强调了专业化原则，同法国和英国相比，德国的法院在处理案件方面专业性程度更强。德国建立了 5 个不同的法院体系，每个法院体系都有其自己的专业管辖领域。这些法院是：普通或常规法院、行政法院、劳动法院、社会法院和财税法院。这种划分的一个好处是，某一特定种类的争议和有关事务能够由为此目的特别设立的法院来审理。法官们对这种事务有专门的知识和经验，因此对于个人而言，其法律适用的质量更高。① 因此，在一个法律专业化程度越来越高的社会，没有法官职业化是根本不可行的。在这个意义上说，法官职业化是法官职业规律的必然要求。

2. 法官职业保障的要求

法官从事的是一种裁判活动，这种活动的特点是不能从总体上增加社会福利，而只能损此增彼，也就是一种校正的公正。在这种情况下，裁判活动是通过减损一方利益而增加另一方利益的方式实现法律上的公正，利益受到减损一方必然对此不满。因此，法官的职业必然应当获得法律保障，也就是要求法官职业具有稳定性，不受外在因素影响，以保证法官在没有外在压力的情况下进行法律上的判断。对此，美国学者指出："不论采取何种方法，法官选任的判断标准与其他选举出来的政府官员有所不同，而且对他们职务的负责方式也有所不同。我们不可能允许一位法官因为对一件或一系列案件的裁判方式受到大多数选民的强烈反对而予以撤职。在美国的整个历史中这样的事情发生的次数是极少的。在民众投票选举法官的州里，法官大多数都获重选，因而事实上他们也就获得了职位上的稳固性。"② 正是这种稳定性能够保证法官独立审判，不屈从于外界的压力。

3. 法官职业素养的要求

法官从事的是一种专门性工作，因而需要具备专门性知识，这就对法官的职

① 参见宋冰编：《读本：美国与德国的司法制度及司法程序》，122～124 页，北京，中国政法大学出版社，1999。

② ［美］哈罗德·伯曼：《美国法律讲话》，陈若桓译，21 页，北京，三联书店，1988。

业素养提出了更高的要求。法官的职业素养，不仅仅是专门知识，更重要的是政策水平与道德素质。这种职业素养是在长期从事审判工作中形成的，并且与法官职业特点相吻合。只有实现了法官职业化，才能将法官职业素养的要求现实化。正如从一个老百姓到一个军人需要一个转变过程，因为军人有其不同于一般人的天职。同样，法官作为一种职业，也有其特殊的职业素养上的要求，甚至法官还应具有特殊的气质、特殊的思维方法，乃至于特殊的生活方式，如法官不能随意出入娱乐场所、尽量少的交友、孤独的生活方式等。这些职业素养对于保证法官的公正裁判都是必不可少的。一个人，也许可以当一个称职的行政长官，因为他/她具备干练、果断、敢于负责、当机立断等优秀素质。但这样的人却未必适合于当法官，或者说需要一个适应与转变过程才能成为一名好的法官。法官的职业素质要求是中立、平等、公正和超然，尤其是作为一名司法者，要有循法意识，将自己的判断严格地限制在法律范围之内。在这个意义上说，法官更应是保守的、冷静的。这些职业素质是在长期从事法官职业活动中养成的，只有职业化的法官才具备的。

对照以上三个方面，不可否认我国目前的法官职业化程度还是较低的。一方面，法官职业的准入门槛较低，虽然近年来随着推行统一司法考试，法官职业的准入门槛逐年提高，但由于历史原因，现在法院内还有相当一部分不能胜任法官职业的人，这些人应当通过一定的途径，或者成为称职的法官，或者予以淘汰。另一方面，法官职业的稳定性还不够，在目前的法官管理体制下，法官，包括庭长、院长是由同级人大选举或者任命的，归属于地方管理。在这种情况下，受到地方保护主义的影响，法官的公正司法就会受到来自地方的强大压力，法官难以抵制这种压力，因而使法院地方化。那些依法审判、不听命于地方的法官有时会招致撤职、调离的厄运。由此可见，实现法官职业化对于保证司法公正具有重大意义。

法官职业化意味着精英化，这是毫无疑问的。但在实现法官精英化的时候，如何与司法的大众化相协调，是一个必须考虑的问题。应该说，法官职业化本身也是存在局限性的。这种局限性，如同我国学者所言，包括精英与社会脱节的必然倾向、割断法律与社会的联系的可能、判决的形式化、法律运行中的繁文缛节、法律行业的垄断性、诉讼程序消耗大量财力和时间等。① 在这些局限当中，最大隐患在于与社会的脱节。法官职业化容易形成职业判断与封闭，并且与社会相隔绝。在这种情况下，司法就不能及时反映社会要求、倾听公众呼声。尤其是在当今西方法治国家出现的过度职业化的情况下，其司法改革的重要内容之一，就是引入大众参与司法活动。例如，日本在司法改革中提出的参审员制度即是如此。参审员既不同于职业法官，又不同于传统意义上的陪审员。参审员制度在一定程度上影响法官的职业垄断，稀释精英化。此外，英美法系国家长期实行且颇为有效的陪审团制度，尤其是在刑事审判中，更是如此。我们很难想象，不懂法律的陪审员是如何完成定罪职责的，但约翰·朗贝恩（John Langbein）恰恰认为，某种程度上对法律的无知，在刑事审判中已被看作是一种美德。有人认为让一些既未受过法律训练，也未日常从事刑事司法工作的公民，参与审判可以带来一些实际的益处。这些益处包括：（1）非法律职业者带来新的视角。非法律职业者，由于以前没有千遍万遍听到过同样的辩解，他们可能在某些案件中，对辩解的真伪较为警觉。（2）非法律职业者由于比职业法官更接近社会生活、更了解普通人的经验，因而能更好地发现事实并适用法律。（3）非法律职业者还有助于简化刑事司法审判工作。当程序法和实体法必须为普通公民所理解时，法律才更可能制定得简洁明了，这反过来又促进了刑法的充分警示作用，因而有助于达到刑法的威慑目的。② 由此可见，普通公民以陪审员身份参与审判活动，是在法律与社会之间架设了一座桥梁，使之变为通途。对于过于干涩的法律运行来说，它起到了一种润滑剂的作用。可以说，法官的职业化与非职业化是一种辩证的关

---

① 参见苏力：《法治及其本土资源》，142~145 页，北京，中国政法大学出版社，1996。

② 参见宋冰编：《读本：美国与德国的司法制度及司法程序》，177~178 页，北京，中国政法大学出版社，1999。

系。① 在未能实现职业化的情况下，我们应当追求法官职业化。在过度职业化的情况下，又应当引入非法律职业者参与审判，消解法律与社会之间由于过度法官职业化而引起的紧张关系。因此，我们不能因目前西方在司法改革中更加关注非法律职业者参与审判，就认为我国不应当实行法官职业化。关键的问题在于：我国目前的司法现状不是过度职业化，而是未能实现职业化，正在从法官的非职业化向职业化过渡。在这种情况下，我们尽管也应当警惕过度法官职业化可能带来的危险，但仍应以实现法官职业化作为司法改革追求的目标。法官职业化建设的目标是使法官成为专门职业，其标志是形成法官的职业意识、职业技能、职业道德和职业地位：（1）法官的职业意识。法官的职业意识是在对法官职业深刻感悟基础上形成的法官的自我意识。因此，法官职业意识的形成是法官职业化的重要标志之一。在法官的职业意识中，最需要强调的是独立意识和公正意识。法官独立是司法独立的题中之义，法官独立意味着法官只服务于法律，只对法律负责。法官的这种独立意识在很大程度上区别于行政官员的服从意识，甚至也区别于实行检察一体化的检察官的上命下从的意识。公正意识也是社会职业意识的重要内容，它是由法官从事的司法裁判活动的性质所决定的。裁判是一种纠纷解决机制，法官在行使裁判权时，应当中立而超然，使其判决公正。（2）法官的职业技能。法官的职业技能是其在社会的立足之本，也是法官职业区别于其他职业的重要特征。法官的职业技能当然包括具有广博的法学理论知识与丰富的司法实践经验以及驾驭审判活动的能力等。但我认为，对于法官来说，更为重要的职业技能是明辨是非，不为现象所惑，透过现象看本质，能够把握案件真相。在此基础上，兼听则明，作出公正裁判。（3）法官的职业道德。法官的职业道德在于清正廉洁。法官是行使司法权的主体，司法权虽然不能增加社会福利的总量，但它关乎公民的生杀予夺，事关重大。并且，法官面对的是各种纠纷，纠纷双方利益冲

---

① 关于西方法治发达国家的司法制度中职业化因素与非职业化因素并存的情形，详见王晨光：《对法官职业精英化的再思考》，载苏泽林主编：《法官职业化建设指导与研究》，2003 年第 1 辑，41 页，北京，人民法院出版社，2003。

突，裁判结果具有损此增彼之效。在这种情况下，法官必须具有职业道德，这种职业道德与职业操守是逐渐养成的，对于保证法官正当地行使职权具有重大意义。（4）法官的职业地位。法官是一种崇高的职业，他解纷排难，实现着社会正义。因此，法官应当具有相应的职业地位。纵观世界各国，法官都受到社会的尊敬，享受着优厚的待遇，无生活之忧。只有这样，才能使法官在毫无顾虑、无拘无束的自由状态下，全身心地投入职业活动。因此，在法官职业化建设中，法官的职业地位必须加以强调。

三、审判权的法治建构

在刑事法治的背景下，如何通过司法体制改革和司法资源的合理配置，使审判制度在打击犯罪与保障人权这两种刑法机能的实现上发挥应有的作用。这是一个值得思考的问题。

在审判权的法治建构中，首先需要解决的还是审判独立的问题。即法院及其法官独立地行使审判权。只有使法院及其法官在刑事诉讼活动中居于相对中立的立场上依法裁判，才能获得司法公正。目前，司法公正始终是社会关注的一个焦点问题，司法公正与司法效率并称为法院的两大永恒主题。那么，如何实现司法公正？换言之，影响司法公正的因素到底有哪些？只有对症才能下药。影响司法公正的因素，我认为主要有以下三种：一是司法腐败，二是法官素质，三是司法体制。司法腐败对司法公正的影响、对司法权威的败坏是有目共睹的。不可否认，司法腐败确实是影响司法公正的主要因素。但我们又不能夸大司法腐败对司法公正的影响，尤其不能将司法腐败视为司法不公的唯一或者根本的原因。事实上，法官素质也是造成司法不公的一个主观原因。尤其是某些疑难复杂案件，涉及十分专业、专门的法律或者其他方面的知识，如果不具备这些知识，就会导致误判。这个问题，需要通过法官职业化建设加以解决。在影响司法公正的因素中，较为容易忽视的是司法体制，也就是司法机关缺乏独立判断权。实际上，有些司法不公的判决并非法院及其法官所愿，而是受到其他机关或者个人干预，以至于作出违心判决。在现实生活中，由于司法不独立而造成司法不公的案件为数不少。尤其值得注意的是，此类司法不公的案件也是最难纠正的。只要干预司法的某位官员仍然在位掌权，即使是错案也很难纠正。因此，司法独立对于司法公正的重要性，现在越来越为人们所认识。司法独立才能使法官保持中立，不偏不倚，由此才有可能作出公正的判决。在这个意义上说，司法独立是司法公正的前提条件。正如我国学者提出：司法独立与司法公正是一种手段与目的的关系。司法公正是司法独立追求的根本价值目标，是司法独立隐含的司法目的，司法独立是引导和保障司法公正的途径和手段。司法独立与司法公正之间存在着高度依赖关系。司法独立原则并没有因为时间的推移而失去光泽，而是该原则的提出及实施，为公正司法提供了切实有效的保障，为司法公正的实现奠定了坚实的基础。① 在我国，司法独立主要表现为审判独立。换言之，审判独立是司法独立的中国式表述，并且已经明文载入宪法。对其重要性无论如何强调都不会过分。由于过去往往将司法独立看作资产阶级自由化的表现，而把审判独立指责为对抗党的领导，因此不能大张旗鼓、理直气壮地宣传司法独立与审判独立，这是十分可悲的。其实，司法独立是司法的内在生命，也是现代法治的内在精神，没有独立而中立的司法，法治是不可想象的。当然，司法独立并不意味着可以为所欲为，这种独立是相对的。因此，司法独立与司法受制是辩证统一的，对此也应当高度重视。

我国的司法独立可以包括两个方面，这就是法院独立与法官独立，更应当强调的是法官独立。关于法院独立还是法官独立的问题，在我国法学界存在争议，大体上存在以下三种观点：第一种观点认为司法独立是法院独立，即人民法院依法独立行使审判权，应该把法院作为一个整体来理解。审判委员会对具体案件的审查、干预是完全合法的。第二种观点认为，法院的审判职能总是通过具体的办

---

① 参见王盼等：《审判独立与司法公正》，316～317 页，北京，中国人民公安大学出版社，2002。

案人员实现的。因此，应该赋予具体办案人员以独立性和自主性，使其能够真正对案件负责，否则容易出现审案者不判案、判案者不审案的不正常现象。第三种观点认为，以理想化的模式和今后的发展方向来看，应该实行法官独立审判的做法，因为没有法官的独立就不可能有诉讼程序的真正实现，没有法官的独立也就没有真正的法官责任制。但是，从目前情况来看，一部分审判人员素质不高，合议庭的作用得不到很好的发挥。实行法官独立确有困难，容易造成错案，需要由法院在宏观上进行把握和控制。① 我认为，关于法院独立还是法官独立的问题，可以从实然与应然这两个层面加以考察。从实然层面上来说，法院独立更具有合理性与现实性，也是首先需要争取的。我国《宪法》第 126 条规定，人民法院依照法律规定独立行使审判权，因此，根据宪法规定，独立行使审判权的主体是人民法院。更何况，根据我国刑事诉讼法规定，不仅合议庭，而且审判委员会都享有审判权。在这个意义上说，我国的审判独立更强调的是法院作为一个审判机构整体的独立。当然，法院的审判权是通过法官的职权活动行使的，因此法院独立并不排斥或者说内含着法官独立的内容，这也是无可否认的。从应然层面上来说，法官越来越成为行使审判权的主体，因而审判独立也更应当是法官独立。正如我国学者指出：司法独立是司法公正的首要要求，而法官独立是司法独立的核心。世界各国法官的自由裁量权不一样，但法官总是司法裁判的主体，法官应当具有法律上的独立人格。法官独立是保证社会秩序和法律观念不受偶发不良倾向影响的重要因素。② 可能会有人担心法官独立，在我国司法体制不完善、司法人员素质不高的情况下，是否会出现更多的司法腐败，从而影响司法公正。我认为，这种担心是不必要的。法官独立并不意味着法官可以恣意裁判，法官仍然受到法律、程序等多种因素的限制，通过相关配套措施可以对法官的审判活动加以必要的约束。

---

① 参见杨一平：《司法正义论》，125 页，北京，法律出版社，1999。
② 参见甘文：《司法公正和法官独立的内涵》，载毕玉谦主编：《中国司法审判论坛》，第 1 卷，18 页，北京，法律出版社，2001。

在逐渐实现司法独立的前提下，我认为应当适度地扩张刑事司法权，这主要表现在以下两个方面：

（一）司法权向审前程序的必要延伸

我国目前的刑事诉讼呈现的是一种线形结构，公安、检察、法院三机关分别主导侦查、起诉、审判三个诉讼阶段。这种诉讼构造，我国学者也称为是一种"流水作业式"的构造。① 这种流水作业式的诉讼构造存在着一个根本缺陷，就是具有诉讼性的审前程序的缺失。也就是说，只有在检察机关提起公诉以后，才存在审判，控辩审的诉讼结构才形成。而在检察机关提起公诉以前，公安机关的侦查活动和检察机关的自侦活动，除了实施逮捕时需要经过检察机关的批捕部门审查批准以外，包括搜查、扣押、拘留、取保候审、监视居住、拘传等各种专门调查措施和强制措施，都可以由侦查机关自行决定而无须经过司法审查。在这种情况下，侦查活动之不受司法审查带来极大的弊端，诸如非法取证，甚至刑讯逼供等严重侵犯犯罪嫌疑人的现象时有发生，甚至造成冤假错案。根据我国宪法和刑事诉讼法的规定，检察机关是法律监督机关，对公安机关的侦查活动可以进行法律监督，尤其是检察机关行使批捕权，在一定意义上充当了法官之前的法官的角色。但由于公安机关和检察机关同处于控方的地位，在我国目前的司法体制下，检察机关难以对公安机关的侦查活动实行有效监督。在这种情况下，如何对审前程序进行改造，就成为一个突出的问题。

审前程序，是指审判前程序，它有广义和狭义两种理解。广义上的审前程序，是指刑事公诉案件从刑事诉讼启动到审判机关受理案件前的程序，即刑事诉讼中审判阶段以前的程序。狭义上的审前程序，是指法院受理案件到开庭以前的准备程序。这里的审前程序，是在广义上使用的。我国传统的刑事诉讼理论将刑事诉讼分为立案、侦查、起诉、审判和执行五个独立的阶段。因此，审判前的程序包括立案、侦查、起诉三个阶段。应当提出，审前程序是基于审判中心主义而

---

① 参见陈瑞华：《刑事诉讼的前沿问题》，231 页以下，北京，中国人民大学出版社，2000。

对刑事诉讼程序所作的划分，而在流水作业式的诉讼构造中，各个诉讼程序是平等的，因而不存在审前程序的概念。因此，审前程序概念的提出本身就意味着以审判为中心的诉讼理念的形成。

审前程序的改造涉及各方面的问题，其中一个重要问题就是将司法权引入审前程序，这就是审前程序构造中的司法控制原则。刑事审前程序的司法控制，是指在刑事审前程序中，对于一些涉及公民基本权利的侦查行为或其他追诉行为，追诉机关本身无权直接实施，而必须向行使司法权的法院、法官等提出申请，由法官根据追诉机关提供的材料判断是否有可能性根据或者合理根据，决定是否批准同意追诉机关实施相应的诉讼行为。① 将司法权引入审前阶段，就改变了目前行政式的侦查模式，有利于加强在侦查活动中对犯罪嫌疑人合法权利的法律保障。事实上，在法治国家，犯罪嫌疑人在审前都是受到司法保障的。例如在西方国家广泛存在令状原则。所谓令状（warrant），是指记载有关强制性处分裁判的裁判书。令状原则，也称为令状主义，指在进行强制性处分时，关于该强制性处分是否合法，必须由法院或法官予以判断并签署令状；当执行强制性处分时，原则上必须向被处分人出示该令状。② 令状主义的实行，无疑是犯罪嫌疑人合法权利的一道护身符，有利于对侦查行为进行控制。如何建构引入司法裁判的审前程序，对于我国的刑事诉讼制度来说是一个全新的课题，并且尚存在着各种法律上的与体制上的障碍。但是，我相信这是一个努力的方向，也是刑事法治的一个制度生长点，因而是可期待的。

（二）司法权向行政领域的适度扩张

我国目前存在违法与犯罪的二元结构，违法受到行政处罚，只有犯罪才受到刑罚处罚。而违法的范围极其宽泛，犯罪范围都十分狭窄。因此，这种违法与犯罪的二元结构背后反映的是行政权与司法权的彼此消长。

----

① 参见陈卫东主编：《刑事前程序研究》，52 页，北京，中国人民大学出版社，2004。
② 参见宋英辉、吴宏耀：《刑事审判前程序研究》，39 页，北京，中国政法大学出版社，2002。

行政处罚是具有法定权限的行政主体，对违反行政法规范的公民、法人或者其他组织所实施的一种行政制裁。行政处罚权是行政权的重要组成部分。根据我国《行政处罚法》第 8 条的规定，我国的行政处罚可以分为以下几种类型：（1）警告，即行政主体对违法者实施的一种书面形式的谴责和告诫。（2）罚款，即行政主体强迫违法者缴纳一定数额金钱的处罚形式。（3）没收，即无偿收缴非法所得和非法财物。（4）责令停产停业，即行政主体责令违法者停止生产、经营活动，从而限制或剥夺其从事生产、经营活动能力的处罚形式。（5）暂扣或吊销证照，包括暂扣许可证或执照和吊销许可证或执照。（6）行政拘留，即公安机关对违法行为人在短期内限制其人身自由的处罚。（7）法律、行政法规规定的其他行政处罚。这实际上是一个兜底条款，以容纳尚未列举全面和将来可能会有所发展的行政处罚种类，但这些种类只能限于法律、行政法规的规定。① 我国目前的行政处罚包括了人身罚和财产罚，即涉及未经严格的司法审查，对公民个人的人身自由和财产的剥夺，这与刑事法治原则是背道而驰的。

我国行政处罚权之大正与刑事处罚权之小形成鲜明对照。尤其是在我国《刑法》第 13 条关于犯罪概念的规定中确立了犯罪的数量因素，我称之为罪量要素，即实施一定的犯罪行为，只有当达到情节严重、数额较大时才构成犯罪；情节显著轻微的，不认为是犯罪。那些不认为是犯罪的行为并非不受到任何法律制裁，而只是不受刑罚处罚而已，它理所当然地受到行政处罚，尤其是治安处罚。我国刑法中的犯罪范围之小，与其他法治国家是无法比拟的。在西方国家，刑法典中的犯罪一般都分为重罪、轻罪、违警罪，即所谓"罪分三类"，这被认为是一项传统原则。② 这里的违警罪就相当于我国的违反治安管理的行为，在我国是纳入行政处罚范围，而在法国以及其他国家都属于刑事处罚范畴。我认为，随着我国刑事法治建设的发展，人权保障功能的强调，对于我国法律制裁体系中的违法与犯

---

① 参见周佑勇：《行政法原论》，226 页，北京，中国方正出版社，2000。

② 参见［法］让·帕拉德尔等：《〈新刑法典〉总则条文释义》，载罗结珍译：《法国新刑法典》，261 页，北京，中国法制出版社，2003。

罪的二元结构应当加以反思。由于行政处罚权的行使具有便宜性、效率性，对于维护社会管理秩序能够发挥一定作用。但它没有经过严格的司法审查，不利于对被处罚者的权利的保障。在这种情况下，我认为应当扩大犯罪范围，使更多的违法行为纳入刑事诉讼程序当中来，从而限缩行政处罚权，扩大刑罚处罚。这样做从表面上来看似乎是将本来只是一般违法的行为作为犯罪来处理了，对被处罚者不利，但实际上，作为犯罪处理必须经过严格的诉讼程序，赋予了被处罚者更多的诉讼权利，对于保障人权是十分重要的。当然，这里涉及司法资源与司法能力的问题。我认为，这些问题可以通过设置治安法庭，适用简易程序等方法得到解决。只要是剥夺人身自由和财产权利，必须经过司法程序，这应当成为刑事法治的基本原则。

第十三章

劳动教养的立法改革

　　劳动教养制度是在我国特定的历史条件下创设的一种法律制度，在此后漫长的社会发展过程中，几经改造，现在可以说面目全非，与创设这项制度的初衷渐行渐远。不可否认，劳动教养制度在维护社会治安中发挥了重要的作用，尽管它是以在一定程度上牺牲某些人的自由与权利为代价的。随着我国刑事法治的推进，劳动教养制度的不合理性日益凸现。可以说，它的存在将使我国在刑事法治建设上的一切努力化为乌有。为此，从刑事法治的理念出发，对劳动教养制度进行考察，为其改革找出一条生路，就成为我国学者义不容辞的使命。本章试图对劳动教养制度的历史与现状进行分析，尤其为劳动教养设计替代性措施，求教于学界。

一、劳动教养的历史演变

　　劳动教养产生于 20 世纪 50 年代中期，1957 年全国人大常委会批准国务院《关于劳动教养问题的决定》（已失效），标志着劳动教养制度在法律上的正式建立。[①] 据上述决定的规定，对于需要劳动教养的人，由省、自治区、直辖市和大中城市劳动教养管理委员会审查批准。该委员会由民政、公安、劳动部门的负责人组成。由于劳动教养管理委员会附设在公安机关内部，没有独立的常设机构和专职人员，事实上是由公安机关行使劳动教养的决定权。这种劳动教养决定权的蜕变和劳动教养制度性质的嬗变亦有一定的关联。劳动教养制度建立的初衷，除对轻微违法犯罪分子的处罚以外，还具有安置就业的功能。在这种情况下，教养是一种实指。此后，随着我国社会治安形势的变化，安置教养的性质逐渐丧失，治安处罚的性质明显强化。现在，虽然在法律上对于劳动教养的性质尚不明确，在法理上对于劳动教养的性质聚讼未定，但社会上一般将劳动教养称为"二劳改"，官方法律文件中也往往将劳教与劳改相提并称"两劳"，由此表明劳动教养是刑罚之外的第二种刑事处罚，也可以说是典型的法外之刑。我认为，劳动教养存在一个具有在当时历史条件下的合理性到现在其合理性逐渐丧失这样一个演变过程，它折射出我国社会中国家与个人之间关系的嬗变。

在论及劳动教养制度的时候，对于劳动教养在历史上曾经发挥的作用一般都予以肯定。例如，我国学者指出：劳动教养制度在我国已经实行了40多年，长期的实践证明，劳动教养在维护我国政治稳定和社会治安方面发挥了相当大的作用。一方面，劳动教养在处理违法犯罪和维护社会治安中发挥了其他法律不可替代的作用，教育挽救了一批失足青少年，使这些人不至于走向犯罪的道路。另一方面，劳动教养在社会治安专项治理中也发挥了不可替代的作用，弥补了刑罚和治安处罚之间的法律空当。特别是劳动教养制度具有很强的政策性，对社会上出现的一些违法现象能够及时予以打击。[②] 在这一评价当中，正面肯定当然是有道

---

① 关于全国人大常委会批准的国务院颁布的《关于劳动教养问题的决定》，在法理上到底是法律还是法规，存在争议。关于这个问题的争论，参见薛晓蔚：《劳动教养制度研究》，122页以下，北京，中国文联出版社，2000。我认为，上述决定具有准法律的性质。

② 参见王寨华：《论我国劳动教养制度的现状及发展》，载《当代法学》，2001（1）。

理的，但如果看不到劳动教养作用发挥的一定社会历史背景，那显然是偏颇的，也很难对劳动教养制度改革的必要性作出正确的论证。

劳动教养制度在其产生初期，就有明显的政治色彩和政策意蕴。在1955年筹建劳动教养的时候，其收容范围局限于内部，主要收容肃反运动中清查出来的劳动教养对象。肃反是在中华人民共和国建立以后展开的一场规模较大的政治运动，主要在于清除旧社会遗留下来的、对社会主义中国心怀不轨的人。这些人在中华人民共和国成立初期来不及大规模清洗因而被各级政府留用。随着新政权的巩固，政治斗争的进一步深入，对这些人如何处置就成为一个重要的问题。劳动教养就是为解决这个问题的一种制度设计。在1956年1月10日党中央《关于各省、市应立即筹办劳动教养机构的指示》中就明确地阐述了创立劳动教养制度的指导思想：在肃清一切暗藏的反革命分子的运动中，将清查出一批不够逮捕判刑而政治上又不适合继续留用，放到社会上又会增加失业的反革命分子和其他坏分子，需要进行适当的处理。为了妥善地解决这个问题，中央决定，采取劳动教养的办法，把这些人集中起来，送到国家指定的地方，组织他们劳动生产，替国家做工，自食其力，并且对他们进行政治、思想改造工作，使他们逐渐成为对国家真正有用的人。由此可见，劳动教养是处置政治上的敌对分子的一种措施。

及至1957年，我国政治、经济和社会形势发生了重大变化。一方面是反右斗争清查出数十万名右派分子，除少量有现行罪行的人被判处刑罚以外，还有一大批人被开除公职，对这些右派分子采用劳动教养的处置方法予以安置。在这种情况下，劳动教养成为处置政治上的异己分子的一种措施。另一方面，随着社会主义改造，包括生产关系的改造和社会秩序的改造的进一步推进，社会上出现了一些坏分子。根据当时官方观点，对于这些坏分子，一般地用说服教育的办法是无效的，采取简单的惩罚办法也不行，在机关、团体、企业内部也决不能继续留用，让他们另行就业又没有人愿意收留他们。因此，对于这些人，就需要有一个既能改造他们，又能保障其生活出路的妥善办法。根据人民政府长期的研究和考虑，把他们收容起来，实行劳动教养，就是最适当的也是最好的办法。① 因此，劳动教养制度在具有政治功能的同时，又具有了治安功能。此后，治安功能有逐渐提升的趋势，但政治功能始终没有消失，即使到后来也是如此。

劳动教养制度，从 20 世纪 50 年代中期创办到 60 年代中期由于"文化大革命"运动而几乎停止施行，经历了将近 10 年，为此后的劳动教养制度发展奠定了基础。从某种意义上来说，这个时期的劳动教养制度为新中国的巩固与发展发挥了巨大的作用。这个时期的劳动教养制度之所以具有在当时社会历史背景下的正当性，主要是由以下原因所决定的：

一是政治原因。在新中国成立初期，阶级斗争依然存在，清理敌对分子，净化革命队伍被认为是理所当然的。反党反社会主义分子作为政治上的敌对分子，一旦被定性，就丧失了在社会上存在的余地。除逮捕判刑以外，对于这些人实行劳动教养已经是一种给出路的政策。在这种情况下，劳动教养制度具有政治上的正确性，被劳动教养人员在政治上没有任何权利，对其采取政治上的处置就不需要经过严格的法律程序。

二是经济原因。从 50 年代中期开始的社会主义改造运动，通过公私合营、合作化等方式，剥夺了个人财产，从而形成个人在经济上对国家的依附性。在这种情况下，一个人脱离了一定的单位，也就意味着断绝了生活来源，无法维系生活。因此，对于那些被单位开除的人，就需要采取一定的安置措施。最初创制的劳动教养制度之所以具有安置性，概源于此。

三是思想原因。劳动教养制度不仅具有物质层面的意义，即对劳教人员的生活安置，而且更重要的是具有精神层面的意义，即对劳教人员的思想改造。教养一词，恰当地反映了这两个方面的内容。在劳教人员中，除某些人员具有轻微罪行以外，还有一部分反党反社会主义分子、右派分子并无客观上的罪行，主要是

---

① 参见社论：《为什么要实行劳动教养》，载《人民日报》，1957-08-03。考虑到《人民日报》的官方性，该社论是对劳动教养制度建立的指导思想的官方说明。

思想获罪。① 在这种情况下，将这些人员投入劳动教养，就包含着对他们进行思想改造的意蕴。因此，在劳动教养审查上，就不像刑法那样要求有现实的犯罪行为，只要思想上有敌对性，就可以送交劳动教养。

由于上述三个原因，50 年代中期至 60 年代初期的劳动教养制度明显是一种政治统治的手段，在当时建构的个人对于社会无条件依从的政治语境中，劳动教养制度的政治正确是无人置疑的。

从 60 年代初开始，劳动教养制度发生了一定的变化。随着政治统治的确立，社会治安问题逐渐成为一个关乎统治是否稳定的大问题。在这种情况下，劳动教养的治安功能得以加强。在"文化大革命"中，劳动教养一度停止施行。直至80 年代初期，劳动教养才得以恢复。恢复后的劳动教养制度虽然还不时应时事之需，发挥其政治功能，但治安功能已经占主导地位。1978 年党的十一届三中全会以后，我国开始进入一个历史新时期，民主与法制的建设全面启动。尤其是1979 年先后颁布了刑法与刑事诉讼法。在这一历史背景下，劳动教养这样一项在现在看来违背法治的制度得以恢复，其原因是值得我们深思的。其中，1979年 11 月 29 日全国人大常委会批准的国务院《关于劳动教养的补充规定》，为劳动教养制度的重建提供了法律根据。而 1982 年 1 月 21 日国务院转发公安部《劳动教养试行办法》，则为此后劳动教养的发展奠定了基础。这些规定虽然使劳动教养在一定程度上有法可依，因而可以视为劳动教养法制化的一种努力；但问题在于：劳动教养制度在价值取向上过分强调社会保护而完全忽视人权保障，因而是与现代刑事法治精神相矛盾的。据此，70 年代末 80 年代初劳动教养制度的恢复表明当时在政治上还没有完全摆脱专政的思维。

① 在论及对右派分子的劳动教养时，我国学者将其归结为在劳动教养发展过程中出现的严重失误，指出：在审批活动中，不严格依法办事，随意降低劳动教养对象的收容标准，错误收容了一些不够劳动教养条件的人，尤其是把一些由于"反右派斗争扩大化"而遭到迫害的人也送去劳动教养，造成了不良后果。参见夏宗素、张劲松主编：《劳动教养学基础理论》，41 页，北京，中国人民公安大学出版社，1997。我认为，劳动教养制度在 1957 年正式法律化，本身就包含将其作为处理右派分子的一种法律措施的目的。因此，失误云云只是我们今天的评价，当时这种做法恰恰是劳动教养的应有使命。

劳动教养制度的不合理性是随着我国社会的发展而逐渐凸现出来的。从 80
年代中期开始，我国启动了经济体制改革的历史进程。经济体制改革的使命是完
成从计划经济体制向市场经济体制的转轨。随着市场经济的发展，我国社会结构
发生了深刻的变化，尤其是国家与个人的关系发生了变化，从而暴露出劳动教养
制度的不合理性：从政治上来说，阶级专政的观念已经被抛弃，民主观念正在深
入社会。在这种情况下，国家不再是凌驾于个人之上的利维坦，个人的自由与权
利得以进一步强调。因此，虽然劳动教养制度作为国家维护政治统治与社会秩序
的手段具有一定的有效性，但当这种有效性是以牺牲个人的自由与权利为代价的
时候，在个人权利意识正在觉醒的社会，人们质疑其合理性是十分自然的。从经
济上来说，劳动教养制度是计划经济的产物，在计划经济体制下，个人不仅没有
政治上的权利，而且也不存在经济上的自由，完全依赖于国家，离开社会就没有
独立生活的可能性。因此，劳动教养制度作为一种具有安置性的教养措施，在计
划经济体制下具有其存在的余地。而在市场经济条件下，出现了各种经济成分并
存的格局，私有经济在国民经济中所占的比重越来越大。在这种情况下，个人不
再依附于国家而存在，每个人都可以在市场经济中找到立足之地。因此，不存在
基于安置而设置劳动教养的经济条件。从法律上来说，市场经济培育了一个市民
社会，为法治提供了社会基础。市场经济是以平等与自由为前提的，它对于法治
具有天然的亲和力。因此，随着市场经济的发展，我国法治也逐渐完善。尤其是
建设社会主义法治国家这一目标的提出，表明我国法治建设进入了一个新阶段。
在法治建设中，刑事法治具有十分重要的地位，因为它关乎对公民的生杀予夺。
在这种情况下，劳动教养制度的合法性岌岌可危。因为根据我国《立法法》之规
定，剥夺人身自由的处罚只能由法律设定，而劳动教养作为一种剥夺人身自由达
3 年至 4 年之久的处罚，却只是由国务院行政法规设定，尽管它是经全国人大常
委会批准的，但毕竟不同于全国人大常委会制定的法律，充其量只不过是准法律
而已。因此，劳动教养制度法律根据不足是显而易见的。随着宪政思想的兴起，
劳动教养制度的违宪性问题也随之提出。1957 年国务院《关于劳动教养问题的

决定》明确指出，该决定是以 1954 年《宪法》第 100 条的规定为依据的。而
1954 年《宪法》第 100 条规定："中华人民共和国公民必须遵守宪法和法律，遵
守劳动纪律，遵守公共秩序，尊重社会公德。"按照决定的逻辑，公民有上述宪
法规定的义务，对于不履行这些义务的人，国家可以通过劳动教养将其改造成为
自食其力的新人，以便维护公共秩序。但问题在于，1954 年《宪法》第 89 条明
文规定："中华人民共和国公民的人身自由不受侵犯。任何公民，非经人民法院
决定或者人民检察院批准，不受逮捕。"如果我们对这里的逮捕不是作形式主义
的理解，而是界定为对公民人身自由的剥夺，那么劳动教养不就是实质意义上的
逮捕吗？正是在这个意义上，我国学者认为劳动教养不符合宪法的规定。① 我认
为，劳动教养制度缺乏宪法基础。应当指出，随着我国加入越来越多的国际人权
公约，劳动教养制度与国际刑事司法准则之间的差距更加明显地暴露出来。联合
国《公民权利和政治权利国际公约》（1966 年通过，1976 年生效）第 9 条规定：
除非依照法律所确定的根据和程序，任何人不得被剥夺自由。任何人不得被加以
任意逮捕或拘禁。被逮捕、拘禁的人有权向法院提起诉讼，法院认为拘禁不合法
时就命令予以释放。这是关于人身保护令状的规定，保护公民免受任何拘捕。
《公民权利和政治权利国际公约》第 14 条第 1 项还规定：人人有资格由一个依法
设立的合格的、独立的和无偏倚的法庭进行公正的和公开的审判。这是关于人人
都有受到公正审判权利的规定。而劳动教养作为一种剥夺人身自由 3～4 年的强制
性措施，在拘捕上没有人身保护令状制度的保护，在处置上没有经过法院的公正的
和公开的审判，缺乏应有的司法救济。正如我国学者指出：对于尚不够刑事处罚的
违法行为人，适用名义上是行政处罚但实质上类似于刑罚的劳动教养，在所有的法
治国家中是绝无仅有的，与联合国刑事司法准则的要求相去甚远。② 因此，劳动教
养制度不符合国际刑事司法准则的最低标准，其改革势在必行。

---

① 参见薛晓蔚：《劳动教养制度研究》，162 页以下，北京，中国文联出版社，2000。
② 参见陈光中等主编：《联合国刑事司法准则与中国刑事法制》，483 页，北京，法律出版社，1998。

劳动教养制度从 50 年代初创始被认为理所当然，到后来被认为不能容忍，这是我国社会进步的表现，从中可以明显地感觉到公民的权利意识增强，法治观念提高，国家与个人之间的关系发生了重大变化，从而导致对劳动教养制度评价上的改变，这也正是劳动教养制度改革的社会基础。

二、劳动教养的缺陷分析

劳动教养作为一种法律制度，在我国存在了五十多年。劳动教养制度不断被质疑、批评、改革，乃至于最终被废弃。笔者认为，存在的并不就是合理的。一种合理制度的建构，恰恰始于对现存制度之不合理性的揭示。从法理上分析，劳动教养制度存在以下几个方面的缺陷：

（一）实体法上的缺陷分析

一种涉及剥夺公民人身自由达 3 年（在必要时延长 1 年可达 4 年）的处置措施，没有严格遵循法定主义原则，这是劳动教养制度在实体法上存在的首要问题。虽然立法机关与行政机关先后颁布了数个关于劳动教养的法律、法规，但这些规范性文件对于劳动教养适用条件不是按照行为特征而是按照行为人类型规定的，缺乏应有的明确性。而且，前后几经变动，劳动教养的适用对象也不确定。1957 年全国人大常委会第 78 次会议批准的国务院《关于劳动教养问题的决定》，确定了劳动教养的适用对象为以下 4 种人：（1）不务正业，有流氓行为或者有不追究刑事责任的盗窃、诈骗等行为，违反治安管理、屡教不改的；（2）罪行轻微，不追究刑事责任的反革命分子、反社会主义的反动分子，受到机关、团体、企业、学校等单位的开除处分，无生活出路的；（3）机关、团体、企业、学校等单位内，有劳动力，但长期拒绝劳动或者破坏纪律、妨害公共秩序，受到开除处分，无生活出路的；（4）不服从工作的分配和就业转业的安置，或者不接受从事劳动生产的劝导，不断地无理取闹、妨害公务、屡教不改的。在上述 4 种人中，第（1）、（2）种人是有轻微犯罪行为而又不追究刑事责任的人，因而对其实行劳动教养，具有一定的惩罚性；而（3）、（4）种人则因受到开除处分而无生活出路，对其实行劳动教养在更大程度上具有安置性。及至 1982 年国务院转发的公安部《劳动教养试行办法》，又将劳动教养适用对象调整为以下 6 种人：（1）罪行轻微，不够刑事处分的反革命分子、反党反社会主义分子；（2）结伙杀人、抢劫、强奸、放火等犯罪团伙中，不够刑事处分的；（3）有流氓、卖淫、盗窃、诈骗等违法犯罪行为，屡教不改，不够刑事处分的；（4）聚众斗殴、寻衅滋事、煽动闹事等扰乱社会治安，不够刑事处分的；（5）有工作岗位，长期拒绝劳动，破坏劳动纪律，而又不断无理取闹，扰乱生产秩序、工作秩序、教学科研秩序和生活秩序，妨碍公务，不听劝阻和制止的；（6）教唆他人违法犯罪，不够刑事处分的。以后，在一些单行法律和法规中，又陆续增加了劳动教养的对象，根据我国学者统计，劳动教养对象可以列举出 20 种之多。[①] 除上述 6 种对象以外，还包括：（1）因卖淫、嫖娼被法律机关处理后又卖淫嫖娼的；（2）介绍或者容留卖淫、嫖娼，不够刑事处分的；（3）赌博或者为赌博提供条件，不够刑事处分的；（4）制作、复制、出售、出租或者传播淫书、淫画、淫秽录像或者其他淫秽物品，不够刑事处分，但被公安机关查处两次以上（含两次），屡教不改的；（5）吸食注射毒品成瘾，强制戒除后又吸食、注射毒品的；（6）非法拦截列车、在铁路线路上置放障碍物或击打列车、在线路上行走或在钢轨上坐卧等危害铁路列车安全行为的；（7）有配偶的人与他人非法姘居，情节恶劣的；（8）以营利为目的，私自为育龄妇女摘除节育环，或者借摘除节育环对妇女进行调戏、侮辱的；（9）多次倒卖车票、船票、飞机票和有效订座凭证，屡教不改，不够刑事处分的；（10）非法倒卖各种计划供应票证，经多次被公安机关抓获教育或治安处罚后仍不思悔改继续倒卖，情节比较严重而又不够刑事处分的；（11）非法收购、倒买倒卖、走私黄金不足 50 克的；（12）违反枪支、民用爆炸品等危险物品管理规定的；（13）因

---

① 参见夏宗素、张劲松主编：《劳动教养学基础理论》，87、88 页，北京，中国人民公安大学出版社，1997。

犯罪情节轻微而被人民检察院不起诉、人民法院免予刑事处分的；等等。绝大部分属于具有轻微犯罪行为或者严重违法行为而又不应追究刑事责任的人。对这些人实行劳动教养，不再具有安置性，而具有明显的惩罚性。尤其是由于法律对于劳动教养适用对象不是以行为为特征而是以行为人为类型，因而劳动教养适用对象是十分含混的，以至于到了公安机关想让什么人去劳教就可以让什么人去劳教的状态。以某省劳动教养人员统计报表为例，在 2001 年还沿用 20 世纪 80 年代初公安部根据《劳动教养试行办法》制订的表格。2001 年第 2 季度，该省在押劳动教养人员总计 8 262 人，反革命反党反社会主义分子 82 人，结伙凶杀抢劫、强奸的从犯 91 人，聚众斗殴、寻衅滋事破坏公共秩序 882 人，流氓卖淫、盗窃诈骗 2 592 人，妨碍公务无理取闹屡教不改 9 人，教唆他人犯罪 3 人，其他 4 603 人。这里的其他，据称包括以下人员：吸毒、偷渡、介绍容留卖淫、拐卖人口、强奸、强迫交易、非法持有毒品、殴打他人、聚众淫乱、职务侵占、强制猥亵、故意伤害、非法持枪、持有或使用假币。在上述统计中，劳动教养人员除 6 类人员以外，其他人员占 50％以上，可见根据 6 类人员对劳动教养人员进行统计已经丧失意义。实际情况是，在目前的劳动教养人员中，吸毒人员占三分之一以上，各地纷纷成立戒毒劳动教养所。盗窃、诈骗、打架斗殴等轻微违法犯罪人员占三分之一以上，其他各类人员占三分之一。由于现行法律对于规定的不完善与操作的不规范，目前的劳动教养除人员类型上的突破以外，还大大突破了地域上的限制。最初的劳动教养限于收容大中城市需要劳动教养的人，及至 1982 年《劳动教养试行办法》，将劳动教养对象扩大到家居农村而流窜到城市、铁路沿线和大型厂矿作案，符合劳动教养条件的人。目前，对于劳动教养人员已经基本上没有地域的限制。[①] 因此，从实体法上分析，现行的劳动教养制度违背处分法定原则，容易造成警察权的滥用。

---

① 关于劳动教养适用地域的历史演变，参见夏宗素、张劲松主编：《劳动教养学基础理论》，92、93 页，北京，中国人民公安大学出版社，1997。关于劳动教养是否应当有地域限制的讨论，参见薛晓蔚：《劳动教养制度研究》，96 页以下，北京，中国文联出版社，2000。

劳动教养在处分内容上剥夺人身自由 1 至 3 年，必要时可以延长 1 年，达到 4 年。因此，劳动教养处分不仅重于治安管理处罚，而且重于 3 年以下有期徒刑及缓刑、管制和拘役。从执行的情况来看，劳动教养与刑罚并无实质上的区分，都是剥夺人身自由。因此，劳动教养与刑罚在责任承担上的失衡是影响劳动教养处分公正性的一个重大问题。在实践中，存在以教代刑的现象，即应当判处刑罚的人被适用劳动教养。更多的问题是，同一个共同犯罪案件，主犯构成犯罪被判 1 年有期徒刑或者更轻的刑罚，从犯不构成犯罪被处 2 年甚至 3 年劳动教养，结果是从犯处罚重于主犯。在不同案件之间，同样也存在这种不协调现象：都是盗窃，数额满 1 000 元的，构成犯罪处 6 个月拘役；数额不满 1 000 元的，不构成犯罪处 1 年甚至 2 年劳动教养。因此出现当事人宁愿按照犯罪处理，也不愿劳动教养的情况。公安机关实际上掌握了对于公民剥夺其人身自由 1~3 年的处罚权，但又缺乏明确的限制，造成各地在适用上的混乱，从而违反处分相称原则。

（二）证据法上的缺陷分析

劳动教养处分是以行为人具有某种违法事实为前提的，《劳动教养试行办法》第 12 条规定，对需要劳动教养的人，承办单位必须查清事实。这里的查清事实，就是其违法行为要有证据证明。但由于劳动教养是由公安机关直接决定，因而没有严格的证据要求，导致存在以下两种不正常情况：一是先行劳教，指一些公安机关将羁押到期而犯罪事实仍未查清或主要证据难以获取的犯罪嫌疑人先作劳动教养处理。这些劳教人员有着重大犯罪嫌疑，但目前并未查清，所以也称为负案劳教。负案劳教的做法使劳动教养不再建立在查清事实的基础之上，从而起到了收容审查的作用，实际上是一种变相的收容审查。收容审查原先是公安机关在法定的刑事强制措施以外的一种审查犯罪嫌疑人的方法。1980 年，国务院颁发《关于将强制劳动和收容审查两项措施统一于劳动教养的通知》，根据该通知的规定，有轻微违法犯罪行为不讲真实姓名、住址、来历不明的人，或者有轻微违法犯罪行为又有流窜作案、多次作案、结伙作案嫌疑需要收容查清罪行的人，送劳动教养场所专门编队进行审查。1996 年在刑事诉讼法修改中，废除了公安机关收容审查的权力，但国务院1986年《关于将强制劳动和收容审查两项措施统一于劳动教养的通知》是否废除并不明确，因而某些公安机关沿袭了将收容审查人员进行劳动教养的做法，使收容审查名亡实存，继续发挥作用。这种先行劳教的做法，使劳动教养的证据标准丧失，成为审查犯罪嫌疑人的措施，有悖于劳动教养制度设立的初衷。二是对因事实不清、证据不足而被人民检察院不批捕或者不起诉的人实行劳动教养。由于构成犯罪具有严格的证据要求，有些案件未能满足构成犯罪的证据标准，人民检察院作出了不批捕或者不起诉的决定，公安机关对这些人往往决定劳动教养，从而使劳动教养丧失证据标准。劳动教养是对当事人的一种法律处分，它是以违法事实为基础的，因此对于这种违法事实要有证据证明，否则就会造成冤假错案，侵犯公民的自由与权利。

（三）程序法上的缺陷分析

劳动教养制度存在的最大问题还是程序上的不正当性。根据《劳动教养试行办法》第12条的规定，对需要劳动教养的人，承办单位必须查清事实，征求本人所在单位或街道组织的意见，报请劳动教养管理委员会审查批准，作出劳动教养的决定，向本人和家属宣布决定劳动教养的根据和期限。这是对劳动教养审批程序的规定，从这一规定中可以看出，劳动教养决定是经过一个审批程序作出的，承办单位报请劳动教养管理委员会审查批准。这种劳动教养的审批程序本来已经十分简单，是一种行政性决定，没有司法程序作为保障。而在实际操作中，连这一简单的审批程序也已经变形。因为劳动教养管理委员会早就名存实亡，根据1984年3月26日公安部和司法部《关于劳动教养和注销劳教人员城市户口问题的通知》（已失效）规定：劳动教养管理委员会，由公安、司法、民政、劳动等部门的负责人组成，领导和管理劳动教养工作。劳动教养的审批机构设在公安机关，受劳动教养管理委员会的委托，审查批准需要劳动教养的人。至此，原由劳动教养管理委员会行使的劳动教养审批权，已经以委托的名义实际上由地区级公安机关法制部门行使，在直辖市由市公安机关法制部门行使。我国学者对劳动教养审批过程作了以下客观描述：基层公安机关的派出所和刑警队等机构在办理治安案件和刑事案件的过程中，发现行为人的行为触犯了法律，符合劳动教养的条件，认为需要劳动教养的，应该将相关材料移送基层公安机关的法制部门。法制部门在认真审核证据材料的基础上，认为确实符合劳动教养条件的，提出劳动教养的建议，报公安局局长批准后，填写《呈请劳动教养审批表》上报地区或市劳动教养管理委员会，确切地说是地区公安处或者市公安局之后，由公安机关内部的法制部门具体负责审查批准。负责审批的人员对案件的全部证据材料审查核收后，提交公安机关领导集体决定。对于事实清楚，证据确实充分，符合劳动教养条件的，应当批准劳动教养，并以劳动教养管理委员会名义作出劳动教养的决定，制作《劳动教养决定书》，送达被决定劳动教养的人及其家属。① 由上可见，劳动教养审批程序是一种非公开的内部审查程序，公安机关以劳动教养管理委员会的名义行使审批权。劳动教养延长 1 年的决定权则由劳动教养执行机构行使。在这一审批过程中，负责审批的人员只是根据呈报的书面材料进行审查，并不直接与被审批人员见面。被审批人员也无权进行自我辩护以及聘请律师为本人进行辩护。同样，上诉权也是不存在的，虽然被决定劳动教养的人可以提出复查的请求，但复查机关是决定劳动教养的机关。《劳动教养试行办法》第 12 条第 2 款规定："被决定劳动教养的人，对主要事实不服的，由审批机关组织复查。经复查后，不够劳动教养条件的，应撤销劳动教养；经复查事实确凿，本人还不服的，则应坚持收容劳动教养。"在这种劳动教养的审批机关与复查机关是同一机关情况下，复查的效果可想而知。随着我国法治的发展，《行政复议条例》规定了行政复议制度，同样适用于劳动教养。根据 1990 年国务院的《行政复议条例》，作出具体行政行为的劳动教养管理委员会所属的同级市人民政府或者地区行政公署是劳动教养的行政复议机关。同时，由于劳动教养的决定几乎都是以地区和市劳动教养管理委员会的名义作出的，因此省、自治区、直辖市的劳动教养管理委员会也是行政复议机关。1999 年制定的《行政复议法》作出了类似规定，

---

① 参见薛晓蔚：《劳动教养制度研究》，113、114 页，北京，中国文联出版社，2000。

使劳动教养纳入行政复议的范围。但在实践中，提起行政复议的劳动教养案件十分罕见。除行政复议以外，行政诉讼也是劳动教养的救济途径。1989 年颁布的《行政诉讼法》规定了对限制人身自由或者对财产的查封、扣押、冻结等行政强制措施不服的公民可以提起行政诉讼。1991 年最高人民法院《关于贯彻执行〈中华人民共和国行政诉讼法〉若干问题的意见（试行）》（已失效）明文规定："根据行政诉讼法第十一条规定的受案范围，公民对劳动教养管理委员会作出的劳动教养的决定不服的，可以向人民法院提起行政诉讼。"在《行政诉讼法》实施初期，曾经掀起一个对劳动教养提请行政诉讼的高潮，但由于劳动教养法规本身不完善，这给人民法院审理劳动教养行政诉讼带来极大的困难，因而，人民法院大多对劳动教养案件作出维持的判决，导致现在已经鲜有劳动教养行政诉讼的案件。由此可见，劳动教养决定权由公安机关实际行使，缺乏正当程序，不能防止公安机关权力的滥用。

三、劳动教养的改革思路

如何对劳动教养制度进行改革，从而使之符合刑事法治的要求，这是我们面临的一个重大问题。在关于劳动教养制度的讨论中，首当其冲的是存废之争。尽管个别学者认为可以简单地废除劳动教养，但大部分主张废除劳动教养的学者，其本意也是要废除现行的劳动教养制度，而通过其他办法取代劳动教养。同样，除个别学者认为可以简单地保留劳动教养外，大部分主张保留劳动教养的学者，也主张要对现行的劳动教养制度进行改革。从这个意义上来说，劳动教养的存废之争并非截然对立，立足于对劳动教养制度的改革，存废双方实际上是可以达成共识的。因此，我们应当跳出劳动教养的存废之争，从更积极的意义上考虑对劳动教养制度的改革问题。关于劳动教养制度的改革，笔者认为，核心问题在于限制警察权，使劳动教养决定权正当化。

劳动教养制度的正当化，是指劳动教养（姑且保留这一称谓，可以预想，随着劳动教养制度的改革，劳动教养这一称谓也会随之取消）决定权的合理设置。尽管目前对于劳动教养的性质存在争议，有行政强制措施、行政处罚、准刑事处罚等各种分歧意见。[①] 但从我国现行法律、法规对劳动教养的定性来看，劳动教养是对被劳动教养的人实行强制性教育改造的治安行政处罚措施。[②] 由此可见，现行劳动教养决定权的行政性是不可否认的。正是这种行政性，使得劳动教养决定权成为警察权的重要组成部分。在对劳动教养制度改革中，我认为，要将目前的劳动教养对象一分为三，分别予以正当化：

（一）对吸毒、卖淫、嫖娼人员处置的行政强制措施化

吸毒、卖淫、嫖娼人员在目前劳动教养对象中占大约三分之一，甚至更多。可以设想，这类人员，尤其是吸毒人员还有增加的趋势。在现行的制度构造中，吸毒、卖淫、嫖娼人员都是劳动教养对象。但根据法律法规的规定，又可分为两种情况：吸毒、卖淫、嫖娼人员第一次被公安机关抓获的，对吸毒人员可以根据1995年国务院颁布的《强制戒毒办法》，进行强制戒毒；对卖淫、嫖娼人员可以根据1993年国务院颁布的《卖淫嫖娼人员收容教育办法》，进行收容教育。强制戒毒是对吸食、注射毒品成瘾人员，在一定时期内通过行政措施对其强制进行药物治疗、心理治疗和法制教育、道德教育，并组织参加适度的劳动，使其戒除毒瘾。收容教育是指对被收容教育的人员应当进行法律教育和道德教育，并组织他们参加生产劳动，学习生产技能，增强劳动观念。上述两种措施期限均可达6个月，由公安机关决定并执行。吸毒、卖淫、嫖娼人员在公安机关处理过，再次因同样的原因被公安机关抓获的，即强制戒毒后复吸的，或者收容教育后又从事卖淫、嫖娼的，根据全国人大常委会《关于禁毒的决定》和《关于严禁卖淫嫖娼的

---

① 参见张庆国：《试论劳教制度的改革》，载《云南大学学报法学版》，2001（2）。

② 我国学者认为，劳动教养的性质可以分为根本性质、基本性质和附属性质。劳动教养的根本性质是对被劳动教养的人实行强制性教育改造的治安行政处罚措施。劳动教养的基本性质是处理人民内部矛盾的一种方法。劳动教养的附属性质是对被劳动教养的人安置就业的一种办法。参见夏宗素、张劲松主编：《劳动教养学基础理论》，56页以下，北京，中国人民公安大学出版社，1997。

决定》，就应该予以劳动教养。实际上，吸毒、卖淫、嫖娼人员，第一次被抓获与第二次被抓获并无本质上的区别，而且强制戒毒和收容教育既由公安机关决定又由公安机关执行，弊端明显。由于吸毒、卖淫、嫖娼不可能犯罪化，对这部分人员予以治安处罚又过轻，可以考虑将目前的强制戒除、收容教育与对吸毒、卖淫、嫖娼人员的劳动教养合并，使之成为行政强制措施。行政强制是相对于司法强制而言的，在司法活动中存在各种诉讼强制措施，它是伴随着司法活动而产生的，是为了保证司法活动的顺利实施。而行政强制是行政机关为实现行政性义务和维护秩序而适用的强制性措施，它是伴随着行政执法活动而产生的。正如我国学者指出：行政强制是指为维护公共秩序和公共利益，保护行政相对人合法权益的、与非强制性行为相对应而存在的一种行政行为。① 在行政法原理中，强制措施又可以分为执行性强制措施、即时性强制措施和一般性强制措施。其中，一般性强制措施是指行政机关为了查明情况，或者为了预防、制止、控制违法、危害状态，或者为了保障行政管理工作的顺利进行，根据现实需要，依职权对有关对象的人身或财产权利进行暂时性限制的强制措施。强制戒毒、收容教育就属于这种一般性的行政强制措施。② 这种行政性强制措施不具有制裁性，它不是一种处罚手段，而是一种以实现一定的行政目标为目的的强制措施。我认为，不仅强制戒毒、收容教育是一种行政强制措施，而且对吸毒、卖淫、嫖娼人员的劳动教养也是一种行政强制措施，它们可以归并。归并以后的对吸毒人员的戒毒措施，对卖淫、嫖娼人员的收容措施，都属于行政法上的保安处分措施③，是一种警察行政强制措施。④ 戒毒措施和收容措施之所以可以保留其行政性而没有必要予以司

---

① ② 参见傅士成：《行政强制研究》，19、264、269 页，北京，法律出版社，2001。

③ 行政法上的保安处分措施区别于刑法上的保安处分措施。前者为行政强制措施，后者为刑事强制措施；前者为行政机关适用，后者为司法机关适用。

④ 警察行政强制措施是指警察机关及其警务人员在警察行政管理过程中，为了预防、控制或制止违法行为的发生和危害社会状态的扩展，以及为及时查明案件或事实情况，依法对违法行为人采取的暂时性限制其人身或财产权的特殊强制手段和方法。参见惠武生：《警察法论纲》，209、210 页，北京，中国政法大学出版社，2000。

法化，是因为吸毒、卖淫、嫖娼这些行为在刑法上不可能评价为犯罪，而且吸毒、卖淫、嫖娼的违法事实也是易于证明的，不需要通过司法程序，而只要通过行政手段即可决定。但是，这些行政强制措施的正当化，应当做到以下三点：

1. 设置上的正当化

由于强制戒毒、收容教育都涉及对公民的人身自由的限制与剥夺，因此，在设置上一定要科学合理。目前，在这些行政强制措施的设置上是零乱而不系统的。我认为，应当在劳动教养立法中一并解决。可以考虑制定《收容处遇法》，收容对象是吸毒人员、卖淫、嫖娼人员，其功能在于毒瘾戒除、性病治疗以及思想教育。期限不宜过长，根据情节可设定为 6 个月至 3 年，根据戒除、治疗进度和个人表现可减轻收容期限。

2. 决定上的正当化

对吸毒、卖淫、嫖娼人员的收容处遇，由公安机关决定。一般来说，审批权可以由地区一级公安机关行使。审批过程中，根据被收容人员的请求，可以采取行政听证程序。决定作出以后，可以提起行政复议乃至于行政诉讼，从而保障被收容人员的权利。

3. 执行上的正当化

吸毒、卖淫、嫖娼人员由公安机关作出收容处遇决定以后，应交由专门的收容处遇管理机构。专门的收容处遇机构可由目前的劳动教养管理机构改造而成，包括专门收容吸毒人员的戒毒所和专门收容卖淫、嫖娼人员的教养所。收容处遇机构对被收容人员进行毒瘾戒除、性病治疗和思想教育，辅之以必要的劳动。

（二）对常习性违法行为人处置的保安处分化

在目前的劳动教养对象中，有一部分人员是常习性违法行为人，这些人的特征是多次进行违法活动而不够刑事处罚或者过去曾经因犯罪受到刑事处罚又进行违法活动而不够刑事处罚的，这些人的违法具有惯常性。这里的惯常性主要是指行为人具有明显的人身危险性。对于这些人，法律关注的是其人身特征而不是行为特征。就行为特征上来说，尚不够刑事处罚，但从行为人的特征上来说，又具有相当程度的人身危险性。这种常习性违法行为人，在现行关于劳动教养的法律、法规中称为屡教不改者。这种屡教不改者，与犯罪的区别是十分明确的，关键在于如何与治安管理处罚的适用对象相区分。对此，我国学者指出：为了不致与治安管理处罚的适用对象相重合，避免在实践中难以掌握和产生混乱，被劳动教养的，只能是那些多次违反治安管理，屡教（罚）不改，但又不够刑事处分的人，即我们通常所说的那些"大法不犯、小法常犯"，刑事处罚够不上，治安管理处罚又不足以教育、惩戒的人。[①] 这些人在劳动教养人员中占一定的比例，根据有关资料，至 1994 年"多进宫"劳教人员占到全国收容劳教人员总数的 29.54％，1996 年对山东、云南、广东等省区的七个劳教场所的调查显示，"多进宫"劳教人员占总数的平均比例达到 34.88％。[②] 对于这些人，应当纳入刑法上的保安处分范围。这种保安处分措施的正当化，应当注意以下三点：

1. 设置上的正当化

对常习性违法行为人的保安处分，可以考虑制定专门的《教养处遇法》，在条件成熟的时候连同其他保安处分措施纳入刑法典。保安处分关注的是行为人的人身危险性，因此在设置上难以明确列举行为特征，但又不能没有行为范围的限制。为此，我认为可以考虑以《治安管理处罚条例》所列举的违反治安管理行为为范围，受两次治安管理处罚而再次实施违反治安管理行为又不够刑事处罚的，可以作为保安处分的对象。《教养处遇法》除明确规定教养处遇的对象以外，规定教养处遇作为一种保安处分措施，可以限制被教养处遇人员人身自由 6 个月至1 年。经第一次教养处遇后又实施违反治安管理行为的，可予以 6 个月至 2 年的教养处分。我国个别学者主张对劳动教养可以实行相对不定期制度，即现行劳动

① 参见夏宗素、张劲松主编：《劳动教养学基础理论》，91 页，北京，中国人民公安大学出版社，1997。

② 参见"多进宫"劳教人员现状与对策课题组：《多进宫劳动教养人员的现状与法律对策》，载《犯罪与改造研究》，1998（3）。也有学者认为实际生活中并没有多少真正"屡教不改"之人，因此没有必要建立一套体系去对付这些人。参见薛晓蔚：《劳动教养制度研究》，200、201 页，北京，中国文联出版社，2000。

教养法定的期限不变，在劳动教养执行的过程中，执行机关可以根据被劳教人员主观恶习得到改造的程度、改造过程中行为的变化状态，结合其人格、违法犯罪原因和环境，不受现行劳教法规定的劳动教养期限的制度限制，来决定减期、提前解除劳动教养，或者加期、延长劳动教养期限的制度。其具体设计方法为：劳动教养审批机关根据劳教人员违法犯罪的事实、性质、情节、动机和危害程度，在法律规定的期限内确定劳教期限；劳教执行部门在执行过程中，内部掌握以现行劳动教养法律规定的最高期限 3 年为基数，以"进宫"次数为依据，加重期限 1/3。例如，"二进宫"劳教人员，除执行决定的期限以外，在具体执行中延教 1 年，"三进宫"的延教 2 年，"四进宫"的延教 3 年，最长的建议以延长 5 年为限。① 我认为，现行劳动教养制度中的延长教期规定本身就是不妥的，以延长教期为基础设计的相对不定期制度同样也缺乏法理上的妥当性。上述相对不定期制度与西方刑法中的相对不定期刑制度大异旨趣，而只是一种延长教期的方法。我认为，对于教期只能因表现好而减缩不能因表现差而延长，除非有新的违法事实，这也是为保障被教养处遇人员的人权之必需。除期限上的考虑以外，在教养处分方法上，应限制人身自由而非剥夺人身自由，从而区别于剥夺自由刑。我国学者储槐植教授主张将劳动教养改为教养处遇，采取切实措施保证真正做到"限制自由"而不是"剥夺自由"，在教养院的管理方式和活动规则乃至环境设施等方面都要真正体现与剥夺自由的刑事处罚的本质区别。② 为防止逃避教养处遇，可以规定逃避教养处遇的，构成犯罪处以 6 个月到 1 年剥夺自由刑。

　　2. 决定上的正当化

　　教养处遇的决定权应当司法化，即设计司法程序，由法院行使教养处遇决定权。在程序设计上，可以考虑在基层法院设立治安法庭，由公安机关法制部门直接向治安法庭起诉，治安法庭可以采取独任制进行简易审判，根据违法事实作出

---

① 参见姜金芳：《劳动教养宜实行"相对不定期限"制度》，载《犯罪与改造研究》，1991（3）。
② 参见储槐植：《论教养处遇的合理性》，载《法制日报》，1999-06-03。

判决。

3. 执行上的正当化

教养处遇应由专门的教养处遇机构执行。专门的教养处遇机构可以通过对现行的劳动教养机构改造而来，设立教养院对常习性违法行为人进行教养处遇。

（三）对轻微犯罪行为人处置的刑法化

在目前劳动教养人员中，还有相当一部分人员属于轻微犯罪人。由于我国刑法中的犯罪概念中有定量因素，并非只要实施刑法中规定的某一犯罪行为就可以构成犯罪，相当一部分犯罪还有数额、情节的限制。我国刑法中犯罪概念的定量因素，曾经被认为是我国刑法的一项创新。[①] 现在看来，犯罪概念中的定量因素有利有弊。在分析定量犯罪概念的正面效应（利的方面）时我国学者指出，犯罪概念的定量因素可以适应我国治安三级制裁体系——刑罚、劳动教养和治安处罚的结构要求。我国法制以社会危害程度为轴心，把反社会行为分为犯罪、需要劳动教养的罪错和违反《治安管理处罚条例》的一般违法行为。刑法只规制犯罪，违反治安管理的行为虽然具有一定的社会危害性，但却未纳入刑法的视野，不受刑法调整，刑事法网粗疏。社会治安采取三级制裁体系——刑罚、劳动教养和治安处罚。由于我国刑法只调整具有严重社会危害性的犯罪行为，因此最容易体现危害程度的定量因素便会很自然地引入犯罪概念之中。而且从司法实践的角度来看，这种界定犯罪概念的方法也便于划分罪与非罪的界限，不至于造成社会治安三级制裁体系结构的混乱。[②] 我认为，犯罪概念的定量因素对于划分各种治安制裁方法来说，不是利而恰恰是弊。在某种意义上说，犯罪概念的定量因素成为我国刑法中一个结构性缺陷。对此，我国学者作出了正确的分析，认为犯罪概念定量因素同时也带来问题，造成刑法结构性缺损，定量因素的载体只能是行为造成的客观损害结果，这一点决定了我国刑法奠基于结果本位。[③] 尤其值得注意的

---

① 参见储槐植：《我国刑法中犯罪概念的定量因素》，载《法学研究》，1988（2）。

② 参见储槐植：《再论我国刑法中犯罪概念的定量因素》，载《法学研究》，2000（2）。

③ 参见薛晓蔚：《劳动教养制度研究》，216页，北京，中国文联出版社，2000。

是，我国还有学者对犯罪概念中的定量因素进行了全面反思，认为情节显著轻微的规定虽然在处理一些个别、特殊的不应认定为犯罪的情况时具有一定的作用，但因为这一规定过于原则和适用范围的不清楚以及认识上的分歧，也会造成适用不当，影响严格执法，违反立法本意的后果，因而主张删去犯罪概念中关于"情节显著轻微危害不大的，不认为是犯罪"的规定。① 因此，犯罪概念的定量因素虽然能够缩小犯罪范围，但却容易引起各种治安制裁方法之间衔接上的困难。尤其是由于犯罪的认定以某种客观损害结果为法律标准，那些没有达到法律标准的危害行为仍然具有一定程度的危害性，这些行为在世界各国一般都作为犯罪处理。在我国则作为非罪处理，但为了与治安管理处罚衔接，就在两种处罚方法之间创设了劳动教养这种行政强制措施，实际上它具有一定的刑事性质。我认为，对于现在刑法中犯罪概念的定量因素，除经济犯罪可以保留以外，治安犯罪，主要是指侵犯人身权利罪、侵犯财产权利罪和破坏社会秩序罪的定量因素，予以降低，以便使刑罚与治安管理处罚相衔接。在这种情况下，目前作为劳动教养处分的轻微犯罪人，都按照犯罪处理。这样的做法，虽然扩大了犯罪范围，但有利于我国刑事制裁与行政（治安）制裁的整合，并且从根本上解决刑事处罚与劳动教养的不协调问题。我认为，可以考虑在刑法中将 3 年以下有期徒刑的犯罪规定为轻罪，在刑事诉讼法上对轻罪实行简易审判，在监狱法中设立轻刑犯监狱，专门负责关押这些轻刑犯。

四、劳动教养的文本分析

2001 年 10 月 27 日晚，我乘机前往华北某省会城市讲学。在飞机上，我看到该市晚报上一则消息，说该市劳动教养管理委员会近期发布了一个关于劳动教养的文件《关于办理劳动教养案件的规定》（以下简称文件）。根据该文件，收购

---

① 参见王尚新：《关于刑法情节显著轻微规定的思考》，载《法学研究》，2001（5）。

礼品烟酒者将被判处劳动教养。由于我正在研究劳动教养制度，出于学术上的敏感，我对这则消息产生了强烈的兴趣。抵达该市后，我就把寻找这个文件的任务交给了我在该市司法机关工作的一位学生。在我返回北京后不久，就收到了学生寄来的这份文件，学生还告诉我：该市已有当事人对劳动教养委员会据此文件加以处罚而起诉劳动教养委员会的行政诉讼案件，行政庭法官质疑该文件的法律效力。我终于有机会阅读这个文件。这也许是各地颁布的关于劳动教养的文件中十分平凡的一个，只是由于一种偶然的机会使我能够面对它。然而，它确实引起我的震惊。关于劳动教养，进入理论研究视野的只是有关的法律与法规，例如1957 年国务院《关于劳动教养问题的决定》、1979 年国务院《关于劳动教养的补充规定》及 1982 年公安部《劳动教养试行办法》。以为根据这些法律就可以对劳动教养制度进行定性与定量研究。此时我才知道，除上述法律之外还有大量的地方性法规。后来，我从有关劳动教养制度的著作中还真找到了劳动教养地方性法规的有关论述，这是我以前所忽视的。根据有关著作，劳动教养地方性法规是指由地方立法机关制定的关于劳动教养问题的专门性地立性法规以及有劳动教养条款的其他地方性法规。从立法实践来看，劳动教养地方性法规主要由省级人大及其常委会制定。① 该书还专门指出了劳动教养专门性地方性法规只有个别省制定了。例如 1995 年安徽省修订通过了《安徽省劳动教养实施条例》，被认为是迄今为止全国第一部和唯一的一部关于劳动教养的专门性的地方法规。当然，与劳动教养有关的其他地方性法规各地陆续出台，不胜枚举。而我手头的这份文件，连地方性法规也算不上，充其量只能说是地方性规章。正是这些关于劳动教养的地方性法规，甚至地方性规章，构成了劳动教养制度的基础，反映了劳动教养制度运作的实际状况。想到这里，我突然产生了一种愿望，希望对这个关于劳动教养的文件进行一个文本的研究，将其作为一个视角，使我们能够获得劳动教养制度的真实知识。

---

① 参见夏宗素、张劲松主编：《劳动教养学基础理论》，74 页以下，北京，中国人民公安大学出版社，1997。

关于办理劳动教养案件的规定

为严厉打击违法犯罪活动，维护社会治安秩序，根据国务院《关于劳动教养问题的决定》《关于劳动教养的补充规定》和《劳动教养试行办法》及有关法律、法规，结合我市实际情况，经有关部门共同研究，并征得市人民检察院、市中级人民法院同意，对办理劳动教养案件作出以下规定：

从标题看，这个文件是关于办理劳动教养案件的一般性规定。在序言中，涉及三个问题：一是制定本规定的目的，即为严厉打击违法犯罪活动，维护治安秩序。劳动教养的性质现在官方文件一般称为行政处罚或强制性教育改造的行政措施（即行政强制措施），从来没有认为是一种刑事处罚。何以劳动教养具有严厉打击犯罪活动的功能？不得而知。在实际生活中，人们往往将劳教与劳改并列，称其为"二劳改"（变相劳改）。若此，则文件承认劳动教养具有打击犯罪的功能也就是十分正常的。二是制定本规定的根据，即有关劳动教养的三个主要法律、法规以及其他法律、法规。有关劳动教养委员会是否具有立法权以及该规定的内容是否与上述法律、法规相抵触，将在下文专门研究。三是制定本规定的经过，即本规定的制定是有关部门共同研究的结果，并征得市人民检察院、市中级人民法院的同意。这里的"有关部门"究竟是指哪些部门并未指明，但本规定已经征得司法机关的同意，以表明本规定的制定是慎重的。

一、劳动教养的对象和范围

（一）违反治安管理行为情节严重或经教不改（即曾被治安处罚、劳动教养、刑事处罚仍不悔改，下同），又不够刑事处罚的。

（二）违法行为已构成犯罪，但依法不需要给予刑事处罚且又符合劳动教养条件的。

（三）犯罪行为轻微，不够刑事处罚而又符合劳动教养条件的。

（四）法律、法规规定应当给予劳动教养的。

（五）劳动教养主要收容家居城镇、铁路沿线、交通要道需要劳动教养的人。对家居农村而流窜到城镇、铁路沿线和大型厂矿作案，符合劳动教养条件的人也可以收容劳动教养。家居农村在本地作案，除严重危害社会秩序的，不予劳动教养。

（六）对未满 16 周岁的未成年人、精神病人、呆傻人员、盲聋哑人、严重病患者、怀孕或哺乳自己未满一周岁婴儿的妇女，以及丧失劳动能力者，可不予劳动教养。

（七）对外国人（含无国籍人）、华侨、港澳台人员，不适用劳动教养。

在文件规定的上述七项中，前四项是应予劳动教养的对象，第五项是劳动教养的范围，后两项是不予劳动教养的对象。

关于劳动教养的对象，在应予劳动教养的四种人中，第一种人是违反治安管理行为情节严重或经教不改，又不够刑事处罚的。这里的情节严重或经教不改是量的限制，但从行为类型上来看，所有违反治安管理行为，只要情节严重或经教不改的，均可予以劳动教养。第二种人是违法行为构成犯罪，但依法不需要给予刑事处罚且又符合劳动教养条件的。从行为类型上来看，所有刑法规定的行为，只要依法不需要给予刑事处罚且又符合劳动教养条件的，均可予以劳动教养。第三种人犯罪行为轻微，不够刑事处罚而又符合劳动教养条件的。从行为类型上来，这类人员与前类人员是重合的。第四种人是法律、法规规定应当给予劳动教养的。这是一个概括性规定，并无具体内容。从上述应予劳动教养的对象的规定来，应予劳动教养的行为类型包含治安处罚条例和刑法规定的所有违法犯罪行为，它与违反治安管理行为的区别在于情节严重或经教不改；它与犯罪行为的区别在于不需要给予刑事处罚或不够刑事处罚。

关于劳动教养的地域范围，根据有关劳动教养法规的规定，包括大中城市，铁路沿线，大型厂矿，交通要道的城镇，存在卖淫、嫖宿、吸毒行为的县城（包括县级市）、集镇和农村地区。文件对于劳动教养范围的规定，基本上是符合有关法规的规定的。但文件规定，家居农村在本地作案，除严重危害社会秩序的，不予劳动教养。据此，家居农村在本地作案，严重危害社会秩序的，仍可适用劳动教养。这种规定，很容易导致使劳动教养适用范围扩大到农村。

二、劳动教养的标准

有下列情形之一，尚不够刑事处罚的，予以劳动教养：

这里规定的虽然是劳动教养的标准，但实际上涉及劳动教养的各种具体对象，类似分则性规定。从这些劳动教养的具体对象可以看到，已经超出治安管理处罚条例和刑法确认的行为类型。

（一）盗窃案件

1. 盗窃数额达到 600 元以上的；

2. 盗窃自行车、三轮车价值在 300 元以上的；

3. 盗窃道路上正在使用的井盖、交通标志牌、车站牌和消防器材、环卫、通信设备等公共设施的；

4. 流窜作案、入室盗窃或在公共场所扒窃的；

5. 使用技术手段、刀刃工具、专用工具撬盗的；

6. 盗窃境外人员（包括外国人、华侨、港澳台人员）、残疾人、老年人或者未成年人财物的；

7. 携带凶器实施盗窃，或者为窝藏赃物抗拒逮捕，或者为毁灭罪证而当场使用暴力或以暴力相威胁的。

盗窃是一种违法犯罪行为，《治安管理处罚条例》将偷窃规定为一种违反治安管理的行为，刑法也专门规定了盗窃罪。两者的区别就在于盗窃数额。根据刑法规定，盗窃数额较大的构成犯罪，这里的数额较大一般是指 1 000 元。在有关劳动教养的法规中，也都把盗窃规定为劳动教养的对象，但一般都有屡教不改的限制。但上述文件关于盗窃适用劳动教养的规定中，只有数额和情节的规定，而没有屡教不改这一条件，明显放宽了盗窃适用劳动教养的对象范围。以数额而论，盗窃数额达到 600 元以上的，可以劳动教养，至少应处 6 个月劳动教养，最高可达 3 年。而盗窃罪的数额标准为 1 000 元，按照刑法规定，最低可处拘役或者管制，轻于劳动教养，因而可能发生处罚上的不协调。至于盗窃过程中为窝藏赃物抗拒逮捕，或者为毁灭罪证而当场使用暴力或以暴力相威胁的情形，根据《刑法》第 269 条的规定，已经构成抢劫罪，最低应处以 3 年有期徒刑，何以还能成为劳动教养对象，不得而知。

（二）诈骗、敲诈勒索案件

1. 诈骗公私财物 2 000 元以上、敲诈勒索公私财物 1 000 元以上的；

2. 冒充司法人员、行政执法人员以及其他有关管理人员敲诈财物的；

3. 在公共场所设置骗局，诈骗、敲诈勒索财物的；

4. 利用封建迷信骗取财物、经教不改或造成严重后果的；

5. 贩卖假冒、伪劣产品，且有对被害人殴打、威胁、辱骂等情节或指使他人进行上述活动的；

6. 诈骗、敲诈勒索境外人员、残疾人、老年人或者未成年人财物的。

诈骗和敲诈勒索都是违法犯罪行为。《治安管理处罚条例》规定为违反治安管理的行为，刑法也规定为犯罪。在有关劳动教养的法规中有关于诈骗的规定，但有屡教不改的限制。至于敲诈勒索，劳动教养法规虽无明文规定，但考虑到"等违法犯罪行为，屡教不改，不够刑事处分的"这样一种概然性的规定，将其包括进去似乎并无不可。但根据司法解释的规定，诈骗走私财物 2 000 元和敲诈勒索公私财物 1 000 元以上的，都已经构成犯罪。在这种情况下，如何使劳动教养对象与犯罪相区分是一个值得研究的问题。至于贩卖假冒、伪劣产品，且有对被害人殴打、威胁、辱骂等情节或指使他人进行上述活动的情形，已经不属于诈骗、敲诈勒索，不知为何在此规定。

（三）抢夺案件

1. 抢夺公私财物 200 元以上的；

2. 因抢夺被治安处罚后又抢夺或在作案中有其他恶劣情节的；

3. 使用交通工具抢夺公私财物的；

4. 抢夺境外人员、残疾人、老年人或者未成年人财物的；

5. 聚众哄抢公私财物的。

抢夺是违法犯罪行为，在《治安管理处罚条例》和《刑法》中对此均有规定。在有关劳动教养法规中虽没有明文规定抢夺案件为劳动教养对象，但包括其中似无不妥。然而聚众哄抢公私财物在刑法中是一个独立罪名，列在抢夺案件中并不妥当。

（四）假币（包括人民币和外币）案件

1. 明知是假币而出售、购买、运输 1 000 元以上或者币量 100 张以上的，持有、使用假币 2 000 元以上或者币量 200 张以上的；

2. 出售、购买、运输、持有、使用假币经教不改的。

明知是假币而出售、购买、运输的以及持有、使用的，都是刑法中规定的犯罪行为，但在有关劳动教养法规中并未规定为劳动教养对象，因而这一规定有扩大劳动教养对象之嫌。

（五）侮辱妇女案件

1. 在公共场所无理追逐、拦截、侮辱妇女的；

2. 以强迫、威胁等手段侮辱、猥亵妇女或者儿童的；

3. 利用淫秽物品侮辱、猥亵妇女的。

上述行为在刑法中分别属于强制猥亵、侮辱妇女罪和猥亵儿童罪，在《治安管理处罚条例》中规定为侮辱妇女或者进行其他流氓活动的情形。在有关劳动教养法规中，包括在流氓行为之中，有屡教不改的限制，而在上述文件中则未作此种限制。

（六）扰乱公共秩序案件

1. 参加聚众淫乱活动的；

2. 结伙携带枪支、匕首、铁棒等凶器扰乱公共秩序的；

3. 在公共娱乐场所、摊群市场、餐饮业等场所白玩、白吃、强拿硬要、扰乱公共秩序，经教不改的；

4. 在市场经营中，欺行霸市，收取"保护费"，充当打手或者为他人暴力讨债，扰乱公共秩序的；

5. 经营中强买强卖、伴有殴打他人或强迫他人提供、接受服务，扰乱公共秩序的；

6. 在公共场所强行拉客违法经营，为索要高价，威胁、殴打旅客扰乱公共秩序的；

7. 经营餐饮、服务和文化娱乐业，组织、教唆妇女与顾客进行猥亵活动或对消费者索要高价并伴有辱骂、殴打、强行搜身、扣押人质及物品等行为的；

8. 参加流氓恶势力团伙，实施流氓活动，称霸一方、为非作恶，欺压、残害群众的；

9. 多次扰乱社会秩序的地痞、流氓等违法人员；

10. 以营利为目的，组织、教唆、指使未成年人从事卖唱、强行乞讨等行为，或者使用童工，经劳动和公安机关教育仍不悔改的；

11. 房屋出租人不履行治安责任，对承租人利用所租房屋进行违法犯罪活动或者有犯罪嫌疑不制止、不报告，造成严重后果的；

12. 外来流动人口在本市无固定居所、无固定经济来源、无合法证件被强制遣送两次以上又重新来本市的；

13. 在道路上乱倒垃圾或设置障碍物，严重影响交通安全，经市政和公安机关警告教育后，不听劝告的；

14. 无理取闹，组织、煽动、唆使围堵党政领导机关、扰乱工作秩序和公共秩序，经公安机关教育不悔改的；

15. 无理取闹，殴打单位负责人或捣毁设备，扰乱生产、科研、教学、工作秩序的；

16. 在学校门前或其他场所拦截中小学生勒索财物，情节严重或经教不改的；

17. 非法限制他人的人身自由，并有殴打、侮辱等情节的；

18. 骚扰他人居所，造成严重影响的；

19. 用电话辱骂、滋扰他人，情节严重的；

20. 其他扰乱公共秩序行为造成严重后果或者经教不改的。

扰乱公共秩序的行为，在《治安管理处罚条例》中规定了 7 种，而上述文件则规定了 20 种之多，而且第 20 种还是空白性规定，其范围是极其宽泛的。尤其是第 12 种情况，无固定居所、无固定经济来源、无合法证件（所谓"三无"）的外来流动人员在没有查明有实际上的违法行为的情况下，仅因其被强制遣送两次以上又重新返回的就处以劳动教养，颇有过苛之弊。

（七）赌博案件

1. 参加赌博赌资或者输赢数额在 2 000 元以上或者为赌博提供条件从中获利的；

2. 以营利为目的，聚众赌博的；

3. 在公共场所设摊赌博，赌资或者输赢数额在 1 000 元以上的；

4. 因赌博受到治安处罚、劳动教养、刑事处罚后又进行赌博的。

赌博行为被《治安管理处罚条例》规定为违反治安管理行为，并且明文规定可以实行劳动教养，其作为劳动教养对象应当没有问题。

（八）制贩假票证案件

1. 伪造、变造、买卖国家机关、公司、企业、事业单位、人民团体的公文、证件、印章的；

2. 介绍他人买卖国家机关、公司、企业、事业单位、人民团体的公文、证件、印章，情节严重或者造成严重后果的；

3. 私刻公章，伪造、变造居民身份证、驾驶证、学历证明及其他有效证明文件或贩卖伪造的身份证、驾驶证、学历证明以及其他有效证明文件的；

4. 伪造、倒卖发票、有价票证的；

5. 伪造、变造、倒卖机动车、非机动车假手续、假通行证，情节严重的。

上述制贩假票证的行为除个别以外，大多数是刑法中规定的犯罪行为。文件规定这些行为在不构成犯罪的情况下，予以劳动教养。但在有关劳动教养法规中，并无对此的明文规定。

（九）卖淫嫖娼案件

1. 曾因卖淫嫖娼被公安机关处理，又卖淫嫖娼的；

2. 明知自己患有性病仍卖淫嫖娼的；

3. 引诱、容留、介绍他人卖淫嫖娼的；

4. 旅馆业、饮食服务业、文化娱乐业和出租汽车等单位的从业人员，为他人卖淫嫖娼提供便利条件的。

卖淫嫖娼被公安机关处理后又卖淫嫖娼的实行劳动教养，是全国人大常委会《关于严禁卖淫嫖娼的决定》明文规定的。而另外三种行为，刑法均规定为犯罪行为。文件规定这些行为在不构成犯罪的情况下，予以劳动教养。

（十）制作、贩卖、传播淫秽物品案件

1. 以营利为目的，制作、贩卖、传播淫秽物品，接近刑事处罚数额的；

2. 制作、复制、贩卖、传播淫秽物品，经教不改的；

3. 故意为制作、贩卖、传播淫秽物品犯罪活动提供条件的；

4. 组织淫秽表演造成恶劣影响的。

上述活动中，制作、复制、出售、出租或者传播淫书、淫画、淫秽录像或者其他淫秽物品的，《治安管理处罚条例》明文规定实行劳动教养。

（十一）吸食、注射、非法持有毒品案件

1. 因吸食、注射毒品被强制戒毒后又吸毒、注射毒品的；

2. 非法持有毒品经教不改的；

3. 容留、引诱、教唆、欺骗他人吸食、注射毒品的。

上述行为中，因吸食、注射毒品被强制戒毒后又吸食、注射毒品的情形，全国人大常委员会《关于禁毒的决定》规定可以实行劳动教养。其他两种行为均被刑法规定为犯罪。文件规定这些行为在不构成犯罪的情况下，予以劳动教养。

（十二）窝赃、销赃案件

1. 窝赃、销赃涉案数额在 800 元以上的；

2. 购赃、销赃、窝赃或转移赃物，经教不改的；

3. 在汽车、摩托车、自行车拆装及废品收购中，非法收购赃物，违法经营，造成严重后果的；

4. 以营利为目的，挂牌收购烟、酒等礼品，情节严重的。

《治安管理处罚条例》规定明知赃物而购买的，是违反治安管理的行为；刑法也将窝赃、销赃、购赃或出售赃物规定为犯罪。这些行为在不构成犯罪的情况下予以劳动教养，尚可理解。但文件规定"以营利为目的，挂牌收购烟、酒等礼品，情节严重的"也要劳动教养，就有些说不通。因为挂牌收购的烟、酒并非都是赃物，而且文件也明确表述为礼品，收购礼品也要予以劳动教养，实在有些超出人的想象。

（十三）参与制售假冒商标卷烟犯罪活动，假冒注册商标，销售假冒注册商标的商品，非法制造、销售注册商标标识，生产销售伪劣产品，非法经营等，情节轻微的。

上述均是经济违法行为，在《治安管理处罚条例》上均无规定，将之纳入劳动教养对象，使劳动教养功能发生了扩张：不仅具有维护治安秩序之功能，而且具有维护经济秩序之功能。

（十四）职务侵占、合同诈骗、故意毁坏公私财物等侵犯财产的案件，数额在 2 000 元以上的。

在上述行为中，故意毁坏公私财物是违反治安管理的行为，而职务侵占、合同诈骗是经济违法行为，在有关劳动教养的法规中，从未见将其纳入劳动教养的对象范围之中。

（十五）妨碍公务案件

1. 以暴力、威胁方法阻碍国家工作人员依法执行职务或者虽未使用暴力、威胁方法，但不听制止、造成一定后果的；

2. 教唆他人抗拒、阻碍国家工作人员依法执行职务，造成一定后果的；

3. 聚众围攻或者公然侮辱公安、工商、民政、税务和市政监察等部门的国家工作人员，阻碍其依法执行职务，经教不改的。

妨碍公务行为，在《治安管理处罚条例》中规定为违反治安管理的行为，在刑法中规定为犯罪行为，在有关劳动教养法规中则并未规定是劳动教养的对象。

（十六）其他违法犯罪行为造成严重影响或严重后果的，也可以予以劳动教养。

这是一个兜底的条款。这个条款意味着，一切违法犯罪行为，只要造成严重影响或严重后果的，均可以予以劳动教养。但这一条款表述存在一个逻辑上的问题：如果是犯罪行为造成严重影响或严重后果，那就应当处以刑罚，怎么是"可以予以劳动教养"呢？我理解，这是指凡是刑法规定的行为，不够刑事处分的，均可予以劳动教养。至于违法的范围就更为宽泛了，只要违法行为，均可予以劳动教养，使劳动教养对象范围大为扩张。

（十七）未达到本规定确定的劳动教养的数额标准，但具有下列情形之一的，也可予以劳动教养：

1. 刑满释放或解除劳动教养、收容教养以及免予刑事处罚 3 年内又进行违法犯罪活动的；

2. 被治安处罚 2 次以上，3 年内又进行同类性质违法活动的；

3. 外省市流窜来本市进行违法活动的。

这是一个补充条款。前面的条文显然规定了数额标准，但具有以上三种情形的，即使未达到数额标准，也可以予以劳动教养。

三、劳动教养的期限

劳动教养期限根据需要劳动教养的人的违法事实、性质、情节、动机和危害程度，确定为 1 年至 3 年。

劳动教养时间，从通知收容之日起计算。通知收容以前先行行政拘留的，如果被决定劳动教养的行为和以前受行政拘留的行为系同一行为，在决定劳动教养的同时，撤销行政拘留裁决，原行政拘留一日折抵劳动教养一日；如对被劳动教养人采取留置等限制人身自由的强制措施先期羁押的，羁押一日折抵劳动教养一日。

这是对劳动教养期限的规定，基本上是《劳动教养试行办法》第13条的重复，只是对因同一行为先行被行政拘留后又被劳动教养的期限折抵问题作了具体规定。

四、劳动教养的执行

被批准劳动教养的，公安机关应当在30日内将劳动教养人员送劳动教养所执行；劳动教养人员提出申请所外执行、所外就医的，按照本市《劳动教养人员所外就医、所外执行条例》的有关规定办理。

这是对劳动教养执行的规定，内容涉及所外执行、所外就医等情况。从条文来看，该市还专门制定了《劳动教养人员所外就医、所外执行条例》。

五、劳动教养的追究时效

对于应予劳动教养的行为在3年内未被公安机关发现的，不再决定劳动教养。期限从违法行为发生之日起计算，违法行为有连续状态的，以行为终了之日起计算。

关于劳动教养的追究时效，在有关劳动教养法规中均未见规定，这一规定大体上依照刑法关于犯罪的追诉时效的规定，有其可取之处。犯罪都有追诉时效的限制，劳动教养当然也应有此限制。

六、劳动教养的行政复议和诉讼

劳动教养人员不服市劳动教养管理委员会作出的劳动教养决定，可依照《行政复议法》《行政诉讼法》的有关规定提起行政复议、行政诉讼，既可在接到劳动教养决定书之日起60日内向上一级劳动教养管理委员会或市人民政府申请行政复议，也可以在收到劳动教养决定书之日起 3 个月内直接向人民法院提起行政诉讼。

以上规定自下发之日起施行。

以往本市有关收容劳动教养规定与本规定不一致的，以本规定为准。

2001 年 6 月 8 日

这是对劳动教养的行政复议和行政诉讼的规定。劳动教养的行政复议和行政诉讼，是指被决定劳动教养的人不服劳动教养决定而在规定的期限内向劳动教养复议机关提出重新处理的请求，或者向人民法院提起行政诉讼，由复议机关或人民法院依法进行审查处理。根据《行政诉讼法》《行政复议法》等有关法律、法规规定，被决定劳动教养的人对劳动教养决定这种具体行政行为不服，有申请复议和提起行政诉讼的权利。上述规定确认了这一权利，这是正确的。但当依照上述文件被决定劳动教养的人提起行政诉讼时，人民法院是否可以对这一文件的内容进行司法审查，这是个值得研究的重大问题。如果人民法院在行政诉讼中只限于对具体行政行为的司法审查，而不能对抽象行政行为进行司法审查，则只要根据上述文件被决定劳动教养的，均具有合法性。

上述文件最后规定以往本市有关收容劳动教养规定与本规定不一致的，以本规定为准。但没有规定，如果本规定与有关劳动教养的法律、法规相抵触的，以何者为准。显然，在上述文件看来，这本身并不成为一个问题。

摆在我们面前的这个文件，俨然是一部"小刑法"，内容之全面，规定之细致，令人不可思议。然而，读罢这个文件，一个疑问油然而生，该市劳动教养委员会有权作出这样一个规定吗？我想由此展开对于这个文件的分析。

制定上述文件的是某市劳动教养委员会，该市是一个省会所在市（省辖市）。那么，这个劳动教养委员会又是一个什么性质的机构呢？

根据我国有关劳动教养法规的规定，劳动教养委员会是我国劳动教养工作的领导机关。1979 年 11 月国务院《关于劳动教养的补充规定》（已失效）第 1 条规定："省、自治区、直辖市和大中城市人民政府成立劳动教养管理委员会，由民政、公安、劳动部门的负责人组成，领导和管理劳动教养的工作。"劳动教养工作主要有两项：一是审批，二是执行。1982年国务院转发公安部《劳动教养试行办法》第4条第1款规定："省、自治区、直辖市和大中城市人民政府组成的劳动教养管理委员会，领导和管理劳动教养工作，审查批准收容劳动教养人员。劳动教养管理委员会下设办事机构，负责处理日常工作。公安机关设置的劳动教养工作管理机构，负责组织实施对劳动教养人员的管理、教育和改造工作。"根据这一规定，劳动教养是由劳动教养委员会审批的，公安机关只是负责劳动教养的执行。但1983年随着司法行政机关的建立，中共中央、国务院决定，劳动教养工作由公安机关移交给司法行政部门管理。1984年3月，公安部、司法部《关于劳动教养和注销劳教人员城市户口问题的通知》（已失效）规定，劳动教养管理委员会的办公室，设在司法行政部门，负责处理日常工作。劳动教养的审批机构设在公安机关，受劳动教养管理委员会的委托，审查批准需要劳动教养的人。至此，劳动教养委员会名存实亡，其责权被一分为二，形成了公安机关负责劳动教养的审批，司法行政机关负责劳动教养的执行这样一种格局。那么，制定上述文件的某市劳动教养委员会到底是公安机关还是司法行政机关？从文件内容来看，该文件主要是关于劳动教养审批中政策界限的规定。因此，可以说这个文件是公安机关以劳动教养委员会的名义作出的。文件对劳动教养作了扩大规定，这一规定适用的后果是根据这个规定将会有某些公民丧失人身自由1年至3年。那么，某市公安机关有权作出这样一个规定吗？这里涉及立法权限问题。根据《宪法》第37条第1款、第2款的规定："中华人民共和国公民的人身自由不受侵犯。任何公民，非经人民检察院批准或者决定或者人民法院决定，并由公安机关执行，不受逮捕。"由此可见，公民的人身自由是受法律保护的。只有依照法律规定并经正当程序才能被剥夺。应该说，劳动教养是一种涉及对公民人身自由的剥夺的处罚措施，其主要根据是全国人大常委会批准的国务院《关于劳动教养问题的决定》和国务院《关于劳动教养的补充规定》以及国务院批准的公安部《劳动教养试行办法》。在上述规范性文件中，《劳动教养试行办法》充其量只能视为行政法规，而前两个文件是法律还是行政法规存在争议，但充其量也只是准法律而已，因为经全国人大常委会批准与全国人大常委会制定的法律毕竟还是有所不同的。在这种情况下，劳动教养本身法律根据是不充足的。尤其是我国《行政处罚法》对行政处罚设定权作出了明确规定，根据这一规定，我国行政处罚设定权的分配情况是：（1）法律的设定权。《行政处罚法》第9条规定："法律可以设定各种行政处罚。限制人身自由的行政处罚，只能由法律设定。"这里的限制人身自由的行政处罚，不同于限制自由刑，实际上是指剥夺人身自由，因而在性质上类似于剥夺自由刑。（2）行政法规的设定权。《行政处罚法》第10条规定，行政法规可以设定除限制人身自由以外的行政处罚。（3）地方性法规的设定权。《行政处罚法》第11条规定，地方性法规可以设定除限制人身自由、吊销企业营业执照以外的行政处罚。这里的地方性法规，是指省、自治区、直辖市人大及其常委会，省、自治区人民政府所在地的人大及其常委会，国务院批准的较大的市人大及其常委会在不与宪法、法律、行政法规相抵触的前提下，制定的规范性文件。（4）行政规章的设定权。行政规章包括部门规章和地方政府规章，部门规章即国务院各部委及直属机构根据法律和行政法规在权限范围内制定的规范性文件；地方政府规章即省、自治区、直辖市人民政府，省、自治区人民政府所在地的市人民政府及国务院批准的较大的市人民政府根据法律、行政法规、地方性法规制定的规范性文件。《行政处罚法》第12条规定，部门规章可以设定警告或者一定数量罚款的行政处罚。《行政处罚法》第13条规定，地方政府规章可以设定警告或者一定数量罚款的行政处罚。根据上述规定，劳动教养作为一种剥夺人身自由最长可达4年的处罚措施，必须由法律设定，其他机关均无设定权。而某市劳动教养委员会连制定地方政府规章的权力都没有，却对劳动教养进行越权性规定，岂非咄咄怪事？

　　某市劳动教养委员会之所以胆敢制定了这种大大超越其权限的文件，是和劳动教养法律规定上的混乱有着密切的关系的。我国关于劳动教养的法规不可谓不多，但却是多而杂乱。我国学者认为存在一个劳动教养法律体系，即由有关国家机关制定的关于劳动教养问题的所有法律所构成的一个有机整体系统。这个劳动教养法律体系由下述内容构成：（1）劳动教养法律；（2）劳动教养行政法规；（3）劳动教养地方性法规；（4）劳动教养规章。①我国确实存在大量的劳动教养法规，但说这些法规已经形成了一个法律体系，难免言过其实。在这些有关劳动教养的法规中，可以分为两部分内容：一是关于劳动教养设置的，二是关于劳动教养执行的。相对来说，关于劳动教养执行的法规较为规范，而关于劳动教养设置的法规则较为混乱。尤其是地方性法规随意设置劳动教养，其至劳动教养委员会本来只是一个工作机构，它也行使了劳动教养的设置权，从而使劳动教养的设置违反法治原则，这是十分可怕的。上述文件给我们的一个最大启示就是：劳动教养领域无法无天的状态必须终止。否则，刑事法治只是一句空话。

文件主要涉及的是劳动教养的对象问题，因而其所确定的劳动教养对象是否合法，这也是需要认真研究的问题。

劳动教养对象，并没有在一个法律中加以统一规定，各种各样的法律都涉及劳动教养对象，任意增设，存在相当的随意性。我国学者根据 20 世纪 80 年代初以来有关劳动教养的法律、法规及其他规范性文件对劳动教养对象的规定，认为现阶段劳动教养适用对象的具体范围主要包括下列符合劳动教养其他条件的故意实施违法或犯罪行为的人：（1）罪行轻微，不够刑事处分的反革命分子、反党反社会主义分子；（2）参与反动会道门活动，犯罪情节轻微，并确有悔改表现的一般中小道首，被人民法院免予刑事处分的；（3）有流氓、诈骗、盗窃行为，屡教不改，不够刑事处分的；（4）结伙抢劫、强奸、放火等犯罪团伙中，不够刑事处分的；（5）聚众斗殴、寻衅滋事、煽动闹事等扰乱社会治安，不够刑事处分的；（6）有工作岗位，长期拒绝劳动，破坏劳动纪律，而又不断无理取闹，扰乱生产秩序、工作秩序、教学科研秩序和生活秩序，妨碍公务，不听劝告和制止的；（7）教唆他人违法犯罪，不够刑事处分的；（8）因卖淫、嫖娼被公安机关处理后

---

① 参见夏宗素、张劲松主编：《劳动教养学基础理论》，64 页，北京，中国人民公安大学出版社，1997。

又卖淫嫖娼的；（9）介绍或者容留卖淫、嫖娼，不够刑事处分的；（10）赌博或者为赌博提供条件，不够刑事处分的；（11）制作、复制、出售、出租或者传播淫书、淫画、淫秽录像或者其他淫秽物品，不够刑事处分的，但被公安机关查处两次以上（含两次）、屡教不改的；（12）吸食、注射毒品成瘾，强制戒除后又吸食、注射毒品的；（13）非法拦截列车、在铁路线路上置放障碍物或击打列车、在线路上行走或在钢轨上坐卧等危害铁路行车安全行为的；（14）有配偶的人与他人非法姘居，情节恶劣的；（15）以营利为目的，私自为育龄妇女摘除节育环，或者借摘除节育环对妇女违法调戏、侮辱的；（16）多次倒卖车票、船票、飞机票和有效订座凭证，屡教不改，不够刑事处分的；（17）非法倒卖各种计划供应票证，经多次被公安机关抓获教育或治安处罚后仍不思悔改继续倒卖，情节比较严重而又不够刑事处分的；（18）违反枪支、民用爆炸品等危害物品管理规定的；（19）因犯罪情节轻微而又被人民检察院不起诉、人民法院免予刑事处分的；等等。① 上述劳动教养对象，有些是国务院颁布的法规规定的，有些是行政规章规定的，还有些是司法解释规定的。其中，有些规定已经明显过时，例如非法倒卖各种计划供应票证可以劳动教养的规定，由于各种计划供应票证都已经取消，因而已经不存在所谓非法倒卖计划供应票证的行为。从某市劳动教养委员会的这个文件来看，劳动教养对象又被大大地拓宽了，几乎到了没有任何限制的程度。在此，就文件涉及的劳动教养对象中的以下问题加以探讨。

1. 是否一切违反治安管理行为，只要情节严重或经教不改的都可以劳动教养？

这个问题涉及治安管理处罚与劳动教养的关系。1957 年的《治安管理处罚条例》第 30 条规定："对于一贯游手好闲、不务正业、屡次违反治安管理的人，在处罚执行完毕后需要劳动教养的，可以送交劳动教养机关实行劳动教养。"按

---

① 参见夏宗素、张劲松主编：《劳动教养学基础理论》，87～88 页，北京，中国人民公安大学出版社，1997。

照这一规定，凡是违反治安管理的行为人，符合一贯游手好闲，不务正业，屡次违反治安管理的，在处罚执行完毕后可以送交劳动教养。因此，从理论上说，违反治安管理的行为都可以劳动教养。但是 1986 年的《治安管理处罚条例》中，撤销了原条例第 30 条的规定，根据新条例第 30 条、第 32 条的规定，违反治安管理行为，只有下列行为才可予以劳动教养，即：卖淫、嫖宿暗娼以及介绍或者容留卖淫、嫖宿暗娼；赌博或者为赌博提供条件的；制作、复制、出售、出租或者传播淫书、淫画、淫秽录像或者其他淫秽物品的。由此可见，劳动教养对象不再囊括所有的违反治安处罚屡教不改的行为人，而只限定于上述明文规定的行为。但文件关于劳动教养的对象规定：违反治安管理行为情节严重或经教不改（即曾被治安处罚、劳动教养、刑事处罚仍不悔改），又不够刑事处罚的，均可以劳动教养。在这种情况下，就把劳动教养对象扩大到所有违反治安处罚的行为人。我认为，这是明显不妥的。对于劳动教养这样涉及剥夺公民的人身自由达 3 年之久的处罚措施，没有明确的法律根据，只经某一行政部门作出规定就可适用，这是不可想象的，对于这种违反法治的做法，应当制止。

2. 是否一切触犯刑律，又不够刑事处罚的都可以劳动教养？

这个问题涉及刑罚处罚与劳动教养的关系。从处罚程度来看，刑罚处罚应当超过劳动教养，这似乎是没有疑问的。因为应受刑罚处罚的是犯罪行为，而应予劳动教养的是不够刑事处罚的一般违法行为。但实际上则不然，在刑罚种类中，只有死刑（包括死缓）、无期徒刑和 3 年以上有期徒刑才重于劳动教养。而 3 年以下有期徒刑、拘役、管制则要轻于劳动教养，因为劳动教养也可以剥夺人身自由达 3 年之久，必要时还可以延长 1 年。这是劳动教养与刑罚处罚的不协调之处，由此导致犯罪处罚轻于违法处罚的不正常现象。例如，根据《刑法》第 258 条的规定，犯重婚罪的，处 2 年以下有期徒刑或者拘役。而根据 1983 年 7 月 26 日最高人民法院、最高人民检察院、公安部《关于重婚案件管辖问题的通知》（已失效）规定："公安机关发现有配偶的人与他人非法姘居的，应责令其立即结束非法姘居，并具结悔过；屡教不改的，可交由其所在单位给予行政处分，或者由公安机关酌情予以治安处罚；情节恶劣的，交由劳动教养机关实行劳动教养。"在这种情况下，没有达到重婚程度的非法姘居劳动教养最高可达 3 年，而构成重婚罪的判处刑罚最高才达 2 年。两者之间处罚上的不协调，是显而易见的。

那么，是否一切触犯刑律，又不够刑事处罚的都可以劳动教养呢？对于这个问题，1980 年国务院《关于将强制劳动和收容审查两项措施统一于劳动教养的通知》曾经规定："对有轻微违法犯罪行为，尚不够刑事处罚需要进行强制劳动的人，一律送劳动教养。"但 1982 年国务院转发公安部《劳动教养试行办法》，规定了 6 类劳动教养对象。在这 6 类劳动教养对象中，涉及不够刑事处分的才 5 类人，这就是：（1）罪行轻微，不够刑事处分的反革命分子、反党反社会主义分子；（2）结伙杀人、抢劫、强奸、放火等犯罪团伙中，不够刑事处分的；（3）有流氓、卖淫、盗窃、诈骗等违法犯罪行为，屡教不改，不够刑事处分的；（4）聚众斗殴、寻衅滋事、煽动闹事等扰乱社会治安，不够刑事处分的；（5）教唆他人违法犯罪，不够刑事处分的。根据这一规定，并非所有触犯刑律，不够刑事处分的都可以劳动教养，只有上述法规有明文规定的 5 类人才可以劳动教养。根据新法优于旧法的原则，1980 年国务院的规定已经失效。应该说，1982 年《劳动教养试行办法》规定涉及不够刑事处分的劳动教养已经包括了反革命罪（即现行刑法中的危害国家安全罪）、大部分治安犯罪和侵犯人身权利、侵犯财产权利的犯罪，加上后来其他法规以及司法解释的补充规定，劳动教养对象的范围已经十分广泛。尽管如此，也没有包括一切不够刑事处分的轻微犯罪，尤其是经济犯罪和渎职犯罪等。但文件却明确规定，违法行为已构成犯罪，但依法不需要给予刑事处罚且又符合劳动教养条件的人，以及犯罪行为轻微，不够刑事处罚而又符合劳动教养条件的人，都属于劳动教养对象。这一规定，超出了法律规定的劳动教养的对象范围，是没有法律根据的。

3. 其他违法行为是否可以劳动教养？

除违反治安管理处罚行为的人和犯罪行为轻微、不够刑事处罚的人以外，文件还规定了对其他违法行为人也可以劳动教养。最为明显的就是以营利为目的，挂牌收购烟、酒等礼品，情节严重的行为。文件将其归入窝赃、销赃案件。但挂牌收购的是烟、酒等礼品，怎么能说是销赃呢？关于其他违法犯罪行为造成严重影响或严重后果的，也可以予以劳动教养的概括性规定，使一只大口袋上面又开了一个大洞，使劳动教养审批中的随意性大为增加。

面对某市劳动教养委员会制定的这份文件，我感到目前在现实生活中存在的劳动教养制度之混乱、无序已经到了非整治不可的地步。到底如何对劳动教养进行改革，这是一个需要反思的问题。

在劳动教养制度改革问题上，存在存废之争。劳动教养保存论者主张通过立法程序将劳动教养制度确定下来，从而克服目前劳动教养立法与执法上的混乱状态。而废除论者则认为，现在的劳动教养制度应当废弃，通过降低犯罪的定量标准，使某些劳动教养对象包含在犯罪之中，对卖淫、嫖娼、吸毒人员的行政强制措施可以保留。[1] 我认为，目前的劳动教养制度不宜继续保留。通过制定统一的劳动教养法虽然在一定程度上能够克服目前在劳动教养上的混乱状态，但如果法律只是简单地将现实生活中的劳动教养制度法定化，而不对其加以根本改造，那么这种立法只是解决了劳动教养的形式上的合法性问题，而没有真正解决劳动教养的实质上的合理性问题。在这个意义上，我赞同废除目前的劳动教养制度，在此基础上，采用其他方法实现劳动教养制度的功能。

我国学者储槐植教授曾经提出教养处遇（即劳动教养）合理性的命题。[2] 我理解，这里的合理性并非指目前劳动教养制度本身是合理的，否则就不需要对其进行改革；而是说劳动教养所满足的功能具有合理性。我国劳动教养的对象在西方国家都是应受处罚的行为，而且主要是作为犯罪受刑罚处罚。我国则由于犯罪存在数量因素，因而人为地限缩了犯罪范围。例如，盗窃数额达千元以上的构成犯罪，不满千元的盗窃，如果数额只有几十元或者百元左右，作为治安管理处罚

---

① 关于劳动教养制度的存废之争，参见薛晓蔚：《劳动教养制度研究》，北京，中国文联出版社。2000。

② 参见储槐植：《论教养处遇的合理性》，载《法制日报》，1999-06-03。

也是可以的。但如果盗窃数额在 500 元至 1 000 元的行为，仅处以治安管理处罚就显得过轻。在这种情况下，劳动教养的出现就适应了这种客观需要。但劳动教养所满足的功能是合理的，并不等于满足这种功能的劳动教养制度也是合理的。对于同一行为，按照其情节轻重、数额大小，分别给予刑罚、劳动教养与治安管理处罚这三种在性质上不同的处罚，这三种处罚在程度上又未能得以协调，这种制度设计本身就是有缺陷的。这种缺陷是刑法的结构性缺陷所造成的，即刑法中的犯罪概念存在数量因素。正因为刑法中的犯罪概念存在数量因素，才形成了刑罚、劳动教养、治安管理处罚这三级制裁体制。解决这个问题，我认为，应当取消犯罪概念的数量界限，扩大犯罪下限，使其囊括目前大部分劳动教养对象。对于犯罪概念中情节显著轻微这一数量因素，我国学者提出了修改意见，主张删去关于"情节显著轻微危害不大的，不认为是犯罪"的规定。[1] 我认为这一建议是可取的，由此克服刑法的结构性缺陷，通过刑法满足绝大部分目前劳动教养的功能，实现劳动教养的刑法化。这样做，虽然会扩大犯罪范围，但却不会扩大打击面，甚至还会合理地控制打击力度，克服目前刑罚处罚与劳动教养之间的不协调。在目前的劳动教养对象中，有些属于行政强制措施，例如对卖淫、嫖娼、吸毒人员的强制治疗和强制戒毒，对此可予保留，将其改造为行政法上的保安处分措施。至于某些罪行轻微，但屡教不改，人身危险性较大的行为人，可以考虑创设刑法中的保安处分措施加以解决。

劳动教养制度的改革，除实体法上的分析以外，程序法上的司法化也是十分重要的。除行政法上的保安处分可由行政机关决定，以行政诉讼为司法补救措施以外，对于其他情形都应设置司法程序，由法院判决。目前公安机关在劳动教养工作上权力过于集中，不仅行使审批权[2]，而且享有某些事实上的立法权，例如本书所引的某市劳动教养委员会制定的文件，实际上也就是某市公安局制定的关

---

① 参见王尚新：《关于刑法情节显著轻微规定的思考》，载《法学研究》，2001 (5)。

② 关于劳动教养审批中存在的问题，参见陈林峰、郑赫南：《浅议劳教审批七题》，载《犯罪与改造研究》，2001 (11)。

于劳动教养的文件。这一文件对劳动教养作出了许多超越法律的具体规定，违背了刑事法治的基本要求。

劳动教养在我国是一种实际存在的制度，以往我们对它的研究局限在法律层面的分析上，缺乏实证研究。实证研究当然包括对劳动教养审批、执行等实际运作环节的了解，同时也包括对大量的实践中起作用的更低级别的规范性文件的分析，正是这些文件决定了某一地区劳动教养的实际运作。本章对某市劳动教养委员会关于劳动教养文件所作的研究，可以视为这种努力之一，期望它对于劳动教养制度改革能够提出一些有说服力的论证。

五、劳动教养的最终废除

2013 年 12 月 28 日全国人大常委会通过了《关于废止有关劳动教养法律规定的决定》，该决定对劳动教养作了以下规定："一、废止 1957 年 8 月 1 日第一届全国人民代表大会常务委员会第七十八次会议通过的《全国人民代表大会常务委员会批准国务院关于劳动教养问题的决定的决议》及《国务院关于劳动教养问题的决定》。二、废止 1979 年 11 月 29 日第五届全国人民代表大会常务委员会第十二次会议通过的《全国人民代表大会常务委员会批准国务院关于劳动教养的补充规定的决议》及《国务院关于劳动教养的补充规定》。三、在劳动教养制度废止前，依法作出的劳动教养决定有效；劳动教养制度废止后，对正在被依法执行劳动教养的人员，解除劳动教养，剩余期限不再执行。"至此，在我国实行了五十多年的劳动教养制度被正式废除。劳动教养制度的废除被认为是我国在刑事法治领域取得的具有标志性的成果，这是值得充分肯定的。

劳动教养制度的废除，意味着我国长期以来采用的三级制裁体系的瓦解。这里的三级制裁体系是指治安处罚、劳动教养和刑罚。在这三种制裁方法中，治安处罚和劳动教养都属于行政性的处罚，只有刑罚才是司法性的处罚。由此表明，我国在司法性的处罚之外，还存在大量的行政性的处罚。司法性的处罚与行政性的处罚相比，前者是经过严格的刑事诉讼程序的，并且作为司法性处罚对象的犯罪行为都是在刑法中有明文规定的。因此，司法性处罚符合刑事法治的要求。而后者是由行政机关决定的，没有经过严格的司法程序，并且对行政性处罚的对象也没有法律的明文规定。在这种三级制裁体系之下，刑法之外存在大量的处罚，这些处罚并不符合刑事犯罪的要求，由此表明我国的刑事法治水平处在一个较低的水准。而废除劳动教养制度以后，极大地压缩了刑法之外的行政性处罚范围，对于推进我国的刑事法治建设具有积极意义。

长期以来，我国在面对劳动教养制度存废的时候，始终考虑的一个问题是：用什么来替代劳动教养制度？之所以提出这个问题，是基于以下考虑：在过去实行的劳动教养的行为中，有一部分行为还是值得处罚的。在废除劳动教养制度以后，对于这部分行为仍然应当予以处罚，只不过这种处罚应当法治化。因此，在谋求废除劳动教养制度的同时，我国有关部门一直在寻找劳动教养制度的替代措施。例如，2000 年以后，在启动劳动教养制度立法的时候，对于劳教后的法律修改，一些学者建议适时出台违法行为矫治法，以替代劳教措施。此后，违法行为矫治法的立法纳入全国人大的立法计划，但历经十余年没有进展，主要还是在违法行为矫治的决定权等重大问题上各部门认识不一，最终这一立法计划流产。现在，劳动教养制度在没有替代措施的情况下，无条件地废除。那么，这是否意味着以往按照劳动教养处罚的行为，以后就一概不再处罚？其实，情况并非如此。事实上，在劳动教养制度废除之前，立法机关和司法机关已经做了大量的准备工作。这主要表现在：一方面适当地降低犯罪门槛，扩大刑罚处罚的范围，将那些较为严重的违法行为纳入犯罪圈。另一方面通过修改《治安处罚法》，对于那些不够刑事处罚的较为轻微的违法行为纳入治安处罚的范围。通过这种分流，使得在劳动教养制度废除以后留下的处罚真空得到有效填补。

劳动教养制度的废除，使得我国的三级制裁体系改变为二级制裁体系，即治安处罚和刑罚处罚。这对于我国的整个制裁体系带来了重大的影响。可以想见，随着刑事法治的不断完善，我国的制裁体系也会向着合理科学的方向不断发展。

第十四章

社区矫正的制度创新

    社区矫正是我国正在试点的一种非监禁化的行刑方式和处遇措施，它也是我国在长期贯彻严打的刑事政策以后对较为轻微的犯罪人采取的一种宽大的处遇措施，因而受到普遍欢迎。在一定意义上说，社区矫正试点成功并在全国范围内推行，必将改变我国传统的以监禁为主导的行刑模式，并且对我国刑事法治的建设产生深远影响。本章拟在阐述社区矫正的理念根据的基础上，对社区矫正制度的建构略述己见。

一、社区矫正的理念基础

    社区矫正制度建立在两个基本理念的基础之上：一是矫正的理念，二是非监禁化的理念。

    矫正的理念来自刑事实证学派，在刑事古典学派那里是没有矫正可言的：报应主义强调的是惩罚，而功利主义强调的是威吓。在这种情况下，刑罚只不过是惩罚的手段与威吓的工具。刑事实证学派，尤其是刑事社会学派，以李斯特的教育刑思想而闻名于世。在教育刑思想中，就包含了对犯罪人进行矫正的理念。李斯特曾言："矫正可以矫正的罪犯，不能矫正的罪犯不使为害。"尽管李斯特对于如何对罪犯进行矫正并未深入论述，但我们将李斯特称为矫正理念的首倡者并不为过。相对于报应刑与威吓刑的思想，矫正的理念赋予刑罚以更为积极的意义。基于矫正的理念，罪犯不再是简单的刑罚客体，而是矫正的对象。尽管并非所有的罪犯都能够通过矫正成为守法公民，但至少对于可矫正者来说，这种使其重新做人的效果是可期待的。因此，矫正的理念使刑罚不仅是排害之器，而且成为致善之道。

非监禁化的理念较之矫正的理念，是更为新近的刑罚理念。初始的矫正，主要是指监狱矫正，这种矫正是通过监禁的方式实现的。然而监禁刑本身具有消极性，尤其是短期自由刑的弊端更为明显，为限制短期自由刑的弊端导致缓刑的大量适用。此外，对于长期自由刑来说，对罪犯的长期监禁同样会扼杀罪犯的主观能动性，使罪犯刑满释放后难以回归社会。为此，假释制度得以创立，并成为罪犯从监禁到自由的一种过渡性措施。为克服监禁化的缺陷，进一步发挥缓刑和假释在罪犯矫正中的作用，矫正模式在西方国家经历了医疗模式和更新模式之后出现了监狱替代模式，也就是社区模式（the community model），主张通过扩大社区矫正的形式来部分替代监狱的功能。社区模式是在对医疗模式和更新模式进行反思的基础上形成的，它表明矫正模式从监禁化到非监禁化的嬗变。医疗模式（the medical model）认为犯罪是由犯罪者心理和生理的疾病与障碍所导致，因而监狱的主要功能是对这些疾病和障碍的治疗。而更新模式（the rehabilitation model）则认为犯罪主要是由于犯罪者没有经历一个正常的社会化过程，因而应当通过监狱着重对罪犯进行重新社会化的塑造，以祛除其犯罪动因。显然，上述两种矫正模式都是以监狱为场域，以监禁为手段的。社区矫正模式认为，刑事司法执法体系的目的应该使罪犯在社区中得到新生。医疗模式强调罪犯在监狱中得到治疗是有片面性的，更新模式希望罪犯在监狱中得到矫正也是有局限性的，因为监狱这种人工建造的机构主要是用于将罪犯与社会隔离，而不利于提高罪犯适应社会生活的能力。在社会高度发展的今天，不应过于强调在监狱中对罪犯的治疗和更新，而应增加罪犯在社区中变为守法公民的机会。所以，应有选择地对非暴力犯和初犯等更多地采用缓刑等非监禁刑的刑罚方式，以便于罪犯有更多的机会参加社区职业和教育的项目，以利于罪犯更好地适应社会。对于必须在监狱服刑的罪犯，也应使其尽早得到假释，增加罪犯的社会适应能力，尽快地得以新生。[1] 在这种情况下，非监禁化成为刑罚的发展方向。在这一思潮的影响下，在立法上创设了更多的非监禁刑，这可以说是立法上的非监禁化。在司法上，对监禁刑也更多地采用非监禁的处遇措施，以弥补监禁刑的不足，包括缓刑与假释的广泛适用，这可以说是司法上的非监禁化。

　　社区矫正就是一种非监禁化的矫正措施，它是刑罚思想发展到一定程度的产物。那么，我国是否具备了推行社区矫正的思想条件呢？我认为，这个问题同样取决于我们对矫正与非监禁化的认识。

　　就矫正的理念而言，在我国以往的刑罚理论中并无矫正一词，更多的是采用改造一词，尤其是将劳动作为改造的主要手段之一，称之为劳动改造。劳动改造几乎成为监狱矫正的代名词，在相当长一个时期内，我国的监狱被称为劳动改造机关。其实，劳动改造并非将劳动作为改造的唯一手段，除此以外，还包括通过政治教育进行思想改造。1954 年《劳动改造条例》（已失效）第 4 条规定："劳动改造机关对于一切反革命犯和其他刑事犯，所实施的劳动改造，应当贯彻惩罚管制与思想改造相结合、劳动生产与政治教育相结合的方针。"在这一方针中，劳动改造的内容得以正确的阐述。当然劳动改造一词具有浓厚的意识形态色彩，并且容易引起误解。我国 1994 年《监狱法》将监狱从劳动改造机关改为国家的刑罚执行机关。该法第 3 条规定："监狱对罪犯实行惩罚和改造相结合、教育和劳动相结合的原则，将罪犯改造成为守法公民。"在这种情况下，改造一词虽然仍然保留，但劳动已经不是改造的根本手段。那么，我国《监狱法》中的改造是

---

　　① 参见郭建安主编：《西方监狱制度概论》，15 页以下，北京，法律出版社，2003。

否可以与西方的矫正一词相等同了呢？严格来说，两者还不能完全等同。美国学者指出，矫正这一术语是指法定有权对判有罪者进行监禁或监控的机构所实施的各种处遇措施。[①] 因此，矫正一词更具有技术性，矫正是对于犯罪人的人格的一种改变。而我国的改造则具有政治性，强调对于犯罪人的思想的一种改变。当社区矫正作为一种行刑措施引入我国的时候，不能简单地将改造替换为矫正，而是应当从刑法理念上进行彻底的反思。从技术手段入手，将社区矫正纳入法治的轨道，从建设和谐社会这一社会治理目标与建设法治国家这一社会治理手段的统一上深刻地理解社区矫正的性质。

如果说，我们尚可从传统的改造理念中蜕变出矫正的理念，那么，非监禁化的理念也同样可以从我国传统的刑罚思想中找到渊源，依靠人民群众的力量对犯罪分子进行监督改造就是其中之一。我国刑法学界一般都将管制作为我国独创的，专门机关与群众相结合，惩罚、监督、教育改造罪犯的一种行之有效的刑罚方法。[②] 但是，我们不能陶醉于对管制刑的独创而自满。从管制刑的前生今世来看，它远远没有达到我们所期待的效果。在历史上，管制刑曾经沦为群众专政的工具，是对敌斗争的手段，因而打上了深刻的政治烙印。从现实来看，随着我国社会结构的演变，管制刑逐渐丧失了其群众基础与社会基础，因而几乎成为一种被冷落的刑罚。在 1997 年刑法修改中其存废都成为一个争执的问题，其命运可想而知。从 1983 年以来，我国处于持续的严打运动之中，严打不仅使严重的犯罪受到严厉的惩罚，而且在水涨船高的效应之下，轻罪的刑罚也逐渐趋重。在这种情况下，首先就是对缓刑与假释等非监禁化处遇措施的严格限制，以免其冲淡或者抵消严打形成的高压态势。因此，从长期以来贯彻的严打刑事政策考察，监禁化甚至长期监禁化是严打的重要举措之一，而非监禁化是受到排斥的。更为重要的是，我国传统法律文化中，刑罚是与监禁直接相连的，社会公众一般认为只

---

① 参见［美］克莱门斯·巴特勒斯：《矫正导论》，孙晓雳译，27 页，北京，中国人民公安大学出版社，1991。

② 参见吴宗宪等：《非监禁刑研究》，460 页，北京，中国人民公安大学出版社，2003。

有在坐牢的情况之下才是受到了刑罚惩罚，这是一种监禁化的刑罚理念，它对于非监禁化措施是直接抵触的，因而存在一个非监禁化刑罚理念如何获得社会认同的问题。

社区矫正制度并不是矫正与非监禁化的简单相加，它更为倚重的是市民社会的成熟发展，因而必须具备一定的社会基础。在改革开放以前，我国是一个单位社会，这里的单位在城镇是指企事业单位，在农村是指生产单位。就城镇而言，每个人都隶属于单位，个人通过单位与国家发生政治、经济与法律上的联系。单位为个人的社会活动提供了一个必不可少的空间，是个人生活定位、身份定位和政治定位的外在标志，同时又是国家调控体系的承载者与实现者。① 个人对单位的依赖达到无以复加的程度，单位乃是个人生存唯一的社会空间，由此而取代了家庭的功能。我国学者曾经揭示了单位组织的这种复合功能性，认为单位这种生产组织，不仅仅是单纯的就业场所和生产场所，而且具有政治与社会等多种复合功能。② 在城镇当时虽然也存在居民委员会之类的社会自治组织，但它只是对单位制度的一种补充，只能管理那些无单位隶属的人员，这类人被称为社会闲散人员。而在农村，情况与城镇稍有不同。尽管 1958 年大办人民公社时，当权者曾经想把公社建成农民生产与生活合一的单位，借以降低甚至取消家庭的作用。但由于大办食堂的失败，公社只是一个生产组织，生活职能仍然由家庭承担。由于生产活动在社会生活中的重要性，因而以公社为模式的生产组织成为对分散的农民进行集体管理与控制的政治手段。在这样一个单位社会，个人的自由空间极为有限。对于普通公民来说，社会流动也只限于访亲问友等极少数情形，并且外出住宿或者搭载交通工具都需要单位介绍信以证明身份以及流动的合法性。在这种情况下，国家对个人的控制得以有效地实现，社会治安与社会秩序都处于一种超稳定的状态。当然，其后果是社会发展的长期停滞。在改革开放以后，从经济体

---

① 参见刘建军：《单位中国——社会调控体制重构中的个人、组织与国家》，16 页，天津，天津人民出版社，2000。

② 参见杨晓民、周翼虎：《中国单位制度》，65 页，北京，中国经济出版社，1999。

制上突破，单位社会逐渐被瓦解，个人由此而从单位的控制之中解脱出来。不仅如此，以往完全依赖于国家的单位也逐渐地获得自主性，更不用说在市场经济中出现的与国家没有直接隶属关系的新型经济组织。这样就出现了我国学者所称的单位对国家、个人对单位依赖性的弱化现象。在这一弱化过程中，个人的行为自由度得以增强，由此对整个中国社会的基本结构，尤其是对中国城市社区中的整合与控制机制有着极为深刻的影响。这预示着，中国城市社区整合与控制机制得以运行的重要基础——单位对国家和上级单位的全面依赖，单位成员对单位组织的全面依赖——已经开始动摇；国家和政府已经越来越不可能像以前那样仅仅通过单位就能够实现对社会成员的控制和整合。[①] 这种情形在农村表现得更为明显：随着人民公社制度的瓦解，虽然建立了乡一级的政权机构，但村民委员会作为自治组织，只负责乡村公共事务。随着家庭生产责任制的推行，家庭不仅是一个生活组织，而且是生产组织，其重要性大为提升。在这种情况下，国家与政府对农民的控制则明显减弱。尤其是大量农村剩余劳动力以农民工的身份流动到城市以及经济发达地区从事劳务活动，他们成为这个社会中最为活跃的要素，尽管还受到城市管理部门各种各样的限制与约束，包括暂住证等。中国社会面貌的这种变化，对社会控制与社会整合的传统方式带来重大挑战，不仅单位控制失效，而且户籍制度失灵。在市场经济条件下，单位已经改变成为单纯的经济组织，政治动员与社会控制的功能几乎丧失。至于户籍制度随着人户分离现象越来越严重，只具有消极的登记功能，已经很难使其在社会控制中发挥积极的作用。

随着中国社会的转变，出现了国家与社会的分离，国家将部分权力让渡或者归还给社会，由此实现从政治国家的一元社会结构到政治国家与市民社会的二元社会结构演变。市民社会的建构，对于中国社会的现代化进程具有重大意义。同样，在犯罪惩治与罪犯矫正这一刑事领域，也应该实现从完全依赖国家到调动更多的社会积极性、吸收公众参与这样一种嬗变。这是我国社区矫正试点的社会背

---

① 参见李汉林：《中国单位社会：议论、思考与研究》，92 页，上海，上海人民出版社，2004。

景的一个分析。

应该说，社区概念对中国人来说是正在逐渐被认同并接受的一个概念。我们以往更喜欢使用的是社会这个概念。但社会是一个高度抽象的概念，具有整体性。如果不对社会进行具体分析，尤其是不从与国家对应的意义上理解社会一词，我们十分容易将社会与国家相混淆。当然，自从德国社会学家裴迪南德·滕尼斯在 1887 年出版的《共同体与社会》（Gemeinschaft and Gesellschaft）一书中首次使用社区（英文为 community）一词以来，在理论上对社区存在各种不同的理解。我国学者倾向于对社区作更严格的限定，将其定为居民社会生活共同体，即由居住在一定地域范围内人群组成的、具有相关利益和内在互动关系的地域性社会生活共同体。[①] 在这一社区概念中，包括了地缘性、利益相关性等要素。更为重要的是，在社区中包含共同体这一要素，它表明社区是一种组织。当然，社区组织不同于国家的行政组织，它具有自治性，对社区进行的是治理而非统治。我国目前的社区组织，尤其是城市的街道社区和社区居委会，都是从以往的社会基层组织中蜕变而来。社区建设虽然取得了一定的成绩，但社区组织仍然具有对政府的较强的依赖性，缺乏在社区治理上的自主性。更为重要的是，非营利组织在我国还不发达，因而难以吸纳更多的公民参与到社区建设中来。在某种意义上可以说，社区建设是社区矫正制度得以存活的社会基础。

我国的社区矫正尚在试验阶段，相对于已有上百年历史的西方法治发达国家的社区矫正，我国的社区矫正刚刚起步，社会基础还是十分薄弱的。当然，我国的社区矫正具有本国特点。尽管如此，我们还是应当从世界各国的社区矫正制度中发现共性，由此而使我国的社区矫正制度严格按照法治原则健康地发展。

我国目前正在制定《社区矫正法》，因此社区矫正在我国尚无明确的法律规范，唯一可以作为社区矫正的规范依据是 2003 年 7 月 10 日最高人民法院、最高人民检察院、公安部、司法部《关于开展社区矫正试点工作的通知》（以下简称

---

① 参见潘小娟：《中国基层社会重构——社区治理研究》，6 页，北京，中国法制出版社，2005。

《通知》）和 2004 年 5 月 9 日司法部《司法行政机关社区矫正工作暂行办法》（以下简称《办法》）。应该说，这两个规范依据的法律效力层级都是较低的，这也反映了社区矫正的试验性质。当然，纳入社区矫正范围的管制、剥夺政治权利和监外执行等非监禁化的行刑方式和缓刑、假释等非监禁化的处遇措施本身，均是在我国刑法、刑事诉讼法以及最高人民法院和最高人民检察院的司法解释中有明确规定的。我认为，在社区矫正试点的基础上，我国应该及时地进行社区矫正的立法，包括对刑法、刑事诉讼法进行修订，将社区矫正的实体和程序的相关内容纳入其中。更为重要的是应当专门制定社区矫正法，为社区矫正制度提供充足的法律根据。在社区矫正法中，亟待解决的是社区矫正机构的性质、权限和法律地位，在这当中，非监禁刑的行刑权和非监禁化处遇措施的执行权之归属是最为重要的。根据现行法律的规定，上述权力是由公安机关行使的，但公安机关实际上缺乏足够的能力去行使这一权力，为此，应当将这一权力授予社区矫正机构行使，使社区矫正机构成为非监禁刑的行刑主体和非监禁化处遇措施的执行主体。社区矫正机构作为行刑机构，应当隶属于司法行政部门，使我国的司法行政部门成为监禁刑和非监禁刑的执行机构。这对于司法权与司法资源的合理配置具有重大意义，也是我国社区矫正工作得以开展的制度保证。从现在的情况来看，《刑法修正案（八）》已经对管制、缓刑和假释依法实行社区矫正作了明文规定，随着《社区矫正法》的出台，我国社区矫正制度将正式建立。

二、社区矫正的规范分析

根据《通知》和《办法》第 2 条的规定，社区矫正是指将符合社区矫正条件的罪犯置于社区内，由专门的国家机关在相关社会团体和民间组织以及社会志愿者的协助下，矫正其犯罪心理和行为恶习，促进其顺利回归社会的非监禁刑罚执行活动。根据这一概念，我国的社区矫正具有以下四个特征：

（一）社区矫正的性质

我国将社区矫正界定为一种非监禁刑罚执行活动，它是与监禁矫正相对的一种行刑活动。因此，只有从行刑活动的意义上才能正确地理解我国的社区矫正。因此，社区矫正将非监禁化的行刑方式提到了一个重要位置，对于我国以监禁为主的行刑方式的理念是一种冲击。我认为，我国之所以强调并重视社区矫正这种非监禁化的行刑方式，主要是基于以下三点考虑：一是化解社会矛盾。适用于社区矫正的犯罪人，大多是犯罪情节较轻的，有些犯罪情节较重也已经经过长期监禁具有较好的矫正效果，当然也有个别是由于存在某种客观事由。对于这些情节较轻的犯罪人，实行关押没有必要，也不利于对他们的教育改造。从化解社会矛盾的实际需要出发，对他们采取社区矫正，既是对犯罪人的一种感化，也是对被害人的一种安抚，能够取得较好的社会效果。尤其是我国提出了建构和谐社会的目标，社区矫正与这一社会建设目标的方向是完全吻合的。二是弥补监禁刑的不足。我国对罪犯主要适用监禁刑，但监禁刑的矫正效果并不尽如人意，重新犯罪率较高。当然不能因为监禁矫正效果不佳而否定监禁矫正的合理性与正当性，而是可以通过提高监禁矫正的质量逐渐地解决这个问题。但对于那些犯罪情节较轻的犯罪人来说，不应对他们再实行监禁，而是应当通过非监禁的方式进行矫正，社区矫正就是这样一种非监禁的矫正措施，只要措施得当，是能够取得较好的矫正效果的。三是降低行刑成本。相对来说，监禁刑的行刑成本较高。我国监狱设施主要形成于计划经济时代，并且通过监狱组织罪犯劳动以弥补经费不足，曾经起到了重要作用。但在市场经济条件下，监狱企业受到很大的冲击，经济效益每况愈下，对于监狱经费的补充功能越来越弱。在这种情况下，1994 年《监狱法》第 8 条明确规定国家保障监狱改造罪犯所需经费。这些年来我国经济实力虽然有了极大的提升，但仍然不可能大幅度地增加监狱经费。在这种情况下，过重的监禁成本是一种负担。而社区矫正由其非监禁的特点所决定，可以减轻监狱的负担，能够节省行刑成本。因此，推行社区矫正的试点，有利于合理配置行刑资源，使监禁矫正与社区矫正两种行刑方式相辅相成，增强刑罚效能，降低行刑成本。总之，将我国的社区矫正的性质确定为非监禁的行刑方式，在目前的法律框架下吸纳社区矫正制度，是具有其现实合理性的。

就社区矫正的性质而言，我国的社区矫正与西方国家的社区矫正还是存在较大差别的。在西方国家，社区矫正不仅是一种非监禁的行刑方式，而且本身就是一种刑罚方法。例如英国的社区服务，就是一种典型的社区矫正刑。社区服务（community service）是指由法庭判决犯罪人到社区中进行一定时间无偿劳动的非监禁刑措施。社区服务的性质是介于监禁和缓刑之间的一种非监禁刑措施。社区服务这种非监禁刑措施的严厉程度比监禁刑要轻，但是比纯粹的缓刑要重，它给犯罪人提供一种实际的经历，使他们把这种经历想象成一种制裁，在惩罚犯罪人和预防累犯方面发挥作用。因此，社区服务是一种具有中等程度惩罚性的制裁手段。[1] 由于社区服务可以作为监禁刑的替代措施，因而我国学者亦将其称为替刑——替代性刑罚。[2] 我国也有学者提出建构中国的社区矫正刑的设想[3]，但它如何与现有的管制刑相协调，仍然是一种值得考虑的问题。

（二）社区矫正的范围

我国社区矫正是一种非监禁的行刑方式，根据《办法》第5条的规定，对下列人员实行社区矫正：

1. 被判处管制的

管制是我国刑法中唯一的非监禁刑，是指由人民法院判决，对犯罪分子不予关押，但限制其一定自由，交由公安机关管束和群众监督改造的刑罚方法。应该说，我国刑法中的管制刑与社区矫正的宗旨是最相接近的。当然，我们也必须看到，管制刑是我国独创的一种刑罚方法，体现的是依靠人民群众改造犯罪分子的刑罚思想，曾经发挥过重要的作用。但在管制的执行中也出现了一些问题，在计划经济体制下，每个人都隶属于一个单位，犯罪人也不例外。因此，被判处管制

---

① 参见吴宗宪等：《非监禁刑研究》，312 页，北京，中国人民公安大学出版社，2003。

② 参见王运生、严军兴：《英国刑事司法与替刑制度》，92 页，北京，中国法制出版社，1999。

③ 参见郭建安、郑霞泽主编：《社区矫正通论》，452 页以下，北京，法律出版社，2004。

的犯罪分子一般都是放回原单位,通过基层组织对犯罪分子进行监管,并要求犯罪分子"积极参加集体劳动生产或者工作"(1979 年《刑法》第 34 条第 1 项)。但在经济体制改革以后,单位的性质发生了变化,不再承担社会职责,并且出现了大量并不隶属于任何单位的个人,也包括犯罪分子。在这种情况下,管制的监管工作实际上无法落实。公安机关作为管制刑的执行机关,由于警力有限、无暇顾及,因此出现了"不管不制"的现象,极大地影响了管制的效果,也导致管制刑在司法实践中极低的适用率,以至于在 1997 年刑法修订中,出现了对管制刑的存废之争。① 尽管最终保留了管制刑,但其行刑方式的变革势在必行。在社区矫正试点中,将被判处管制的犯罪分子纳入社区矫正的范围,对于管制刑来说具有重大意义。如果通过社区矫正能够改变"不管不制"的局面,使各项监管措施得以落实,则为司法实践中对于情节较轻的犯罪分子大量适用管制刑创造了条件。

2. 被宣告缓刑的

缓刑是我国自由刑的一种执行方式,具有非监禁化的特征。根据我国《刑法》第 72 条的规定:"对于被判处拘役、三年以下有期徒刑的犯罪分子,同时符合下列条件的,可以宣告缓刑,对其中不满十八周岁的人、怀孕的妇女和已满七十五周岁的人,应当宣告缓刑:(一)犯罪情节较轻;(二)有悔罪表现;(三)没有再犯罪的危险;(四)宣告缓刑对所居住社区没有重大不良影响。宣告缓刑,可以根据犯罪情况,同时禁止犯罪分子在缓刑考验期限内从事特定活动,进入特定区域、场所,接触特定的人。被宣告缓刑的犯罪分子,如果被判处附加刑,附加刑仍须执行。"缓刑的适用使我国刑法中的拘役和有期徒刑附条件地不执行。在这个意义上说,缓刑是监禁刑的替代措施。在社区矫正试点以前,在我国司法实践中缓刑适用率也是较低的,究其原委,除长期实行严打刑事政策,在思想观念上限制了缓刑的适用以外,一个重要的原因是缓刑的考察措施得不到落实。1979 年《刑法》第 70 条规定:被宣告缓刑的犯罪分子,在缓刑考验期限内,由

---

① 参见周道鸾等主编:《刑法的修改与适用》,134 页以下,北京,人民法院出版社,1997。

公安机关交所在单位或者基层组织予以考察。因此，所在单位或者基层组织成为法定的缓刑考察主体。这样一个规定在计划经济体制下能够得到落实，当时单位或者基层组织对于个人尚具有较强的控制能力。但在现在的社会条件下，一方面个人对单位的依附性大为减弱，甚至出现了不隶属于任何单位的个人；另一方面基层组织不够健全，功能发挥不正常，事实上也无力承担缓刑考察的职责。因此，在1997年刑法修订当中对此作了修改。根据1997年《刑法》第76条的规定，被宣告缓刑的犯罪分子，在缓刑考验期限内，由公安机关考察，所在单位或者基层组织予以配合。但是所在单位或者基层组织如何配合，刑法并未作出明确规定。而公安机关由于警力的限制，亦不能对被判处缓刑的犯罪分子进行实质性的考察。在这种情况下，缓刑的判处与执行之间形成恶性循环。由于没有落实考察措施，被判处缓刑的犯罪分子就会在缓刑考验期间犯罪。由此而使法官难以确定适用缓刑是否确实不致再危害社会，因而不敢判处缓刑，缓刑本来是一种监禁刑的替代措施，在我国司法实践中却成为一种恩赐，轻易不敢适用。缓刑适用越少，就越不可能形成一定的规模，也就越难以纳入公安机关的工作范围。从世界各国的情况来看，都有专门的缓刑执行机构，负责对缓刑犯的日常管理，而我国则没有建立起专门的缓刑管理机制。现在，将被判处缓刑的犯罪分子纳入社区矫正的范围，通过社区矫正措施实现对缓刑的考察，必将对缓刑制度在我国司法中的新生带来深远的影响。当然，由于缓刑本身并不是一种独立的刑罚，因而将缓刑的执行视为行刑方式并不妥当。这个问题直接关系到对我国社区矫正的性质的确定。我认为，我国的社区矫正主要是一种非监禁刑的执行方式，同时也包括缓刑以及假释等非监禁措施的执行方式。

3. 被暂予监外执行的

被暂予监外执行的，包括：（1）有严重疾病需要保外就医的；（2）怀孕或者还在哺乳自己婴儿的妇女；（3）生活不能自理，适用暂予监外执行不致再危害社会的。暂予监外执行，是我国监禁刑执行的一种特殊方式，即由于存在某种法定事由不适合于在监内执行刑罚的，依法裁定采取监外执行的方式。我国1996年

《刑事诉讼法》第 214 条第 6 款规定："对于暂予监外执行的罪犯，由居住地公安机关执行，执行机关应当对其严格管理监督，基层组织或者罪犯的原所在单位协助进行监督。"根据这一规定，公安机关是监外执行的执行机关。但我国刑事诉讼法对于监外执行的方式未作明文规定，在 1998 年《公安机关办理刑事案件程序规定》中，也只是涉及监外执行的程序问题而未涉及实体问题。值得注意的是，2012 年《公安机关办理刑事案件程序规定》第 299 条对监外执行问题作了规定，指出：对暂予监外执行的罪犯，有下列情形之一的，批准暂予监外执行的公安机关应当作出收监执行决定：（1）发现不符合暂予监外执行条件的；（2）严重违反有关暂予监外执行监督管理规定的；（3）暂予监外执行的情形消失后，罪犯刑期未满的。对暂予监外执行的罪犯决定收监执行的，由暂予监外执行地看守所将罪犯收监执行。不符合暂予监外执行条件的罪犯通过贿赂等非法手段被暂予监外执行的，或者罪犯在暂予监外执行期间脱逃的，罪犯被收监执行后，所在看守所应当提出不计入执行刑期的建议，经设区的市一级以上公安机关审查同意后，报请所在地中级以上人民法院审核裁定。当然，从实际情形来看，监外执行尚在一定程度上处于放任自流的状况。甚至出现监外执行的法定事由消失，也没有及时收监执行的情况。现在，将被暂予监外执行的犯罪分子纳入社区矫正的范围，使监外执行制度得以规范化，对于我国行刑制度的完善具有重要意义。

　　4. 被裁定假释的

　　假释是我国刑法中的一种行刑制度，具有非监禁化的特征。根据我国《刑法》第 81 条的规定，被判处有期徒刑的犯罪分子，执行原判刑期二分之一以上，被判处无期徒刑的犯罪分子，实行执行十三年以上，如果认真遵守监规，接受教育改造，确有悔改表现，没有再犯罪的危险的，可以假释。由此可见，我国刑法中假释制度的创设是为减少长期监禁带来的弊端，并具有对于在监禁刑执行过程中悔改表现较好的犯罪分子的奖励性质。由于假释是一种附条件的提前释放，因而必须对其进行监督考察。为此，各国大多有专门的假释监督保护机构，专门负责监督、帮助和控制罪犯遵守假释条件，履行个案义务。[①] 但在我国则未设立专门的假释监督机构，根据《刑法》第85条的规定，对假释的犯罪分子，在假释考验期内，依法实行社区矫正。我国的假释率相当低，在世界各国广泛推行假释制度的情况下，这一对比尤其突出。例如，以2000年为例，澳大利亚的假释率高达39.7％，加拿大的假释率为32.7％，较低的日本假释率为5％，而中国的假释只有2.3％。[②] 根据司法部监狱管理局统计，我国的假释率1995年为2.3％，1996年为2.68％，1997年为2.93％，1998年为2.07％，1999年为2.13％，2000年为2.25％，2001年为1.43％。[③] 从1995年到2001年这七年间，我国假释适用率年均为2.25％。我国假释率低，原因是多方面的。例如减刑制度的替代效应是客观存在的，但主要还是假释的监督措施未能有效落实。在现实生活中，甚至存在假释罪犯脱管失控的问题，这都极大地影响了假释的适用。在社区矫正中，将被裁定假释的犯罪分子纳入社区矫正的范围，就可以依法对其进行监督管理，对于提高对假释罪犯的监管效果必将起重要作用。

5. 被剥夺政治权利并在社会上服刑的

剥夺政治权利是我国刑法中的一种附加刑，可以分为附加适用与独立适用两种情形。附加适用是指对罪行严重的犯罪分子，在判处主刑的同时可以附加剥夺政治权利。附加适用的剥夺政治权利，除死刑立即执行以外，其他情况下都从徒刑、拘役执行完毕之日或者从假释之日起计算。独立适用的剥夺政治权利，则是对犯罪情节较轻的犯罪分子适用的，不判处主刑，只判处剥夺政治权利。在这两种情况下，剥夺政治权利都属于在社会上服刑，而不包括对判处死刑立即执行的剥夺政治权利终身和附加剥夺政治权利的其效力适用于主刑执行期间的情形。剥夺政治权利的核心内容是不得行使《刑法》第54条规定的各项权利，其执行的内容就是对禁止行使上述权利的监督。如果监督不力，就会使剥夺政治权利刑虚

---

① 参见柳忠卫：《假释制度比较研究》，245页，济南，山东大学出版社，2005。
② 参见吴宗宪等：《非监禁刑研究》，404页，北京，中国人民公安大学出版社，2003。
③ 参见司法部监狱管理局编：《1995年—2001年全国监狱系统押犯情况统计表》。

无化。在社区矫正试点中，将剥夺政治权利纳入社区矫正的范围，对于完善剥夺政治权利刑的执行具有重要意义。

（三）社区矫正的机构及其人员

社区矫正是一项重要的司法措施，非建立专门机构难以完成社区矫正的职责。从现行法律分析，目前纳入社区矫正的各种非监禁刑以及非监禁措施的执行机构都是公安机关。公安机关是社会治安管理机构，并且承担着刑事侦查的职能。各种非监禁刑以及非监禁措施的执行，和公安机关的职责具有一定的相关性，因而将其纳入公安机关的职责范围具有一定的合理性。但随着非监禁化行刑方式与处遇措施的进一步推行，公安机关难以独自履行这一职责。在这种情况下，就有必要建立专门的社区矫正机构。根据《办法》的规定，社区矫正机构分为以下三个层次：一是各省（自治区、直辖市）、市（地、州）和县（市、区）社区矫正工作领导小组，主要负责社区矫正的组织工作，协调理顺关系，研究解决工作中的重大问题。二是司法行政机关设立社区矫正工作领导小组办公室，作为同级社区矫正工作领导小组的办理机构，负责指导、监督有关法律、法规和规章的实施，协调相关部门解决社区矫正工作中的重大问题，检查、考核本地区社区矫正实施情况。三是乡镇、街道司法所，具体负责实施社区矫正。从以上社区矫正组织机构的架构来看，还具有临时性质，社区矫正是附加给乡镇、街道司法所的一项职责。若不对乡镇、街道司法所进行改造，难以承担并圆满地履行社区矫正的职责。因此，应当在社区矫正的试点中，逐渐地完善社区矫正的组织体制。当然，上述社区矫正机构仍然是以国家为主导的，如何吸收社会团体以及非营利性组织参加到社区矫正当中来，仍然是一个值得研究的问题。《办法》第9条第4项规定："组织相关社会团体、民间组织和社区矫正工作志愿者，对社区服刑人员开展多种形式的教育，帮助社区服刑人员解决遇到的困难问题。"这些社会团体、民间组织的具体职责尚有待规范。值得肯定的是，北京市东城区在2005年2月21日专门成立了民间社区矫正机构——阳光社区矫正服务中心。该中心受东城区司法局的业务指导，以"政府出资，团体运作，面向社会招聘，购买专业服务，实行资源共享"为模式，面向本辖区的社区服刑人员开展回归社会辅导、心理矫正、教育培训、临时救助和项目研究与开发等服务。① 在 2006 年 5 月 26 日，北京市东城区阳光社区矫正服务中心的心理矫正室正式面向服刑人员及其家属，开通了矫正心理热线。② 这些举措都具有创新意义，使社区矫正更加贴近服刑人员，提供各种服务。

根据《办法》第 12 条规定，社区矫正工作者应当由司法所工作人员、有关社会团体成员和社会志愿者组成。其中，社区矫正工作志愿者是社区矫正工作者的重要组成部分，应当充分肯定他们的积极性。社区矫正工作志愿者，是利用业余时间兼职或义务从事社区服刑人员矫正服务工作的社会工作人员，吸收这些人员参与社区矫正，体现了社区矫正中的公众参与性，是市民社会治理犯罪的一种自治形式。③《办法》第 13 条第 1 款规定社区矫正工作志愿者应当具备下列条件：（1）拥护宪法，遵守法律，品行端正；（2）热心社区矫正工作；（3）有一定的法律政策水平、文化素质和专业知识。在上述条件中，更应强调的是专业知识，尤其是矫正技术。只有如此，才能为社区服刑人员提供更好的矫正服务。

（四）社区矫正的措施

社区矫正措施是社区矫正的实体内容，在现行法律没有修改的情况下，主要是依照刑法和刑事诉讼法的规定执行。当然，在统一执行中涉及的最大问题是如何对各种不同类型的社区服刑人员采取区别对待的管理教育措施。尤其应当指出的是，管制、剥夺政治权利和暂予监外执行这三种情形具有刑罚执行的性质。但缓刑和假释的考察和监督具有非监禁化处遇措施执行的性质，两者在性质上是不同的，不应混为一谈。在《办法》中，对各种社区矫正对象的措施都依照相关法律作了规定。下面加以分析：

---

① 参见《北京成立首家民间社区矫正机构》，载《法制日报》，2005-02-23。
② 参见《首都矫正心理热线开通》，载《京华时报》，2006-05-26。
③ 参见狄小华：《关于社区矫正的思考》，载陈兴良主编：《刑事法评论》，第 16 卷，638 页，北京，中国政法大学出版社，2005。

1. 管制

《办法》第 24 条规定，被判处管制的社区服刑人员在社区矫正期间应当遵守下列规定：（1）遵守法律、行政法规和社区矫正的有关规定，服从监督管理；（2）未经批准，不得行使言论、出版、集会、结社、游行、示威自由的权利；（3）定期报告自己的活动情况；（4）遵守关于会客的规定；（5）离开所居住的市、县或者迁居，应当报告司法所，并经公安机关批准；（6）遵守其他具体的监督管理措施。在上述规定中，除第 6 点以外，前 5 点是《刑法》第 39 条的规定。在司法实践中，管制的执行存在的最大问题是缺乏有效的强制性。刑法虽然对管制期间应当遵守的规定作了明文列举，但如果被判处管制的犯罪分子违反上述规定，又没有达到治安处罚或者再犯新罪程度的，管理机关对其无可奈何，从而影响了管制的严肃性。外国非监禁刑的执行，一般都以易科其他刑罚作为救济保障的措施。较为常见的是易科监禁刑，由于西方国家把社会服务令作为监禁刑的替代措施，当违反社会服务令时即易科监禁，如荷兰、丹麦、法国等。俄罗斯刑法也规定，如果被判处劳动改造的人恶意逃避服刑，法院可用限制自由、拘役或剥夺自由代替未服完的劳动改造。在被判处限制自由的人恶意逃避服刑的情况下，可以用剥夺自由代替，其期限为法院所判处的限制自由的期限。此外，英国、澳大利亚等国则对于违反社会服务令和保护观察者易科罚金。[①] 在我国 1997 年刑法修订中，对于如何对在管制期间违反有关规定的违法行为进行处理，曾经有过不同意见。对于这个问题，我国有的学者认为，对于管制期间的违法行为，既不能作为犯罪来处理，又没有其他制裁措施，放任不管又有失法律的尊严，使管制流于形式。故应明确规定抗拒、逃避管制的法律后果。凡在管制期间违反刑法的有关规定，情节恶劣的，经执行机关查证属实，可由人民法院决定，适当延长原判管制期限。这样，可以增强管制的威慑力和强制性。[②] 应当说，这一建议具有一定的合理性，但

① 参见阎少华：《管制刑研究》，192 页，长春，吉林人民出版社，2005。

② 参见黄华平：《论管制刑的地位和完善》，载《刑法修改建议文集》，371 页，北京，中国人民大学出版社，1997。

立法机关并未采纳。现在，建立了社区矫正制度，将管制的执行纳入社区矫正的范围，可以加强对被判处管制的犯罪分子的监督管理以在一定程度上缓解这个问题。

2. 缓刑

《办法》第 25 条规定，被宣告缓刑的社区服刑人员，在社区矫正期间应当遵守下列规定：（1）遵守法律、行政法规和社区矫正有关规定，服从监督管理；（2）定期报告自己的活动情况；（3）遵守关于会客的规定；（4）离开居住的市、县或者迁居，应当报告司法所，并经县级公安机关批准；（5）附加剥夺政治权利的缓刑社区服刑人员必须遵守本办法第 27 条的规定；（6）遵守其他具体的监督管理措施。这里的第 27 条的规定，是指被判处剥夺政治权利的社区服刑人员在社区矫正期间应当遵守的规定。上述规定，使被宣告缓刑的社区服刑人员承担一定的法律义务，并为缓刑考察提供了法律根据。缓刑犯在缓刑考验期间应当遵守的义务，在刑法理论上称为缓刑人义务，是指法院根据法律对被宣告缓刑的犯罪人设定的他在缓刑考验期间应当遵守的事项及应当履行的义务。[①] 这种义务对于缓刑犯来说也是一种法律上的负担，它是缓刑犯社区矫正的法律基础。

3. 假释

《办法》第 25 条规定，被裁定假释的社区服刑人员，在社区矫正期间应当遵守下列规定：（1）遵守法律、行政法规和社区矫正有关规定，服从监督管理；（2）定期报告自己的活动情况；（3）遵守关于会客的规定；（4）离开居住的市、县或者迁居，应当报告司法所，并经县级公安机关批准；（5）附加剥夺政治权利的假释社区服刑人员还必须遵守本办法第 27 条的规定；（6）遵守其他具体的监督管理措施。上述规定，实际上是为假释犯在社区矫正期间设置了一定的遵守条件。从世界各国立法规定来看，对假释犯在假释期间的遵守条件和义务分为禁止性规定、命令性规定和义务性规定。其中，禁止性规定是立法者在相关法律中明确规定假释犯在假释期间不得为某些行为，命令性规定是立法者在相关法律中规

[①] 参见左坚卫：《缓刑制度比较研究》，175 页，北京，中国人民公安大学出版社，2004。

定假释犯在假释期间必须为某些行为的规定，义务性规定是立法者在相关法律中对假释犯规定的履行民事义务方面的规定。[①] 相比较之下，我国《刑法》第84条和《办法》第25条关于假释犯在假释期间应当遵守的条件还是较为简单的，并且主要限于命令性规定，而未涉及禁止性的规定和义务性规定。

4. 暂予监外执行

《办法》第26条规定，暂予监外执行的社区服刑人员，在社区矫正期间应当遵守下列规定：（1）遵守法律、行政法规和社区矫正有关规定；（2）在指定的医院接受治疗；（3）确因治疗、护理的特殊要求，需要转院或者离开居住区域的，应当报告司法所，并经过公安机关批准；（4）进行治疗以外的社会活动应当向司法所报告，并经公安机关批准；（5）遵守其他具体的监督管理措施。由于暂予监外执行是一种监外的刑罚执行方法，因此对暂予监外执行人员加强管理是十分必要的，如果管理不严就丧失了刑罚执行的应有含义。当然，暂予监外执行人员是由于疾病或者哺乳，存在客观原因，对这些人员也不能提出更多的管理方面的要求。《办法》对暂予监外执行人员设置的矫正措施，基本上是符合实际情况的。

5. 剥夺政治权利

《办法》第27条规定：被判处剥夺政治权利的社区服刑人员，在社区矫正期间应当遵守下列规定：（1）遵守法律、行政法规和社区矫正有关规定，服从监督管理；（2）不得享有选举权和被选举权；（3）不得组织或者参加集会、游行、示威、结社活动；（4）不得出版、制作、发行书籍、音像制品；（5）不得接受采访、发表演说；（6）不得在境内外发表有损国家荣誉、利益或者其他具有社会危害性的言论；（7）不得担任国家机关职务；（8）不得担任国有公司、企业、事业单位和人民团体的领导职务；（9）遵守其他具体的监督管理措施。由于剥夺政治权利是一种刑罚，因而对剥夺政治权利的社区服刑人员规定更为严格的限制措施，尤其是一些禁止性规定，我认为是完全必要的。

---

① 参见柳忠卫：《假释制度比较研究》，233页以下，济南，山东大学出版社，2005。

三、社区矫正的发展完善

社区矫正是非监禁化的行刑方式或者刑事处遇措施，在宽严相济刑事政策的背景下，社区矫正具有广阔的发展前景。可以说，2003 年开始实行的社区矫正试点，是我国近年来在刑事法领域的一项重大制度创新，试点已经取得了一定的成效，同时也受到社会的广泛认同。当务之急，是应当在试点成功的基础上，以立法的方式将社区矫正制度作为我国重要的一项制度确立下来，将其纳入法治的轨道。只有如此，才能赋予社区矫正长久的生命力。在社会矫正的发展完善中，我认为存在以下三个问题值得研究：

（一）立法完善

我国当前社区矫正的发展，遇到的最大障碍是缺乏法律支持。可以说，我国的社区矫正试点是在法律根据相当不足的情况下开展的。仅有的法律依据是最高人民法院、最高人民检察院、公安部、司法部《关于开展社区矫正试点工作的通知》以及司法部颁布的《司法行政机关社区矫正工作暂行办法》。这些规定大体上属于部门规章性的，制定主体是司法机关和执法机关，立法机关尚未介入社区矫正工作。在上述四部门的《通知》中指出：在试点工作取得经验的基础上，促进有关社区矫正方面的立法工作，为改革和完善中国特色的刑罚执行制度提供法律保障。可以说，没有法律保障，社区矫正是难以积极推进的。我认为，在社区矫正立法当中，首先应当制定一部《社区矫正法》，规定社区矫正的基本内容，作为社区矫正工作的主要法律根据。在社区矫正法中应当主要解决以下问题：

1. 社区矫正的执行主体

社区矫正的执行主体，实际上也是行刑主体问题。在我国目前的法律框架中，监禁刑的执行主体是监狱机构，它归属于司法行政部门。非监禁刑的执行主体主要是公安机关，例如管制刑、剥夺政治权利刑的执行主体是公安机关，缓刑和假释的考察主体也是公安机关。但由于公安机关警力有限，主要职责在于打击现行犯罪，维护社会治安秩序，无暇顾及非监禁刑的执行。在这种情况下，将非监禁刑的执行主体变更为司法行政机关，我认为是十分适合的。司法行政机关应当履行社区服刑人员的接收、管理、考察、奖惩、解矫等方面的法律职责。当然，社区矫正当中也需要以一定的强制性措施，例如脱离矫正人员的查找与处理，矫正期间违法犯罪的社区服刑人员的处理等，司法行政机关能否承担这些职责？我认为是可以的，但其前提是要赋予相关法律职权，并且可以配备一定的警力。

2. 社区服刑人员的法定义务

社区矫正作为一种非监禁刑和非监禁化的刑事处遇措施的执行方式，要对社区服刑人员实行一定的监管，这种监管必须要有法律根据。因此，《社区矫正法》应当明确地规定社区服刑人员的法定义务。这种法定义务，除命令性规定以外，还应当有禁止性规定，使社会义务尽可能地翔实确切，使社区矫正机构有法可依，也能够有效地保障社区服刑人员的合法权益。关于社区服刑人员的义务，非常重要的内容之一就是应当要求社区服刑人员在身体条件允许的情况下参加一定时间的公益劳动，以此作为社区矫正的基本手段。

3. 社区矫正的考评体系

社区矫正成败的关键在于能否对社区服刑人员进行有效的考评，这种考评有赖于一套科学完整的考评体系，能够针对社区服刑人员的犯罪心理和行为恶习的矫正加以跟踪评价。因此，在《社区矫正法》中应当建立谈话制度、回访制度、救济制度、矫正对象申诉、立功及减刑等考评体系，将对社区服刑人员的矫正工作真正落实到实处，具体到每一个人。

4. 社区矫正的保障体制

社区矫正制度必然以一定的人力与物力作为支撑。因此，在《社区矫正法》中应当对社区矫正的保障体制加以规定。例如社区矫正机构以及专门人员的经费保障，参与社区矫正的社会志愿者的来源及培训等。

5.《社区矫正法》与其他法律的协调

社区矫正作为一种非监禁刑的行刑方式和刑事处遇措施，与刑法、刑事诉讼法和监狱法之间都具有密切联系，与公安、检察、法院、监狱、民政等各个司法机关和行政执法机关之间存在一个工作衔接与配合的问题。尤其是有关非监禁刑和刑事处遇措施的实体规则是由刑法加以规定的，而有关各机关之间的工作衔接所涉及的法律程序问题是由刑事诉讼法规定的。例如，能否将刑法中的管制刑改为社区劳役刑，成为社区矫正所执行的一种主要的非监禁刑，能否放宽缓刑的适用条件，扩大假释的适用范围，都有赖于刑法的修改。

（二）机构健全

在社区矫正制度中，建立并健全完整的社区矫正机构是十分重要的，它是社区矫正成功的制度保证。目前在社区矫正试点工作中，各省（自治区、直辖市）、市（地、州）和县（市、区）司法行政机关设立社区矫正工作领导小组办公室，作为同级社区矫正工作领导小组的办事机构。但这些机构都具有一定的临时性，并且人员也较为松散。社区矫正的具体实施工作是由乡镇、街道司法所负责的，司法所是司法行政机关的基层单位，以往主要承担人民调解工作，缺乏处理社区服刑工作的经验。为此，必须建立自中央到地方的各级社区矫正机构，该机构属于司法行政部门的内设机构，专门从事社区矫正的领导和管理工作。考虑到社区矫正工作的进展，在刚开始社区矫正人员不多的情况下，可将社区矫正的具体实施机构设在县（市、区）一级，对辖区的社区服刑人员进行统一的管理。并且，社区矫正机构应当正规化，具有法律的权威性，作为国家司法行政机关的重要组成部分，纳入国家正式编制。

（三）人员配备

社区矫正是由社区矫正人员具体实施的，因此，一支专业化的社区矫正队伍对于保证社区矫正工作的成功是十分重要的。社区矫正人员包括三部分人员：一是社区矫正的领导人员，他们不仅应当熟悉业务并热爱社区矫正工作，而且还应当具有协调和管理能力，具有法律工作的背景与经验。二是社区矫正的专业人员，社区矫正工作是一项专门的法律工作，需要由职业化的人员来承担。社区矫正人员需要复合型的知识，即法律知识、心理学知识和社会工作知识。将来应当考虑设置社区矫正专业，专门培养社区矫正的专业人员。三是社会志愿者。社会志愿者的参与对于社区矫正来说是具有重要意义的，因此，社区矫正离不开具有专业知识的社会志愿者的参与。社区矫正机构应当为社会志愿者参与社区矫正提供条件，并且不断地拓宽社会志愿者的参与范围及程度。总之，社区矫正队伍是由具备各种专业知识与技能的人员构成的。目前在社区矫正试点中，主要由司法所工作人员承担社区矫正工作，并吸收社会团体成员和社会志愿者参加。这支社区矫正队伍在专业程度和工作经验上还存在各种不足。为此，通过各种方式建立起一支职业化的社区矫正队伍是当务之急。

值得注意的是，我国已经正式启动了《社区矫正法》的立法进程。2016年12月2日国务院法制办公布了《社区矫正法（草案）》，向社会各界征求意见。该草案对社区矫正法的立法根据与目的作了规定，同时还对社区矫正的实体问题和程序问题作了规定。其中，较为重要的内容包括以下四项：

1. 关于社区矫正原则的规定

所谓社区矫正原则是指对社区矫正起到指导作用的基本准则。根据《社区矫正法（草案）》第3条的规定，社区矫正工作坚持监督管理与教育帮扶相结合，专门机关与社会力量相结合，保障公众安全与维护社区矫正人员合法权益相结合的原则。在这一规定中，立法机关强调了社区矫正的三个原则，这就是监督管理与教育帮扶相结合、专门机关与社会力量相结合、保障公众安全与维护社区矫正人员合法权益相结合。

2. 社区矫正对象的规定

所谓社区矫正对象是指具体适用社区矫正的人员。关于社区矫正的对象在司法部《司法行政机关社区矫正工作暂行办法》等规范性文件中都已经作了规定。例如上述办法第5条规定："对下列人员实施社区矫正：（一）被判处管制的；（二）被宣告缓刑的；（三）被暂予监外执行的，包括：1. 有严重疾病需要保外就医的；2. 怀孕或者正在哺乳自己婴儿的妇女；3. 生活不能自理，适用暂予监外执行不致再危害社会的；（四）被裁定假释的；（五）被剥夺政治权利并在社会上服刑的。"在这些社区矫正对象中，刑法和刑事诉讼法对被判处管制、宣告缓刑、裁定假释的犯罪分子以及监外执行人员都已经作了规定。《社区矫正法（草案）》第2条规定："对被判处管制、宣告缓刑、假释或者暂予监外执行的罪犯（以下统称社区矫正人员）实行监督管理、教育帮扶的社区矫正活动，适用本法。"由此可见，《社区矫正法（草案）》确定的社区矫正对象与刑法和刑事诉讼法规定是一致的，包括了四类人员。

3. 关于社区矫正机构以及社区矫正机构工作人员的规定

所谓社区矫正机构是指主管并且负责社区矫正工作的机构。根据《社区矫正法（草案）》第4条第1款规定："国务院司法行政部门主管全国的社区矫正工作。县级以上地方人民政府司法行政部门负责本行政区域的社区矫正工作。"由此可见，我国的社区矫正工作是由司法行政部门负责，因此社区矫正机构也由司法行政部门组建并管理。而社区矫正机构工作人员是指从事社区矫正工作的有关人员。该草案对社区矫正机构工作人员的权利和义务等都作了较为详细的规定。

4. 关于社区矫正决定权的规定

所谓社区矫正决定权是指对于是否适用社区矫正作出决定的权力。《社区矫正法（草案）》第10条对社区矫正的决定权作了规定："依法判处罪犯管制、宣告缓刑、裁定假释、决定暂予监外执行的人民法院和依法批准罪犯暂予监外执行的监狱管理机关、公安机关（以下统称社区矫正决定机关），决定对罪犯实行社区矫正。"由此可见，对社区矫正具有决定权的机关包括人民法院、监狱管理机关和公安机关，这些机构对于不同类型的社区矫正具有各自的决定权。

社区矫正立法是我国刑事立法的重要组成部分，对于推进我国刑事法治建设具有重要意义。随着《社区矫正法》立法的完成，我国社区矫正制度将正式建立，这标志着我国刑事法治的建设进入一个新的发展阶段。

第十五章
案例指导的制度建构

2010 年是我国法治史上具有重要意义的一个年份，在这一年的 11 月 26 日最高人民法院印发了《关于案例指导工作的规定》（以下简称最高人民法院《规定》）。2010 年 7 月 30 日，最高人民检察院颁布了《关于案例指导工作的规定》（2015 年修订）（以下简称最高人民检察院《规定》）。这标志着案例指导制度在我国的正式建立。案例指导制度中的案例，又称为指导性案例。指导性案例区别于不具有指导性的普通案例，在某种意义上说，所谓指导性案例其实就是判例。[①] 因此，我们也可以把案例指导制度称为具有中国特色的判例制度。本章拟以规则形成机制为中心，以我国古代律例关系和两大法系的成文法与判例法为背景，对我国案例指导制度进行全方位的法理考察。

一、案例指导的规范构造

案例指导制度在我国尚处于初创阶段，两个《规定》分别就案例指导制度中

---

① 在本章中，指导性案例与判例这两个用语可以替换。

的重大问题作了规定，由此呈现出案例指导制度的大体框架。截至 2017 年 10 月，最高人民检察院颁布了九批指导性案例，最高人民法院则颁布了十六批指导性案例，但指导性案例的司法适用情况尚有待观察。在此，根据两个《规定》提供的线索，对我国案例指导制度进行粗疏的勾画，并对其中涉及的相关问题进行探讨。

（一）指导性案例的创制权

两个《规定》都明确地把自身确定为指导性案例的创制主体。最高人民法院《规定》第 1 条规定："对全国法院审判、执行工作具有指导性作用的指导性案例，由最高人民法院确定并统一发布。"最高人民检察院《规定》第 2 条规定："检察机关指导性案例由最高人民检察院统一发布。"在此，两个《规定》虽然规定的是颁布主体，但实际上它所确定的是指导性案例的创制主体。两个《规定》都具体规定，指导性案例经最高人民法院审判委员会讨论决定（最高人民法院《规定》第 4 条第 3 款）和最高人民检察院检察委员会审议决定（最高人民检察院《规定》第 14 条）。由此可见，最高人民法院的审判委员会和最高人民检察院的检察委员会是创制指导性案例的法定机构。这里的决定，实际上是指创制。在此，存在以下三个问题需要进一步分析：

1. 指导性案例创制权的含义

指导性案例创制权是指根据一定的条件，并经过一定的遴选程序，将已经发生法律效力的案例确定为指导性案例的职权。因此，指导性案例的创制并不是指该案例的审理活动，而是指将一定的案例确定为指导性案例的活动。根据最高人民法院《规定》第 4 条第 1 款的规定，指导性案例既可以是最高人民法院各审判业务单位是已经发生法律效力的裁判，也可以是地方各级人民法院已经发生法律效力的裁判。由此可见，指导性案例的来源不受限制，但这些案例要成为指导性案例，必须经两高根据一定条件并经过一定程序确定。只有这种将普通案例确定为指导性案例的活动，才属于指导性案例的创制。因此，我们应当把指导性案例的审理活动与指导性案例的创制活动加以区分。在此基础上，才能正确地理解指导性案例创制权的含义。

对于指导性案例的创制，最高人民法院《规定》的表述为讨论决定，最高人民检察院《规定》的表述为审议决定，总之，都是一种决定权的行使活动。指导性案例是由两高或者地方各级人民法院和人民检察院审理终结的，通过一种自上而下的遴选程序，并且根据实体性条件，最高人民法院审判委员会或者最高人民检察院检察委员会最终决定，才能作为指导性案例正式颁布。

2. 指导性案例创制权的根据

两个《规定》将指导性案例的创制作为两高的一种责权。那么，这一创制权的法律根据何在呢？查证《人民法院组织法》和《人民检察组织法》，均未见关于指导性案例创制权的规定。全国人大常委会亦未对两高颁布指导性案例进行专门授权。因此，两高没有享有指导性案例创制权的法律明文规定。与此相关的，可能是两高的司法解释权。对此，全国人大常委会于1981年通过的《关于加强法律解释工作的决议》，授予两高司法解释权。同时，《人民法院组织法》第32条也规定："最高人民法院对于在审判过程中如何具体应用法律、法令的问题，进行解释。"那么，从司法解释权中，是否可以分离出指导性案例的创制权呢？这个问题的真实含义是：在有关法律没有对两高创制指导性案例正式授权的情况下，能否从司法解释的授权中寻找其法律依据？最高人民法院《关于司法解释工作的规定》，把司法解释的形式分为"解释""规定""批复"和"决定"四种。上述文件并没有把指导性案例作为司法解释的一种形式。尽管在历史上，曾经出现过以案例形式出现的司法解释。例如，1985年7月18日最高人民法院以法（研）发〔1985〕16号发布的《关于破坏军人婚姻罪的四个案例》，要求各级人民法院参照办理，实际上具有司法解释的效力。但从最高人民法院《关于司法解释工作的规定》来看，指导性案例并没有纳入司法解释的范畴，这是十分明确的。而且，指导性案例与司法解释在法律效力上有所不同，司法解释具有法律的拘束力，而指导性案例不具有法律的拘束力。① 因此，我们也不能从两高的司法

---

① 参见周道鸾：《中国案例制度的历史发展》，载《法律适用》，2004（5）。

解释权中找到指导性案例创制权的法律依据。

指导性案例制度虽然是建立在最高人民法院通过颁布案例来指导全国各级人民法院的审判活动这一工作机制基础之上的，但它并不是经法律明确授权的一项正式法律制度，而是近年来最高人民法院司法改革的一项重要举措。1999年发布的《人民法院五年改革纲要》规定："2000年起，经最高人民法院审判委员会讨论，决定有适用法律问题的典型案件予以公布，供下级法院审判类似案件时参考。"此后，2005年最高人民法院公布的《人民法院第二个五年改革纲要（2004—2008）》，在"改革和完善审判指导制度与法律统一适用机制"题目下，正式提出建立和完善案例指导制度，重视指导性案例在统一法律适用标准、指导下级法院审判工作、丰富和发展法学理论等方面的作用。最高人民法院制定关于案例指导制度的规范性文件，规定指导性案例的编选标准、编选程序、发布方式、指导规则等。事实上，最高人民法院《规定》作为案例指导制度的规范性文件，正是《人民法院第二个五年改革纲要（2004—2008）》确立的司法改革的目标之一。而最高人民检察院在2003年就颁布了《关于加强案例管理的规定》，提出要进一步加强案例编纂工作，对带有普遍指导意义的案例进行深入分析，及时编纂和印发。这些规范性文件都是作为司法改革的举措出台的，为此后我国案例指导制度的建立创造了条件。因此，只有从司法改革这一视角，才能为我国目前的案例指导制度提供正当性根据。然而从法律依据上来说，其存在明显不足，这也是毋庸置疑的。

3. 指导性案例创制权的垄断

根据两个《规定》，只有两高才享有指导性案例的创制权，因而两高具有对指导性案例创制的垄断性权力。应该说，对于指导性案例的创制主体，在学理上是存在争议的一个问题。在案例指导制度的建立过程中，存在一种相对有力的观点，主张各级司法机关都应当享有指导性案例创制权，只不过不同级别的司法机关颁布的指导性案例在试用范围与规范效力上有所不同而已。例如，我国学者指出："我国判例的遴选在根本意义上并不存在与立法权的抵牾，判例不是法律渊源，而其遴选主体是与司法权、司法的审级构造相联系的。从司法权的维度来看，最高人民法院和下级人民法院均可编发他们认为'案件典型''判决合法''理由充分'的判例。从司法的审级构造来看，成文法国家具有的司法机制科层式特征意味着司法官员们被组织到不同层级的梯队之中。不同层级的法院的工作特征是不同的，上级法院的决策往往体现的是普遍性，而下级法院体现的更多是具体性。"① 严格等级制的逻辑，要求下级法院的司法决策必须接受上级的常规、全面的审查。而不受审查的权力在下层官员中的广泛分布，将难以避免地损害整个权力结构的预设。② 在此意义上，不同层级的法院均是判例遴选的主体，只不过其遴选判例的效力具有区分的意义。③ 在以上论述中，作者所说的判例遴选，其实就是指判例创制。而且，作者主要引用美国学者关于司法机制的科层制和等级制的特征，论证各级司法机关都应当具有判例创制权，即各级司法机关分别颁布各自的判决，只不过效率范围与程度不同而已。但目前设计的我国的案例指导制度，指导性案例来自各级司法机关。因而在一定程度上，各级司法机关决策的普遍性与具体性都能得到关照，而且指导性案例由最高司法机关颁布，上下级司法机关之间的等级制体现得更为明显。这样一种制度设计，可以在一定程度上抵消基于司法权构造特征而对最高司法机关垄断指导性案例创制权提出的质疑。

　　不同于上述观点，主张由最高司法机关统一行使指导性案例创制权的观点也为许多学者所主张。例如，我国学者指出："为了维护指导性案例的权威性和适用法律的统一性，发布案例只能实行一元化，不能实行多元化，即只能由国家最高审判机关发布，如同司法解释只能由国家最高审判机关统一作出一样"④。以上论证，主要是从指导性案例的权威性和适用法律的统一性出发。尤其是作者将

---

① ［美］米尔伊安·R·达玛什卡：《司法和国家权力的多种面孔》，郑戈译，24 页，北京，中国政法大学出版社，2004。

② 参见［美］米尔伊安·R·达玛什卡：《司法和国家权力的多种面孔》，郑戈译，29 页，北京，中国政法大学出版社，2004。

③ 参见邓修明：《刑事判例机制研究》，317～318 页，北京，法律出版社，2007。

④ 周道鸾：《中国案例指导制度若干问题研究》，载《中国法律》，2010 (1)。

指导性案例创制权和司法解释权相类比，其路径依赖的思维特征也表现得十分明显。值得注意的是，在司法改革中，各地法院都曾经试行过这种类型的案例指导制度。其中较有影响的是 2002 年见诸媒体的郑州市中原区人民法院试行的"先例判决"制度：经过某种程序被确认的生效判决，对本院今后处理同类案件具有一定的拘束力，合议庭或独任审判员应遵循先例，并作出与先例大体一致的判决。① 对于这一现象，我国学者作出了以下评价：地方法院对判例制度的实践和探索，标志着我国司法实践中严重存在的"同案不同判"现象，将有望得到缓解乃至最终解决。② 这一判断当然是过于乐观的。事实上，两个《规定》出台以后，将指导性案例创制权收归两高行使，各地司法机关不得再颁布指导性案例。值得注意的是，以上论述中都把指导性案例制度的必要性建立在解决"同案不同判"现象之上。换言之，"同案同判"是案例指导制度所要达致的目标，对此笔者不敢苟同。同案是否同判，与指导性案例之有无虽有一定关系，但又没有必然联系。因为同案不同判主要不是规则匮乏造成的，而是偏离规则所致。如果司法腐败问题以及其他制约司法权正常行使的结构性制约因素依然存在，即使有法律或者司法解释的明文规定，也同样会出现"同案不同判"现象。笔者认为，案例指导制度的主要功能在于创制规则，解决司法活动中规则不足的问题，它是一种规则的自我形成机制，对此将在下文论述。

（二）指导性案例的实体性考察

案例指导制度的核心是创制规则，从而满足司法活动对规则的需求。因而，在通过指导性案例创制规则的过程中，存在一些实体性问题需要从法理上加以解读。

1. 指导性案例的遴选标准

两个《规定》都对指导性案例的遴选标准作出了明文规定。最高人民法院

---

① 参见《人民法院报》，2002-08-17。

② 参见汪世荣：《判例与法律发展：中国司法改革研究》，152 页，北京，法律出版社，2006。

《规定》第 2 条规定："本规定所称指导性案例，是指裁判已经发生法律效力，并符合以下条件的案例：（一）社会广泛关注的；（二）法律规定比较原则的；（三）具有典型性的；（四）疑难复杂或者新类型的；（五）其他具有指导作用的案例。"最高人民检察院《规定》第 2 条规定："检察机关指导性案例由最高人民检察院统一发布。指导性案例应当符合以下条件：（一）案件处理结果已经发生法律效力；（二）案件办理具有良好法律效果与社会效果；（三）在事实认定、证据采信、法律适用、政策掌握等方面对办理类似案件具有指导意义。"以上两高对指导性案例的遴选标准的规定，除裁判或者案件已经发生法律效力这一点属于程序性特征以外，其他各类均属于实体性特征。对此进行归纳，我们可以将指导性案例分为以下五类：

（1）影响性案例

影响性案例是指社会广泛关注，群众反映强烈的案例。这些年来，我国每年都会发生数起具有全国性影响的案件。例如，我国曾经进行年度性的影响性诉讼评选，这里的影响性诉讼与我们所说的影响性案例是十分相近的。所谓影响性诉讼，是指那些个案案件价值超越本案当事人诉求，能够对类似案件，对立法、司法完善和社会管理制度改进以及人们的法律意识的转变产生较大促进作用的个案。我国学者还对影响性诉讼成为判例的路径进行了探讨。[1] 影响性案例具有社会影响力，但并非所有具有社会影响力的案件都能成为指导性案例，关键还是在于这些影响性案件是否存在产生规则的可能性，也就是是否存在从社会影响力转化为法治影响力的可能性。有些案件虽然社会影响力很大，在一个时期受到社会广泛关注，但关注的重点并不在于这些案件所涉及的法律问题，而是社会的其他问题，那就不能成为指导性案例。因此，影响性案例作为指导性案例的一种类型，应当从能否创制规则上进行严格把关，而不是以影响力大小作为遴选标准。例如 2009 年 9 月最高人民法院在《关于醉酒驾车犯罪法律适用问题的意见》中

---

① 参见吴革主编：《中国影响性诉讼 2005》，5 页、10 页以下，北京，法律出版社，2006。

公布了黎景全和孙伟铭醉酒驾车犯罪案件，其中孙伟铭案在媒体报道以后产生了广泛的社会影响。通过这两起醉酒驾车犯罪案件，最高人民法院明确了醉酒驾车犯罪案件认定的以下规则："刑法规定，醉酒的人犯罪，应当负刑事责任。行为人明知酒后驾车违法、醉酒驾车会危害公共安全，却无视法律醉酒驾车，特别是在肇事后继续驾车冲撞，造成重大伤亡，说明行为人主观上对持续发生的危害结果持放任态度，具有危害公共安全的故意。对此类醉酒驾车造成重大伤亡的，应依法以以危险方法危害公共安全罪定罪。"这一规定，为此后处理醉酒驾车犯罪案件提供了统一规则。

（2）细则性案例

细则性案例是指在法律规定较为原则的情况时，将法律原则性规定予以细则化的案例。就这些案例本身而言，并没有重大的社会影响，但由于法律规定不够明确具体，因而通过这些案例对法律规定起到细则化的作用。例如于庆伟职务侵占案，涉及单位的临时工能否构成职务侵占罪这一法律问题。对于本案，检察机关以盗窃罪起诉，法院以职务侵占罪认定。对此，裁判理由指出："按照刑法第271条第1款的规定，职务侵占罪的主体是公司、企业或者其他单位的人员。在我国社会的现实经济生活中，公司、企业或者其他单位的人员，一般包括正式职工、合同工和临时工三种成分。是否构成职务侵占罪，关键在于公司、企业或者其他单位人员非法占有单位财物是否利用了职务上的便利，而不是行为人在单位的身份。单位正式职工作案，没有利用职务便利的，依法不能定职务侵占罪，即使是临时工，有职务上的便利，并利用职务上的便利非法占有单位财物的，也应当认定属于职务侵占行为。刑法第271条第1款关于职务侵占罪的规定，并没有对单位工作人员的成分作出划分，并未将临时工排除在职务侵占罪的犯罪主体之外。"① 这一裁判理由将临时工归属公司、企业或者其他单位工作人员，这就是

---

① 最高人民法院刑事审判第一庭、第二庭编：《刑事审判参考》，第31辑，55页，北京，法律出版社，2003。

一种典型的细则性案例。应该指出，细则性案例是指导性案例的主体部分，因为细则性案例具有规则创制功能，其所创制的规则，虽然只是一种细则，但对此后处理同类型案件具有指导作用。

（3）典型性案例

典型性案例是指具有典型意义的案例。如何理解这里的典型意义呢？笔者认为，这里的典型意义是指对于处理同类型案件具有样板性。我国最高人民法院经常通过颁布典型案例指导全国审判活动。尤其是在一些特殊日子、特殊时期，往往颁布一批具有一定主题性的典型案例。例如，在禁毒日颁布有关毒品犯罪案例，或者在儿童节颁布有关残害儿童犯罪案例。也有关于结合专项斗争颁布的典型案例。例如，2011年3月2日最高人民法院发布5件侵犯知识产权和制售假冒伪劣商品典型案例，其引言指出："为配合全国打击侵犯知识产权和制售假冒伪劣商品专项行动的开展，震慑不法分子，切实保护知识产权，维护社会主义市场经济秩序，最高人民法院今天发布了第三批共五件侵犯知识产权和制售假冒伪劣商品的典型案例。"① 从颁布的典型案例来看，并无规则之创制，因而震慑性意义大于法律指导性意义。如果以规则创制作为案例指导制度的核心，所谓典型性案例则不具有规则创制功能，因而其能否成为指导性案例，就值得商榷。

（4）疑难性案例

疑难性案例是指疑难复杂的案例。某些案件在法律适用上疑难复杂，往往存在较大争议，因此需要通过颁布疑难性案例加以指导。疑难性案例具有规则创制功能，其所创制的规则具有决疑的性质。例如，婚内强奸在我国是一个疑难问题，关于婚内强奸是否构成强奸罪存在较大争议。最高人民法院刑庭先后发布了白俊峰强奸案和王卫明强奸案，为处理婚内强奸案件提供了规则。其中，白俊峰案的裁判理由指出：如果在合法婚姻关系存续期间，丈夫不顾妻子反对，甚至采用暴力手段与妻子强行发生性关系的行为，不属于刑法意义上的违背妇女意志与

---

① 《人民法院报》，2011-03-02，第3版。

妇女进行性行为，不能构成强奸罪。① 而王卫明案的裁判理由则指出："在婚姻关系非正常存续期间，如离婚诉讼期间，婚姻关系已进入法定的解除程序，虽然婚姻关系仍然存在，但已不能再推定女方对性行为是一种同意的承诺，也就没有理由从婚姻关系出发否定强奸罪的成立。"② 因此，上述两个案例确立了以下规则：在婚姻关系正常存续期间，丈夫不能成为强奸罪的主体；在婚姻关系非正常存续期间，丈夫可以成为强奸罪的主体。疑难性案例作为指导性案例的一种类型，为解决疑难案件提供了统一的法律尺度，因而具有现实意义。

（5）新类型案例

新类型案例是指新出现并且具有一定典型性的案例。在司法活动中，随着社会生活的演变，往往出现一些不同于以往的案件，对于处理这些案件缺乏司法经验，也缺乏司法规则，因此需要通过案例指导制度创制规则。例如，贪污罪是职务犯罪的一种主要类型，在长期惩治职务犯罪的司法实践中，对于贪污罪的各个构成要件都能够较为准确地把握，贪污罪的罪与非罪界限也较为明确。然而，在司法实践中出现了一些新型的贪污罪，给司法机关正确认定贪污罪带来了一定的困难。为此，最高人民法院颁布的杨延虎贪污案，提供了有关认定新型贪污罪的裁判规则，对于此类案件的认定具有重要的参考价值。杨延虎案确立了以下两个裁判要点："1. 贪污罪中的'利用职务上的便利'，是指利用职务上主管、管理、经手公共财物的权力及方便条件，既包括利用本人职务上主管、管理公共财物的职务便利，也包括利用职务上有隶属关系的其他国家工作人员的职务便利。2. 土地使用权具有财产性利益，属于刑法第三百八十二条第一款规定中的'公共财物'，可以成为贪污的对象。"这两个裁判要旨，对审理利用职务上有隶属关系的其他国家工作人员的职务便利进行贪污的案件和贪污土地使用权等财产性利益的案件，具有重要的参考价值。

① 参见最高人民法院刑事审判第一庭编：《刑事审判参考》，第 3 辑，25 页，北京，法律出版社，1999。

② 最高人民法院刑事审判第一庭编：《刑事审判参考》，第 7 辑，28 页，北京，法律出版社，2000。

应当指出，以上五种指导性案例的类型，有些是存在交叉重合的。笔者认为，无论是哪一种类型的指导性案例，都应当以创制规则为中心，否则只具有示范意义，而不具有指导意义。

2. 指导性案例的适用范围

关于指导性案例的适用范围，最高人民法院《规定》第 7 条规定适用于类似案件。如何理解这里的类似呢？这是一个值得研究的问题。笔者认为，所谓类似案件是指在案情上基本相同，由此而为适用指导性案件的规则提供了事实根据。我国学者对如何判断待决案件与判例是否属于类似案件，提出了以下方法和步骤："（1）列举最高人民法院判例的必要事实特征，例如该判例的必要事实特征为 A，有某些特征 X、Y 和 Z。（2）处理该案的法律事实 A 的法律原则 P。（3）列举待决案件具有实施特征 B，有某些特征 X、Y 和 C。（4）对事实 A 和 B 之间进行比对，由于 A 和 B 具有共同之处 X、Y，所以 B 也应适用 A 的法律原则 P。"[①] 以上方法和步骤为类似案例的判断提供了可行的路径。当然，这只是类比法的一种套用，若要在具体判断的基础上形成司法经验，还需假以时日。在此，笔者认为，还是有必要借鉴判例法的区别技术。在英美判例法国家，存在所谓区别技术，实际上就是对案件是相类似或者同类进行判断的方法。英国学者曾经指出："在一切法律体系中，不论是成文法还是不成文法体系，法官为了公平的缘故，一般总是倾向于以他们在以往的相似案件中所使用的相同做法对新的案件进行判决。在普通法系中，法官们认为，如果以往的案例与目前需要作出判决的案件在基本事实上相似，以往的案例就是应当遵循的判例。如果基本事实相异，在对新案进行判决时它就不具有约束力，不论在哪个判例中法官在判决时对有关的法律作过什么样的解释。在普通法中，法律规则发展过程的关键步骤是发现案件基本事实上的异同。"[②] 因此，对案件事实是否类似或者同类的判断，是案例指

---

①　董皞主编：《中国判例解释构建之路》，192 页，北京，中国政法大学出版社，2009。

②　［英］彼得·斯坦、约翰·香德：《西方社会的法律价值》，王献平译，133 页，北京，中国法制出版社，2004。

导制度中的重要问题。在这一点上，体现出判例制度在法律推理上的特殊性。成文法的法律推理主要是一种演绎，在查清案件事实的基础上，将法律规则适用于个案。其关键是案件事实能否为法律规则所涵摄。因此，法律适用的重点是对法律规则的解释。而在判例制度下，由于其规则来自判例，因而规则本身都是较为具体的，甚至是十分个别的。在这种情况下，对规则的解释并不是司法活动的重点，其重点在于对待决案件与判决的案件在事实上是否具有类似性进行正确判断：如果类似，则可以适用先例规则；如果不相类似，则不能适用先例规则。在案件事实类似性的判断中，更多的是采用类比推理方法。在我国实行案例指导制度以后，对案件事实类似性的争议及其裁判，将会成为司法活动的重要内容，它直接决定着指导性案例的适用范围。

3. 指导性案例的规范效力

案例指导制度中的案例指导规则，对于类似案件或者同类案件到底具有何种规范效力？这也许是案例指导制度中最引人关注的一个问题，也是在法理上争议最大的问题。在英美法系国家，判例当然是具有法律拘束力的。但在大陆法系国家，判例在司法过程中只具有辅助作用。因此，大陆法系国家的判例远不像英美法系国家的判例那样具有法律拘束力，一般只是具有事实上的约束力。例如在日本，判例在实际业务中具有相当大的约束力。判例的事实上的约束力的法理根据在于下级审判服从最高人民法院的判例，同样或类似的案件用同样的方式解决，是司法满足公平要求的基本原理。判例的事实上的约束力的功利根据在于：下级审判作出违反上级审判的判例判决时，这种判决很有可能被上级审判撤销。为避免这种危险，下级审判必须服从上级审判的判例。[①]在我国建立判例制度的讨论中，对判例是否应当具有拘束力的讨论，明显地存在肯定与否定这两种互相对立的观点。然而，这个问题又涉及判例与司法解释的关系。否定说将判例与司法解释加以区分，并且认为区分的标志就在于效力不同：最高人民法院作出的司法解

---

① 参见［日］后藤武秀：《判例在日本近代化中的作用》，载《比较法研究》，1997（1）。

释具有法律的拘束力，案例对及时指导全国法院的审判工作、正确适用法律，无疑具有重要的作用，但不具有法律的拘束力。[①] 而肯定说则将判例作为司法解释的一种形式，认为经最高人民法院审判委员会讨论选定的判例解释具有司法解释效力，具有法律上的拘束力，地方各级人民法院必须遵循，最高人民法院也必须遵守自己选定的判例解释。[②] 我们注意到，以上讨论主要是围绕判例是否具有法律上的拘束力展开的，因为司法解释具有法律上的拘束力，如果把判例作为司法解释的载体，判例当然也就具有法律上的拘束力。判例与司法解释的关系，是在后文需要展开讨论的一个问题。从目前我国案例指导制度的设计来看，明显的是把案例指导制度与司法解释制度加以区隔的。因此，指导性案例难以通过司法解释获得法律上的拘束力。就此而言，指导性案例没有法律上的拘束力，指导性案例是否具有事实上的拘束力呢？笔者以为这个问题是可以讨论的。

从我国实行案例指导制定以来的实践情况看，对于涉及指导性案例的效力问题，曾经先后采用以下表述：

（1）参照

例如，1985 年 7 月 8 日最高人民法院印发《关于破坏军人婚姻罪的四个案例》，在通知中表述为"供参照办理"。

（2）借鉴

从 1985 年起发行的《最高人民法院公报》，刊登了相关案例。有些案例经过最高人民法院审判委员会讨论，并指出这些案例"可供各级人民法院借鉴"。

（3）指导

2005 年最高人民法院公布的《人民法院第二个五年改革纲要》（2004—2008）则采用了"指导"一词，强调指导性案例在指导下级法院审判工作中的作用。

[①]　参见周道鸾：《中国案例制度的历史发展》，载《法律适用》，2004（5）。
[②]　参见董皞主编：《中国判例解释构建之路》，150 页，北京，中国政法大学出版社，2009。

应该说，以上三种表述，虽然措辞上有所不同，但是其含义大体上相同。两个《规定》采用了"参照"一词。对于这里的"参照"，最高人民法院研究室胡云腾主任指出："参照就是参考、遵照的意思，即法官在审理案件时，处理与指导性案例相类似案件时，要遵照、遵循指导性案例的裁判尺度和裁判标准。"①值得注意的是，最高人民法院《规定》第7条规定的是"应当参照"。对此，胡云腾主任指出："应当就是必须。当法官在审理类似案件时，应当参照指导性案例而未参照的，必须有能够令人信服的理由；否则，既不参照指导性案例又不说明理由，导致裁判与指导性案例大相径庭，显失司法公正的，就可能是一个不公正的判决，当事人有权利提出上诉、申诉。"② 由此可见，指导性案例并非没有任何拘束力。最高人民检察院的《规定》第3条采用的是"可以参照"。不可否认，"参照"一词本身的强制性特征不是十分明显。因此，正如我国学者指出的："从语义学角度分析，参照执行给裁判者留下了自由裁量的较大空间，似无必须照办的含义，因此，在'参照'之前加上'应当'，感觉上是矛盾组合。"③ 但从体系解释的角度来看，在两个《规定》的特定语境中，"参照"还是具有某种程度的强制性。因此，笔者认为，我国指导性案例虽然没有法律上的拘束力，但应当肯定其具有事实上的拘束力。

（三）指导性案例的体例结构

指导性案例采取什么样的格式，这是一个涉及指导性案例的体例结构的问题。这个问题在英美法系和大陆法系国家或地区都是不存在的。在英美法系国家，由于实行判例法，先例具有法律约束力，而这些具有判例作用的先例就是上级法院或者本院先前的原始判决。判例法的区别技术中的所谓区别，是指当前案

---

① 蒋安杰：《最高人民法院研究室主任胡云腾——人民法院案例指导制度的构建》，载《法制资讯》，2011（12）。

② 蒋安杰：《最高人民法院研究室主任胡云腾——人民法院案例指导制度的构建》，载《法制资讯》，2011（1）。

③ 张志铭：《对中国建立案例指导制度的基本认识》，载《法制资讯》，2011（1）。

件与往日判例之间的区别，从区别中寻找适用依据、判决理由。[①] 而在一份普通法系国家或地区的判决中，又应当将具有约束力的判决理由与仅具有说服力的附带意见加以区分。判决理由和附带意见的区别之关键，在于判断法官针对案件的争议点而发表的决定案件实体处理的意见。如果是决定案件实体处理的法官意见，则可以认定为是法官的判决理由，否则，只能是附带意见。前者具有拘束力，而后者只具有说服力。[②] 大陆法系国家或地区的判例制度，其判例并非经法定程序颁布，同样是原始判决，因此要求法官到判例中去寻找相关的司法规则以便适用。只有在采取法定程序颁布判例的情况下，才存在判例的规范构造问题。例如，我国台湾地区便区分判例和判决，经"司法院"核定的"最高人民法院"的判决即为判例，判例具有先例拘束力。在判例中，具有约束力的就是裁判要旨。一个判决被确立为判例时，一般都附有适当的"要旨"，判例中隐含的法律原则与规则均体现于此。[③]

我国在以往的案例指导实践中，开始并无案情与裁判理由的明显区分，因为当时裁判文书较为简单，缺乏充分的说理和有力的论证。即使是《最高人民法院公报》颁布的指导性案例，也没有对指导规则进行提炼。以后，公报案例增添了"裁判摘要"。因此，公报案例的内容分为裁判摘要与案例本身这两个有机组成部分。一般来说，案例是原始的判决，包含案情、诉讼过程及判决结果等内容。在判决结果的论证中，当然也就包含着裁判理由。但一般判决中的裁判理由主要是针对个案的，将其上升为一般规则，尚需进行提炼与概括。而公报案例的裁判摘要就是编纂者从案例的裁判理由中提炼出来的，它在一定程度上可以脱离具体案件而存在，因而具有对个案的超越性。我国学者将公报案例中的裁判摘要称为指导规则，指出："指导规则的拟定，既要来源于具体案例，又要做适当的抽象加

---

① 参见孙笑侠：《法的现象与观念》，262 页，北京，群众出版社，1995。
② 参见董皞主编：《中国判例解释构造之路》，164 页，北京，中国政法大学出版社，2009。
③ 参见董皞主编：《中国判例解释构造之路》，180 页，北京，中国政法大学出版社，2009。

工。指导规则拟定的好坏，直接关系到指导性案例效能的发挥。"① 指导性案例之所以能够发挥指导作用，主要是因为从案例中提炼出了指导规则，这些指导规则为此后处理类似案件提供了参照。

在两个《规定》中，最高人民法院《规定》未对指导性案例的体例结构作出明确规定，但最高人民检察院《规定》第 4 条对此作出了以下具体规定："检察机关指导性案例一般由标题、关键词、基本案情、诉讼过程、要旨、法理分析、相关法律规定等组成。"应当说，以上规定是十分具体的，为指导性案例制作提供了格式体例。2010 年 12 月 31 日，最高人民检察院颁布了第一批指导性案例，从体例上来看，分为三个部分，即要旨、基本案情和诉讼过程。其中，要旨是案例制度规则，也是指导性案例的精髓之所在。

（四）指导性案例的程序性考察

普通案例只有经过一定的遴选程序，才能被确认为指导性案例。这一程序对于保证指导性案例的权威性、正确性与合法性，具有重要意义。根据两个《规定》，指导性案例的创制主要有以下三个程序：

1. 指导性案例的推荐程序

哪些案例可以成为指导性案例，需要经过严格的遴选程序。我国的指导性案例并非都是最高司法机关自身审理或者处理的案件，大部分案例来自地方司法机关，这些来自地方司法机关的案例又是如何自下而上地进入指导性案例的范围呢？对此，两高都设立了案例指导工作机构，负责指导性案例的遴选。其中，最高人民法院《规定》规定了指导性案例的推荐程序，其第 4 条规定："最高人民法院各审判业务单位对本院和地方各级人民法院已经发生法律效力的裁判，认为符合本规定第二条规定的，可以向案例指导工作办公室推荐（第 1 款）。各高级人民法院、解放军军事法院对本院和本辖区内人民法院已经发生法律效力的裁判，认为符合本规定第二条规定的，经本院审判委员会讨论决定，可以向最高人

---

① 刘树德：《刑事指导案例汇览》，4 页，北京，中国法制出版社，2010。

民法院案例指导工作办公室推荐（第 2 款）。中级人民法院、基层人民法院对本院已经发生法律效力的裁判，认为符合本规定第二条规定的，经本院审判委员会讨论决定，层报高级人民法院，建议向最高人民法院案例指导工作办公室推荐（第 3 款）。"此外，最高人民法院《规定》第 5 条还对人大代表等社会各界人士的推荐作了规定，由此广泛开拓指导性案例的来源。通过以上程序，保证了指导性案例的来源，为案例指导工作创造了条件。

2. 指导性案例的审查程序

指导性案例的审查程序是指对推荐案件审查决定使之成为指导性案例的程序。并非推荐上来的案例都能够成为指导性案例，还要经过一个审查程序。这里的审查，是指对被推荐案例是否符合指导性案例的条件的审查。最高人民法院《规定》第 6 条第 1 款规定："案例指导工作办公室对于被推荐的案例，应当及时提出审查意见。符合本规定第二条规定的，应当报请院长或者主管副院长提交最高人民法院审判委员会讨论决定。"因此，最高人民法院对指导性案例采取了两级审查程序：一是案例指导工作办公室的初级审查，其功能是决定是否提交审判委员会讨论决定。二是最高人民法院审判委员会的最终审查，其功能是决定是否作为指导性案例颁布。相对来说，最高人民检察院的《规定》对指导性案例的审查程序设计较为复杂，案例指导工作委员会在对案例进行初步审查以后，还要将案例分送有关业务部门进行审查。有关业务部门审查同意作为指导性案例的，送交案例指导工作委员会审议。必要时，还可以召开专家论证会进行论证。案例指导工作委员会经过集体讨论，认为应当作为指导性案例的，提请检察委员会审议决定。应该说，上述审查程序是严格与严肃的，对于保证指导性案例的质量具有重要作用。

3. 指导性案例的公布程序

指导性案例的公布程序是指采用一定方式将审查决定的指导性案例加以发布的程序。最高人民法院《规定》第 6 条第 2 款规定："最高人民法院审判委员会讨论决定的指导性案例，统一在《最高人民法院公报》、最高人民法院网站、

《人民法院报》上以公告的形式发布。"此外，第 8 条还规定："最高人民法院
案例指导工作办公室每年度对指导性案例进行编纂。"最高人民检察院《规定》
第 15 条规定的指导性案例公告的形式是："最高人民检察院检察委员会审议通
过的指导性案例，应当在《最高人民检察院公报》《检察日报》和最高人民检
察院网站公布。"

二、案例指导的功能考察

根据目前两高对案例指导制度的设计，其功能在于创制规则。我国法学界存
在一种观点，认为只有立法才创制规则，而司法解释和判例都不创制规则。例如
我国学者将司法解释的功能定位为解释规则而非创制规则，指出："在我国，最
高司法机关的司法解释也只是对理解和适用有关法律进行比较原则的解释，虽然
也具有普遍指导意义，但并不具有创设法律规则的地位和作用。"[①] 根据这种观
点，案例指导制度更不可能创制规则。笔者认为，关键问题是如何理解创制规
则。其实，规则有抽象与具体、一般与个别之分。从法律样态来说，宪法作为根
本法，其规则具有纲领性；法律的规则具有原则性；司法解释的规则具有细则
性；而案例指导规则具有具体性。就司法解释而言，它确实是对法律的一种解
释。但解释法律的过程就是将法律予以细则化的过程，这何尝不是一种创制规则
的过程呢？案例指导制度也是如此。从指导性案例中提炼出来的案例指导规则，
本身就是一种比法律和司法解释更为具体的规则。因此，不能否认，司法解释和
案例指导制度都具有规则创制功能。

如果说，在案例指导制度创立之前，我国存在法律—司法解释这样一种二元
法律规则体系；在案例指导制度创立以后，将会出现法律—司法解释—案例指导
规则这样一种三元的法律规则体系。这里的案例指导规则，是指案例指导制度所

---

① 孙谦：《建立刑事司法案例指导制度的探讨》，载《中国法学》，2010（5）。

创制的具有指导性的法律规则，这些法律规则虽然是以裁判要旨等形式出现的，但它经最高人民法院、最高人民检察院确认并颁布以后，对此后处理相同或者相似的案例具有参照意义。笔者认为，对于案例指导制度的探讨，必须将案例指导规则纳入我国的法律规则体系，确定其在法律规则体系中的正确地位。应该指出，本书所说的法律规则体系和法律体系是不同的。法律体系是以国家制定的法律为其内容的，是一个国家的法律规则体系的基本框架。而法律规则体系除包含法律以外，还包含了在一个国家具有规范作用的其他法律形式，例如行政法规、部门规章、司法解释以及案例指导规则。这些规则虽然不属于严格意义上的法律，但仍然可以归入法律规则的范畴。我国法律规则体系由以下三部分规则构成：一是立法机关创制的法律，这是狭义上的法律。二是行政机关创制的行政法规，这是广义上的法律。三是司法机关创制的司法规则，这是最广义上的法律。以上三种法律规则，虽然效力不同，但都是行为规范与裁判规范。司法机关的司法活动，不仅是一个适用法律的过程，而且也是一个适用行政法规和司法规则的过程。法律、行政法规和司法规则，三位一体，共同构成我国的法律规则体系。

　　我国从 1978 年开始法制的恢复重建，1979 年颁布了第一批法律，包括刑法、刑事诉讼法等七个重要法律。此后，法律制定进入了一个快车道，并且创制与修正并重。以刑法为例，刑法于 1979 年 7 月 6 日颁布、自 1980 年 1 月 1 日起施行。此后十余年间，全国人大常委会颁布 24 个单行刑法对 1979 年《刑法》进行修改补充，及至 1997 年《刑法》进行了全面修订。在 1997 年以后至今数十年间，全国人大常委会又颁布了 1 个单行刑法和 9 个刑法修正案，对 1997 年《刑法》进行补充，从而使我国的刑法不断发展完善。其他法律或早或迟颁布，历经修改补充，其经历大体上与刑法类似。经过 30 多年的努力，我国从无法可依到有法可依，完成了法律体系的草创。2011 年，全国人大常务委员会委员长吴邦国宣布：中国特色社会主义法律体系已经形成。随着法律体系的形成，我国法治大厦的基本框架得以奠定，为将来法治的发展开辟了道路。

　　在我国法律体系形成的同时，我国的行政法规和地方性法规以及司法解释也以一种超乎寻常的速度发展。其中，行政法规，是指国务院根据宪法、法律制定的规范性文件。而地方性法规是指省、自治区、直辖市以及其他具有立法权的市根据本行政区域的具体情况和实际需要，在不同国家宪法、法律、行政法规相抵触的前提下，制定的规范性文件。[①] 行政法规在全国范围内有效，但其效力低于宪法、法律，而地方性法规则在所辖行政区域内有效，但其效力低于宪法、法律、行政法规。可以说，行政法规和地方性法规是我国法律规则体系的重要组成部分，它为行政执法和地方执法提供了大量规则，在很大程度上满足了行政事务处理中对规则的需求。在行政法规和地方性法规以外，我们还应当重视司法解释在我国法律规则体系中的独特地位。

司法解释是指最高人民法院和最高人民检察院对审判工作和检察工作中具体应用法律、法令问题进行的解释。司法解释权来自全国人大常委会的授权。1981年6月10日，全国人大常委会通过《关于加强法律解释工作的决议》，该决议第2条规定："凡属于法院审判工作中具体应用法律、法令的问题，由最高人民法院进行解释。凡属于检察院检察工作中具体应用法律、法令的问题，由最高人民检察院进行解释。最高人民法院和最高人民检察院的解释如果有原则性的分歧，报请全国人民代表大会常务委员会解释或决定"。

应该指出，司法解释虽然名为解释，但从文本形式来看，往往具有规范性文件的特征。根据2007年3月9日最高人民法院发布的《关于司法解释工作的规定》第6条第1款的规定，司法解释的形式分为"解释""规定""批复"和"决定"。批复具有个案性、决定具有决断性，解释和规定的内容都具有规范性，其主要职能是为司法活动提供规则。根据《关于司法解释工作的规定》第6条第2、3款的规定，对在审判工作中如何具体应用某一法律或对某一类案件、某一类问题如何应用法律制定的司法解释，采用"解释"的形式。根据立法精神对审判工作中需要制定的规范、意见等司法解释，采用"规定"的形式。因此，"解

---

① 参见张文显：《法哲学通论》，318 页，沈阳，辽宁人民出版社，2009。

释"和"规定"是司法解释的两种主要形式。此外，根据最高人民检察院《司法解释工作规定》第 17 条的规定，司法解释文件采用"解释""规定""规则""意见""批复"等形式。在此，增加了"规则"和"意见"这两种形式。应当指出，除了明确以"解释"形式出现的司法解释，具有以法律文本为客体进行语义、逻辑等解释的特征以外，其他形式的司法解释并不是正式意义上的解释，而实际上就是最高人民法院和最高人民检察院创制的规则。解释具有对于解释文本的依附性，而规则虽然是根据法律制定的，但其实已经是一种相对独立的细则化的规范性体系。例如，《人民检察院刑事诉讼规则（试行）》虽然是根据刑事诉讼法制定的，但实际上是人民检察院适用刑事诉讼法的实施细则。即使是以解释形式出现的最高人民法院《关于适用〈中华人民共和国刑事诉讼法〉的解释》，就其内容而言，也是人民法院适用刑事诉讼法的实施细则。换言之，制定司法解释实质上就是以创制规则为内容的立法。正是在这个意义上，我们曾经把司法解释称为司法法，指出："刑法司法解释应当借助于文本即刑法规范而进行；而且，重要的是，刑法司法解释至少应当维系在刑法规范这一文本所确定的边界（borderline）以内。突破文本边界或完全置文本于不顾的所谓'司法解释'已经不是本原意义上的司法活动，而是法的创制活动了。这一活动的产物，我们姑妄称之为'司法法'。"①

以上论述，表达了我们对司法解释性质的一种较为复杂的心情：一方面，超越法律文本的边界的司法解释，是越权司法解释，而这在罪刑法定原则主导下的刑法领域是不被允许的。另一方面，不以法律文本为客体的司法解释，实际上不具有解释的特征，而是一种规则创制活动，也就是我们为之命名的司法法。司法法是相对于行政法规而言的。如果说，国家行政机关制定的规范性文件称为行政法，最高司法机关制定的规范性文件也可以称为司法法。在司法活动中，不仅存

---

① 陈兴良、周光权：《刑法司法解释的限度——兼论司法法之存在及其合理性》，载《法学》，1997(3)。

在以解释法律文本为内容的司法解释，而且还存在对司法活动中相关问题作出决定或者创制规则的内容，将这些文件称为司法解释是名实不符的。从这个意义上说，司法法作为一种实然描述的概念，在价值中立的意义上，是具有合理性的。因为在司法活动中，对法律细则化处理，当然可以包括在司法解释概念之中。但对法律未规定事项或者法律存在漏洞的环节，在司法机关职责范围内作出决定，或者创制规则，并不能为司法解释这个概念所涵摄。

我们虽然将司法解释在一定意义上命名为司法法，但为方便理解起见，笔者在本书中还是采用"司法解释"一词，它实际上是指最高人民法院、最高人民检察院制定的规范性文件。司法解释可以说是最高司法机关为各级司法机关的审判活动和检察活动提供规则的一种职能活动。在这个意义上，司法解释权无异于是一种规则创制权。司法解释在我国法律规则体系中，就其数量来说，远远超过法律、法规，它对于司法活动具有重要的意义。因此，司法解释实际上是一种法律规范，它具有法律的某些特征，这主要表现在以下三个方面：

1. 司法解释的主体

司法解释的主体是最高人民法院和最高人民检察院。两高虽然是司法机关，但根据全国人大常委会的决定，两高具有对法律进行解释的权力，这种权力就是司法解释权。因此，司法解释是一种有权解释。从司法解释创制主体来看，司法解释具有某种法律的特征。

2. 司法解释的内容

司法解释的内容是规则，而规则是法的基本内容。规则的特点是抽象性与一般性，它是解决纠纷的准则。法治是规则之治，没有规则的法治是不可想象的。司法解释的内容是规则，它为司法机关提供裁判准据，其功能与法律完全相同。因此，在我国，司法解释是规则的一种特殊载体。

3. 司法解释的效力

司法解释具有法律拘束力，这是从司法解释是有权解释这一命题派生出来的必然结论。最高人民法院《关于司法解释工作的规定》虽然没有对司法解释的效力作出明文规定，但第 27 条规定："司法解释施行后，人民法院作为裁判依据的，应当在司法文书中援引。人民法院同时引用法律和司法解释作为裁判依据的，应当先援引法律，后援引司法解释。"司法解释在判决书中作为裁判依据被援引，是以司法解释具有法律拘束力为前提的。当然，司法解释效力比法律低，这也是理所当然的。

我国学者曾经把司法解释称为"副法体系"，指出："在形式上，司法解释具有立法的形式特征。除个别批复等解释涉及内容相对单一因而不需要条款设定以外，一般均有条款的设置，在形式上同立法规范毫无二致，使用了相同的立法技术。同时，在刑事司法解释中，大量使用完整的罪刑规范，通过对犯罪构成要件的再明确，确立与法定刑的对应关系。例如 2000 年 9 月 8 日最高人民法院《关于审理伪造货币等案件具体应用法律若干问题的解释》规定，银行或者其他金融机构的工作人员购买假币或者利用职务上的便利，以假币换取货币，总面额在 4 000 元以上不满 5 万元或者币量在 400 张（枚）以上不足 5 000 张（枚）的，处 3 年以上 10 年以下有期徒刑，并处 2 万元以上 20 万元以下罚金。这样的条款俯拾皆是，在形式上同刑法典没有任何区别。"[①] 笔者以为，"副法体系"一词，对司法解释与法律之间关系的形容是十分准确的。副法体系的存在表明，我国在正式的法律体系以外，还存在着附属于法律体系并对法律体系起到补充作用的副法体系。副法体系本身虽然不是法律体系的一部分，但法律体系与副法体系，共同构成我国法律规范体系，是法律规则的共同载体。

在我国当前司法解释的讨论中，考虑到司法解释本身具有立法的特征，其所创制的规则具有抽象性与一般性，难以完全满足司法机关对于规则的需求，因而一种强有力的主张是从司法解释向判例制度过渡。例如，我国学者提出了判例解释的概念，指出：随着我国法制建设的不断改革和完善，抽象司法解释应当而且必将逐渐减少直到完全取消，代之以法律适用过程中针对具体案件如何适用法律

---

①　林维：《刑法解释的权力分析》，443 页，北京，中国人民公安大学出版社，2006。

的解释。而这种解释的最好形式应当是判例解释。[1] 我国学者甚至提出司法解释应当从抽象化向判例化发展的命题。[2] 这种判例化的司法解释就是判例解释，这种判例是由最高人民法院或者高级人民法院颁布的，因而具有法律拘束力。由此，判例取代了司法解释的功能。当然，我国学者考虑到，现阶段完全以判例解释取代司法解释的条件还不完全成熟，保留抽象的司法解释是完全必要的。但从长远来看，应当以抽象司法解释与判例解释共存的方式，逐步实现此消彼长，以实现和完成从完全抽象解释到主要或完全是判例解释的过渡。[3] 应该说，这里的判例解释或者以司法解释为载体的判例，与大陆法系国家的判例是完全不同的。判例解释之判例只不过是司法解释的一种形式，更类似于个案性解释，通过个案提供具有法律拘束力的规则。在这种情况下，判例解释实际上是一种个案性司法解释，以区别于抽象性司法解释。所以，判例解释仍然是司法解释而非判例。

值得注意的是，根据两高关于案例指导制度的设计，指导性案例不属于司法解释的一种形式，它是与司法解释相并列的一种规则提供方式。而且，司法解释制度和案例指导制度是并行的两种制度，不存在以案例指导制度取代司法解释制度的问题。除此以外，在判例解释意义上的判例与案例指导意义上的案例，就其提供规则的方式而言，其实是完全相同的，即都是一种自上而下的规则提供方式。虽然案例主要是从下级司法机关遴选的，但将案例确认为指导性案例的权力却属于最高司法机关。在这个意义上，无论是把指导性案例纳入司法解释体制，还是独立于司法解释体制，其性质都是相同的，只不过使我国法律规则体系又增加了一种规则载体而已。因此，在我国正式建立案例指导制度以后，我国的法律规则体系由法律、行政法规、司法解释、案例指导规则构成。就此而言，案例指导制度创设的案例指导规则是一种全新的法律样式。因此，案例指导制度的建立，实际上是创制了一种规则提供方式。

---

[1]　参见董皞：《司法解释论》，295 页，北京，中国政法大学出版社，2007。

[2]　参见董皞主编：《中国判例解释构建之路》，87 页，北京，中国政法大学出版社，2009。

[3]　参见董皞：《司法解释论》，295 页，北京，中国政法大学出版社，2007。

法律样式的多元性，可以说是中华法系的传统之一。我国古代的法律规则体系，在传统观念中被认为都是律，而律又是以刑为主，诸法合体，刑民不分。因此，传统观念对我国古代的法律规则体系产生了某种误解，乃至于偏见。其实，我国古代除刑律以外，还存在着另一种法律形式，这就是例。因此，我国古代法律规则体系，自明清以后主要是律—例的二元结构。对于律这种法律形式，一般都比较熟悉。战国时期的李悝所著的《法经》是律的雏形。至战国时期秦国商鞅变法，改法为律，遂以律作为法的主要表现形式，并容纳诸法。唐代的《永徽律》因《唐律》闻名于后世，是我国古代律的典范。自唐以降，无论是《宋刑统》还是《大明律》《大清律例》都沿袭了纳诸法于一典的体例，历1 200余年而未变。① 因此，律是我国古代法律的重要表现形式，这是毫无疑问的。但以中国幅员之广阔，地域之差异，人口之众多，仅仅依靠"律"尚难以治天下。为此，除律以外，还有令、格、式、例等辅助性的法律形式。在此，例的作用尤甚大，在明清以后逐渐成为律的重要补充。我国学者曾经对例的演变过程作了以下描述："从秦汉到明清，例的形成和发展经历了一个漫长的过程。从统治者对例的态度看，前后经历了三个不同的时期，即秦汉为司法例广泛适用的时期，两晋至隋唐为限制司法例适用的时期，宋至明清为注重多种形式例的制定和编纂的时期。如果从例的法律地位变迁的层面分析，明代以前，例在国家法律体系中处于补充法的地位；进入明代以后，例的法律地位逐渐提高，制例成为国家主要的立法活动；特别是明代中叶到清末，朝廷建立的律与刑例并重、会典与行政例并重的法律机制，使例实际上成为国家法律体系的主体。"② 从以上叙述来看，"例"在我国古代法律规则体系中的地位存在一个逐渐的演变过程。而且在各不同朝代，"例"的表现形式又是有所不同的。例如秦汉的比、魏晋至明清各朝的条例和事例。唐至元代的格例、唐至明清的则例、宋元的断例、元代的分例、明代的

　　① 参见张晋藩：《中国法律的传统与近代转型》，3版，248页，北京，法律出版社，2009。
　　② 杨一凡、刘笃才：《历代例考》，495页，北京，社会科学文献出版社，2009。

榜例、清代的省例等。在以上这些"例"的形式中，最为成熟也最为典型的是清代的条例，被编入法典，形成以《大清律例》为中心的法律规则体系。

在我国法学界，对于古代的"例"存在某种程度的误解，即把古代法中的例等同于判例，因而把律例关系简单地理解为成文法与判例法之间的关系，并把律例合体的法律规则体系称为成文法与判例法相结合的混合法样式。例如，我国学者指出："在自西汉至清末的封建时代，中国法律样式的总体面貌是'混合法'，'混合法'的含义是'成文法'与判例制定相结合。当判例积累到一定程度，其反复表达的某些法律原则便通过立法上升为法条，或者融进成文法典，或者成为法规的组成部分，或者索性分门别类地附在有关法条后面使成文法条与判例合为一典，像《元典章》那样。成文法典与判例之间相互依存、相辅相成、循环往复的关系，便构成了'混合法'的基本运作形态。"① 在以上论述中，我国学者明确地把编入法典的"例"，主要是条例，称为判例，换言之，把我国古代，主要是明清时期的律例关系理解为是成文法与判例法的关系。例如，我国学者将清代因事而立、因俗而立、因礼而立，实际效力凌驾于律之上，对律文起到补充、修改作用的例，都称为是判例，从而得出结论：判例与制定法有机结合，以使法律的调整最大限度地适应复杂多变的社会生活。② 我国古代的"例"确实是判例，甚至是判例法吗？律例关系确实是成文法（制定法）与判例法的关系吗？笔者认为，这些问题都是需要认真对待的。这里，首先涉及对我国古代法律中的例的科学界定问题。应该说，我国古代法中的例的含义是十分宽泛的。对此，清代学者王明德曾经指出："例者，丽也，明白显著，如日月之丽中天，令人晓然共见，各为共遵共守而莫敢违。又利也，法司奏之，公卿百执事议之。一人令之，亿千万人凛之。一日行之，日就月将，遵循沿袭而便之，故曰例。"③ 从以上王明德对于"例"的抽象描述来看，"例"并非个案性质的判例，而恰恰是一体遵循的

---

① 武树臣：《中国古代法律样式的理论诠释》，载《中国社会科学》，1997（1）。
② 参见张晋藩：《中国法律的传统与近代转型》，3版，297页，北京，法律出版社，2009。
③ （清）王明德：《读律佩觿》，何勤华等点校，18页，北京，法律出版社，2001。

规则。与此同时，王明德还对"例"与"律"的关系作了考察，指出："然不得即概命为律者，则以一时所令，或仅以矫制狙妪，未可即以垂之亿万斯年。一事所更，或仅以立挽颓风，并未可即以传夫继世累业，即以一王之法言之，代为迭更者有焉，年为数易者有焉，甚或月为再更而再易，再易而再更者，亦间有之焉。"① 在王明德看来，"律"乃长久垂范，不可更替。而"例"则基于一时、一事之所宜，时常变更。因此，"例"可以说是"律"的细则化。王明德还明确地指出，"例"有五种含义：名例、条例、比例、定例、新例。其中，名例乃律的组成部分，如同王明德所言：冠于律首以统贯夫全律。因此，名例之例并非与律相对应意义上的例。关于条例，王明德指出："而于正律各条所未备，则采故明历朝令行之可因者，别之为条例，并列于正律各条之后，以辅正律之穷而尽其变，用成我清一代之制。"②

　　因此，条例乃《大清律例》中的"例"，这也是"例"的主体部分。对此，何勤华教授指出："在清代，律，就是大清律；例，就是条例。清王朝建立以后，曾于顺治四年（1647 年）、雍正三年（1725 年）和乾隆五年（1740 年）分别颁布了《大清律集解附例》《大清律集解》和《大清律例》三部正式的成文法典，最后定本律四百三十六条，附条例一千零四十九条。关于例的来源，主要有两个方面：一是皇帝的诏令以及依据臣下所上的奏议等文件而作出的批示（上谕）；二是从刑部就具体案件所作出的并经皇帝批准的判决中抽象出来的原则。"③ 由此可见，就例本身而言，它是一种成文规则，可以纳入成文法的范畴。例大部分是从成案中提炼、抽象出来，并经过君主批准的。例如，美国学者把我国古代法中的"例"称为"亚律"（substatute），它作为法律规范的一种，是对基本法律

---

① （清）王明德：《读律佩觿》，何勤华等点校，18 页，北京，法律出版社，2001。
② （清）王明德：《读律佩觿》，何勤华等点校，20 页，北京，法律出版社，2001。
③ 何勤华：《清代法律渊源考》，载《中国社会科学》，2001（2）。

规范"律"的补充。① 可以说，成案中的规则只有上升为例，为正式法律所吸纳，才具有法律效力。除此以外的成案是不具有判例效力的，对此我国学者指出："清代自乾隆五年（1740 年）起实行定期定刑例，使得成案不断被吸收进《大清律例》之中，根据其是否具有典型性、代表性和普遍适用意义，成案有立即被著为定例者，有立即确定为通行者；有先确定为通行后又成为定例者，也有后来直接上升为定例者。这样一来，嗣后出现的类似案例，可以按照这些新的定例或通行进行判决。那些没有上升为定例和没有被确定为通行的成案，在现实生活中重复出现的几率很小；即使重复出现，还可以通过比附论罪的方式，援引近似的律、例比附加减定拟。从而使禁止援引成案这一规定的实施，具备了现实的可行性，也使援引特旨论罪临时处分的正当性不复存在。"②

根据以上论述，成案可能被确定为"定例"或者"通行"，并最终经整理被编入法典，形成条例。《大清律例》"刑律·断罪引律令"所附条例规定："除正律、正例而外，凡属成案，未经通行著为定例，一概严禁，毋得混行牵引，致罪有出入。如督抚办理案件，果有与旧案相合，可援为例者，许于本内声明，刑部详加查核，附请著为定例。"由此可见，成案被成文法吸收，通常是确定为"通行"，然后著为"定例"，始发生法律效力。当然，成案也有直接被确认为"定例"的。因为已经将成案中的规则经过一定的程序引入成文法，所以禁止援引成案。当然，在司法实践中，成案的援引适用禁而不止。③ 从这个意义上说，在清代法律层面上，是禁止援引成案的，只不过在司法实践中未能禁绝而已。

在我国古代法中，"例"与"律"的由来并不相同。"律"是基本法，一般是不加妄改的，绝大部分的律条是从前朝承继而来。因此，中华法系一脉相承，主要是指"律"的承继没有中断。但社会是变动的，为适应当下社会治理的需要，

---

① 参见〔美〕德克·布迪、克拉伦斯·莫里斯：《中华帝国的法律》，朱勇译，59 页，南京，江苏人民出版社，2008。

② 杨一凡、刘笃才：《历代例考》，477 页，北京，社会科学文献出版社，2009。

③ 参见何勤华：《清代法律源考》，载《中国社会科学》，2001（2）。

各朝代的统治者往往通过制定条例的方式提供具体法律规则。因此，例作为针对一人一事一地的具体规则，恰好可以弥补"律"之抽象性。这就是沈家本所言："律者，一成不易者也。例者，因时制宜者也。"① 我国学者对清律的附例进行了研究，认为例的产生存在两种形式：一是因言生例；二是因案生例。② 因言所生之例，是针对特殊情况创制的规则，与个案并无关系。因案所生之例，则与个案相关，也被视为判例的内容。我国学者认为，这种与律并行的法律形式就是判例，并且提出了中国古代判例的因案生例制度，指出："因案生例的制度，是指司法官在其审判活动中，针对具体案件的裁判，认为应该通过该案总结、创制出特定法律规范时，便在判决中附请定例。皇帝在核准案件时直接定例或指示刑部议定专门条例，以概括出具体的、普遍的法律规范，即定例。定例的表现形式虽然为制定法，但通过具体案件而产生的例，却体现的是判例制度。"③

　　这里的问题："例"既然表现为制定法，亦即成文法，又怎么能断言其所体现的是判例制度呢？换言之，成文法与判例法之间的根本区别是什么？应该说，成文法与判例法都是法律规则的载体，都具有提供规则的功能，这是相同的。不同之处在于：成文法的规则存在于法典之中，而判例法的规则存在于判例之中。更为重要的是，在司法活动中援引成文作为判决根据的是成文法制度，援引判例作为判决根据的则是判例法。因此，我国学者提出了"判例是可以援引为审理类似案件的判决"这一定义，以此作为区分成文法与判例法的出发点④，笔者深以为然。因此，因案生例之"例"具有成文法的形式，还能否仍然将其视为判例呢？这就要根据是以案作为判决根据，还是以例作为判决根据而加以确定。显然，在这种情况下，只有例才能援引作为判决根据，案只是例所由来，例一旦从案中分离出来，案对于例就不再具有法律上的意义，只具有考据上的价值。例

① 沈家本：《历代刑法考》，第四册，2220 页，北京，中华书局，2006。
② 参见杨一凡、刘笃才：《历代例考》，329 页，北京，社会科学文献出版社，2009。
③ 汪世荣：《中国古代判例研究》，122 页，北京，中国政法大学出版社，1997。
④ 参见刘笃才：《中国古代判例考论》，载《中国社会科学》，2007（4）。

如，在《大清律例·名例律》中，关于"共犯罪分首从"的律文后附有条例："凡父兄子弟共犯奸盗杀伤等案，如子弟起意，父兄同行助势，除律应不分首从及其父兄犯该斩绞死罪者，仍按其所犯本罪定拟外，余俱视其本犯科条加一等治罪，概不得引用为从字样。"

清代学者薛允升经考证指出："此条系乾隆四十年，刑部议复江苏巡抚萨载审题，宿迁县民刘俊强抢良家之女，奸占为妻案内，将刘俊之父刘殿臣照为从律定拟杖流。钦奉谕旨，奏准定例。"① 因此，上述条例从刘俊强抢良家之女奸占为妻案中提炼出来的，但在编入法典以后，作为判决根据的是该条例，该案则逐渐为人所淡忘。在这个意义上说，因案生例并不是判例形成机制，而恰恰是成文法形成机制。在某种意义上，也可以说因案生例是判例消亡机制。

应该说，中国古代法具有成文化的强烈冲动，这在很大程度上压抑了判例制度的建立。我国学者提出了成文化意味着判例消亡的命题，指出："从成文法的角度看，吸收判例的过程就是改造消灭判例的过程。而从判例的角度看，融入成文法的过程也就是自我异化消亡的过程。判例上升为条例，是判例的异化。没有这一步，判例无从进入成文法体系。而进入成文法体系，也为其消亡创造了条件。'我已经不再是我，而你却依然是你。'成文法得到了滋养，变得更加丰满，而判例则丧失了其存在的根据。这就是古代判例的最终命运。"② 这里的"我"是指判例，"你"则是指成文法。判例一旦融入法典，就失去了自我，就转变成为成文法，这是对中国古代判例命运的生动描述。

如上所述，若我国古代法中的例并非判例。是否还存在其他判例形态呢？在此，值得注意的是以下观点：虽然否定例是判例，但却认为例是我国古代判例法和成文法中间状态的法律渊源。③ 这一观点是以我国古代存在判例法为前提的，

---

① 胡星桥、邓又天主编：《读例存疑点注》，80页，北京，中国人民公安大学出版社，1994。

② 刘笃才：《中国古代判例考论》，载《中国社会科学》，2007（4）。

③ 参见胡兴东：《中国古代判例法运作机制研究——以元朝和清朝为比较的考察》，3页，北京，北京大学出版社，2010。

例如，把清代的"成案"和"通行"视为判例。我国学者指出："清代从判例到条例的过程大体是：判决→成案→通行→定例。清代一个具体的判决并不必然成为后来同类案件的先例，但'成案'与'通行'是判例，区别是'成案'就有说服力，'通行'具有拘束力，'定例'已经上升为成文法，只是这种成文法的稳定性比律条低。"① 以上论述正确地指出了从判决演变为定例的我国古代成文法形成路径，但能否把"成案"和"通行"都称为判例，笔者认为尚需进行具体分析。"成案"系例无专条、援引比附加减定拟之案。② 因此，"成案"相当于法无明文而类推适用的案例。除非被确定为定例，"成案"在清代是明文禁止引用的，怎么能说是判例呢？至于"通行"，即《刑部通行章程》，系律例内所未备载，或因时制宜，或随地立法，或钦奉谕旨，或奏定章程，均宜遵照办理者也。③ 由此可见，"通行"相当于法律规定不明确而制定的司法解释，这是一种层次较低的规则。有些"通行"是依附于案例的，是从案例到条例的过渡形态。其中，条例已经与案例相分离而完全具备了成文法的特征。"通行"则尚与案例相糅杂，没有完全从案例中分离出来。《刑案汇揽凡例》在论及其所录入的"通行"时指出："通行自乾隆元年起，至道光十三年止，除业经纂定条例，引用已久，无须查看原案者不录外，其乾隆元年至嘉庆十四年……嘉庆十五年至道光十三年……共计集入六百余件。"由此可见，《刑案汇览》录入的"通行"没有上升为定例，还须查看原案。在此，作为规则的"通行"确实具有一定的判例性质，这也是不可否定的。当然，这些"通行"在司法活动中所起的作用应该是较小的。由此可见，我国古代判例或许在某些特殊情况下发挥过作用，但还不能说我国古代形成了与成文法相对应的判例制度，更遑论存在判例法。

在我国目前的司法活动中，司法解释的功能类似于古代条例，只是形成机制

---

① 胡兴东：《中国古代判例法运作机制研究——以元朝和清朝为比较的考察》，59～60页，北京，北京大学出版社，2010。

② 参见祝庆祺等编：《刑案汇揽三编》第一册，凡例、3页，北京，古籍出版社，2004。

③ 参见《大清会典事例》，卷852，1253页，北京，中华书局，1991。

不同而已。司法解释和条例都是比法律的效力等级低，并且具有细则化功能的法律样式，在司法活动中起到重要作用。甚至古代条例所具有的那些缺陷，例如，以例破律、以例代律等，在司法解释中都是存在的。当然，司法解释是采取类似于立法方式制定的，它具有成文法的一切特征。而条例是从案例中形成的，它虽然也是一种成文法，但与案例之间仍然存在着脐带关系。

我国的案例指导制度，就其构造而言，笔者认为与古代条例是不同的，即使把条例误认为判例，两者还是不同。这种区别主要在于：案例指导制度中的指导性案例，是以案例形式而非规则形式出现的，案例指导规则只是作为案例的一部分依附于案例而存在。这样，指导性案例具有判例的形式特征，它是一种判例而不是司法解释。不过，我国目前的案例指导制度却与清代的"通行"具有一定的类似性，这主要表现为规则与原案的依存，规则经过最高司法机关的批准。只是"通行"是从成案向条例演化的中间形态，而案例指导制度则是一种独立的规则载体。当然，根据目前对案例指导制度的设计，指导性案例是经过严格遴选程序由最高人民法院和最高人民检察院颁布的，因而具有自上而下的行政性特征。因此，我国目前的案例指导制度与大陆法系国家的判例制度也是不同的。应该说，颁布是成文法产生的形式特征，成文法只有经颁布才有效，未经颁布则无效。而判例本身不具有法律上的拘束力，因而只是法官自行选用的问题，而不存在颁布的问题。甚至在不同的判例以及前后的判例之间，可能在裁判结论上也是不同的。在这种情况下，判例具有似法而又非法的特征。所谓似法，是指判例提供的规则对于本案具有法律效力，并且为此后的判决也提供了可以参照的规则。所谓非法，是指判例毕竟不是法律，它对此后的判决只具有参考作用，而不是必须遵循的法律规范。正是在这种似法非法之间，判例能够发挥其独特的作用。但我国目前采取颁布形式出现的指导性案例，具有行政性特征，虽然两高强调指导性案例不具有法律效力而只是参照执行，但其法律特征还是十分明显的，判例的独特性可能会被遮蔽，这是我们必须注意的。

三、案例指导的法理阐述

判例为什么应当具有不同于法律的独特性？这一问题涉及一个重要的法理问题，即不同的法律样式为司法活动提供规则的机理。我国学者曾经揭示了中国古代法律形成的两条并行的发展路线，指出："在中国古代，法律是经由两条并行的路线发展成长的。一是设计生成的理性主义路线，主要体现在律典的修订。二是自然生成的经验主义的路线。主要体现在成文法体系之外，通过创设及适用判例，在实践活动中不断的探索，反复的检验，逐步的积累，在成熟后再将其改造吸纳入法律体系之中。"① 以上所说的法律，是指成文法。我国古代成文法的形成确实可以分为设计生成与自然生成这两条路线，其哲学根据分别是理性主义与经验主义。这也说明，在我国古代，判例并没有其独立地位，也不可能具有独特价值，它只不过是成文法形成的一种"中间体"，或者说是法律的胚胎。这是由我国古代法的顽强的成文化冲动所决定的，其影响至今存在。但如果我们把成文法与判例法相对应，把它们看做是法律的不同样式，我们就可以发现，这两种不同的法律样式为司法活动提供规则的机理是完全不同的。

成文法，又称制定法，是指立法机关创制的法律。在以往的法学理论中，往往把成文法与判例法相对应，实际上，成文法更应当与不成文法相对应。相对于不成文法，成文法是法制史上的进步。成文法的概念本身假设了一个立法者的存在，这个立法者以国家名义颁布法律，为司法活动提供规则。因此，成文法一般是以国家主义为特征的。

我国古代是一个君主专制和中央集权的社会，君主集立法权、司法权与行政权于一身，即所谓"乾纲独断"，具有高度集权的性质。但是，在这种情况下，并不意味着立法权、司法权与行政权三权都由一人或一个机关来行使，这既不可

---

① 刘笃才：《中国古代判例考记》，载《中国社会科学》，2007（4）。

能，也无必要。在国家权力的运作中，立法权、司法权与行政权的事实上的分离是存在的，只不过三权之间的制衡关系付之阙如，而君主凌驾于三权之上，具有终极性的权力。这种权力，也就是君权或者王权，它具有至上性。与这种君权相对应的是臣权，而君权与臣权的分离，被我国学者称为两权分立。例如，武树臣教授指出："《管子·任法》说：'有生法，有守法，有法于法。夫生法者君也，守法者臣也，法于法者民也。'明确提出君权与臣权、君主立法与臣下司法的分离，即'两权分立'的基本原则。"① 生法与守法的关系，就是立法与司法的关系，也是君权与臣权的关系。我国古代成文法之所以发达，是与君权至上密切关联的，君主为了严密控制社会，包括形成对臣权的有效操控，必然独揽立法权，自上而下地提供规则，使臣权的行使受到各种规则的约束。我国有学者指出：中国古代有分工明确而且比较稳定的行政机关（明代以前是宰相，明清时期是中央六部）、司法机关（南北朝以前是廷尉，隋唐时期为大理寺、刑部和御史台，明清时期为刑部、大理寺和都察院），但却没有一个常设的立法机关。这是因为皇帝代表国家牢牢垄断着立法权，决不允许行政机关和司法机关插足。② 在这种立法权为君主所垄断的政治体制之下，成文法作为规则的载体具有唯一性，而司法活动只不过是对法律的消极适用，不可能创制规则，因而判例发生作用的空间极为窄小。通过案例产生的规则如欲发生法律效力，必须经司法官的附请，然后由上谕确定。其形式是：在有些情况下，皇帝在核准案件时直接定例或指示刑部议定专门条例，以概括出具体的、普遍的法律规范，即定例。③ 因此，我国古代因案生例，是成文法的一种生成机制，而非判例的形成机制。由此可见，我国古代的政治体制，决定了成文法是法律的唯一载体，而判例的效力在通常情况下是不被承认的，案例只不过为成文法提供规则来源而已。在这种情况下，立法与司法的关系严格地呈现出立法生产规则、司法消费规则这样一种规则的生产与消费

---

① 武树臣：《中国古代法律样式的理论诠释》，载《中国社会科学》，1997（1）。
② 参见郝铁川：《中华法系研究》，199页，上海，复旦大学出版社，1997。
③ 参见汪世荣：《中国古代判例研究》，122页，北京，中国政法大学出版社，1997。

的关系。

大陆法系同样实行成文法制度，这种成文法的传统可以追溯到古罗马查士丁尼的《国法大全》。从查士丁尼开始，这就决定着大陆法系国家的法典化之倾向。法典编纂者试图让人们相信，通过法典编纂，可以重建纯正统一之法律体系，或者创立一个全新的法律制度。[①] 但近代大陆法系的成文法形成，却是法国大革命的产物，其哲学基础仍然是国家主义，只不过这是一种民主制的国家主义而非我国古代的君主专制主义。例如，美国学者梅利曼在论及法国的成文法制度时指出："法国法典编纂者的观念，准确反映了法国的革命思想。例如，废除所有旧法并限制它们对新法影响的原因之一，就是他们推崇国家主义——以便使民族国家保以复兴。国家主义者认为，一切在这种国家建立之前形成的法律以及来源于外国的法律（如来源于欧洲的普通法），都有损于国家主义思想。"[②] 在这种国家主义的影响下，立法权为国家所垄断，因而出现了法典崇拜，甚至成文法的拜物教。法典成为"非颤抖的手不得触摸"的敬畏对象。[③] 这种对于成文法的崇拜，在贝卡里亚的以下论断中表现得淋漓尽致："一个社会如果没有成文的东西，就决不会具有稳定的管理形式。在稳定的管理形式中，力量来自于整体，而不是局部的社会；法律只依据普遍意志才能修改，也不会蜕变成私人利益的杂烩。经验和理性告诉我们：人类传统的可靠性和确定性，随着逐渐远离其起源而削弱。如果不建立起一座社会契约的坚固石碑，法律怎么能抵抗得住时间和欲望的必然侵袭呢？"[④] 贝卡里亚把社会契约具象化，其载体就是成文法，只有成文法才是一个社会存在的基石。这是一种典型的法律主义观念。当然，在贝卡里亚生活的时代，这种观念体现了法治的理想，因而具有历史进步意义。成文法的确定性、一

---

① 参见张其山：《司法三段论的结构》，16 页，北京，北京大学出版社，2010。

② ［美］约翰·亨利·梅利曼：《大陆法系》，2 版，顾培东、禄正平译，27 页，北京，法律出版社，2004。

③ 参见张其山：《司法三段论的结构》，85 页，北京，北京大学出版社，2010。

④ ［意］贝卡里亚：《论犯罪与刑罚》，黄风译，15 页，北京，中国大百科全书出版社，1993。

般性和普遍性，无论是对于君主意志的反复无常，还是对于公众意志的虚无缥缈，都是一种有效的限制。可以说，以孟德斯鸠、贝卡里亚为代表的古典启蒙思想家，开启了法治新纪元，对于此后近代法治的建立提供了思想的启蒙。

　　基于国家主义的观念，立法与司法的关系被重新构造，一种立法中心主义的法治观念得以形成，而成文法律就成为立法与司法之间互相牵制的有形载体。当时受到理性主义的支配，认为立法者可以制定一部完美无缺的法典。例如，贝卡里亚指出："当一部法典业已厘定，就应逐字遵守，法官唯一的使命就是判定公民的行为是否符合成文法律。当既应指导明智公民又应指导无知公民的权利规范不再受那种小型的多数人专制的摆布时，受难者与压迫者间的距离越小，这种多数人专制就越残忍；多数人专制比一人专制更有害，因为前者只能由后者来纠正，并且一人专制的残暴程度并非与它的实力成正比，而是同它遇到的阻力成正比。"① 贝卡里亚力图用成文法来限制专制的权力，从而保障个人的权利和自由。值得注意的是，在贝卡里亚以上论述中，存在多数人专制与一人专制这一对范畴，似乎更强调成文法对多数人专制的限制。这里的多数人显然不是指法官，而是指民主政体下的人民，这里的人民实际上是立法者本身。因此，贝卡里亚认为，立法者本身也是要受到法典约束的。当然，贝卡里亚更为注意的是成文法对司法权的制约，防止司法权的滥用。

　　我们可以将我国古代的成文法体制与大陆法系国家近代的成文法体制进行对比，两者是都基于国家主义观念的。我国近代之所以选择大陆法系，也是因为两者具有相近的国家主义观念。② 但是我们又必须看到，两种国家主义观念是存在根本差别的，由此导致其立法与司法关系上的不同构造。我国古代的国家主义，是一种君主专制主义。在君权与臣权相对应的立法与司法关系中，君权尊贵而臣权卑微。在这种体制下，成文法是君权对臣权加以控制的有效途径，从而达致对

---

① ［意］贝卡里亚：《论犯罪与刑罚》，黄风译，13 页，北京，中国大百科全书出版社，1993。
② 参见郝铁川：《中华法系研究》，196 页，上海，复旦大学出版社，1997。

君权的维护。而大陆法系国家近代的国家主义，是一种民主制的国家主义，立法与司法是国家权力的一种划分，两者具有互相制衡关系。虽然以立法为中心，司法处于一种附属的地位，更强调成文法对法官的约束，但通过分权，所要追求的目标是对公民个人权利与自由的保障。

例如，在刑法中经常讨论的一个重大问题，就是罪刑法定主义。在大陆法系国家，罪刑法定主义是以成文刑法为载体的。在我国古代同样存在成文刑法，是否也存在罪刑法定主义呢？对此，我国学者曾经展开过争论。我国古代存在引律的悠久传统，同时又有比附的漫长历史。引律意味着援法定罪，这里的法是指律例。《大清律例》中有关于断罪引律令的规定："凡（官司）断罪，皆须具引律例。违者，（如不具引）笞三十。若（律有）数事共（一）条，（官司）止引所犯（本）罪者，听（所犯之罪止合一事，听其摘引一事以断之）。其特旨断罪，临时处治不为定律者，不得引比为律。若辄引（比）致（断）罪有出入者，以故失论。（故行引比者，以故出入人全罪及所增减坐之；失于引比者，以失出入人罪减等坐之）。"从以上规定来看，断罪应当正确地援引律例。如果不能正确地援引律例，无论是故意还是过失，都会受到处罚。但与此同时，《大清律例》中又有关于断罪无正条的规定："凡律令该载不尽事理，若断罪无正条者，（援）引（他）律比附，应加、应减，定拟罪名，（申该上司）议定奏闻。若辄断决，致罪有出入，以故失论"。以上比附并非臣权而是君权，因为按照比附罪尚需履行严格的法律程序。上述刑律的条例对此作了以下规定："若一条止断一事，不得任意删减，以致罪有出入，其律例无可引用援引别条比附者，刑部会同三法司共同议定罪名，于疏内声明一律无正条，今比照某律、某例科断，或比照某律、某例加一等、减一等科断。详细奏明，恭候谕旨遵行"。由此可见，比附须经谕旨批准方可生效。因此，引律与比附，从形式上来看好像是罪刑法定与类推的关系，两者存在逻辑上的矛盾，但其实两者统一于君权，因而并无根本矛盾。只有在现代民主国家，罪刑法定主义意在限制国家权力，保障公民权利，因而不允许类推定罪。但在我国古代君主专制社会，援法定罪只是为约束臣权，彰显君权，因而与比附定罪并不存在冲突。在这种政治体制中，公民个人的权利无从说起。对此，日本学者仁井田陞教授指出："中国古代的法定主义，不是这种（按：指西方的罪刑法定）个人主义、自由主义的产物，而是为着国家权力统治人民的需要提出来的。如果说是对国家权力的限制，也是因为认识到任意性的权力反而不利于统治，而给掌权者设立一个权力限度对统治大有好处。虽然都称为法定主义，但两者具有历史的、质的区别。也可以说中国古代的法定主义具有两个基调，即，一方面是把法律作为威吓民众的武器的一般预防主义思想，另一方面是明确统治权限、控制官吏擅断的思想。"① 以上评论可谓一针见血。在君权至高无上的专制体制下，只有君主直接操纵的立法才能提供法律规则，而司法则不可能提供法律规则。为控制臣权，要求司法官援法定罪，比附则需经上谕批准。因案形成的规则也只有报经君主批准转化为例以后才能生效。在这种情况下，成文法本身就是君权的象征，判例没有生存的政治基础。

大陆法系国家则与此不同。大陆法系国家虽然实行成文法，但在立法与司法互相制衡的体制下，司法判例仍然有着存在并发生作用的巨大空间。在古典时期，成文法典取得了至高无上的垄断地位，司法被看作只是立法的附庸。法官的本身的作用也是机械性的。② 在这种情况下，不用说判例具有法律效力，即使是对法律的解释也是不被允许的，法官只能严格按照成文法逐字地适用。例如贝卡里亚就认为，刑事法官根本没有解释刑事法律的权力，因为他们不是立法者。③但此后的事实已经证明，这种严格规则主义难以适应司法活动对规则的需求，即使是以司法三段论适用法律，在个案中适用的裁判规则与作为大前提的法律规范，也是完全不同的。在这种历史背景下，判例制度得以在大陆法系国家确立。

---

① [日] 仁井田陞：《唐律的通则性规定及其来源》，姚荣涛译，载刘俊文主编：《日本学者研究中国史论著选译》，卷八，103 页，北京，中华书局，1993。

② 参见 [美] 约翰·亨利·梅利曼：《大陆法系》，2 版，顾培东、禄正平译，37 页，北京，法律出版社，2004。

③ 参见 [意] 贝卡里亚：《论犯罪与刑罚》，黄风译，12 页，北京，中国大百科全书出版社，1993。

例如在现代德国，一些典型的判例，尤其是联邦法院作出的重要判例，在司法实践中具有重要的指导作用。在现代社会发展变化面前，原有的德国法律所暴露出来的"死角"和"空白"，都由法院的判例来予以填补。① 在这种情况下，判例同样具有创制规则的功能，只不过判例所创制的规则是法律规范的细则化。

在成文法体制下，判例所创制的是裁判规则。这种裁判规则是成文法的细则化，它具有弥补成文法的抽象性与一般性的特殊功能，因而具有独立存在的价值。在传统的司法三段论的法律适用模式中，作为大前提的法律似乎是通过逻辑演绎直接适用于个案的，因而强化了司法活动的机械性，甚至把法官的判决视为制定法的精确复写。② 这是对司法的一种偏见。其实，法官在根据司法三段论进行法律适用时，并不是机械地适用法律，而是在创造性地适用法律。这种创造性，主要表现为将抽象的、一般的法律规范转化为适合于个案的裁判规则。就法律规范与裁判规则的关系而言，前者具有原则性，后者具有细则性，两者并非对立而是统一的。这里涉及法官造法的问题，如果在创制裁判规则的意义上理解成文法体制下的法官造法，笔者认为是能够成立的，这也正是成文法体制下判例制度存在的理论根据。正如我国学者指出："法官造法实质上就是为当前案件创制一条裁判规则，并不意味着法官不仅在狭义的范围内考虑裁判规则如何创立。如果不对法律进行体系化的考察，甚至超载法律的原则、理念进行思考，法官就难为本案创制一条适宜的裁判规则。因此，法官造法的范围应扩展到整个法秩序范围内，但法官应在整个法秩序内考察他所要创制的裁判规则是如何地得以支持。至于法官在裁判中所形成的用于支持裁判规则的原则或法理念，我们毋宁说它们是被发现的，因为法的原则以及法理念可以被归到某种生活方式的反映上。"③

裁判规则形成的过程，是法官对法律规范进行解释的过程，也是一个演绎推理的过程。由于这一推理以法律规范为逻辑起点，因而推导出来的裁判规则是在

---

① 参见何勤华主编：《德国法律发达史》，53 页，北京，法律出版社，2000。
② 参见［德］考夫曼：《法律哲学》，刘幸义等译，72 页，北京，法律出版社，2004。
③ 张其山：《司法三段论的结构》，110 页，北京，北京大学出版社，2010。

法律规范体系之内的。如果说这是一种造法，它与立法是完全不同的。因此，与其说这是造法，不如说这是发现法律。相对于立法的设计生成规则，裁判规则的形成机制更接近于自然生成规则。可以说，裁判规则是司法裁量的必然结果。裁判规则对于个案纠纷的解释具有直接的、实际的效力，因而是判决的根据。与此同时，裁判规则又具有一般化特征，因而具有被此后判决的可参照性。对此，我国学者指出："如新创立的裁判规则为嗣后的法官们所维持，因此在法律生活中被遵守的话，那么该新造的裁判规则即获得了普遍化的法律效力，即事实上成为一条明确的法律规范，并可直接适用于与当前案件相似的案件，而无须再引用在证立过程中所引用的其他支持规则。"① 裁判规则与立法创制的规则是不同的，这种不同不仅在于抽象与具体、一般与个别这样一种规则性质上的差异，而且在于立法规则以成文法的形式呈现，而裁判规则依附于个案存在这样一种外在形态上的区别。当裁判规则被引入成文法，则它已经不是裁判规则而是立法规则，即法律。因此，在成文法体制下的裁判规则是司法活动中形成的规则，由此而使司法活动在消费规则的同时又生产规则，从而极大地改变了司法的性质。

英美法系的普通法与大陆法系的成文法相对应，形成了其独特的判例法体制。不同于以立法为中心的成文法，判例法是以司法为中心的，因而判例法可以说是法官法。英国学者在论及法官在普通法形成中的作用时指出："普通法系国家中有许多伟大的名字属于法官：科克（Coke）、曼斯菲尔德（Mansfield）、马歇尔（Marshall）、斯托里（Story）、霍姆斯（Homes）、布兰代斯（Brandeis）、卡多佐（Cardozo）。普通法系的最初创建、形成和发展，正是出自他们的贡献。他们逐案严密地进行推论，建立了一个法律体系，使得其后的法官只能遵守'遵循先例'（stare decisis）的原则，依据相同的判例审理类似的案件。虽然在普通法系国家中立法的作用得到普遍承认，而且也有大量有效成文法规存在，但是，对我们来说，普通法是由法官创造和建立起来的。并且，我们一直认为（或者说

---

① 张其山：《司法三段论的结构》，110 页，北京，北京大学出版社，2010。

常常相当错误地认为），立法仅起一种辅助的作用。"① 因此，英美法系与大陆法系的区别并不在于是否存在成文法，而在于成文法与判例法的互相联系。在大陆法系国家，成文法居于主导地位，判例只是成文法的补充，裁判规则是法律规范的细则化。而在英美法系国家，判例法居于主导地位，而制定法只不过起到辅助作用。在英美法系国家，制定法也必须通过判例才能对现实生活实际发生作用，这充分说明了制定法对于判例法的从属性。

成文法与判例法在规则形成的机理上是有所不同的：在成文法的体制下，假设了立法与司法的分离及其功能上的区分。立法作为规则的生产者而存在，司法则是规则的消费者，立法与司法的关系就是经济学上的生产与消费的关系。更为重要的是，在成文法体制下，规则的提供采用了一种类似于计划经济的径路：通过自上而下的制度性安排，向司法活动提供规则。因此，成文法体制的哲学基础是建构理性主义，它具有设计生成的特征。然而，司法面对的是日新月异的发展变化中的社会，滞后的立法往往难以满足司法活动对于规则的需求。与此同时，法律本身具有抽象性与一般性，而案件总是具体的与个别的，因而从法律规范转化为裁判规则，同样存在着一个创造性转换的过程，在这一转换过程中离不开法官对细则化的裁判规则的创制。因此，即使是在成文法体制下，判例仍然是不可或缺的，它是规则的辅助性的提供者。

至于判例法体制，在普通法系中规则完全是由司法创制的，因而在普通法中并没有严格意义上的立法与司法的区分，司法活动本身既生产规则又消费规则。根据遵循先例原则，类似案件必须援引先前的司法判例作为裁判根据，从而使规则层层相因，处于生生不息的自我生成之中。因而，判例法体制的哲学基础是进化理性主义。英国学者把习惯作为研究普通法的出发点，这种习惯不是指个人的习惯，而是指统治着各个社区的法院的习惯。英国学者指出："构成普通法的内

---

① ［美］约翰·亨利·梅利曼：《大陆法系》，2版，顾培东、禄正平译，34页，北京，法律出版社，2004。

容的，就是那些社区实体的习惯。这些社区的地理界限在某些情况下，又是区分人和文化的界限，而并非是地理界限。在某些情况下，它不仅意味着政府管辖的范围，而且把人和文化区别开来。不过在每一种习惯的适用范围内，那些被我们视为法律的东西，其实并未与社会的其他方面割裂开来。法院是其社区的统治机关，负责处理一切公共事务；在我们看来，它们与其说是法律团体，倒不如说更像公共会议。只是它们行使职能的方式，即那些我们认为属于行政管理职能的方式，在很大程度上也具有了司法的性质。"① 这种以司法为中心的法治与大陆法系以立法为中心的法治是两种不同的法治模式。判例法的习惯对应于成文法的理性，尽管习惯和理性都是抽象的概念，但我们还是可以从中体悟成文法与判例法的建构理性主义与进化理性主义的径路差别。

建构理性主义与进化理性主义的分析框架，是著名学者哈耶克提出来的。哈耶克将建构与进化相对应，提出了两种认识径路：唯理论的认识径路和进化论的认识径路。哈耶克认为，基于建构理性主义形成的人为的秩序，这是一种源于外部的秩序或安排，这种人造的秩序也可以称之为一种建构（a construction）或一种人为的秩序。而基于进化理性主义形成的自发的秩序，这是一种自我生成的或源于内部的秩序。② 两种秩序的观念对于我们理解成文法与判例法具有重要意义。法律本身就是一种秩序，是规则的秩序，因而建构与进化不仅对于秩序的形成机理具有启迪，而且对于法律规则的形成机理同样具有参考价值。哈耶克运用建构与进化的二元论对法律概念进行了分析，因而将法律分为立法的法律和自发生成的法律。这里的立法的法律，是指成文法或者制定法。而自发生成的法律，是指判例法或者普通法。哈耶克是站在普通法的立场，对上述两种法律进行论述的，可以明显地看出其对自发生成的法律的推崇，例如，我国学者曾经把哈耶克

---

① ［英］S. F. C. 密尔松：《普通法的历史基础》，李显冬等译，4 页，北京，中国大百科全书出版社，1999。

② 参见［英］弗里德利希·冯·哈耶克：《法律、立法与自由》，1 卷，邓正来等译，55 页，北京，中国大百科全书出版社，2000。

的法治理论称为普通法法治国，它正是以进化论理性为依归的。^① 当然，哈耶克也并不否定立法的作用。哈耶克指出："判例法（case-law）的发展在某些方面讲乃是一种单行道：当它在一个方向上得到了相当程度的发展的时候，即使人们明确认识到了前面的一些判决所具有的某些含义是极不可欲的，它也往往不可能再顺着原来的方向退回去了。因此，以此方式演化生成的法律都具有某些可欲的特性的事实，并不能证明它将永远是善法，甚或也无法证明它的某些规则就可能不是非常恶的规则；进而，这也就意味着我们并不能够完全否弃立法。"^② 由此可见，在任何一个国家，无论是大陆法系的成文法国家，还是英美法系的判例法国家，法律与判例都有其存在的合理性与必要性。判例法以裁判为中心其规则具有自发生成的特征，具有不同于人为制定的成文法的优势。站在成文法的立场上，对此是必须加以强调的。这里还应当指出，成文法体制下的判例与判例法是不同的，但在裁判规则的生成上具有共同之处。笔者认为，只有通过立法的制定与司法的生成这两种途径，才能为司法活动提供足够的规则，从而实现规则之治。

我国具有悠久的成文法传统，近代我国之所以选择大陆法系，是因为正如我国学者所指出的那样，中华法系和大陆法系存在相近因素，例如相近的国家主义观念、相近的法典编纂观念、相近的思维方式和相近的审判方式。^③ 在这当中，笔者认为以法典为载体的成文法制度是最为重要的。在清末引入大陆法系以后，我国在较短的时间内完成了近代法典的编纂，与此同时也形成了判例制度作为成文法的补充。在民国时期，最高法院的判例起着法律渊源的作用，并且对判例进

---

① 参见［英］弗里德利希·冯·哈耶克：《法律、立法与自由》，1 卷，邓正来等译，135～136 页，北京，中国大百科全书出版社，2000。

② 邓正来：《规则·秩序·无知：关于哈耶克自由主义的研究》，245 页以下，北京，三联书店，2004。

③ 参见郝铁川：《中华法系研究》，195 页以下，上海，复旦大学出版社，1997。对此的进一步论述，参见封丽霞：《法典编纂论——一个比较法的视角》，352 页以下，北京，清华大学出版社，2002。

行专门汇编，形成《最高法院判例要旨》（1934年、1943年）。① 在1949年中华人民共和国成立以后，随着废除以六法全书为主体的民国法统，我国全面引入苏俄法制。苏俄作为大陆法系国家，尽管自十月革命以后国家性质发生了重大变化，但仍然维持着成文法的体制，与我国法制传统十分近似，因而我国延续了成文法传统，只是在1979年以后，成文法律才次第颁布。经过30多年的法治建设，现在我国终于形成中国特色社会主义法律体系。但与此同时，判例制度则远远落后于成文法的制定，主要是因为判例的功能在很大程度上为司法解释所取代。正如笔者在上文所说，司法解释同样具有成文法的性质，它所提供的规则同样具有抽象性与一般性。在这种情况下，亟待建立判例制度。为此，我国学者也呼吁了几十年。② 现在，我国判例制度终于以案例指导制度的形式出台。从制度构造上来说，案例指导制度并未实行自然生成的规则形成机制，而是采用了类似于立法程序的指导性案例的创制制度。在这种情况下，我国案例指导制度既非判例又非成文法，似乎是介乎于两者之间的。

无论是成文法还是判例或者判例法，都是以规则为中心的，是一种规则形成机制。成文法体制下的判例制度，应当是一种有别于立法的规则提供模式。但由于采取了行政性的管理方式，我国案例指导制度不具有规则自然生成的机制，因而丧失了其提供规则的独特性，在司法实践中到底能起多大作用，难免令人担忧。

我国的指导性案例，主要是通过提供规则发挥作用的。我国最高人民法院是审判机关，其所颁布的指导性案例包含了裁判规则。但最高人民检察院是检察机关，其所颁布的指导性案例提供的不是裁判规则，而是工作指导规则。无论是哪一种规则，都应当具有不同于法律及司法解释的独特性。对此，也是在指导性案例遴选中应当注意的问题。2010年12月31日，最高人民检察院颁发了第一批

---

① 参见汪世荣：《判例与法律发展：中国司法改革研究》，75页，北京，法律出版社，2006。
② 我国学者关于判例制度的研究成果，参见武树臣主编：《判例制度研究》，上、下，北京，人民法院出版社，2004。

三个指导性案例。① 检例第 1 号施某某等 17 日聚众斗殴案，最终检察机关作出了不起诉决定。该案要旨指出："检察机关办理群体性事件引发的犯罪案件，要从促进社会矛盾化解的角度，深入了解案件背后的各种复杂因素，依法慎重处理，积极参与调处矛盾纠纷，以促进社会和谐，实现法律效果与社会效果的有机统一"。该案属于政策指导性案例，主要是从该案处理结果中提炼了检察机关办理群体性事件引发的犯罪案件时应当掌握的刑事政策，对于不起诉工作具有一定的指导意义。其实，类似政策在有关文件中都曾经作过规定，例如，2007 年 1 月 15 日最高人民检察院发布的《关于在检察工作中贯彻宽严相济刑事司法政策的若干意见》第 14 条规定："正确处理群体性事件中的犯罪案件。处理群体性事件中的犯罪案件，应当坚持惩治少数，争取、团结、教育大多数的原则。对极少数插手群体性事件，策划、组织、指挥闹事的严重犯罪分子以及进行打砸抢等犯罪活动的首要分子或者骨干分子，要依法严厉打击。对一般参与者，要慎重适用强制措施和提起公诉；确需提起公诉的，可以依法向人民法院提出从宽处理的意见"。检例第 1 号施某某等 17 人聚众斗殴案中形成的政策指导性规则，是在贯彻上述宽严相济刑事政策中形成的更为具体的处理规则。因为该政策指导性规则是以具体案例为依托的，对于此后处理同类案件具有更为形象的示范功能。

　　尽管我国案例指导制度尚处于草创之中，指导性案例也刚开始颁布，无论是制度建构还是规则创制，可能都还存在着种种不尽如人意之处。但案例指导制度在我国还是一个新生事物，我们期待着它在司法实践中发挥应有的作用，从而使案例指导制度成为我国除法律、司法解释以外的一种规则形成机制。

---

① 参见《最高人民检察院公报》，2011 (2)。

代　跋

中国刑事司法改革的考察：
以刘涌案和佘祥林案为标本

从 20 世纪 80 年代中期开始，中国进入了一个改革开放的时代。经济体制改革从农村到城镇，历经 20 多年的曲折发展，可以说取得了举世瞩目的成功。在经济体制改革的牵引下，中国的政治体制或多或少地发生着变革，尽管不像经济体制改革那样声势浩大。作为例外的是，中国的司法体制改革（也简称为司法改革）则从 20 世纪 90 年代中期以后一直受到官方的肯定①，甚至被某些学者视为政治体制改革的前奏。本代跋试图从在中国曾经发生重大社会影响的刘涌案（2003 年）和佘祥林案（2005 年）切入，由此展示中国刑事司法的现状与揭示中国刑事司法改革的进路，对中国刑事司法体制改革进行考察。

一、翻案：刘涌案的从生到死与佘祥林案的从死到生

司法体制是抽象的，而案件是具体的，从活生生的个案出发，可以真切地观

---

① 作为中国司法体制改革启动的标志，1997 年 9 月中国共产党十五大正式确立了依法治国的基本方略，并首次在工作报告中提出"推进司法改革"。

察中国刑事司法的现状。中国几乎每年都要发生几起轰动全国的案件，成为各种媒体聚焦的题材。其中，发生在 2003 年的刘涌案和发生在 2005 年的佘祥林案，对于中国刑事司法来说，具有标本的意义。

被告人刘涌被指控组成具有黑社会性质的犯罪组织，非法持有枪支和管制刀具，采取暴力手段聚敛钱财，引诱、收买国家工作人员参加黑社会性质组织或者为其提供非法保护，其作案 31 起，其中直接或者指使、授意他人实施故意伤害犯罪 13 起，致 1 人死亡、5 人重伤并造成 4 人严重残疾、8 人轻伤。在辽宁省铁岭市中级人民法院庭审过程中，刘涌等被告人当庭推翻其在侦查阶段向公安机关所作的有罪供述，并称在侦查过程中遭到侦查人员的刑讯逼供。刘涌等被告人的辩护律师也将侦查阶段存在刑讯逼供的问题作为重要的辩护理由，但铁岭市中级人民法院在一审判决书中指出："经公诉机关调查，认定公安机关具有刑讯逼供行为的证据不充分，对此辩护意见不予采纳。"据此，辽宁省铁岭市中级人民法院一审判决（2002 年 4 月 17 日）以故意伤害（致人死亡）罪，判处刘涌死刑立即执行。一审宣判后，被告人刘涌以公安机关在侦查过程中存在刑讯逼供，口供取得方式违法为由，提出上诉。在二审过程中，辩护人提出被告人在侦查期间的口供不能作为证据使用，并提交了能够证实刑讯逼供的相关证据。辽宁省高级人民法院就刑讯逼供问题作出如下裁判："经查，此节在一审审理期间，部分辩护人已向法庭提交相关证据，该证据亦经庭审举证、质证，公诉机关经调查认为，此节不应影响本案的正常审理和判决。二审审理期间，部分辩护人向本院又提供相关证据，二审亦就相关证据进行了复核，复核期间，本院询问了涉案被告人、询问了部分看押过本案被告人的武警战士和负责侦查工作的公安人员。本院经复核后认为，不能从根本上排除公安机关在侦查过程中存在刑讯逼供情况。"据此，辽宁省高级人民法院于 2003 年 8 月 11 日作出以下判决："上诉人刘涌论罪应当判处死刑，但鉴于其犯罪的事实、犯罪的性质、情节和对于社会的危害程度以及本案的具体情况，对其可不立即执行。"因而，二审改判死缓。2003 年 8 月 16 日二审判决公布并经媒体披露以后，二审改判结果受到普遍质疑。因为在二审改判以前，刘涌案被称为是中国涉黑第一案，改判结果出乎公众预料。在该案一审宣判前，对于本案涉及的定性问题、刑讯逼供问题，我等13位专家曾经接受本案律师的咨询，因而在二审改判以后我认为这一判决结果反映了对刑讯逼供非法获取的证据的一定程度的排除，体现了人权保障的法治理念，对此持肯定态度。我的这一观点见诸报端，骤然成为舆论集中攻击的焦点。在此后的三个月内，刘涌案成为媒体炒作的热点问题，网络上的评论更是数以十万条地增加。除个别学者以外，绝大部分民众均认为二审改判不当。在这种情况下，最高人民法院于2003年10月8日以"原二审法院对刘涌的判决不当"为由，依照审判监督程序提审该案。2003年12月20日最高人民法院对刘涌案作出终审判决，对刘涌的辩护人在庭审中出示的证明公安机关存在刑讯逼供的证人证言，以取证形式不符合有关法规，且证言之间相互矛盾，同一证人的证言前后矛盾为由，不予采取。据此，不能认定公安机关在侦查阶段存在刑讯逼供。因此，最高人民法院认为原二审判决对刘涌所犯故意伤害罪的量刑予以改判的理由不能成立，应予纠正，最终判处刘涌死刑，剥夺政治权利终身。在最高人民法院宣告判决之后，刘涌即在当天被立即执行了死刑。

刘涌被执行死刑以后，民意普遍认为正义得到了伸张。只有少数专家为司法被民意所左右，形式正义被实质正义所击倒，非法证据排除规则未能通过刘涌案获得确认而扼腕痛心。当时，远在德国波恩的中国人民大学法学院冯军教授冷眼旁观了整个刘涌案的事态演变，将围绕刘涌案的种种表现称为"法治乱象"。中国法院网2003年12月23日17时09分54秒发布了《最高人民法院再审刘涌案刑事判决书》，冯军教授阅读之后，彻夜难眠，写了《评〈最高人民法院再审刘涌案刑事判决书〉》一文①，以求与死人和活人对话。

如果说，刘涌案像一场闹剧，那么，发生在2005年的佘祥林案就是一出喜

---

① 参见冯军：《评〈最高人民法院再审刘涌案刑事判决书〉》，载陈兴良主编：《刑事法评论》，第14卷，130页以下，北京，中国政法大学出版社，2004。

剧，然而这出喜剧是以佘祥林的一场长达 11 年的悲剧为前奏的。

　　佘祥林是湖北省京山县的一个农民，在派出所当治安巡逻员。1994 年 1 月
20 日，佘祥林的妻子张在玉失踪，其亲属怀疑是被佘杀害。同年 4 月 11 日，在
附近村庄的一口水塘发现一具女尸，经张的亲属辨认与张在玉的特征相符，公安
机关立案侦查。1994 年 10 月，原荆州地区中级人民法院一审判处佘祥林死刑，
佘提出上诉。湖北省高级人民法院经审理，认为本案被告人佘祥林的交代前后矛
盾，时供时翻，间接证据无法形成证据链，不足以定案。尽管在二审期间，死者
亲属上访并组织了 220 名群众签名上书要求对佘祥林从速处决，省高级人民法院
仍然于 1995 年 1 月坚决撤销一审判决，以事实不清、证据不足为由发回重审。
1996 年 12 月，由于行政区划变更（京山县由荆州市划归荆门市管辖），京山县
政法委将此案报请荆门市政法委协调。经协调决定，此案由京山县人民检察院向
京山县人民法院提起公诉；因为省高级人民法院提出的问题中仍有 3 个无法查
清，遂对佘祥林判处有期徒刑。1998 年 6 月，京山县人民法院以故意杀人罪判
处佘祥林有期徒刑 15 年。同年 9 月，荆门市中级人民法院裁定驳回上诉，维持
原判。判决生效后，佘祥林被投入监狱关押。事情的转机发生在 2005 年 3 月 28
日，佘祥林的妻子张在玉突然归来，由此本案真相大白。3 月 30 日，荆门市中
级人民法院紧急撤销一审判决和二审裁定，要求京山县人民法院重审此案。2005
年 4 月 13 日，京山县人民法院重审此案，宣告佘祥林无罪。此时，佘祥林已经
付出 3 995 天囚禁的代价。佘祥林没有杀妻，为什么会在侦查期间的供述中承认
杀妻呢？冤狱昭雪后，佘祥林愤怒地说，这些供述是在警方的诱供和刑讯逼供下
被迫作出的。在 1998 年的申诉材料中，佘祥林控诉道："我敢说那 10 天 11 夜的
痛苦滋味并不是每个人都能理解的，鼻子多次被打破后，他们竟将我的头残忍地
按到浴缸里，我几次因气力不足喝浴缸里的水呛得差点昏死。"但在张在玉"复
活"之前，佘祥林的申诉材料根本无人理睬。直到佘祥林案平反之后，人们才获
知刑讯逼供正是这起冤案形成原因之一。此后，曾经参与佘祥林案侦查的原京山县
公安局巡警大队教导员潘余均因不堪重压于 5 月 25 日自杀身亡，并写下血字："我

冤枉",成为这起案件中唯一的牺牲者。从佘祥林的妻子张在玉重现开始，媒体对佘案发展的全过程进行了追踪报道。佘祥林在全国人民的瞩目下获得平反，并获国家赔偿，以喜剧收场。佘祥林案并不是唯一的冤案，相对而言，佘祥林虽然蹲了 11 年冤狱，但他还是幸运的。与佘祥林案差不多同时见诸报端的是湖南怀化的滕兴善杀人案，该案发生在 1987 年，滕兴善被指控杀死一个名为石小荣的女子，经一审与二审，1989 年 1 月 28 日滕兴善被执行死刑。早在 1992 年，滕的家人就已经知道石小荣仍然活着，但知道是冤案却无钱申诉。直到佘祥林案平反后，滕兴善案在媒体上披露才出现转机。直到 2006 年 1 月 28 日，湖南省高级人民法院依照审判监督程序对滕兴善故意杀人案作出再审判决，滕兴善被宣告无罪。这时，距离滕兴善被枪决已经整整 17 年。湖南省高级人民法院选择在滕兴善被冤杀的讳日（1 月 28 日）为其平反，是耐人寻味的。尽管滕兴善获得了迟到的清白，但人死不能复生，我们已经不能从他的亲口叙述中获知在侦查期间受到了什么样的不公正待遇，不过，当年滕兴善的辩护人滕野写于 1989 年 1 月 24 日的一份《申诉状》直陈本案中存在的非法逼供问题。①

发生在 2003 年的刘涌案与发生在 2005 年的佘祥林案，似乎是毫无关联的两个案件。在这两个案件的翻案过程中，媒体都是大赢家，民众也都认为正义获得了伸张。我曾经有过一个时空倒错的想法：如果佘祥林案发生在 2003 年，刘涌案发生在 2005 年，对刘涌案的看法还会那么一致地国人皆曰可杀么？在刘涌案的最高人民法院判决中被否定的非法证据排除规则，恰恰就是避免佘祥林、滕兴善这些冤案重现的法律规则。

那么，刘涌案和佘祥林案对于我们反思中国的刑事司法又能提供何种答案呢？

---

① 关于滕兴善案的报道，参见《新京报》，2005-06-16，A24 版。

二、刑讯：屡禁不止与排除不能

在刘涌案和佘祥林案的背后，我们都可以发现刑讯逼供的阴影。可以说，刑讯逼供已经成为我国刑事司法中的一大顽疾。尤其值得我们深思的是：对于刑讯逼供，法律上的严厉禁止与实践中的禁而不止形成鲜明对照。

我们先来看看法律上对刑讯逼供是如何规定的：

《刑事诉讼法》第 50 条规定："审判人员、检察人员、侦查人员必须依据法定程序，收集能够证实犯罪嫌疑人、被告人有罪或者无罪、犯罪情节轻重的各种证据。严禁刑讯逼供和以威胁、引诱、欺骗以及其他非法的方法收集证据，不得强迫任何人证实自己有罪。必须保证一切与案件有关或者了解案情的公民，有客观地充分地提供证据的条件，除特殊情况外，可以吸收他们协助调查。"

《刑法》第 247 条规定："司法工作人员对犯罪嫌疑人、被告人实行刑讯逼供或者使用暴力逼取证人证言的，处三年以下有期徒刑或者拘役。致人伤残、死亡的，依照本法第二百三十四条、第二百三十二条的规定定罪从重处罚。"这里的第 234 条是关于故意伤害罪的规定，第 232 条是关于故意杀人罪的规定。上述两罪均是可判处死刑之罪。

1998 年最高人民法院《关于执行〈中华人民共和国刑事诉讼法〉若干问题的解释》第 61 条规定："严禁以非法的方法收集证据。凡经查证确实属于采用刑讯逼供或者威胁、引诱、欺骗等非法的方法取得的证人证言、被害人陈述、被告人供述，不能作为定案的根据。"

1999 年最高人民检察院《人民检察院刑事诉讼规则》第 140 条规定，严禁刑讯逼供和以威胁、引诱、欺骗以及其他非法的方法获取供述。第 160 条规定，不得采用羁押、刑讯、威胁、引诱、欺骗以及其他非法方法获取证言。第 265 条规定：严禁以非法的方法收集证据。以刑讯逼供或者威胁、引诱、欺骗等非法的方法收集的犯罪嫌疑人供述、被害人陈述、证人证言，不能作为指控犯罪的证据。

上述关于严禁刑讯逼供的规定是十分明确的，在司法解释中对非法证据的排除规则作了一定程度的确认。但为什么在司法实践中刑讯逼供屡禁不止，或者难止？我想指出以下三个方面的原因。

（一）羁押体制

刑讯逼供的盛行，尤其是在公安机关侦查活动中的刑讯逼供的存在，还具有羁押体制上的原因。在中国现行的司法体制中，实行的是侦羁合一的制度，即侦查机关行使对犯罪嫌疑人、被告人的羁押权。中国专门负责审判前羁押的部门称为看守所，由于目前中国在侦查过程中实行的是以羁押为原则以保释为例外的做法，因而羁押任务十分繁重。看守所隶属于公安机关，是与刑事侦查部门平行的公安机关的内设职能部门。看守所与刑事侦查部门共同设置于同一级公安机关内部，并接受统一的指挥和领导，这就使得看守所的羁押工作不得不与刑事侦查活动发生联系，甚至直接服务于刑事侦查工作的需要。[①] 这种看守部门对于侦查部门的从属性，使看守部门在防范刑讯逼供方面的职能大为受限。而且由于侦查部门往往设置在看守所内，看守所恰恰成为刑讯逼供的场所。在个别情况下，甚至羁押地点的法定化问题也没有得到解决。侦查部门将犯罪嫌疑人羁押在看守所以外的非法定羁押场所，更使刑讯逼供公开化。因此，我们提出侦羁分离的建议，使侦查机关与羁押机关相对分离，由一个相对中立的机关对犯罪嫌疑人、被告人行使审判前的羁押权。在目前中国，较为理想的办法是将看守所从公安机关中分离出来，仿照监狱设置，隶属于司法行政机关管理。

（二）法律规则

关于禁止刑讯逼供的法律规则本身同样是不健全的，主要是没有完善的非法证据排除规则。刑法虽然规定刑讯逼供构成犯罪，致人伤残、死亡的，甚至以故意伤害罪、故意杀人罪论处，最重可判处死刑，刑不可谓不重。为什么死刑也未

---

① 参见陈瑞华主编：《未决羁押制度的实证研究》，24 页，北京，北京大学出版社，2004。

能遏止刑讯逼供？主要还是由以下两个原因造成的：

一是非法证据排除规则的不彻底性。有关司法解释明确规定对刑讯逼供获取的言词证据应予排除，但对刑讯逼供获取的实物证据未作规定。实际上，实物证据往往是通过言词证据获取的，对犯罪嫌疑人进行刑讯逼供，其目的不在于逼使其认罪，而是逼使其提供获取实物证据的线索，由此证实犯罪。因此，刑讯逼供是自证其罪的手段。如果仅排除言词证据而不排除实物证据，则通过刑讯逼供认定一个人有罪的情况下，再对刑讯逼供者追究刑事责任几乎是不可能的。在中国，刑讯逼供者只在致人伤残、死亡或者造成冤假错案并被揭露的情况下才有可能被追究刑事责任，而这种情形只占刑讯逼供的极小一部分。在大部分情况下，都是通过刑讯逼供获取言词证据，通过刑讯获得的言词证据收集到能够证明犯罪嫌疑人有罪的实物证据，最终使犯罪人受到法律制裁。在这种情况下，刑讯者是打击犯罪的有功之臣，甚至立功受奖，怎么可能被追究刑事责任呢？因此，只有建立完善的非法证据排除规则，将刑讯的后果彻底予以排除，才能杜绝侦查活动中的投机心理，这种投机心理实际上是一种道德冒险，甚至是法律冒险：成则英雄，败则罪犯。

二是刑讯逼供的举证规则的缺失性。司法解释虽然规定对刑讯逼供获取的言词证据应予排除，但刑讯逼供如何证明，这个问题并没有得到解决。目前通常的做法是在被告人提出刑讯逼供的检举以后，检察机关找被检举刑讯的侦查人员，出具"未刑讯逼供"的书面材料，以此否认刑讯逼供。除非被刑讯者伤残、死亡，辩方如欲证明刑讯逼供几乎不可能。在刘涌一案中，辩护人找到看管过刘涌的8名现役或退役的武警战士，以公证的形式出具了刑讯逼供的证人证言，被辽宁高院在二审判决书中予以确认，结论是："不能从根本上排除刑讯逼供"。正是这种客气但也暧昧的用语引发公众的猜测。在最高法院的再审判决书中，对此节写道："经查，庭审中公诉人出示的参与刘涌一案的预审、监管、看守人员的证言证明，公安人员未对刘涌及其同案被告人刑讯逼供；辽宁省人民政府依法指定的鉴定医院沈阳市公安医院2000年8月5日至2001年7月9日对刘涌及其同案被告人先后进行的 39 次体检病志载明，刘涌及其同案被告人皮肤黏膜均无出血点，双下肢无浮肿，四肢活动正常，均无伤情。刘涌的辩护人在庭审中出示的证明公安人员存在刑讯逼供的证人证言，取证形式不符合有关法规，且证言之间相互矛盾，同一证人的证言前后矛盾，不予采信。据此，不能认定公安机关在侦查阶段存在刑讯逼供，刘涌及其辩护人的辩解和辩护意见，本院不予采纳。"在上述判决词中，否定刑讯逼供的三个理由都十分牵强：参与预审、监管、看守人员出具的未刑讯逼供的证言，并无太大的可信性，因为这些人本身就是当事者或者责任者。至于没有伤情也不能成为否认刑讯逼供的根据。刑讯可以分为造成伤害的刑讯与未造成伤害的刑讯，难道未造成伤害就不可能存在刑讯吗？伤情鉴定机构的公开性、公正性同样也是值得质疑的。何况作为鉴定医院的公安医院实际上就是公安局的医院。对于辩护人提供的证明公安人员存在刑讯逼供的证人证言，反以"取证形式不符合有关法规"为由予以否认，至于证言矛盾也未作具体说明。像刘涌这样，辩护人已经获取刑讯逼供的证据在判决中都不能采纳，那么，在其他案件中刑讯逼供的举证难度可想而知。像佘祥林案中，由于刑讯而落下残疾，但在所谓的被害人复活之前，刑讯逼供是不可能被认定的。因此，如何解决刑讯逼供的举证问题确是十分重要的。我认为，对刑讯逼供应当采用举证责任倒置的原则。侦查机关在不能证明自己没有进行刑讯逼供的情况下，就应当认定为其进行了刑讯逼供。为此，侦查机关应当引进讯问时律师在场和讯问过程全程录音、录像等制度，以防范刑讯逼供的发生。中国正在进行这方面的试点，其效果如何尚有待检验。

（三）司法能力

刑讯逼供应当禁止，这是没有异议的，关键是能不能禁止。在能不能禁止中，除了建构起禁止刑讯逼供的体制与规则以外，还存在一个司法能力的考量。中国目前的司法资源有限，破案率较低。中国公安部提出"命案必破"的要求，对各地公安机关的破案形成某种压力。此外，由于重大犯罪的发案率居高不下，治安状况难以令人满意，因此造成对侦查机关的挤压效应。侦查机关在尽早破案的巨大压力下，产生某种焦虑心理，这是可以理解的。令人担忧的是，公安机关会不会为完成破案任务而进行刑讯逼供，对刑讯形成一种依赖？公安部明确承诺，命案必破不会引发刑讯逼供。① 但如何采取有效的防范措施仍然是值得期待的。因此，从根本上来说，只有加大司法资源的投入，提高司法能力，才是杜绝刑讯逼供的必由之路。

三、司法权：依从与独立

无论是刘涌案还是佘祥林案，都反映出一些深层次的体制问题。以下按照警察权、检察权、审判权与辩护权这样一种顺序，对有关司法权的问题进行探讨。

（一）强势的警察权

中国的警察权，是由公安机关行使的，而中国警察权之大乃世所独有。中国在社会转型过程中，面临着巨大的犯罪压力，以有限的警力应对复杂的治安形势，这对中国的公安机关来说是一个严峻的考验。在这种情况下，赋予公安机关较大的权力符合中国的国情。但这里存在一个警察权的悖论：一定限度内的警察权是为保障公民权所必需的，而超出这种限度的警察权，则有侵夺公民权之虞。因为，在任何社会里，警察权力与公民权利在一定条件下成反比例关系，即警察权的扩大意味着公民权的缩小，警察权的滥用则往往使公民权化为乌有。为此，公民就面临着一个两难的抉择：当犯罪对公民造成严重侵害时，公民就会倾向于赋予司法机关更大的惩治犯罪的权力，即使由此而牺牲一部分公民权利。当司法权滥用对公民造成严重侵害时，公民又会转而宁可忍受犯罪的侵害也要限制司法权。由于犯罪侵害更容易被社会公众所体认，而司法权滥用的侵害更为隐蔽且不易被社会公众所体验，因此在犯罪高发的社会里，通过扩张司法权惩治犯罪的呼

---

① 参见公安部：《强调命案必破不会引发刑讯逼供》，载 http：//news. sina. com. cn/c/1/2006-05-16/12419876496. shtml。

声更容易获得社会认同，在中国也是如此。

在中国社会转型过程中，黑社会性质组织危害一方，对社会治安与公民生命财产形成严重威胁。因此，打黑除暴成为中国公安机关在一个时期内的重要任务。当然，由于在刑法中对黑社会性质犯罪组织缺乏严密与规范的法律定义，因而司法机关之间对黑社会性质组织的认定标准存在争议。基本上公安机关更倾向于对黑社会性质组织作较为宽泛的认定，法院则倾向于对黑社会性质组织作较为严格的认定。其中争议之一是：黑社会性质组织的认定是否需要"保护伞"这一条件。这里的"保护伞"是一种形象的说法，即指国家工作人员为其提供保护。全国人大常委会对此作出立法解释，认为"保护伞"只是黑社会性质组织成立的或然性条件，没有"保护伞"同样可以构成黑社会性质组织。公安机关在打黑斗争中既巩固了自身权力，又获得了公民的支持。以刘涌为首的犯罪集团，就是一个出现在中国东北沈阳的黑社会性质组织。对于刘涌案这样的黑社会组织不是要不要打击的问题，而是在打击中要不要遵循法治原则的问题。现在的问题是：如果在打黑过程中，法治原则遭到践踏，则中国的刑事法治将会倒退。因此，在司法改革中，如何对警察权加以限制是一个重大问题。对于警察权限制的基本思路是警察权的分解，即由一个机关垄断行使的警察权改变为由多个机关分散行使的警察权，并且个别权力实行非警察化。① 分权的措施包括：行政警察与司法警察分立，由司法警察机关行使刑事侦查权，并受检察机关的监督与引导。当然，警察权这种调整应当在治安形势较为稳定的社会条件下进行，否则会遇到来自各方面的阻力。

（二）检察权

中国的检察权，也是世界上最大的。根据中国宪法的规定，检察机关是法律监督机关，分别对公安机关和审判机关实行法律监督，并且对贪污贿赂犯罪和侵权渎职犯罪案件行使侦查权。但在实际上，由于检察机关处于公安机关与审判机

---

① 参见陈兴良：《限权与分权：刑事法治视野中的警察权》，载《法律科学》，2002（1）。

关之中，受到两者的挤压，法律监督权难以真正落实。在这个意义上说，中国的检察机关处于一种名义上的权力与现实上的权力相分离的尴尬境地。中国的刑事司法体制，是由公安、检察、法院（俗称公检法）形成的一条司法流水线。公安机关对一般犯罪案件行使侦查权，检察机关虽然具有侦查监督权，但这种权力只能在督促公安机关打击犯罪方面发挥作用，例如立案监督，对于公安机关应当立案而不立案的，检察机关有权要求公安机关立案。但在侦查的合法性等人权保障方面，由于检察机关本身所具有的控方角色，事实上是难以发挥作用的。这里存在一个角色冲突问题，这就是"既当运动员，又当裁判员"。这也是目前中国检察机关的法律监督权受到诟病的主要原因。

在刘涌案和佘祥林案中，我们都看不到检察机关从中发挥作用。就刘涌案而言，对于辩护人提出的刑讯逼供辩解，检察机关根据最高检察院的司法解释，如果查证属实，对于这种通过刑讯逼供获取的被告人供述，不能作为指控犯罪的证据。但在刘涌案的辽宁省高级人民法院二审判决中，检察院对刑讯逼供问题的态度作出如下表述："公诉机关经调查认为：此节（指刑讯逼供）不应影响本案的正常审理和判决。"从这句话可以看出：作为公诉机关的检察院对于刑讯逼供是认可的，只是认为不影响定罪而已。但对刘涌刑讯获取的是指使他人伤害致人死亡的供述，如果刑讯情节能够认定，这一供述就不能作为指控的根据。而刘涌被判处死刑，也主要就是根据这一犯罪事实。因此，公诉机关作出的"此节不应影响本案的正常审理和判决"的表态是于法无据的。至于在佘祥林案中，尽管该案疑点重重，但检察机关并未严格把关，仍将其起诉到法院。当该案真相大白以后，京山县法院再审该案，就使检察机关处于十分被动的状态。根据庭审纪实，在庭审中辩护人与公诉人有这样一段耐人寻味的对话①：

辩护人：检察机关今天派两名公诉人支持公诉，人民检察机关是公诉机关，应该指控犯罪，公诉人显然未尽职责。

---

① 参见《当庭举证前妻在世，检方被指未尽职责》，载《新京报》，2005-04-14，A23 版。

公诉人：检察机关是法律监督机关，其职责不仅是指控当事人有罪，还可以监督法律活动是否合法，所以，公诉方可以提出有罪的证据，也可以提出无罪的证据，出庭是司法工作者应该履行的天职。

我们的刑事诉讼法还没有为这种专门宣告被告人无罪的案件设计庭审程序，因此以指控犯罪身份出庭的公诉人才被辩护人指责为未尽职责。至于公诉人回答检察机关作为法律监督机关可以监督法律活动是否合法，可以提出无罪的证据，但在佘祥林案中，却未对刑讯逼供进行监督，未发现无罪证据，失职应是在这个意义上而言的。因此，在中国的刑事司法改革中，对于检察机关而言，我认为应当强化其对于警察权的控制力度，检警一体化不失为一种可供选择的方案。由于在目前中国的刑事司法体制中，公安机关与检察机关是平行的，虽然检察机关具有侦查监督权，但很难落实。为此，最高检察院与公安部的相关部门试图建立"检察引导侦查"的工作机制，这当然是值得肯定的。但引导的力度是有限的，如何推进检警一体才是根本出路。在检警一体的机制中，检察机关在一定程度上引导、指导甚至指挥公安机关的刑事侦查活动，尤其是对侦查活动的合法性进行监督，由此提高在侦查活动中人权保障的程度。

（三）弱势的审判权

审判权是一种裁判权，是狭义上的司法权。在中国目前的刑事司法体制中，审判权在很大程度上受到侦查权和检察权的牵制，处于一种明显的弱势。在刘涌案中，最高法院再审改判，从表面上来看是一种强势的表现，但实际上恰恰反映出法院在社会压力面前的虚弱。

审判权的软弱，主要原因是审判权之缺乏应有的独立性。人民法院依照法律规定独立行使审判权，不受行政机关、社会团体和个人的干涉，这本来是宪法的规定，也是宪法赋予人民法院的神圣权力，是中国宪法中的司法独立条款。但由于体制上的原因，法院的独立性并没有实现。在佘祥林案中，政法委的协调成为造成冤案的一个重要原因。政法委是政法委员会的简称，是中国共产党的内设部门，在县以上党的机构中都设有政法委。政法委以党委的名义对同级的公安机关、检察机关和审判机关进行领导，在各个司法机关对某一具体案件存在争议的情况下，政法委往往出面进行个案协调，统一认识，使案件得以处理。政法委对个案的协调，在很大程度上侵夺了法院的审判权。因此，经过政法委协调的案件，判决虽然是由法院作出的，实质上法院并无决定权。在佘祥林案中，我们可以清晰地看到政法委协调的作用。根据报道，1996年12月，在湖北省高院发回重审以后，京山县政法委将此案报请荆门市政法委协调。1997年10月，荆门市政法委召开了由荆门市法院和检察院、京山县政法委和有关单位负责人参加的协调会议。会议决定：此案由京山县检察院向京山县法院提起公诉，因为省高级法院提出的问题中至今有3个无法查清，对佘祥林判处有期徒刑。在冤案揭露以后，荆门市中级法院在一份总结材料中谈到：此案的一个教训是，要排除一切干扰，依法独立行使审判权。佘祥林案件的处理结果是经过市、县两级政法委组织有关办案单位、办案人员协调，并有明确处理意见后，由两级法院作出的判决。这种近似于"先定后审"的做法，违背了刑事诉讼法的有关规定，是导致冤案发生的重要原因。审判机关应严格依法办案，即使有关部门组织协调，法院也必须依法独立审判。① 因此，如何加强审判权的独立性，是刑事司法改革中亟待解决的问题。在此，存在一个党的领导与司法独立的关系如何处理的问题。党的领导是中国宪法规定的原则，党对司法工作的领导也是不可否定的。关键问题在于：党对司法工作的领导如何开展？我认为党对司法工作的领导不能违反司法活动的规律，不能违反人民法院依法独立行使审判权的宪法规定。党对司法工作的领导主要体现在刑事政策、指导、工作路线的确立和组织人事的安排上，至于个案协调不能归入政法委职责范围。事实上，法院服从法律，依法办案就是最大地服从党的领导。虽然党对司法工作的领导是中国政治体制的语境下所特有的问题，但理顺党与司法的关系是中国刑事司法体制改革的应有之义。

① 参见《冤案是怎样造成的？——湖北佘祥林"杀妻"案追踪》，载《检察日报》，2005-04-08，2版。

（四）软弱的辩护权

在中国现行的刑事司法体制中，辩护权是最为弱小的。在佘祥林案中，我们没有发现辩护律师的身影，按照中国刑事诉讼法的规定，被判处死刑的案件，被告人不请辩护人的，法院应当为其指定辩护人。佘祥林最终被判处死刑，因而一定有过律师为其辩护，但没有发生任何作用。至于刘涌案，由于被告人刘涌本身所拥有的资源，他的家属为其聘请的是强大的律师团队，领衔者是中国律师协会刑事辩护委员会主任田文昌律师。因此，辩护律师在刘涌案的一审、二审过程中发挥了重要作用，尤其是对刑讯逼供的取证，在中国目前的司法体制下几乎是不可能完成的任务，但他们却奇迹般地完成了，并且对辽宁高院的二审改判发挥了重要作用。虽因最高法院的再审改判，刘涌由死而生之后又由生而死，律师的努力化为灰烬，但这个律师团队已经尽其所能，当然对于某些具体做法并非无懈可击。但是，在最高法院再审改判以后，田文昌律师仅因为刘涌辩护而受到指责，被称为"黑律师"。田文昌律师在长期律师执业生涯，尤其是刑事辩护中一点一点积累起来的声誉与光环几乎毁于一案。当然，刘涌案只是个别例子，但刑事辩护权之不彰是不争的事实。

中国刑事辩护律师的权利在法律上少得可怜，即使法律规定的权利也受到种种限制难以兑现。例如侦查阶段的律师会见权，1996 年《刑事诉讼法》第 96 条第 2 款明确规定，受委托的律师有权向侦查机关了解犯罪嫌疑人涉嫌的罪名，可以会见在押的犯罪嫌疑人，向犯罪嫌疑人了解有关案件情况。由于刑事诉讼法未规定如何安排会见，公安机关往往以各种理由搪塞不予安排，为此甚至有律师将看守所告上法院的。在这种情况下，1998 年最高人民法院、最高人民检察院、公安部、国家安全部、司法部、全国人大常委会法制工作委员会作出《关于刑事诉讼法实施中若干问题的规定》，其中第 11 条明确规定："律师提出会见犯罪嫌疑人的，应当在四十八小时内安排会见，对于组织、领导、参加黑社会性质组织罪、组织、领导、参加恐怖活动组织罪或者走私犯罪、毒品犯罪、贪污贿赂犯罪等重大复杂的两人以上的共同犯罪案件，律师提出会见犯罪嫌疑人的，应当在五日内安排会见。"即便有如此明确的规定，仍然存在侦查阶段律师会见难的问题。值得注意的是，2015 年 9 月 16 日最高人民法院、最高人民检察院、公安部、国家安全部、司法部发布了《关于依法保障律师执业权利的规定》（以下简称《规定》），该《规定》第 7 条对律师的会见权作了以下明确而具体的规定：辩护律师到看守所会见在押的犯罪嫌疑人、被告人，看守所在查验律师执业证书、律师事务所证明和委托书或者法律援助公函后，应当及时安排会见。能当时安排的，应当当时安排；不能当时安排的，看守所应当向辩护律师说明情况，并保证辩护律师在四十八小时以内会见到在押的犯罪嫌疑人、被告人。看守所安排会见不得附加其他条件或者变相要求辩护律师提交法律规定以外的其他文件、材料，不得以未收到办案机关通知为由拒绝安排辩护律师会见。看守所应当设立会见预约平台，采取网上预约、电话预约等方式为辩护律师会见提供便利，但不得以未预约会见为由拒绝安排辩护律师会见。辩护律师会见在押的犯罪嫌疑人、被告人时，看守所应当采取必要措施，保障会见顺利和安全进行。律师会见在押的犯罪嫌疑人、被告人的，看守所应当保障律师履行辩护职责需要的时间和次数，并与看守所工作安排和办案机关侦查工作相协调。辩护律师会见犯罪嫌疑人、被告人时不被监听，办案机关不得派员在场。在律师会见室不足的情况下，看守所经辩护律师书面同意，可以安排在讯问室会见，但应当关闭录音、监听设备。犯罪嫌疑人、被告人委托两名律师担任辩护人的，两名辩护律师可以共同会见，也可以单独会见。辩护律师可以带一名律师助理协助会见。助理人员随同辩护律师参加会见的，应当出示律师事务所证明和律师执业证书或申请律师执业人员实习证。办案机关应当核实律师助理的身份。这一规定对于保障律师的会见权应当起到积极作用。

律师不仅在辩护职责的行使上困难重重，而且还存在执业风险，这一风险来自于《刑法》第 306 条，该条规定的罪名被称为律师伪证罪。根据《刑法》第306 条第 1 款规定，律师伪证罪是指在刑事诉讼中，辩护人、诉讼代理人毁灭、伪造证据，帮助当事人毁灭、伪造证据，威胁、引诱证人违背事实改变证言或者作伪证的行为。在上述三种行为中，最为要命的是引诱证人违背事实改变证言。这里的"引诱"以及"违背事实"都难以作出客观的判断，许多律师因此被追究刑事责任，律师将这一现象称为职业报复。因此，每年的全国律师大会上，取消《刑法》第 306 条的呼声不断。

在中国刑事司法体制的改革中，加强律师的刑事辩护权，是一个重要问题。由于律师辩护权弱小，因而在刑事诉讼中，律师一般只作形式辩护与消极辩护，很难真正开展实质辩护与积极辩护。为此，我认为应当取消《刑法》第 306 条，在刑事诉讼法中赋予律师调查取证等实质性权利，从而形成积极的控辩平衡。

四、冲突：在民意与法意之间

刑事司法体制改革是社会变革的一部分，与社会息息相关，应当获得社会公众的认同。但正是在这一点上，民意纷扰，尤其是随着媒体，包括网络媒体的介入，呈现出种种乱象。在此，存在一个如何正确处理民意与法意的关系问题。

（一）司法对民意的吸纳与排拒

民意，顾名思义，是指民众意志或者意见，它本来是一个政治学上的概念。例如卢梭就曾经提出过公意的概念，并将其与众意加以区分，认为公意是以公共利益为依归的，而众意则着眼于私人利益，是个别意志的总和。[①] 民意与卢梭所说的公意和众意具有一定的相似性，又不能完全等同。我国学者指出：民意是社会上大多数成员对与其相关的公共事物或现象所持有的大体相近的意见、情感和行为倾向的总称。[②] 在一个民主社会，司法应当获得社会认同。因此，司法必然受到民意的影响。当然，司法与民意的关系是十分复杂的，这主要是由司法的精英性和民意的大众性之间的矛盾所决定的。

---

① 参见［法］卢梭：《社会契约论》，修订 3 版，何兆武译，35 页，北京，商务印书馆，2003。
② 参见喻国明：《解构民意：一个舆论学者的实证研究》，9 页，北京，华夏出版社，2001。

在刑事司法活动中，对司法发生影响的民意，主要表现为民愤与民情：前者是不利于被告人的民意，后者是有利于被告人的民意。司法机关如何正确面对这种民意，就成为一个重要的问题。在佘祥林案中，"死者"的亲属上访并组织了220名群众签名上书要求对"杀人犯"佘祥林从速处决。而在滕兴善案中，当年曾有百名村民签名要求"枪下留人"。这些民意都想影响司法机关对案件的处理结果，当然也都没有完全实现。因为司法是专门性的工作，作为非专业人员的公众是难以对专业问题作出判断的。在这个意义上说，司法对于民意不能盲目附和，而应与之存在一定程度的间隔。220名群众签名要求对佘祥林从速处决，是以佘祥林是杀人犯这一事实为前提的，而这一事实恰恰是司法机关应当通过司法活动予以判定的。在杀人罪不能成立的条件下，对于从速处决的民意是决不能听从的。因为一旦出现冤案，责任者是司法机关而非民众，民众的意见只是一种参考。

中国的司法宣称是人民司法，因此法院是人民法院，检察院是人民检察院。在这种情况下，民意如何在司法活动中得以体现，确实是值得研究的。在司法改革中，中国的法院在重建人民陪审员制度，中国的检察院在试行人民监督员制度。通过这种制度，吸纳民意的合理成分，使审判与检察获得某种正当性，不失为一种有益的做法。

（二）作为民意载体的媒体

在现代媒体发达的社会，民意得以一种更为广泛、更为迅速并且难以控制的方式聚合，从而爆发出巨大的精神能量。由此而引发出一个媒体与司法的关系问题，成为法治建设中面临的两难问题。由于存在一定程度的司法腐败，对司法活动进行社会监督成为必要。媒体就是社会监督的一种重要方式，由此而获得了正当性。但我们也必须看到媒体在商业化的背景下，不再是一个中立者，而有其特殊利益之所在，对发行量与点击率的追求，都使媒体可能成为一种炒作工具。而媒体的恶意炒作，可能对司法造成某种不正当的外在压力。

在刘涌案中，媒体深深地介入其中。我国学者曾经对刘涌案司法进程中的媒体报道情况作过梳理，并对刘涌案的舆论生成以及这种社会舆论对刘涌案的影响进行了考量。[①] 可以说，刘涌案的司法进程在一定程度上受到了媒体的左右，尤其是最高法院的再审改判。当然，如果说刘涌案的最终司法结局就是媒体以及社会舆论导致的结果，则并不尽然。媒体并不能最终决定结果，决定判决结果的是某种权力。正如我国学者所指出的那样：最高法院提审刘涌案并最终判处刘涌死刑，媒体的所谓舆论监督可能仅仅是一个表面的东西。与其说最高法院的提审和改判是媒体报道和舆论促使的结果[②]，毋宁说是政治势力之间较量的结果。在关于刘涌案的媒体炒作中，我所关心的是社会舆论是如何生成的。对刘涌案的媒体报道，并非始于辽宁高院二审改判以后，而是在铁岭中院一审判处之前。大量的媒体报道了沈阳公安机关及检察机关对刘涌案在侦查、起诉等各个阶段和环节的情况，以及公安机关披露的刘涌犯罪集团的种种犯罪事实。换言之，对刘涌案媒体报道的基本素材来自控方的披露。正是这些未经庭审的所谓犯罪事实塑造了公众对刘涌等的基本印象，以后大众对辽宁高院二审改判的不满也主要是建立在对刘涌案的媒体报道基础之上的。

通过刘涌案应当对媒体与司法的关系进行反思。媒体既要表达民意，行使对司法机关的舆论监督权，又要尊重司法活动的规律，这确实是一个难题。当然，我们不要轻易地指摘媒体，毕竟公众是通过媒体而获得知情权的满足的。我们更不能简单地指责媒体干涉司法独立，或者媒体审判。问题还是在于司法机关本身：对于未经审理的案件材料控方能否披露给媒体大肆报道？使判决附和媒体是媒体之过还是裁判者之过？这些问题都值得深思。更为重要的是，应当建立起规范媒体与司法关系的法律规则，使两者之间形成良性互动，这才是人民之幸。

---

① 参见周泽：《司法审判与媒体报道和舆论之关系新探——兼刘涌案法理解读》，载陈兴良主编：《刑事法评论》，第15卷，80页以下，北京，中国政法大学出版社，2004。

② 参见周泽：《司法审判与媒体报道和舆论之关系新探——兼刘涌案法理解读》，载陈兴良主编：《刑事法评论》，第15卷，91页，北京，中国政法大学出版社，2004。

（三）专家意见如何面对民意

在目前中国的刑事法治进程中，法律专家发挥了一定作用，无论是立法还是司法解释的制定，或者是重大案件的处理，都有法律专家参与其中。然而，法律专家的意见无论是在理念层面还是在规范层面，抑或在个案层面，都与民众认知之间存在较大差距。就理念层面而言，人权保障、程序正义、形式公正这些法治理念很难被民众真正接受，即使是媒体记者，就法律专业而言仍然是民众的代言人，经常提出对超过追诉时效的杀人犯不追诉是否放纵犯罪，对外逃贪官引渡回国承诺不判死刑是否鼓励贪官外逃，对奸淫幼女罪要求对幼女年龄的"明知"是否不利于保护幼女等在法律专业人士看来似乎是十分幼稚的问题。就规范层面而言，严打、死刑、黑社会性质组织犯罪，也许是专家与民众之间意见分歧最大的三个法律问题。尤其是死刑，倡导限制死刑，尤其是倡导对经济犯罪废除死刑的学者几乎遭到民意的激烈抨击。就个案而言，刘涌案是一个例子，除个别法律专家，大多数的法律专家对辽宁高院的二审改判都是持肯定与认同立场的。当然，这里特别需要提出讨论的是对刘涌案的专家论证意见问题。

就某一正在审理或者已经结案的案件，经一方当事人请求进行专家论证，并出具专家论证意见书，这是中国当前一种较为通行的做法。当然司法机关，包括最高法院与最高检察院也会对个案的处理征求专家意见，但由于司法机关是有权机关，专家意见是否采纳以及如何采纳可以直接体现在处理决定中，因而并不需要专家出具书面的论证意见。但一般案件当事人通过律师邀请专家论证，除解决法律问题以外，期望专家的意见能够影响司法机关，因此需要出具书面的专家论证意见。专家提供对案件的咨询意见当然不是无偿的而是由律师在收取的代理费用中支出。专家论证意见有些可能被司法机关采纳，也有些并不为司法机关所采纳。关键是律师提供的案件材料是否全面、是否充分，专家意见是建立在律师提供的案件材料基础之上的，它只是诉讼一方当事人的意见。在刘涌案中，在一审判决之前，刘涌的辩护律师田文昌也曾经邀请国内几名刑法、刑诉的法律专家就案件进行论证。其中一个重要问题就是刑讯逼供，专家对刑讯逼供问题的意见为："各被告人提到的刑讯逼供问题可信度较高，因此本案预审笔录是刑讯逼供所致的嫌疑极大。如果情况属实，其刑讯逼供的普遍性和严重程度确实具有典型性，值得引起高度重视。"这一专家意见对铁岭中院的一审判决并没有发生作用，对辽宁高院的二审改判是否发生作用，难以判断。在辽宁高院对刘涌等二审改判以后，引起民意哗然，专家论证意见被认为是辽宁高院二审改判的重要根据，因而备受责难。这里涉及一个问题，就是专家意见会不会干预司法独立？这是人们所关心的。其实，专家意见只是诉讼当事人的一种咨询意见，它对司法机关处理案件只具有参考作用，是否采纳完全在于司法机关。因此，专家意见干预司法独立的理由是难以成立的。至于专家意见是有偿服务，是否会影响专家意见的公正性，这也是为人们所关注的一个问题。就这一问题而言，与其要求专家意见的公正性不如要求专家意见的客观性。因为只有裁判才有公正性问题，公正性在于不偏不倚取其中。控辩双方的意见都是预设立场的，或者是不利于被告人的指控意见，或者是有利于被告人的辩护意见，对其不能要求公正性，而只能要求客观性。专家意见只是指控意见或者辩护意见的一种延伸，只要具有客观性就可采信。当然，由于受到律师提供案件材料的局限，专家只能在此基础上发表意见，因而客观性也是难以完全保证的。正因为如此，专家论证意见只是司法机关处理案件的一种参考材料，关键是司法机关本身如何正确对待专家意见。

专家与民众在法律认知上的差别，当然不仅是一个专业与非专业的问题，还是一个应然与实然之间的冲突。专家往往更是在应然角度考察问题，而民众更多的是从实然角度观察问题。对于中国来说，刑事法治建设是一个面向将来的问题，因此如何引导民众，从实然走向应然，将应然转化为实然，仍是中国的法律专家不可推卸的社会责任。

主要参考书目

1. 陈兴良主编．法治的使命．2 版．北京：法律出版社，2003
2. 瞿同祖．瞿同祖法学论著集．北京：中国政法大学出版社，1998
3. ［法］韦伯．经济与社会．林荣远译．北京：商务印书馆，1998
4. ［法］韦伯．儒教与道教．王蓉芬译．南京：江苏人民出版社，1993
5. 贺卫方．司法的理念与制度．北京：中国政法大学出版社，1998
6. 张明楷．刑法学．北京：法律出版社，1997
7. 周道鸾等主编．刑法罪名精释．北京：人民法院出版社，1998
8. 王作富主编．中国刑法的修改与补充．北京：中国检察出版社，1997
9. 祝铭山主编．中国刑法教程．北京：中国政法大学出版社，1998
10. 程荣斌主编．中国刑事诉讼法教程．北京：中国人民大学出版社，1997
11. 陈光中等主编．联合国刑事司法准则与中国刑事法制．北京：法律出版社，1998
12. 陈瑞华．刑事审判原理论．北京：北京大学出版社，1997
13. 刘军宁．共和·民主·宪政——自由主义思想研究．上海：上海三联书

店，1998

14.［意］维柯．新科学．朱光潜译．北京：商务印书馆，1997

15.［法］韦伯．论经济与社会中的法律．张乃根译．北京：中国大百科全书出版社，1998

16. 苏国勋．理性化及其限制——韦伯思想引论．上海：上海人民出版社，1998

17.［古希腊］亚里士多德．政治学．吴寿彭译．北京：商务印书馆，1965

18.［古希腊］柏拉图．政治学．黄克剑译．北京：北京广播学院出版社，1994

19.［美］麦金太尔．谁之正义？何种合理性？．万俊人等译．北京：当代中国出版社，1996

20. 胡康生，李福成主编．中华人民共和国刑法释义．北京：法律出版社，1997

21.［美］罗尔斯．正义论．何怀宏等译．北京：中国社会科学出版社，1998

22. 俞荣根．道统与法统．北京：法律出版社，1994

23. 冯友兰．三松堂自序．北京：人民出版社，1998

24. 李海东．刑法原理入门（犯罪论基础）．北京：法律出版社，1998

25. 齐振海，袁贵仁主编．哲学中的主体和客体问题．北京：中国人民大学出版社，1992

26.［日］小野清一郎．犯罪构成要件理论．王泰译．北京：中国人民大学出版社，1991

27.［日］谷口安平．程序的正义与诉讼．王亚新，刘荣军译．北京：中国政法大学出版社，1996

28. 沈达明．英美证据法．北京：中信出版社，1996

29. 江伟主编．证据法学．北京：法律出版社，1999

30. 樊崇义主编．刑事诉讼法学研究综述与评价．北京：中国政法大学出版社，1987

31. ［法］拉德布鲁赫．法学导论．米健，朱林译．北京：中国大百科全书出版社，1997

32. 左卫民．刑事程序问题研究．北京：中国政法大学出版社，1999

33. 龙宗智．相对合理主义．北京：中国政法大学出版社，1999

34. 李文冠．美国刑事审判制度．北京：法律出版社，1999

35. 陈兴良主编．刑事疑案研究．北京：中国检察出版社，1992

36. 上海社会科学院法学研究所编译．诉讼法．北京：知识出版社，1981

37. 季卫东．法治程序的建构．北京：中国政法大学出版社，1999

38. 朱福惠．宪法与制度创新．北京：法律出版社，2000

39. ［法］托克维尔．论美国的民主．董果良译．北京：商务印书馆，1991

40. ［奥地利］哈耶克．自由程序原理．邓正来译．北京：三联书店，1999

41. 程燎原．从法制到法治．北京：法律出版社，1999

42. 张晋藩．中国法律的传统与近代转型．北京：法律出版社，1998

43. ［英］洛克．政府论．叶启芳，瞿菊农译．北京：商务印书馆，1961

44. 何怀宏．契约伦理与社会正义——罗尔斯正义论中的历史与理性．北京：中国人民大学出版社，1993

45. 蒋选福．契约文明：法治文明的源与流．上海：上海人民出版社，1999

46. ［意］贝卡里亚．论犯罪与刑罚．黄风译．北京：中国大百科全书出版社，1993

47. ［斯洛文尼亚］卜思天·M·儒攀基奇．刑法——刑罚理念批判．丁后盾等译．北京：中国政法大学出版社，2002

48. 曲新久．刑法的精神与范畴．北京：中国政法大学出版社，2000

49. ［法］卡斯东·斯特法尼等．法国刑法总论精义．罗结珍译．北京：中国政法大学出版社，1998

50. ［意］杜里奥·帕罗瓦尼．意大利刑法学原理．陈忠林译．北京：法律出版社，1998

51. 陈忠林．意大利刑法纲要．北京：中国人民大学出版社，1999

52. 储槐植．美国刑法．北京：北京大学出版社，1996

53. 胡云腾．存与废——死刑理论研究．北京：中国检察出版社，1999

54. ［法］威廉·冯·洪堡．论国家的作用．林荣远，冯兴元译．北京：中国社会科学出版社，1998

55. 王作富主编．中国刑法适用．北京：中国人民公安大学出版社，1987

56. 张友渔主编．中国大百科全书·法学卷．北京：中国大百科全书出版社，1984

57. 杨春洗等．刑法总论．北京：北京大学出版社，1981

58. 徐秀义，韩大元主编．现代宪法学基本原理．北京：中国人民公安大学出版社，2001

59. 朱福惠．宪法至上——法治之本．北京：法律出版社，2000

60. 陈宝树等．刑法中的若干理论问题．沈阳：辽宁人民出版社，1986

61. 高铭暄主编．刑法学．北京：法律出版社，1984

62. 王作富主编．刑法完善专题研究．北京：中央广播电视大学出版社，1996

63. 周光权．刑法诸问题的新表述．北京：中国法制出版社，1999

64. 张千帆．西方宪政体系（上册·美国宪法）．北京：中国政法大学出版社，2000

65. 陈兴良．当代中国刑法新视界．北京：中国政法大学出版社，1999

66. 王磊．宪法的司法化．北京：中国政法大学出版社，2000

67. ［英］梅因．古代法．沈景一译．北京：商务印书馆，1954

68. 陈光中主编．外国刑事诉讼程序比较研究．北京：法律出版社，1988

69. 李心鉴．刑事诉讼构造论．北京：中国政法大学出版社，1992

70. ［法］卡斯东·斯特法尼等．法国刑事诉讼法精义．罗结珍译．北京：中国政法大学出版社，1998

71. ［日］田口守一．刑事诉讼法．刘迪等译．北京：法律出版社，2000

72. ［美］L. 亨金．权利的时代．信春鹰等译．北京：知识出版社，1997

73. 宋英辉．刑事诉讼目的论．北京：中国人民公安大学出版社，1995

74. 孙长永．侦查程序与人权——比较法考察．北京：中国方正出版社，2000

75. 江礼华，杨诚主编．外国刑事诉讼制度探微．北京：法律出版社，2000

76. ［法］孟德斯鸠．论法的精神．张雁深译．北京：商务印书馆，1961

77. 陈光中，严端主编．中华人民共和国刑事诉讼法修改建议稿与论证．2版．北京：中国方正出版社，1999

78. 夏勇主编．走向权利的时代——中国公民权利发展研究．北京：中国政法大学出版社，2000

79. 张希坡．中华人民共和国刑法史．北京：中国人民公安大学出版社，1998

80. 杨春洗主编．刑事政策论．北京：北京大学出版社，1994

81. 高铭暄．中华人民共和国刑法的孕育和诞生．北京：法律出版社，1981

82. 张穹主编．"严打"政策的理论与实务．北京：中国检察出版社，2002

83. 中国人民大学法律系刑法教研室．中华人民共和国刑法是无产阶级专政的工具．北京：中国人民大学出版社，1958

84. 曲新久．刑事政策的权力分析．北京：中国政法大学出版社，2002

85. 北京大学法律系刑法教研室．刑事政策讲义（讨论稿）．北京：北京大学法律系印行，1976

86. ［法］米海依尔·戴尔玛斯-马蒂．刑事政策的主要体系．卢建平译．北京：法律出版社，2000

87. ［美］F. I. 格林斯坦，N. W. 波尔斯波主编．政策与政策规定．台北：

幼狮文化事业公司，1983

88. ［日］大谷实．刑事政策学．黎宏译．北京：法律出版社，2000

89. 何秉松主编．刑事政策学．北京：群众出版社，2002

90. 储槐植．刑事一体化与关系刑法论．北京：北京大学出版社，1997

91. ［美］理查德·霍金斯，查弗里·P·阿尔珀特．美国监狱制度——刑罚与正义．孙晓雳等译．北京：中国人民公安大学出版社，1991

92. 王利荣．行刑法律机能研究．北京：法律出版社，2001

93. 吴宗宪等．非监禁刑研究．北京：中国人民公安大学出版社，2003

94. 王运生，严军兴．英国刑事司法与替刑制度．北京：法律出版社，1999

95. 黄风．贝卡里亚及其刑法思想．北京：中国政法大学出版社，1987

96. 张甘妹．刑事政策．台北：三民书局，1979

97. 周密．商鞅刑法思想及变法实践．北京：北京大学出版社，2002

98. ［德］李斯特．德国刑法教科书（修订译本）．徐久生译．北京：法律出版社，2000

99. ［美］戈尔丁．法律哲学．齐海滨译．北京：三联书店，1987

100. ［日］森下忠．犯罪者处遇．白绿铉等译．北京：中国纺织出版社，1994

101. 汪明亮．"严打"的理性评价．北京：北京大学出版社，2004

102. 侯宏林．刑事政策的价值分析．北京：中国政法大学出版社，2005

103. 梁根林．刑事政策：立场与范畴．北京：法律出版社，2005

104. 宫志刚．社会转型与秩序重建．北京：中国人民公安大学出版社，2004

105. 马克昌主编．中国刑事政策学．武汉：武汉大学出版社，1992

106. 高铭暄，马克昌主编．刑法学．北京：北京大学出版社、高等教育出版社，2000

107. ［英］罗吉尔·胡德．死刑的全球考察．刘仁文，周振杰译．北京：中国人民公安大学出版社，2005

108. ［日］团藤重光．死刑废止论．林辰彦译．台北：商鼎文化出版社，1997

109. 赵秉志主编．中韩刑法基本问题研讨——"首届中韩刑法学术研讨会"学术文集．北京：中国人民公安大学出版社，2005

110. 李贵方．自由刑比较研究．长春：吉林人民出版社，1992

111. 陈兴良主编．中国死刑检讨——以"枪下留人案"为视角．北京：中国检察出版社，2003

112. 中国政法大学刑事法律研究中心．英国大使馆文化教育处：中英量刑问题比较研究．北京：中国政法大学出版社，2001

113. ［美］诺内特，塞尔兹尼克．转变中的法律与社会．张志铭译．北京：中国政法大学出版社，1994

114. ［英］戴维·米勒，韦农，波格丹诺，布莱克维尔．政治学百科全书．邓正来等译．北京：中国政法大学出版社，1992

115. ［法］涂尔干．乱伦禁忌及其起源．汲喆等译．上海：上海人民出版社，2003

116. 陈兴良．刑法的价值构造．北京：中国人民大学出版社，1998

117. 宋英辉，吴宏耀．刑事审判前程序研究．北京：中国政法大学出版社，2002

118. 杨诚，单民主编．中外刑事公诉制度．北京：法律出版社，2000

119. 敬大力主编．刑法修订要论．北京：法律出版社，1997

120. 周道鸾等主编．刑法的修改与适用．北京：人民法院出版社，1997

121. ［日］大塚仁．刑法概说（总论）．3 版．冯军译．北京：中国人民大学出版社，2003

122. ［日］大谷实．刑法总论．黎宏译．北京：法律出版社，2003

123. 陈子平．刑法总论．台北：元照出版公司，2005

124. 黄荣坚．基础刑法学．台北：元照出版公司，2004

125. ［日］西田典之. 日本刑法总论. 刘明祥，王昭武译. 北京：中国人民大学出版社，2007

126. ［德］汉斯·海因里希，耶赛克，托马斯·魏根特. 德国刑法教科书（总论）. 徐久生译. 北京：中国法制出版社，2001

127. ［苏］A. A. 皮昂特科夫斯基等. 苏联刑法科学史. 曹子丹等译. 北京：法律出版社，1984

128. 方蕾等编译. 外国刑法分解汇编（总论部分）. 北京：国际文化出版公司，1988

129. 赵秉志，吴振兴主编. 刑法学通论. 北京：高等教育出版社，1993

130. 张小虎. 刑法的基本观念. 北京：北京大学出版社，2004

131. 许道敏. 民权刑法论. 北京：中国法制出版社，2003

132. 张明楷. 刑法学. 2版. 北京：法律出版社，2003

133. 高铭暄，马克昌主编. 中国刑法解释. 北京：中国社会科学出版社，2005

134. 刘志远. 二重性视角下的刑法规范. 北京：中国方正出版社，2003

135. ［日］木村龟二主编. 刑法学词典. 顾肖荣，郑树周等译. 上海：上海翻译出版社公司，1992

136. 公丕祥主编. 法理学. 上海：复旦大学出版社，2002

137. ［德］克劳斯·罗克辛. 法国刑法学总论. 第1卷. 王世洲译. 北京：法律出版社，2005

138. 薛瑞麟. 俄罗斯刑法研究. 北京：中国政法大学出版社，2000

139. ［德］格吕恩特·雅科布斯. 行为·责任·刑法——机能性描述. 冯军译. 北京：中国政法大学出版社，1998

140. 周光权. 刑法学的向度. 北京：中国政法大学出版社，2004

141. ［日］野村稔. 刑法总论. 全理其，何力译. 北京：法律出版社，2001

142. 何秉松主编. 刑法教科书（2004修订）. 北京：中国法制出版社，2000

143. 张军等. 刑法纵横谈（总则部分）. 北京：法律出版社，2003

144. ［日］西原春夫. 刑法的根基与哲学. 顾肖荣等译. 北京：法律出版社，2004

145. 惠生武. 警察法论纲. 北京：中国政法大学出版社，2000

146. 高文英，严明. 警察法学教程. 北京：警察教育出版社，1999

147. 杨建顺. 日本行政法通论. 北京：中国法制出版社，1998

148. ［法］莱昂·狄骥. 宪法学教程. 王文利译. 沈阳：辽海出版社、春风文艺出版社，1999

149. ［德］黑格尔. 法哲学原理. 范扬，张企泰译. 北京：商务印书馆，1961

150. 孙国华主编. 市场经济是法治经济. 天津：天津出版社，1995

151. ［美］萨缪尔森. 经济学. 高鸿业等译. 北京：商务印书馆，1988

152. 本书编写组. 中国现阶段犯罪问题研究论文集. 北京：中国人民公安大学出版社，1989

153. 曹凤. 第五次高峰——当代中国的犯罪问题. 北京：今日中国出版社，1997

154. 徐静村主编. 刑事诉讼法学. 北京：法律出版社，1999

155. 杨玉梅，邢曼媛. 公安机关人民警察权力简论. 北京：群众出版社，1999

156. 邹明理. 我国现行司法鉴定制度研究. 北京：法律出版社，2001

157. 陈光中，严端主编. 中华人民共和国刑事诉讼法释义与应用. 长春：吉林人民出版社，1997

158. 陈瑞华. 刑事诉讼的前沿问题. 北京：中国人民大学出版社，2000

159. 王利明. 司法改革研究. 北京：法律出版社，2000

160. 张穹主编. 人民检察院刑事诉讼理论与实务. 北京：法律出版社，1997

161. 陈光中主编．依法治国与司法公正——诉讼法理论与实践（1999 年卷）．上海：上海社会科学院出版社，2000

162. ［美］艾伦·德肖微茨．最好的辩护．唐交东译．北京：法律出版社，1994

163. 熊秋红．刑事辩护论．北京：法律出版社，1998

164. 田文昌主编．刑事辩护学．北京：群众出版社，1989

165. 王国枢主编．刑事诉讼法学．北京：北京大学出版社，1989

166. 程汉大主编．英国法制史．济南：齐鲁书店，2001

167. 陈光中主编．《公民权利和政治权利国际公约》批准与实施问题研究．北京：中国法制出版社，2002

168. 马作武．中国古代法律文化．广州：暨南大学出版社，1998

169. 徐家力．中华民国律师制度史．北京：中国政法大学出版社，1998

170. ［意］朱塞佩·格罗索．罗马法史．黄风译．北京：中国政法大学出版社，1994

171. ［美］爱伦·豪切斯，泰勒·斯黛丽，南希·弗兰克．美国刑事法院诉讼程序．陈卫东，徐美君译．北京：中国人民大学出版社，2002

172. 龙宗智．刑事庭审制度研究．北京：中国政法大学出版社，2001

173. 陈卫东主编．司法公正与律师辩护．北京：中国检察出版社，2002

174. ［美］哈罗法·伯曼编．美国法律讲话．陈若桓译．北京：三联书店，1988

175. ［英］佩里·安法森．绝对主义国家的系谱．刘北成，龚晓庆译．上海：上海人民出版社，2001

176. ［美］斯科特·戈登．控制国家——西方宪政的历史．应奇等译．南京：江苏人民出版社，2001

177. 陈卫东，王福家主编．中国律师学．北京：中国人民大学出版社，1990

178. ［美］罗伯特·戈登. 律师独立论——律师独立于当事人. 周璐，嘉艾等译. 北京：中国政法大学出版社，1992

179. 陈卫东主编. 刑事诉讼法实施问题调研报告. 北京：中国方正出版社，2001

180. 陈光中主编. 刑事诉讼法实施问题研究. 北京：中国法制出版社，2000

181. 樊崇义主编. 刑事诉讼法专论. 北京：中国方正出版社，1998

182. 杜钢建，李轩主编. 中国律师的当代命运. 北京：改革出版社，1997

183. 王丽. 律师刑事责任比较研究. 北京：法律出版社，2002

184. 王幼璋主编. 刑事判案评述. 北京：法律出版社，2002

185. 张卫平等. 司法改革：分析与展开. 北京：法律出版社，2003

186. ［英］洛克. 政府论. 下篇. 叶启芳等译. 北京：商务印书馆，1964

187. 朱光磊. 以权力制约权力——西方分权论和分析制评述. 成都：四川人民出版社，1987

188. 张建伟. 刑事司法体制原理. 北京：中国人民公安大学出版社，2002

189. 王利明. 司法改革研究. 北京：法律出版社，2000

190. 中国人民大学哲学系逻辑教研室. 形式逻辑. 2版. 北京：中国人民大学出版社，1984

191. 汪习根主编. 司法权论. 武汉：武汉大学出版社，2006

192. 吴家麟主编. 法律逻辑学. 北京：群众出版社，1983

193. ［美］汉密尔顿等. 联邦党人文集. 程逢如等译. 北京：商务印书馆，1982

194. 左为民等. 合议制度研究. 北京：法律出版社，2001

195. 王盼等. 审判独立与司法公正. 北京：中国人民公安大学出版社，2002

196. 王少南主编. 审判学. 北京：人民法院出版社，2003

197. 李昌林. 从制度上保证审判独立：以刑事裁判权的归属为视角. 北京：法律出版社，2006

198. 韩波. 法院体制改革研究. 北京：人民法院出版社，2003

199. 顾永忠. 刑事上诉程序研究. 北京：中国人民公安大学出版社，2003

200. 谭世贵. 司法独立问题研究. 北京：法律出版社，2004

201. 毕玉谦主编. 中国司法审判论坛. 第1卷. 北京：法律出版社，2001

202. ［美］伯尔曼. 法律与革命——西方法律传统的形成. 贺卫方等译. 北京：中国大百科全书出版社，1993

203. 龚祥瑞. 文官制度. 北京：人民出版社，1985

204. 宋冰编. 读本：美国与法国的司法制度及司法程序. 北京：中国政法大学出版社，1999

205. ［美］哈罗德·伯曼. 美国法律讲话. 陈若桓译. 北京：三联书店，1988

206. 苏力. 法治及其本土资源. 北京：中国政法大学出版社，1996

207. 杨一平. 司法正义论. 北京：法律出版社，1999

208. 陈卫平主编. 刑事审前程序研究. 北京：中国政法大学出版社，2004

209. 周佑勇. 行政法原论. 北京：中国方正出版社，2000

210. 罗结珍译. 法国新刑法典. 北京：中国法制出版社，2003

211. 薛晓蔚. 劳动教养制度研究. 北京：中国文联出版社，2000

212. 夏宗素，张劲松主编. 劳动教养学基础理论. 北京：中国人民公安大学出版社，1997

213. 傅士成. 行政强制研究. 北京：法律出版社，2001

214. 郭建安主编. 西方监狱制度概论. 北京：法律出版社，2003

215. ［美］克莱门斯·巴特勒斯. 矫正导论. 孙晓雳译. 北京：中国人民公安大学出版社，1991

216. 刘建军. 单位中国——社会调控体制重构中的个人、组织与国家. 天

津：天津人民出版社，2000

217. 杨晓民，周翼虎．中国单位制度．北京：中国经济出版社，1999

218. 李汉林．中国单位社会：议论、思考与研究．上海：上海人民出版社，2005

219. 潘小娟．中国基层社会重构——社区治理研究．北京：中国法制出版社，2005

220. 郭建安，郑霞泽主编．社区矫正通论．北京：法律出版社，2004

221. 周道鸾等主编．刑法的修改与适用．北京：人民法院出版社，1997

222. 柳忠卫．假释制度比较研究．济南：山东大学出版社，2005

223. 阎少华．管制刑研究．长春：吉林人民出版社，2005

224. 左坚卫．缓刑制度比较研究．北京：中国人民公安大学出版社，2004

225. ［法］卢梭．社会契约论．3 版．何兆武译．北京：商务印书馆，2003

226. 喻国明．解构民意：一个舆论学者的实证研究．北京：华夏出版社，2001

索　引

图书在版编目（CIP）数据

刑事法治论/陈兴良著 . —2 版 . —北京：中国人民大学出版社，2017.11
（陈兴良刑法学）
ISBN 978-7-300-25049-6

Ⅰ. ①刑… Ⅱ. ①陈… Ⅲ. ①刑法-研究-中国 Ⅳ. ①D924.04

中国版本图书馆 CIP 数据核字（2017）第 247522 号

陈兴良刑法学
刑事法治论（第二版）
陈兴良 著
Xingshi Fazhi Lun

出版发行	中国人民大学出版社				
社 址	北京中关村大街 31 号		**邮政编码**	100080	
电 话	010 - 62511242（总编室）		010 - 62511770（质管部）		
	010 - 82501766（邮购部）		010 - 62514148（门市部）		
	010 - 62515195（发行公司）		010 - 62515275（盗版举报）		
网 址	http://www.crup.com.cn				
	http://www.ttrnet.com（人大教研网）				
经 销	新华书店				
印 刷	涿州市星河印刷有限公司		**版 次**	2007 年 10 月第 1 版	
规 格	170mm×228mm 16 开本			2017 年 11 月第 2 版	
印 张	41.25 插页 4		**印 次**	2017 年 11 月第 1 次印刷	
字 数	589 000		**定 价**	158.00 元	